世界議会
21世紀の統治と民主主義

A World Parliament
Governance and Democracy
in the 21st Century

ヨー・ライネン／アンドレアス・ブメル

上村雄彦 監訳

原田雄一郎／近藤正臣／坂本 裕／坂田 勉／白石隼男／横江信義 訳

明石書店

Copyright © Democracy without Borders
Published in 2024 under license from Democracy without Borders

監訳者解説

　現在、ウクライナやパレスチナにおいて戦争が起こっていることは誰もが知っている。しかし、世界全体を見渡せば、およそ50カ国で戦争や紛争が勃発しており、終結する兆しは見えない。地球温暖化は専門家が気候危機と呼び方を変えるほど深刻であり、地球の平均気温が産業革命に比して超えてはならない1.5℃を、2030年にも超える見通しである。格差は拡大し、世界の飢餓人口は8億人近くに上る。コロナよりも感染力が強く、致死率の高い遺伝子組み換えウイルスを作ることは可能だし、サイバー攻撃によって核兵器のボタンが押されたり、原子力発電所の電源が切断される可能性もある。AIの暴走の可能性も指摘されている。つまり、現在は地球規模課題の深刻化を通り越して、人類生存危機の時代に突入しているのである。

　その解決に向けて、各国、G7、G20、国連、NGOなどが懸命な努力を続けているが、解決の目途は立っていない。それはなぜなのか？　その答えは、現在の国際社会が「コモンズの悲劇」と同じ構造になっているからである。つまり、それぞれの羊飼いが各々の羊に目一杯牧草を食べさせようとして競合しているうちに、牧草地というコモンが荒廃し、羊も羊飼いも全滅してしまうという状況に、各国が陥っているのである。コモンズの悲劇を避けるためには、コモンズの参加者を管理する権限を持った調整人が必要である。国際社会に当てはめると、各国の主権を超えた調整役が必要である。その役割を正統性をもって果たすのが世界議会である。

　世界議会は、各国の国益を代表する上院に加えて、国益を超えた地球益を代表する下院から構成される。そのことにより、これまで地球レベルの事柄には全く声を反映させることのできなかった市井の人々が、自分たちの想いを届けることのできる仕組みができあがる。これこそが、現在の透明性も、民主性も、説明責任もないグローバル・ガバナンスを改革し、地球レベルで民主主義を確立することを可能にし、その仕組みをもって危機的な地球規模課題を解決するのである。すなわち、世界議会は、地球規模課題を解決するための最後の切り札と言ってもよいだろう。

　しかしながら、このような大きな可能性を持つ世界議会構想は日本において

全く知られていない。そこで、本書は世界議会という有望な構想を広く知らしめ、現在の危機的な状況を乗り越える手立てはあるのだという希望を与え、世界議会実現に向けての具体的な議論が開始される契機を作ることを目的として刊行されるものである。

本書は、Leinen, Jo and Andreas Bummel (2018) *A World Parliament: Governance and Democracy in the 21st Century*, Berlin: Democracy Without Boaders の翻訳書である。著者のヨー・ライネンは、執筆当時欧州議会議員で環境グループに所属し、欧州議会で環境政策をリードするキーパーソンであった。もう一人の著者であるアンドレアス・ブメルは国境なき民主主義というドイツに本部を置く NGO の事務局長を務め、本書の主題である世界議会の実現に日々奔走している。

彼らによって執筆された本書は、悪化する地球環境破壊、拡大する格差・貧困問題、終わりなき戦争・紛争、感染症の脅威など、様々な地球規模課題を解決するためには、現在の主権国家体制や国際機関では全く不十分であることを浮き彫りにし、新たなグローバルな政治組織、すなわち世界議会の創設を提唱するものである。

具体的には、世界議会構想の歴史と先駆者たちを考察した第一部、様々な地球規模課題の現状の対策とその限界を浮き彫りにし、オルタナティブを探求する第二部、そして、世界議会の具体的な制度設計と実現への道筋を提示する第三部から構成される。

第一部では、古代ギリシャのコスモポリタニズム（世界市民主義）から、カント、ホッブズ、ロック、フランス革命、18 世紀の啓蒙主義や議会主義、第一次世界大戦と国際連盟の創設、第二次世界大戦と国際連合の創設、NGO の台頭、グローバル化時代の民主主義に至るまで、世界議会の構想と先駆者たちについて歴史的かつ哲学的に分析し、国連議員総会の必要性を提示している。第一部で読者は世界議会についての長い歴史を辿る旅を楽しんでいただけることだろう。

そして、読者は現代に辿り着き、地球社会がどのような問題に直面しているか、そして現在これらに対してどのような議論がされているかを知ることとなる。具体的には第二部は、核兵器、テロ、食糧安全保障、飢餓、世界の水問題、格差と貧困などの地球問題の現状から、金融危機、租税回避などの金融問題、人工知能の発展を含む急速な技術開発まで幅広くカバーし、それらに対する政策の限界を論じている。その上で、現存の政策に代わるオルタナティブや世界政府論を吟味しつつ、グローバルなレベルでの民主主義、地球市民意識を涵養

するための新たなグローバル啓発運動などを検討している。

　そして、読者はこれらを踏まえた上で、どのような未来が可能なのかを学ぶ。それを扱う第三部では、グローバル民主主義を実現するための制度設計として、世界議会の創設と世界法の制定、これらが可能となる必要条件について論じ、希望ある未来を描いている。

　筆者たちは「私たちの目的は、世界議会と世界法秩序の課題にスポットライトを当て、これらについて真剣な議論を引き起こすことである」と述べているが、日本において全く知られていない世界議会という構想を、まさに本書を通じて初めて広く知らしめ、現在の危機的な状況を乗り越える具体的手立てとしての世界議会をよく理解し、その実現に向けての具体的な議論が開始される契機となることを願うものである。

　その背景には、世界広しといえども、『世界議会』と題した書籍が一冊もなかったことが挙げられる。研究論文レベルではいくつか存在するものの、その数は限られており、また一般向けに書かれているものでもない。そのような中、学術的な水準を十分に保ちながら、一般読者にも読むことが可能で、しかも日本語訳になっている本書の意義は大きいと思われる。とりわけ、既述のとおり、世界議会は地球規模課題が人類の生存危機と呼ばれるまで深刻化し、その解決が全く見えない現在、解決策となりうる構想であり、グローバルなレベルで民主主義を確立して、私たちの声を届けることのできる有効な手段なのである。これが幅広く知られ、議論のきっかけを作ることができれば、それこそ本書の大きな意義となるであろう。

　ここで、監訳者がどのようにして本書と出会い、そして翻訳プロジェクトが始まるに至ったのかということについて、触れさせていただきたい。監訳者は2017年秋からサバティカル（在外研究）で、最初の半年はスイスのジュネーブで、残りの半年はフィンランドの首都ヘルシンキにあるヘルシンキ大学政治学部で研究生活を送る幸運に恵まれた。ヘルシンキ大学に在籍しているときに、同僚のヘイッキ・パトマキ教授に「この本はもう読んだか？」と見せられた本が本書の英語版であった。早速購入し、毎晩寝る前に読むのが日課となったが、とてもよく書けていて、毎日夜が来るのが楽しみなほどであった。

　その後、2018年7月に、世界連邦の創設を目指すNGOである世界連邦運動協会の世界大会がオランダのハーグであり、ヨーロッパに滞在している地の利を生かし、大会に参加したのであるが、なんとそこには『世界議会』の二人の著者も参加していたのである。ちょうどこの本を携帯していたので、直筆のサインをもらいつつ、この本をめぐって様々な話をするというこの上ない機会に

監訳者解説　5

恵まれた。これが縁で、その後、ブメル氏が事務局長を務める国境なき民主主義のアドバイザーに任命していただき、現在に至っている。

　そのような経緯もあり、いつかこの本を翻訳して、日本の読者に紹介できればと考えていたところ、またもや偶然にも今度は翻訳者の一人である横江信義さんから、「この本の翻訳を考えていて、世界連邦運動協会に連絡をしたところ、上村先生を紹介された」との連絡が入り、この翻訳プロジェクトがスタートすることとなったわけである。

　翻訳チームの立ち上げから、今日に至るまでの苦労の数々は、「訳者あとがき」に記されているとおりであるが、まずもって計り知れない苦労を積み重ね、最後まで翻訳をやり遂げた横江信義さん、原田雄一郎さんを中心とする『世界議会』翻訳チームのみなさんに、心から敬意と感謝を申し上げたい。次に、昨今の出版業界が厳しい折、本書を刊行することを快く承諾してくださった明石書店の大江道雅社長、そして、大江社長を紹介してくださった宇都宮大学の重田康弘名誉教授に感謝したい。本書を知ることとなったのはヘルシンキ大学のヘイッキ・パトマキ教授のおかげであるし、著者で友人であるアンドレアス・ブメル氏、ヨー・ライネン氏にも、素晴らしい本を書いてくれてありがとうと伝えたい。

　最後に、本書は一般社団法人ユナイテッド・ピース・インターナショナル（UPI）、ならびに国境なき民主主義の出版助成により、日の目を見ることができた。UPI は 2019 年に創設され、国連の抜本的な改革を通じて世界連邦政府を設立することを目指しているが、創設者である西村峯満氏との出会いは衝撃的であった。

　忘れもしない。2021 年 1 月 7 日、とても風の強い日だった。大学の研究室に彼が訪ねてきたのだ。研究室に入るなり、テーブルの上に数冊の本を置き、印刷したメモをその横に置いた。それは全部監訳者の本だった、そして、「上村先生の本を全部読みました。世界政府のことを書かれていて素晴らしいです。こちらがコメントです」「私の最後のライフワークは、世界連邦政府を創ることです。ぜひご協力を！」と述べたのである。

　西村氏は 50 年以上の歴史を持つ企業の創始者であるが、このような経営者が世界政府に興味を持っているだけでなく、それを実現したいというのは、全くの驚きであった。さらに驚いたのは、監訳者が「世界政府を創ることは心から賛成です。でも、実現はむずかしいですよね」と言ったときに、彼が「いや、ビジネス的に言うと、世界政府の創設は簡単な方ですよ」と答えたことだった。では、どうやって実現するのかと尋ねると、「私のような名の知れていない者

が世界政府を創るといっても、誰も話を聞かないでしょう。でも、もしノーベル平和賞受賞者が一堂に会して、今こそ世界政府を創るべきだと訴えたらどうでしょう？」と。

そして、2023年11月に、それを本当に実現させたのである。6名のノーベル平和賞受賞者（1名はビデオ参加）を東京に招聘し、1000人の聴衆とともに、世界連邦政府実現に向けたシンポジウムを成功させた。そして、その後、シンポジウムで講演を行った潘基文・前国連事務総長を彼の別荘に招いて1週間ともに過ごして、UPIの完全なサポーターになってもらった。さらに、ゴルバチョフ財団と提携して2021年ノーベル平和賞受賞者のドミトリー・ムラトフ氏を2025年3月にロシアから日本に招聘し、これから創設する予定の「国連改革推進協議会」のメンバーになってもらうことを計画している。今後は、経済界、芸能界、学界などの著名人に同協議会のメンバーになってもらい、世界連邦政府の実現に向けての動きを具体的に加速させようとしている。

今回は、UPIの顧問をさせていただいている関係もあり、素晴らしい活動をされている西村氏に本書を紹介し、ご協力をいただける運びとなった。彼のサポートなしに、本書は出版されることはなかったであろう。心からの感謝を申し伝えたい。そして、一緒に国連の抜本的な改革を通じた世界連邦政府の実現に尽力したい。

そして、国境なき民主主義のアンドレアス・ブメル事務局長も出版の助成に快く応じてくれた。本書が刊行された暁には、彼を日本に招聘し、出版記念講演会とパーティーを開催し、出版の喜びをともにわかちあいたいと思う。

現在私たちは危機の時代に生きている。この危機の時代にあって、本書が希望の一筋の光になることを祈念して、解説のむすびとしたい。

　　　秋風がそよぐ研究室にて　　　　　　　　　　　　上　村　　雄　彦

日本語版への序文

　本書の日本語版は7億人以上の人々が感染し、700万人もの人々を殺した2年間にわたるグローバルな流行病の後に作成された。世界中に及んだ経済的、社会政治的な影響は劇的なものであった。COVID-19の余波の中で、国連の人間開発指数（Human Development Index）は30年間の測定で初めてグローバルな減少を記録し、10カ国中9カ国が影響を受けた。国連の持続的開発目標（Sustainable Development Goals）を2030年までに達成することは一層困難になった。世界が今とは異なった世界、すなわち私たちがこの本で実現を望む世界であったとすれば、この流行病のグローバルな惨状は避けられたかもしれなかった。私たちが想定するこの異なった世界には全ての政府が国民に対して民主的に説明責任を負い、そしてグローバルな脅威を封じ込め、調査する権限を持つ民主的な国際組織が存在する。

　今や、単に健康と流行病の防止だけでなく、多くの問題に関し有効なグローバルな行動が必要とされている。本書はこれらの問題を分析する。本書は、国家の主権に基づく現存の国際的な機構や仕組みがいかにグローバルな公共財の供給と管理に失敗しているかを明示する。私たちが想定する世界においては、これとは対照的に、主権の概念は、惑星地球上の全ての人々、生命と将来の世代の福祉を達成するという目標に道を譲る。私たちの想定する世界の最重要な構成要素はこの惑星地球上の全ての人々が正当に取り扱われることを確保する、選挙で選ばれるグローバルな議会である。本書の各所で示すように、この構想には長い歴史がある。近年、世界がグローバルな政治危機の状態に入りつつあるように見えるが、かかる状況の下でこの構想はより一層今日的な意味を帯びるようになっている。グローバルな政治危機という用語は気候、健康、安全保障、経済、金融、開発あるいは技術といった重要分野における、望ましくない、そして悩ましい諸変化の複雑な相互関係を強調するために頻繁に使用されるようになっている。これらの分野のうちの一つにおける行動は他の分野に不可避的に影響を及ぼす。場当たりの、孤立的な解決策はますます役に立たなくなっている。私たちが想定する世界では、統合され首尾一貫したアプローチがとれるグローバルな連邦が存在する。特に、この民主制の連邦は軍備縮小と集団的

安全保障の鍵である。国連安全保障理事会の常任理事国であるロシアによる隣国ウクライナへの侵略は国連憲章の著しい違反であり、それは国連の劇的な弱点をさらけ出した。今は欧州のみならず、南シナ海その他の地域の地政学的不確実性と緊張が高まっている。私たち二人の著者の出生国ドイツの如く、日本も 1930 年代、全体主義ファシストの支配の下にあって領土拡大の侵略戦争を始めた。この歴史は次代を担う世代に特別の責任を課したと私たちは確信している。戦争と大量虐殺を永久的に防止するためには、国民国家とグローバルな機関の両方のレベルで民主主義の世界へと向かう根本的な世界の変容とコスモポリタン的視点を必要とする。

　日本においてはコスモポリタン的な考え方を最もよく示す「共生」という概念を活用することができると理解している。この言葉は国境を超える多文化のコスモポリタンの方向性、すなわち第一に、「個人またはグループが自分たちをグローバルな社会の市民と見なす価値体系」、そして第二に、「社会的文化的分離を超えて人種的な偏見と固定概念を捨て去り、外国人や少数派グループに平等な権利を保障し、そして文化的な遺産を相互に尊重して調和ある共存を増進する努力」[1] を取り込んでいると言われる。昔から日本人の中には世界連邦を支持してきた者がいる。1889 年の明治憲法は日本のみならずアジア地域で最初の選挙で選ばれた立法府として帝国議会を設立した。民主主義運動の「最前線にいた活動家」[2] の一人は第一回帝国議会のメンバーであった植木枝盛である。植木は世界政府、世界憲法そして世界法の概念を推奨した。植木が連邦制を求めたのはただ日本の国境の中だけではなかった。彼は至高の世界政府と法律制度の指揮下にあるグローバルな連邦も提唱した [3]。日本における平和主義の歴史は世界連邦の構想への支持を集め続けたことを示している。例えば、「日本の憲政の父尾崎行雄」は「世界連邦の熱心な賛成者」[4] として国会議事堂の建物の後ろにある記念碑で顕彰されている。彼は、今日世界連邦の実現を推進している 1948 年からの世界連邦運動の参画者の一人である。ノーベル物理学賞の受賞者の湯川秀樹は、この運動の推進を行っている世界連邦運動協会に参加し、その会において重要な役割を果たした。

---

1) Sugimoto, Yoshio. 2012. 'Kyōsei. Japan's Cosmopolitanism.' In: *Routledge Handbook of Cosmopolitanism Studies*, ed. by Gerard Delanty, 452–62. Taylor and Francis.

2) Ghadimi, Amin. 2017. 'The Federalist Papers of Ueki Emori: Liberalism and Empire in the Japanese Enlightenment.' *Global Intellectual History* 2(2): 196–229, p. 201

3) Ghadimi, pp. 207-8.

4) Schlichtmann, Klaus. 2009. *Japan in the World: Shidehara Kijuro, Pacifism, and the Abolition of War*. Volume I. Lexington Books, p. 41-2. 重要な参考文献を提供してくれたクラウス・シュリヒトマン氏に感謝する。

国会においては、世界連邦を求める議員グループが今日なお活発に活動している。そのグループの衛藤征士郎会長（当時）の主導の下、2020年、全ての主要政党の100人以上の国会議員が、世界議会とグローバルな連邦に向けての第一歩であると確信する国連議員総会（United Nations Parliamentary Assembly）を求める国際アピールを支持した。本書の後半部で私たちが言及したように、衆議院と参議院がそれぞれ2005年と2016年に世界連邦という長期的目標を支持する公式な決議を採択している。私たちの見解では、そのような連邦は選挙制の議会がその構造の基本的要素として存在して初めて成り立つ。

　私たちの希望は本書が日本における世界連邦の大義を強化し、この構想をより良く理解してもらうためのものとなることである。日本はグローバルな民主主義と連邦制の構想を実行するのに役立つ点で枢要な役割を果たすことが可能である。実際、私たちは日本の支持なしではグローバルな議会が実現できるとは思えない。私たちは読者の皆様がこの努力に加わり、私たちの組織、「国境なき民主主義（Democracy Without Borders）」に関心を持ち、そして参加されるようお願いする。私たちは、横江信義に率いられそして上村雄彦により助言を得ている本書の翻訳チーム（原田雄一郎、近藤正臣、坂本裕、坂田勉、白石隼雄（故人）、横江信義）のたゆみない努力と献身に感謝の意を表する。

ヨー・ライネン、アンドレアス・ブメル

序

　歴史上初めて、世界中の全ての人々が地球全域に及ぶ共通の文明という形で繋がった。通信、運輸、メディア、情報分野における技術の進歩は地球全体の統合を推進している。インターネットによる相互の繋がりはあまねく行きわたり、ビジネスや社会にとって不可欠となっている。私達の現代の生活は貿易、資本、サービスの流れ、そして生産チェーンのグローバル化があって初めて可能となっている。

　しかしながら、世界中に広がる消費社会とその資源の利用は持続可能ではない。重要な天然資源は究極的には枯渇するだろう。多くの再生可能な資源は、過剰な消費のために消滅するかもしれない。化石燃料の使用により大気中へ放出される二酸化炭素の増加は止まることなく、予想される地球の気温上昇の影響は測りしれない。緊急な対策がとられなければ、私達の惑星の気候システムは、生命を脅かす状態に陥りかねない。食糧の安定供給あるいは金融と経済のシステムの安定性のような不可欠な公共財の提供も、グローバルな体制やプロセスが機能することに大きく依存している。

　直接で複雑な人と人との繋がりは、各個人の行動が、どんなに些細なことであっても、全ての人に影響を与えることを意味する。人類は、全体として捉えれば、今や共通の運命を共にしている。私達は、高度に発達した人類文明を破壊する手段を持っている。例えば、数分の間に発射可能な数千発の核ミサイルが今でも存在する。同時に、世界社会は、基本的に必要な物資、教育、医療が提供され、全ての人々がまともな暮らしをするのに十分な生産力を有している。しかしながら、これは未だに実現してはいない。奴隷制度や植民地主義が克服されたように、極端な貧困や、経済的な搾取、そして戦争の慣習も軍産複合体とともに、史書の中の記録に封じ込められなければならない。

　極端な社会的不平等も重大な懸念材料である。グローバル化と生産性向上の恩恵は、それぞれの社会の中で、また世界中で、公正に分配されなければならない。この全てを実現するためには、適正な政策を施す以上のことが必要である。即ち政策の実施を可能とする**適正な政治的組織**を持つことが不可欠なのである。

しかし、効果的なグローバルな統治のための政治的組織は、全く存在していない。これまでの試みは全て失敗に終わっている。世界的な社会の発展はこのような方法では創造され得ない。今の世界秩序は、危機的状況にあり、壊滅的な崩壊の危険性を孕んでいる。

　国際連合（以下国連）と多くの専門機関、国際金融機関、世界貿易機関、様々な政府間のネットワークは、既に世界政府の多くの機能を満たしている。しかし、これらの機関は、実効性がないばかりか、不透明で、非民主的である。現状を維持することにより恩恵を受けている経済的・政治的権力者達の動きの鈍さは、グローバルな衰退の危険性を著しく増大する国家主義者や、反近代、反啓蒙主義の勢力の増加を誘発している。

　このような不安定な状況を克服するためには、世界の統治を可能とする、実効力のある世界法の諸制度が必要だ。問題は、グローバル化のプロセスが最終的に政治の世界にも拡大し、完結するかどうかである。持続可能で公正なグローバル市場経済を創設するための重要な柱は、民主制、連邦制、そして補完性の原理（自治等をできる限り小さい単位で行い、できないことのみをより大きな単位の組織で補完していくという概念、訳者注）である。民主制が発展、強化されなければならないことには、何ら疑いもない。しかし、これは、グローバルレベルの問題に特に注意を払う全面的なアプローチを行うことによってのみ成功するだろう。古代ギリシャにおける民主制の出現と 18 世紀における近代領土国家への民主制の展開に続いて、その次の段階が、今や差し迫っているのだ。

　本書は、私達が世界議会というテーマに長い間、関心を寄せてきたことが結実したものであり、長年にわたる徹底的な調査・研究に基づいている。それは、中立的な立場で書かれたものではなく、むしろ、心からの願いを明らかにするものである。私達は、民主的な世界議会の必要性を確信している。中立的な本を書くのは、私達の意図ではないし、そうすることは不可能でもあった。一つの実践的なステップとして、私達は 11 年前に、国連議員総会（UNPA：United Nations Parliamentary Assembly）を求めるキャンペーンの共同創始者となったが、それは、今や数千名にも上る政治家、国連の元高官、著名な学者、革新的な文化人、各種市民団体の代表者達や、150 カ国以上の多くの献身的な市民達によって支持されている。

　私達は、世界議会や世界法の秩序が簡単には実現できないことを知っている。しかし、今こそ国連議員総会を設立することによって、実現へのプロセスを進める時だと主張したい。私達は、現実的政策の観点から何が可能であるかではなく、何が必要であるかを指針としてきた。未来志向で前向きな思考がなけれ

ば、人類の歴史において、多くのことは成就されていなかっただろう。ユートピアの時代は終わっていないどころか、全くその反対である。グローバルな現代の始まりの今、制限や留保条件なしに、この地球文明の状況とその終末について真剣に考えなければならないのだ。私達の目的は、煎じ詰めれば、世界議会と世界法秩序の課題にスポットライトを当て、それについて真剣な議論を引き起こすことである。

世界議会プロジェクトは、民主的で、持続可能で、連帯に基づく世界秩序の実現への鍵である。それは、新たなグローバル文明に向かうための手段である。世界議会の創設は、人新世における世界文明の長期的な存続のための最も重要な政治的な条件の一つである。

現代のグローバルなリスクとチャレンジは厳しいし、実際にそれらに直面もしているが、私達は、悲観的な見方に屈したくない。たとえ、世界に何一つ問題もなかったとしても、世界議会のための議論が、意味のあることに変わりはない。それは、全ての人々は平等であって一つの世界文明においてグローバルに相互に結び合うべきことを考えれば当然である。一つの共同社会において、決定がなされる方法は、その方法がいかにその共同社会の構成員が相互に関係を持っているか、そして、彼らの運命に対して、相互にいかなる影響を及ぼすかを示すことになるので、極めて重要である。世界議会は、万能薬ではないが、それは、世界共同体の全ての構成員——それは**全人類**を意味する——が、グローバルに重要な決定に関与することを可能にする唯一の手段である。

本書はある意味で、過去の歴史を辿る作品である。先ず、世界議会の構想は、新しいものではない。本書の第一部は、古代以来の世界議会の歴史的、哲学的な基盤を探求し、その構想の歴史とフランス革命から今日に至るまでの、その構想をもたらすための努力の足跡を辿る。私達は、重要な歴史的著作を概観し、そのプロジェクトの印象的論理的かつ実践的基盤の概要を概説する。それは、議会主義と民主主義と平和のための総合的な計画について叙述するものである。この構想の支持者が、数百年も昔に遡る慣習を受け継いでいることを知るのは重要なのである。

他方、世界議会を求める要望は、今日、以前よりはるかに重要性が高まっている。このことを強調するために、本書の第二部は、世界議会の問題を最も重要なグローバルな課題と現代の長期的な発展との関連で取り上げる。その出発点は、気候変動、グローバルな公共財そして成長の問題を取り上げつつ、地球の限界を認識することである。また金融システムの危機、規制緩和の競争、そして租税回避をグローバルに阻止する必要性も取り上げる。一国の主権を超え

序　13

る問題があらゆるところにある。世界文明は脆く、そしてバイオテクノロジー、ナノテクノジー、ロボット工学、人工知能などの分野における急速な技術的発展に対して、人類が組織的に対応する用意が調っていないという根本的な問題が生じつつある。同じことが、核軍縮、集団安全保障、人権の保護、犯罪に対する戦いにも当てはまる。後に述べるように、グローバルな民主制の確立は、飢餓、貧困や不平等に対する戦いにとって大変重要である。グローバルな水政策も同様である。これらの問題は、個別には取り上げられてはいない。その代わり、今日の国際的制度の構造的な機能不全や失敗を詳述する総括的な記述を行っている。同時に、民主的な世界的制度とその基礎をなす諸原則の代替案を詳細に提示している。

　第二部は、既に生じつつあるグローバル国家の形成へのプロセスを概観する。私達は、現在、このプロセスが主に超国家的な権力者達に役立つものとなっていること、そして、世界の市民が世界議会の設立による支配権を主張する必要があることを強く訴える。超国家的な権力者達のグローバルな権力組織を背景として、新たなグローバルレベルの妥協案の実施を論じる。これら全てに関して、国家主権に関する伝統的な理解は検証に晒されなければならない。第二部の最終章では、知的、倫理的、かつ心理学的な発展と関連させ、人類の社会的・政治的進化を議論し、地球という意識の形成の足跡を探る。

　私達は、指針を示した上で、今日まで十分な関心が払われていなかった事項について関連づけをしたいのだ。特に注目に値し、かつ関連のあるオリジナルの文献や著者を可能な限り多用してこれを行う。その目的は、アカデミックな、あるいは政治的な議論を詳細に示すことではない。本書では数多くの問題が取り上げられるので、いずれにしても、そのようなことは不可能だろう。本書は、世界議会への支持の拡大を明らかにするとともに、世界的制度に関する現代の議論の欠点を分析する。時に、核や通常兵器の放棄、グローバル・ベーシック・インカム、あるいは物品市場のグローバルな規制といった世界議会が実行すべきであると確信する政策の分野に踏み込む。

　本書全体を通して、世界議会の支配下にある民主的な世界統治の重要な要素と考えられる他の提案も取り上げる。とりわけ、多国籍企業に対する統一的な課税システムの導入、グローバルな準備通貨とグローバルな課税制度の創設、グローバルな反トラスト機関の設立、国際刑事裁判所（ICC：International Criminal Court）の強化、マネー・ロンダリングとグローバル経済犯罪を対象とする管轄権の拡大、グローバルな犯罪取り締まり機関の設立、常設の国連平和維持軍の創設、戦略的かつ世界的な食糧備蓄制度の設立、そして世界憲法裁判所の

創設を検討する。最後に、第三部で、世界議会の実施と民主的な世界秩序への移行への実現可能なプロセスを示す。ここでは第一部で論じたことに加えて、世界の立法機関の役割を担う世界議会の重要な構想の詳細を含めている。

　本書の出版に際して、支援をいただいたヨーロピアン・プログレッシブ・スタディーズ財団（Foundation for European Progressive Studies）、ワーカブル・ワールド・トラスト（Workable World Trust）、スティフツング・アプフェルバウム財団（Stiftung Apfelbaum）、そして国境なき民主主義（Democracy Without Borders。以前は民主的な国連のための委員会（Committee for a Democratic UN）と呼ばれていた）に感謝したい。また、国連議員総会実現へのキャンペーンにおいて、国境なき民主主義、グローバルな政策のための世界連邦運動研究所（World Federalist Movement-Institute for Global Policy）、脅かされた人々のための協会（Society for Threatened Peoples）、そして、ワーカブル・ワールド・トラストによって果たされた重要な役割に敬意を表したい。

　国連議員総会キャンペーン中の 11 年間に、世界中で、数えきれない程の出会い、意見交換、イベントがあり、それらが全て、私達の思想や本書の作成に貢献している。私達は、この間の交流とキャンペーンに貢献してくれた全ての人に感謝する。全ての人の名前を記すのは、この序文を過剰に引き延ばすことになる手に負えない作業であることをご理解願いたい。

　本書が、真剣な議論を始める契機になるのみならず、世界議会の実現に向けた努力を大きく強化するものとなることを切望する。また読者諸氏が私達のプロジェクトに参加するようお誘いしたい。本書を友人、同僚、親戚に上げていただきたい。UNPA キャンペーンのウェブサイトを見て、国連議員総会を求める国際宣言に署名していただきたい。国境なき民主主義は、世界議会とグローバルな民主制度のために先頭に立って働いている。そのサポーターとなっていただきたい。そして、新たなコスモポリタン運動に参加してもらいたいのである。

序　15

世界議会──目次

監訳者解説 3

日本語版への序文 8

序 11

第一部　世界議会の構想──その歴史と先駆者達

第1章　ストア学派からカントまで
コスモポリタニズム、自然法、そして契約の思想
26

古代ギリシャのコスモポリタニズム　26／インドと中国におけるコスモポリタンのルーツ　28／ヴィトリアの「全世界共和国」　29／「国家主権」下の平和の概念　30／ホッブスとロックの社会契約思想　32／社会契約とボルフの「諸民族の国家 Völkerstaat」　35／カントのコスモポリタン構想　36

第2章　18世紀
啓蒙主義運動、革命、議会主義
39

米国の連邦国家と代表民主制　39／議会主義の歴史的ルーツ　41／フランス革命のコスモポリタニズム　43／クローツの「人類共和国」　44／コスモポリタニズムの終焉　45

第3章　ウィーンからハーグまで
統合のダイナミックスと国際議会運動
47

サルトリウスの「人民共和国」　47／ペキュールの世界規模の統合の概念　48／ペキュールの世界連邦と世界議会　50／テニスンの「人類議会」　52／選挙権拡大のための長き闘争　52／国際議会運動の誕生　53／列国議会同盟 IPU の設立　55／促進材としてのハーグ平和会議　56／米国における国際主義　56／列国議会同盟 IPU を巡るイニシアティブ　58／ドイツの平和運動から登場した議論　60

第4章　世界大戦と国際連盟

63

「円卓会議」グループの計画　63／社会文化的進化の理論と世界連邦　64／ヴェルサイユ講和会議の協議事項となった世界議会　65／国際連盟規約の「ドイツ案」　67／国際連盟に対する失望　69

第5章　第二次世界大戦と原子爆弾
国連初期の世界連邦主義

72

ファシズムの圧力下の連邦主義　72／世界連邦主義の発展　73／戦後秩序のプランニング　76／国連に対する根本的な批判と原子爆弾の衝撃　77／世界連邦制への著名人の支持　78／リーブの民主制、国民国家と国家主権に対する批判　79／支持者としてのアルバート・アインシュタインとアルベール・カミュ　80／カトリック教会の立場　81／1945年11月の英国のイニシアティブ　82／国連憲章レビュー会議の論点　83／欧州評議会の設立　85／ソーンの国連における議員総会設置の提案　85／世界憲法のモデル　86／クラークとソーンのモデル　87／世界政府調査教育会議の討議と結論　89／世界連邦への議会の協力　90

第6章　東西ブロックの対立と非政府組織 NGO の台頭

92

冷戦の最前線の間に捕らえられた世界連邦主義　92／世界連邦主義運動と北大西洋条約機構NATOの創立　93／世界連邦主義への支持の低下と世界議会　94／世界秩序モデル・プロジェクト　95／非政府組織NGOの重要性の増加　96／「第二院」の構想　98／国連総会における加重投票の問題　99／ベルトラン報告　100／ペレストロイカとゴルバチョフのイニシアティブ　101

第7章　冷戦の終結
民主化の波とその議論の活性

104

民主化の波　104／民主化議論の活性化　105／戦略的概念としての国連議員総会　106／世界議会と国連議員総会UNPAへの支持　108／グローバル統治委員会の報告　111／文化と開発についての世界委員会の報告書　112

第8章　グローバル化時代の民主制

114

グローバル化と国民国家　114／「コスモポリタン民主制」の理論　116／フォークとストラウスの論文　119／民主制国家の共同体？　121／ヘッフェの世界連邦共和国　122／WTO議会を求める声と列国議会同盟IPUの役割　124／世界議会と国連議員総会UNPAに向けた他のイニシアティブ　125

第9章 「テロとの戦い」、IPU の役割、UNPA へのキャンペーン

130

地雷禁止、国際刑事裁判所と世界社会フォーラム 130／グローバル議会の構想に関する新たな貢献 131／ラクナウ会議 133／9.11 とグローバルな民主制 133／ドイツ連邦議会の調査委員会の報告書 134／グローバル化の社会的側面に関する世界委員会による報告書 135／ウブントゥ・フォーラム・キャンペーン 136／カルドーソ・パネルの報告書 137／UNPA への支持の拡大 140／UNPA 設立を求める国際キャンペーン 144／2007 年以降の国連議員総会 UNPA の設立要請 147／第3回世界議会議長会議 150／2011 年の欧州議会の決議 152／デ・ゼイヤスの勧告 154／その後の進展 155／オルブライト・ガンバリ委員会による報告 156／トランプの選出と進行中の努力 158

第二部 21世紀の統治と民主主義

第10章 人新世、惑星地球の限界、コモンズの悲劇

165

人類の時代 165／地球システムの限界 166／ボランタリズムの問題 168／コモンズの悲劇 171／グローバル共通財の管理 172／世代の問題 174／グローバル多数決による決定 175／国際法の悲劇 177

第11章 オーバーシュート、「大いなる変容」、グローバルな環境・社会市場経済

179

オーバーシュートとエコロジカルフットプリント 179／成長のユートピアの終わり 180／グローバルな環境・社会的発展という課題 182／変容への主な障害としての「政治的障壁」 182／国家形成のプロセスと市場経済の興隆 184／市場原理主義と国家介入主義の間の「二重運動」 185／グローバルな環境・社会市場経済 186

第12章 ターボ資本主義、金融危機、グローバルな規制緩和への反撃

189

「二重運動」の現代的妥当性と規制からの解放問題 189／金融危機と継続する金融システム全体のリスク 190／金融システム安定化のための国家の介入 192／「最重要グローバル公共財」としての金融システム 193／国際法の無政府的なシステム 194／自由主義、自由放任主義と世界国家の問題 195／規制緩和のグローバルな競争 197／タックス・ヘイブンと匿名のダミー会社の重要な役割 199／隠された数兆ドル 202／規制緩和反対運動のゴールとしてのグローバル国家の形成 203

第13章 世界通貨、グローバル課税、財政連邦主義

205

世界通貨と世界中央銀行 205／国家の通貨政策の対外的影響と通貨戦争 206／世界準備通貨に関する最近の提案 207／徹底的な財政競争 209／多国籍企業への一律課税 210／OECD による拒絶 212／グローバル財政連邦主義と財政主権の復活 213／グローバル税の構想 214／グローバル税の収入の管理、監督と支出 216

第14章　世界国内政策、主権超越的問題、複雑な相互依存

218

「主権超越的問題」 218 ／相互依存の概念 219 ／政府横断的ネットワークそして国内政策と外交政策の融合 220 ／国際秩序の発展の諸局面 222 ／主権そして「爆縮 implosion」の時代 224

第15章　世界文明の脆弱性、実存的危機、人類の進化

226

世界的崩壊の可能性 226 ／人類の遺産としてのゲノム 227 ／生殖遺伝学 228 ／超人間主義と人工知能 229 ／自律的兵器 231 ／バイオテロリズム、ナノボットと新ウィルス 233 ／グローバル法に基づく規制の必要性 234

第16章　核兵器の脅威、軍備縮小、集団安全保障

237

万物の破滅をもたらす核戦争 237 ／核戦争に陥る危険性 238 ／核による事故の危険性 239 ／全面的かつ完全な軍備撤廃という果たされることなき義務 242 ／核軍縮の枠組み 243 ／核兵器と在来兵器の軍縮との関連 245 ／マックロイ・ゾーリン協定 247 ／実現されていない国連憲章の平和構想と国連軍 248 ／世界の平和秩序の四本柱 251 ／世界議会の役割 252

第17章　テロとの戦い、「ブローバック」、データ保護

254

戦いそのものを目的とする「テロとの戦い」 254 ／米国の秘密戦争 255 ／米国の外交政策と「テロとの戦い」の結果 256 ／人権侵害と米国のドローン戦争 257 ／国際的テロリズムの根本原因と世界議会の妥当性 258 ／グローバルな監視システムと万人の権利への侵害 261 ／グローバルなデータ保護法 264

第18章　世界法施行制度、刑事訴追手続き、ポスト・アメリカ時代

267

世界警察法と多国籍警察機関の必要性 267 ／古典的な制裁の失敗 268 ／国際刑事裁判所を支援する超国家的な警察軍 269 ／ICC の訴追権限の拡大 271 ／主権、そして法の施行機関間の協力 273 ／国際的刑事訴追手続きの強化と世界議会 274 ／インターポールと説明責任 276 ／世界警察法の要としての世界議会 277 ／米国の役割と重要性 280

第19章　グローバル食糧安全保障と飢餓の政治経済学

284

世界的規模の飢餓の規模と十分な栄養摂取の権利 284 ／人口増加と食糧生産 286 ／グローバルな食糧供給の脆弱性 288 ／石油とリン酸肥料への依存 290 ／政治経済学の問題としての飢餓 291 ／民主制の妥当性とその国際的制度 292 ／農業補助金、WTO、食糧の安全保障 294 ／商品市場と金融投機 294 ／グローバルな公共財としての食糧の安全保障と G20 の失敗 296 ／食糧農業機関 FAO、世界食糧委員会、そしてグローバルな食糧備蓄 297 ／自由貿易、食糧安全保障、そして世界平和秩序 299 ／世界議会とグローバルな食糧政策の民主化 300

第 20 章　グローバルな「水政策」

303

飲料水供給の現状　303／グローバルな問題としての水の安全保障　304／水の管理における民主制の赤字と世界議会　306

第 21 章　貧困の根絶と全ての人々の基本的社会保障

310

貧困：最重要問題　310／極貧と適度な生活水準の権利　311／国際的な開発への新たなアプローチの必要性　314／経済成長だけでは十分ではない　314／惑星地球の社会契約の基礎としての社会保障315／グローバルなベーシック・インカム　316／グローバル公共財の世界的な所有権　319／経済的抑圧なき生活の夢　320

第 22 章　グローバル階級の形成、「超富裕階級」、グローバルな不平等

321

グローバルな階級対立の出現とグローバルな中流階級の役割　321／グローバルな不安定層プレカリアート　324／大衆という概念　325／超富裕層とグローバルな権力構造　327／多国籍資本家階級　329／多国籍国家機関　331／多国籍企業間の相互連携　332／グローバル反トラスト機関の必要性　333／グローバルな不平等と不安定性　335／金融危機の原因としての不平等　337／投下資本の増加と資本に対するグローバル課税　338／グローバルな公共政策機関と世界議会の必要性　339／新たなグローバル階級間の妥協　341

第 23 章　世界政府、エントロピーの時代、連邦主義に関する議論

342

グローバルエリートと世界政府の問題　342／グローバルなレバイアサンの亡霊　345／階層的秩序と複雑さ　346／階層制の様々な形態　347／権限移譲の原理　349／グローバルな統治と国際法の双方の分裂　349／統一のとれた世界法と世界議会　351／混迷する世界秩序と「エントロピーの時代」352／世界文明のエントロピックな衰退？　354／複雑さの減少手段としての世界連邦主義　355／タブーの話題としての世界国家　356／政府間主義の揺れ動くパラダイム　357／一般的な反動的議論359

第 24 章　第三次民主的変容とグローバルな民主制の赤字

362

民主化の波　362／経済発展と民主主義　365／脱工業化の社会の価値観の変容　366／普遍的な価値としての民主主義　367／民主制の権利　369／政府間主義による民主制の弱体化　370／多国籍企業の影響　373／食品規格委員会の例　373／民主制の問題としての分裂　375／規模のジレンマ　376／正当化の連鎖の概念　377／出力正当化 Output legitimation　378／世界市民への説明責任　380／国際法と世界法における平等性と代表制　380／第三次民主主義的変容　383／国際的議会組織　385

第25章　惑星地球意識の発達と新たなグローバルな啓蒙運動

387

戦争と社会−政治的な進化　388／暴力の減少　390／理性、共感、そして道徳規範の発展　391／グループ淘汰における道徳の起源　393／集団内の道徳と青年期の人間性の危機　395／社会起因と精神起因　398／広がる共感の輪　399／統合的意識への移行　401／集団的な自己賛美とプロメテウスのギャップ　403／文化的停滞の問題　406／グローバルアイデンティティと他者　408／「概観効果」と惑星地球的な世界観　410／アイデンティティ、国民、そして国家形成　413／世界の人々の進歩的な態度　417／グローバルな歴史と世界市民権のための教育　420／現代の創造の物語としての「ビッグ・ヒストリー」　422／近代性プロジェクトの継続　423／新たなグローバルな啓蒙運動　428

第三部　将来展望──世界民主制の設計図とその実現

第26章　世界議会の設立

431

欧州議会の例　431／国連議員総会UNPAの提案　433／権限と責任の拡大　434／増大する民主主義の課題　436／議席の配分　438

第27章　世界法の創設

442

国際法と世界法の比較　442／二院制の世界立法府　444／世界憲法裁判所　445

第28章　制度変容の諸条件

448

制度変更のための構造的条件　448／コスモポリタン運動　451／非政府組織NGOの役割　452／変化を促進する触媒としての国連議員総会UNPA　454／四つの要因　456／恐ろしい事態を予想し、そして回避すること　461／気候に誘発される事象　462／民主制の中国　463／その始まりに当たって　465

訳者あとがき．．．467

国境なき民主主義（DWB）──変化への行動計画．．．．．．．．．．．．．．．．．．．472

著者紹介．．．474

監訳者・訳者紹介．．．475

第一部

世界議会の構想

その歴史と先駆者達

世界議会の構想は、世界秩序の中で各個人の果たす役割について問題を提起する。それは全ての人々は、多くの違いがあるにもかかわらず、人類という全世界に広がっているただ一つの家族のメンバーであるとの確信に基づいている。人間であるというだけの理由で、全ての人々は例外なく、平等の身分と平等の権利を持つ世界市民なのである。こうして、人々はこの惑星社会とその生息環境、即ち地球に対する責任を分担するのである。世界議会は全ての人々が自ら選出する議員が代表として直接参加する政治的組織である。この組織の役割は全ての人々の幸福と彼らの共通の利益を守ることである。それは、全人類の自決と主権の成果と象徴であり、かつ合法的な世界国家システムの礎でもある。

　グローバルな人民代表制の概念は何百年も前に遡ることができる歴史的で哲学的な発展を伴う。少なくともヨーロッパ啓蒙主義の時代から現在に至るまで、重要な発展の原動力は、人類の解放、民主主義、自決そして平和への人類の願望であった。今なお存在する独裁国家の数を考慮すれば、世界議会の構想は、その議員が普遍的、平等、そして自由な投票によって選出される組織と考えられているため、永続的、漸進的な政治的解放と民主化への願望の象徴でもある。この意味で、世界議会の構想は、イマヌエル・カント Immanuel Kant の言葉によれば、人類の「自ら従属を課している状態」から人類を解放することをその目標とする啓蒙主義の価値観の中にそのルーツがあるのみならず、啓蒙主義プログラムのコスモポリタン的側面を推し進め続ける。従って、世界議会の設立は新たなグローバルな啓蒙主義の中心的な最終目標なのである。なぜなら世界議会は全ての人間を世界的法秩序の自立的主体とするからである。そのようにして、世界議会のプロジェクトは、何世紀にもわたる主権国民国家の古い国際法のパラダイムを覆し、1648年のウェストファリア平和条約によって幕開けした国際法の時代の終わりへと導くのである。

　その当時、30年戦争において中央ヨーロッパの人口のほとんど3分の1が死亡し、全地域が住民人口を激減させた後で、統治者達の主権平等および異なる信仰心の共存についての合意が達せられた。オットー・キミニッヒ Otto Kimminich が巧みに述べているように、「独立した平等な統治者としての主権者間の自由なコミュニケーションの権利は、高位の権威を一切認めず、国家が自国民に関し権利を有することには何の疑いもないのを誰もが承知していたけれども、ローマの万民法に倣って『諸民族の法』(the law of nations) と称された」[1]。この理由により、カントは、「諸民族の法」よりも、むしろ、「諸国家の法」

---

1) Kimminich, Otto. 1997. *Einführung in das Völkerrecht.* 6th ed. Tübingen, Basel: UTB, p. 64.

（the law of states）について論ずる方がよいと考えていた[2]。

主権は当初は封建領主や君主達の個人的な属性であったが、18世紀の米国やフランスの革命が進む中で、主権は国内問題については国民の主権に、そして国外問題については近代国家の主権へと変質していった。このようにして共和国は君主国の遺産を途切れることなく受け継いだのである。

グローバル時代において啓蒙主義プロジェクトを更に継続するには、国民国家の中への人間の囲い込みを打破し、統治と民主制を明白なグローバル公的機関の中に刻み込み、そして必要な場合には、国際法（即ち、国民国家間の法）からコスモポリタン的世界法へ巧みに飛躍させることを目的としなければならない。国際法の目的は――そもそも、国際法がその核心において、主権的な存在（即ち国家）の上に構築されており、決定や執行のためのより高位の権威は一切認めないことからすると逆説的であるが――いみじくもビットリオ・ヘスレVittorio Hösleが書いているように、究極的には、国際法自身の廃止を目的としなければならない[3]。世界法は、国際法とは対照的に、真に法の特質、つまり法律の制定による普遍的に拘束力のある決定、裁判による強制力のある紛争の裁定、そして必要な執行手段を有することとなろう。私達はこのうちの第一点目、その中でも立法機関に焦点を当てる。

世界議会創設の目的は、私達が現在抱えている問題と課題に密接に関連している。このことを理解するためには、このプロジェクトの哲学的な根源と歴史的な側面について、明瞭に全体像を把握することが不可欠である。第一部では、世界議会に関する議論の始まりから今日に至るまでを歴史的に概観する。

---

2) Kant, Immanuel. 1797. *The Metaphysics of Morals*. §53.
3) Hösle, Vittorio. 1997. *Politik and Moral*. München: C.H. Beck, p. 933.

第 1 章

ストア学派からカントまで

コスモポリタニズム、自然法、そして契約の思想

古代ギリシャのコスモポリタニズム

　世界議会の構想が基礎とする原理の一つは、地球全体が全人類の家と理解されなければならないということである。コスモポリタニズムの歴史は通常シノペのディオゲネス Diogenes（紀元前 400 頃～ 323 頃）にまで遡る。彼は、故郷について問われると「世界市民」であると答えたらしい。不確かではあるが、重要な役割を同時代のアレクサンダー大王（紀元前 356 ～ 323）が果たしている。彼は、ペルシャ、小アジアとエジプトを彼の支配下に治め、更にインド亜大陸にまでその支配を拡大した。ピーター・クールマス Peter Coulmas は、コスモポリタニズムの歴史の教科書の中でアレクサンダーは全ての人々を兄弟そして親族であると見なすべきであるとの考えを述べた初めての人であると書いている。大王は多くの様々な民族と国を網羅する「人類帝国」の構想を追求した [1]。彼は「居住可能な地球」は「全ての人々の共通の祖国」であるとの思想を推し進めたと考えられている。

　古代歴史研究家のアレクサンダー・デマント Alexander Demandt が、詳しく伝えているように、プルタルコス Pultarch によれば、大王は自らを全人類と一体化させ、友情という巨大な攪拌器の中で攪拌し、「一つの単一の家族として結合する」ことを使命とする「人類の仲裁者であり、世話役である」と考えていた。彼の哲学は、全人類はギリシャ人も野蛮人も平等であるとの思想に基づいていた [2]。彼はペルシャ人や他の人々から外国人の支配者と見なされるのを望んではいなかったかもしれないが、実際は違っていた。大王の帝国へのそれらの国の編入は武力によって達成されたのである。

---

1) Coulmas, Peter. 1990. *Weltbürger. Geschichte einer Menschheitssehnsucht*. Reinbek: Rowohlt, p. 90.
2) Demandt, Alexander. *Alexander der Große*. München: C.H. Beck, 2012. pp. 373, 378, 373.

ストア哲学の中では、人類の自然社会と全ての人の統一の思想は紀元前300年頃までには確立されていた。この観点は、アレクサンダー帝国の崩壊の後、敵対的な都市国家に分裂した古代ギリシャ世界で広く行きわたっていた排他主義と偏狭さとは正反対の対照的なものであった。キケロ Cicero（紀元前106～43）が論じているような「全世界は、神々と人間の間に共通する一つの都市と考えるべきである」[3] との思想は、何ら明確な政治的意図はなかったし、また世界国家の構想を示唆することも意図していなかった。それにもかかわらず、クールマスが考察したように、「ストア学派の世俗的でユニークな歴史的功績は、ギリシャの都市国家で実現された市民社会を人類社会に、そうしてそれを全世界へ普遍化することを予測したことであった」[4]。

　キケロの対話の一つに、人間の連帯と責任の分担は全人類に広がるとの見解が提示されている。人間は「彼が人間だからとの単純なる理由で、他のどんな人間によってもよそ者と考えられるべきではない」と論じられている。各個々人が人間社会に結びついているのだ。「全ての人々の共通の利益を自らの利益より上位に置くこと」は当然の義務である[5]。古典学者のクラウス・バルテルス Klaus Bartels が評したように、その対話は、人類に対する裏切りという概念と、人間はその所属する人間社会に対してだけではなく未来の世代に対しても義務を有するとの驚くほど現代的な仮説で締めくくられている。「『全員の共通の利益や幸福を自己の利益や幸福のために犠牲にする者』は誰でも『祖国を裏切る者』と正に同じ程の非難を浴びるに値する」その後更に、「『いずれ来る時代に生きる世代』の幸福を確保するために、対策も講じられなければならない」[6] と論じている。

　民主的な世界社会の構想は次いで古代ギリシャのユダヤ人を代表する一人として有名なアレキサンドリアのフィロ Philo（紀元前15年頃～紀元40年頃）によって体系化されている。彼は自分の論文の中で、都市には2種類あり、その一つは、もう一方の都市より優れている、即ち、「民主的な政府、平等を尊重する規約を持ち、その支配者は法と正義である」[7] 都市であると彼は書いている。彼は別の論文でも、人民と国家の興亡の究極的な目的は「全世界があたか

---

3) Cicero. De Legibus. I. 23., citation from Coulmas, ibid., p. 118.

4) Ibid., pp. 114ff.

5) Citation from Bartels, Klaus. 2011. *Jahrtausendworte in die Gegenwart gesprochen*. Darmstadt/Mainz: Philipp von Zabern. p.74.

6) Citation from ibid., pp. 74f.

7) On the Confusion of Tongues, Section XXIII (108), in: Philo Judaeus. 1993. *The Works of Philo*. Transl. by C.D. Yonge. New updated edition. Hendrickson Publishers. p. 243.

も一つの都市となって、最も優れた政体、即ち、民主制度を享受するようになるためである」と哲学的な考察を行っている[8]。

インドと中国におけるコスモポリタンのルーツ

　コスモポリタンの思想は、極めて早くから、古代ギリシャの文化的領域の外においても発見することができる。例えば、古代タミールの詩集の『プラナヌラ』は紀元前100年から5世紀の間のサンガム（Sangam）文学の一部だが、その中のカニヤン・プンクンラン Kaniyan Punkunran の詩は「全ての国は私の国である、全ての人は私の親類である」と書いている[9]。ヒンズー教の哲学書のウパニシアッドの一部はもっと古い文献であるが、その中にも、そしてその他の古代インドのサンスクリット語の文献にも "Vasudhaiva Katumbakam" という哲学的概念、即ちサンスクリットの意味するところの、「全世界は一つの家族である」[10]を含んでいる。

　『礼記』は儒学の5冊の古典のうちの1冊であり、中国の哲学者の孔子（紀元前551〜470）の教えに由来するが、その中に「偉大なる統一」即ち、世界は、全ての人々に、より平等に、調和的に、分かち合われなければならないという思想を見出すことができる。もっと古くは、「天下 Tianxia」の観念がある。それは概ね「全てのものが天の下にある」ということを意味している。これは、紀元前1046年から同256年の周王朝時代に重要な意味を持つようになったが、この観念には、中国の皇帝は天の息子として世界を結合し、統治するという思想を含んでいる。中国の哲学者趙汀陽 Zhao Tiangyang によれば、周王朝時代においては、全ての政治思想の原点は一つの総体としての世界であった。それは「至高の政治的存在」と見なされ、それには、他の全ての政治的存在が従属すべきであると考えられていた。「天下」の理論によれば、政治体制は「外界という観念が存在しなくなった時、言い換えれば、何事も何人も排除されていない時」にのみ、平和な状態にあると断言できると趙汀陽は論じている。彼の『道徳経 Tao Te Ching』は、例えばその54章の中でグローバルな視点を示しているとも指摘している[11]。

---

8) *On the Unchangeableness of God*, XXXVI (175), ibid. p. 172.
9) この詩には多くの訳があり、若干のバリエーションがある。
10) 例えば「The Brahman and his weasel」の寓話を参照。cf. Ṣarman, Lakshmīnarayaṇa. 1830. *The Hitopadesha: A collection of fables and tales in Sanskrit by Vishnusarmá*. Calcutta: Shástra Prakásha Press, pp. 508-509 (Ch. 4, Fable 13).
11) Tingyang, Zhao. 2009. 'A Political World Philosophy in terms of All-under-heaven (Tian-xia)'. *Dio-*

ヴィトリアの「全世界共和国」

　人類全体を一つの国家の如き社会と見なす思想の最初の詳細な論文は、ヨーロッパ人による中南米の植民地化が開始された時に登場した。ドミニコ会の神学者のフランシスコ・デ・ヴィトリア Francisco de Vitoria（1483～1546）は、1526年以降サラマンカ大学で講義をしており、クリストファー・コロンブス Christopher Columbus やヘルナン・コルテス Hernan Cortes と同時代人であるが、彼は全地球に広がる一つの社会「全地球共和国（res publica totus orbis）」の概念を詳しく述べている。

　もちろん、世界国家についてその他の構想もあった。特に有名なのは、ダンテ・アリギエリ Dante Alighieri（1265～1321）が展開した階層構造の世界君主制についてのものである。しかしながら、それは、帝国主義的なキリスト教帝国の創設を中心に考えられていた。ヴィトリア派の学者のヨハネス・サムファート Johannes Thumfart は、「アリギエリの全世界君主制とは対照的に、ヴィトリアは、具体的に民主的に合法化され、かつ多元的に構築されたグローバルな政治組織の擁護者のように見える」[12] と書いている。

　私達は、世界が国家で分断されていることに慣れているので、ヴィトリアの観念的なアプローチを理解するのはあまり容易なことではない。ジョゼフ・ソダー Josef Soder が述べているように、ヴィトリアが想定した社会は「普通の国家でもなく、超国家でもなく、国家で分割されていようがいまいが、単に人類全体が統合されたものなのである」[13]。ヴィトリアの考えでは、グローバルな国家社会である totus orbis（全世界）は、原始にあったものである。それは個別の政治組織の形成に先立って存在しているので、個々の政治組織の出現によって破棄されることもない。実際 totus orbis は全ての人々と全ての国家を拘束する法律を公布することができる。驚くべきことには、これには多数の同意のみが条件であるとしていることである。ヴィトリアは、totus orbis の決定が、実際上どのようになされるかを正確に説明してはいないが、いずれにしても、彼がこの自然に発生すると信ずる社会の目標あるいは目的にしているのは全ての人々の幸福なのである。

---

genes(56) 221: 5–18. pp. 8ff.

12) Thumfart, Johannes. 2011. Francisco de Vitorias Philsophie: globalpolitisch, nicht kosmopolitisch. In: *Die Normativität des Rechts bei Francisco de Vitoria*, ed. by Kirstin Bunge, Anselm Spindler and Andreas Wagner, 229-254. Stuttgart-Bad Cannstatt: frommann-holzboog Verlag, p. 249.

13) Soder, Josef. 1955. *Die Idee der Völkergemeinschaft. Francisco de Vitoria and die philosophischen Grundlagen des Völkerrechts*. Frankfurt am Main: Alfred Metzner Verlag, pp. 53ff.

ヴィトリアの思想の全人類の原始的社会は、国家組織の出発点であり、各個々人は生まれながらにして一定の条件の下に一定の権利が与えられる国際法の主体となる。ヴィトリアは、全ての人々は宗教や他の特性に関係なく、本質的に平等であると考えていた。彼は、この見解をグローバル化時代が始まった時、それまでヨーロッパ人にとって全く未知だった人々と遭遇し始めたちょうどその時に取りまとめている。それは、ハンス・マグヌス・アイゼンスバーガー Hans Magnus Eizensberger が 1981 年に「2000 万人に対して行われた大虐殺」[14]と書いた、スペインの征服者の抑制なき冷酷さと全く対象的である。ヴィトリアの国際法の理論によれば、「新世界」で発見された非キリスト教徒の社会も自治権と所有権を持っていた。従って、彼らの征服は誤りであったし、少なくともその行為には正当性が必要であった[15]。ロルフ・グロワート Rolf Grawert は「スペイン人がアステカ人を殺害し彼らの統治体制を打倒している時に、そしてフランスのフランソワ一世がカール五世に対してスレイマン大王と同盟を結んでユダヤ人のみならずムーア人も迫害していた時に、この普遍的な人間性への訴えかけは政治的に大変重要であり、現在にいたるまでその重要さに変わりはない」と論評している[16]。

「国家主権」下の平和の概念

　コスモポリタン的人間社会は、ヴィトリアの見解では各個人に移動の自由の権利を与えるというものであったが、このような考え方は、18 世紀の啓蒙運動が起こるまでは例外的なものであった。既にダンテの時代には、「歴史の実際的進展は超国家的な政治的統合の構想から離れ始めていた。14 世紀の初めには皇帝や法王が再び世界の権力者となることが可能であると予想するのは最早不可能であった。キリスト教世界の団結は領主達の独立への要求の高まりによってますます崩れつつあった」とマハ・ブラウアー Maja Brauer は『世界連邦主義の歴史』の中で記述している[17]。

---

14) Las Casas, Bartolomé de. 1981 [1552]. *Bericht von der Verwüstung der Westindischen Länder*. Ed. by Hans Magnus Enzensberger. Insel Verlag, p. 124.

15) ヴィトリアは征服者の残虐行為を不可とする一方、スペインの軍事行動を正当化する一つの議論を提示した。彼は、スペイン人は人身御供の慣習から保護をするためにインディアンの社会に介入する権利があると主張した。

16) Grawert, Rolf. 2000. 'Francisco de Vitoria. Naturrecht – Herrschaftsordnung – Völkerrecht'. *Der Staat* 39: 110-125, p. 117.

17) Brauer, Maja. 1994. *Weltföderation – Modell globaler Gesellschaftsordnung*. Frankfurt am Main et al.: Peter Lang, p. 26.

中世期から近代への移行の間に、公国の君主やその他の主権を有する支配者達は、数世代にわたる発展の中で、近隣の地理的領土を可能な限り彼らの独占的な支配の下に治めるために、かつてないほど激しく戦った。フランスの政治学者であるジャン・ボダン Jean Bodin（1529 頃〜 1596）は、国家の新たな権力の最も重要な政治的目的として主権の概念を策定した。ボダンによれば、主権者たる支配者は、領土内における全軍事力の所有者であり、他者、特に皇帝や法王から独立しており、かつ彼の上位にあるのは、神のみであると認識している。1583 年にボダンは「主権的王権と絶対的な権力の主な特徴は、全ての従属者に対しその同意なしに法律を課す」権限を有することにあると記している [18]。これは、行政機構の同時期における発展とともに、個別の「主権的」領土国家の緩やかな形成をもたらした。

　「数世紀の間に、人民の偉大な社会モデルは、紛争の平和的解決のルールと個別の成員が行う暴力的な行為に対する共通の対策に同意する主権を有する君主の連合のモデルによってとって代わられた」とブラウアーはダンテに続く時代を要約している [19]。15 世紀以来続くオスマン帝国のヨーロッパへの拡大と1529 年と 1683 年のウィーンの包囲攻撃に直面し、この「トルコの脅威」に対抗するキリスト教徒の軍隊を提供し合う構想はこの時の平和計画の重要な一部であり、しばしば計画に帝国主義的志向を与えた。この一例は、フランスの外交官のアベ・カステル・ドゥ・サン＝ピエール Abbé Castel de Saint-Pierre（1658〜1743）によって1711 年以降断片的に何回かの改訂版で提案された「ヨーロッパの全ての国民の間の恒久的、全面的な平和」のための計画である。彼が提案したキリスト教−ヨーロッパ国家同盟は仲裁裁判所と共同の軍隊を保有するが、オスマン帝国を同盟の正加盟国には含んでいなかった。それどころか1716 年のこの提案の第三版において「トルコ人の排除」を「緊急に必要なこと」と彼は書いている [20]。

　数多くの国際的な平和連盟の提案は通常、定期的に開催される会議と議会を想定していた。これは独立した代議員によるコスモポリタン的民主的な人民代表制を意味する世界議会とはほとんど関係がなかった。通常想定されていたのは貴族階級の支配者の指示によって制約されている彼らの代表者によって構成される議会であった。サン＝ピエールの提案もそうであったし、とりわけイス

---

18) Bodin, Jean. 1976 [1583]. *Über den Staat*. Stuttgart: Reclam, p. 31f., see also p. 42.
19) Brauer, ibid., p. 27.
20) Borner, Wilhelm. 1913. *Das Weltstaatsprojekt des Abbé de Saint-Pierre*. Diss. Berlin, Leipzig, pp. 31ff.

ラム世界を含む全宗派的なアプローチで他と一線を画しているエメリック・ク
ルーセ Émeric Crucé（1590〜1648）の平和構想もそうであった。この支配者達
の議会は国家間の平和を守るための拘束力のある決定をし、平和の破壊者に対
する共同制裁までをも決定することができるようにするべきであるということ
が、度々、例えばサン＝ピエールとクルーセの案においても、考えられていた。
それは国際法における彼らの支配の「従属者」を代表することとは全く関係の
ないことであった。仮にこれらの平和の構想が議会について言及する場合には、
それは、一般的には利害関係者の代表者の単なる協議会という前近代的な意味
であり、かつこの場合は、特に主権を持つ支配者の間の協議会であった。議会
（parliament）という用語は古代フランス語の文字どおり協議または対話を意味
する「parlement」に由来するのだ。

ホッブスとロックの社会契約思想

ペンシルバニアの創始者であるウィリアム・ペン William Penn（1644〜1717）
は、1693 年に、ヨーロッパの平和モデルに関する論文の中で統治者の主権は
集団的援助の保障によって制限されるものではなく、反対に報復的な攻撃に対
する安全保障の向上によって強化されるものであると論じている。ペンは統治
者の「主権の平等」の概念はあまりに愚直であると見なしている。彼が提案し
た主権者の代表の議会では、「主権を持つ統治者間の不平等と国家間の不平等」
を議会に反映し、かつより大きな勢力を持つ者の参加をもっと惹きつけるため
に、投票には、経済力に応じて重みを付けることを彼は考えていた。1710 年
に、ペンの友人で彼と同様クエーカー教徒であるジョン・ベラーズ John
Bellers（1654〜1725）もまた加重投票を想定した平和モデルを提示している。
しかしながら、彼は人口を重み付けの根拠とした。ベラーズは、国家連合の検
討との関連において、従属者の権利を取り上げた最初の人々のうちの一人であ
る。「［国家間の同盟の］協議会の同意により（中略）主権者と従属者の間の、一
方においては、君主の抑圧と暴政を阻止し、他方においては、従属者の騒擾と
反逆を抑止するため、命令と規則が設定されるべきである」[21]。クルーセは、
それより約 100 年前に「『もっと良い時が来るとの希望を抱いて人は不作の 1 年
を耐える』のと同じように、人は専制君主を受け入れなければならない」と書

---

21) Bellers, John. 1710. Some Reasons for an European State. London, p. 19. Nb this citation: ed. of
1723, in: Alan P.F. Sell, et al.（eds.）. 'Protestant Nonconformist Texts Volume 2: The Eighteenth
Century'.

いている [22]。

　1642 年の『市民について』と 1651 年の『レバイアサン』で、トマス・ホッブス Thomas Hobbs は、政治哲学において、神権による政治的支配の正当性の終わりが来たことを告げている。その代わりに個人による契約上の自己規制という理論上の観念、即ち社会契約の観念が登場した。ホッブスは、仮説的な自然状況——そこでは彼の信じるところ、人が生まれながらに持っている狼のような貪欲な性質による競争的な態度と、そして正義と法を課すことができる総合的な権力のない状態における相互不信や利己心や恐怖がはびこっているために、無政府的な「万人に対する万人の戦い」が広がっている状態——を設定した。この一般的な不安定な状況から逃れるために、国家が、絶対的な統治者と武力の独占を持ち、全ての各個々人の間の互恵的な契約によって設立される。この契約は、過半数が賛成すれば直ちに一般的な強制力となる。それは唯一無二でかつ不可逆的な仮説的法令であるが、そこからホッブスは、旧約聖書にある海の怪物、レバイアサンのように無敵の絶対的至高の権力を持つ無制限の権力を導き出している。

　1649 年に、オリバー・クロムウェル Oliver Cromwell を中心とする議会軍とチャールズ一世を中心とする王党軍との間の英国国内戦争は国王の処刑と英国の君主制の廃止（1660 年に復活するが）で終了した。いわゆる平等派は民主主義の新たな解釈を代表し、強力な草の根の政治的運動を革命派の内部で展開した。「平等派は、政治的支配は全員との個別契約に基づく本来自由で平等な人々の理性的な意志を根拠とすると確信していた」と政治学者のリヒャルト・ザーゲ Richard Saage が書いている [23]。彼らは、アリストテレスが論じたように、支配者と従属者の関係は、人間によって設定され維持されているのであって「自然にある」ものではないと認識していた。ホッブスは厳格な専制主義を正当化するために同じ考え方を用いている。しかし、これを根拠とする社会契約論は、正当な国家支配とその各個人との関係に関する疑問について徹底的な再評価も可能とした。「近代国家の歴史はレバイアサンを——人権と理性的な法律によって、国家における法の支配によって、**法治国家**と立憲主義によって、権力の分離と民主主義によって——飼いならす歴史である」とキールの哲学教授のヴォルフガング・カースティング Wolfgang Kersting が書いている [24]。

22）Crucé, Émeric. 1953 [1623]. Der neue Kineas. In: *Ewiger Friede. Friedensrufe and Friedenspläne seit der Renaissance*, ed. by Kurt von Raumer, transl. by Walther Neft, 289-320. Freiburg: Verl. Karl Alber, p. 314.

23）Saage, Richard. 2005. *Demokratietheorien*. Wiesbaden: VS Verlag für Sozialwissenschaften, p. 82.

24）Kersting, Wolfgang. 2002. *Thomas Hobbes zur Einführung*. 2nd ed. Hamburg: Junius, pp. 12f.

ジョン・ロック John Locke（1632～1704）の提案した国家のモデルはこのプロセスの重要な節目となっている。1689年に匿名で出版された『統治二論』で、この英国の哲学者は社会契約の思想を取り上げ、それを絶対的君主制の概念の破壊のための出発点として使用している。彼は仮説的な自然状況の中では、人間は完全に自由、平等で独立の状態にあると論じている。人間性に関する彼の基本的な見解は、ホッブスとは対照的に、肯定的である。社会契約によって作られる社会の目的は秩序の維持と個人の自然権、特に、生命、自由と財産に対する権利の保護である。国家権力は「社会の公共的利益」に役立つものに限定されている。「国家の権力は、（中略）その従属者を破滅、隷属させ、あるいは故意に窮乏に貶めしたりする権利を持つことは一切できない」とロックは書いている[25]。これに、いかに社会契約が政治的権力をコントロールするために策定されているかとの思索が続いている。「国民によってその都度、選ばれる議員により構成される」[26] 選挙で選ばれる議会が最高権力を持つと想定されている。多数決で成立する法律は立法者とその国家自体も含む一般的な拘束力を有する。ここでロックは選挙で選ばれる議員による人民支配の制度と法の支配の原則を明確に設定している。権力の乱用を防止するために、法律の執行あるいは、軍事力の独占的行使を議会の機能から分離することを論じて、ロックは、最初に、権力分割の必要性も強調している。万一、立法機関が人民の信頼を裏切り国家の利益に反して行動する場合には、その統治権は没収され国民に戻される。そして国民は社会契約を更新して立法機関を交替させることができる。

　ホッブスとロックの社会契約の思想は普遍的というより限定的で世界国家の設立よりもむしろ特定の社会に適用されるものである。しかしホッブスはどの君主国も、いかに法や秩序のない無法の自然状態にあると解されることができるかを示している。「それぞれの君主国の政府機関は諸民族の法 Law of Nations（国際法）と称される法の下にあると理解されているが、その政府機関に関してこの場で、私は、何も言う必要はない。なぜならば、諸民族の法（国際法）と自然法（Law of Nature）は、同じものだからである」とホッブスは書いている[27]。かくて、本来の「万民に対する万民の戦い」即ち、自然状態の下にある個人間の仮説的関係は国際的分野における君主国間の現実的関係となる。この見解の下では、このような状況の下で、君主国の行動能力の維持、実際上はその存続を確保するために、国家はその安全保障のために最大限可能な努力

25）Locke, John. 1689. *Two Treatises of Government*, §135, p. 103.

26）Ibid., §154, p. 118.

27）Hobbes, Thomas. 1651. *Leviathan*. Ch. XXX.

をしなければならずかつ過大な勢力の不均衡の進展を阻止しなければならない。その結果は国家間の同盟の形成と軍備費の果てしない増加であり、それは逆に不安定を単に増すこととなる。これは、ドイツ系米国人の国際法学者であるジョン・H・ハーツ John H. Herz が「安全保障のジレンマ」と記述した状態をもたらすのである。

　国際関係についての同様の理解は、国際法の下の平和のほとんどの概念の基本となっており、今日もその影響をとどめている。18 世紀の初頭にサン＝ピエール St. Pierre が欧州連邦のための彼の請願書の中に書いたように、「それでは欧州の列強国は、お互いに厳しい戦争状態にあること、そしてその国家間の全ての個別の条約は本質的には真の平和よりもむしろ一時的な休戦のためのものであることを認めよう」[28]。1793 年にカントは永続的な力の均衡による恒久の平和は、「単なる想像の産物である」と書いている。

社会契約とボルフの「諸民族の国家 Völkerstaat」

　その後の論理的な歩みの中で、社会契約の概念は次に全ての国家を網羅する主権を有する共同政体という手段による、国際的な「自然状態」からの脱出の方途を提供している。チューリッヒの哲学教授のフランシス・チェネバル Francis Cheneval は、グローバル国家のためのコスモポリタンモデルに関する彼の注目に値する論文の中で、クリスチアン・ボルフ Christian Wolf（1679～1754）を、社会契約論を世界国家（「民衆国家 Völkerstaat」または「諸民族の国家」）の基礎をなす論拠として用いた初めての人、従って国際法の哲学において、超国家への移行の先覚者であると明示している[29]。チェネバルの分析に従えば、1749 年と 1750 年にボルフによって提示された哲学的観念は世界秩序のコスモポリタンモデルの発展に一石を投じたものと本当に理解されなければならない。ボルフの社会契約についての抽象的な概念は人間の社会的な交流の全てのレベルを含むよう拡大されているが、その中で（チェネバルによれば）ボルフは、人々の間の協力のコミュニティ「civitas maxima」は全ての人々の幸福をその

28）Rousseau, Jean Jacques. 1953. Auszug aus dem Plan des Ewigen Friedens des Herrn Abbé de Saint-Pierre. In: *Ewiger Friede. Friedensrufe and Friedenspläne seit der Renaissance*, ed. by Kurt von Raumer, transl. by Gertrud von Raumer, 343-368. Freiburg, München: Verlag Karl Alber, p. 348.

29）Cheneval, Francis. 2002. *Philosophie in weltbürgerlicher Bedeutung. Über die Entstehung and die philosophischen Grundlagen des supranationalen and kosmopolitischen Denkens der Moderne.* Basel: Schwabe & Co, pp. 132ff.

目標ないし目的としており、そして最終的には民主的に構成される「諸民族の国家」になると、その概略を説明している。ボルフは、社会契約論を修正したばかりでなく、更にそれによって神権論にとって代わり——おそらくヴィトリア以降最初の人物として——彼の国際法のモデルにおいて全ての個人から構成される人類社会の構想を蘇らせている。この全ての人々の「大きな社会 societas magna」とその中に深く組み込まれている人権は、ボルフによれば、全ての更なる社会的発展の基礎となるものである[30]。

チェネバルが説明するように、ボルフの「諸民族の国家」の議論は社会契約論の論理に沿っており、かつそれから世界的な法制度の一般的な正当性を引き出すことを試みている。ボルフは、社会契約論における政府の正当性は論理的には国民国家レベルに限定されることができず、それを超えて国際レベルにおける「自然状態」へ逆戻りする中で究極的には消滅する結果となることを示している。「国家レベルに限定されている社会契約論は、従って首尾一貫していない。なぜなら国際法のレベルではそれはそれ自身の原理に反するからである」とチェネバルは書いている[31]。その理論は国家が上位の「諸民族の国家」即ち超国家の中で相互に拘束し合うことを論理的に必要としている。「ボルフは、連邦制超国家——個々の国家とその個別の国家の集団との間に生じる契約を通して生まれ、そこでは国家の代表の議会即ち諸民族の上院が、多数決の原則に基づき拘束力のある法律を制定し、それらの法律には自然法と一定の基本法の原則に基づく人類社会の承認により設定される制限が課される——に同意している」とチェネバルは要約している[32]。しかしながら、これはグローバルなレバイアサンを生むものとはならないだろう。その理由は、正にボルフが、これをその帰結である超国家が各国により委託され、かつその責務の遂行に必要な権限のみを有するという重層的で機能的に分化された主権の概念で補強しているからである。ボルフにとってはこの「諸民族の国家」がまだ存在していないことは明らかである。諸民族の国家の概念はむしろこれからの歴史を通して切望される合理的で社会的な世界秩序の理想なのである。

カントのコスモポリタン構想

コスモポリタンの思想はイマヌエル・カント Immanuel Kant（1724 ~ 1804）

30）Ibid., p. 172.
31）Ibid., p. 202.
32）Ibid., p. 135.

36　第一部　世界議会の構想

の哲学的研究で頂点に達した。1784 年に出版された『コスモポリタンの見地から見た全世界の歴史のための構想』という論文で、カントは社会契約論に従って、いかに世界史が「正当な規約」に基づいた「人類の市民の結合」へ進みつつあるかについてその概略を示した[33]。1795 年に書かれた彼の有名な論文『永遠の平和』の中で、キリスト教の万人救済論者の立場からカントは、自然状態は市民の規約の三要素、即ち、国家の内部での市民権、国家間の国際法そして国際的な権利が組み合わされる場合にのみ克服され得る、その場合には、「個人と国家が（中略）一つの世界国家（jus cosmopoliticum）の市民と見なされよう」と書いている[34]。同様に、カントの世界共和国の概念は決して国家を廃止するのではなく、むしろ国家を上位の世界の法的秩序の構成員、即ち「市民」としている。

　しかしながら、カントはいくつかの様々な障害があることを認識していた。それらの障害が意味するのは、戦争状態を克服するための三つの要素をもってしても、理想的な「諸民族の国家」はすぐに設立できるのではなく、手順を踏んで、「漸進的な改革」による「継続的なアプローチ」によってのみ、設立することが可能であるということである[35]。一つには、カントは「国家連合をあまりに広大な領域にまで拡大するとその統治は（中略）最終的には不可能となるに違いない」と確信していた[36]。他方で、彼は多くの国がまだ独裁的な国家であるとして専制政治の潜在的危険性について触れている[37]。しかし決定的なことは彼の時代では支配者である国家は共通の共和制の「諸民族の国家」の設立のために、国際的な「自然状態」を放棄する準備はできていないとの彼の判断であった。従って、最初の現実的なステップとして、そして唯一の可能性として、諸国家の連邦のみが彼にとって論ずべき問題となった。「国家にとって、その国家間の相互の関係において、理性に従えば、止むことのない戦争を意味するあの無法状態から脱する方法は、各個人が正にそうしたように、その野蛮な無法の自由を放棄し、公法の強制に従う他にあり得ない。かくて、国家は複数の国家からなる一つの国家（civitas gentium）を形成することが可能となり、

33）Kant, Immanuel. 1963 [1784]. Idea for a Universal History from a Cosmopolitan Point of View, in: *On History*, ed. by Lewis White Beck, The Bobbs-Merrill Co., 7th and 9th theses.

34）Id. 1903 [1975]. *Perpetual Peace*, transl. by M. Cambell Smith. London: George Allen & Unwin, p. 119.

35）Ibid, 3rd definitive article; and id., *The Metaphysics of Morals*, § 61 and conclusion.

36）Ibid., § 61.

37）Id. 1798 [1793]. On the Popular Judgment: That may be Right in Theory, but does not Hold Good in the Praxis, in: *Essays and Treatises*, Vol. I., transl. by John Richardson, London: Richardson, p. 188.

第 1 章　ストア学派からカントまで　37

それはまた、次第に拡大し、最終的には、地球上の全ての国民を包含するようになる。国家は、しかしながら、国際公法の国家の理解に従って、一つの国家を決して望むことはないので、**理論的には**正しいことでも、**仮説としては、**これを否定する。これゆえに、世界共和国という前向きな構想ではなくて、その全てが失われるものではないとしても、その唯一の否定的な代替物である、戦争を回避し、その基盤を維持し、かつはるか世界中に拡大する連邦制がこの戦争へ向かう傾向と法の支配からしり込みをする流れを止めるかもしれない。しかしその時でさえもこの戦争への傾向が突発する危険が常にあるであろう」[38]。ここに提案された国家の連邦は、国家の憲法が持つような具合には統治権はなく従って不完全である。コスモポリタンの権利を外国訪問の権利に制限することは、カントの歴史哲学に従って、支配者がそれ以上の権利を認めようとしない現実への譲歩として、理解されるべきである。彼は国家が自ら起草した拘束力を持つ権力に従属することを嫌うのを「未開人達の無法の自由への執着」になぞらえているが、その執着は「心の底からの軽蔑を伴う野蛮状態と反文明と激しい人間性の劣化と見なされるべきである」と書いている[39]。

　カントによって最低限の解決策として概略が示された国家の連邦は、伝統的な国際平和の概念に沿っており革新的なものではない。しかしながら、国家連邦から、国家のみでなく国民も、人類社会の主体となる世界共和国への発展を想定するコスモポリタン構想により、新たに進む道が示唆されている。国際法の中にある絶対的統治権のドグマは、かくて、同時に二つの方法で分離された。一方においては、主権を個別の国家と世界共和国の間で分けることによる、他方においては、人類の統治に国家と並んで個人が参加することによる分離である。カントは、最も偉大な政治的な善、即ち永遠の平和のための組織としての「諸民族の国家」がとるべき特定の制度的形態については何も述べていない。しかしカントは、「代表制の構想を共和国の決定的な特徴としたので、それが政府による国家の市民の代表制あるいは超国家レベルの直接に選挙された代表制によるものかは彼にとっては問題ではなかった」とチェネバルは結論を下している[40]。それゆえに、世界議会の構想が示唆されたのはカントの哲学が初めてである。

---

38) Id., Perpetual Peace, loc. cit., 2nd definitive article.
39) Ibid.
40) Cheneval, loc. cit., p. 620.

38　第一部　世界議会の構想

第 2 章

18 世紀

啓蒙主義運動、革命、議会主義

米国の連邦国家と代表民主制

　クールマス Coulmas が書いているように、18 世紀中期以降、啓蒙主義運動が
展開している最中に、「コスモポリタニズムに対する前例のない熱い思い」が、
欧州ならびに北米へと広がった[1]。ディオゲネス Diogenes の「私は世界市民で
ある」との主張は、トマス・ペイン Thomas Paine、デビッド・ヒューム
David Hume、ボルテール Voltaire、ゴットホールド・エフレイム・レッシン
グ Gotthold Ephraim Lessing などによって繰り返し使用され、その時代の決ま
り文句となっていた。もちろん、国王達は、全く以前と変わらず、必要とあれ
ば戦争という手段によって、彼らの王国および地政学上の利益を追い求めてい
たが、その精神は新たな方向へ揺れ動いていた[2]。

　フリードリッヒ・シラー Friedrich Schiller（1759 ～ 1805）は、1789 年 5 月の
イェナで行った就任記念講演の中で、「国王達が利己的な利益を敵対的に追い
求める中で国家と民族を分けていた境界が破られていった。全ての思想家の心
が今やコスモポリタンの絆で繋がった」と熱く語っている[3]。インテリ派とブ
ルジョワ派は、短期間ではあったが、自分達が啓蒙主義運動とコスモポリタニ
ズムの精神で結ばれていると理解した。この灼熱の状況の中から初めて明確な
構想、即ち世界議会への具体的な政治的要求が現れた。コスモポリタンの理念
は代表制と民主制の理論と結びついたが、その理論は、正に目を見張るような
歴史的な様相で北米の中で一気に実践に移され、かつフランス革命の勢いと結
びついた。

　1776 年の米国独立宣言の中で、全ての人々の平等と自由が初めて宣言され、

---

1) Coulmas, Peter. 1990. *Weltbürger. Geschichte einer Menschheitssehnsucht.* Reinbek: Rowohlt, p. 333.
2) Ibid., pp. 333ff.
3) Schiller, Friedrich. 1789. 'Was heißt und zu welchem Ende studiert man Universalgeschichte?'

新たな国家秩序の基盤となった。北米の支配権を巡るフランスとの戦争に**英国**が勝利した後、1763 年以降、英国政府と米国植民者の間の緊張が高まった。「代表なくして課税なし」は、英国議会での代表権を求める彼らの要求のスローガンとなったが、その要求は実現しなかった。彼らは、英国のジョージ三世 King George III（1783 ～ 1820）が行ったように、政府が不可侵の人権を侵害した場合には、抵抗権が生まれると主張した。その後起こった独立戦争で、植民者達は英国の支配を打ち破り、時代の新秩序（novus ordo selcorum）の到来を告げた。この過程では彼らには一つ大きな利点があった。彼らは、白紙の状態でスタートを切ることができたのだ。「私達は、目の前にこの地球上で私達が最も高潔で純粋な憲法を作るためのあらゆる機会とあらゆる激励を得ている。私達は、再びこの世界を始めるために私達の権限の中でそれを得ているのだ」とトマス・ペインは宣言した[4]。

1777 年の米国植民地同盟の規約により、13 の前植民地は当初、個々の州の主権を侵害しない緩やかな連合を作ったが、外交政策や貿易政策に関してさえも個々の州の主権を侵害するものではなかった。一般的な決議は、ほとんど実行されなかったので、効力はなかった。例えば、共同経済圏の創設は不可能なことが明らかとなった。各州は、独自の利益を求めていく過程で分裂し、対立するようになっていった。最終的には、連邦主義者が勝利を収めた。1787 年 9 月 17 日の憲法制定により真の連邦国家として米国合衆国が設立された。この新たな、地理的に広大な、その国民が主に全ヨーロッパの各地からの移民である連邦国家は、その立法権限を下院と上院の二院からなる議会に委ねた。下院は、国民を代表する直接選挙（当初は男性のみの選挙権によるもの）で選挙された議員により構成され、上院は、各州の議会で選出された議員により構成された（1913 年から、上院議員も直接選挙で選出されるようになった）。

ギリシャの都市国家（紀元前 300 年頃まで）とローマ帝国（紀元前 27 年の元首制の開始まで）における初期の原始民主制は、選挙民（男性）の集会に基づいており、比較的小さな都市国家に限られていた。この初期モデルを参考として、ジャン・ジャック・ルソー Jean Jacques Rousseau（1712～1778）は、1762 年の『社会契約論』の中で、全ての人民による議会のみがその共通の意志を示す主権的な法律を作ることができると主張していた。人民の主権は細分割することも代表者達に委任することもできないので、共和制は小国家においてのみ正に

---

4) Paine, Thomas. 1995 [1776]. Common Sense. In: *Rights of Man, Common Sense and Other Political Writings*. Oxford University Press.

40　　第一部　世界議会の構想

実現することができるはずである。

　政治学者のロバート・ダール Robert Dahl（1915～2014）は、都市国家におけ
る歴史的なルーツから、民族、国家、または国民国家のより広範囲な分野の統
治にわたるまでの民主制の解釈の漸進的な変遷を、歴史の「第二次民主制の変
容」として描写している [5]。米国の例は、代表民主制と理解されているが、民
主制が広大な領域においても成立するだけでなく、連邦国家という革新的な形
態においても成立することが可能であることを示している。ベンジャミン・フ
ランクリン Benjamin Franklin は、例えば、1787年に既に新しい米国連邦憲法
は欧州における「連邦連合 a federal union」のモデルとして機能する可能性が
あるとの意見を表明している [6]。

議会主義の歴史的ルーツ

　米国は代表民主制の歴史の中で新たな時代の先駆けとなった。米国建国の父
達は、自分達の制度を、成文憲法の中に人民主権、共和主義そして連邦主義を
組み込んでいることから、比類のないものと見なしていた。歴史家のコリン・
ボンウイック Colin Bonwick によれば、「しかしながら、州法もアメリカ合衆
国憲法も（全て革命時代に起草されており一緒に取り扱われなければならないのだが）、
他国の経験に多くを負っている。特に米国人が逃れてきた英国の立憲主義に
負っていることも明らかである」 [7]。

　議会主義の発展は、合衆国憲法に至ってその頂点に達したが、中世時代と近
代初期の社会にいたるまで領土内の身分制度とともに何世紀も遡ることができ
る。貴族、僧侶、そして後には、都市の上流階級の代表は、政治参加または彼
らの統治者との協議に対して何らかの権利を得ることができた。当時あった身
分別の集会の参加資格は、排他的であり、通常、個人的な特権、公職、財産、
またはギルドや同業組合員の資格に基づいて決められており、しばしばそれは
出自に基づく、順番に回ってくるものであった。身分別の集会の参加者は、自
分達の利益のみを代表し、被治者一般の利益を代表するものでは全くなかった。

---

5) Dahl, Robert. 1989. *Democracy and its critics*. New Haven: Yale University Press, pp. 213ff.
6) Letter of Benjamin Franklin to Rodolphe-Ferdinand Grand, 22 Oct. 1787, in: *Benjamin Franklin Papers*, ed. by The American Philosophical Society and Yale University, digital ed. by The Packard Humanities Institute.
7) Bonwick, Colin. 1999. The United States Constitution and its Roots in British Political Thought and Tradition. In: *Foundations of democracy in the European Union. From the genesis of parliamentary democracy to the European Parliament*, ed. by John Pinder, pp. 41-58. Basingstoke: MacMillan Press. p. 41.

統治者は、しばしば、特に税金を上げる際に、彼らの協力と同意に左右されていた。身分代表制と議会主義の発展は、中断や、各地域固有の問題を伴いつつ、複雑な道のりを辿った。しかしながら、長期開催を基本として設立され、国王に対する多少の権限を有し、更に、貴族や僧侶のみでなく市民の代表も含む身分別代表者の最初の集会は、イベリア半島のレオン王のアルフォンソ九世 Alfonso IX（1171 ～ 1230）により 1188 年に召集されたものである [8]。

　英国における議会主義の発展は特別なケースであった。政治学者クラウス・フォン・ベイム Kraus von Beyme によれば、英国は「中世後期以降、その王国の身分制度から、立憲制度的な発展において大きな切れ目なく、継続的に議会制政府を発展させた世界唯一の国であった」[9]。ウィリアム一世 William I（1027～1087）は、1066 年に英国を征服した後、重要な問題に関して僧侶と領主の同意を確保し、かつそうして、彼らを彼の統治の支持者にするために彼らとの定期的な協議を導入した。「大憲章（Magna Carta）」が 1215 年に首尾よく成立した後、英国王は、新たに課税するためには、土地の所有者の貴族階級の議会の同意を得ることを初めて義務づけられた。1295 年以降、町や市の代表も英国議会に参加した。そして、1341 年から、「平民」が、貴族や僧侶とは別個に、議会を開くようになった。英国議会は、こうして二院制として発展した。15 世紀には、下院「平民院（House of Commons）」に普通選挙制が導入された。「新世界」における英国の植民者達の最初の恒久的な居住地としてジェームズタウンが建設された時から 12 年後の 1619 年までには、北米の植民者達の選挙で選ばれた政治的代表者による議会がバージニア州で作られ、貴重な民主制の経験が得られ始めた。

　歴史家のハインツ・シリンク Heinz Schilling によれば、「主権的」領土国家の長期的発展は、「中世封建制度のピラミッドの頂点に立つ国王や大公の中では、彼らだけの新たな主権を主張し、かつ、中世国家において公的な政治権力の共有者へと発展してきた身分階級を排除する傾向」を生んだ [10]。1500 年以降3 世紀にわたった国王達と貴族の代表者達の間の権力と特権を巡る紛争は、その時代のあらゆる大きな社会的政治的抗争の中心となっていた [11]。国王達は、

---

8) Zanden, Jan Luiten van, Eltjo Buringh, and Maarten Bosker. 2012. 'The rise and decline of European parliaments, 1188–1789'. The Economic History Review, 65(3), pp. 835–861.

9) Beyme, Klaus von. 1999. *Die parlamentarische Demokratie*. 3rd ed. Opladen/Wiesbaden: Westdeutscher Verlag, p. 21.

10) Schilling, Heinz. 1994. *Aufbruch and Krise: Deutschland 1517-1648*. Vol. 5. Siedler Deutsche Geschichte. Berlin: Siedler Verlag, p. 20.

11) Cf. Zanden, loc. cit.

しばしば、当初から身分制議会の召集を強く拒絶した。例えば、チャールズ一世は、1642年のイングランド内戦の勃発の前の10年間もそれを拒絶し続けていた。最終的に、1688/89年の革命で、英国議会は、「権利の章典」によって自らを、国家主権の保有者とした。たとえ国王が、引き続き、重要な政治的問題、特に、戦争と平和に関する決定を行ったとしても、その後は、国王はずっと政府予算に関しては新たに独立した議会で多数の支持を得なければならなかった。

フランス革命のコスモポリタニズム

英国における進展とジョン・ロックの思想は、旧体制の中心であるフランスに影響を与えない訳はなかった。18世紀中には、それらは、君主制の権威を徐々にしかし確実に掘り崩したのである。ルイ十六世が1789年に、税制改革を法制化し実施するために、1614年以来初めて、フランス三部会を招集せざるを得ない立場に立たされた時、それは、フランスの国境をはるかに超える人々を奮起させるきっかけとなった。三部会への選挙に続き、1789年6月20日のいわゆる「テニスコートの誓い」の中で、人口の約98％を代表している第三部会は、自らを憲法の作成のための国民議会であると宣言した。7月14日のバスティーユの襲撃は、革命勃発を知らせる事件と見なされている。人間と市民の権利の宣言（フランス人権宣言）が8月26日に発布されたが、それは、全ての人々の自由と平等と国民の主権の宣言で始まり、新しい秩序の基礎となる諸原則を明確にしている。

フランス革命の混乱の中で、争点となった問題の一つは、フランスを超えて依然として王制の下にあるヨーロッパの他の国の国民のために共和制を樹立することを目的の中に据えるべきかどうかであった。「動乱のあの当時、そして近代ヨーロッパの民主制の歴史的な誕生の時代の共和主義は、まだ排他主義的ではなく、むしろ、ヨーロッパ的、コスモポリタン的であった」とチェネバルCheneval は強調している。「国家」の概念は、革命当初の数年間、国民国家とは必ずしも同義ではなかった[12]。この時点では、外部の状況が重要であった。1790年5月に、国民議会は征服のための戦争の放棄を宣言したが、民族自決の宣言により火がついた革命の情熱は広がり、次第にヨーロッパの王国を不安定

---

12) Cheneval, Francis. 2004. 'Der kosmopolitische Republikanismus – erläutert am Beispiel Anacharsis Cloots'. Zeitschrift für philosophische Forschung 58(3): 373-396, pp. 376, 378.

にしていった。ルイ十六世は、「扇動者を止めるために」武力介入の可能性を
ヨーロッパの王国と協議した[13]。1792年4月に、オーストリアとプロシャに率
いられた同盟とフランスとの間で、1797年まで続く武力衝突が始まったが、
その間に、フランスは、南部ネーデルランドとオランダ共和国を占領するつも
りであった。

　1792年8月26日、国民議会が革命に著しい貢献をしたジェレミー・ベンサ
ム Jeremy Bentham、アレクサンダー・ハミルトン Alexander Hamilton、
ジェームス・マディソン James Madison、トマス・ペイン Thomas Paine、ヨ
ハン・ハインリッヒ・ペスタロッチ Johann Heinrich Pestalozzi、フリード
リッヒ・シラー Friedrich Schiller、ジョージ・ワシントン George Washington
を含む17名の外国人にフランスの市民権を授与したのは、当時のコスモポリ
タン的な革命精神を示すものである。市民権を授与された者の中には、ヨハ
ン・バプテスト・バロン・ドゥ・クローツ Johann Baptist Baron de Cloots が
いる。彼は、アナカルシス・クローツ Anacharsis Cloots（1755〜1794）の名前
でも知られているが、プロシャのクレベで生まれ、オランダの家族のルーツを
持つ人物である。ペインと同様、クローツはパリに住み、1789年以来、積極
的なジャコバン党員であった。1792年9月、これまたペイン同様、彼は国民議
会に選出され、憲法の起草を支援するために、時折招請されている。クローツ
は、世界議会の構想を明確に描いた最初の人物であるが、哲学者ではなく、革
命家であることは注目に値する。

クローツの「人類共和国」

　クローツにとって、フランス革命は、全世界的な性格と使命を有するもので
あった。彼は、フランスから開始して世界共和国を設立するべきであるとの確
たる意見を抱いていた。1793年の彼の著作『人類の共和国の憲法的基盤
（Bases constitutionelles de la République du genre humain)』の中で、クローツは、
主権について思い切った独自の解釈を論じている。彼は人権という言葉から
「相互に支え合うかつ不可分な人類の主権」を導き出している[14]。何らかの交
流関係のある国でも、あるいは単にお互いを知っているに過ぎない国でも、双

---

13) Tulard, Jean. 1989. Frankreich im Zeitalter der Revolutionen 1789-1851. *Geschichte Frankreichs*.
　　Vol. 4. Stuttgart: DVA, pp. 90ff.
14) Cloots, Anacharsis. 1793. *Bases constitutionnelles de la république du genre humain*. Paris:
L'Imprimerie Nationale, p. 3.

方が同時に主権を有することはできない。クローツの見解では、自律的な自己決定は、そこでは最早不可能であり、紛争の種が生み出される。対照的に、「人類の共和国」は、「決して何人とも紛争になることはないであろう、というのは、他の惑星とのコミュニケーションが一切ないからだ」とクローツは論じている[15]。

かくして、彼は、彼の同僚のペインが1791/1792年の著作『人間の権利』の中で展開した全世界の平和と繁栄は全ての国がその統治の形態として代表民主制を樹立した時に達成され得るとの考え（これは今日でもなお論争が行われている「民主的平和論」の根拠となっている）を、同時に否定した。主権は、全ての人々が人権を基本とする全世界的な社会に統合されることを必要とする。そして、これは、全員が、自由、平等、安全、正義、財産や平和の保証、抑圧からの解放という同じ目標を分かち合えば、達成可能である[16]。クローツによれば、主権は分割できないために、世界共和国の選挙権を持つ者は、個々人のみがその資格を持つことができる。世界共和国の中心には、立法府として直接選挙で選ばれた議会が存在する。補助的な行政単位として**県**（Département）が想定されているが、それは、同時に、議会議員の選挙区としての役割を担う。彼の構想に従って、クローツは、フランスは、その新たな憲法をもって、王制から解放された全ての国家が**県**として加盟する全世界的な共和国であるべきだと提案している。

コスモポリタニズムの終焉

クローツにとって大いに喜ばしいことには、ドイツの歴史において民主制の初めての試みによってもたらされた議会「ライン－ドイツ国民公会（Rheinisch-German National Convention）」（1793年2月にフランスの占領下のライン－ヘスとパラチネート地域での選挙により選ばれた）が、フランスへの加入を宣言している「マインツ共和国」の樹立を議決した。しかしながら、わずか1カ月後にはライン西岸の共和国の領土はプロシャ・オーストリアの連合軍によって再び取り戻された。攻撃側がフランス領に進入し、フランスの国民公会が徴兵制の導入を余儀なくされた時、革命のムードは一変した。マクシミリアン・ロベスピエール Maximilien Robespierre に促されて、クローツと他の外国人が反革命者として逮

---

15) Ibid., p. 14.
16) Ibid., p. 35f.

第2章　18世紀　45

捕、裁判にかけられ、有罪となり、1794年3月24日、ギロチンで処刑された。1970年代には、有名なドイツのパフォーマンス・アーティストのヨーゼフ・ボイス Joseph Beuys（1921〜1986）は、クローツと彼の考えと人生を偲んで、「Josephanachcharsis Clootsbeuys」という名前を時々使っていた[17] ちなみに、トマス・ペインは、単なる幸運によってギロチンを免れている。

　共和主義は、外国人嫌悪とフランス国家主義とが結合したものとなった[18]。1793年7月、シラーは既に、啓蒙主義運動の失敗を強烈な言葉を使って嘆いている。「自分達の聖なる人権を要求し、政治的な自由を勝ち取るためのフランス人民の企ては（中略）フランス人民のみならず、ヨーロッパの大部分の地域と1世紀間の全てを野蛮と隷属の状態に投げ返した（中略）。だから、フランス人民は国家によって抑圧された自由な人民ではなく、博愛の鎖で繋がれていた野蛮な動物に過ぎなかったのだ」[19]。

---

17) Guido de Werd. 1988. Vorwort. In: *Anarchasis Cloots – Der Redner des Menschengeschlechts*, ed. by Städtisches Museum Haus Koekkoek. Kleve: Boss-Verlag, p. 7.

18) Cf. Cheneval, 2004, loc. cit., pp. 377ff.

19) Letter from Friedrich Schiller to Herzog Friedrich Christian von Augustenburg, 13 July 1793, in: *Schillers Werke*. Bd. 26, ed. by Edith Nahler and Horst Nahler. Weimar: Verlag Hermann Böhlaus Nachf., 1992, pp. 257-268, p. 262.

第3章

ウィーンからハーグまで
統合のダイナミックスと国際議会運動

　ヨーロッパの国民国家の萌芽期において、君主制から議会制への移行は、革命と復古との間を揺れ動く長い経過を辿った。例えばフランスでは、1799年の憲法により普通選挙制が実質的に再び廃止され、ナポレオン・ボナパルトNapoleon Bonaparte の軍事独裁制の基盤が整えられた。1813年のライプツィヒの「諸国民の戦い」におけるナポレオン軍の敗退後に行われた1814/15年のウィーン会議は、ヨーロッパに新たな勢力の均衡を確立することと君主制の復興をその目標に定めた。このような情勢にもかかわらず、ヨーロッパと世界の平和の計画に対する学識者の議論の中では、議会的な組織が今や絶え間なく検討されるようになった。

サルトリウスの「人民共和国」

　例えば、ローレーヌ生まれの政治学者ヨハン・バプテスト・サルトリウスJohann Baptist Sartorius（1774 ～ 1844）は、1837年に出版された論文の中で、人類全体の代議制人民共和国の計画を提案した。その計画では立法権は「選挙を迅速に、そしてその監視と運営を容易にするために」[1] 選挙人団によって間接的に行われるグローバルな人民投票で選出される上院に付与されている。6年毎に、上院議員（最も長期間議員を務めている議員）の3分の1が改選される。これによって、継続性が確保されるものとなる。発議権は議会役員にあるものとするが、役員も人民投票によって選出される。この世界国家の中の個々の国家の代表権に関する規定はなく、世界国家は、関係国間の任意の条約によって設立されるものとされている。クローツと同様、サルトリウスも主権はただ一つだけあるべきであり、また、主権はその共同体、即ち、世界国家にだけある

---

1) Sartorius, Johann Baptist. 1837. *Organon des vollkommenen Friedens*. Zürich: S. Höhr, p. 272.

ものでなければならぬと論じている。しかしながら、関係各国家は「その自ら
の支配権の範囲」内では、「自由な裁量権」を持つこととなる。この人民共和
国の権限には、「明確な憲法法規」による制限が設けられるとされている。

ペキュールの世界規模の統合の概念

　世界議会についての考察に対する 19 世紀前半で最も重要な貢献の一つは、
フランスの社会・経済理論家コンスタンタン・ペキュール Constantin Pec-
queur（1801 ～ 1887）によるものである。1842 年の彼の著作『平和について De
la Paix』の中で、彼は、民主的世界連邦国家はどのように設立され得るかにつ
いて詳細な考察を行った。彼は、人類をいくつかの国家で分割することは、
「野蛮時代の遺物」であり、かつ——社会契約論に全面的に従って——国家の
存在は武力紛争が定期的に生じる自然状態にあることを意味すると論じた。ペ
キュールの研究では、平和問題は社会問題と称されるものと強く関係している。
これは、また産業化と都市化が初期の人口爆発と共に被雇用労働者層の貧困を
深めつつある時代との関連で理解されなければならない。ペキュールによれば、
グローバルな繁栄は、平和な期間とそれが持続することに直接関係する。国家
間のより一層緊密な経済的交流は更に平和的な関係を促進することに加え、繁
栄の拡大にも役立つ。ペキュールは、貿易と関税の同盟を始めとして、段階的
な統合を進めるための理論的プログラムを展開した。彼は、見習うべきモデル
として、1834 年に設立されたドイツ関税同盟 German Customs Union を取り
上げたが、それは、プロシャ・ヘッセ関税同盟 Prussia-Hesse Customs Union、
中部ドイツ貿易同盟 Central German Trade Union、南ドイツ関税同盟 South
German Customs Union の合併により次第に巨大化していったのである。ペ
キュールは「この部分的な合併は、初めはヨーロッパ域内の、次いで全世界の
包括的な同盟の予備的段階として理解することができるであろう」と書いた[2]。
貿易障壁の段階的な撤廃により、完全なグローバルな自由貿易が次第に確保さ
れることとなろう。そこに至る過程では、時に例外として保護主義的な措置を
認めつつ、国家間の貿易の不均衡を解消することが必要である。ペキュールは
自由貿易思想を支持し、16 世紀以降支配的になっていた慣行とその理論であ
る「政府は輸出を促進し、輸入に障壁を設けることに努めるために公共政策を
用いるべきである」とする重商主義に反対する立場をとった。フリードリッ

2）Pecqueur, Constantin. 1842. *De la Paix. De son Principe et de sa Réalisation*. Paris: Capelle, p. 212.

ヒ・リスト Friedrich List は、彼もまたグローバルな自由貿易を支持する意見を明確に表明しているが、1819 年に重商主義のシステムを「富を求めるための恒久的な戦争」を煽る「不幸な幻想」と述べている。リストは、「私は、人類が物質的な繁栄の頂点と知的な完成に達することができるのは、地球全域にわたって、文明化された人々が母なる自然からその貴重な資源を利用して、余剰産品を相互の自由貿易で交換することができるようになる時だけであると確信している」と書いている[3]。

　しかし、経済的な統合だけでは、ペキュールにとっては、十分ではなかった。国家の政治的統合を軌道に乗せることも意図していた。経済的な統合は「不可避的に」「政治的な統合」を伴うものである[4]。この見解を統合のダイナミックスと呼ぶこととしたいが、またペキュールがそれを連邦制の世界国家の設立プロジェクトの基盤として歴史上最初に使ったのであるが、それは門外漢に理解しがたい意見ではなかった。例えば、ドイツ関税同盟の計画は、1820 年以降、様々な政治的レベルで協議が行われていたが、それも、トマス・ニッパーダイ Thomas Nipperdey が書いているように、プロシャの観点から見れば「明らかに壮大な政治的な視点」から由来している[5]。即ち、プロシャの財務大臣のフリードリッヒ・フォン・モッツ Friedrich von Motz は、フリードリッヒ・ウィリアム三世 King Frederick William III に対する 1829 年の覚書の中で、次のように書いている。「仮に、政治学において、輸入、輸出、そして通行税が、単に、国家間の政治的分断の結果であることを認めるならば（これは事実であるが）、同じ理由で、これら諸国の関税貿易同盟による統合は、同時に一つの共同の政治体制へと統合することを導くものとなるであろうこともまた認めなければならない。**一つ**の商業的な関税と貿易体制への結合が当然であればあるほど（中略）これらの国家の**一つ**の政治体制への結合は、より緊密に、より強力になるであろう」[6]。

---

3) Friedrich List. 1929. *Schriften, Reden, Briefe*. Ed. by Erwin von Beckerath et al., Vol. 1, Berlin, p. 571.

4) Pecqueur, loc. cit., p. 320. p189 以降も参照。

5) Nipperdey, Thomas. 1998. *Deutsche Geschichte 1800-1866: Bürgerwelt and starker Staat*. München: C. H. Beck, p. 359.

6) Eisenhart, Wilfried von and Ant Ritthaler（ed.）1934. *Vorgeschichte and Begründung des Deutschen Zollvereins 1815-1834*. Vol. 2. Berlin: Verlag R. Hobbing, p. 534.

ペキュールの世界連邦と世界議会

　ペキュールは、プロシャの統率の下でオーストリアを含めたドイツ諸侯国の統合を夢見ていたプロシャの財務大臣とは対照的に、全地球の「完全な統合」を念頭に置いていた。全ての国家と人民は、ヨーロッパを皮切りとして世界的機関を持つ一つの世界国家へ、各国国家の独自性を奪うことなく、徐々に統合されるべきである。米国連邦憲法が、彼のモデルとなっていた。主権は個々の国々と想定された共同連邦国家の間で二層化されることとなっている。ペキュールは、関税と貿易の問題に加えて、防衛、外交政策と治安維持が、その連邦国家の権限の範囲内に入るものであることを強調している。これは連邦外交部局の設立を含む一方、個々の国の外務省は廃止される。いったん連邦国家が普遍的なものとなれば、個々の国の行政機関は全て解散されることとなる。同じことが各国の軍隊にも適用される。連邦国家の中では、共同の「コスモポリタン警察」が治安維持と法律の執行を行う。超国家的な警察当局は、正義の原則を基本とするが、ペキュールにとって正義とは平等、博愛そして自由を意味していた。紛争は、世界法に基づき裁判により解決が図られる。世界連邦国家の組織は、直接選挙により作られなければならない。もし個々の国の政府にとって最善の形態が代議制（即ち、民主制）であるならば、これはその連邦にも適用される。ペキュールはその理想的な立法機関を人民投票により直接選挙で設立される議会と考えていた。「このヨーロッパ議会あるいはコスモポリタン議会の議員は彼らが代表する国の立法機関または行政機関のいずれによっても選出されることができない」とペキュールは、直接選挙の必要性を強調するために書いている。もし、これが当初不可能であるならば、その時には、最低限、指名された議員は「絶対的に独立」しているものでなければならない[7]。もし、その議員が個々の国家に従属しているならば、その議会が国家より高位の権威ある機関として機能することが可能であると信じるのは馬鹿げている。

　ペキュールは、君主制がその統合計画にとって最大の問題であり障害であると理解していた。1842年に、ペキュールが彼の著作を出版した時点では、——今日の観点から言って——全世界に民主制はただ一つ、アメリカ合衆国があるに過ぎなかった。しかし、個々の国家の君主制は超国家的機関の設立とは相容れない。連邦国家の議会が人々による投票で自由に選挙されることが可能でない限り、その決定は人々に善をなすよりむしろ害をなす方が多いとのおそ

---

7) Pecqueur, loc. cit., p. 290.

50　第一部　世界議会の構想

れがあるに違いない。というのは、議会は、貴族達の集会として、統治する者の利益にはなるが統治される者の利益には反する決定を絶えず行うと思われるからである。その場合には、世界的議会の介在により世界の平和を実現しようとするプロジェクトは「人民に対抗する国王達の同盟の復活」[8]により危機に瀕することとなろう。いずれにしても、君主制支持派は、自分達の統治権について極めて関心が高く、超国家的機関に自らを従属させる方向に動くことは全くないだろう。

　ペキュールは、そのプロジェクトの開始に当たっての理想的な解決は民主的な統治形態を有する諸国家の小グループ間の合併形態であると見ていた。しかし、全ての国家が、その統治形態にかかわらず、連邦国家に加盟するよう勧められるべきである。しかしながら、最低限、その連邦国家への各国代表は「多かれ少なかれ」普通選挙で選出されることが加盟の条件でなければならない。小国は大国に対する防衛を強化することに関心があるので、これは疑いもなく、最初は小国により頻繁に当てはまるであろう。連邦が大きくなるに連れ、それは次第により大きな国々の関心の対象となる。独裁国は自ら孤立することを望まないので、最終的には、加盟が認められるようにするためその共同議会の代議制に関する条項に合意することになるとペキュールは考えていた。「この議会は、自由、およびコスモポリタン代議制の学校、全ての国家の良識ある大衆のための政治の上級コースとなるであろう」とペキュールは書いている[9]。当初の目的は、最初の米国憲法のモデルに倣って国家連合の形でヨーロッパを段階的に統合することであろう。文明開化が進むに連れて、協力が最終的には連邦国家の議会議員が全員直接選挙で選ばれる連邦国家へと導くところまで、権限と機能も更に開発されるはずである。

　各国は同数の代議員を議会に送る。比例代表制は、国家の平等の原則に矛盾し、より小さい議席数の国家側に不信感を募らせるかもしれない。しかしながら、仮に、大国が全ての国の議席数を同数とすることに同意しなくとも、それはなお受け入れられる可能性がある。なぜならば、大国は、小国に対抗して連合する考えよりも大国自身の紛争中の利益を追求することを好むからだ。結果的には、特定の状況の下で過半数を決定する際には、少ない議席数が、大いに重要になるはずだからである。もし大国が勝利を得ようとするならば、だから小国の利益が考慮されなければならないこととなろう。

8）Ibid., p. 333.
9）Ibid., p. 381.

第3章　ウィーンからハーグまで　51

テニスンの「人類議会」

　英国の詩人アルフレッド・テニスン Alfred Tennyson（1809〜1892）が 1842 年に書いた詩、『ロックスリー・ホール』がペキュールの本と同じ年に出版された。それは、幼少期から馴染み深い場所を訪れ、複雑な感情に動かされた一人の兵士についての詩である。未来の理想郷の夢を見ているうちに、彼は、「世界の未来像と全ての不思議な有り様」を見る。民族および国家の間で、世界法に基づく世界議会と世界連邦が平和をもたらすまで戦争が広がっている。

> 戦いの太鼓が、最早鳴り響かなくなり、戦いの旗が、
> 人類議会、世界連邦の下に巻き納められる時がいずれ来る。
> そこでは、多くの人々の良識が苛立ちに満ちる世界を畏敬の念で抑え、
> かくて地球は、世界法に優しく守られてまどろむことだろう [10]。

　この詩は著しい影響を特に英米圏に与え、上記に引用された一節は、今日でもしばしば、引用されている。英国の歴史家で政治学者のポール・ケネディ Paul Kennedy（1945生）は、例えば、この詩に着想を得て、2006年の彼の国際連合に関する著作のタイトルを、『人類議会』としている。ケネディは、米国のトルーマン Truman 大統領（1884〜1972）が、この詩の一部を、しばしば、引用し、かつ朗読したと書いている [11]。

選挙権拡大のための長き闘争

　ペキュールとテニスンがこの 2 冊の著作を出版した時代は、動乱の時代であった。多くの国家において、人民代表制の形態がゆっくりとではあるが確実に発展していった。産業化の進展に伴う中世秩序の階層制の崩壊と、いわゆる「社会問題」は、ヨーロッパの君主制の統治構造の変化に対し容赦ない圧迫を加えた。重要な争点は、権力を渇望する中産階級を政治的決定に参加させることであった。「代表なくして課税なし」という米国の革命のスローガンが、この関係においても、適切かつ重要であると今や理解されるようになった。普通は、当初登場するのは、男性の個人の選挙権に基づく金権議会であった。王室

---

10) Tennyson, Alfred. 1842. 'Locksley Hall', in: *Poems*. Boston: W. D. Ticknor, lines 127-130.

11) Kennedy, Paul. 2006. *The Parliament of Man. The Past, Present, and Future of the United Nations*. New York: Random House, pp. xi f.

52　第一部　世界議会の構想

に対抗する力のバランスは変化し、そして別の紛争の源となった。投票権を女性にも拡大する要求もフランス革命期間中の1791年早々には聞かれたが、ほとんどの改革支持者や革命家にとって、その目標は、男性の普通選挙権の獲得にあった。革命活動家のオランプ・ド・グージュ Olympe de Gouges（1748～1793）は、国民議会の人民と市民の権利の宣言が実際には男性にのみ適用されていることに抗議し、「女性と**女性市民の**権利宣言」を起草した。1793年に彼女も処刑されてしまった。世界各国の中で選挙権が、財産所有や税金支払いのような条件から次第に解放され、そして女性にも拡大されたのは、19世紀の末以降に過ぎない。

　投票権は国内各州の問題であった米国においても、1860年頃まで税金支払い額または財産を基準に選挙権を制限する州があった。欧州での男性普通選挙権の恒久的な導入の最初の実例は、例えばフランスとスイスにおける1948年の革命の最中に起きた。オットー・フォン・ビスマルク Otto von Bismark（1815～1898）は男性普通選挙権を1867年に北ドイツ連邦で導入し、そして1871年には、それは新生ドイツ帝国で取り入れられた。その当時、ビスマルクはおそらくより貧しい地方の人民は都市の中産階級より君主制支持者側に投票する傾向が強いと予想していた。それが投票権に対する制限の廃止が君主制支持者側に好都合であると判断した理由である。調査プログラムを実施している組織「ポリティ Polity」は1800年から今日に至る住民数50万人以上の全ての国を分析し、それらの国を年別かつ統治形態別に分類した。このプログラムによると、1871年について分析された56カ国のうち6カ国、ベルギー、ギリシャ、コロンビア、ニュージーランド、スイス、米国が民主制であった。34カ国が不完全な民主制と専制制の混合形態で、16カ国が独裁制であった[12]。

国際議会運動の誕生

　議会主義 parliamentarism と普通選挙権の進展と共に、世界議会の概念も発展し始めた。クローディア・キスリング Claudia Kissling によれば、「当然ながら、時間の経過とともに、国際議会主義についての思想は国民国家レベルで法制化されつつある民主制の原則を取り入れ、これを国際的なレベルに置き換えた」のである[13]。例えば、ゲオルグ・イェリネック Georg Jellinek（1851～1911）

---

12) Polity IV Annual Time-Series 1800-2010（www.systemicpeace.org/inscrdata.html）.
13) Kissling, Claudia. 14 February 2005. 'Repräsentativ-parlamentarische Entwürfe globaler Demokra-tiegestaltung im Laufe der Zeit'. *forum historiae*, no. 5.

の公法の講義の中では、議会代表制の概念が既に極めて自然に連邦国家の制度的枠組みの中に溶け込んでいる。1882 年にイェリネックは「連邦国家にとっては共通の規範に合意することを目的として、政府代表の中に締約国の議員のような締約国の国民の代表が加わる」ことは許されないことではないと書いている[14]。彼は、それによって、諸国家の連邦と連邦制国家とを区別した。後者の本質は即ち「直接的な人民投票で選挙される議会であり、その議員は自らを個々の国家の代理人としてではなく、その集団国家の直接的な代理人と考える」[15] ことを必要とした。

　1853 年のアルゼンチン憲法の学識のある起草者の一人で、法律家、後に外交官となったファン・バウティスタ・アルベルディ Juan Bautista Alberdi（1810 ～ 1884）は、1870 年の彼の著作『戦争の犯罪 El Crimen de la Guerra』の中で、個人としての人間が究極的には人間の全ての社会の基本単位であることを強調している。世界社会は従って国家を基本とするのみならず人民自身をも基本とするのである。政治の世界的統合へ向かう過程で、個々の国家の主権は、徐々に人類の主権にとって代わられなければならないこととなろう、と主張する[16]。

　1830 年以降、この思想は緩やかに広まっていき、国際的な理解と恒久平和の確立を促進するために様々な国民の代表機関の議員は直接的に共に活動すべきであると発展していった。外交政策上の最重要問題、即ち戦争と平和の問題は内閣と政府の首脳の手中のみにとどめておくべきではない——これが国際議会主義 interparliamentarism の思想である。かつてスペインの国会議員であったドン・アルトロ・デ・マルコアルツ Don Arturo de Marcoartu は 1876 年の論文の中で、国際関係と国家の権利を最終的には一般的な条約によって成文化する必要があることを強調した。彼は将来的にはこの目的のために政府の行政部門の代表者のみが参加するのではない国際会議の開催を想定していたが、その国際会議は国家レベルの他の政治的勢力の代表者の参加も必要とされる代議制の完全かつ適切な反映が要件であった。マルコアルツは、「平和時、戦時、そして、紛争の生じている場合の国家の憲法制定権に関する大憲章 Magna Charta」を制定するための「憲法制定国民会議」を提案した[17]。この会議を彼

---

14) Jellinek, Georg. 1882. *Die Lehre von den Staatenverbindungen*. Wien: Alfred Hölder, p. 186.

15) Ibid., p. 283.

16) Alberdi, Juan B. 1900. *El Crimen de la Guerra*. Buenos Aires: Talleres Gráficos Argentinos, ch. 10.

17) Marcoartu, Don Arturo de. 1876. Internationalism and Prize Essays on International Law. In: the same, A.P. Sprague and Paul Lacombe. *Internationalism*. London, New York: Stevens and Sons, E.

は国際議会の発足と理解しているが、それは個々の国の行政、立法、司法機関の代表（その資格は平等）、即ちその都度、政府の指名する議員1名、その国の議会で選出される議員あるいは元議員（多数派と少数派から各1名）計2名、そして最高裁判所と大学により指名される裁判官1名を含むものとしている。この会議で可決した法律を実施、執行するために国際仲裁裁判所を設けるものとしている。古い概念だがマルコアルツはそのルーツをはるか紀元前1497年頃のギリシャの都市国家のアテネのアムピクテュオン王が召集した会議に遡って見つけ出している。もし、今存在するどんな政府も、予見し得る将来にこのような会議を招集する意思を示さなければ、その国の国民代表機関の議員達が、彼ら自身の議会等を根拠にその準備をするものとする。「彼らの政府の代表としてよりも、むしろ国民の代表として、国際的理解の促進に協力することを国会議員に奨励することは、19世紀中に政治的な力を獲得し始めていた中産階級の解放を求める運動の論理的帰結である」とラルフ・ウーリヒ Ralph Uhlig は、初期の国際議会平和運動の歴史について彼が著した本の中で書いている[18]。

列国議会同盟 IPU の設立

「仲裁による平和」のスローガンの下に、1889年パリで当初は「仲裁に関する国際議会会議」の名称で、列国議会同盟 the Inter-Parliamentary Union、IPU が設立された。それは、国会議員達の最初の国際的な連合である。設立早々、それは常設の仲裁裁判所のモデルについて検討した。初期の重要なイベントは、1896年のブダペストの年次会議であるが、その時には、250人の議員が参加し、IPU の事務局によって作成されたヨーロッパの各国政府に対する提案を承認している。その目的は、政府に対し仲裁裁判所の設立のための外交会議の開催を迫ることであった。IPU の参加者達は自国の議会でこれらの努力を支持した。その構想は個々の人民代表制議会において平和政策、そして特に国際仲裁の原則に向けて議会多数派を作り、そうすることによって、各政府に影響力を及ぼそうとするものであった。ロシアの外交官も、ブダペストの会議に参加した。「ブダペストでロシアのオブザーバーは、平和を望む友人達の議論に感銘を受けたようだ」とウーリヒは書いている[19]。モスクワにおいてはロシ

Stanford, Baker Voorhis and Co, 6-55, pp. 17f.

18) Uhlig, Ralph. 1988. *Die Interparlamentarische Union 1889-1914*. Wiesbaden: Franz Steiner Verlag, p. 3.

19) Ibid., p. 245.

アの砲兵隊の近代化に要する費用を免れるためにそのような兵器を相互に制限する協定をオーストリア・ハンガリー帝国との間に締結する構想が生まれていた。ロシア皇帝ニコライ二世は、結局一般的な平和会議を提案し、その結果、実際に1899年30カ国からの代表が参加して、ハーグで開催された。

促進材としてのハーグ平和会議

　第一回のハーグ平和会議において、国際紛争の自主的解決のための仲裁裁判所の設立が合意され、陸上の戦争についての法規と慣習に関する条約、通称ハーグ陸戦条約 Hague Convention with Respect to the Laws and Customs of War on Land が発布された。この公文書は、とりわけ、戦争の場合には、民間人と民間の建造物には最大限可能な限り、損害を与えないようにすること、そして、その付属書において、化学兵器の使用を禁止することを規定している。仲裁裁判所は、訴訟の判決のための常設裁判所ではなくて、必要とされる時に暫定的な仲裁裁判所や調査委員会を迅速、簡単に設定することを可能とする行政的機関である。総体的に見てハーグ平和会議とその結果は成功であったと国際議会運動 the inter-parliamentary movement は評価している。次のステップとして、その組織は、仲裁裁判所を完全な裁判所に発展させることを望んだ。IPU とより幅広い平和運動も、何の進展もなされなかった武器使用を制限することと、国際法の基準の開発に関して、更なる行動が必要であることを理解していた。この目標を達成するために、1903年以降、第二回ハーグ会議の開催、一般的には、世界会議の定期的開催に関する要求が高まった。この要求は、再び、特にアメリカ合衆国において、世界議会の構想へと繋がっていった。

米国における国際主義

　ウォレン・F・キュール Warren F. Kuehl が彼の米国における国際主義の歴史の著作で述べているように、1903年は「国際組織に向けた近代の活動の開始」[20] を告げる年であった。例えば、マサチューセッツ州議会の両院は、ジャーナリストのレイモンド・L・ブリッジマン Raymond L. Bridgman（1849～1925）が主導した市民の請願に促されて、「世界の諸政府」が「定期的国際

---

20) Kuehl, Warren F. 1969. *Seeking World Order. The United States and International Organization to 1920*. Nashville: Vanderbilt University Press, pp. 62ff.

56　第一部　世界議会の構想

会議」を設立するために米国大統領がイニシアティブをとることを求める決議文を米国議会に送付している。この構想は報道機関の極めて大きな注目を集めたが、とりわけ鉄鋼業界の大立て者のアンドリュー・カーネギー Andrew Carnegie（1835～1919）がこれを支持した。ブリッジマンは、1905 年から、この提案を彼の著書『世界機構』により更に広く世界に広めた。彼は、主権の概念について厳密な分析を行っているが、主権は、グローバルなレベルでのみ通用し、国家レベルでは通用しないとの結論を導いている。これを認識した上で人類を一つの共同政治組織に組織化する時代が到来したとしている。この組織には、立法、行政、司法部局が必要である。政治的理論ではなく、ビジネス上の必要性から、迅速な行動が求められる。「既に、我々には、世界法の制定が必要になっている。なぜなら商取引は、今や、世界中に広がり、世界的な独占事業から人々を保護するためには、国家議会は全く適切に対処することができないからである」とブリッジマンは具体例を示して論じている[21]。米国は自国の憲法がその提案された世界組織のモデルであることを自覚し、世界組織設立を主導するべきである。この構想は、ブリッジマン独自のものではなかった。ニューヨークの弁護士のヘイン・デービス Hayne Davis（1868～1942）も、アメリカ合衆国憲法をグローバルなレベルのお手本であると理解していた。彼は、1903 年から、ブリックマンとは別個に、実際に既に構築されつつあった国際組織の構想を数多くの論文で広めていた。彼は、ハーグ仲裁裁判所は、人類に「国際連合 the united nations」（デービスがこの言葉を使用したほぼ確実に最初の人物である）を既にもたらしていると論じている[22]。ハーグ仲裁裁判所の創設に続いて、行政機関と立法機関が、今や必要である。立法機関に関して、彼は、世界議会によって可決された全ての法律は、世界人口の 5 分の 4 を代表する全ての国の 5 分の 4 の国により批准された時点で、全ての加盟国を法的に拘束するものとなるべきであると書き加えている[23]。

　デービスはこの国際主義の取り組みを進めるために、最終的にミズーリ州出身の下院議員リチャード・バートールド Richard Bartholdt（1855～1932）と連携した。ドイツ生まれで、1872 年にアメリカ合衆国に移住したバートールドは、1904 年に米国議会の中に IPU グループを設立するとともに、同年米国議会の支持を得て、ヨーロッパ以外の地である米国セントルイスで、初めて IPU

---

21) Bridgman, Raymond L. 1905. *World Organization*. Boston: Ginn & Company, pp. 46f.
22) Davis, Hayne. 12 February 1903. 'The Perpetuation of the Union of Nations'. *The Independent* (Boston), vol. 55, pp. 384-386.
23) Davis, Hayne. 7 July 1904. 'A World's Congress'. *The Independent* (Boston), vol. 57, pp. 11-19.

の年次会議を開催した。その会議で、彼の強い働きかけで、米国大統領セオド
ア・ルーズベルト Theodore Roosevelt（1858 ～ 1919）に対し、第二回ハーグ会
議の開催を要請する決議が採択された。その要請は、ホワイトハウスで行われ
たレセプションで、ルーズベルトに直接手渡された。1 カ月後、国務長官ジョ
ン・ヘイ John Hay が大統領の代理として、この問題を取り上げた。しかしな
がら、その機が熟すように見えるまでには、ルーズベルトが両国の仲裁役とし
て活躍する日露戦争の終結後の 1905 年の秋となるまで時間を要した。アメリ
カ合衆国は、第二回ハーグ平和会議開催のイニシアティブを正式に提案するこ
とをロシア皇帝に託したのだった。

列国議会同盟 IPU を巡るイニシアティブ

　その間に、バートールドは世界議会の創設を列国議会同盟 IPU の中心的目
的とするために、懸命の努力を行っていた。バートールドは「世界の平和機構
を完成するためには、第一に、国際的な議会即ち世界議会と、第二に、仲裁裁
判所や政府に指針を示すための一般的仲裁条約が欠如しているだけである」と
繰り返し説いた[24]。IPU への米国代表は、1905 年にブリュッセルで開催された
年次会議で、この趣旨の提案を行った。その提案は、上院と代議員からなる下
院で構成される、常設「国際議会」の創設を求める政治的工作活動を行うべき
であるとの提案を含んでいる。実際、その提案は、各国に対し上院に 2 議席が
与えられ、下院の議席は、世界の貿易に占める各国の割合に応じて割り当てら
れるものとするものだが、それ以上に詳しくは説明されていなかった。各議員
は、1 票の投票権を持つ。両院において多数決で可決されたいかなる決定も、
数カ国（数は特定されていない）の議会が、それを否決しない限り、法的に拘束
力を有するものとする。その国際議会の権限は、国際的な問題に限定され、更
に、決定は、各参加国の「領土的、政治的保全」を尊重しなければならない。
その提案は、貿易問題に関しては、主義として各国を平等に取り扱う措置も講
じている。最後に、国際的議会の参加国は、ハーグ裁判所によりなされる決定
の執行のために、自国の軍隊を国際議会の裁量に委ねる義務を負わねばならな
い[25]。

---

24) Bartholdt, Richard. 1930. *From Steerage to Congress. Reminiscences and Reflections.* Philadelphia:
　　Dorrance & Company Inc, p. 261.
25) Lange, Christian (ed.). 1911. Un Congrès International, Conférence de Bruxelles, 1905. In: *Union
　　interparlementaire. Résolutions des Conférences et Décisions principales du Conseil*, 93-94. 2nd ed.
　　Brussels: Misch & Thron.

提案は、投票には付されなかったが、検討委員会に引き継がれた。そこにおいて、米国の提案は、より保守的なヨーロッパの人達による「ある驚くべき反論」に直面したとウーリヒ Uhlig は報告している[26]。提案は国際的な緊張の高まりの中では成功の見通しが少なく、かつ IPU の努力はハーグ会議が繰り返し開催されるようになるのを確保する問題に焦点を当てるべきであるとして否決された。「世界議会という純粋に仮想的な組織的構造に対する学問的な議論」は、これに何も付け加えていない。しかしイタリアの議員のベニアミノ・パンドルフィ Beniamino Pandolfi が、その議論の核心を突いた。彼は、国会議員は誰も、提案された国際議会に参加するべきではないという大胆な申し立てを行った。ウーリヒは、IPU 議会人にとってこの「想定外の意見」は、「国際議会主義の不可欠かつ根本的な関心」についての彼の判断に基づいていると書いている。というのは、パンドルフィは米国の提案は IPU そのものの存在を危うくすると確信していたからである。「地方議会で選出された議員を世界議会の一員に組み入れれば、IPU は解散せざるを得ないことになるだろう。だから我々は、危険で、無政府的な組織についてのみならず、同時に、我々自身の自殺についても投票しているのである」[27] とはパンドルフィ自身の提案書の中の文言である。1906 年にロンドンで行われたその次の IPU 会議の終了時までには、米国グループの原案は、跡形もなく消え去った。国際議会に関する要請は、第二回ハーグ平和会議のための IPU の計画には含まれていなかった。その会議は、1907 年 10 月に開催されたが、注目に値する進展は、何も見られなかった。拘束力のある仲裁裁判所の導入は失敗に帰したが、その理由の大部分は、ドイツ帝国の代表団による反対であった。

　いったん世界議会のプロジェクトが IPU の中で実質的に行き詰まると、米国の初期の活動家達の熱意は、その後の数年間のうちに緩やかに冷え始めた。フランスでは、社会党の議員のフランソア・フルニエ François Fournier（1866 〜 1941）が、1913 年 7 月、世界議会のためにフランス政府の外交的イニシアティブを促す試みを議会内で煽ったが、フランス政府は、これに反対し、フルニエの提案は、フランスの議会で完全に否定された。

26）Uhlig, loc. cit., pp. 413f.
27）Citation from ibid., p. 413.

ドイツの平和運動から登場した議論

　ドイツでは、世界議会の設立を強力に支持する意見が、歴史家で、後にノーベル平和賞の受賞者となるルートヴィヒ・クヴィデ Ludwig Quidde（1858 ～ 1941）と国際法の専門家のヴァルター・シュッキング Walther Schücking（1875 ～ 1935）により発表された。この二人は、1892 年にベルタ・フォン・ズトナー Bertha von Suttner（1843 ～ 1914）により創設されたドイツ平和協会 German Peace Society の重要な会員である。ズトナーはアメリカ合衆国をモデルとして、「新たな国際的連合と国際的協力のために活動する全ての国家の連合会議の構想」を発表した [28]。シュッキングは、1908 年に出版された著書の中で、世界議会を有する諸国家の世界連合について論じ、かつ、ハーグ会議での「ドイツの反動的立場」を批判し、ドイツ皇帝政府を大いに困惑させた。シュッキングは、1874 年に創設された万国郵便連合のような国際法に基づく各国が共同利用する既存の行政機構に言及して、仮に「現在生じているように、総合的な国際組織が未だ存在しないとの理由で、同じ国家集団が、新たな国際的な目的毎に新たな国家連合を設立するのは」「時間、エネルギーと費用の無意味な浪費」であると書いている [29]。そのような場当たり的な連合は、総合的な連邦国家に代替されるべきである。「ハーグ会議は、**明示しては**いないが、暗黙のうちに、**事実上**諸国家の世界連邦を創設した」[30] と結論づけているハーグ会議の研究論文の中で、シュッキングは、世界議会は諸国家の会議と共に、当初は諮問機関の役割のみを果たすべきであり、かつ世界連邦加盟国の議員により構成されるべきであると更に詳細に説明を行っている。彼は国際的な交渉や国際法の作成にかかる世界議会が関与することによってもたらされる利点を、「国家の法と国際法との争い（イェリネック Jellinek が言うところの）」から生ずる可能性のある無数の問題の中から二つの例を示して詳しく説明している。第一の例では、交渉の過程において、もし、世界議会の大多数の議員——そして世界議会の中で各国個別の議会の代表団の中での大多数の議員——が自国の政府とは異なった立場をとるとすれば、世界議会が政府の抵抗をはねつけるのに役立つ可

---

28) Citation from Walker, Barbara (ed.). 1993. *Uniting the Peoples and Nations. Readings in World Federalism*. Washington D.C. and New York: World Federalist Movement & World Federalist Association, p. 97 ('A Message to American Women' in: The Women Voter, Vol. V., October 1914).

29) Schücking, Walther. 1908. *Die Organisation der Welt*. Tübingen: J.C.B. Mohr, pp. 610f.

30) Id. 1912. *Der Staatenverband der Haager Konferenzen*. Ed. by Walther Schücking. Vol. 1. München, Leipzig: Duncker & Humblot, p. 6.

60　第一部　世界議会の構想

性があると想定した。例えば、第二回ハーグ会議で、採択された調停案を強制的に受け入れさせることは、少なくとも、いくつかの問題については、可能であったであろう。シュッキングによれば、「なぜなら、ドイツ政府の執拗な抵抗が、自国の議会の支持さえも得ていないことが明らかになっていたならば、ドイツ政府は、おそらく譲歩していたであろう」[31]。第二の例では、その国の政府により交渉された国際規範に合意することにその国の議会が抵抗する場合を想定することができる。このような場合には、世界議会が、条約の批准を巡る行政府と立法府の間の争いが生じないようにすることが可能であろう。なぜなら、世界議会の存在は「世界連邦国家の立法業務」のそもそも初めから、その国の議会の代表団が参加していることを意味するからである。かかる議会代表団の参加は、特に米国のように権限が厳格に分離されている国においては、条約批准のための議論には懐疑的な議会を説得することをもっと容易なものにするであろう。

　世界議会の構想は、その後、数年にわたって、何度も繰り返し、取り上げられている。例えば、法律家で前のドイツ帝国議会議員のエルンスト・ハーメニング Ernst Harmening（1854～1913）は1910年の講演の中で、「国家の経済的、政治的利益」は、今や国際的となり、「他国の助力なしでは、適切に保護され得なくなってきている」と強調している。主権の概念は、修正されることが必要となった。それは、「最早、政治機構の無制限な自決権を保証」するものではなくなり、国民の福祉についてもなおさらそうである。代わりに、人々は「全文明世界の利益、そして究極的には、人類の利益の連帯に関する新たな信念」を取り入れつつある。彼は「国家連合社会」の枠組みの中での「人民による自治」の必要性は世界議会によって満たされると考えた。ハーグ会議に及ぼしたIPUの影響を引用して、IPUがこのプロセスの開始を示していると彼は論じている[32]。

　1912年の『ベルリナー・タゲブラット Berliner Tageblatt』（ベルリンの新聞）のクリスマス特集号の中で、著名な社会評論家、作家、戯曲家のフランク・ヴェデキント Frank Wedekind（1864～1918）は国際外交の「使節団、公使館、大使館の堂々たる建物」は、「新聞の輪転機や無線電信を一切考慮せずに」運営されている「中世の遺物」そのものだと批判した。彼の想像し得る最高のクリスマス・プレゼントは、世界議会の設立である。「道楽者やビジネスの機会

---

31) Ibid., p. 302.
32) Harmening, Ernst. 1910. *Das Weltparlament. Vortrag gehalten in der Staatswissenschaftlichen Gesellschaft zu Jena*. Jena: Bernhard Vopelius, pp. 6f., 11, 31, 25.

を漁る者達の集会となっている今までの平和会議とは異なり、世界議会は全世界の全ての権力機関をその傘下にし、その本質から言って常設の平和会議である」と、ヴェデキントは、既存の外交組織を意図的に挑発しながら書いている[33]。彼は、無政府主義者にして反軍国主義者である作家のエリッヒ・ミューザム Erich Mühsam（1878〜1934）と連携してこの考え方に到達したが、ミューザムも彼らの協力について彼の『人類の雑誌 Magazine for Humanity』にその後すぐに寄稿している。ミューザムは、国家に関して、彼らの見解に相違があるにもかかわらず、「現在、世界の人々にとって、最も深刻な問題は、人類の最も影響力のある権力機関を任されている人々に対するコントロールが欠如していることにある」と彼らの意見が即座に一致したと書いている。恐るべきことには、とりわけ「これらの人々」が、常に協力し合っている「薄暗い秘密性」にある。一夜にして、大国の外務大臣間の協議が決裂し、戦争開始が起こり得る。ミューザムは「我々が求める世界議会は」「その目的として、国際外交の絶え間ない公的な監視体制を持つはずであろう」と書いている。国家間の関係に影響を与える全ての問題は、本質的に、社会全体の問題であり、仲介者の病的な秘密主義がなければ、正に、公的な問題であろう。「我々が、平和は、最早、いかなる外交官や国際紛争によっても脅威に晒されることがないことを知る時が来れば、我々は任務を全うしたことになろう」と彼は書いている[34]。当時、世界国家や選挙で選ばれる世界議会について、あまり知られてはいない他の提案が数多くあった[35]。

---

33) Wedekind, Frank. 25 Dec. 1912. 'Weihnachtsgedanken'. *Berliner Tageblatt*, no. 656, 1. Beiblatt, p.1/2. Also printed in: the same. 1920. 'Weihnachtsgedanken（1912)'. Schweizerland Vol. 2（2nd half-year): 849–854.

34) Mühsam, Erich. 1913. 'Das Weltparlament'. Kain. *Zeitschrift für Menschlichkeit*（2)10: 145–163., pp. 150f., 163.

35) 例えばEduard Loewenthal or Kurt Wolzendorff。以下を参照。Riehle, Bert. 2009. *Eine neue Ordnung der Welt: föderative Friedenstheorien im deutschsprachigen Raum zwischen 1892 und 1932*. V&R unipress, pp. 81ff., 112ff.

第 4 章

世界大戦と国際連盟

「円卓会議」グループの計画

　1909 年の初め、大英帝国の将来を心配する人々の国際的なネットワークが結成されたが、大英帝国は世界におけるその卓越した地位を失いつつあると感じられていた。「円卓会議 Round Table」と呼ばれたそのグループは、南アフリカの政治家でダイアモンド会社デビアス De Beers の共同設立者であるセシル・ローズ Cecil Rhodes（1853 ~ 1902）の影響にまでその由来を遡ることができる。この大英帝国の帝国主義者は、英米連合 Anglo-American federation の結成を、彼の生涯を通じて詳細な関心を持っていた訳ではないが、「世界平和が永遠に守られること」を保証するものであろうと、熱狂的に夢見ていた[1]。ローズの死後、彼の財産はローズ・トラストに託されたが、それは世界で最も名高い奨学金制度を確立するのみならず、この英米連合の結成という目標を追求することもその目的に加えて創設された[2]。ローズ・トラストの支援を得て、「円卓会議」は大英帝国を連邦国家、即ち「英連邦 Commonwealth of Nations」に変容するという計画を作成した。これは英国による大英帝国の支配の終焉を必然的に伴うものである。以前の英国の植民地領土のように、大英帝国が新たな連邦の中の単なる一加盟国となるというものであった。この連邦の中心には「大英帝国の国民によって直接に選挙される中央の主権的な帝国機関」が設けられ、その職員が外交政策を行い、軍隊を管理し、課税業務を行うとされていた[3]。この計画は、円卓会議のリーダーの一員で国際統合の大義に取り組むと共に 1910 年の南アフリカ連合 Union of South Africa の設立に貢献したライオ

---

1) Rotberg, Robert I, and Miles F Shore. 1988. *The founder: Cecil Rhodes and the pursuit of power.* Oxford University Press, p. 666, see also pp. 102, 281, 316.
2) 秘密結社の計画については以下を参照。Bummel, Andreas. 8 October 2003. 'Kritische Anmerkungen zur Urlegende moderner Verschwörungstheorien'. Telepolis.
3) Lavin, Deborah. 1995. *From Empire to Commonwealth. A Biography of Lionel Curtis.* Oxford: Clarendon Press, p. 108.

ネル・カーティス Lionel Curtis（1872～1955）が行った提案と一致していた。
1911年の大英帝国議会協会 Empire Parliamentary Association は、世界で二番
目（列国議会同盟 IPU に次ぐ）の国際的な議会ネットワークであった。この協会
の目的は英国の自治領の議会人達と英国議会の議員達の間の連絡と情報の交換
を促進することであった。第一次世界大戦の終了後、大英帝国の制度改革との
関連で、この協会を真の共同議会に変容する構想が検討された[4]。

社会文化的進化の理論と世界連邦

　1914年の第一次世界大戦勃発は第三回ハーグ会議への期待を全て打ち砕い
た。この世界大戦は、これまで想像もできない、途方もない規模であったため
に、平和主義者はもとより、国際主義者にとっても、黙示録さながらの破局的
な亀裂の経験であった。「19世紀文明の偉大な構築物はその支柱が崩壊したの
で、世界戦争の炎の中に崩れ去った」とエリック・ホブズボーム Eric
Hobsbawm が書いている[5]。「円卓会議」の参加者は動揺した。その中には、今
や当初の計画を凌ぐ案を考え始める者も現れた。円卓会議について研究してい
た歴史家のキャロル・キグリー Carroll Quigley は、「紀元前4世紀のギリシャ
文化と文明がギリシャ人が、都市国家よりも大きな何らかの政治的組織を構築
することができなかったことが原因で崩壊したのと全く同様に、国民国家より
も大きな何らかの政治的組織を我々が構築することができないため、全ての文
化と文明は崩壊することとなるだろう」と彼らのおそれを詳述している[6]。「英
国連邦」と英米連合への当初の期待はその時以降、世界的な国家連合プロジェ
クトの一部と理解されるようになった。
　平和のための世界的組織を設立する構想は多くの支持を獲得し始めた。世界
中で、平和を唱える協会や団体が続々と登場し、国家の連盟を求めるキャン
ペーンを行った。とりわけ、作家のH・G・ウェルズ H. G. Wells（1866～1946）
が英国で設立した「国際連盟連合 League of Nations Union」は英国の平和運
動の中で最大のグループに成長し1931年には会員数が40万人を超えるまでに
なった[7]。ウェルズ、カーティスらは、彼らの世界史の解釈に基づき、かつ世

---

4) Hall, H. Duncan. 1920. *The British Commonwealth of Nations. A Study of its Past and Future
　Developments.* London: Methuen & Co., pp. 306ff.
5) Hobsbawm, Eric. 1995. *Age of Extremes.* London: Abacus, p. 22.
6) Quigley, Carroll. 1981. *The Anglo-American Establishment.* New York: Books In Focus, p. 137.
7) Baratta, Joseph Preston. 2004. *The Politics of World Federation. United Nations, UN Reform,
　Atomic Control. Vol. 1.* Westport, Connecticut; London: Praeger Publishers, p. 74.

64　第一部　世界議会の構想

界大戦の経験を背景として、もし文明を今後も存続し続けようとするならば、世界連邦が絶対に必要であると主張するために協調行動をとった。世界史は人類の全体的な状況が「分離主義者と統合派の間で揺れ動く運動」の物語であることを示しており、そして今や全世界の統合のための時が到来したのである[8]。彼らの主張の根底には、社会文化的な進化の理論があり、この理論は、1912年までに——人類学者のフランツ・ボアス Franz Boas（1858 ~ 1942）の有名な論文により——、平和問題と密接な関係を持つようになり、今や、世界連邦主義のイデオロギーの確固たる基本原理となったのである。「人類の歴史は、共に平和に暮らし、自分達の領域外の集団だけに対する戦争に備える規模へ次第に拡大していく人間の集団化への壮大な光景を我々に示している」とボアスは記している[9]。全ての束の間の革命や、より大きな集団の一時的な崩壊にもかかわらず、統合に向かう発展は非常に整然かつ確固たるものなので、唯一下し得る結論はこの傾向は今後の歴史を支配し続けると予想されるということである。全世界を統合するという考えは想像を超えているように今は思えるように、現代国民国家のような規模の集団は以前には思いもよらなかったであろう。しかしこの発展が国民国家の段階で停止するとの仮定を、正当化することはできないであろう。ボアスは、ハーバート・スペンサー Herbert Spencer（1820 ~ 1903）やルイス・ヘンリー・モーガン Lewis Henry Morgan（1818 ~ 1881）のような他の初期の社会文化的進化論者の意見に同意しているが、他の観点について特に人類文明の目的論的な発展への彼らの信念に関しては同意しておらず、彼らを強く批判している。彼のアプローチは、ノルベルト・エリアス Norbert Elias（1897 ~ 1990）やゲルハルド・レンスキー Gerhard Lenski（1924 ~ 2015）のような社会科学者により、決定論のいかなる要素をも否定する「新進化論的」枠組みの中で発展、拡大されていた。

ヴェルサイユ講和会議の協議事項となった世界議会

　1700万人の死者、その時点までの世界史の中で最大の大量虐殺の後に戦争は、1918年11月の停戦で終結した。1919年2月、パリ講和会議は英国、フランス、イタリアそして米国の主導の下、米国の大統領ウッドロー・ウィルソン

---

8) Wells, H. G., et al. 1919. 'The idea of a League of Nations'. *The Atlantic Monthly* 123: 106-115, 265-275, p. 106.

9) Boas, Franz. 1912. 'An Anthropologist's View of War'. The Advocate of Peace 74(4)(April): 93-95, p. 94; First published in: International Conciliation, no. 52 (March 1912).

第4章　世界大戦と国際連盟　　65

Woodrow Wilson（1856〜1924）が1年前に提案したとおり彼の「14項目の平和原則」の最後の項目の国際連盟の設立を承認した。計画にあった国際連盟の運営規則に関する交渉の最中に、議会組織を含める構想が様々な人々から提案された。「円卓会議」のグループの重要なメンバーの一人としてロバート・セシル卿 Lord Robert Cecil（1864〜1958）本人が英国の交渉団の一員として指名されていた。彼は後に国際連盟の事務総長となり、ノーベル平和賞を受賞している。彼の国際連盟の設立提案の中で、彼は、「既存の列国議会同盟 IPU から発展させるものとして、連盟に加盟している諸国の議会の代表による定期会議」を開催する構想を挙げた。この国際議会会議は、国家間の会合と他の国際機関からの報告について協議することが可能であり、従って、「定期的なハーグ会議 Hague Conference が現在占めている領域をカバーすることができる」[10]。しかしながら、この構想の積極的な支持者は、英国代表団の副代表で、南アフリカの政治家のジャン・クリスティアン・スマッツ Jan Christiaan Smuts（1870〜1950）たった一人であった。（ちなみに彼は1895年に、短期間、デビアスでローズの法律顧問をしている。）1919年2月12日、彼の強い勧告に応じて、英国代表団は「国際連盟の全加盟国の立法機関によって選出される議員集会 Representative Assembly」を、連盟の基本的構造に加えるとの提案を規約起草委員会に提出した[11]。この議員集会は政府代表者の会合とその草案の中で想定されている理事会 Executive Council の活動に対して助言を行う任務を担う。議員集会の運営の細則は理事会に委ねることができるとされていた。その翌日の第9回目の起草委員会で、スマッツはその提案をより穏やかなものにする修正を加えた。つまり、その規約草案に「少なくとも、4年毎に、各国の議会や一般大衆の意見を代表する他の団体の代表を含む『代表団』による特別会議を開催する」条項を加えたのである。その後の協議でセシルは冒頭発言をする機会を与えられた。驚いたことには、彼はその提案を、未だ機が熟していないとの理由で、否定した。スマッツ案はその協議に参加した他の18名の誰にも支持されなかった。かかる条文は、各国が既にその代表として、自国の議員を自由に指名できるので不必要であるとして否決された。フランスの交渉担当者のレオン・ブルジョワ Leon Bourgeois の意見では、政府によって選ばれる代表団は、いずれにしても、市民の多数の意見を代表しており、更に、ウィルソンが述べたように、「人民全体の真の代表者達」であることは疑う余地がない。

---

10) Miller, David Hunter. 1928. *The Drafting of the Covenant*, vol. 2. New York: G.P. Putnam's Sons, p. 62.

11) Ibid., vol. 1, pp. 218, 273.

ベルギーの首席代表のポール・ヘイマンス Paul Hymans は、基本的に留保するとの立場を表明した。仮に、最初は「社会的集団」に代表権を与えることであれば、それは結局、国際議会の年次会合開催が結論となろう。かかる議会は、連盟にあらゆる類の問題を提起することになる可能性があり、しかも、その活動範囲はあまりに広く拡大されることとなろう。結局は、選挙が行われることとなり、かくて「国際議会は、現在の『代表団の機関 Body of delegates』の概念とは、最早、全く関係ないものとなろう」[12]。この発言でその提案は、議論の対象から除外された。

　国際連盟を、各政府を除外する場所とする意図は、その平和運動の承認を受けるものとはならなかった。1919 年 3 月、22 カ国からの 60 を超える組織が、「国際連盟協会 League of Nations Societies」の国際会議のために、ベルンに集結したが、その中には、H・G・ウェルズの英国のグループが、パリで起草され既に公表されていた規約 constitution について協議するために参加していた。彼らが提案した 26 カ所の修正の中の第一番目は、連盟の中心組織となる世界議会の設立を求めるものであった。即ち「国民によって選挙される国際議会が、パリ草案で提案された議員集会に代替されるべきである。各国が 100 万人毎に 1 名の議員を選出するこの議会が完全な特権と立法権を保持するべきである」[13]。ドイツ人の医師で性科学者のマグヌス・ヒルシュフェルト Magnus Hrschfeld（1968 ～ 1935）は、同性愛者の権利と性的少数派の解放を求める世界的なパイオニアと見なされているが、世界議会を求める意見を明確に主張した者の一人でもある。1918 年 11 月 10 日、ベルリンのドイツ帝国議会下院における演説の中で、彼は、今後のスローガンは最早「労働者」ではなく「世界の**人々**よ、団結せよ」であるべきであると宣言した。「我々は、民衆の裁判所と世界議会とを要求する」とヒルシュフェルトは、数千人の群集に向かって高らかに宣言した[14]。

国際連盟規約の「ドイツ案」

　ドイツ帝国は、戦争に責任のある国の一つでありまた敗戦国の一つとして、パリ講和会議に直接参加することも講和条約に関し連合国が作成した案に何ら

---

12) これと先述の引用は以下から。Ibid, vol. 2, pp. 299-301.
13) 'Berne Conferees Suggest Amendments'. *New York Times*, 19 March 1919.
14) Hirschfeld, Magnus. 'Ansprache vom 10. Nov. 1918'. Vierteljahresberichte des Wissenschaftlich-humanitären Komitees während der Kriegszeit hg. statt des *Jahrbuch für sexuelle Zwischenstufen* (18) 4: 165–166, p. 166.

かの変更を加えることもできなかった。しかし、1918年の11月革命とオラン
ダに亡命したウィリアム二世William II（1859～1941）の強制退位の後、ドイツ
は、新たな責任ある政府を持つ共和国へと歩み始めた。1919年1月の選挙は、
初めて普通、平等、秘密そして直接の選挙権（女性も含む）を基本として行わ
れ、フィリップ・シャイデマン Phillip Scheidemann（1865～1939）を首相に指
名する結果をもたらした。国際連盟の具体的な形態に彼ら自身の構想を反映さ
せるために、シャイデマンの内閣は、1919年4月23日、シュッキング Schück-
ing も参加してドイツ外務省で起草された国際連盟憲章の「ドイツ案」を公表
した。その案の重要な特徴の一つは、諸国会議 congress of states（即ち加盟国
の代表達の集会）と常設国際裁判所のような他の機関と共に、加盟国の個々の
議会の代表達から構成される「最初の世界議会」である。シャイデマンの内閣
は、よって、世界議会の設立を支持し呼びかける歴史上初めての政府となり、
我々の知る限りにおいては、今日にいたるまで、かかる行動をとったことのあ
る唯一の政府である。この案では、「a）連盟の規約の変更、b）普遍的、国際
的な法的基準の作成、c）連盟のための新たな行政機関の創設、d）その予算
の決定」[15]に関して、世界議会の同意が必要となろう。各国の議会は、住民
100万人に対し1人の割合で、最大10名までの議員が参加する権利を与えられ
なければならない。この案は、第一回世界議会のための暫定的な規則と見なさ
れ、その後――諸国会議の同意を得て――世界議会自らその将来のあり方につ
いて決定する。直接選挙や議席配分のためのスライド制のような他の規則もド
イツ外務省内部で検討された。しかしながら、ゴットフリード・クノール
Gottfried Knoll の1931年の研究によれば、その検討の目的は、規則を、実用的、
単純、明快、かつ、一般人が理解できるようにし、この第一段階で不必要な障
害が生じるのを防ぐことにあった。クノールの見解では、世界議会に関するこ
のドイツ提案は、完全かつ真剣に作成されていた。ドイツ政府は世界議会を
「連合国各政府の誇大妄想に対する潜在的な対抗力」と見ており、世界議会が、
連合国側の姿勢を和らげる影響力を発揮し「コスモポリタニズム精神の息吹」
を国際連盟の中に吹き込むことを願っていた[16]。仮に、国際連盟が、国家のみ
を基礎として構築されているならば、「古い政治」がその様々な組織を通じて
国際連盟に入り込む危険性がある。世界議会が、新生ドイツ共和国の民主的な
議会制度にとって肯定的なフィードバックを生み出す可能性のあることも検討

15）Knoll, Gottfried. 1931. Der Deutsche Regierungsentwurf zu einer Völkerbundssatzung vom April
　　1919. *Leipziger rechtswissenschaftliche Studien* 61. Leipzig: Verlag von Theodor Weicher, p. 87.
16）Ibid., pp. 22, 25.

68　　第一部　世界議会の構想

されている。この流れで、外務大臣のウルリッヒ・グラフ・ブロックドルフ＝ランツァウ Ulrich Graf Brockdorff-Rantzau（1869 ～ 1928）は、ドイツの民主制は「国際連盟の中に民主制の必要な措置ができるか、またはできるようになるまでは」確かなものとはなり得ないと述べている[17]。

国際連盟に対する失望

　ドイツの立場は、パリで生じつつあることとは無関係であった。合意された国際連盟規約は、1919 年 6 月 28 日、ヴェルサイユ条約の一部として、交渉団によって署名された。国際連盟設立のプロジェクトは、米国のウィルソン大統領が主導したが、1920 年 3 月、米国議会上院はその批准を否決した。その理由はいつも言われているような米国の孤立主義のみではなかった。それとは反対に、キュール Kuehl の研究では、例えば、米国内では、国際連盟の構想に対する大衆の支持は驚くほど高いレベルにあったと報告している。しかし、ヴェルサイユ条約で与えられたこの構想の特定の形態はこの熱意を少しも湧き起こすことはなかった。「その法廷の人々は、ほとんど国際法を消し去り、私が思うに、ほとんど触れてもいない。かくて連盟は単なる政治連合と化した」と議会上院の多数派のリーダーのヘンリー・キャボット・ロッジ Henry Cabot Lodge が手紙で不満をぶちまけている[18]。とりわけ、上院議会はウィルソンにより無視されたと感じていたが、ウィルソンは、遅ればせながら渋々と上院と協議を行った。

　様々な理由によって国際主義者や平和主義者の大部分が国際連盟に失望したのは米国内のみではなかった。民主主義諸国が専制体制国家に勝ったのではなかったのか？　ロマノフ、ハプスブルグとホーエンツォレルン王朝は、オスマン王朝と同様、政治舞台から消滅した。Ｈ・Ｇ・ウェルズは、『歴史概略』の最終章で、民主制世界国家について論じているが、彼は国際連盟に民主制が欠如していることについて激しい怒りを示している。「この国際連盟は（中略）人民の連盟では全くなかった。それは、『国家、自治領、あるいは植民地』の連盟であった（中略）。参政権の制限の禁止は全くなかったし、国民が国を直接的に支配するための条項も一切なかった。（中略）専制政治は、参政権が一人のみに制限されている『完全自治』の民主制として疑いもなく認められてい

17）Ibid., p. 21（Daily News, 25 February 1919）からの引用。
18）Kuehl, Warren F. 1969. *Seeking World Order. The United States and International Organization to 1920*. Nashville: Vanderbilt University Press, p. 335.

た。1919 年の規約に基づく国際連盟は、事実上、外交当局の『代表者』の連盟であった」とウェルズは書いている[19]。1912 年のノーベル文学賞の受賞者のゲルハルト・ハウプトマン Gerhart Hauptmann（1862 〜 1946）は、米国を世界と「ヨーロッパのための偉大な輝けるモデル」と考えていた。国際連盟は、語るに値しなかった。「我々は皆、長い間、世界議会を求めてきた。我々には、人々の真の連盟が必要なのだ」というハウプトマンの言葉は、ドイツのハイパーインフレーションと賠償金を巡り激化する対立の只中にいるドイツの多くの知識人達の感情を表している[20]。世界議会に関する議論は、国際連盟の創設の後初めは弱まることなく続いた。クヴィデ Quidde は、とりわけ、世界議会を導入するように国際連盟規約の改訂を求めた。しかしながら、世界議会は、人口 1 対 1 の割合に基づいて構成されてはならない。「何となれば、それは、全ヨーロッパを東アジアの巨大な帝国（複数）に直面して無力な立場に追いやることになるからである」[21]。彼はドイツ政府案で提示された措置はあまりに曖昧であるとして退けた。一方で人口の規模と他方で各国平等の原則の両面を十分に勘案するために、小国と大国の間にスライド制がなければならないだろう。この問題について詳細な研究を行ったオーストリア生まれの社会学者ルドルフ・ブロダ Rudolf Broda（1880 〜 1932）は、1920 年に世界議会を求める重要な論文を書いて注目された。人民議会の議員達は、自らを、自国の代表としてよりも「ずっと強く人類全般の代表あるいは国境を横断して組織されている国際的な政党の党員の一人」と見なすであろう[22]。彼はドイツ帝国議会の歴史が帝国議会の議員は、自らを国民全体の代表と見なしていたこと、そしてこのことが帝国を構成する諸州の間に生じる可能性がある紛争を抑制してきたことを明白に示していると論じた。世界議会においては、相互に対立するのは最早国家ではなく考え方の違いである。国家間の紛争の危険性は、世界議会によって減少されよう。国際連盟の構造改革の見通しが暗いことは明らかである。しかし、遅かれ早かれ、とりわけクヴィデらの見解では、この構想が勝利を収めることになる。なぜなら人々は「自分達にとって不可欠な利益の確保は、国家を超越し、それよりも上位にあるもの、国家が野蛮な利己主義で互いに侵略し合うことを防ぐものを作ることによってのみ可能となること、即ち、個々の国家を超

---

19) Wells, Herbert George. 1920. *The Outline of History. Being a Plain History of Life and Mankind*. Vol. 2. New York: The MacMillan Company, p. 558.

20) Tschörtner, Heinz Dieter（ed.）. 1994. *Gespräche and Interviews mit Gerhart Hauptmann*. Berlin: Erich Schmidt Verlag, p. 79（*New York Times*, 10 September 1923）からの引用。

21) Quidde, Ludwig. 1922. *Völkerbund and Demokratie*. 2nd ed. Berlin: Verlag Neuer Staat, p. 16.

22) Broda, Rudolf. 1920. 'Das kommende Weltparlament'. *Der Völkerbund*: 347-358, p. 348.

え、それらの上位に立つ人類の統治権、国際連盟の統治権を確立することに
よってのみ可能となること」[23] を理解することとなるであろう。

---

23) Quidde, loc. cit., p. 27

第5章

第二次世界大戦と原子爆弾

国連初期の世界連邦主義

ファシズムの圧力下の連邦主義

第一次世界大戦の始まりから第二次世界大戦の終わりまでの間を、ホブズボーム Hobsbawm やアーノルド・I・メイヤー Arnold I. Mayer のような歴史家は 31 年間継続する世界的紛争期間と見なしている。社会学者で政治学者のジグムント・ノイマン Sigmund Neumann は 1946 年に既に「第二の 30 年戦争」について語っている[1]。民主制と議会制は多くの場所で抑圧されるようになり、ファシスト体制が突如出現した。ポリティ・プログラム Polity Programme によれば、1911 年から 1929 年の間は一貫して、世界には独裁国家よりも民主制国家の方が多かった（残りの国は、混合形態）。しかし 1930 年からはその割合は逆転した。列国議会同盟 Inter-Parliament Union は、軍備縮小や国際法の強化のような国際問題に関する粘り強い活動にもかかわらず、ゆっくりとその政治的な重要度を失っていった。キスリング Kissling が書いているように遅くとも第二次世界大戦の終結する頃まで、IPU は「埒外に置かれていた」[2]。円卓会議グループの大英帝国を連邦国家に変容しようとする目標は自治領の独立への願望のために暗礁に乗り上げた。自治領の主権は 1931 年のウェストミンスター憲章によって最終的に確定し、英連邦は独立国の緩やかな連合体となった。しかしながら、その連邦制の構想は国家社会主義とファシズムの勃興に対応して、新たな形態の下に再登場した。1939 年の著作『Union Now』で、元はドイツのプファルツ州出身で 1911 年に米国へ移住したクラレンス・シュトライト Clarence Streit（1886 ～ 1986）は国際政治の分野で独裁国のように振る舞う民主制国間の協力の欠如に不満を抱き、ファシストの独裁制への対抗勢力として、

---

1) Neumann, Sigmund. 1946. *The Future in Perspective*. New York: G.P. Putnam's Sons, pp. 6ff.
2) Kissling, Claudia. 2006. *Die Interparlamentarische Union im Wandel*. Frankfurt: Peter Lang, p. 145.

民主制国の連合を提案した。これは米国、英国、カナダ、オーストラリア、ニュージーランド、南アフリカ、アイルランド、フランス、ベルギー、オランダ、スイス、デンマーク、ノルウェー、スウェーデン、フィンランドを加盟国として開始し、連合への新たな国々の漸進的な加盟を得て究極的には、世界中をカバーする組織に拡大する案である。『ニューヨーク・タイムズ』紙のジュネーブの外国特派員としてカーティスと連携しており、かつまた彼に大いに敬服していたシュトライトは、国際連盟の苦悩を間近で見守っていた。「その連合の発足時にある威力そしてその潜在力は非常に強く、その組織は巨大で、かつその重要拠点が広く分散しているので、ドイツ、イタリア、そして日本が仮に束になったとしても、連合国への攻撃を夢想することは最早不可能であることは、メキシコがアメリカ合衆国へ侵略するのを今や夢想することが不可能であるのと同じである」とオックスフォードでローズの奨学生だったシュトライトは書いている[3]。彼の連合計画の中心は、加盟国の人民投票によって直接選挙される議会であり、それは下院と上院で構成される。保証された人権と連合の市民権に基づく連邦連合（the federal union）はとりわけ外交防衛政策および通貨、貿易問題について独占的な責任を持ち、かつ加盟国の政府の民主制度を保障するものである。

世界連邦主義の発展

　シュトライトの本はベストセラーとなり、多くの言語に翻訳され、超国家連邦連合の構想に新たな刺激を与えた。多くの自由主義国の中で、超国家的統合の構想を推進するための新たな団体が設立された。1939 年、米国で、シュトライトを議長とし「連邦連合 Federal Union」という組織が設立された。それは、最初の段階として西側民主制国間の連合を提唱しており、今でも「民主制国の連合のシュトライト協議会 Streit Council for a Union of Democracies」の名称の下で活動している。歴史家のジョゼフ・プレストン・バラッタ Joseph Preston Baratta が、ブラウアーと共に、世界連邦主義の歴史と多面的な世界連邦運動の研究に特に積極的であり、2004 年に 2 冊の研究書（現在の研究の中で世界連邦主義の歴史に触れられる唯一のものである）を出版した。1937 年に、「世界政府キャンペーン Campaign for a world Government」が、フェミニストで平

---

3) Streit, Clarence K. 1939. *Union Now. A Proposal for a Federal Union of the Democracies of the North Atlantic*. London: Jonathan Cape, p. 25.

和運動家のロシカ・シュウィマー Rosika Schwimmer（1877～1948）とロー
ラ・マベリック・ロイド Lola Maverick Lloyd（1875～1944）によって設立され
たが、それは最も初期の世界連邦主義者の組織の一つと見なされている。彼ら
は、世界的な憲法制定会議の開催を訴え、そして将来の民主制世界連邦の基礎
となる直接選挙による世界議会を求める彼らの意見の概略を説明するパンフ
レットを出版した[4]。世界議会の問題は今や世界連邦主義者達の論文の中で不
可分に取り上げられていた。たとえこの制度的側面があまり重要とされず、ま
たは明瞭に示されていないとしても、民主制世界議会のない世界連邦は論理的
にあり得ない。連邦主義の論点はある一部の抵抗運動の中で、長期にわたり重
要な役割を果たしてきた。イタリアでは、第一次世界大戦以降連邦主義者の思
想の伝統があった。1941年の『ベントテネ・マニフェスト Ventotene Mani-
festo』が極めて大きな影響を与えたことは明らかであるが、その中でイタリ
ア人の反ファシストのアルティエロ・スピネリ Altiero Spinelli（1907～1986）
とエルネスト・ロッシ Ernest Rossi（1897～1967）はヨーロッパ連邦国家 fed-
eral European state の目標と構想を明確に説明している。彼らは、「国家独立
のイデオロギー」を、全体主義国の形成と戦争勃発の根源だとして非難した。
各国は「自ら最良と考える独裁政府を何の干渉もなく選択し」、国際連盟によ
り採択された内政不干渉の原則は不合理であることが明らかになった。更に、
彼らは、既に、ヨーロッパの彼方にまで視野を広げた。彼らが投獄されていた
時に書かれた宣言文には、「ひとたび古い大陸の境界を乗り越えられれば、そ
して人類を構成する全ての人々が共に参加するという壮大なビジョンを信じる
ことができれば、ヨーロッパ連邦は米国とアジアの諸民族が平和協力の下で生
きることを可能とする唯一考えられる保証であることが理解されるに違いない。
これが実現するにはもっと時間がかかるだろうが、その時には、地球全地域の
政治的統合が実現する可能性があるだろう」と書いている[5]。

　世界連邦の構想は世界の他の地域においても、例えば、インドにおける英国
支配に反対する人の中にも見ることができる。「このような危機的な時期に、
我々は主にインドの独立と防衛に関心を持たねばならないが、当委員会の立場
は、世界の将来の平和、安全保障そして秩序ある進歩は自由な諸国の世界連邦
を必要としており、そしてこれ以外の他の基盤に立っていては、現代世界の諸
問題を解決することはできないというものである」という文章が1942年に、

---

4) Schwimmer, Rosika, and Lola Maverick Lloyd. 1942. *Choas, War, or a New World Order*. 4th ed.
5) Spinelli, Altiero, and Ernesto Rossi. 1941. 'The Manifesto of Ventotene'.

とりわけ将来のインド首相となるジャワハルラル・ネルー Jawaharlal Nehru（1889 〜 1964）とマハトマ・ガンディー Mohandas Gandhi（1869 〜 1948）により支えられた全インド会議委員会 All-India Congress Committee によって採択された有名な「インドから出て行け Quit India」決議に書かれている[6]。歴史家のマヌ・バーガバン Manu Bhagavan が書いているように、ネルーらの政治家が提唱した「一つの世界」の構想は「グローバル議会の一般的な婉曲的な表現となった」。「グローバル議会は、正にネルーが心に描いていたものである」と彼は指摘している[7]。インドの政治家（そして 1957 年から 1962 年まで防衛大臣）であった国連大使のクリシュナ・メノン Krishna Menon（1896 〜 1974）は世界政府と世界議会を「非常に望ましい」と 1954 年の国連総会の委員会に向けた演説で述べている[8]。バーガバンによれば、これはネルーとインド政府の公式の立場を反映したものであった。

　バハイ教の守護者にして、ハイファ近くの出身のショギ・エフェンディ Shoghi Effendi（1897 〜 1957）はバハウラ Baha'ulah 教の創始者（1817 〜 1892）の曾孫であるが、彼もまた 1938 年に全ての国の国民により選挙で選ばれる者が議員となる世界議会を有する世界国家の必要性について語った。

　この時期、世界連邦主義についての議論は 3 点に絞られていた。a. 目的は、当初は一部の国のみを含む連合という段階を経由して段階的に世界連邦を創設することであるべきか、あるいは、全ての国を包含して一気に進めるべきか、b. 世界連邦の権限は、いわゆる最低限度論者の立場に立って特定の限定的な核となる政策分野に限定されるべきか、あるいは、もっと広範な分野の権限も付与されるべきか？　国連の設立後、c. 目的は新たな組織として世界連邦を設立することとすべきか？　それとも国連の改革の結果として世界連邦を設立すべきか？　世界連邦運動内部の意見の主流は、世界連邦憲法の草案を作成した後は、各国へ批准のために送付することを目的とする国際会議を行う構想を支持した。これらの努力の初期の成果の一つは、この目標を支持するノースカロライナ州議会の上下両院で 1941 年に可決され、その後、1950 年までに他の 19 州で採択された「世界連邦宣言 the Declaration of the Federation of the World」であった。

---

6) All-India Congress Committee. 1942. 'Quit India Resolution'.

7) Bhagavan, Manu. 2013. *India and the Quest for One World: The Peacemakers*. Houndmills, Basingstoke, Hampshire: Palgrave Macmillan, p. 66.

8) Official Records of the General Assembly, Ninth Session, First Committee, 26 October 1954, p. 215-25. Reddy, E.S., and A.K. Damodaran（ed.）. 1994. *Krishna Menon on Disarmament. Speeches at the United Nations*. New Delhi: Sanchar Publishing House, p. 12 からの引用。

戦後秩序のプランニング

　しかしながら、世界議会と世界連邦の設立について、戦争中も戦後も連合国は真剣に検討しなかった。1941年12月、米国大統領フランクリン・D・ルーズベルト Franklin D. Roosevelt（1882～1945）は戦後の政治的計画について検討するために国務省の中にチームを設けた。そのプランニングチームの内部では、将来の世界的組織としての連邦制の組織について初歩的な議論がなされていたが、それは政治的に不可能であると考えられ結局は放棄された。「国際的連邦政府が仮に理論的に望ましいものであるとしても、様々な国と民族にはそれを受け入れる用意がないと考えられる」とそのチームの議事録には書かれている[9]。全ての政府、特にソ連の政府にとって受け入れられる解決案が必要であった。

　1942年末に、ソ連は、スターリングラードの戦いで攻勢に転じ、エル・アラメインの戦いは北アフリカにおけるドイツ - イタリア軍の終焉を告げるものであった。連合国は自分達の戦争目的は枢軸国の無条件降伏であると宣言した。戦後秩序を見据えて、フォード自動車会社の創立者のヘンリー・フォード Henry Ford（1863～1947）は「世界を平和にする」ために、世界的な投票によって直接的に選挙される世界議会の設立を提唱した[10]。ミネソタ州知事ハロルド・エドワード・スタッセン Harold Edward Stassen（1907～2001）もまたこのテーマを取り上げている。彼は1943年1月に連合国が世界組織のプランニングを開始するよう強く促した。スタッセンによれば、その組織の最も重要な機構は一院制のみの議会でなければならず、そしてその議会は行政府の首長を選出し、そして行政府はやがて世界評議会 world council という形態となろう。世界議会への各国の代表は各国の個々の立法府で用いられるのと同じ方法で任命されなければならない。このような要望に接して、米国国務省の先述のチームは新たな世界的組織の基盤として拘束力のある法律を作成する権限を有する世界立法府の可能性を検討した。「広範囲にわたる連邦制の国際組織の計画が採用されない限り（それはありそうもないのであるが）この提案に支持を得ることは、特に、米国においては、困難であろう。この提案は大部分の州で深刻な憲法上の問題を生じることになるであろう」と国務省は意見を述べている[11]。

---

9) Baratta, Joseph Preston. 2004. The Politics of World Federation. United Nations, UN Reform, *Atomic Control*. Vol. 1. Westport, Connecticut; London: Praeger Publishers, p. 97 からの引用。
10) 'World Parliament is Predicted by Ford'. *New York Times*, 2 January 1943.
11) Baratta, vol. 1, loc. cit., p. 99 からの引用。

国連に対する根本的な批判と原子爆弾の衝撃

1945年4月25日から6月26日までサンフランシスコで開催された国連の会議で、50カ国の代表が来るべき世界的組織の憲章を協議し採択するために、ようやく集まった。1944年8月に始まったドイツの強制収容所の段階的な解放は、ホロコーストの中の数百万人の組織化された大量殺人を世界中の人々に知らしめることとなり人々を恐怖に陥れた。5月8日、ナチス・ドイツは降伏した。太平洋では、戦争が続いた。1945年8月6日と9日、米国はトルーマン大統領の命令により、広島と長崎に原子爆弾を投下した。約20万の人々が、瞬時に殺害された。第二次世界大戦の死者の総数は7000万人に及ぶと推計されている。

1945年10月24日に発効した国連憲章の最も重要な柱は各国の主権尊重と内政不干渉の二つの原則である。国連は主権国家の連合 association という形態をとった。しかし、憲章第7章の条項によれば、安全保障理事会は「国際平和と安全保障を維持あるいは回復するために」世界的に拘束力のある強制的措置を決定できる。第二次世界大戦の戦勝5カ国は、この理事会で最も重要な権利である拒否権を有する常任理事国の地位を獲得した。国連が軍事力を行使する際には、軍事参謀委員会 Military Staff Committee が、加盟国により国連軍のために提供される軍隊の指揮権を引き継ぐ。だが、この条項が執行されたことはない。全ての加盟国を拘束できる決議を決定することのできない国連総会においては、全ての加盟国が1票の投票権を持って平等に意見を述べることができる。

国際主義者達はこの新たな国際的な組織構造を背後から支える原則を批判したが、それは米国植民地同盟および国際連盟の失敗を思い起こさせたからである。過去の苦い経験から論理的な結論は引き出されていなかった。例えばカーティス Curtis は、「国際連盟はその役割を果たすことに失敗したが、国際連合組織 the United Nations Organization として再び構築された。両方とも同盟規約 the Articles of Confederation と同じ原則、即ち、主権国家間の協定に基づいており、協定は実質的に彼らの主権を守っている」と指摘した[12]。この見解は米国では幅広い分野の国民に支持された。例えば、世論調査機関のローパー Roper が、以下の質問を含む調査を行っている。「仮に米国以外の世界のどの国も世界会議 world congress に参加する議員を選挙で選出し、この会議の決

---

12) Curtis, Lionel. 1949. *World Revolution in the Cause of Peace*. New York: Macmillan, p. 33.

定に従わねばならないとの厳格な規定の下に、この会議に国家間の全ての問題を解決させ、全ての国は、好むと好まざるとにかかわらずその決定に従わねばならないとすれば、あなたは米国をこの方向に進ませたいと思いますか？」この質問を受けた人達の 62.5% が「イエス」と回答し、わずかに 19.8% が「ノー」と回答している[13]。

世界連邦制への著名人の支持

　原子爆弾の投下は、大きな衝撃であり、「国際的な無政府状態」問題の解消を更に急ぐ必要性を高めることとなった。ロバート・オッペンハイマー Robert Oppenheimer やフィリップ・モリソン Philip Morrison は原子爆弾の開発のためのマンハッタン・プロジェクトに従事したが、彼らのような指導的な立場の原子力科学者は原子爆弾の使用を非難し、人類文明の破壊を意味することになる核兵器競争と核戦争に反対する緊急警告を発表した。1946 年に、『世界は一つになるべきか否か One World or None』という題名の論文集の中で、レオ・シラード Leo Szilard は、その問題を抑え込むことが可能なのは世界政府のみであろうと書いている。ノーベル賞受賞者のアルバート・アインシュタイン Albert Einstein（1879 〜 1955）とトマス・マン Thomas Mann（1875 〜 1955）、哲学者で作家のモーティマー・J・アドラー Mortimer J. Adler（1902 〜 2001）、米国の前最高裁判事オーウェン・J・ロバーツ Owen J. Roberts（1875 〜 1955）と米国上院議員ウィリアム・フルブライト William Fulbright（1905 〜 1955）を含む 20 名の著名人が、1945 年 10 月 10 日に、同じ主張を強調する共同声明を発表した。「初めて投下された原子爆弾は、広島市以上のものを破壊した」と彼らは書いた。「それは我々がこれまで受け継いできた、時代遅れの政治的な考えをも吹き飛ばした」。サンフランシスコ憲章はライバルの国民国家の絶対的主権を維持したので、それはその精神において米国の当初の 13 州連合規約と同じであった。「国連憲章はどの位、持ちこたえるだろうか？　幸運があっても、30 年？　100 年？」と彼らは疑問を投げかけた。しかし、幸運に頼るのでは心許ない。「もし我々が核戦争の防止を望むのなら世界の連邦憲法、即ち有効な世界的な法的秩序を目指さなければならない」[14]。

---

13) Cf. Guma, Greg. 11 Sep. 2013. 'Waking Up from World Order Amnesia'. Global Research（www. globalresearch.ca）.

14) Nathan, Otto, and Heinz Norden（ed.）. 1960. *Einstein on Peace*. New York: Simon and Schuster, pp. 340f からの引用。

リーブの民主制、国民国家と国家主権に対する批判

　この声明と共に、この著名な署名者達はその前に出版されたハンガリー生まれの米国のジャーナリストのエメリー・リーブ Emery Reves（1904 ～ 1981）による『平和の解剖学 The Anatomy of Peace』への支持も表明した。リーブはこの本の中で、国民国家の主権の概念を痛烈に攻撃し、世界民主制を主張した。この本は数カ国語に翻訳され、何万部も売れたが、この本はコスモポリタニズムの現代版と見ることができる。この本は、プトレマイオスの天動説からコペルニクスの世界観への転換と正に同じような思想の革命が求められていると主張している。現在、全ての政治的分析のための唯一の基準点でかつその出発点は、「主権的」国民国家である。しかし、国民国家のシステムは、今もなおそれより上位の法的権威の認識が全くないので、封建主義時代に似ている。産業時代の高度に統合された世界の中で、この視点は、「破綻」してしまっている。ウィルソン大統領により提唱された民族自決の原則は、既にその時までには時代錯誤となっていたし、第二次世界大戦勃発の下地ともなっていた。平和は、現状を維持し国家間の攻撃を抑制する静的な国際メカニズムの問題ではなかった。むしろ、平和は人間社会の変化や発展に対応しそれらを統御する能力のあるダイナミックな社会的システムとして理解されなければならなかった。これは、世界共通の法秩序——国民国家という天動説的イデオロギーに基づいていては想像することもできないものによってのみ達成可能である。「現代のバスティーユは、その看守が保守主義者、リベラリストまたは社会主義者であろうとなかろうと国民国家そのものなのである」とリーブは書いている。「あの我々の隷属のシンボルは、もし我々が、再び、自由となることをそもそも欲するのであれば、破壊されなければならない」[15]。このことで、リーブは国民国家の廃止を意味したのではなく、民主主義に関する我々の理解を抜本的に組みなおし、国民国家を最早、基準点にはすべきでないことを理解して欲しかったのである。「相互依存の、主権的国民国家の世界では、我々は民主制を持つことはできない。何となれば民主制はその国民の主権を意味するからである。国民国家の構造はその人民の主権を絞め殺し、抹殺し、その主権はそのコミュニティの機関に付与されるのでなく代わりに（中略）主権的国民国家の機関の別の枠組みに付与される」[16]。リーブは、彼より前のクローツらと同様に、国民

---

15) Reves, Emery. 1946. *The Anatomy of Peace*. 10th ed. New York, London: Harper and Brothers, p. 270.
16) Ibid., p. 162

主権と民主主義は今や世界共通のそして世界規模の法秩序の枠組みの中でのみ
達成され得るものであるとの結論を下している。

支持者としてのアルバート・アインシュタインとアルベール・カミュ

　第二次世界大戦後の世界連邦と世界議会に関し国際的に最も有名な支持者の
中の一人がアルバート・アインシュタインである。1933年以降彼は亡命生活を
送っていたが、1939年、彼は米国のルーズベルト大統領にドイツの原子爆弾開
発計画が成功する可能性があると警告した。彼は以来長期にわたって平和問題
に取り組んだ。彼は、スコットランド出身のノーベル賞受賞者で、国連食糧農
業機関 UN Food and Agriculture Organization の創設理事のジョン・ボイド・
オア John Boyd Orr（1880 ～ 1971）やカナダ出身の世界保健機関 World Health
Organization の初代事務総長のブロック・チゾム Brock Chisholm（1986 ～ 1971）
らの多くの著名人と共に、1947年にスイスのモントルーで創立され現在は世界
連邦運動 WFM として知られている世界連邦主義者の国際的総括組織の支持者
であった。アインシュタインは公開討論に度々参加して意見を述べている。例
えば、彼は 1947 年 10 月、国連総会に宛てて大いに称賛された公開書簡を発表
した。この中で、彼は、加盟国がその権能を超国家レベルの国連に何も移譲し
ないことを嘆き、国連の将来の発展に向けて三つの提案を行っている。第一に、
国連総会を強化し、かつ安全保障理事会を総会に従属させる必要がある。第二
に、代表者を決定する方法は実質的に変更されなければならない。アインシュ
タインは「政府の指名により代表者を選ぶ現在の方法は、指名された者にいか
なる本質的な自由も与えない。更に、政府の任命による代表者の選任は世界の
人々に公正に比例的に代表されているという感触を与えることはできない。国
連の倫理的な権威は、もし代表が人民の直接選挙で選出されていれば著しく高
められるであろう。彼らが選挙民に対して、責任を負っているならば、彼らは
もっと自由に自らの良心に従うであろう」と書いている[17]。第三に総会は常時
開催とするべきで、かつ「超国家的秩序」の形成にイニシアティブをとるべき
である。もし必要ならば、その他の国は、門戸は開放されていることと「不完
全な世界政府」が非加盟国に敵対する連合として誤用されることの決してない
ことが明確にされている限り、ロシアが入らなくても前進するべきである。

---

17) Einstein, Albert. 'Open Letter to the General Assembly of the United Nations, October 1947'. In:
Einstein on Peace, Otto Nathan and Heinz Norden（ed.）, 440–443. New York: Simon and Schuster,
1960, p. 442.

哲学者のアルベール・カミュ Albert Camus（1913〜1960）は、大戦中レジスタンス運動に参加し、1957 年にはノーベル文学賞を受賞したが、彼も世界議会への支持を公表している。1946 年 11 月、彼は「民主制度は立法機関により代弁される全ての人々の意志の表明である法律が統治する人々の上位にある社会の一形態である」と書いている。しかしながら、カミュによれば、国際法は「政府、つまり政府高官により作成され壊される。我々は、言ってみれば「国際的な独裁制」の下にいるのだ。このような状態から逃れる唯一の道は、国際法を政府の上位に置くことであり、かつそれは、その法律が作成されなければならないこと、その法律を作成する議会が存在しなければならないこと、そしてその議会は、全ての国が参加する世界的な選挙により構成されなければならないことを意味する」。そのような議会が実現するまでは、唯一の選択肢は「国際的独裁制」[18] に対して抵抗することである。カミュは、後に、WFM の国際委員会の委員となっている。そしてアベ・グルエ＝ピエール Abbé Grouès-Pierrre（彼も WFM で活躍した）、アンドレ・ブルトン André Breton、ジョルジュ・アルトマン George Altman、ロベー・サラザック＝スラージュ Robert Sarrazac-Soulage らのフランスの知識人と共に、米空軍爆撃機の元パイロットのギャリー・デービス Garry Davis（1921〜2013）を支援する連帯委員会にも所属している。1948 年に、デービスは国家主義に対する抗議を示すためにパリの米国大使館に彼の米国パスポートを返上し、自らを「世界市民の第一号である」と宣言して、大いに知名度を上げた。彼はその後、第三回会合を開催中の国連総会のために設置されていた「世界の領土」の上で不法に露営し、それにより国際的な怒りを巻き起こし、世界市民権を求める大衆運動を立ち上げた。

カトリック教会の立場

　1951 年ローマで開催された WFM の第四回世界会合に際して、法王ピオ十二世 Pope Pius XII はバチカンにその運動の代表団を受け入れることに同意した。その代表団に対する演説の中で、法王は「効力のある権限」を有する政治的世界連合組織の目的は「教会の伝統的な教義」に合致するものであると明言した。彼は「特に今日の状況下では、正当な戦争と不当な戦争に関する教会の布告と合致する組織であることは確かである」と述べている。（例えば世界議会の形態

---

18) Camus, Albert. 2007. *Camus at 'Combat': Writing 1944-1947*. Ed. by Jacqueline Levi-Valensi. Transl. by Arthur Goldhammer. Princeton University Press, p. 268.

の)「包括的な政治的組織」の実現を試みることに携わる者は誰でも、正に連邦主義者の観点から、それについて熟慮しなければならない[19]。「力のある有効な世界的政治的組織」への要請は、ピオ十二世に続く各ローマ法王の教義の核心となった。例えば、それは、1963年にはヨハネ二十三世 John XXIII により、1967年にはパウロ六世 Paul VI、2009年にはベネディクト十六世 Benedict XVI、そして2015年には教皇フランシスコ Pope Francis により回勅「Laudato Si」の中に述べられている。「グローバルな行政部門を監督し、世界市民のグローバルな政治への参加を認める議会制世界立法府の設立はカトリックの教義の中に述べられており、法王の教義と完全に一致している」とマハ・ブラウアー Maja Brauer とアンドレアス・ブメル Andreas Bummel が、2016年の論文の中で書いている[20]。

1945年11月の英国のイニシアティブ

明確に世界議会への支持を公表した戦後期の一人の重要な与党政治家は、英国の労働党の政治家で外務大臣のアーネスト・ベヴィン Ernest Bevin（1881 ～ 1951）である。1920年の王立国際問題研究所 Royal Institute of International Affairs の共同設立者の一人でロンドンの外交政策通の中の著名人であるカーティス Curtis は1945年10月に、ベヴィン（既にベヴィンと昔からの知り合いであった）と面会して、国際議会の構想を彼に提示した[21]。それから1カ月後、ベヴィンは議会演説の中で、「国際連合を構成する各国政府が責任を負う全世界の人々、そして、実際にその人々が受け入れ倫理的に拘束され、かつ進んで実施する世界法を作る全世界の人々から直接に選挙される世界議会を創設する目的のために」新たな研究が必要とされていると述べている。ベヴィンはこのような世界議会の設立に取り組むために、党派や国籍にかかわらず、いかなる人とでも喜んで対話すると述べている。国際法は、国家間の紛争をあらかじめ想定するものである。国際法は、世界法を解釈する世界の司法制度とそれを執行する世界警察を備える世界市民により直接選挙される最高権力を持つ世界の機関（sovereign world authority）、即ち議会により策定される世界法に代替される

19）Reprinted in Brauer, Maja. 1994. *Weltföderation – Modell globaler Gesellschaftsordnung.* Frankfurt: Peter Lang, pp. 332f.

20）Brauer, Maja, and Andreas Bummel. 2016. 'The Federalist Principle in the Catholic Social Doctrine and the Question of a World Parliament'. *Committee for a Democratic UN*, p. 8.

21）Lavin, Deborah. 1995. *From Empire to Commonwealth. A Biography of Lionel Curtis.* Oxford: Clarendon Press, p. 301f.

82　第一部　世界議会の構想

こととなろう[22]。この主張が影響を与えないはずはなかった。例えば、カナダ外務省は、ベヴィンの主張が仮に英国政府により正式に提案されれば、その支持を考慮するとしている。第一回国連総会における演説で、カナダの外務大臣のルイ・サン・ローラン Louis St. Laurent（1882 ～ 1973）は国連の世界政府への変容について発言している。国連の経済社会理事会第三回会合へのカナダ代表のための内部メモの中で、カナダ外務省は「カナダが期待する国連の発展の方向は地理的ベースに基づき人々を直接代表し、かつ直接的な権限を有する民主制世界議会を持つ世界政府である」と要点をまとめている[23]。全ての民主制国家はその憲法の中に代表制のこの原則を既に組み入れていた。

　しかし庶民院（下院）におけるベヴィンの発言のわずか 6 カ月後、ベヴィンは発言を取り下げたとバラッタ Baratta が報告している。モスクワのボリショイ劇場におけるソビエトの独裁者で大量虐殺者のヨシフ・スターリン Joseph Stalin（1878 ～ 1853）による演説は西側に対する隠然たる戦争の脅迫であると解釈された。ミズーリ州のフルトンで、1946 年 3 月、前英国首相のウィンストン・チャーチル Winston Churchill（1874 ～ 1965）はソビエトの管理下に置かれた東欧の封じ込めを表現するために「鉄のカーテン」という用語を新しく作った。早くも 1945 年 6 月に、ソ連の勢力拡大のおそれから、彼は首相としてスターリンを東欧から放逐するためのソビエト圏への英米の予防的攻撃の「純粋に仮説的な万一の事態」についての詳細な調査の実施を検討することを許可した[24]。迫りくる冷戦が政治的な課題を決定し始めたのである。

国連憲章レビュー会議の論点

　サンフランシスコ会議の後で特に批判の的となった国連憲章の要素は、安全保障理事会における拒否権と、全ての国家の主権平等の原則および総会の脆弱性であった。多くの政府もまた安全保障理事会の拒否権には初めから特に不満を抱いていた。憲章は「我ら人民は」という言葉で始まっているけれども、国連組織の中には、人々の投票により選挙される議員のための場所はどこにもな

---

22) Hansard Debate, *House of Commons*. Series 5, Vol. 416, 23 November 1945, 759-846, pp. 786f.
23) Ministry on Foreign Affairs and International Trade Canada (ed.). 1946. 'Extracts from the Draft Commentary for the Delegation to the Third Session of the Economic and Social Council of the United Nations, DEA-FAH/7-1946/1, September 1946 (doc. 534)'. In: *Documents on Canadian External Relations*. 1977. Vol. 12.
24) このシナリオが研究されたということは 1998 年にやっと知られたに過ぎない。See Hastings, Max. 2009. 'Operation unthinkable: How Churchill wanted to recruit defeated Nazi troops and drive Russia out of Eastern Europe'. *Mail Online*, 26 August 2009 (www.dailymail.co.uk).

い——これはその時から度々指摘され続けられたことである——と世界連邦主義者は不満を述べている。他方、国際連盟とは対照的に、少なくとも全ての大国が新たな組織に参加したことが注目される。スタッセン Stassen は米国代表団の一員として、サンフランシスコで、憲章は少なくとも定期的に見直されるべきであると強く主張している。憲章の109条には、遅くとも10年後に、憲章を見直すことを目的とする会議の開催の提案が次回の総会の議題とならなければならないと正式に規定されている。かくして、1955年という年は世界連邦主義者達と国連改革提唱者達にとって、ブラウアー言うところの「魔法の日」となった。

　米国の法律家で、世界連邦主義者のグレンビル・クラーク Grenville Clark（1882～1967）の説得で、キューバ——当時は大統領ラモン・グラウ Ramon Grau の支配下にあったが——は、1946年の第二回国連総会において、1947年にレビュー会議を開催すべきと提案した。その提案は多くの無効票と棄権もあったが、多数決で否決された。その討議の過程の中で、1955年以降繰り返して登場する問題、即ち、総会における加重投票の問題が発生した。フィリピンの国連大使のカルロス・P・ロムロ Carlos P. Romulo（1899～1985）は太平洋の米陸軍の大佐として従軍し1942年のピューリッツアー賞の受賞者であり、かつ後年、ほぼ20年間にわたってフィリピンの外務大臣を務めているが、拒否権の廃止と1947年の検討会議に賛意を表明したばかりでなく、なぜ彼が国連総会に加重投票を導入することを支持するかについても説明している。「一国一票」の原則は言わば大国が国連総会に「拘束力のある世界法を制定する権限」を付与することを思いとどまらせる原因となっている。ロムロは「我が国は、無力な国連総会における平等という虚構を、真の権限を備えた総会における世界で我々が持っている実際の地位に等しい投票の現実と交換することを、実際、極めて歓迎するものである」と語った。必要とされていることは「狭く制約が課される世界連邦政府」である[25]。英国の国連代表のハートレイ・ショウクロス Hartley Showcross（1902～2003）はニュルンベルグ裁判の英国の主席検察官だったが、彼は「いずれ、世界の問題にその影響力に見合う国連総会における投票の効力を各加盟国に与える加重投票制を検討することが必要になるかもしれない」とそれを支持する気持ちを明らかにしている[26]。しかし、これ

---

25) Baratta, loc. cit., vol. 1, p. 205（Statement before Committee I, 16 November 1946）からの引用。

26) Rusett, Alan de. 1954. 'Large and Small States in International Organization. Present Attitudes to the Problem of Weighted Voting'. *Intl. Affairs* 30(4): 463–474, p. 464（*The Times*, 12 December 1949）からの引用。

84　第一部　世界議会の構想

にもかかわらず英国も国連憲章レビュー会議に反対する票を投じた。総会が行われるたびにこの問題は果てしなく次回へと先送りされてきている。

欧州評議会の設立

西欧における政治的統合という目標は、反ソビエトブロックの形成への貢献になるとして、統合された一つの欧州を目指す米国委員会によって支持を受けた。その創立時の委員長はフルブライト Fulbright 上院議員であり、その資金の一部は、1936 年にフォードにより設立されたフォード財団によって提供されていた。連邦についての欧州会議 European Conference on Federation において欧州連邦国家 United States of Europe を実現する方策が検討された。1949 年、「より偉大な加盟国の統一体の達成」をその憲法上の目的として、当初の加盟国 10 カ国で欧州評議会 Council of Europe が設立された。この新たな政府間組織の構造の中に、国際的な議員総会の構想が歴史上初めて実際に具体的な形となって登場した。その憲章は加盟国の政府が代表を出す閣僚委員会 Committee of Ministers と共に、各国政府の外交官ではなく、加盟国の議会により派遣される議員がメンバーとなる諮問的な議員総会 advisory parliamentary assembly を必要とするとした。その「諮問的議員総会」の議席の配分は人口の大きさに応じて階層化された。1946 年 12 月に設立された欧州における連邦主義運動の総括組織である欧州連邦主義者連合 Union of European Federalists は、欧州評議会の諮問的議員総会が各加盟国による批准のために提示される欧州憲法草案を作成するよう強く要望した。

ソーンの国連における議員総会設置の提案

この新たな形態の総会の創設は国際組織にとって可能性の見込まれる先例として大方からの強い興味が示された。「この興味深い進歩を西欧諸国に限定する理由は何もない」と世界連邦主義者で法律家のルイス・B・ソーン Louis B. Sohn（1914 ～ 2006）は書いた。彼は 1939 年に今日のウクライナのレムベルグから米国へ亡命し、サンフランシスコ会議に米国代表団の一員として参加し、後にハーバード大学の教授となっていた。ソーンは 1949 年に欧州評議会の諮問的総会の例を用いて、国連の中にも議員総会を設立しようとの提案を行った。ソーンは、このような総会は「世界にある意見の様々な微妙な相違」を反映し、国連に対するグローバルな人々の支持を拡大し、かくて国連の強化に貢献する

と論じた。仮に、国家の野望を超越するグローバルな視点に立って意見を述べる能力のある本物の政治家がその議会に現れたならば、その時は、その決定は、本質的には助言に過ぎないけれども、「国連総会や安全保障理事会の勧告より、もっと効力を持つかもしれない」とソーンは考えた。この議員総会の創設のために必要とされる国際法の手段として、彼は「その役割を果たすために必要と見なす補助機関」の設立を認める国連憲章第22条に基づく総会決議を用いることを勧告した。これに代わる案があるとすれば、それが国連の枠組みの中に明白に含まれている限り国際条約となろう。これらは今日度々引用され討議される二つのオプションとして存続しており、その詳細は本書の後の方で、より詳しく検討されよう。ソーンの見解では、議席の配分は世界人口における各国の相対的な人口比率に従わなければならない。例えば、500万人の居住者毎に、1議席が配分されるが、いずれの国においても、3議席以上30議席以内とする。総議席数は、その時点での彼のモデルでは、500議席未満となっていた[27]。この時点で、世界連邦主義者達の努力は、概して急進的な変更に焦点が当てられており、そしてその結果、国連内に、単に諮問総会を設ける提案は比較的にほとんど関心が払われることはなかった。WFM は例えば、世界憲法制定会議 world constituent assembly を組織する構想を主に支持していた。

世界憲法のモデル

　原子爆弾の投下以降、加速的に高まりつつあった世界議会設立への願望をより説得力のあるものにするために、シカゴ大学の多数の研究者がイタリアの文学者で歴史家のジュゼッペ・アントニオ・ボルジェーゼ Giuseppe Antonio Borgese（1882～1952）（1931年に反ファシストとして米国に亡命し後に米国の市民権を取得している）の指導の下に世界憲法の草案を書くための研究グループを作った。そのグループはシカゴ大学の総長で、教育者のロバート・M・ハッチンス（1951年にフォード財団の理事となるために辞任）が座長となっている。それは、そのようなイニシアティブの最初の一つである。エリザベス・マン・ボルジェーゼ Elisabeth Mann Borgese（1918～2002）はトマス・マン Thomas Mann（1875～1955）の末娘であるが、1948年に出版された『世界憲法の暫定草案』の作成に従事した者の一人である。彼女はボルジェーゼと結婚し、1950年まで2

---

27) Sohn, Louis B. 1949. 'The Development of International Law'. *American Bar Association Journal* 35 (October)：860-862 からの引用。

86　第一部　世界議会の構想

年間、WFM の理事長になっている。後年、彼女は「人類の共通の遺産 Common Heritage of Mankind」の構想の熱心な支持者となり、1982 年の海洋法条約の誕生に実質的に貢献をしている。G・A・ボルジェーゼはマン（1933年に亡命し 1938 年に米国のプリンストンに移住）の友人である。神学者のラインホルド・ニーバー Reinhold Niebuhr（1892 ～ 1971）や技術哲学者のルイス・マンフォード Lewis Mumford（1895 ～ 1990）と共に他の 14 名の著名人が、既に 1940 年に共同で執筆した論文「人間の都市 City of Man」の中で、今日の世界的組織のための基本的な前提条件は「立憲的な秩序」であると述べている[28]。1948 年の草案には、平和維持、人権の行使、兵器管理、世界規模の税制、通貨と信用等の分野について責任を持つ世界連邦政府の具体的な提案を含んでいる。法案の発議権と法律制定の権限は「人口 50 万人以上 100 万人当たり 1 人の割合で、全ての国の国民により直接選挙される議員」により構成される連邦議会で指名される 99 名の議員からなる連邦理事会 federal council にあるものとしている[29]。

　モデル憲法案は、いずれも世界議会の構造やグローバルな立法の手続きの問題にも当然取り組んでいるが、他にも、多くのグループや個人によって作成され公表されたものがあった。その中でも優れたものの例の一つは、世界憲法と世界議会協会 World Constitution and Parliament Association の 1968 年と 1977 年の会議で初めて作成された「地球憲法 Earth Constitution」である。モントルーでの WFM の設立会議を開催したスイスの国際法学者のマックス・ハビヒト Max Habicht（1899 ～ 1986）は、1939 年から 1971 年までの間に、シュトライト Streit の書いた「今こそ連合を Union Now」を皮切りに、そのようなモデルを 13 件示している[30]。

クラークとソーンのモデル

　『世界法による世界平和 World Peace Through World Law』という本の中でクラークとソーンが公表した国連憲章の（注釈付きの）包括的な改正案は、最も注目を集めたモデルを掲げている。クラークは――シュトライトに触発され

---

28) Agar, Herbert, Frank Aydelotte, Giuseppe Antonio Borgese, Hermann Broch, Van Wyck Brooks, Ada L. Comstock, William Yandell Elliott, et al., 1941. *The City of Man. A Declaration on World Democracy.* New York: The Viking Press, p. 94.

29) Committee to Frame a World Constitution. 1948. *The Preliminary Draft of a World Constitution.* Chicago: The University of Chicago Press.

30) Habicht, Max. 1980. 'Le droit de l'homme à la paix'. *Transnational Associations* (2): 84–88, pp. 85f.

第 5 章　第二次世界大戦と原子爆弾　87

――1939 年以来この問題に関心を持っており、後にソーンと提携した。彼ら
の本は1958 年、1960 年そして1996 年に、版を変えて出版されている[31]。政治
学者のサミュエル・Ｓ・キム Samuel S. Kim は「しかしながら、世界立憲主義
のための 20 世紀の全ての提案の中で、グレンビル・クラークとルイス・ソー
ンによる『世界法による世界平和』は今なお世界立憲主義に関する最も包括的、
詳細、かつ厳格なモデルである」と書いている[32]。

　この改革された国連の意思決定機関のモデルはどのようなものか？　初めに、
この憲章草案は全ての国連加盟国の国民は、新たに自動的に国連の市民権を受
け取り、そうやって国連と個人の間の直接的な関係を創出すると提案している。
ゆっくりと 24 年間にわたる三段階計画に従って、総会の議員は直接選出され
る。第一段階では、各国の議会によって、第二段階では議員の半数を各国の議
会、半数を直接選挙によって、そして第三段階以降は、全ての議員を直接選挙
によって選出するものとされている。議席の配分は、概ね各国の世界人口の比
率と一致させて、六つの階層的カテゴリーに分け、そうすることで、その当時
の 99 カ国のいずれもが 30 議席以上を持たず、かつ各国は少なくとも 1 議席を
持つものとされている。クラークとソーンは、二院制と三院制の提案も検討し
たがそのいずれをも採用しなかったと書いている。一院のみからなる議会は最
も単純で最も有効な選択肢である。彼らのモデルにおいては、改革された国連
総会は平和の維持と執行、軍縮、そして核エネルギーの管理に関する問題に対
して拘束力のある世界法を制定する権限を付与されるとしている。他の政策分
野における決議は引き続き勧告の地位にとどまる。以前の安全保障理事会は、
今や常任理事国や拒否権のない執行理事会に変容され（提案された体制や手続き
の完全な詳細にここで立ち入ることは不可能である）、総会に従属し、総会の決定を
実行する。クラークとソーンは軍縮と平和維持のために武力の行使を必要とす
る場合に動員が可能な、予備軍も備えた常設の国連平和維持軍の設立計画に関
して、彼らのモデルの中でかなり詳細に説明している。このモデルの背後にあ
る論拠は、総合的な広範囲の軍縮はそのような武力の行使について独占権を有
する共同の指揮権の下にある超国家的な軍隊の創設によってのみ達成すること
ができる、ということである。これが、クラークとソーンの案の核心である。

---

31) 以後では私達は最近の版のみを参照する。Clark, Grenville, and Louis B. Sohn. 1966. *World Peace Through World Law. Two Alternative Plans.* 3rd ed. enlarged. Cambridge: Harvard University Press.

32) Kim, Samuel S. 1993. 'In Search of Global Constitutionalism'. In: *The Constitutional Foundations of World Peace*, Richard Falk, Robert C. Johansen, and Samuel S. Kim（eds.）, 55–81. Albany: State University of New York Press, p. 57.

シカゴ（大学の）グループはこれとは対照的に、「最大限の」オプションを支持し、監視活動機能（policing function）のみに限定することは、多くの紛争の根底に横たわりしかも事実一体化し強固になる傾向にある社会的な不正や経済的な不正に対処し、あるいは解決を図る有効な方策を世界組織が何ら持たないことを意味するためにナンセンスであると論じている[33]。

世界政府調査教育会議の討議と結論

1953年頃以降、広範囲の「世界政治の学生達」の持続的な交流を組織した、米国に本部を置く「世界政府調査教育会議CURE：Conference Upon Research and Education in World Government」は「国連が世界政治において真の連邦政府として機能することが可能となるべく、現在の国連憲章を強化することは可能である」と説明するために、一連の憲章改革案を最終的に提出した。CUREの提案によれば、総会は政府を代表する「諸国家の議会 Assembly of Nations」と、世界市民を代表する「人民の議会 Assembly of Peoples」により構成される。この二院制の機関には、とりわけ、「国際協定を批准または改正する」権限が付与される。CUREの討議を要約し、国連における市民代表の問題について詳述したある本の中には、クラークとソーンの構想とは対照的に「ほとんどの連邦主義者が（中略）少なくとも二院制の立法機関の必要性を認識している」と記されている。CUREのメンバーで多くの本を書いている世界連邦主義の講演家のバーノン・ナッシュ Vernon Nash の「全ての連邦制度は憲法制定会議における長期にわたる論争の後にその妥協策を採択したので」二院制が創設されることとなるだろうという言葉が引用されている。仮に国連の権限が強化されなかったとしても、CUREの参加者達は人民がより直接的に彼らの意見を代弁されてしかるべきであるとの「強い感覚」を持っていた。有名な政治学者のクインシー・ライト Quincey Wright は「権限はないものの世界の民衆の意見をアピールする能力を有する民主的な手続きで選挙される一院は、世界的な世論と世界的な立法機関の登場を促すことになるかもしれない」と述べている[34]。

33）Brauer, loc. cit., p. 133.
34）Millard, Everett Lee. 1966. *Freedom in a Federal World*. Rev. 4th ed. Dobbs Ferry, NY: Oceana Publications, pp. 206, 209f., 63f., 65.

世界連邦への議会の協力

第二次世界大戦の終了後、数年のうちに、世界連邦主義者の議会グループが多くの国に現れた。いくつかの議会では、世界政府の問題に関する聴聞会が開催されたが、例えば、米国議会では、1950年に至るまで、世界連邦主義に関する多くの決議案が審議されている。実際に、これらの案の一つ、議案番号HCR-64は、やがて米国の大統領となるジョン・F・ケネディ John F. Kennedy とジェラルド・フォード Gerald Ford を含む111名の議員により支持されている。労働党の党員のヘンリー・アスボーン Henry Usborne（1909～1996）により設立された英国議会の議員グループの支援を得て、国際的な包括的組織の協会「世界政府を求める議員達の世界協会 World Association of Parliamentarians for World Government」が、1951年にロンドンで設立された。元英国首相のクレメント・アトリー Clement Attlee（1883～1967）が名誉会長となっている。吉田茂首相（1878～1967）は日本のグループに所属していた。こうしたグループは10カ国以上に存在しており、中には——日本のように——今も存在し続けているが、その目的は、その国の議会を通じて世界連邦主義を支援することである。彼らの行動は WFM と密接に連携していたが、当時、WFM は50カ国以上に存在していた。WFM により支持された戦略の中で、もしその時期が到来すれば、議員の国際委員会が、世界憲法草案作成に着手することが想定されていた[35]。国際議員運動の頂点は、コペンハーゲンのデンマーク議会で開催され、400名を超える代表が参加した世界政府を求める議員達の世界協会の第三回グローバル会議である。IPU はそのまま世界議会に移行するべきか、あるいは世界議会の実現に向けて少しでも圧力を加えるべきかという問題は、果てしのない内部的議論を経て、1年前に再び衰えて消滅した[36]。1955年の国連憲章改正会議への期待を込めて、コペンハーゲン会議は14の改正案を承認したが、その中の一つとして、国連総会を、上院と下院からなる国際立法機関に移行する案が含まれていた。この世界立法機関の権限に関しては、その提案は後のクラークとソーンの案のように、「最低限派」であった。平和維持の目的に関して両院を通過した決議のみが、拘束力を有するものとなっていた。国連世界市民権の概念もこのコペンハーゲンの提案の中に見出すことができる。そこには、「個人の国際法に抵触する行為に対して国連の措置により世界法の

---

35) 世界連邦主義者の議員運動については以下を参照。Ibid., pp. 171ff.
36) Cf. Kissling, loc. cit., p. 213.

執行を可能とすることを確保するために」「加盟国の各市民は自国の市民であると同時に国連の市民でもある。そこで制定される憲章とそれに基づいて制定される法律は国連の各市民一人、一人を拘束するものとする」と書かれている[37]。更に、その会議は、世界立法機関は「国連の目的に必要な歳入を調達するための」権限を有するべきであり、それによって、グローバル税率の上限が国連憲章で定められ、加盟国の国民所得に比例して加盟各国から徴税されるものとすると提案している。クラークとソーンの提案では、加盟国は同様のモデルに従って、自国内で特別税を設けて、その合計額を国連の地域財務部局に直接送金するものとなっている。

---

37) World Association of Parliamentarians for World Government (ed.). 1954. *Report of the Third World Parliamentary Conference on World Government held at the Parliament House*, Christiansborg, Copenhagen, August 22-29, 1953, p. 132.

第 6 章

東西ブロックの対立と非政府組織 NGO の台頭

冷戦の最前線の間に捕らえられた世界連邦主義

　1948 年の世界共和国憲法シカゴ草案の起草者達は彼らの大義の正しさを確信していたが、それと同時に世界共和国設立のための前提条件が実際に整っているという幻想を抱いてはいなかった。ハッチンス Hutchins と G・A・ボルジェーゼ G. A. Borgese は「5 年以内だろうと 50 年だろうと、また戦争などの大災害があろうとなかろうと、いずれ世界政府は出現するに違いない」と書いている。彼らは「この草案は『歴史への提案』と解されるべきだ」と述べている [1]。主権移譲の構想はソ連によって拒絶されたのみではなかった。更には、国際主義、とりわけ世界連邦主義は対立する東西ブロック間の対立の二つの最前線の間で、ゆっくりと、だが確実に握り潰されつつあった。米国では、上院議員のジョゼフ・マカーシー Joseph McCarthy（1908 ～ 1957）が率いた反共ヒステリー現象が起き、世界連邦主義者達はこのヒステリーに冒された者から変装した共産主義者と見なされた。逆に東側の国々では、世界連邦主義者達は資本主義のスパイと見なされた。例えば、アインシュタイン Einstein に対するソ連側の反応は、彼の「世界超国家」の構想は「資本主義独占企業の世界的優位をきらびやかに飾り立てている掲示板に他ならない」というものであった [2]。列国議会同盟 IPU が 1949 年に世界議会の問題をその取り組むべき課題に含めると東欧の多くの「人民共和国」は IPU 会議のボイコットを決定した [3]。

---

1) Committee to Frame a World Constitution. 1948. *The Preliminary Draft of a World Constitution.* Chicago: The University of Chicago Press, p. vii.
2) Nathan, Otto, and Heinz Norden (ed.). 1960. *Einstein on Peace.* New York: Simon and Schuster, p. 445 からの引用。
3) Kissling, Claudia. 2006. *Die Interparlamentarische Union im Wandel.* Frankfurt: Peter Lang, p. 212.

世界連邦主義運動と北大西洋条約機構 NATO の創立

　1948年6月のソ連による西ベルリンの封鎖は冷戦の初めての劇的な危機を示した。NATO が西欧諸国、米国、そしてカナダとの間で軍事同盟として1949年4月に結成されたのは少なからずこの冷戦の拡大に対する反応であった。歴史家で政治学者のアイラ・シュトラウス Ira Straus が書いているように、連邦制を目指す考え方がそもそも大西洋同盟の企画者達にいかなる決定的な影響を与えたかについては広く認識されてはいない[4]。当時の国務省の西欧部長のセオドア・アキレス Theodore Achilles は「もし同盟を今すぐに作るという考えがなかったならば、私は NATO 条約ができていたとは思わない」と書いている[5]。NATO 議員総会創設のための決定的な契機は連邦主義運動からも出現した。NATO 参加国のこの議員会議は1955年以来継続して行われており、NATO の規約に基づく機関ではなかったが、1967年以来非公式に認められている。連邦連合 Federal Union（欧州の連邦制の同盟を唱えた英国の団体、訳者注）の支援を得て、「民主制国家の連邦連合 Federal Union of Democracies」の理想を推進するために、元米国最高裁判所判事ロバーツ Roberts の指導の下、大西洋連合委員会 Atlantic Union Committee が1949年にニューヨークで設立された。数多くの米国の著名人がこの委員会に参加し、その中には前大統領トルーマン Truman とジョージ・C・マーシャル George C. Marshall（1880～1959）がいる。マーシャルは1939年から1945年まで米国陸軍の参謀総長で、1953年にはヨーロッパ再建のために彼が立案したマーシャルプランでノーベル平和賞を受けている。大西洋両岸の連邦主義者達は NATO を単なる軍事同盟以上のものとすべきと考えた。連邦連合のメンバーであったジョン・A・マシューズ John A. Matthews は、大西洋議員会議 Atlantic parliamentary assembly の提案は「民主制諸国を包括する政府を作るべしとのより基本的な提案から生まれたが、そのほとんどの国は次第に大西洋共同体 the Atlantic Community を想定するようになっていった」と書いている[6]。この立場からは、NATO 議員総会は欧米統合プロジェクトの中核となり、かつ推進力となるはずであった。高名な英国の歴史家アーノルド・トインビー Arnold Toynbee

---

4）Straus, Ira. 1999. 'Atlantic Federalism and the expanding Atlantic Nucleus'. *Peace & Change* 24 (3): 277–328.

5）Ibid., p. 291 (interview of Achilles by Straus on 18 March 1983) からの引用。

6）Matthews, John A. 1962. 'Evolution of an Atlantic Assembly', Repr. in: *U.S. Congress, Congressional Record, Proceedings and Debates of the 99th Congress, 2nd Sess., Jan. 28, 1986.* Ed. by. U.S. Congress, p. 3.

（1889 ～ 1975）は 1952 年の論文で、この会議は最終的には西側諸国共同体のための直接選挙で選ばれる立法府とならなければならないと論じている[7]。

世界連邦主義への支持の低下と世界議会

1950 年と 1951 年から、政治的状況は——推計 300 万人の生命を失った朝鮮戦争を背景として——ますます混迷を深めた。この戦争は、ベトナムとアフガニスタンにおける戦争を含む多くのいわゆる代理戦争の嚆矢となった戦争であったが、そこでは、二つの超大国とそれぞれのブロックが表向きはそうでないとしても、実際には政治的な敵として相対峙した。以前言及した「世界連邦宣言」はそれを採択していた米国の 13 州で、実際に無効とされた。そして、第 109 条に規定されている国連憲章修正会議は予想されていたように肝心の1955 年には開催することができなかった。その代わりに、国連総会は「適切な時期に」それは開催すべきであるとの趣旨の決議を採択し、その「適切な時期」を勧告するための委員会を指定したが、実際には、委員会が勧告を行うことはなかった。1967 年以降、この問題は国連総会の取り組むべき問題としては永遠に消え去った。

世界議会の問題はその後 1980 年代初期までは、滅多に取り上げられることがなかった。列国議会同盟 IPU が 1965 年にこの問題に明らかに無関心な国連との関係の再検討を行うことを決定すると、キスリング Kissling の報告によれば、英国の IPU グループは「国連と IPU 双方の簡潔な議決によって、列国議会同盟 IPU を国連に助言を与える議員総会に変容する」との提案をしたが、この案に対する支持は全くなかった[8]。1970 年に、国連の創設 25 周年を期して米国平和組織研究委員会 US American Commission to Study the Organization of Peace（1939 年に創設され、戦争中はかなりの影響力を持っていた）がこの世界機関の将来について詳細な報告書を提出した。ソーン Sohn が今やこの委員会の議長となっていた。この報告書もまた国連総会を強化するためのより広範囲のプログラムの一つとして国連議員総会の設立を勧告した。これは、国際的議会組織の進展への次のステップになるはずであった。この報告書も IPU とNATO の議員総会を一例として提示した。しかしながら、委員会の影響力は既にその頂点を越えていて、最早ほとんど注目を集めておらず、1972 年にこ

---

7) Toynbee, Arnold J. 1952. 'Union of Free Inevitable'. *Freedom & Union* 7(10): 19-23.
8) Kissling, loc. cit., p. 217.

94　第一部　世界議会の構想

の委員会は、静かに活動の幕を閉じた。

　世界連邦主義は東側や西側のブロックでは最早議題にも上らなくなったが、インドでは、——非同盟運動においてインドは主導的な役割を果たしている——世界連邦主義は当面の課題としての地位を保っていた。インドの活動家ヴィジェイ・プラタップ Vijay Pratap が世界議会の問題はインドネシアのバンドンにおける 1955 年の第 1 回の非同盟諸国のアフリカ・アジア会議で議題に上っていると報告している[9]。いずれにしても、世界連邦運動 WFM の第 16 回会議がインドの首相インディラ・ガンジー Indira Gandhi と同国大統領のファフルーディン・アリ・アフマド Fakhruddin Ali Ahmed の支持を得てニューデリーで 1975 年に開催されたこと、そして実質的にインドの全ての政治的幹部がそれに参加していたことは決して偶然ではなかった[10] とあるオブザーバーが記述している。

世界秩序モデル・プロジェクト

　1968 年以降、世界秩序の研究に新しい変化を促すものがラトガーズ大学 Rutgers University の法律学専門家ソール・メンドロヴィッツ Saul Mendlovitz（1925 生）の主導によって、学術的な世界秩序モデル・プロジェクト World Order Models Project という形で現れた。この WOMP は四つの目標——集団的武力の広範囲な行使の最小化、社会的・経済的な福利の最大化、基本的人権と政治的正義の実現、そして生態学的安定性の回復と保全の達成——を目指す、世界秩序と「望ましき未来のモデル」の問題の研究のための国際的な枠組み作りを支援するのに貢献した。このプロジェクトの協力者達はプリンストン大学のメンドロヴィッツや彼の同僚のリチャード・フォーク Richard Falk（1930 生）が唱えたグローバルな立憲主義のプログラムに全面的に賛同している訳ではなかった。フォークは 1975 年に公刊された『未来世界の研究 Study of Future Worlds』の中で、上記の四つの WOMP の目標の分野に基準を設けるための特別の責任を持つ「世界議会」が組織の中心にある、望ましい世界システムの包括的なモデルを提示している。世界議会はそれぞれ 200 議席を持つ、政府、市民（即ち世界市民）、そして市民社会組織を代表する三院で構成される。このモ

---

9) Pratap, Vijay. 'The global political'. In: *Global political parties*, ed. by Katarina Sehm-Patomäki and Marko Ulvila, 144–150. London, New York: Zed Books, 2007, p. 148. 残念ながら私達はこれについてより詳細にはできなかった。

10) Logue, John. 'One World, One Family. A Report on WAWF's New Delhi Congress'. *Transnational Perspectives* 2, no. 1 (1975): 4–8, p. 4.

デルは議席がどのように配分されるか、代表がどのようにしてまたは誰によって任命されるかについても明らかにしていない。これは「制度設計上の複雑な課題」[11]であるとした。しかしながら、この三院の全てにおいて5分の4の賛成を得る決定は拘束力を持ち、3分の2の賛成しか得られない決定は「勧告」とすることが提案されている。世界裁判所 world court はその決定を法的に検討することができるものとされ、各院は議会の決定を実行する義務を負う執行委員会 executive council の7名の代表者を選出し、別に設置する調整委員会 coordinating council に実務の実施を求めることができるものとされている。この調整委員会の委員もまた三院が選出するものとされている。かくてこのように広範な基盤を持つ世界立法府の創設が必要不可欠であると WOMP 内部においても見なされるようになった。

非政府組織 NGO の重要性の増加

フォークのモデルで特に興味深いのは「市民社会組織を代表する第三院」である。WOMP で活動している他の学者達もこのイニシアティブに参加している。例えば、平和研究者のヨハン・ガルトゥンク Johan Galtung（1930生）は国連総会を直接選挙で選ばれる世界議会に変容するだけでなく、「出身国にとらわれない活動家達」の国連院の設立も勧告している[12]。こうした提案は政府から独立した市民社会組織の国際的な舞台での重要性が増しつつあることを示していた。1839年に創設されたアンチ・スレイバリー・インターナショナル Anti-Slavery International はこの種の初めて組織された国際的に行動する団体の一つであった。彼らは奴隷制の廃止、女性の投票権、働く者の権利、平和に関心を抱いていた。1919年に創設され1945年以来国連の後援の下に活動を続けている国際労働機関 International Labour Organization は国際組織の内部へ非政府組織を加えた先例と見なすことができる。ILO を構成する組織の中では、「被雇用者」と「雇用者」の団体がその加盟国の政府と共に、平等な資格を持つ代表を参加させている。例えば ILO の年次総会には、各国は二人の政府代表、非雇用者と雇用者からそれぞれ一人の代表を参加させている。

---

11) Falk, Richard. 1975. *A Study of Future Worlds*. Amsterdam: North-Holland Publishing Company, p. 238.
12) Cf. e.g. Galtung, Johan. 1975. 'Nonterritorial Actors and the Problem of Peace'. In: *On the Creation of a Just World Order. Preferred Worlds for the 1990's*, ed. by Saul H. Mendlovitz, 151–188. New York: The Free Press; and the same, 1986. 'International organizations and world decision-making'. *Transnational Associations*（4): 220–224.

二つの世界大戦の後、国際的な市民社会の組織は、急速に増えている。国連憲章の第 71 条は国連経済社会理事会 ECOSOC が「非政府組織との協議のために適切な措置を設けることができる」と規定している。これがその時以降、「非政府組織」即ち NGO という用語が使用されるようになった理由である。1975 年までに 650 の NGO が経済社会理事会から諮問を受ける組織として、登録されている。今日では NGO は 3500 以上あり、その NGO をどう分類するかということ自体が一つの学問・科学になっている。増えているのはその数だけではなく、NGO が扱う問題もより広範囲なものとなってきている。この中で特に重要なのは、環境保護である。生物学者のレイチェル・カーソン Rachel Carson（1907 ～ 1964）は 1962 年の彼女の著書『沈黙の春 Silent Spring』によって環境へ注意を向けることを促し、その重大な発見に人々が関心を抱くことに貢献したが、その本の中で彼女は DDT のような毒性のある化学物質が正に壊滅的な影響を持つことに注意を促している。カーソンは「核戦争による人類の消滅の可能性と共に、このような信じがたい被害をもたらす物質による人類の環境全体の汚染が我々の時代の中心的な問題となっている」と書いている[13]。

　人権の分野では、アムネスティ・インターナショナル Amnesty International が 1961 年に設立され、急速に著しく影響力のあるグループとなった。アムネスティの共同創設者で国際議長の一人はアイルランドの政治家、そして前外務大臣で弁護士のショーン・マクブライド Seán MacBride（1904 ～ 1988）であるが、彼は 1974 年にノーベル平和賞を受賞している。オスロでの受賞記念スピーチの中で、彼は世界平和を達成するためには究極的には世界議会と世界政府が必要であると指摘している。「もちろん、それは困難であろう。しかし、これに代わるものとして何があるのか？　人類のほぼ確実な破滅だ」と彼は述べている[14]。

　カナダのモーリス・ストロング Maurice Strong（1929 ～ 2015）の主導により 1972 年に第 1 回国連環境会議 UN conference on the environment がストックホルムで開催された。この会議に並行して NGO の集会が開催された――これはその後の多くの国連の会議で繰り返される慣例となった。IPU や 1978 年にニュージーランドのニコラス・ダンロップ Nicholas Dunlop（1956 生）によって設立され、初めは世界連邦運動 WFM の傘下にあった「グローバルな行動のための国会議員団 Parliamentarians for Global Action」のような国会議員の団体

13）Carson, Rachel. 2000. *Silent Spring*. New edition. London et al.: Penguin Classics, p. 25.
14）MacBride, Seán. 12 December 1974. 'Nobel Lecture: The Imperatives of Survival'.

は——国連の立場から見ると——他の全ての団体と同じような NGO に過ぎない。このストックホルム会議はストロングを 1975 年までの初代ディレクターに据え、国連環境計画 United Nations Environment Programme UNEP を創設した。1984 年のニューヨークでの演説でストロングは「世界の人々が直接に選んだ代議員が一院を占め、もう一院は各国の政府代表が占める」二院制の国連制度を提唱した[15]。

「第二院」の構想

国連活動の中に NGO をより深く溶け込ませることは、遺伝科学者のライオネル・ペンローズ Lionel Penrose（1898～1972）らにより設立された「戦争防止医療協会 Medical Association for the Prevention of War（現在は Medact という名称で、核戦争の防止を目指す国際的な医者達 International Physicians for the Prevention of Nuclear War：IPPNW の英国支部になっている）」によっても提唱されている。1982 年の軍縮に関する国連総会第二回特別会合において、この協会は国連総会と並ぶ「第二院」の設立を提案した。発案者の一人として、英国の医師ジェフリー・セガル Jeffrey Segall（1924 ～ 2010）が、第二院は基本的なグローバルな問題を取り扱い、政府から独立し、政党にも所属しない議員により構成され、国連の内部において、「世界の民衆の意見」を反映しやすくするものであると説明している[16]。その翌年にこの医療協会はその第二院の設立を推進するため、NGO の国際的なネットワーク——国連第二総会を求める国際的なネットワーク International Network For a UN Second Assembly INFUSA を設立した。1985 年の国連創設 40 周年記念の日に、このネットワークは総会に対して、この提案を検討する専門家グループの設立を要請した。INFUSA の構想は NGO の代表者の会議を要望するものであったが、INFUSA は国連加盟国が自国の代表をどのように選ぶかを独自に決定すべきであると提案した。INFUSA は全有権者による直接選挙またはこの目的のために特別に登録した選挙人による投票、または精選された NGO、労働組合、学会、その国の国連関係団体の代表により構成される選挙人団による間接的な選挙のようないくつ

---

15) Nerfin, Marc. 1993. 'United Nations: Prince and Citizen?' In: *The Constitutional Foundations of World Peace*, ed. by Richard Falk, Robert C. Johansen and Samuel S. Kim, 147–165. Albany: State University of New York Press, p. 156（Maurice F. Strong, 'Some Thoughts on the Future of the UN', remarks at a meeting of the New York Chapter, Society for International Development, November 29, 1984）からの引用。

16) Segall, Jeffrey J. 1982. 'A UN Second Assembly'. *Reconciliation Quarterly*（June）: 35–37.

98　第一部　世界議会の構想

かの選択肢を示した。いずれにしろ、この提案の真意は政府による指名という選択肢を排除しようとするものであった。1946 年に一国当たりの議席数を計算する方式としてペンローズによって開発された方式、即ち、100 万人単位のその国の人口の平方根に比例する代表制が提案された。この方式は自動的に累進的に議席を配分することとなる[17]。

国連総会における加重投票の問題

国連総会における加重投票は依然として検討が進んでいない。カナダの平和研究者ハンナ・ニューカム Hanna Newcombe (1922 ～ 2011) が 1971 年に報告したとおり、米国の国務省は様々な加重投票システムが過去の国連総会の投票にどのような影響を及ぼしたかを推定する極秘調査を行った。どのシステムが米国の国益にとって最善の結果をもたらしたのかが問題意識であった。その調査は「現在の一国一票の制度が合衆国にとって最善である。なぜなら、非常に多くの小国が米国の主導する西側ブロックに常に投票するからである」[18] との結論を下した。国務省はそこでどんな形態であろうと加重投票を支持することには反対すると決定した。しかしながら、ニューヨークのジャーナリストのリチャード・ハドソン Richard Hudson (1925 ～ 2006) が復活させた戦争・平和研究センター The Center for War/Peace Studies のような組織にとっては、加重投票の導入は総会の強化を図るためには引き続き欠くべからざる必要条件であった。ハドソンは、「全く馬鹿げた一国一票の決定方式の」国連総会では、「(中略) グローバルな法律を作るチャンスは全くない」と後に書いている[19]。戦争・平和研究センターはいわゆる「三つの拘束 Binding Triad」という独自の提案を作成した。これによると、一国の投票の重みは、三つの要素：一国一票 (これまでと同じような)、国の人口の規模、そして国連の通常予算への分担金 (それには上限が設定される) で決定される。総会の決定が拘束力を得るためには、この三つの分野全てにおいて特定条件付きの多数票を獲得しなければならない。

---

17) International Network for a UN Second Assembly. 1987. 'Appeal to the United Nations General Assembly to consider the proposal for a UN Second Assembly'.

18) Newcombe, Hanna. 1971. 'Weighted Voting Formulas for the UN'. *Security Dialogue* (2): 92-94, p. 92.

19) Hudson, Richard. 1991. 'Should There Be a Global Parliament? What Is the Binding Triad?' In: *A New World Order. Can It Bring Security to the World's People?* Walter Hoffmann (ed.), 32-36. Washington D.C.: World Federalist Association, p. 34.

1985年8月、当時の米国議会は国連総会に加重投票の導入を求めた。この要求を強化するために、米国議会は国連予算に対する米国の分担金の一部を停止し、更に20%を削減した。この結果、国連の財政危機は急激に悪化した。米国議会は国連運営上の不適切な管理とそして米国にとって受け入れがたい国連加盟国の中で多数派を占める開発途上国による国連の反欧米化に異議を唱えた。明らかに、国連機関内の投票計算は変化していた。裁定案が米国上院議員のナンシー・カッセバーム Nancy Kassebaum と下院議員のジェラルド・ソロモン Gerald Solomon により提出された。それは、国連とその専門機関の予算に関係する問題に関する加盟国の投票権は各加盟国の国連予算への分担金に比例すべきであると主張している[20]。その後、手続きを公式には変えずに予算に対する最大の予算分担国の同意を確保するために予算問題は全会一致で決定されるものとする合意が成立している。

ベルトラン報告

財政危機、管理面の改革、そして予算問題は国連成立40周年に当たる年の最も重要な課題であった。総会の独立した補助機関として国連とその専門機関の活動の効率を検討するために1966年に設置された「国際連合の共同検査部 Joint Inspection Unit of the United Nations」はその機会を利用して、間もなく退任する検査官のフランス出身のモーリス・ベルトラン Maurice Bertrand（1922～2015）に改革提案を盛り込んだ報告書を作成するよう指示した。1985年に提出された報告書は広範囲にわたる国連の現状に対する批評書となった。ベルトランは国連活動の「極端な細分化」、そして活動の「異常にして不必要な（中略）機構的複雑性」を問題として指摘した。国連の問題のほとんどが構造的な原因を抱えている。いかなる改善の試みに対しても強い抵抗がある。国連加盟諸国は元来、国連の効率性ではなくその政治的な支配には関心を持っている。例えば、役職の割り当てで言えば、加盟国の主要な目的はその任務に最適な資格のある人物を見つけることではなく、むしろ少しでも可能性があれば、自国の出身者を選任させるようにすることである。国連改革の検討は「国際連盟と国際連合の二つの未完の実験に続く、第三世代の世界組織」に焦点を合わせなければならない。報告書の結論でベルトランは、とりわけ、国連を国家と

---

20) United States Foreign Relations Authorization Act, Section 143, Fiscal Year 1986-1987, H.R. 2068, P.L. 99-93, August 17, 1985, Reprinted in: *International Legal Material*, vol. 25（1986）, pp. 17-43.

は関係のない活動家に対してもっと開放する提案を検討するように勧告したが、「『世界議会』について考慮する時期には未だ至っていない」、この世界組織は今後数十年の間、「政府間の組織のままであるべきである」と述べている [21]。国連検査部はこの手厳しい報告書を急遽遠ざけることにした。検査部はベルトランが、自分の任務・権限をはるかに超えてしまったと述べた。国連の全専門機関の長を網羅した調整に関する管理委員会 Administrative Committee on Co-ordination はその報告書に関して同じ理由で一切コメントするのを控えた。

ペレストロイカとゴルバチョフのイニシアティブ

ミハイル・ゴルバチョフ Mikhail Gorbachev（1931 生）が 1986 年から導入したペレストロイカ政策は着実にソ連の民主化と市場経済改革を伴いつつ、ブロック間の対決の時代の終焉が到来したことを告げた。遅くとも 1962 年のキューバ危機以降、核保有大国の政府にとっては、どんな紛争も潜在的には急激に深刻化し抑制が効かなくなり、核攻撃の応酬と双方の壊滅に至る可能性が本当にあり得ることが明らかとなった。戦争は、プロシャの将軍カール・フォン・クラウゼヴィッツ Carl von Clausewitz（1780 ～ 1831）の見解では、人間の目的を物理的な力を使って達成するための政治的な道具（「他の手段による政治の継続」）であったが、最早それは現実的な選択肢ではなくなった。ペレストロイカに関するゴルバチョフの著書の中で、彼が述べている目的は「全人類に例外なく影響のある問題について全世界の市民に仲介者を経ずに話すことにある」とある。ゴルバチョフは「新たな考え方」のソ連の外交政策にとっての重要性について詳しく述べた。この新たな考え方の核心は核戦争の危険性に鑑み、「人類の生存」の方を国家の利益より優先しなければならないとの認識にある。人類全員が同じ船に乗っていて共に沈むか泳ぐかしかないのだ。透明性、対話、そして協力する意志、これこそが外交政策に必要とされる行動原則である。

この関連で、ゴルバチョフは「国際関係の新しいスタイルとはその枠組みを外交プロセスそのものの限界をはるかに超えて広げることを意味する。議会は政府と共に、国際的な交渉における積極的な参加者に次第になりつつあるが、これは望ましい発展である。それは国際関係がより大きな民主制に向かう趨勢を示している」と論じている。国際政治における世論と NGO の意見の価値が

21）Bertrand, Maurice. 1985. 'Some reflections on reform of the United Nations, Report of the Joint Inspection Unit'. JIU/REP/85/9; A/40/988, pp. 1, 5f., 65f.

高まりつつあるのはこの時代の兆しであり、歓迎されるべきである[22]。『プラウダ』紙の革新的な記事の中で、とりわけ軍縮・集団安全保障についてゴルバチョフは1987年9月に「国連の中に、世界の知的エリート達を集めるための世界諮問評議会 world consultative council を設けるべきである」と書いている。科学者、政治家、著名人、市民社会と教会の代表者、作家、芸術家などは「現代の世界政治の精神的、倫理的な潜在力を真剣に高める」ことができるだろう[23]。その提案された組織は17世紀の哲学者ヨハン・アモス・コメニウス Johann Amos Comenius（1592〜1670）が構想した「世界委員会 universal council」、即ち「全人類の安全性を確保、確立し、更に高めるのに完全な計画を最終的に作り上げると誓った、知恵・篤信・慎重さにおいて傑出し見識ある哲学者、聖職者、政治家達」の集会を思い起こさせる[24]。

　しかしながら、1980年代の四つの重要な、独立した国際的専門家の委員会が、モデルや発想としてゴルバチョフに役立つことになることの方がよりありそうである。ブラント委員会 Brandt Commission は1977年に設立され、元西ドイツ首相でノーベル平和賞受賞者、ヴィリー・ブラント Willy Brandt（1913〜1992）が委員長となっているが、「世界社会の経済的、社会的格差から生じる重大なグローバルな問題を研究すること」をその使命に定め[25]、1980年と1982年の「世界的危機」に関する報告書を公表した。1982年には、スウェーデンの元首相オロフ・パルメ Olof Palme（1927〜1986）が委員長を務めた軍縮と安全保障に関する独立委員会 Independent Commission for Disarmament and Security の報告書も公表された。加えて、その翌年には国連総会はノルウェーの政治家グロ・ハーレム・ブルントラント Gro Harlem Brundtland（1939生）が委員長を務める、独立した環境と開発についての世界委員会 World Commission on Environment and Development を設立した。数年にわたる検討の後、1987年末に、この委員会はその最終報告書『我々の共通の未来 Our Common Future』を出版したが、その中で、持続可能な開発と世代間の正義の概念が打ち出され展開されている。最後に、1987年7月、国際南委員会 International South Commission が元タンザニア大統領ジュリウス・ニエレレ

---

22) Gorbachev, Mikhail. 1987. *Perestroika*. Collins, pp. 9, 146, 158.

23) Id. 1987. 'Reality and Guarantees for a Secure World'. *International Affairs: A Russian Journal of World Politics, Diplomacy and International Relations* 33(11): 3–11, p. 10 (*Pravda*, 17 September 1987).

24) Comenius, Johann Amos. 1671. *Panorthosia Or Universal Reform*, Chapters 19 to 26. Transl. by Archie Dobbie. Sheffield: JSOT Press, p. 129.

25) Independent Commission on International Development Issues. 1980. *North/South: A Programme for Survival*. London: MacMillan, p. 12.

102　第一部　世界議会の構想

Julius K. Nyerere（1922〜1999）が委員長となって設立された。その最終報告書は 1990 年に公表され、それによって後にサウスセンター South Center、現在の南半球の 50 の政府を含む合同シンクタンクが設立されている。

　ゴルバチョフは、彼が提案した「世界諮問評議会」について、その詳細を述べてはいない。しかし、国連内部に常設諮問委員会を設ける構想が今や最も高い政治的レベルで支持されつつあるという簡明な事実は世界議会の提唱者には重要な発展と見なされているが、これは特に、ゴルバチョフが国際関係における議会の役割の構想を歓迎しているからである。しかし、この諮問的組織の案は熱烈に歓迎されたのではなかった。例えば 100 名が参加した国連訓練調査研究所 United Nations Institute for Training and Research の 1988 年 9 月のモスクワ会議で、これは極めて高い関心を持って議論されたが、その支持について合意は全くなかった[26]。1988 年 12 月 7 日の国連総会での演説でゴルバチョフはもう一度、提案を少し修正し、「国連の主催の下に定期的に公的組織の会議を持つことは注目に値する」[27] とこの構想の支持を表明している。しかしながら、我々が知る限りにおいては、そのような会議または諮問委員会の設立に向けた具体的な外交的イニシアティブが伴うことは一切なかった。政治的に取り組む問題としては、その他の多くの差し迫った問題と課題がより高い優先順位を与えられたのである。

---

26) Kingué, Michel Doo. 1989. 'Report of the Chairman'. In: *The Future Role of the United Nations in an Interdependent World*. Papers of the International Roundtable in Moscow, 5-9 September 1988, sponsored by the USSR Association for the UN and UNITAR, ed. by John P. Renninger, 257–265. Dordrecht: Martinus Nijhoff, p. 264.
27) Gorbachev, Mikhail. 2006. *The Road We Traveled. The Challenges We Face*. Ed. by Izdatelstvo Ves Mir. Moscow: Gorbachev Foundation, p. 44 からの引用。

第7章

冷戦の終結

民主化の波とその議論の活性

民主化の波

ソ連の政治的転換とそれに伴う東西ブロックの対立の終結は、世界に民主化の波をもたらした。1989 年の初めソ連において初めての人民代議員大会 the Congress of People's Deputies のための自由選挙が行われた。東欧等の地域における独裁体制とその恐怖に満ちた保安機関の束縛が数十年続いた後取り払われた。南アフリカの非人間的なアパルトヘイト体制は、話し合いによって平和裏に克服され、27 年間投獄されていたネルソン・マンデラ Nelson Mandela (1918 ～ 2013) は自由の身となった。政治形態調査プログラム Polity research programme のデータによると、1991 年以降、世界で 1930 年以降で初めて再び民主制国家が独裁制国家より多くなった。非植民地化によって、独立国家と認められた国の数が増え 1955 年から 1965 年の 10 年間だけで 60 カ国から 120 カ国までになり（その後 1991 年までに 158 カ国にまで増えた）、そしてこれが植民地支配という形態の他律制の終焉をもたらしたが、国民による民主的な支配という意味での自治は、このほとんどの国において、定着すること――少なくとも長続きすること――なく失敗に終わっている。それでも、1987 年から 1992 年の間には、世界における独裁制の割合は半減した。民主制と人々の自決権が遂に広がりつつあるように見えた。米国の哲学者フランシス・フクヤマ Francis Fukuyama は 1989 年、広く読まれた論文、『歴史の終焉 The End of History』という同じ題名の本がすぐに続いて発行されているが、その中で「人類のイデオロギーの進化の終着点と人間の統治の最終的な形態としての西洋の自由な民主制の世界化」が到来したと表明している[1]。1973 年以降会合を重ねていた非同盟の全欧安全保障協力会議 Conference on Security and Cooperation in

---

1) Fukuyama, Francis. Summer 1989. 'The End of History?' *The National Interest*: 3–18.

104　第一部　世界議会の構想

Europe（CSCE）の特別首脳会合は、1990年11月21日の「パリ憲章 Charter of Paris」の中でヨーロッパの分裂は終わったと宣言した。32の署名国は、とりわけ「民主制を我々の国家の唯一の統治制度として構築し、統合し、かつ強化していく」ことを誓った。5カ月前からイラク軍が占拠していたクウェートを解放するための砂漠の嵐作戦の開始に当たり、米国大統領ジョージ・ブッシュ George Bush は1991年1月16日、「我々自身と未来の世代のために新しい世界秩序——ジャングルの掟ではなく、法令が、国家の行動を支配する世界——を築き上げるための機会」を歓迎している[2]。

民主化議論の活性化

ブラント Brandt は彼の南北委員会 North-South Commission の委員と軍縮安全保障委員会 Commission on Disarmament and Security と国際南部委員会 International South Commission と環境開発世界委員会 World Commission on Environment and Development の委員を合同会議に招いたが、彼のイニシアティブで、かつスウェーデン首相イングヴァール・カールソン Ingvar Carlson（1934生）の支援を得て、グローバルな安全保障と統治に関するストックホルム・イニシアティブ Stockholm Initiative on Global Security and Governance が作られた。このイニシアティブは、1年後に覚書を公表した。それには「我々は、正義と平和、民主制と発展、人権、そして国際法に基づく新たな世界秩序を必要としている」と書かれている。この時代の楽観主義は、国際連合と国際的な金融機関の設立が決定された1940年代の「サンフランシスコとブレトンウッズの会議に似た（中略）グローバルな統治に関する世界首脳会議」を開催するという野心的な提案に反映されている[3]。ブラント、ブルントランド Brundtland とニエレレ Nyerere は、更に、カールソン Carlson と、1975年から1990年まで英連邦事務局長を務めたガイアナのシェリダト・ランファル Shridath Ramphal（1928生）に、一連の独自の提案を作成するため、「グローバル統治に関する委員会 Commission on Global Governance」を設立することを求めた。

この間に、NGO の会合と「世界諮問会議」に関するゴルバチョフ Gor-

---

2) Bush, George. 16 January 1991. 'Speech Announcing Commencement of Operation Desert Storm'.
3) Stockholm Initiative. 1991. Gemeinsame Verantwortung in den 90er Jahren. Die Stockholmer Initiative zu globaler Sicherheit and Verantwortung / Common Responsibility in the 1990's. *The Stockholm Initiative on Global Security and Governance*. Ed. by Stiftung Entwicklung and Frieden. Bonn, pp. 13, 70.

bachev の声明に特に刺激されて INFUSA ネットワークへの参加者が 1990 年から 1992 年にかけて国連の民主化に関して 3 回の会議、いわゆる「より民主的な国連に関する会議 Conference on a More Democratic UN CAMDUN」を開催した。中でも、ニューヨークで開催された第 1 回会議が、最も重要なものである。この会議は、1971 年から 1981 年までストックホルム国際平和研究所 Stockholm International Peace Research Institute SIPRI のディレクターを務めた原子物理学者フランク・バーナビ Frank Barnaby（1927 生）によって記録されコメントを付して編集された [4]。スタッセン Stassen、ハドソン Hudson、ニューカム Newcombe を含むおよそ 100 人の専門家達が議論に参加し、国連の「第二院」や議員総会について極めて詳細に論議を重ね、総会の改革と強化、世界的な住民投票の可能性、国連制度全般における NGO の役割のような他の課題にも取り組んだ。

戦略的概念としての国連議員総会

　国連第二院、市民院、世界議会等のモデルの提案が――CAMDUN の中でも論じられたように――「まるで周りを飛ぶハエのように、世界連邦主義者運動 WFM の周辺を飛び回った」と当時 WFM の政策委員会の委員長のカナダのディーター・ハインリッヒ Dieter Heinrich（1954 生）が書いている [5]。WFM は 1991 年から俳優のピーター・ユスティノフ Peter Ustinov（1921〜2004）が会長だったが、1992 年のパンフレット『国連議員総会の実情』の中でハインリッヒが作成した戦略を最終的に発展させた。直接選挙制の世界議会をその初めから成功裡に設立する成算はほとんどないと見なされた。従って世界法を制定することができるような世界議会は最終的な目標のままであるべきだが、今は段階を追って長期的な進化発展を追求するべきである。数十年にわたる欧州統合の経過の中で各国の議員の単なる諮問会議から選挙で選出される立法府へと発展した欧州議会がその発想をもたらした。国連内部での第一段階は、よって各国の代議員からなる諮問会議、「国連議員総会 United Nations Parliamentary Assembly UNPA」であろう。ソーンが、既に 1949 年にそのような組織を作るべきだと論じているが、多くの人の関心を巻き起こすことはできなかった。今

---

4) Barnaby, Frank（ed.）. 1991. *Building a More Democratic United Nations. Proceedings of the First International Conference On A More Democratic UN*. London/Portland: Frank Cass.
5) Heinrich, Dieter. 2010. *The Case for a United Nations Parliamentary Assembly*. Extended reprint, originally published 1992. Berlin: Committee for a Democratic UN, p. 42.

106　第一部　世界議会の構想

や、しかしながら、UNPA は最早最終的な目標としてではなく、むしろその目的地への出発点と見られるようになった。「私を変えたのは、議会組織の実現を最終的な木としてではなく、最も控え目な手続きを経て、一つの小さな種から始められることができるものと理解することであった。このように理解すれば、政治的意志が未熟であってもそれは実現できる。いったん設立されれば、その議会はその組織自体の最高の支持者となり、内部から独自の創造力を生み出し、自らその間じゅうずっと国連改革を推進するはずである」とハインリッヒは書いている[6]。

UNPA を求める提案が広く受け入れられる見込みが今やかなりあるように見えた。世界議会と比べると、この提案は過度に野心的なものではなかった。初期段階の欧州議会と欧州評議会 Council of Europe の議員会議が参考にされた。更に、「パリ憲章 Charter of Paris」の中で、欧州、カナダ、米国、ソ連の政府首脳が、これ以前に、全欧安全保障協力会議 CSCE で議員会議の設立を支持する発言をしていた。疑いもなく、これは列国議会同盟 IPU のイニシアティブで、CSCE プロセスが初めから国際的な議員レベルで進められた事実によるものであった。1973 年と 1991 年の間に CSCE の会議が、政府間会議とは独立して 7 回開催され、東西冷戦の雪解けに貢献した。キスリング Kissling によれば、諸国政府と国連の IPU に対する関心は、1973 年 1 月に開催されたこの第 1 回の会議の後、共に劇的に高まった[7]。数ある NGO の中の単なる一つに過ぎないと考えられていた結果として IPU が陥っていた長い休眠状態は今や終焉を迎えつつあった。そして 1992 年 7 月ブダペストにおいて、新しい CSCE 議員会議の第 1 回会議が開催された。この会議には、ヴァンクーバーからウラジオストックに至る北半球の全ての国々の代表が参加したが、その中には国連の安全保障理事会の常任理事国 5 カ国のうち 4 カ国（即ち、中国を除く全ての国）が入っていた。この議員会議は 1995 年より欧州安全保障機構 Organization for Security and Co-operation in Europe と名称が変更された組織の公式な機関となった。もし議員会議が OSCE（または CSCE）の構造的要素として意味があるならば、国連ではなぜそうならないのか？とハインリッヒは疑問を投げかけた。冷戦は終わっていた。民主制は広まりつつあった。過去においては世界議会という構想は、あまりに多くの非民主的政府国家が存在するために行き詰まってしまったとハインリッヒは論じた。前に見たとおりペキュール Pecqueur はこ

---

6) Ibid.
7) 以下を参照。Kissling, Claudia. 2006. *Die Interparlamentarische Union im Wandel*. Frankfurt: Peter Lang, pp. 219, 289ff., 341ff.

の問題を早くも 1842 年に明確に示していた。しかしハインリッヒは信頼でき
る議会を持つ国が今や次第に多数を占めつつあると述べた。だから、もし独裁
国家が国連議会組織の形成の障害となり続けることが許されるならば、「独裁
国家に対する最悪なそして正当化することのできない屈服となろう」[8]。

世界議会と国連議員総会 UNPA への支持

フィンランドの当時の外務大臣パーヴォ・ヴァイリネン Paavo Vayrynen
(1946 生) に率いられた自由主義インターナショナル Liberal International LI
(自由主義政党の世界的連盟) の委員会は同じ方針で考えていたようであり、この
連盟の国連強化の構想に関する報告書の中で、直接選挙制による世界議会とい
う長期的目標への支持を表明した。これは、国連に「民主的な要素」を導入す
ることになる。1992 年 12 月、この報告書は、当時就任してわずか 1 年に過ぎ
なかった国連事務総長のブトロス・ブトロス＝ガリ Boutros Boutros-Ghali
(1922 ～ 2016) に対して、LI の総裁でドイツ FDP 党議長のオットー・グラー
フ・ラムスドルフ Otto Graf Lambsdorff (1926 ～ 2009) により提出された[9]。

ハインリッヒの分析では、WFM が UNPA の概念の詳細を初めて公表した。
その基本的なアプローチは提示された多くの論点がそうであるように、今でも
適切である。従って、それはここよりもむしろ、本書のこの後の歴史的解説の
章でより詳細に検討することにする。ハインリッヒと WFM の研究は確実に相
当の影響を及ぼした。ジョン・ボスレー John Bosley (1947 生) が議長を務めて
いたカナダ下院常設外交貿易委員会 the Standing Committee on External
Affairs and International Trade of the Canadian House of Commons は、1993
年の春に、ハインリッヒの文言を引用しながら、「カナダは、国連議員総会の
発展を支持し、そして (中略) 1995 年の国連の創設 50 周年事業の目玉として、
その会議の準備会議をカナダ議会の議場で主催することを申し出ることを勧告
した」[10]。更に、この委員会は、ニューヨークにある「グローバル行動推進議
員連盟 Parliamentarians for Global Actions PGA」(これには、今や全世界で 900
人の議員が所属している) に、UNPA の設立に関する研究を委託した。この研究
はニュージーランド出身の PGA 事務局長ケネディ・グラハム Kennedy

---

8) Heinrich, loc. cit., p. 15.
9) Liberal International. 1992. *Strengthening of the United Nations*. Report produced by a Committee
   headed by Paavo Vayrynen, Foreign Minister of Finland, pp. 11f.
10) House of Commons. 1993. *Canada's role in the United Nations*. 8th Report of the Standing Com-
    mittee on External Affairs and International Trade. Parliament of Canada. Penultimate paragraph.

Graham（1946 生）が主導した。この研究の報告書は、9 月に発表されたが、既存の国際的議会組織、特に列国議会同盟 IPU は、「国連諸問題の議会審議の目的には」十分ではないとの結論を下した[11]。この報告書のために意見を求められたほぼ全ての PGA のメンバーが UNPA の創設に賛成した。しかしながら、1993 年 10 月には、カナダで政権が変わり、この報告書はその後カナダ国会または PGA によっても直接には引き続き検討されることはなかった。

　1994 年 2 月には、欧州議会が国連改革に関する決議の中で、国連に議会諮問会議を設立する可能性を真剣に検討すべきであると明確に述べた。全ての議会の中でこの構想への支持が表明されたのはこれが初めてであった。5 月には、インターアクション・カウンシル InterAction Council（1983 年に設立された国家と政府の首長経験者の協会）が、「グローバルな多国籍組織」の将来に関する協議を行った。オランダのアンドリーズ・ファン・アフト Andries van Agt（1931 生）、ナイジェリアのオルセグン・オバサンジョ Olusegun Obasanjo（1937 生）とスウェーデンのオラ・ウルステン Olla Ullsten（1931 生）の 3 人による指導の下に書かれた報告書の中で、「現在の政府間の機構を補完する議院または議会を実現する可能性が真剣に探究されるべきである。なぜならば、それはその組織の政治的正統性を高め、組織や政府の説明責任を高める可能性があるからである」と述べられている[12]。ローマクラブ報告書として認められている『統治能力 The Capacity to Govern』という題名の広範囲にわたる研究の中でイスラエルの政治学者イェヘズケル・ドロール Yehezkel Dror（1928 生）は、「直接選挙で選出されるか、またはその国の議会により選出される 1 名から 6 名の各国の代表からなるグローバル諮問会議」を設立することを提案した。この方法により、「市民と将来の世界政府との間の直接の連携」のみならず、「全人類と個々人の一体感」も促進されることとなるであろう[13]。この最後の点もハインリッヒが熟慮したことであった。

　UNPA の創設は次いで、アースキン・チルダース Erskine Childers（1929 ～ 1996）とブライアン・アークハート Brian Urquhart（1919 生）による広く議論の行われた論文「国連システムの再生」の中で検討され、急遽勧告された。彼

---

11) Parliamentarians for Global Action (ed.). 1993. 'A United Nations Parliamentary Assembly – Analysis and Parliamentarian Opinion. A Briefing Paper Prepared for the Standing Committee on External Affairs and Trade of the Canadian House of Commons'.

12) InterAction Council. 1994. Report on the Conclusions and Recommendations of a High-level Expert Group on 'The Future Role of the Global Multilateral Organisations'. Chair: Andries van Agt. The Hague, para. 16.

13) Dror, Yehezkel. 1995. *Ist die Erde noch regierbar? Ein Bericht an den Club of Rome*. Transl. by Hans-Jürgen Baron von Koskull. 1st ed. C. Bertelsmann, pp. 271f.

らは、とりわけハインリッヒの研究を引用し、そしてカナダと欧州議会による最近の提案にも言及している。彼らは、直接選挙で選出される UNPA の支持を表明し、その提案は「超国家的な政府」を設置することを提案するものではないことを強調した。両者とも、国連制度の専門的な内部情報を持っていたが、そのことは彼らの発案を単純に無視することができないことを意味していた。アークハートは、1945 年以来、国連の発展について研究しており、国連事務総長ダグ・ハマーショルド Dag Hammarskjöld（1905～1961）のアドバイザーの一人でもあった。チルダースもまた、国連で様々な職務を 22 年間も務めていた。もう一人、ハインリッヒの議論を受け入れていたのは、ベルギー生まれのロベール・ムラー Robert Muller（1923～2010）である。1994 年 7 月以来、彼はこの案を支持して、頻繁に発言した。ムラーは退職してコスタリカに落ち着き国連平和大学の名誉総長に就任する前、38 年間も国連で勤務している。UNPA 設立は、ムラーとカナダのダグラス・ロッシュ Douglas Roche（1929生）との二人の対話（ペーパーバックで出版されている）の中で提案されている数多くの改革案のうちの一つである。ロッシュは、長年にわたる国会議員であり、PGA の初代会長で、国連軍縮委員会委員長でもあった[14]。

　世界組織の根本的な再構築は、1995 年の春にジュネーブの大学院大学国際開発研究所により設営された専門家パネルで協議された。その出発点はベルトラン Bertland により起草された国連に代わる組織としての「世界安全保障組織」の規約草案である。議会組織の問題も討議された。ベルトランの草案は八つの主要組織の一つとして直接選挙で選ばれる世界議会を含んでいたが、それは最大 800 名の代表で構成され、議席の配分は参加国の人口と国内総生産に基づいていた。既存の制度との関連では、民主的な人民代表制――例えば、第 22 条に基づく諮問的な UNPA――は、実際的な重要性はほとんどないと論じられている。重要な点は権限の問題であり、そしてこれは、国連の手続きと機構の根本的な変容の枠組みの中でしか納得のいく解決はあり得ないはずであった。かかる変容が議題に載るようになるまでは、その時は来ないであろう[15]。

---

14) Muller, Robert, and Douglas Roche. 1995. *Safe Passage into the Twenty-First Century*. New York: Continuum, p. 119.

15) Bertrand, Maurice, and Daniel Warner (ed.). 1997. A New Charter for a Worldwide Organisation? *Nijhoff Law Specials* 22. The Hague et al.: Kluwer Law International, p. 25. See also p. 217.

グローバル統治委員会の報告

　カールソンとランバルの共同議長の下、グローバル統治委員会は、報告書
——『我々のグローバルな隣人』と題する、3年間かけた、数百ページに及ぶ
もの——を国連誕生の50周年記念の年に発表した。1990年の楽観主義は姿を
消したことをそれは確認している。国連と安全保障理事会の理事国が1992年
からのボスニア、そして1994年4〜7月のルワンダでのひどい人権の蹂躙や大
量虐殺に有効に対応する能力がなかったことが明らかとなった。国連に委任さ
れた米国主導のソマリアにおける「希望復活作戦」は大失敗であった。国連と
国際法はその直面した難局に対処できるものではなかった。「諸政府と国連の
行動——時には全く行動しないこと——に対する深まり行く不安」とこの委員
会の報告書は書いた[16]。米国大統領ブッシュの「新しい世界秩序」の声明は空
虚なスローガンであることが明らかになった。それは本質的には新たなグロー
バルな政治状況の中で米国の大国政治の継続を覆い隠そうとするものであった。
「いったん、唯一の超大国としての米国の立場が徐々に明らかになり、そこで
この立場が固められるに連れ、1989〜1991年からの『移行期』という理想主
義的な表現が、パワーポリティックスという古典的用語にいかに急速に取替え
られたかは驚くべきことである」とは、インスブルックの哲学者で、第2回
CAMDEN会議の共同設営者でもあるハンス・ケヒラー Hans Köchler の分析
であった[17]。米国が国際連盟と国際連合を設立することに主導権を発揮した二
つの世界大戦後とは違って、今や米国は、世界組織の改革と強化によって国際
関係を基本的に再構築することには何の努力もしていなかった。国家間の力関
係の単純なシフトの根本的な代替策としての新たな世界秩序は、国家間の関係
に民主主義を適用することが必要であるとケヒラーは論じている。更にケヒ
ラーは「新しい世界秩序を求める者は誰であれ、常任理事国が持っている拒否
権を撤廃し、議員からなる第二院を作るために国連憲章の改正を開始しなくて
はならない」と述べている[18]。

　あまりに多過ぎてここでは述べることができないその他の勧告事項と共に、
グローバル統治委員会は、正に上述のことについて勧告している。改革運動は
国連憲章の109条で提案されている検討会議に焦点を絞るべきである。「我々

---

16) Commission on Global Governance. 1995. *Our Global Neighborhood*. Oxford University Press. p. 2.
17) Köchler, Hans. 1998. *Neue Wege der Demokratie. Demokratie im globalen Spannungsfeld von Machtpolitik and Rechtsstaatlichkeit*. Wien: Springer-Verlag, p. 38.
18) Ibid., p. 54.

の勧告は、国連総会が 1998 年に統治に関する世界会議を開催することに合意し、2000 年までにその会議の決定が批准され、実施されることである」。安全保障理事会における拒否権は徐々に廃止されるべきである。国連の議会組織の提案も更に議論されるべきである。「その時が来れば、もっと一般的な組織のための有権者議会としての議員会議から開始することが正しいアプローチであると我々は確信する。しかし同時に、この最初の議員会議が、この行程の出発点であってそれが終点とはならぬことを確保するために注意が払われなければならないだろう」。それが国連総会の活性化の代替となってはならず、とりあえず、「年次の市民社会フォーラム annual Forum of Civil Society」を用いてスタートを切ることができるだろう [19]。このアプローチはこの委員会の基本的な問題を暴露している。フォーク Falk は「この提案と方向性はあまりにも改革主義者、人間至上主義者、大衆主義者に傾き過ぎて、主要国にもグローバル化の新エリートにも受け入れられない」と批判している。しかしながら、同時にこの提案と方向性は市民社会を満足させ、あるいは熱狂させるに足る程には急進的ではなかった [20]。いずれにしても、世界連邦主義者にとって、この報告書は期待外れであった。世界政府の構想のその断固とした拒絶は関連する多くの文献さえ十分に検討することなく行われ、ある見解によれば――この問題に関する論文集の前がきに経済学者のジェームズ・A・ユンカー James A. Yunker が書いているところであるが――紛れもない侮辱であった [21]。というのは、委員会はその報告書にあるこの構想を、グローバル統治は「世界政府または世界連邦主義」を意味するものではないと、短い簡単な説明で退けたからである [22]。

文化と開発についての世界委員会の報告書

文化と開発の世界委員会 World Commission on Culture and Development もその最終報告書を 1995 年に発表した。委員会は、ユネスコ総会と国連総会による決議に従って 3 年前にその報告書作成作業を始めていた。委員会は、1982 年から 1991 年の間、国連の事務総長であったペルーのハヴィエル・ペレス・

---

19) Commission on Global Governance, loc. cit., pp. 258, 351f.
20) Falk, Richard. 1995. 'Liberalism at the Global Level: The Last of the Independent Commissions?' *Millennium - Journal of International Studies* 24(3): 563–576, p. 574.
21) Harris, Errol E., and James A. Yunker (ed.). 1999. *Toward Genuine Global Governance. Critical Reactions to 'Our Global Neighborhood'.* Praeger Publishers, p. ix.
22) Commission on Global Governance, loc. cit., p. 336, see also p. xvi.

デ・クエヤル Javier Pérez de Cuéllar（1920 生）が議長であった。国際的民主主義が特にこの報告書で取り上げられていた。報告書は、民主主義は「グローバル倫理の欠くべからざる原理」であり、世界的に実施されなければならず、グローバルな統治においても、国連においてもまた実施されなくてはならないと明記している[23]。政府間の関係のみを基本とする国際的制度は、21 世紀には最早ふさわしくない。「グローバルなコミュニティは 21 世紀の多くの新しい世代を鼓舞する新鮮なビジョンをもって出発すべきである。大胆な一歩は、欧州議会の経験による教訓を学んで、全ての国の国民により直接に選挙される総会であるはずである」。国際連合とグローバル統治のための全ての組織は市民を中心に据えるものとならなければならない。全ての多様な文化、そして、特に周縁化されているグループ、少数派、先住民が、国際的なフォーラムで意見を表明することができるようにしなければならない。直接選挙で選ばれる人々の会議は、この時点では単なる願望でしかないので、国連によって信任される非政府機関の国連世界フォーラム UN world forum の設立が正しい方向へ進む分別ある第一歩のように思える[24]。この意味では、文化と開発についての世界委員会とグローバル統治委員会の立場は極めてよく似ている。しかし、その問題は文化と開発についての世界委員会による報告書の中では、はるかに高い優先度を与えられていた。10 項目ある委員会の勧告事項のうち二つの勧告がこの問題に関してであった。

---

23) United Nations Educational, Scientific and Cultural Organization. 1995. *Our Creative Diversity. Report of the World Commission on Culture and Development*, pp. 38, 284ff.
24) Ibid., p. 286.

第 7 章　冷戦の終結　113

第8章

グローバル化時代の民主制

グローバル化と国民国家

　国際的相互依存の深まりは従来の国民国家をその政治的支配が及ばない事態へと導きつつあるのかどうか、またそれはどの程度なのかという疑問は少なくとも 1990 年代の半ば以降の公的な討論の場における重要な論題となった。既存の政府のあり方では現代のグローバルな変化が提起する問題に対応することができないから変容されなければならないという考え方が生じてきていた。例えば、前述のローマクラブ Club of Rome へのドロール Dror の報告書である。グローバル化は「領土により境界を定める民主的支配メカニズムの効力」を弱体化しつつあると、ドイツ外交問題評議会 German Council on Foreign Relations のディレクターで、政治学者のカール・カイザー Karl Kaiser がこれに賛意を示している[1]。『シュピーゲル』誌のジャーナリスト、ハラルド・シューマン Harald Schumann とハンス゠ペーター・マルティン Hans-Peter Martin による世界的なベストセラー『グローバルな罠——文明とそして民主制と繁栄への攻撃』は、政府がますます国際政治の逃れがたい厳しい現実に追いまくられつつあり、そして民主制国家はその正当性を失いつつあるという多くの人が持つ理解をおそらく最も巧みに説明している。ミュンヘンで行われたドイツの歴史学者の全国大会で、ドイツ連邦大統領のローマン・ヘルツォーク Roman Herzog は国民国家と「それに付随する主権という観念は時代遅れのものとなった」と断言した[2]。その将来はヨーロッパの統合にかかっている——これがシューマンとマルティンの二人の結論であった。エジプトの有力な知識人のサミール・アミン Samir Amin はグローバルな視点から論文を書いているが、1992 年に国民国家から世界経済を切り離すことから生じる問題に「解決策は

---

1) Kaiser, Karl. 1998. 'Globalisierung als Problem der Demokratie'. *Internationale Politik* (4): 4–11, p. 4.
2) Herzog, Roman. 1996. Speech at the 41st Historikertag in Munich. 17 September.

114　第一部　世界議会の構想

ない」。なぜなら「どんな超国家的な国家も視野に入ってきていないから」であると述べている[3]。「現在の状況に特有な混沌」は、アミンによれば、部分的には、「国民国家を超える政治的社会的組織の新たな形態」が開発されなかったことの結果である。その時以降、世界議会の構想は彼の著作の中では、単なるキャッチフレーズとしてでも、何回も登場している。「多くの点で、そのような『世界議会』の創設は国際的組織という現在の概念を超えるものとなるであろう」[4]。

　ブトロス＝ガリ Boutros-Ghali は、国連の事務総長として、いささか大胆な立場をとった。例えば、彼は1996年1月の声明の中で国際関係の民主化が今日の世界にとって基本的に必要であると述べた。彼はこれが国連を非政府組織、各国議会そして民間会社のような新しいグローバルなアクターに対してのみではなく、「自らを大きな人類の家族のれっきとした一員であると感じる全ての個々の男性、女性」に対しても国連を開放することを意味すると理解していた。これは国連にのみ適用されるのではなく、「その権限が世界レベルで行使される全ての組織の民主化」を意味する[5]。ブトロス＝ガリは、2期目の任期を拒否された初めての国連事務総長となった。米国は彼の2期目の任期の更新に反対した唯一の政府であり、そしてその拒否権を行使したのである。1996年の12月、ブトロス＝ガリは彼の任期最後の週に、明白な権限もないのに、国家と国際社会の民主化に関して彼が執筆した報告書を国連総会加盟国に配布するよう措置した。その報告書の中で、彼はグローバル化のために、今やいかにより多くの決定が国際的なレベルでなされなければならないかということ、そしてこのような状況が国家の民主制を空洞化しつつあることを強調している。ブトロス＝ガリは「もし民主化のプロセスが国際的なレベルで進まなければ、国家における民主制の重要性は減退するだろう」と断言している[6]。翌年、フランスの雑誌『ル・モンド・ディプロマティーク』においてフランスのジャーナリスト、イグナシオ・ラモネ Ignacio Ramonet は多くの人達の共感を得た論文の中で、金融資本のグローバル化は「国境を無用なものとし、そして民主制を支え国民の富と繁栄を保証するための国家の権力を弱体化する」と書いた。金融市

---

3) Amin, Samir. 1992. *The Empire of Chaos*. Transl. by W.H. Locke Anderson. New York: Monthly Review Press, pp. 10f.

4) Id. 1993. 'The Future of Global Polarization'. *Africa Today* 40, no. 4: 75–86, pp. 76, 80.

5) United Nations. 1996. 'Secretary-General says democratization of international relations fundamental requirement for today's world'. Press Release SG/SM/5883.

6) Boutros-Ghali, Boutros. 1996. *Supplement to reports on democratization. Report to the 51st Session of the United Nations General Assembly*, pp. 19f.

場は「独自の経営システム、影響力を及ぼす領域、活動手段を持つ別個の超国家的国家を設立」してから既に久しい。この超国家的国家は社会に何の基盤も持たない権力の座である。「この世界国家はその代わりにその支配者である金融市場とマンモス企業に責任を負っている。その結果、現実の世界の実際の国家は何の権力基盤も持たない社会となりつつある」。ラモネは金融取引にトービン税を課し不労所得に課税することを提唱したが、それは民主制に「絶対必要なこと」[7] である。通貨取引に広範なベースで課税することを求めるために「Attac」（市民を助けるトービン税のための行動 Action pour une taxe Tobin d'aide aux citoyens を略したもの）という名称の NGO を創設しようというラモネの具体的な呼びかけは今でも多くの国々で検討されている。

「コスモポリタン民主制」の理論

　これらの問題に対する根本的な回答を探求して、「コスモポリタン民主制」の理論に関する研究が既に相当の期間にわたり行われてきていたが、それは、国際秩序のための連合型の confederal モデルと連邦型の federal モデルの中間の制度の可能性を研究することも明らかに意図していた。「国際的レベルの民主制を成就するには我々が多数の独立した自治国家の集合体の怪物スキラ Scylla と惑星地球の怪物であるカリブディス Charybdis の間をぬって進む必要がある。この目標を達成するためには、世界市民権という新しい概念が作られなければならない」とイタリアの学者ダニエル・アルチブジ Daniele Archibugi（1958 生）は 1993 年に提唱した。世界市民としての個人の利益を代表する世界的組織はグローバルなシステムの連合型の構造を克服する方向へ進む重要な一歩であるとアルチブジは論じ、そしてそのような議会を想定する際に彼はセガル Segall の研究と CAMDUN の会議を基本に据えている[8]。伝統的に、民主制の理論は、政治的意思の決定者とその決定に影響を受ける人々との間に主として選挙を通じて築かれる直接的関係が存在するとの仮定から始まっている。英国の政治学者デビッド・ヘルド David Held（1951 生）は、「しかし問題は、地域的な、そしてグローバルな相互連結関係が民主制の理論と実践の基本的問題に関する伝統的な国家としての解決策と対立することである」と 1992 年に書

---

7) Ramonet, Ignacio. 12 December 1997. 'Disarming the markets', *Le Monde Diplomatique*.

8) Archibugi, Daniele. 1993. 'The Reform of the UN and Cosmopolitan Democracy: A Critical Review'. *Journal of Peace Research* 30（3）: 301–315, p. 306, 307ff. コスモポリタン民主制に関する彼の総合的な議論は以下に含まれている。Archibugi, Daniele. 2008. *The Global Commonwealth of Citizens*. Princeton University Press.

いている[9]。政治的決定はこれらの決定に何の影響力も持たない国外にいる人々にますます影響を及ぼしている。ヘルドは例として、中央銀行による金利の決定とこれが他国に与える経済的影響と他国との国境の近くに原子力発電所を造る決定を挙げている。

　コスモポリタニズムに関心を持っていた哲学者のトマス・ポッゲ Thomas Pogge（1953 生）は 1992 年の論文の中で、同様な立場で同じように論じた。主権、それはしっかりと国民国家に結びついているが、それは分権化と集権化を通じていくつかの政治的意思決定のレベルで垂直に分離されなければならない。これを適正とする理由は、部分的には民主制に関係する。「人は制度的秩序に対して（それを享受する）権利を持つ、そしてその制度的秩序の下で（なされる）政治的決定により相当なそして合法的に影響を受ける人はこの決定を行うことに影響を与える概ね等しい機会を持つ——それは直接的または選ばれた議員か代表者によるかいずれの方法も問わない」[10]。深まりつつあるグローバルな相互依存もまた「意思決定についてその民主的な中央集権化」を必要としている[11]。

　社会学者のウルリッヒ・ベック Ulrich Beck（1944 ～ 2015）は既に 1986 年に「リスク社会」の進展に関する彼の広く称賛された著書の中で現代に生じているリスクの国際的な特徴を指摘している。このリスクは生産の工業的システムと共に発生し、——市場と資本の国際的な絡み合いのように——国民国家の範囲とその権限を超えている。このリスクは「グローバル化へ向かう内在的な傾向を持っている」[12]。この発見を証明するかのように見える劇的な歴史的事件が、この著書の出版後間もなく発生したチェルノブイリの原子力発電所のメルトダウンと爆発である。それは大量の放射性物質の大気中への放出をもたらした。汚染物質は、ヨーロッパ全体そして最終的には北半球全体に拡散した。ベックは「第二現代」という新語を作り、後にグローバル化のプロセスにより一部もたらされた画期的な変化の特徴を明確にすることに尽くした。近代化の過程で設立された組織、とりわけ国民国家の中に作られた産業社会の全ての組織は、第二現代によって解体され、転換されつつある[13]。これに関する全ての

---

9)　Held, David. 1992. 'Democracy: From City-states to a Cosmopolitan Order?' *Political Studies* 40 (Special Issue): 10–39, p. 31.

10)　Pogge, Thomas. 1992. 'Cosmopolitanism and Sovereignty'. *Ethics* 103(1)(October): 48–75, pp. 63f.

11)　Ibid., p. 66.

12)　Beck, Ulrich. 1986. *Risikogesellschaft. Auf dem Weg in eine andere Moderne*. Frankfurt: Suhrkamp, pp. 48, 310.

13)　Id. 1996. 'Das Zeitalter der Nebenfolgen und die Politisierung der Moderne'. In: *Reflexive Modernisierung*, ed. by Ulrich Beck, Anthony Giddens, and Scott Lash, 19-112. Frankfurt am Main:

理論と実践の核心は「国民国家中心主義」からコスモポリタニズムへの視点の変化である。1848 年革命の 150 周年に際してベックは、その時フランクフルトの聖パウロ教会で生じつつあったことは、「宗教に根差している封建的秩序から国民国家民主制への変容」であると述べた。「今日生じつつあることは、国民国家的民主制から国際的な、正にコスモポリタン的民主制への移行である。このためには、抜本的な制度の刷新、実際的な危機に面している世界のために民主制の諸原則を細大漏らさず実現することが必要である」と彼は続けている [14)]。

今やこの分野では定評のある彼の 1995 年の著書『デモクラシーと世界秩序』の中で、ヘルドは規制基準の民主的設定の有効性を保つためには国際化が必要であり、「コスモポリタンな民主的法律の実施とコスモポリタンな社会の設立は（中略）民主主義者にとっての義務、即ち究極的には、正に自決権のある政治を支えることができる国際的な共同政治行動組織を作り上げる義務である」と説明している [15)]。そのコスモポリタンなモデルは「地域的で、そしてグローバルなレベルにおいて、基本的な民主的法律の条項により拘束され、その枠内で動く効果的な国際的立法府と行政府の設立」を必要とする。国際的な住民投票が可能とならなければならない。地域的議会が、例えば、アフリカと中南米のために創設されるべきであり、そしてこの議会は規制基準の設定に参画すべきである。国際システムの中の機能別組織（例えば国際復興開発銀行 IBRD、国連食糧農業機関 FAO、世界保健機関 WHO など、訳者注）は民主化されるべきであり、それは「選挙で選ばれる監督委員会」により「多分」民主化されるはずである。「しかし、コスモポリタン民主制の全面的な実施も全ての民主制国家と政府機関からなる権威ある議会——改革された国連総会、またはそれを補完する機関——の設立を必要とする」とヘルドは書いている。長期的な目標として、彼はとりわけ限定的な課税権限を持つグローバルな議会即ち世界議会を特に明示している [16)]。

世界議会の問題は次いでユルゲン・ハーバーマス Jürgen Habermas（1929 生）によっても取り上げられた。ハーバーマスは、カントによって描かれた世

　Suhrkamp, p. 27. 同筆者の以下も参照。1994. *Reflexive Modernization*. Polity Press.

14）Beck, Ulrich. 1999. 'Wie wird Demokratie im Zeitalter der Globalisierung möglich?' (Speech at Paulskirche, 05 May 1998. In: *Ende des Staates – Anfang der Bürgergesellschaft. Über die Zukunft der sozialen Demokratie in Zeiten der Globalisierung*, ed. by Hans Eichel and Hilmar Hoffmann. Reinbek: Rowohlt, pp. 41f.

15）Held, David. 1995. *Democracy and the Global Order*. 1st ed. Cambridge: Polity Press, p. 232.

16）Ibid., pp. 272ff.

界市民権の重要な特徴は、世界市民権が国際法の主体としての国民国家を超越し、そして個々の法的主体に「自由で平等な世界市民の組織の加盟資格を介在する者なしに直接与えることである」と論じている。ハーバーマスは1995年の論文で、コスモポリタニズムは国家間の好戦的な「自然状態」を和らげる可能性があるというカントの思想の現代的な再構築は、「一面では国連の改革に向けた努力を鼓舞し、より一般的には世界の様々な地域における超国家的な行動能力の更なる発展に向かう精力的な努力を鼓舞することとなろう」と論じた[17]。アルチブジに触れながら、ハーバーマスは3点に絞って国連改革のための提案を行った。それは、世界議会の設立、世界の司法制度の一層の充実、そして安全保障理事会の再編成である。もし国連が「諸国の常設総会」としての地位を捨てるのであれば、その時は国連総会を一種の連邦の上院に変容させそしてその権限を第二院と分かち合うことが求められることとなろう」。ハーバーマスによれば、「この議会では、人民は彼らの政府によって代理されるのでなく、世界の市民の総体として選挙で選出される議員によって代表される」。民主的な選挙を認めない国家は「抑圧されている人々の代表として世界議会自身が任命する非国家組織を代表とすべきである」[18]。

フォークとストラウスの論文

1997年9月、米国のメディア事業者で、ニュース専門チャンネルCNN創設者のテッド・ターナー Ted Turner（1938生）は、今後10年間、国連の活動を支援するために毎年1億米ドルを寄付すると発表した。この寄付は、フォーク Falk と米国のペンシルバニア州フィラデルフィア近郊の私立大学ウィドナー大学 Widener University の国際法の専門家アンドリュー・ストラウス Andrew Strauss（1958生）のグローバル議会の設立を提唱する共同論文の連載（今日でも継続している）を出現させた[19]。『インターナショナル・ヘラルド・トリビューン』紙に掲載されたこの第一回の論文の中で、彼らはターナー Turner やジョージ・ソロス George Soros（1930生）のような慈善家がこれほど巨万の富を築くことができたのは、専らグローバル化のお陰であると書いた。ソロスは1992年に英国通貨を対象に投機を行い、巷間言われているところでは10億

---

17) Habermas, Jürgen. 1999. *Die Einbeziehung des Anderen: Studien zur politischen Theorie*. 1st ed. Frankfurt am Main: Suhrkamp, pp. 192-236, pp. 210, 217f.
18) Ibid., p. 218.
19) 以下より収集。Falk, Richard, and Andrew Strauss. 2011. *A Global Parliament: Essays and Articles*. Berlin: Committee for a Democratic UN.

ポンドを儲け、国際的な注目を浴びることになったハンガリー生まれの米国人投資家である[20]（このポンド危機で英国の納税者は 33 億ポンドの損失を被っている）。ソロスは自ら設立した財団を経由して哲学者カール・ポッパー Karl Popper（1902 〜 1994）が定義したいわゆる開かれた社会の推進に 1984 年から携わっている。彼のオープン・ソサエティ財団 Open Society Institute は今や 50 カ国以上の国々で活動している。いずれにしても、フォークとストラウスは、ターナーやソロスのような億万長者はグローバルな秩序の民主化を促進させるべきであり、政府が自ら進んで取り組む気がない以上、世界的な直接投票で選挙されるグローバルな人民議会を創設するために直接、資金を提供すべきであると提案した。創設されれば、世界の市民は初めて、「伝統的な国民国家の枠組みの外で彼らのこの世界における希望と不満を表明するためのフォーラム」を持つこととなろう[21]。

　フォークとストラウスはそのような議会を実現させるための新たな提案を行った。彼らは、そのグローバルな市民の議会の選挙は、その目的のために創設される国際市民委員会の組織を通じて世界中の市民社会によって独自に管理されるべきであると提案している。この議会は初めは非政府組織という法的地位を持つに過ぎないが、この選挙手続き管理のためにグローバル市民の名において発言すると主張することが可能であり、従って相当の倫理的正当性を持つであろう。そうなれば諸国の政府と国連が遅かれ早かれこの組織を正式に承認することとなろう。それは独自の社会政治的なモメンタムを獲得し、世界政治においてこれまで以上に重要な役割を果たすことになるであろう。ターナーまたはソロスがこの提案を承知していたかどうかは明らかではないが、ソロスは確かに彼の著書『グローバル資本主義の危機』の中でグローバル化の諸問題を真剣に懸念しており、グローバルな資本主義制度は崩壊の危機に瀕していると断言している。グローバル経済の進展はグローバル社会の進展を伴ってこなかった。必要な管理統制の枠組みが欠如している。従って、経済と金融のグローバルな制度について語ることは可能であるけれども、政治に関するそのようなグローバルな制度はない。貨幣と信用は主権の問題と密接に結びついており、その主権を喜んで犠牲にしようとする国は一つもない[22]。だが、国際法は国家主権を自主的に自ら制約するという前提に基づいて成立している。ソロス

---

20) Tempest, Matthew. 9 February 2005. 'Treasury papers reveal cost of Black Wednesday'. *Guardian* (www.guardian.co.uk).

21) Strauss, Andrew, and Richard Falk. 1997. 'For a Global Peoples' Assembly'. *International Herald Tribune*, November 14. Reprinted in: Falk/Strauss, loc. cit., pp. 177f.

22) Soros, George. 1998. *The Crisis of Global Capitalism*. New York: Public Affairs, pp. 103, 109, 120.

は、後に「恒久的な解決は単一の世界中で通用する通貨と世界中央銀行である。しかし、これを求めるのは非現実的である」と書いている[23]。

民主制国家の共同体？

ソロスは国連の中の民主制の国々が一緒になって同盟を作りそれが彼の望むところ多数派となり、そしてこの世界的組織の指導権を握ることができるようになることを望んでいた。こうなれば国連は改革され多数決でその任務を遂行することが可能となるであろう。国連総会は「我々のグローバルな社会に役立つ法律の制定を行う、より立法府のように」なるべきだ。目下のところ、それは雑談をする場所としてしか存在しない。どんな条約もこれを批准する国だけにしか効力はなく、従って直接的には拘束力がない。しかしながら、ソロスが「開かれた社会連合 open society coalition」と称したこの組織の加盟国はその法律が特定多数決で採択されることを条件として、その法律の自動的な採択にコミットするのは自由である。可能性のあるモデルとして、ソロスはハドソン Hudson の「三つの拘束 binding triad」を挙げている。それは先に言及したように3条件、諸国の3分の2、全人口の3分の2、そして国連予算の3分の2である。この条件の下で可決された決定を受け入れない連合加盟国はこの同盟から離脱しなくてはならない。ソロスは「この方法で、国家主権の原理に抵触することなく、一連の国際法を制定することが可能である。国連総会はいかなる法律を必要とし、そして、それをいかに実施するかを決定できるはずである」と述べている[24]。またソロスは、開かれた世界社会は、個々人あるいは市民の独立した組織によっては創設できず、それには国家間の協力が必要であると論じている。

ソロスは、国連内部の民主制国家間のより緊密な協力を提唱している唯一の人物では決してない。例えば、元米国外交官、そしてクラレンス・シュトライト Clarence Streit の伝統（第5章1ページを参照）をしっかりと受け継いでいるジェームズ・R・ハントリー James R. Huntley によって1998年に出版された『民主制の平和 Pax Democratica』はかなりの関心を集めた。この本はある程度詳しく「大陸間民主制国家共同体 intercontinental community of democracies」の漸進的な設立を論じていて、この中には北大西洋条約機構 NATO、経

23）Id. 2005. *George Soros on Globalization*. New ed. New York: Public Affairs, p. 130.
24）Soros. 1998, loc. cit., p. 287.

済協力開発機構 OECD、欧州連合 EU、欧州評議会 Council of Europe そして
G7 を徐々に組み込んでゆく。この組織は国連に反対して設立されるのではな
い。むしろこの組織は加盟国の国連代表団を活用しながら、国連組織の内部で
活動することを可能とする。これが多分プロジェクト全体の手始めのそして最
も容易なステップである [25]。この共同体の一つの重要な機関は民主制諸国の議
員集会でなくてはならないだろう。然るべき時点で、この組織は、NATO の
議会または欧州評議会のような他の議員集会にとって代わることができよう。
2000 年 6 月、当時の米国の国務長官マデレーン・オルブライト Madeleine
Albright（1937 生）とポーランドの外相ブロニスワフ・ゲレメック Bronisław
Geremek（1932 ～ 2008）のイニシアティブによる民主制諸国家の共同体がワル
シャワで国際組織として実際に設立され、かつ 2010 年にはそれと連携する国
会議員のフォーラムが作られた。しかしながら、その共同体は民主制を推進す
ることにのみ積極的で、統合に関しては何の動きもしていない。ディーター・
ハインリッヒ Dieter Heinrich は世界連邦主義者は超国家的な統合という目標
を念頭において、この共同体を強化するよう求めるべきであると論じている。
「普遍的な組織である国連に着目してそしてその民主化を試みる代わりに、
我々は今や世界中に広がる民主的な組織もまた提案できる」[26]。「民主制国家の
連盟」を巡るこの議論は、共和党の米国大統領候補ジョン・マケイン John
McCain がこの提案を支持しかつ大統領に就任後 1 年以内にこの目標に向け実
践的な道筋を調査するために民主制国家の首脳会議を開催すると声明した時点
でその頂点に達した。この連盟は国連にとって代わることを意図しているので
なく、「国連がその行動に失敗する場合に活動することができる」[27] ものであ
る。

ヘッフェの世界連邦共和国

　世界国家についての議論に対するもう一つ重要な貢献がテュービンゲンの哲
学教授、オトフリード・ヘッフェ Otfried Höffe（1943 生）の 1999 年の著書『グ
ローバル化時代の民主制 Demokratie im Zeitalter der Globalisierung』によっ

25）Huntley, James Robert. 1998. *Pax Democratica: A Strategy for the 21st Century*. New York: St.
　Martin's Press. See in particular pp. 109, 153.
26）Heinrich, Dieter. June 2006. 'Uniting the democracies: Let's imagine'. Ed. by World Federalists of
　Canada. *Mondial*, 8–9, p. 9.
27）McCain, John. 1 May 2007. 'Address at the Hoover Institution'. Council on Foreign Relations
　（www.cfr.org）.

てなされている。彼はこの著書の中で、数多くの新聞への寄稿をした時のように、下部組織への権限移譲に基づき、そして「段階的に進められるコスモポリタニズム」による世界連邦共和国の理想への漸進案を論じている。ヘッフェは基本的には「自然状態」の理論に従っており、全ての個人はいかなる国家の地位にも優先する基本的な倫理的地位を保有すると論じた。しかしこの相対化は個々の国民国家に対し当てはまるのみならず、世界国家に対してさえも当てはまる。そのため、世界国家は、絶対的な地位を与えられてはならず、そして国民国家を廃止することも許されてはならない。もし、その程度に応じて、国民国家が個人の利益に資するものであり、また補完的な世界共和国の世界的な倫理的権威を認め、受け入れるならば、国民国家もまた倫理上の地位を有する。従って、ヘッフェによれば、世界共和国の基礎として、「二重の世界的社会契約」、即ち世界共和国と個々の国家と世界共和国と人々との両方の願望と利益を網羅する契約が必要となる。「世界共和国は、その民主的正当性を国民による正当化と国家による正当化を結合することによって獲得するのである」とヘッフェは書いている。従って、この二つの要素を組織的な関係に反映するためには、世界連邦国家の最高機関であるグローバル立法府は、諸国を代表する世界評議会 world council という第一院と市民を代表する世界議会 world parliament という第二院の二つの院で構成されなければならない。第一院は、主として国際法と国家間関係の問題を担当する。一方、市民院は、主に「世界社会」の問題を優先的に扱う。ヘッフェは長期間、世界的立法府の問題に関与したばかりでなく、その組織と手続きの選択肢を更に徹底して考察した実際に初めての人物である。彼は、ミニ国家と巨大国家の両方をどのように含むかの問題を潜在的に困難な問題分野であると理解しており、そして人口規模で加重する投票制度を絶対的に不可欠と見なしている。彼は世界共和国と現存する国民国家との間に位置する他の中間的な――地域、大陸、または亜大陸の――政治的組織が関係してくるかもしれないとの考えを議論に持ち込んでいる。しかし彼はそれにもかかわらず、いずれにしても、「主要国 primary states」は世界立法府に直接参加するべきであると結論を下している。彼は、また、国連改革の具体案として欧州議会をモデルとする市民院の設置を支持している [28]。

---

28) Höffe, Otfried. 2002. *Demokratie im Zeitalter der Globalisierung*. New ed. Munich: C.H. Beck, pp. 304f., 308ff., 333f.

WTO 議会を求める声と列国議会同盟 IPU の役割

　その一方で、1999 年後半にシアトルで開かれた世界貿易機関 WTO（1995 年設立）の第 3 回閣僚会議に対する抗議は、メディア現象として世界的な反グローバル化運動を生み出した。「代表権なくしてグローバル化なし」が用いられたスローガンの一つであった。疎外され、片隅に追いやられていると感じているのは街頭で抗議をしている労働組合や団体達だけではなかった。米国の上院議員ウィリアム・V・ロス William V. Ross（1921 ～ 2003）の主導で、シアトルに来ていた約 150 人の国会議員が WTO の透明性と民主的な正当性を高めるために、WTO の内部に恒久的な各国国会議員の委員会を 2001 年 2 月までに設置することを求める声明を発表した。声明は「我々は市民と我々の各国代表の組織とその関心事項に取り組むために彼らと交流する活動に重要な役割を担うのみならず、WTO の主催の下で交渉される協定を承認または法律を制定することにも重要な役割を担う」と述べている。WTO 内部に国会議員の集会を設置することを求める要望はすぐに欧州議会によって取り上げられ、特に精力的に推進された。しかしながら、この提案は、主として WTO の全会一致の要件——それはどの政府にも全ての決定に対する拒否権を与えている——により、当時の WTO の理事で、ニュージーランドの労働党の政治家のマイク・ムーア Mike Moore らの原則的な支持があったにもかかわらず、すぐに行き詰まってしまった。

　更に、WTO の議員集会を支持する欧州議会などの努力に対しては IPU 列国議会同盟が反対した。IPU は新たな組織は求められてもいないし必要ともされていないという立場に立っていると、1998 年から 2014 年まで IPU の事務総長であったスウェーデン人のアンダース・ヨンソン Anders Johnsson（1948 生）が述べている。「WTO の立法機能は自国の政府と議会へ責任を負う政府の交渉担当者が果たしている。議会が行う憲法上の役割を担うことを求める議会の権限を WTO に与えることはナンセンスである」とヨンソンは主張している[29]。最終的には、IPU と欧州議会は世界貿易問題に関する定期的な合同会議を開催することに合意し、その第一回会議が 2003 年に開催された。この妥協は欧州議会の中で今も遺憾な出来事とされている。2008 年に、例えば、欧州議会は「WTO には民主的な説明責任と正当性が欠如していることに鑑み、助言的な

---

29) Johnsson, Anders. 2003. 'A Parliamentary Dimension to International Cooperation'. In *A Reader on Second Assembly & Parliamentary Proposals*, ed. by Saul H. Mendlovitz and Barbara Walker, 20–29. Wayne, NJ: Center for UN Reform Education, p. 28.

権限を有する WTO 議員集会を創設することが必要である」とその決議で強調し続けている [30]。

　IPU は 1996 年に国連との協力に関し象徴的な合意に達することに少なくとも成功した。（その後 2002 年に IPU は国連のオブザーバー資格を認められ、それ以来、国連総会で文書を配布することが認められている。）IPU 自身は IPU が全ての各国議会間の活動のための主たるフォーラムであるべきであるとの立場をとっている。2000 年 9 月の各国議会議長の第一回世界会議の閉会挨拶の中で、いわゆる「国際協力のうち議会に関する事項」は、たとえ主として各国の国会によるものであってもそして国家レベルのものであっても、IPU によって実施されなくてはならないと述べられている。これは、IPU 憲章における IPU の定義「主権国家の議会の国際的な組織」と一致している。しかしながら、フランス議会の議長レイモン・フォルニ Raymond Forni（1941 ～ 2008）はこの世界サミットで更に一歩踏み込んでいる。彼は 1996 年に成立した合意は単なる最初の手続きに過ぎないと述べた。「IPU は最終的には、国連総会、安全保障理事会、経済社会理事会から諮問を受けたり提案を行ったりすることができる本物の国連の議員集会となるべきである」[31]。カナダ上院議会の議長ジルダ・モルガ Gildas Molgat（1917 ～ 2001）は、IPU は世界議会の一つとして認められるのが当然であり、従って国連におけるその資格は変更されるべきであると述べた [32]。しかし、こうした構想の表明に際して、フォルニとモルガは IPU 内では、ほんの少数派に過ぎなかったのは明らかである。

世界議会と国連議員総会 UNPA に向けた他のイニシアティブ

　欧州議会は、1999 年の春、グローバルな統治に関する決議の中で、「国際的で経済的に力のある勢力には（中略）全ての民主的な監視が及ばなくなっている」、従って「グローバル化の問題に対処できる、もっと首尾一貫した世界レベルのシステム化された体制を確立することが緊急に必要である」と表明した。その組織は代表制の実をより十分に備え、より一層民主的な組織となる必要が

---

30) European Parliament. 24 April 2008. 'Towards a reform of the World Trade Organization'. Resolution P6_TA（2008）0180.

31) Forni, Raymond. 30 August 2000. 'Discours au Conférence des Présidents des Parlements nationaux organisée par l'Union interparlementaire du 30 août au 1er septembre 2000 au siège des Nations Unies à New York', New York.

32) Molgat, Gil. 2000. 'A Parliamentary Vision for International Co-operation'. *Canadian Parl. Review* 23（4）.

第 8 章　グローバル化時代の民主制　125

ある。議会的側面は「各国と地域の議会の委員会の、例えば環境そして外交問題から始めて、委員長により構成される議会組織を設立することにより」[33] 国連システムの民主化の導入を可能とするだろう。国連開発計画 United Nations Development Programme（UNDP）の第10回『人間開発報告書』、これは UNDP の出版計画の中で最も重要であるが、これもまたグローバル化とその影響に焦点を当てている。欧州議会と同様、この報告書は「グローバルな統治のためのより首尾一貫した、そしてより民主的な組織の開発をすべきである」と促している。この報告書は、21世紀に必要とされる七つの重要な組織の一つとして、「市民社会の代表参加を可能にするための二院制の国連総会」を勧告している。しかしながら、それが正確に意味することに関して詳細な説明はされていない[34]。既に見てきたように、「第二院」という用語はそれほど「明瞭」なものではなく、NGO の集会から直接選挙で選ばれる組織まで、多くの異なった組織を包含することが可能である。

　フランスの政治家で企業家のオリヴィエ・ジスカール・デスタン Olivier Giscard d'Estain（1927生）のイニシアティブで2000年にパリで「世界議会のための委員会 Comité Pour un Parlement Mondial（COPAM）」が設立された。この委員会は短期間で名誉会員として多くの著名人を招請することができた。彼らは国家または政府首脳の経験者、即ちオランダからアンドリーズ・ファン・アフト Andreas van Agt、スペインからフェリーペ・ゴンザレス Felipe Gonzales、ヨルダンからハッサン王子、南アフリカからノーベル平和賞受賞者ネルソン・マンデラ Nelson Mandela、そしてイスラエルからシモン・ペレス Shimon Peres、ポルトガルからマリオ・ソアレス Mario Soares、ルクセンブルグからガストン・トルン Gaston Thorn、そしてフランスからはレイモン・バール Raymon Barre、ミシェル・ロカール Michel Rocard、それにオリヴィエ・ジスカール・デスタンの弟ヴァレリ・ジスカール・デスタン Valery Giscard d'Estain を含んでいる。その他の支持者達はかつての国連事務総長ペレス・デ・クエヤル Pérez de Cuéllar、ブトロス＝ガリ Boutros-Ghali、更に、かつてのヨーロッパ委員会委員長ジャック・ドロール Jacques Delors、インド国民会議派議長ソニア・ガンジー Sonia Gandhi、ノーベル経済学賞受賞者アマルティア・セン Amartya Sen も含んでいる。COPAM は、別途の政府間条約に

---

33) European Parliament. 23 March 1999. 'Resolution on the challenges of global governance and the reform of the United Nations'. A4-0077/1999, points T, U and 10.
34) United Nations Development Programme. 1999. *Human Development Report 1999*. Oxford University Press, pp. 12, 111.

基づいて設立され、そしてそのメンバーは各国の議会から選出された人で構成される（当初は必ずしも議員でなくとも）諮問機関の設立を提案した。フォルニのように、COPAM は元来 IPU がグローバルな議員集会の出発点になり得ると考えていた。従って COPAM はこの構想について IPU との対話を行おうと努めたが、不調に終わった。「数回の会合の後に、この組織を変容するという我々の構想は、明確な拒絶にあった」とジスカール・デスタンは、私達に語っている。

　IPU の外部では、UNPA または世界議会の設立に向けた他の重要なイニシアティブがあった。例えば、欧州評議会の議員会議は 2000 年 9 月の決議の中で、国連は IPU と協力して、「欧州評議会の議員会議と似たような権限を持つ（中略）議会組織」を発展させるべきだと表明した[35]。このような機関は、政府間の政治が行き詰まった問題の解決策を見出すことに貢献できるはずである。ミレニアム・フォーラム Millennium Forum は国連事務総長のコフィ・アナン Kofi Annan の招請でニューヨークの国連本部に集合した 1000 以上の国際的市民社会組織の代表者からなる組織であるが、2000 年 5 月、既にその閉会宣言において、無数の勧告が述べられているがその中でとりわけ、「国連は国連総会と関連を持つ国連議員組織の創設を考慮すべきである」と強く促した[36]。

　ニューヨークにおける国連のミレニアム・サミットにおいて——150 人以上の国家と政府の首脳が参加し、それまでの歴史においてのサミット会議の中では最大の会合であった——いくつかの必要となる基本的事項が設定されたが、とりわけ、2015 年の八つのミレニアム開発目標、いわゆる MDGs の合意ができている。しかしながら、国連の改革については注目すべき進展はなかった。その直前に開催した各国議会議長会議において、アナンは各国議会を国連の業務に統合することの重要性を強調し、「グローバリゼーションの時代には、貧困と紛争という古くからの課題は単に政府が共同して対処するだけでは最早解決できない。全ての社会が国際関係によって影響を受けており、そしてその中でその役割を果たしている。全ての社会は多くの様々な方法でその代表を参加させる必要がある」と述べている。各国の議会は国連のようなグローバルな組織を「各国議会が奉仕することになっている人々にもっと寄り添うように」する特別な役割を持っている。シアトルの事件は当事者が国際的な組織から疎外

---

35) Council of Europe Parliamentary Assembly. 27 September 2000. 'The United Nations at the turn of the new century'. Recommendation 1476(2000).

36) Millennium Forum. 26 May 2000. 'Declaration and Agenda for Action: Strengthening the United Nations for the 21st Century'. A/54/959 of 8 August 2000, see section F, point 6.

されるとどれほど危険な状態が生じるかを示した[37]。この問題については、しかしながら、ミレニアム・サミットの閉会宣言の中では、IPUの仲介による国連と各国議会とのより良い協力を求める型どおりの要請を含んでいるだけであった。

しかし世界議会の問題は2000年の世界サミットでも取り上げられた。チェコ大統領ヴァーツラフ・ハヴェル Václav Havel（1936～2011）は、1989年のビロード革命の中心的人物だが、この問題だけに絞って演説を行った。この問題は長い間彼の関心事項であった。彼は、国連は各国の政府と外交官達の共同体から、各国政府の個々の安全保障のためだけでなく全人類の恒久的な幸福と真の生活の質の向上の追求のために、この惑星の全ての住民に属する共同の組織へと発展するべきであると論じた。ハヴェルは「そのような国連はおそらく二つの支柱の上に成り立たねばならない。一つの支柱は、個々の国の行政府の代表者の平等な会議で、現在の国連総会に類似するもの、そして他のもう一つの支柱は、世界中の人々によって直接的に選ばれるグループからなる議会であろう、そこでは個々の国を代表する議員の数は、従って、国の規模に概ね見合うものであろう」[38]。この二つの組織は、グローバルな法律を制定し、改革された安全保障理事会はこの二つの議会に説明責任を負う。将来の国連はその法律と決定を執行するための独自の軍事力と警察力を持つ。レフ・ワレサ Lech Wałęsa（1943生）はかつてのポーランド大統領、ノーベル平和賞受賞者、1980年から1990年まで労働組合「連帯 Solidarność」の委員長だが、彼もその後同様の構想を明らかにしている。「我々の曽祖父達は自転車を発明した、そして突然村は彼らにとって小さくなり過ぎてしまった」。ワレサは例えば、ある新聞のインタビューで、「今や我々は、飛行機を持っている、そして突然国家は我々には小さ過ぎるものとなった。ジェット機は数分で国々を横断することができる。それが今日我々がグローバルに考えなくてはならない理由だ。我々にはグローバルな議会、グローバルな政府、そして多分グローバルな安全保障省が必要だ」と述べた[39]。

最後に、米国の人間主義者にして哲学者ポール・カーツ Paul Kurtz（1925～2012）は『人間主義宣言2000』を出版した。この宣言は1933年と1973年の二

37）Annan, Kofi. 2000. 'Parliamentary Voices Must Be Heard If Global Democracy Is to Thrive'. Address to the Conference of Presiding Officers of National Parliaments. UNIS/SG/2641.

38）Havel, Václav. 8 September 2000. Address of the President of the Czech Republic at the Millennium Summit of the United Nations in New York.

39）Wałęsa, Lech. 27 August 2005. 'Unser Sieg ist uns teuer zu stehen gekommen' Interview by Konrad Schuller. Frankfurter Allgemeine Zeitung.

つの人間主義宣言（2003 年には 3 本目が出ることになっている）の特徴を受け継いで現代的で、そして哲学的な原則に導かれた世界観を中心に展開している。宣言 2000 はいわゆる「**ポスト**・ポストモダン時代の惑星の人間主義」の必要性とその内容を検討している。この時代において世界議会の問題は決定的に重要である。宣言は、これまでにない程、単に国民国家を代表するものではなく、人類を代表する世界的組織が必要とされていると論じている。効果的な、直接選挙で選ばれる議会がおそらく、既存の国連総会と共に二院制の制度としてグローバル法を制定するために設立されるべきである。その詳細は宣言が設立を求めた国連憲章改訂会議で練り上げられることとなる。この文書は 30 カ国以上の 140 名の著名人によって支持された。署名者の中には英国の著作家アーサー・C・クラーク Arthur C. Clark（1917 ～ 2008）（SF 小説『2001 年宇宙の旅 2001 : A Space Odyssey』で有名）、生物学者エドワード・O・ウィルソン Edward O. Willson、英国の進化生物学者で有名な科学書『神は妄想である The God Delusion』と『地上最大のショー The Greatest Show on Earth（邦訳書名『進化の存在証明』）』の著者リチャード・ドーキンス Richard Dawkins（1941 生）が含まれている。署名をした大部分の人は科学者で、その中には 10 名のノーベル賞受賞者が含まれていた[40]。

---

40) Barju Benacerraf, Paul D. Boyer, Herbert A. Hauptmann, Harold W. Kroto, Jean-Marie Lehn, Mario Molina, Ferid Murad, José Saramago, Jens C. Skou and Jack Steinberger. A full list of signatories is printed in: Kurtz, Paul. 2000. *Humanist Manifesto 2000. A Call For A New Planetary Humanism*. Amherst, New York: Prometheus Books.

第9章

「テロとの戦い」、IPU の役割、
UNPA へのキャンペーン

地雷禁止、国際刑事裁判所と世界社会フォーラム

　新たな世紀の初頭、当初は非常に期待の持てる進展が見られた。国際法の進歩をもたらす新しい巧みな手段が国際 NGO と彼らに同調する政府との間の協力という形で定着しつつあるように見えた。対人用の地雷の使用を禁止するオタワ条約が 1999 年 3 月に発効した。1992 年に一群の NGO により設立され、1997 年にノーベル平和賞を受賞した組織「地雷禁止国際キャンペーン」がこの条約の実現に実質的に貢献した。加えて、1998 年 7 月ローマで開催された歴史的な国連の会議において、国際刑事裁判所規程が協議され、賛成 120、反対 9、棄権 21 で採択された。この規程はすぐには発効しなかったが、その批准国数は急激に増えた（2002 年 7 月 1 日に 60 番目の批准証書が寄託された後に発効した）。アムネスティ・インターナショナル Amnesty International、ヒューマン・ライツ・ウォッチ Human Rights Watch などの大きな人権団体によって設立され、WFM が主導した国際刑事裁判所設立連合 Coalition for the International Criminal Court は、このローマ会議における採択と条約の迅速な批准に決定的な役割を果たした。このプロジェクトは長い間、「非現実的」であるとして退けられていた。加えて、グローバル化への批判が、シアトルの後、至るところに現れた。「もう一つの世界は可能だ」をモットーとして、全世界から数千人の自主的参加者、統一主義者、活動家、NGO が 2001 年 1 月に世界社会フォーラム World Social Forum の第一回会合のために、ブラジルのポルト・アレグレ Porto Alegre に集合したが、このフォーラムは以降、毎年開催されている。エリート達のスイスのダボスで行われる世界経済フォーラム World Economic Forum に対抗するこのイベントへの一般の関心は（少なくとも当初は）非常に高かった。その最初から、世界社会フォーラムに参加する議員達の会議も常に行われている。議員達（普通彼らは政治的理念の左翼と環境保護派の出身である）に

130　第一部　世界議会の構想

よって発表された最初の宣言の中で、「世界議員フォーラム World Parliamentary Forum」は、「非人間的なネオリベラルの秩序」に抵抗し、そして彼らの関心事項が各国の議会で取り上げられることを確保するためにこの社会フォーラムへの参加を促進する運動を支援することを目的とすると述べている。『ツァイト Zeit』誌によれば、欧州議会のフランスの議員で、世界議員フォーラムの創始者の一人であり、2012 年から 2 年間フランス社会党の党首であったアルレム・デジール Harlem Désir は「長期的目標である世界議会への準備段階」と議員フォーラムを見なしている[1]。

グローバル議会の構想に関する新たな貢献

フォーク Falk とストラウス Straus はこうした成り行きに勇気づけられた。グローバル化と民主化は冷戦後の世界の二つの主要なテーマであると二人は考えたのである。NGO と開放的な政府の連合の支援で、この二つのテーマを結びつけて均衡をとるグローバルな議会を設立することが可能であろう。二人は、そのような議会が市民社会そのものにより組織される可能性とともに、今やその議論に新たな国家間の条約という追加的な選択肢をこの問題の論議の中に持ち込んだ。2001 年当初に彼らがこの線に沿って『フォーリン・アフェアーズ』誌に書いた論文はかなり注目を浴び、この問題に関しておそらく今でも最も引用されることが多い論文となっている[2]。シューマン Schumann とマルティン Martin によるグローバル化に対する批判に触発されて、オーストラリアの国会議員で、1993 年から 1996 年まで法務大臣を務めたダンカン・カー Duncan Kerr は、同じく 2001 年に出版された彼の著書『大使を選挙せよ Elect the Ambassador』の中で、グローバル化のプロセスとグローバル市場は間違いなく政治的支配下に、即ち国際組織の民主化と更なる強化によって、置かれ得ると論じている。この目的のために彼が提示した 10 項目の提案の中に、UNPA の設立がある。カーは議員を選挙する手続きは一律に規定されるべきではないと強調している。けれども、彼は、「第二院」の発展に強い影響力を持つのは、直接選挙で選出される議員であるとの確信を抱いていた[3]。

---

1) Greve, Christiane. 'Der Internationale'. *Die Zeit*, no. 06/2002 (www.zeit.de).
2) Falk, Richard, and Andrew Strauss. 2001. 'Toward Global Parliament'. in: *Foreign Affairs* 80(1): 212–220. Repr. in the same: 2011. *A Global Parliament: Essays and Articles*. Berlin: Committee for a Democratic UN, pp. 21-28.
3) Kerr, Duncan. 2001. *Elect the Ambassador! Building Democracy in a Globalised World*. Annandale: Pluto Press, pp. 144ff.

一方、英国のジャーナリストで環境保護主義者のジョージ・モンビオ George Monbiot は『ガーディアン』誌に毎週掲載される彼のコラムの中で、「究極の権限が直接選挙で選ばれる議会にあるのでなければ、民主制は無意味である」と主張した[4]。モンビオは、特に彼の2003年の著書『同意の時代 The Age of Consent』により、反グローバル化運動の中でグローバルな議会の構想への関心が高まることに大きく貢献している。モンビオは「民主制を除いて、全てのものがグローバル化されてきたので、世界の統治者は我々の意見を聞かずに、自分のやりたいように振る舞うことができる」と述べ、「もし我々が我々の代表によって意見を述べることを望むならば、その時はそうしよう。そして、言い逃れやその場しのぎの対策、障害物、およびその設置がグローバルな民主化と見せかけるような仲介機関や裁定機関を受け入れないようにしよう。唯一の真の代表のフォーラムは人々を直接代表する者のフォーラムであり、もちろん私にとってそれは世界議会を意味するのである」と続けている[5]。彼はより公正な世界を求めて活動している者なら誰でも、当然、全ての人の平等の権利を支持する発言をしなければならないと考えたのである。従って、世界議会に対するどんな選挙であっても誰もが平等な投票権を有することが不可欠である。これは、かかる選挙のために、国境を分断して世界中にほぼ平等な 600 の選挙区を設けることにより達成されることが可能である。当初は、その議会の主な役割は他の国際機関の活動を監視し、各国際機関に報告責任を負わせることにある。この議会はその権限をその倫理的権威から得ている。議会が民衆の支持を失うことになれば、その権威は、その程度に応じて低下することとなろう。こうして、正当な権限の行使を自主的に規制するシステムが成立するであろう。

　電子的なネットワークでグローバルな集会を開催する案は費用対効果が高いが、モンビオから見ると、「実際に議場で討論を行うことの代案としては脆弱過ぎる」[6]。2004 年にニコラス・ダンロップ Nicholas Dunlop（PGA の前事務総長）とウィリアム・ユーリー William Ury（ハーバード交渉プログラム Harvard Program of Negotiation の共同創設者の一人）と、当時欧州議会議員であったアンダース・ワイクマン Anders Wijkman などによって設立された「e-Parliament」は、全世界の議員達をインターネットで繋ぐことによって彼らの政治的な意思疎通の促進を支援するために役立っているだけに過ぎない。2012 年以降、このイ

---

4) Monbiot, George. 17 July 2001. 'How to rule the world'. *The Guardian* (www.guardian.co.uk).
5) Id. 2004. *The Age of Consent. Manifesto for a New World Order*. London: Harper Perennial, p. 83.
6) Ibid., p. 91.

ニシアティブは気候問題に焦点を合わせている。一方ドイツの政治学者で交渉の専門家のラスムス・テンベルゲン Rasmus Tenbergen は、直接民主制の演習として、その決定や投票に誰でも参加可能で、そしてひとたび相当多数の個々人が支持することとなれば、単なる道義的権威以上のものとなるはずの市民社会によって組織されるグローバルなインターネット議会の構想を検討している。テンベルゲンは、オンラインプロジェクト「世界議会の実験 World Parliament Experiment」によりこのアプローチの有効性を実証することを望んでいるが、それは人々を代表するという機能とともに実際の会議も含んでいる。

ラクナウ会議

2001 年の春、第一回「世界の裁判長国際会議 International Conference of Chief Justices of the World」が、インドのウッタル・プラデーシュ州の州都のラクナウで開催された。この会議は、それ以来、毎年開かれており、生徒数 5 万人を超える世界最大の学校シティ・モンテッソーリ・スクール City Montessori School が設営し、主催している。この私立学校は「全世界の 20 億人の子供達と将来の世代のための守護者」と自認している。その会議の目的は国際法とグローバルな統治を強化することである。拘束力を持つ世界法を可決できる世界議会の設立を閉会宣言の中で毎回要請している。この学校によれば、2017 年までに開催された 18 回の会議に各国の最高裁判所あるいは憲法裁判所の判事約 700 人、それに 100 カ国以上の国の裁判官が参加している。注目すべきは、今日まで、西ヨーロッパ、米国そしてカナダの代表者が参加してないことである。

9.11 とグローバルな民主制

2001 年 9 月 11 日の攻撃の後、「テロとの戦い」(「あなたは我々の味方なのか、敵なのか」と米国のブッシュ大統領は発言した) が、米国の最優先事項となった。テロリズムが新たに確認された敵として登場した。国際的な民主化が成功する見込みは急速に縮小した。他方、法の支配に基づくグローバルな社会を作ることが、テロリズムの温床を取り除くために長期的には不可欠であると論じられた。例えば、ドイツの CDU/CSC 議員グループの指導者フリードリッヒ・メルツ Friedrich Merz は、2001 年 10 月のある基調講演で、ヘッフェに言及して、補完性原則に基づく連邦憲法を持つ世界国家が平和と安全保障、人権、そして公

平な世界経済秩序のための前提条件であると述べている。世界国家は世界市民の良識、コスモポリタン的な倫理、そして世界議会や世界裁判所のような民主的制度の創設を必然的に伴うことになる[7]。このことは、欧州議会におけるドイツの保守的な CDU/CSC グループを代表して欧州議会議員エルマー・ブロック Elmar Brok が早くも 1999 年に表明したように、UNPA の創設に向かって積極的に協力すべきとの（このグループが今なお維持している立場である）考え方と基本的に一致している。これにもかかわらずブロックが書いたように、専制国家にいかに対処するかという問題の解決策は今なお見出されていない[8]。

　ベックは彼の著書『グローバル時代の権力 Power in the Global Age』の中で、テロとの戦いの底流にある覇権主義とその戦いに伴う国家の監視体制の強化に照らして、「脅威の防止を基盤とするグローバルな反民主的大衆迎合主義」とその「コスモポリタン的な専制政治」——即ち、人権、民主制、平和そしてこれらの価値からそれ自身は切り離されており、従って実際にはこれらの価値を損なう役割を果たしているうわべだけの世界的平和防衛——に対して警告を発している。ベックは、米国に対する 9 月 11 日の攻撃が、西洋の平和と安全保障は世界の他の地域における武力紛争とその根本的な原因が存在し続けていることとは両立できない事実をこの 50 年間で初めて明らかにしたものであると考えたのである。その意味ではコスモポリタニズムはテロリストの脅威に対する適切な反応であった。確かに、「コスモポリタン的体制」は概念的にも制度的にも、人権や民主制と固く結合されていなければならず、グローバルな政治レベルの改革プロジェクトとして推進され、支持されなくてはなるまい。ベックはそのような体制の正当性を保証するものとして役立つことの中に、世界議会の設立を例として挙げている。たとえ、その目的に同調する国家によるイニシアティブに当初はほんの一部の既存の国家しか実際には含まれていないとしても、また、たとえ、そのような議会が、始めは象徴的な権限に過ぎない対策しか行えないとしても——と彼は書いている[9]。

ドイツ連邦議会の調査委員会の報告書

　2002 年の半ばに発表された 600 ページを超えるドイツ連邦議会の調査委員会

---

7) Merz, Friedrich. 10 October 2001. 'Gedanken zur Politik im 21. Jahrhundert'. Speech at the Konrad-Adenauer-Stiftung. Pressedienst der CDU/CSU-Bundestagsfraktion. Mitteilung 1630, pp. 17f.

8) Letter from Elgar Brok to Andreas Bummel, 27 September 1999.

9) Beck, Ulrich. 2009 [2002]. *Macht und Gegenmacht im globalen Zeitalter*. Frankfurt am Main: Suhrkamp, pp. 425ff., 426, 444, 446.

German Bundestag's Enquette Commission による経済のグローバル化に関する調査報告書は外見的にはあまり進歩的なものではなかった。報告書は国際機関の民主化を重要な課題と特定はしているが、UNPA の設立を支持することを明らかにしておらず、むしろその設立の提案は論争の的になると述べていた。この報告書は「かかる議会の構成に関する合意は解決がほぼ不可能な問題（例えば人口動態の問題）を提起するので」このイニシアティブに疑問を呈する者が多かったと述べている[10]。この分野の行動のための唯一の勧告は国連安全保障理事会におけるグローバルな地域の代表の参加をもっと増やすことを支持することであった。加えて、拒否権については国連総会に対して拒否権の使用の説明責任を負わせることを義務づけるべきとの提案がなされている。またこの報告書はグローバル化のプロセスに関して、特に国際法に基づく協定に関する交渉において議員達には監督し意見を述べる権限が与えられるべきであるとの見解を表明している。国際的な政策の形成プロセスは各国議会間のネットワークの構築と開発により一層有効に監視されそして議員の意見が反映されるべきである。この目的のために、IPU は発展、強化されるべきであり、そして、ドイツ連邦議会はこれを求めて活動するよう勧告されている。2001 年までの 6 年間、国際グリーンピース Green-peace International のディレクターであったティロ・ボーデ Thilo Bode は、連邦議会内部でさえこの報告に対する関心が極めて少ないことは嘆かわしいと考えた。ドイツはグローバル化については何の方針も持っていないと彼は思った。しかし、彼は国家がグローバル化によってその地位を低下させつつあるという意見は誤った俗説だと述べている。あまりにも度々、この俗説は各国政府によるその既得権益または政府自身の過ちを隠す方法として使われている。しかし、必要な民主的なコントロールを維持することを確保することなく国が無謀にもその権限を国際機関に渡してしまったことも確かな事実であると彼は論じている。この民主制の赤字を克服するため、欧州はこの監督とモニタリングの役割を果たす世界議会の創設に向けた会議を開催するべきである、と述べている[11]。

グローバル化の社会的側面に関する世界委員会による報告書

2004 年 1 月に可決された欧州連合と国際連合との関係に関する決議の中で、

---

10) Deutscher Bundestag. 2002. Final Report of the Enquete Commission 'Globalisierung der Weltwirtschaft – Herausforderungen und Antworten', p. 430.
11) Bode, Thilo. 2003. *Die Demokratie verrät ihre Kinder*. Stuttgart, München: DVA, pp. 11, 205, 192ff.

欧州議会は、この目的のための努力を再開し、国連の中に諮問を行う議員集会を創設するよう要請した。その翌月、2年前に国際労働機関 ILO によって設立された、フィンランド大統領タルヤ・ハロネン Tarja Halonen とタンザニア大統領ベンジャミン・ウィリアム・ムカパ Benjamin William Mkapa を共同議長とする「グローバル化の社会的側面に関する世界委員会 World Commission on the Social Dimension of Globalization」が、詳細で包括的な最終報告書を提出している。この 20 名以上の著名な国際人達で構成された委員会の結論は、以下を含んでいる。「グローバルなレベルでの多国間システムの議会による監督は漸進的に拡大されるべきである。我々はグローバルな経済的、社会的そして環境的政策の間の統一性と一貫性の確保に関わる議員団体の創設を提案する。そしてこの団体が主な国際的組織の総合的な監督のあり方を開発すべきである」[12]。フィンランドとタンザニアの両政府は特にこの報告書を広く周知させることに精力的に努力し、それが国連総会で議論されるように取り運んだ。この両政府は既に 2003 年初めに、共同で「グローバル化と民主制に関するヘルシンキ・プロセス Helsinki Process on Globalization and Democracy」を開始している。このイニシアティブは、グローバルな問題とその可能な解決策について協議することを目的として、政界、学界、NGO の専門家と著名人ならびに政府の代表を招集し、第二フェーズ（2008 年まで続いている）では、選択した提案の実行を促進するよう計画されていた。

ウブントゥ・フォーラム・キャンペーン

　市民社会の内部でもまた勢いがつき始めていた。2001 年の春に、ユネスコ UNESCO の事務局長を 1987 年から 1999 年まで務めたスペイン人のフェデリコ・マヨール Federico Mayor の呼びかけに応じて、より人道的でより公正で公平な世界に向けた運動を盛り上げるために、市民社会のネットワークの世界フォーラム「諸ネットワークのネットワーク network of networks」が設立された。その目標の一つはグローバルなレベルを含む、全てのレベルでの意思決定と組織の民主化である。このフォーラムの名称、ウブントゥ Ubuntu は一体感、博愛、共通性に基づく特別の人生哲学を表すアフリカ語である。バルセロナを本部として当初からヘルシンキ・プロセスにも参加しているこのイニシア

---

12) International Labour Organization. 2004. 'A fair globalization: Creating opportunities for all'. Report of the World Commission on the Social Dimension of Globalization. Geneva, p. xiv, see also p. 121.

ティブの参加団体リストには、オックスファム Oxfam、世界連邦運動 WFM、サウスセンター South Center、CIVICUS（市民参加世界連合 World Alliance for Citizen Participation）、グラミン銀行 Grameen Bank、核戦争防止国際医師会議 IPPNW、国際平和ビューロー International Peace Bureau IPB、第三世界ネットワーク Third World Network、ロンドン・スクール・オブ・エコノミクス London School of Economics が含まれている。愛の国際協会 International Association of Caritas、グリーンピース、赤十字社 Red Cross、国境なき医師団 Médicins Sans Frontières はオブザーバー資格を持つ団体の中に入っている。2002 年に、ウブントゥ・フォーラムの後援の下に、「国際機関の制度の徹底的な改革のための世界キャンペーン World Campaign for In-Depth Reform of the System of International Institutions」が設立された。この組織の 2004 年 4 月のロンドン宣言は包括的な民主化への要求を含んでいる。「世界の市民にとって国際機関の中で政府などを介さず直接に代表が参加することが必要である」とそれは明記している。この目的のために、「国際法の策定、勧告の提出、そして国際的システムの一部である他の組織に対し管理権を行使することが可能な」議員集会の創設に向けて活動を推進させるべきである [13]。この宣言には、マヨール Mayor、ソアレス Soares、ブトロス＝ガリ Boutros-Ghali、ペレス・デ・クエヤル Pérez de Cuéllar、ノーベル平和賞受賞者リゴベルタ・メンチュウ Rigoberta Menchu、アドルフォ・ペレス・エスクィヴェル Adolfo Perez Esquivel とヨーゼフ・ロトブラット Joseph Rotblat、ノーベル文学賞受賞者ガブリエル・ガルシア＝マルケス Gabriel Garcia Marquez、ジョセ・サラマゴ José Saramago、その後ノーベル平和賞を受賞するムハンマド・ユヌス Muhammad Yunus、そして 1981 年から 1995 年までフランス大統領を務めたフランソワ・ミッテラン François Mitterrand の妻、ダニエル・ミッテラン Danielle Mitterrand を含む 50 名以上の重要な著名人が署名している。

カルドーソ・パネルの報告書

　国連と市民社会の関係に関する専門家の民間団体による報告書が 2004 年 6 月に予定されていた。このパネルは国連事務総長のアナンにより彼の改革活動の一環として設けられおり、前ブラジル大統領フェルナンド・エンリケ・カル

---

13) World Campaign for In-Depth Reform of the System of International Institutions, and UBUNTU Forum Ad Hoc Secretariat. 2004. 'Reforms of the System of International Institutions to Make Another World Possible'. London Declaration of 1 April 2004, p. 2.

ドーソ Fernando Henrique Cardoso を議長として活動していた。NGO や他の活動家達を国連の活動にもっとうまく組み込むにはどうすればよいかとの調査に加えて、そのパネルは国連と国会議員達との交流を取り上げ、その改善のための勧告を行うことも目的としていた。IPU もこの問題に助言を求められた。しかしながら、結論について合意に達するにはあまりにも意見の隔たりが大きかった。5 月初旬、IPU 事務総長のヨンソンはカルドーソ報告書に関する IPU の「深刻な懸念」を詳しく説明し、そしてその報告書が公表される前に関係者間の新たな協議を緊急に要請するためアナンに直接連絡することまで行った[14]。しかし彼の要請は不調に終わった。パネルメンバーのビルギッタ・ダール Birgitta Dahl スウェーデン議会前議長が主に起草したこの問題に関する勧告は、IPU へ更に照会するべきであると補足したがその他の修正は全く行わなかった。ここにおける問題は何だったのだろうか？

　カルドーソ報告書は民主制が問題化しつつあるということを明らかにしている。というのは政治の実態は急速にグローバルに拡大しつつある一方、選挙、政党、議会といった最も重要な政治制度は国家レベルに根をおろしたままであるからである。政治への高まる幻滅感の主因は「代表制の伝統的な形態はこのグローバル化時代においては以前に比べ現実問題に適切に対応できなくなってきているという認識である」。報告書は、続けて「選挙で選ばれた議員や議会は政府間または国際市場の監督や管理のために行われる決定に関してはほとんどその影響力を持たないようだ（中略）各国議会が民主制の正式な権限を有する組織であることに鑑み、当パネルは各国議会をより組織的に国際的な政府間のプロセスにリンクさせること、そしてそのための国際的な議会メカニズムを探求することが重要だと考える」と述べている[15]。反対に、ここで IPU に対する言外の批判を推測することも可能である。このパネルは、IPU がこの役割を果たしているとは明らかに信じていなかった。さもなければ、新たなメカニズムの設置を提案する必要はなかっただろう。

　カルドーソ報告書は、──初めは実験として──いわゆる「グローバル公共政策委員会 Global Public Policy Committees」の設立を具体的に勧告した。これらの委員会は国連事務局の後援の下に（各国の議会、IPU、そして他の専門的組織との「協議の上」）組織されるべきである。各委員会は、全地域を代表する 30

---

14) Letter from Anders B. Johnsson to Kofi Annan, 4 May 2004.
15) United Nations. 2004. *We the Peoples: Civil society, the United Nations and Global Governance. Report of the Panel of Eminent Persons on United Nations-Civil Society Relations.* A/58/817. Points 8, 106.

138　第一部　世界議会の構想

名の議員を上限として、議会の異なる政党の 2 名から 4 名の議員によって構成されるべきである。この構想は、欧州議会の 1999 年の提案の中に正にあるように、その委員は各国の議会の関連する専門の委員会から選出されるものとしている。そのグローバル委員会は学界、市民社会、経済界、政府機関の専門家を含む公開の討論会と公聴会を開催する。カルドーソ・パネルのより広範囲の目的は、これらの委員会が重要なメンバーとなる包括的な関係者参加型の政策ネットワークを構築することであった。徐々に、これらの委員会から公式化されたプロセスが出現することが期待されていた。例えば、これらの委員会は国連に勧告する権限を与えられることが考えられる。パネルはこの提案が IPU にとって国連とより緊密な協力を行う好機として理解されるべきであると強調し、IPU の排他的な代表権の要求に対する疑念を表明した。全ての議会が IPU により排他的に代表されることを望んでいるのではなく、実際 IPU の会員にさえなっていない議会もあると報告書は述べている。この最後の点は主として米国の連邦議会を意味している。1990 年初頭以来、事実上、米国の代表は IPU の会議に誰も参加しておらず、そして事実米国議会は 1999 年に正式に IPU の会員資格を取り消している。非公式には、IPU は次第に「雑談するだけの場所」、更には反米的と見なされるようになった[16]。

　10 月の国連総会における討論でヨンソンは、IPU はカルドーソ報告書の提案を重視していないことを明らかにした。彼は、この報告書が「政府間組織である国連に国連自身の議会間の組織を創設するべきであると提起しているために懸念が生じている」と述べている。これは、IPU の活動に重複するばかりでなく、そして更にヨンソンの意見では、「政府の立法部門と行政部門の権限分離の原則に反している」[17]。カルドーソ・パネルは、これとは対照的に、権限分離の原則は、国際的な政府間組織には、「行政の職務を監視しそして監督するべき」選挙で選出される議員の立法機関が全くないので、それほど厳格に適用されることはないと論じている[18]。

　「グローバル問題の解決への新たなアプローチ」に取り組むヘルシンキ・プロセスの担当部局は、カルドーソ・パネルと ILO 世界委員会 ILO World Com-

---

16) Turner, Fred, and Zlatko Šabič. 2011. 'The US Congress' Participation in NATO and the Organization for Security and Cooperation in Europe (OSCE) Assemblies'. Paper presented at the International Studies Association Annual Conference 'Global Governance: Political Authority in Transition', Montreal, p. 12 (according to an interview of the authors with a high-ranking staff member of the US Congress).

17) Johnsson, Anders. 4 October 2004. 'Statement at the United Nations General Assembly joint debate, agenda items 52 and 54.'

18) United Nations. 2004. loc. cit., point 8.

mission の提案に同意すると表明した。ヘルシンキ・プロセスは「グローバル
公共政策委員会 the Global Public Policy Committees（カルドーソ・パネルにより
提案されている）の設立、および（中略）グローバルな議会グループ Global Par-
liamentary Group（ILO 世界委員会の提案によるもの）の発展を支援するべきであ
る。これらの問題に取り組むために、IPU、各国議会と議員達、地域的議会も
含めた別の最高組織の代表者の会合が組織されるべきである」[19]。しかしなが
ら、IPU はこのような協議には何の関心も示さなかった。やがてこの案は立ち
消えとなった。

UNPA への支持の拡大

　一方、このような穏やかな提案をはるかに超えて、UNPA の設立を求める
声がより一層多くなっていった。例えば、2003 年 10 月のサンパウロにおける
社会主義者インターナショナル（Socialist International SI）の第 22 回会議におい
て、世界中から集まった 150 以上の社会民主主義の党や組織（ドイツの SPD も含
んでいる）が、「グローバル統治の効率的民主的な組織を作る時が来た」と宣言
した。この宣言文は、長年にわたり SPD の国会議員で、ドイツの前外務大臣
であったクリストフ・ゼペル Christoph Zöpel を長とする委員会により作成さ
れた。「SI の目標は、グローバルな政治制度を議会制化することでなければな
らない」。ある段階で、UNPA について検討する必要があるとも宣言は述べて
いる [20]。この時の SI の総裁は、前ポルトガル首相で、2017 年に国連事務総長に
なったアントニオ・グテーレス Antonio Guterres であった。

　この研究論文の執筆者達の支持を得て、「民主的な国連を求める委員会 the
Committee for a Democratic UN（KDUN）」がドイツで 2003 年に設立されたが、
それは、超党派的団体で、その唯一の目的は、UNPA の創設のためのロビー
活動であった（2017 年に KDUN は、国境なき民主制（Democracy Without Borders）
となった）。アンドレアス・ブメル Andreas Bummel の戦略論文の中で、
KDUN はハインリッヒ Heinrich により展開された意見に概ね賛同している。
国連事務総長のアナン Annan は、この論文は国連が改革案を検討している時
であるので「大いに歓迎する」と委員会にメッセージを送付している [21]。この

---

19) Helsinki Process. 2005. 'Governing Globalization – Globalizing Governance. New Approaches to
　Global Problem Solving'. Finish Ministry for Foreign Affairs, p. 6.

20) Socialist International. 29 October 2003. Governance in a Global Society – The Social Democratic
　Approach. Report adopted at the XII. Congress, São Paulo. Chapter III.0.a), and 3.3.

21) Letter from Marta Maurás, Director of the Executive Office of the Secretary-General, to Andreas

140　第一部　世界議会の構想

委員会の会員の中にはレモ・ギジン Remo Gysin がいるが、彼はスイスの国会議員で、2002 年 3 月 3 日にスイスの国連加盟を推進する国民投票の主唱者の一人である。ギジンは、この委員会や「脅威に晒されている人々のための協会 Society for Threatened Peoples」の支援を得て、国連事務総長アナンに対しスイス国民議会の過半数を占める 108 名の超党派の議員による公開書簡を作成している。この書簡はスイスが、「常に国際法、民主制、そして人権の尊重を推進してきていること」、そして「この伝統に基づいて」、この書簡の署名者は、アナンに「UNPA 設立の構想を国連の改革論議に加えること、かつこの提案を更なる討議のために国連加盟国政府へ伝達すること」[22] を要請すると述べている。この書簡はスイスのメディアの中でかなりの関心を集め多くの論評が掲載された。後に赤十字国際委員会の会長となったスイスの国連大使ペーター・マウラー Peter Maurer は、あるインタビューの中でその提案は「スイスの外交方針と一致している」と述べている[23]。そしてスイス連邦政府外務大臣のミシュリン・カルミ＝レイ Micheline Calmy-Rey は国連内部に議会組織を作ることは国連の信用証明と民主的な国連に対する市民の親近感を強化するであろうと後に同意を表明している。しかしながら、彼女は、国連憲章の修正は全加盟国の 3 分の 2 と安全保障理事会常任理事国 5 カ国の全ての同意を必要とすることを考慮すれば、この目的の実現は困難だろうと述べている。この理由から、国連内における IPU の役割を強化する別の案も検討されている[24]。

2005 年 5 月、ソフィアにおいて、「自由主義インターナショナルの世界会議 World Congress of Liberal International LI」が、その決議の中で 1992 年の LI の報告書との関連を示しつつ、UNPA に対する支持を宣言している。UNPA は国連憲章を修正せずとも、憲章の第 22 条に基づく新たな組織として、あるいは――IPU の同意を前提として――IPU を変容することにより設立することが可能であろう[25]。2003 年から 2006 年までブトロス＝ガリが議長であったサウスセンター South Center もまた UNPA への提案に関心を寄せている。この

Bummel, 27 October 2004.

22) Gysin, Remo, Josef Lang, Christa Markwalder Bär, Heiner Studer, and Rosmarie Zapfl. 8 February 2005. 'Establishment of a Parliamentary Assembly at the UN. Open letter of 108 Members of Parliament to the UN Secretary-General'. Swiss National Council.

23) Interview with Peter Maurer. 14 Feb. 2005. 'Schweiz muss auf faire Spielregeln achten'. Tages-Anzeiger.

24) Schweizerischer Bundesrat. 18 May 2005. 'Bericht 2005 über das Verhältnis zur UNO and zu den internationalen Organisationen mit Sitz in der Schweiz', pp. 11f.

25) Liberal International. 14 May 2005. 'Strengthening citizens representation on international level through an UN Parliamentary Assembly'. Resolution adopted by the 53rd Congress in Sofia, Bulgaria.

提案に関する文書は 1 年前に発出されていたが、現在公表されており、「脅威、挑戦そして変化に関するハイレベル・パネル the High Level Panel on Threats, Challenges and Change」（このパネルもアナンが創始したものである）に対して提出された論文である。その後、この南半球の開発途上国のためのシンクタンクは、欧州議会のように人民の直接選挙で選ばれる世界議会を創設することが可能であると論じている [26]。

　この問題はその後も欧州議会自身により、——今や 4 回目、そしてこれまでより確たる姿勢で——取り上げられている。欧州議会のキリスト教民主同盟 CDU のメンバーで後にノルトライン・ウェストファーレン州 North-Rhine Westphalia の首相になったアルミン・ラシェット Armin Laschet により提出された国連改革の決議の中で、欧州議会は 2005 年 6 月、「国連システムの中に国連議員総会を設置するよう」要請した。「国連議員総会の設立は、国連の民主的なあり方と国連内部の民主的プロセスを深め、世界の市民社会が国連の意思決定プロセスに直接関与することを許すこととなろう」。UNPA は「必要な情報とそれへの関与とコントロールに真の権限が与えられるべきであり、国連総会で指示された勧告の採択ができるようになるべきである」[27]。

　この 1 週間後、ドイツ連邦議会は、社会民主党 SPD と緑の党 Green Party の投票により「国連システムに議会的側面を加える」決議を採択した。ドイツ連邦議会はそれに先立つ 6 カ月間にわたり、カルドーソ報告書の発表を受けて、この問題を詳細に論議した最初の議会の一つである。その文書はドイツ連邦議会国連問題小委員会がゼペル Zöpel の主導の下に、IPU 代表団と協力して、議会外交委員会のために作成したものである。国連システムに「議会的側面」を加えることが必要であること、そして「その組織の形態（そしてこの文言は、その時ドイツ連邦議会で採択されたもの）は『議員総会』と表示することが妥当であろう」ということが小委員会内のコンセンサスとなった。いずれにしろ、IPU の代表達は「IPU 自体は現在の形のままで残し、新しい議会組織を国連の内部または外部に作る」代替案の方がもっと好ましいと考えた [28]。これとは対照的に、「民主的な国連を求める委員会 the Committee for a Democratic UN KDUN」は、一つの案に全てを託すのではなく、IPU のこれ以上の発展は不可

---

26) Repr. in: South Centre. 2005. *What UN for the 21st Century? A New North-South Divide.* Geneva, pp. 38f.

27) European Parliament. 6 June 2005. *Resolution on the reform of the United Nations,* P6_TA（2005）. See point 39.

28) Deutscher Bundestag. 15 June 2005. *Für eine parlamentarische Mitwirkung im System der Vereinten Nationen.* 15/5690, p. 3.

能であることが明らかとなる場合に備えて、他の案も検討する余地を残してお
くことを勧告した。議員総会設立のための方策として可能性のある国連憲章
22条への言及は、外務省の要請で、この文書から削除された。緑の党は、外
務省（当時の外務大臣はヨシュカ・フィッシャーJoschka Fischer）との「合意」が得
られることがその同意の条件であるとの立場を明確にしている。ゼペルは「権
限の分離を基本とする真の世界政治の議会化」を外務省に受け入れさせる可能
性は確たるものではなかったと嘆いている。外務省もドイツ議会下院が提案し
た国連議員総会に与えられるべき核心的な責任と権限、例えば多国間条約の審
議とその批准への関与、予算編成と予算監視への関与、いわゆる「透明性の実
施」および非政府組織の関与を除外することを強く要求した。

　ゼペルは「ドイツ連邦議会がその役割は、効力のあるグローバル議会主義を
含むグローバル民主的権限の分離をドイツ議会が支持することであると理解す
るに至るまでには時間がかかる」と結論づけている[29]。緑の党の2005年7月の
ドイツ連邦議会選挙における公約は更に次の文章を含んでいる。「我々も、国
連における助言機関としての議員総会の設立を支持する」[30]。IPUを利用する
方策の行き詰まることが、その後間もなく確認された。2005年9月の国連ミレ
ニアム・サミット会議プラス5が開催された時に各国議会議長の第二回世界会
議が開催されたが、ヨンソンは、――UNPAへの支持が増えていることに気
がついておらず――IPUは「国連あるいはその他の場所であってもいかなる議
員総会もそれを創設すること」には賛成していない[31]と再度断言した。この
方向に向かうIPUの改革の可能性はかけらも見られなかった。

　IPUのこの特徴的な立場は欧州理事会の議員会議の理解を得ることにはなら
なかった。イタリア代表のタナ・デ・ズルエタ Tana de Zulueta は「IPUは国
連の活動に議会人が組織としてあるいは組織的に参加することを真剣に考えて
はおらず」、国連の諸機関や組織と議会人との間に連携を図ることも計画して
いなかったことがその原因の一部であると説明している。意見を述べる舞台を
提供するだけでは十分ではなかった[32]。彼女の決議案は関係の委員会において
全会一致で承認され、そしてその後欧州理事会の議員会議で採択された。この

---

29) Zöpel, Christoph. 2005. 'Die Vereinten Nationen and die Parlamente (II)'. *Vereinte Nationen* (4): 145–148, p. 148.

30) Bündnis 90/Die Grünen. 10 July 2005. 'Eines für alle. Das Grüne Wahlprogramm 2005', p. 107.

31) Johnsson, Anders. 16 Sep. 2005. 'Statement at the High-level Plenary Meeting of the UN General Assembly'.

32) Zulueta, Tana de. 2005. 'Parliamentary dimension of the United Nations'. Report to the Political Affairs Committee of the Parliamentary Assembly of the Council of Europe. Doc. 10771, pp. 8f.

決議では、国連総会が、IPU と共に、国連内部に議会的側面を作るための漸進的な戦略を開発するよう要請されている。この戦略は試験的に、最終的には UNPA の創設を導く可能性のある議員委員会の設置を含むことが可能であった。国連総会は議会人による国連議会の正確な規模、規約、手続きに関する提案を準備するパネルを設立することとなっていた[33]。2006 年 10 月、スイスの連邦議会の下院議員で、欧州理事会のメンバーでもあり、スイスの国連加盟に関する国民投票の推進を図った者の一人であったアンドレアス・グロス Andreas Gros は国連総会の演説で、国連議会院 UN parliamentary chamber に対する賛同を表明した。アナンはスイス連邦議会下院外交問題委員会との会合でこの案を歓迎すると述べた。しかし同時に彼は国連の参加国政府がこれに何の関心も示さないのではないかとの懸念を抱いていた[34]。おそらくこれが、IPU のこの提案に対する否定的な態度とともに、なぜアナンが彼の正式な報告書の中にこの提案を取り上げなかったかの理由の説明となるだろう。

UNPA 設立を求める国際キャンペーン

スイスの公開書簡は多くの世界連邦主義者や UNPA 支持者にとって重要な節目となったと見られている。この書簡の直後、「民主的な国連のための委員会 Committee for a Democratic UN」は、「脅威に晒されている人々の保護協会 Society for Threatened Peoples」、ウブントゥ Ubuntu、WFM などと国際キャンペーンの計画を練り始めた。UNPA の設立を求める様々な国際的なキャンペーンをより効果的なものにするためにこれらを一つにまとめる時期が到来したように見えた。1996 年、各国の国連協会の世界的包括的組織である国際連合協会世界連合 WFUNA の新事務総長としての初めての演説の一部で、チルダース Childers は足並みを揃えたキャンペーンを始めようと檄を飛ばした[35]。彼が突然亡くなった 1996 年から 10 年後、ブエノスアイレスで開かれた WFUNA の世界大会は、WFUNA が正式に UNPA の支援を行うとの決議を採択した。この決議は「国連の加盟国の政府、国会議員、市民社会の代表者達に国連議員総会を設立するための方策、選択肢を共同して検討すること」を要請

---

33) Council of Europe Parliamentary Assembly. 23 January 2006. 'Parliamentary dimension of the United Nations'. *Resolution* 1476 (2006).
34) 'Forderung nach UNO-Parlament'. 21 October 2006. sda wire news.
35) Childers, Erskine. 16 March 1996. 'The United Nations and Global Institutions'. Speech delivered at the 'Conference on The Fate of Democracy in the Era of Globalisation', Wellesley College, Massachusetts.

144 第一部 世界議会の構想

している[36]。

2007年4月に、国連と加盟国政府に宛てた「UNPA国連議員総会設立を求める宣言」の発表に伴い、UNPA設立国際キャンペーンが、ベルリン、ブリュッセル、ベルン、ブエノスアイレス、ダルエスサラーム、ロンドン、マドリッド、オタワ、ローマなど、多くの首都で同時に開始された。これは、国際刑事裁判所の設立を求める運動をモデルとする非公式のネットワークである。この宣言は単一のキャンペーンで一本化した主張を行うべくUNPAの支持者のほとんどを一体化することを可能とする総合的政治的共通基盤を生み出した。この宣言は「国際協力を確保し、支持を確保し、かつ国連の正当性を高め、国連の行動力を強化するために」、「一般の民衆がより実質的、かつより直接的に国連と国連の国際機関の活動に参加できるようにしなければならない。一般の民衆は国連の活動にもっと十分に関与することが認められなければならない。従って我々はグローバルレベルの民主的関与と代表制の漸進的な実施を勧告する」と書いている。この声明はUNPA設立を、この方向へと進む最初にして不可欠のステップと見ている。その総会は「当初は各国の議会人で構成することが可能である」。しかし、「段階的に、それは国連と国連制度下の組織に対する情報、関与、コントロールに関する真の権利を与えられるべきである。いずれ、総会は直接選挙で選出されることが可能となろう」[37]。

ブトロス＝ガリは早い時期からKDUNにキャンペーンに着手するよう勧告していたが、その支持者全員へのメッセージに、「我々はグローバル化が国家と国際民主制の基盤を破壊する前に、グローバル化の民主化を促進する必要がある」、またUNPAは「グローバル化の民主的管理をもたらすために不可欠な手段である」と書いている[38]。2007年10月にブトロス＝ガリの後援の下に、ジュネーブで国際会議が開かれた。その会議は欧州議会のような地域的議会もUNPAのメンバーとなることが可能であること、そして議会化のプロセスは同時に、ブレトンウッズの組織、即ち世界銀行や国際通貨基金IMFも含まねばならないことについて合意している。更に、UNPAに参加する国が最初から「その議員の選出に当たって、直接選挙を選択することをもし望むならば」これを認める規定を支持することが合意されている。UNPAの議員の直接選

---

36) World Federation of United Nations Associations. 10 November 2006. 'A United Nations Parliamentary Assembly'. Resolution adopted at the 38th Plenary Assembly, Buenos Aires, Argentina.
37) Campaign for a UN Parliamentary Assembly. 20 April 2007. Appeal for the Establishment of a United Nations Parliamentary Assembly (en.unpacampaign.org).
38) Boutros-Ghali, Boutros. 16 May 2007. 'Message to the Campaign for Parliamentary Assembly'.

挙はこの組織に立法権を与える前提条件と見なされていた[39]。前述のUNPA設立要請宣言を使ってネットワークの機能をもっと促進し、そしてそのキャンペーンを続けることが決定された。スイス政府は、この会議のオブザーバーであったが、UNPAの提案に「賛成する」と発言しているが、その連邦議会の公式の報告では、国連が国家間の組織であることを強調している[40]。その翌年から2015年まで、ブリュッセルの欧州議会、ニューヨークそしてブエノスアイレスのアルゼンチン上院で更に4回の国際会議が開催された。2008年のブリュッセルにおける協議の特別議題はUNPA案とIPUとの関係であったが、この議題は何度も浮上し、そのために共通政策報告書を必要とするように見えた。その結論は、UNPAは「IPUの機能にとって代わるものではないし、重複するものでもない。それどころか、UNPAはその時点のIPUの組織では提供することのできないグローバル統治の民主的赤字への対応策を提供するものとなるだろう」[41]というものであった。

　このキャンペーンは全てのイデオロギーと党利党略の相違を超えた国際的支持を受けている。このキャンペーンの宣言は、今日にいたるまでで、各国の議会の議員1500名以上、150カ国にわたる数千人の支持者の署名を得ている。この中には、政界人、学界人、市民社会人からの著名人が数百人含まれている。全員の名前を挙げるに値するとしても、ここでは、ほんの数人しか掲載することができない。その中には、現職と元の国家元首、政府閣僚、議会議長、300人以上の大学教授、ノーベル賞とノーベル賞に匹敵するライト・ライブリフッド賞（Right Livelihood Awards）の受賞者およそ20名が含まれている。ノーベル賞受賞者の中にはダライ・ラマ Dalai Lama とジョン・ヒューム John Hume が入っている。更に、本章で既に名前を挙げた支持者には、ダニエル・アルチブジ、ブトロス・ブトロス＝ガリ、エルマー・ブロック、アーサー・C・クラーク、アルレム・デジール、リチャード・フォーク、ヨハン・ガルトゥンク、ブロニスワフ・ゲレメック、オリヴィエ・ジスカール・デスタン、アンドレアス・グロス、レモ・ギジン、ヴァーツラフ・ハヴェル、ディーター・ハインリッヒ、デビッド・ヘルド、オトフリード・ヘッフェ、カール・カイザー、ハンス・ケヒラー、アルミン・ラシェット、フェデリコ・マヨール、ソール・メ

---

39) Campaign for a UN Parliamentary Assembly. November 2007. 'Conclusions regarding policies of the Campaign for a UN Parliamentary Assembly'.

40) Schweizerischer Bundesrat. 21 May 2008. 'Bericht 2008 über das Verhältnis der Schweiz zur UNO und zu den internationalen Organisationen mit Sitz in der Schweiz', p. 39.

41) Campaign for a UN Parliamentary Assembly. November 2008. 'The establishment of a United Nations Parliamentary Assembly and the Inter-Parliamentary Union'.

146　第一部　世界議会の構想

ンドロヴィッツ、マイク・ムーア、トマス・ポッゲ、ミシェル・ロカール、ダ
グラス・ロッシュ、ハラルド・シューマン、アンドリュー・ストラウス、ブラ
イアン・アークハート、アンダース・ワイクマン、クリストフ・ゼペル、タ
ナ・デ・ズルエタがいる。インドでは重要な支持者の中に、著名な作家で、長
期にわたる議会議員、前外交官でもあったシャシ・タルール Shashi Tharoor、
そして、長期間にわたり国会議員を務め、また、1999 年から 2002 年までの
IPU の会長であったナジマ・ヘプトゥラ Najma Heptulla も含んでいる。

2007 年以降の国連議員総会 UNPA の設立要請

　このキャンペーンは UNPA の設立要請を協議対象の中心として維持するこ
とに役立った。カナダでは、下院の外交委員会が 2007 年 6 月の民主制のグロー
バルな発展に関する報告書の中で、UNPA の設立に前向きな検討がなされる
べきであると勧告した。汎アフリカ議会 Pan-African Parliament PAP はモー
リシャスの議員モクシャナンド・スニル・ドウォードカシン Mokshanand
Sunil Dowardkasing の主導で、UNPA を綿密に検討するとの決議を 2007 年 10
月 24 日採択した。PAP の初代議長タンザニアのゲルトルード・モンジェラ
Gertrude Mongella は国連で豊富な経験があるが（例えば 1995 年北京での国連の
世界女性会議 UN World Conference on Women の議長を務めている）、以前から
UNPA の支持者で率直に意見を述べている。また、PAP はアフリカ連合 Afri-
can Union にこの問題に関する共通方針の作成を要請した。PAP は 2004 年 3 月
にアフリカ連合の助言機関として設立され、加盟国の 235 人の国会議員から構
成されている。その設立時の議定書によれば、PAP は全アフリカ大陸の直接
選挙で選出される議員による立法機関となる予定であった。UNPA はその決
議に述べられているように同じように着実に発展するはずであった。PAP は、
PAP が究極的には、関与と監視の権利、特に「国際的な政府間会議や交渉に
全面的に参加する議会の代表団または議員達を派遣する」権利を与えられるべ
きであると考えていた。また、UNPA はその価値が高く評価されている IPU
の活動に対していずれにしても対抗することはないと思われていた[42]。約 10 年
後、2016 年 5 月に、PAP は、モザンビークのイヴォネ・ソアレス Ivone Soares
の主導で作成された別の決議で PAP の支持を再確認するとともに、アフリカ

---

42) Adopted on 24 October 2007, repr. in: Bummel, Andreas. 2010. *Developing International Democ-
racy – For a Parliamentary Assembly at the United Nations*. 2nd ed. Berlin: Committee for a Demo-
cratic UN, 2010, pp. 47ff.

連合とその加盟国に UNPA を支持するよう要請している。

　欧州議会と PAP の議員が 2008 年 5 月に南アフリカで会合した際、UNPA 支持の共同宣言はスペインの議員で IPU の名誉会長ミゲル・アンヘル・マルティネス Miguel Angel Martinez の強い要請により議題から除外された。その前年、国連問題に関する IPU 委員会の助言小グループが再度、IPU は「世界議会の類」の設立を支持すべきでないとの見解を表明した。「世界政府があって初めて、世界議会は意味があると議事録に記載された」[43]。

　2008 年 5 月、ブラジルのサンパウロにおける世界の緑の党の第二回グローバル大会はいわゆる「21 世紀のための 21 の約束」を決議したが、その決議は民主主義の強化の部で UNPA の設立を含んでいた。2012 年 4 月、セネガルのダカールにおける第三回グローバル緑の党大会は、「世界中の緑の党の党員」に UNPA の設立を求めるキャンペーンに参加することを要請する決議を採択した。ドイツの緑の党（同盟 90 ／緑の党）の連邦委員会は 2 年前に同様の決議を行っていた。「グローバル議会は国連をより民主的に、そしてより透明にするためには適している」とその当時の緑の党の議長のクラウディア・ロート Claudia Roth が意見を述べている[44]。

　ラテンアメリカでは、UNPA 設立の要請は、初めは主として二人のアルゼンチン人、市民連合 Coalición Cívica 出身の議員、フェルナンド・イグレシアス Fernando Iglesias とペロニスト党の上院議員ソニア・エスクデロ Sonia Escudero により進められた。スペイン語で 2006 年に出版された著書『民主制をグローバル化せよ——世界議会を求めて Glovaliser la democracia: por un Parlamento Mundial』の中でイグレシアスは世界議会の問題についてかなり詳細に論じている[45]。アルゼンチンは深刻な不況を含む、厳しい経済的、金融的な危機を経験していたが、その間、時には大混乱が生じ 2001 年には財政破綻を宣言しなければならなかった。1990 年代初頭からアルゼンチンの財政政策決定に債権者として関与し、従って 1999 ～ 2002 年の危機についてその責任の一端があると見なされた国際通貨基金 IMF によって課された条件を巡り大論争が起こった。多くの者にとって、IMF は外部の有効な管理に従わず、その政策の失敗に説明責任を果たすことなどあり得ない、顔の見えない非民主的な官僚的機関のように見えた。従って国際組織の民主化が極めて重要と思われ、

---

43) Inter-Parliamentary Union (ed.). 2007. 'Meeting of the Advisory Group of the IPU Committee on United Nations Affairs, 12-13 July 2007, Summary Report', p. 2.

44) 'Grüne unterstützen Kampagne für ein UNO-Parlament', 2 July 2010 (de.unpacampaign.org).

45) Iglesias, Fernando. *Globalizar la democracia: por un Parlamento Mundial*. Buenos Aires: Manantial, 2006.

そして UNPA はそれを可能とする出発点と見られていた。イグレシアスとエスクデロはラテンアメリカ議会 Latin American Parliament でこの方向に向かって動き始め、エスクデロは 2006 年から 2010 年までその議会の事務総長を務めた。「Parlatino」は 23 カ国の国会の議員が参加する、1964 年に設立された審議会である。現在この集会は 2010 年以来形成途上にあるラテンアメリカ・カリブ諸国共同体 Community of Latin American and Caribbean States（CELEC）の立法府となる期待が寄せられている。2008 年 12 月 Parlatino は「国連組織の議員会議の創設と設立に向けた努力を支援する」と宣言している[46]。同様の決議が、アルゼンチンの元老院と代議院から続いてなされ、更に 2011 年 12 月には南米南部共同市場 Mercado Comum do Sul（メルコスール）の加盟国のアルゼンチン、ブラジル、パラグアイ、ウルグアイの代表で構成されるメルコスール議会でも同様の決議がなされている。もし UNPA を求める声が単に西側だけからではなく、グローバルなプロジェクトであることを示す証拠が更に必要なら、それはこれらアフリカとラテンアメリカの宣言によって示されていると言えよう。

　グローバルな金融危機の間、米国の投資銀行リーマン・ブラザーズの崩壊から半年経過した時点で、G20 の指導者達が 2009 年の春にロンドンで会合し、どのような対策をとることが可能か協議した。UNPA 設立キャンペーンはこの機会を捉えて「国際的な金融的、経済的な機関のグローバルで民主的な監督を要請する」文書を公表したが、それはドイツの前大蔵大臣ハンス・アイヒェル Hans Eichel を含む多くの人々の支持を得た。「このような重大局面にあって我々は国連とその加盟国の政府が国際的な通貨の、金融的、経済的機関の改革に関する審議の中で UNPA の設立を支持するように促したい」とブトロス＝ガリは述べた[47]。国連議員総会はブレトンウッズ機関に対して監督者としての役割を果たし、市民のために意見を述べ、そしてこれらの機関の幹部役員の指名に関し助言を与える役割が与えられると思われた。

　欧州評議会の議員会議はグロスの起草した決議の中で、「国連制度に民主的側面を組み込むことはグローバリゼーションが進んでいく状況に対応するために今までより更に必要となっている」と強調している。評議会の議員達は国連の中で近年正式に提出された多くの提案の中には「国連の民主的特性を向上することを目指す」改革案が何もなかったことを残念に思っていた。彼らの提案

46）Reprinted in: Bummel, loc. cit., p. 45.
47）'Call on world leaders: Global parliament to exert oversight of international system', 30 March 2009 (en.unpacampaign.org).

第 9 章　「テロとの戦い」、IPU の役割、UNPA へのキャンペーン　149

は「国際的地域議会の議員かまたは直接選挙で選ばれる議員により構成される」国連内の議員会議の設立を求める提案であった[48]。しかし新しい議会の他に、IPUを「国連の議会的な部門として考えられる可能性のある選択肢の一つ」と認める修正案も受け入れられた[49]。

第3回世界議会議長会議

IPU自身においても、2010年7月にジュネーブで開催予定の第3回世界議会議長会議（World Conference of Speakers of Parliament）の準備が進みつつあった。国連内におけるIPUの役割の更なる発展のための重要議題はその法的地位の問題であろう。三つの選択肢、現状を維持すること、国連憲章を修正しIPUを国連の機関に変容することを目指すこと、新たな政府間条約によりIPUを異なる基盤の上に据えることが協議されていた。準備事務局は第3案を支持したようである。しかしIPUとは別個の追加的な組織を作るべきではないという点については意見が一致していた。準備委員会はそのような組織は「国連と議会の交流を求める戦略と矛盾するものである」[50]と主張し、だからUNPAの構想に委員会として反対するとの立場を明確にした。その世界会議ではIPU内部に様々な意見があることが明らかとなった。東アフリカ立法議会 East African Legislative Assembly EALA のケニヤ出身の議長、アブディラヒン・アブディ Abdirahin Abdi は各国の議会は国連の意思決定プロセスに正式に統合されるべきであると提案した（ケニヤ議会の議長ケネス・マレンデ Kenneth Marende 自身はジュネーブにはいなかったが、UNPAを支持した）。アブディは「国連総会または国連安全保障理事会の全ての決定は拘束力を持つ前に何らかの形の議会的プロセスの承認を受けることを必要とすることが可能であろう。我々はこれを世界的政策の形成を国連総会または国連安全保障理事会と協働して決定するために列国議会同盟IPUのような既存の議会フォーラムを強化することにより可能とすることができる」と述べている[51]。ドイツ連邦議会議長ノルベル

---

48) Council of Europe Parliamentary Assembly. 1 October 2009. 'United Nations reform and the Council of Europe member states'. *Resolution* 1688 (2009).

49) 'PACE: Global governance must be based on democratic principles, debate on UN's parliamentary dimension', 1 October 2009 (en.unpacampaign.org).

50) Inter-Parliamentary Union. 15 February 2010. '122nd Assembly and related meetings: Governing Council Item 13, Preparations for the 3rd World Conference of Speakers of Parliament, Annex I: Summary of decisions of the Second Meeting of the Preparatory Committee'. Document CL/186/13-R.1, p. 2.

51) Abdi, Abdirahin H. 20 July 2010. 'Address of the Speaker of the East African Legislative Assembly on the occasion of the 3rd Conference of World Speakers', Geneva.

ト・ランメルト Norbert Lammert は現状維持を守りこの提案に反対する立場をとった。演説の中で彼は、IPU は「世界議会でも国連の付属機関でもなく」、そしてまたいずれにもなるべきではないと主張している[52]。ドイツ連邦議会そのものの決議に反し、彼は組織改革に反対する発言を行った。ランメルトの援護の下に、アラブと欧州の議会議長間の同盟はこの立場を維持することに成功している（これはまだアラブの春の前のことであった）。『Neue Züricher Zeitung』紙は「第3回世界議会議長会議は、西側の圧力が世界議会の創設という野心的な計画を現実的な案に押し戻す慎重な決議を可決した」と書いている[53]。しかしながら、同時に、アラブ首長国連邦の億万長者で連邦国民議会下院 House of the Federal National Council（FNC）議長のアブドゥル・アジズ・アル・グレア Abdul Aziz Al Ghurair は、新たな組織、即ち「世界の人々を代表する国連の議会部門として活動し、大国であろうと小国であろうといずれの国に対しても、もしその国が国際的な責任を無視すれば国際法と合法性の原則に従い、民主的に説明責任を追及する国際的な独立組織」の創設を支持する IPU に賛同することも同時に表明している。彼はこれが IPU を代替するものではなく補完するものであると述べている[54]。2013年1月、東アフリカ立法議会 East African Legislative Assembly は「選出された議員達の正式な参加が国連の活動の中では不十分であること」を嘆き、かつ UNPA の創設を支持する公式の決議を採択している[55]。世界経済フォーラム World Economic Forum のグローバル再設計イニシアティブ Global Redesign Initiative の報告のレビューの中でリチャード・サマンス Richard Samans、クラウス・シュワブ Klaus Schwab、そしてマーク・マロック・ブラウン Mark Malloch Brown は、助言を提供する国連議員総会は「民主的な参加を進めるのに必要不可欠の手段である」と述べている[56]。

52）Lammert, Norbert. 20 July 2010. 'Rede des Präsidenten des Deutschen Bundestages, Prof. Dr. Norbert Lammert, auf der 3. Weltkonferenz der Parlamentspräsidenten in Genf'.

53）Neue Zürcher Zeitung. 22 July 2010. 'Idee für ein Weltparlament gestutzt'.

54）Emirates News Agency (WAM). 20 July 2010. 'UAE calls for world body for democratic account-ability'.

55）East African Legislative Assembly. 29 January 2013. 'Resolution of the East African Legislative Assembly on the establishment of a United Nations Parliamentary Assembly'.

56）World Economic Forum. Everybody's Business: Strengthening International Cooperation in a More Interdependent World Report of the Global Redesign Initiative. Cologny/Geneva, 2010, pp. 34f.

2011 年の欧州議会の決議

　その間に、欧州議会では国連問題の責任者にドイツの FDP 所属議員のアレクサンダー・グラーフ・ラムスドルフ Alexander Graf Lambsdorf を据えた。2004 年の選挙で欧州議会の議員として当選する前に彼はドイツの外務省に勤務していた。彼は UNPA が良案とは考えなかった。その最大の反対理由は、彼の見解では非民主国を参加させる方法が解決不能の問題であったからである。これは、ラムスドルフの起草した国連政策に関する欧州理事会への欧州議会勧告案は常に UNPA の問題を除外することを意味していた。欧州議会内で国連議員総会を支持する者は、修正案を提出せざるを得なかった。2011 年、ヨー・ライネン Jo Leinen、エルマー・ブロック Elmar Brok、それに二人のリベラル派議員、ドイツのアレクサンダー・アルヴァロ Alexander Alvaro と英国のアンドルー・ダッフ Andrew Duff が起草したその趣旨の修正案が採択された。こうして、2011 年 6 月 8 日に欧州議会により可決された決議は欧州理事会に対して以下の勧告を含んでいる。「UNPA が IPU を含む既存の組織にとって補完的な役割を果たすものであることを認識し、国連制度の民主的特性、民主的な説明責任、グローバルな統治の透明性を強化し、かつ国連の活動により多くの一般人の参加を認めるものとするために、国連制度の内部に UNPA の設立を提唱する」[57]。これはドイツ国内の約 40 の団体と 150 人以上の著名人がドイツ連邦首相メルケル Merkel、外務大臣ウェスタヴェレ Westerwelle に対して、この勧告に沿って行動し、国連総会で UNPA の設立を推進することを求める公開書簡の発出をもたらした。この書簡に署名をした団体には、Attac、BUND（ドイツ地球の友）、ドイツ国連協会、脅かされている人々のための協会 Society for Threatened Peoples、もっと民主主義を Mehr Demokratie e.V、経済評議会 Senate of Economy、ワールド・ビジョン・ジャーマニー World Vision Germany が含まれている。個人の署名者の中には、40 名の大学教授、約 70 名の連邦議会（あらゆる政党の）と欧州議会の議員、SPD の総裁ジグマール・ガブリエル Sigmar Gabriel、前の州首相のハンス・アイヘル Hans Eichel とエルヴィン・トイフェル Erwin Teufel、多数の前大臣、議会の議長のリタ・ジュムスト Rita Süssumuth、そしてキリスト教社会同盟 CDU の前書記長ハイナー・ガイスラー Heiner Gaißler を含んでいる。この書簡に対する回答

---

57) European Parliament. 8 June 2011. '66th Session of the United Nations General Assembly'. Resolution P7_TA (2011) 0255. Points (be) and (bf).

152　第一部　世界議会の構想

は何一つなかった。

　2011 年 11 月、欧州議会における正式な議会質問に対して、欧州理事会は簡潔に「この件については、方針を決めていない」と回答した[58]。この 2 年程後に、ベルギーの外相ディディエア・レンデルス Didier Reynders が UNPA 設立キャンペーン宛ての書簡で、頻繁に取り上げられている問題をいくつか挙げている。それに続く、2012 年中に行われた国連に関する欧州理事会の作業部会レベルの広範な討論において、UNPA の設立は「当面、欧州連合にとって優先順位の高い問題として扱い続けることはできない」との結論が下されている。レンデルスは、その理由の一つとして、国連と IPU との協力を指摘している。その上に、国連はその加盟国政府が自国の国会に責任を負う政府の組織である。更に加えて、彼は国連憲章の修正が必要だが、「現時点ではこれは非現実的である」と主張した。最終的には、UNPA の創設は吸収されることができない高いコストを伴うであろう[59]。

　2012 年 6 月、1 カ月後に世界連邦運動 WFM の国際委員会の議長に選ばれるフェルナンド・イグレシアスをリーダーとして 10 カ国以上の国の知識人のグループが「グローバルな民主主義のために」という共同宣言を公表した。リオ・デ・ジャネイロにおける持続可能な開発に関する国連会議とメキシコのロス・カボス Los Cabos における G20 の会合のわずか数日後、この宣言の最初の署名者 25 名はグローバル化に関する諸問題の解決には「現在の政府間サミットが明らかに解決する能力を持たない全ての問題に対処する民主的なグローバル統治組織の迅速な導入が必要である」と強調している。その宣言は「既存の国民国家の組織は、より広範囲に、より巧みに調和の図られた組織の一部であるべきであり、それは全ての大陸の民主的な地域機関、国際司法裁判所の再編、より公正でよりバランスのとれた国際刑事裁判所、そして将来の世界議会の萌芽としての国連議員総会を含む」と続いている。署名者には、ジャック・アタリ Jacques Attali、ジグムント・バウマン Zygmunt Bauman、ウルリッヒ・ベック Ulrich Beck、ノウム・チョムスキー Noam Chomsky、スーザン・ジョージ Susan George、サスキア・サッセン Saskia Sassen、ヴァンダナ・シヴァ Vandana Shiva を含んでいる[60]。イタリア議会下院に 2013 年 1 月に提出された国連議員総会を支持する提案はその理論的根拠としてこの宣言に言及して

---

58) EU Council/European Parliament. 28 November 2011. 'Reply to a question for written answer. Subject: United Nations Parliamentary Assembly'. Doc. P-008768/2011.

59) Letter from Didier Reynders. 26 February 2014. 'Objet: United Nations Parliamentary Assembly'.

60) 'Intellectuals call for rapid implementation of forms of democratic global governance'. 26 June 2012 (en.unpacampaign.org).

第 9 章　「テロとの戦い」、IPU の役割、UNPA へのキャンペーン　153

いる。それは、民主党議員のフェデリカ・モゲリーニ Federica Mogherini に
よって起草されていた。3 カ月後、彼女は外務大臣に任命され、議会を去って
いる。2014 年 11 月、彼女は欧州連合外務安全保障政策上級代表 Office of High
Representative of the EU for Foreign Affairs and Security Policy に就任して
いる。

デ・ゼイヤスの勧告

　国連議員総会の提案は今や初めて、国連の正式な場でも取り上げられるよう
になった。キューバの発議で、国連人権理事会 UN Human Rights Council が
「民主的で公平な国際秩序の推進」を求める決議を可決し、国連の特別の手続
きの下に独立した専門家にこの任務に関しての報告書を作成するよう指示した。
賛成 29 票、反対 12 票、棄権 5 票で可決されたこの決議は、「民主的で公平な国
際秩序」のための前提条件についてその詳細な検討をすることを含んでいる。
この前提条件には、「国内およびグローバルな意思決定に全ての人の、差別の
一切ない、公平な参加の権利」が含まれている [61]。同じ文言は 2004 年以来、こ
の件に関する国連総会における様々な決議で使用されており、それらは 3 分の
2 の多数の賛成を得て、度々採択されている [62]。今日までのところ、反対票は
主として欧州と米国とその最も緊密な同盟国から投じられている。国連人権理
事会によれば、新たに指名される独立の専門家は「民主的で公平な国際秩序の
推進と保護に対する障害となる問題を明確にし、この点に関して可能な対策の
提案ないし勧告を人権理事会に提出すること」となっている。この任務を遂行
するために選ばれたのがアルフレッド・デ・ゼイヤス Alfred de Zayas で、彼
はキューバ生まれの米国人で、国連の幹部職員として人権の分野で 20 年以上
にわたって勤務した経験があった。この国際法の専門家はジュネーブで教鞭を
とっていたが、国連議員総会の提案を検討するとの声明を行った。そして
2013 年 9 月 10 日に人権理事会に提出された報告書の中で、彼はこの提案を
「有望なイニシアティブである」と書き、理事会がそれに関する調査を求める
ことを勧告した。エジプトの代表は、討議の中で、エジプトが「グローバルな
意思決定プロセスにグローバルな人々の意見を取り込む一つの機関として提案

---

61) United Nations. 13 October 2011. 'Resolution adopted by the Human Rights Council: Promotion of
　a democratic and equitable international order'. A/HRC/RES/18/6, point 6(h).
62) 例えば以下を参照。United Nations. 19 December 2016. 'Promotion of a Democratic and Equitable
　International Order'. A/RES/71/190., point 6(h).

される国連議員総会案に関して積極的な関心を持っており注視している」と述べている[63]。1ヵ月後の2013年10月28日、デ・ゼイヤスは国連総会への報告書の中で「国連は、議会人の世界的な議会や、新たな世界人権裁判所を求める提案を議論するための会議を開催すべきである」と勧告した。ニューヨークの国連本部でこの報告の説明をするための記者会見でこの国際法の専門家は、もしグローバルな意思決定を真に民意を代表するものにしようとするのであれば、議会人の世界的な議会の設立は「不可欠である」と述べている。

その後の進展

2013年10月16〜17日にブリュッセルの欧州議会で開催された国連議員総会に関する第5回国際会議の後で、デ・ゼイヤスとの協議が行われたが、デ・ゼイヤスは記者会見で議会人の世界規模の会議の機は熟したと断言した。そのブリュッセル会議は議会の四つの最大の政治グループ、欧州人民党 European People's Party、社会民主進歩同盟 Progressive Alliance of Socialists and Democrats、緑の党 the Greens、自由党 the Liberals の欧州議会議員、エルマー・ブロック Elmar Brok、ヨー・ライネン Jo Leinen、イザベラ・ロヴィン Isabella Lövin、そしてグラハム・ワトソン Graham Watson が主催した。その国際キャンペーンの会合は、同時に最初の「世界議会を求めるグローバルな行動週間」の開始を発表した。活動家達は世界中の50以上の都市で、民主的に選ばれる世界議会の設置を呼びかけるイベントを組織した。その行動への呼びかけの中で、彼らは「我々の今の政治制度はますます拡大しつつあるグローバルな問題に対処するには不適切である」という彼らの懸念を表明した。彼らは諸政府の主たる関心事はその国益と考えることを守ることであり、「人類の共通財や地球環境」ではない。これとは対照的に、世界議会は「民主的で責任ある人類の最大の利益に奉仕する解決策を見つけ、実行する機関となる」[64]。毎年10月に行動週間を開催することが決定された。2014年には、世界議会を求める行動が再び世界の40ヵ所で組織された。グローバルな行動週間の目的はこの呼びかけの趣旨について理解を深めることとそのための国際広報を強化することである。

63）Roshdy, Hussein O. 10 September 2013. 'Statement at the 24th Session of the Human Rights Council'. Permanent Mission of the Arab Republic of Egypt.

64）Global Week of Action for a World Parliament. 2013 'Let the People Decide – World Parliament Now!' (www.worldparliamentnow.org).

2013 年 11 月のスリランカでの英連邦首脳会議において、マルタ共和国の外務大臣のジョージ・ヴェラ George Vella が英連邦加盟国の政府と英連邦議会協会 Commonwealth Parliamentary Association に、国連議員総会設立を求める国際キャンペーンを支持するよう呼びかけた。英連邦には 54 カ国の加盟国があることを指摘して、ヴェラは、英連邦は「代表制と議会外交」を強化するため国連に議会を組み入れるための重要な役割を果たすことが可能であると述べた[65]。私達の知り得る限り、ヴェラは 1945 年のアーネスト・ベヴィン Ernest Bevin 以降、提案への支持を鮮明に述べた最初の現役の外務大臣である。海洋法条約の交渉中に、「人類共通の遺産」という概念を支持することにより、マルタは以前から既に進歩的な概念に対して開放的な態度を示している。

　この 10 年間に出版された多くの書類や研究論文の中で、ミネソタ大学名誉教授ジョゼフ・E・シュワルツバーグ Joseph E. Schwartzberg は国連総会、世界議員会議、そして国連制度内の機関における加重投票に関して様々な提案を行っている。その案の多くは簡単な数学的方式を使用するものであった。この出版物の中で最も包括的なものとして、「国連制度の変容——機能する世界のための設計」が、2013 年 11 月に国連大学出版局から、とりわけブトロス・ブトロス＝ガリの思いのこもった推薦文を添えて出版された。その 1 年後、シュワルツバーグは、彼の著書に含まれている勧告の実施を推進するための組織、ワーカブル・ワールド・トラスト Workable World Trust を設立した。現在、彼のこの本は七つの言語に訳されて出版されている。

オルブライト・ガムバリ委員会による報告

　2014 年に、米国の前国務長官マデレーン・オルブライト Madelaine Albright とナイジェリアの前外務大臣イブラヒム・ガムバリ Ibrahim Gambari の共同議長の下、グローバルな統治に関する委員会を継承した「グローバルな安全保障、正義と統治の委員会 Commission on Global Security, Justice and Governance」が設立された。グローバルな正義のためのハーグ研究所 Hague Institute of Global Justice とワシントン DC のスティムソン・センター Stimson Center から支援を受けたこの 16 人の委員会のメンバーの中には、カナダの前外務大臣で世界連邦運動 WFM の会長であったロイド・アクスワージー Loyd Axwor-

---

65）'Vella calls on Commonwealth to support creation of UN Parliamentary Assembly'. 16 November 2014（www.maltatoday.com.mt）.

thy が入っている。国連の創立 70 周年記念を控えて、この委員会は 2015 年 6 月に「現在のグローバルな統治の危機」に対処するために作成された 80 の勧告を含む報告書を公表した。その勧告は「国連議会ネットワーク」の設立を含んでいる。「国連と市民の関係の強化に向けた実践的アプローチを取り入れつつ、世界の組織の民主制の赤字を克服し、国連憲章第 22 条に基づいて設立される国連の議会ネットワーク United Nations Parliamentary Network はこの優れたグローバルな制度の活動に対する人々の知識と関与の拡大のために素晴らしい潜在的可能性を持っている」と報告書は述べている。各国議会の代表で構成される国連議会ネットワークは「国家間の民主的文化を発展するための IPU の活動と市民社会の組織の長期間にわたる努力を補完するであろう」[66]。この報告書の一節は IPU の様々な目的を強調するためにより詳細な説明をしている。後者が主として国家の問題に取り組むのに対して、このネットワークは国連とグローバルなレベルの意思決定に焦点を当てるものとなろう。報告書は世界貿易機関 WTO の議員会議と 2000 年に設立された世界銀行と IMF の議会ネットワークをモデルとして挙げている。しかしながら、国連議会ネットワークはこれらのモデルとは対照的に、正式に国連と連携されるものとなろう。この分野の専門家達はこの報告で提案されている国連議会ネットワークと既に相当の時間をかけて検討されてきた国連議員総会の提案との違いが正確にどこにあるのか疑問を投げかけてきた。

　以前のこの種のパネルと異なり、この活動は報告書の出版をもって終わるとは思われていない。地雷禁止の国際的キャンペーンと国際刑事裁判所を求める連合の成功例を念頭に、委員会は各国政府、NGO やビジネス界のような様々な関係者を巻き込んでその勧告の実行のための新たな連合の結成を推進することを目指している。委員会は、かくして二面的な戦略を追求しているのである。一面においては、いくつかの具体的な提案について同時に活動する。例えば報告書は、全世界の主要な地域の常任代表者から構成される「国連特別タスクフォース」が国連議会ネットワークの設立を含む国連機関の改革を審議することが可能であると示唆している。同時に、それはグローバルな統治制度の機構改革を導入する目的を持って、2020 年に国連設立 75 周年を記念するために「グローバルな諸機関の世界会議」の開催の実現を推進している。この会議は、報告書に明記されているように、国連憲章の修正の検討を含めることが可能で

---

66) Commission on Global Security, Justice & Governance. 'Confronting the Crisis of Global Governance'. *The Hague Institute for Global Justice and The Stimson Center*, June 2015, pp. xv, 84.

あろう[67]。

トランプの選出と進行中の努力

驚いたことに、ドナルド・トランプ Donald Trump が 2016 年 11 月 8 日の米国大統領選挙に勝利し、第 45 代の米国合衆国大統領となった。これはヒラリー・クリントン Hillary Clinton の民主党政権と協力して、彼らの計画の実現に努めることが可能であると多分予想していたオルブライト・ガンバリ委員会 Albright Gambari Commission には打撃であった。その予想に反して、自分の政権下にある国務省の影響力を徐々に弱め、国連への資金提供を大幅に減額すること、とりわけ象徴的な措置の一つとして、パリ気候条約への支持の撤回を声明する国家主義者の大統領が今やホワイトハウスにいるのである。トランプの大統領就任は多国間主義と、そして正に世界の平和に対する脅威であると多くの者が考えた。

それでも、スチムソンセンター Stimson Center、WFM、Workable World Trust などの一群の NGO はオルブライト・ガンバリ委員会の報告が提案したように国連の 2020 年改革サミットの構想の実現に進み始めた。この努力と並行して、UNPA キャンペーンは 2017 年 5 月に、カナダの国連代表団がニューヨークで主催した UNPA 案に関する非公式説明会に 12 カ国の政府代表を首尾よく集めることができた。この会合は非公式であったが、UNPA キャンペーンは、その会議は偏狭的ではない政府との持続的な意見交換に向けた重要なステップであり、最終的にはもっと実質的な動きに至る可能性のあるステップであると考えた。

2 カ月後、欧州議会が国連に関する欧州連合の政策に関する年次決議を可決した時にもう一つの節目を迎えた。新たな報告者のブルガリアのアンドレイ・コヴァチェフ Andrey Kovatchef が、議員のヨー・ライネン Jo Leinen、エルマー・ブロック Elmar Brok とソラヤ・ポスト Soraya Post によって提出された修正案を支持したのである。即ち、2011 年以来初めて、その文書は再び UNPA について言及し、欧州連合理事会に対して「国連議員総会の創設の問題に関して国連の民主的な側面と内部の民主的なプロセスを増やし、かつ世界の市民社会の意思決定プロセスへの直接関与を認めることを目的」として国連

---

67) Ibid., pp. 109f.

における議論を促進することを求めたのである[68]。欧州議会の質疑の答弁の中で、EUの外交問題担当のフェデリカ・モゲリーニ Federica Mogherini は議員達に対し委員会を代表して1月早々、欧州連合は「国連制度とそしてその主要組織と機関の改革を引き続き推し進める」が、UNPAの創設に関してはまだ「正式な立場」は決まっていないと述べている[69]。

その間に、2007年の発足以来10年以上にわたってUNPA運動の舵をとってきた民主的な国連を求める委員会 Commission for a Democratic UN は、新たな名称と拡大された権限を持ってその活動を継続することを決定した。「国家とグローバルレベルの民主化には、強い関係がある。民主制が世界的な圧力に晒されていることからこの関係を認識する全体的なアプローチが必要である」とこの委員会は明言し、その活動方針説明文の中でとりわけ当委員会は「国レベル、地域レベル、そして国際レベルで民主制の原則の確立、強化を支持する全勢力の間の強い協力」を推進することを強調している[70]。

---

68) European Parliament. 5 July 2017. 'Recommendation to the Council on the 72nd Session of the United Nations General Assembly'. P8_TA-PROV(2017)0304. See point 1(bm).
69) European Parliament. 16 January 2017. 'Answer to a written question – VP/HR –United Nations Parliamentary Assembly', E-006879/2016.
70) 以下を参照。www.democracywithoutborders.org.

第二部

21世紀の統治と民主主義

産業化の現象は英国で 18 世紀後半に始まり今日まで続いている。それは全地球を網羅し、急速な経済成長、技術革新、そして社会的な大変動をもたらした。このような展開は世界議会を求める声が初めて上がったフランス革命の頃には想像もできないことであった。社会学者のゲオルグ・エステルディーコフ Georg W. Oesterdiekhoff によると「西洋産業社会の発展は人類の出現以降、または新石器時代以降の人類文化の歴史の中で、おそらく唯一最大の出来事である」[1]。エステルディーコフは、この 200 年間の産業のダイナミズムに比して、新石器時代の農業の 1000 年の歴史は「緩慢で退屈な歴史である」と書いている。現代とは、正により迅速な生産、機動性、輸送、通信を獲得するための絶え間なき努力の物語である。現代と産業の実際に目に見えるグローバル化は、エステルディーコフによれば、「これまでの世界の歴史のどの時点においても、これほど多くの人々の暮らしぶりが、このような短期間にこれほど急激な変化を経験することはなかった」[2]。英国の科学者で外交官のクリスピン・ティッケル Crispin Tickell は「宇宙空間から定期的に訪れる者がいれば、過去 200 年間に、それまでの 2000 年間よりも多い変化を、そして、過去 20 年間に、それまでの 200 年間よりも多い変化を目の当たりにするであろう」と書いている[3]。この発展の速度が速まっているという感覚は新しいものではない。H・G・ウェルズが既に 1902 年には、似たような見解を述べている。彼は「過去 1 世紀の間に、それまで 1000 年間に起こった変化に比して、人間の暮らしぶりにより大きな変化があった」と書いている[4]。

　産業化以降の人類文明の発展は手掛かりとなるいくつかのグローバルな統計を利用して正確に測ることができる。人類学者のレスリー・A・ホワイト Leslie A. White（1900〜1975）はルイス・ヘンリー・モーガン Lewis Henry Morgan（1818〜1881）の特徴を受け継いでいるネオ進化論者であるが、彼は制度が発展する時に得られるエネルギーの基本的な役割を強調している。彼の「文化的発展の基本法則」の説明で記述しているように、「文化は 1 人当たりのエネルギーの年間使用量が増加するに連れ、またはエネルギーを使用して動かす機械の効率が上がるに連れ発展する」[5]。産業革命の進展は石炭、そしてその後の石

---

1) Oesterdiekhoff, Georg W. 2005. *Entwicklung der Weltgesellschaft: Von der Steinzeit zur Moderne.* Münster: LIT, p. 7.
2) Ibid., p. 55.
3) Tickell, Crispin. 2005. 'Are We Pushing Gaia Too Hard?' The 46th Annual Bennett Lecture for the 50th Anniversary of Geology, University of Leicester.
4) Wells, Herbert George. 1913 [1902]. *The Discovery of the Future.* New York: B.W. Huebsch, p. 58.
5) White, Leslie A. 1969. *The Science of Culture. A Study of Man and Civilization.* 2nd ed. New York: Farrar, Straus and Giroux, pp. 368f.

油とガスに貯蔵されているエネルギーの無意識な利用によって文字どおり火が付いた。1820年から2010年までの間に、世界の主要エネルギーの**年間**消費量は石油換算で2億2000万トンから128億トンと、ほとんど60倍も増加した（1トンの石油換算量とは1トンの原油の燃焼によって放出されるエネルギー量を言う）。世界人口は1800年の10億人から現在の70億人余りに増加した。最終的には、世界の**年間**経済生産は1820年から70倍以上増加した。この増加の規模は人類の歴史全体の経済生産の**累計**に注目すればもっと明らかである。経済学者のアンガス・マディソン Angus Maddison が収集したデータによれば、人類の活動の歴史においてこれまで生産された物資とサービスの累計のうち約4分の1は今世紀、即ち2000年以降に生産された。20世紀中に生産されたその比率は55%で、19世紀中の生産比率はわずか5%程度に過ぎない[6]。

　世界人口の急激な増加だけでも我々に人間世界の複雑さと世界システムの複雑さが同時に発生するのをある程度理解させることができる。なぜならもし歴史が人々によって作られているならば、そしてもし現在200年前に比べて7倍以上の人々が存在するのであれば、今日では7倍の歴史が作られつつあるのである[7]。1965年に、未来学者のアルビン・トフラー Alvin Toffler は「未来の衝撃」を予想して、それは「人類が環境に理性的に向き合う能力を徐々に失わせてゆく未来の早過ぎる到来によって引き起こされる目の回るような方向感覚の喪失」を意味すると書いた。未来の衝撃は「時間的な現象であり社会の中で大いに速度を増している変化の産物」[8]である。社会学者のノルベルト・エリアス Norbert Elias が70年以上前に説明したように、このような変化が速度を増しているのも、ますます濃密化し、拡大し続けるグローバルな相互依存関係の網の特徴である。エリアスは「この『テンポ』は、実際、人々が果たさなければならない全ての社会的な役割の一個ずつに張り巡らされている非常に多くの絡み合いのある相互依存のチェーンと人々が群がっているこの濃密なネットワークに広がる競争の圧力の表れに他ならず、それは直接的にあるいは間接的に全ての行為の一つずつに影響を与えている」と書いている[9]。

　今日、世界中のかなり多くの人々が、史上かつてないほど物質的な豊かさを

---

6) Cf. Maddison, Angus. 2010. 'Statistics on World Population, GDP and Per Capita GDP, 1-2008 AD'; The Economist Online, 28 June 2011 'Quantifying history: Two thousand years in one chart' (www.economist.com). The percentage share before our time is negligible.

7) The Economist Online, ibid.

8) Toffler, Alvin. 1984. *Future Shock. Reissue*. New York: Bantam, p. 11.

9) Elias, Norbert. *The Civilizing Process: Sociogenetic and Psychogenetic Investigations*. Transl. by Edmund Jephcott. Revised edition. Oxford; Malden, MA: Blackwell, 2000. p. 379.

享受している。大きな地域格差はもちろんあるが、全世界の平均寿命はかつてないほど伸びている。国連データによると、それは1955年の47歳から2015年の70歳へと伸びている。それにもかかわらず、以前の進歩への自信に満ちた確信は、多くの人々にとって、うち続く戦争、大量虐殺、核兵器、テロリズム、環境破壊、気候変動、資源枯渇、産業災害、飢饉、苦難、貧困、失業、そして増加し続ける公的債務を目の当たりにして、将来の不安と混乱へと変わってしまった。ユルゲン・ハーバーマス Jürgen Habermas は「新たな不透明感」と知識階層の救いようのない混乱について語っている [10]。フランスの哲学者、ジャン=フランソア・リオタール Jean-François Lyotard は1979年に彼の著書『ポスト現代の条件』の中で、現代の全面的な敗北と「現代後の時代、ポスト現代」の始まりについて述べている。彼の主張は要約すると、現代には、未来の包括的なビジョン、即ち「未来への正当な指針の役割を果たすいずれ実現されることとなる計画」が常に存在している。リオタールはこれが、進歩、啓蒙運動、社会主義といった「壮大な物語 Grand Narratives」であると言っている。リオタールは、ホロコーストの犯罪は、このような壮大な、正当化の物語が最も悲劇的な形でその信頼を失墜させたことを明らかにしたと論じている。彼はまたそれらを別称で「メタナラティブ meta-narrative 潰し」と呼んだが、それらの信頼の失墜は現代というプロジェクトの同時的崩壊を意味していた。これは、「資本主義の技術−科学」を勝者として後に残し、現代という名称の下で非正当化のプロセスを継続してはいるが、そうすることによって実際には、現代の破壊を推し進めているのである [11]。

　現代の引き続く危機は、世界議会の、世界的法制度の、および新たなグローバルな啓発のプロジェクトが理解されなければならないより広い状況をもたらしている。世界議会の構想は数百年前に遡るが、決して時代遅れではない、それどころかこれまでにないほど時宜に適っていて、かつ緊急を要するものとなっている。それは最早、単に世界の平和の確保についての問題ではない。むしろ、提起されているのは**世界の統治**というはるかに大きな問題であり、同時に深刻な思想の危機をあらわにする問題である。我々の検討の出発点は、地球の生態系のバランスに人類の活動が及ぼした影響であり、この影響は今日のグローバル文明の存続のための実存的基盤をもたらしているのである。

---

10) Habermas, Jürgen. 1985. *Die neue Unübersichtlichkeit*. Frankfurt am Main: Suhrkamp, pp. 141, 145.

11) Lyotard, Jean-François. 1990 [1984]. 'Randbemerkungen zu den Erzählungen'. In: *Postmoderne and Dekonstruktion*, ed. by Peter Engelmann and Jean-François Lyotard. Stuttgart: Reclam., pp. 49ff.

第 10 章

人新世、惑星地球の限界、コモンズの悲劇

人類の時代

　人類の活動が今や地質学的規模になっているかどうかについて地球科学の中で激しい論争が起こっている。1万2000年前に始まった完新世に続く新たな地質学上の時代の導入が検討されている[1]。かかる決定の目的は人類が与えた影響にスポットライトを当てることになるであろう。オゾンホールの研究への貢献に対してノーベル化学賞を受賞した、オランダの気象学者パウル・J・クルッツェン Paul J. Crutzen は 2002 年に『ネイチャー』誌で、人類の活動が地球環境に与える影響が極めて大きくなったので、新しい時代は「人新世」と称する必要があろうと主張しているが、それは概ね「人類の時代」を意味している。イタリアの地質学者アントニオ・ストッパーニ Antonio Stoppani は早くも 1873 年に、環境に対して人類が与える途方もなく大きな影響に気づき、「人類の時代」について論述している。クルッツェンは「極地の氷に封じ込められた空気の分析結果により、二酸化炭素とメタンのグローバルな濃度の上昇の始まりを示している 18 世紀後半に人新世は始まったと判断することが可能である」と書いている[2]。大気中の二酸化炭素の濃度は産業革命以前と比べて、3分の1以上上昇しており、かつ過去 210 万年間の中で最も高くなった[3]。主な原因は数億年以上にわたって蓄積され、今や放出されつつある化石燃料の使用である。今から数百万年後、産業文明の痕跡を沈殿物や化石から発見することは多分引き続きあり得ることであろう。これから先、化石として多くの種が発見されるのは稀になるか、または全くなくなることとなりそうである。ハーバード大学

---

1) 正式な勧告は2016年8月に開催された第35回国際地質学会議においてなされた。以下を参照。Zalasiewicz, Jan, et al. 2017. 'The Working Group on the Anthropocene: Summary of evidence and interim recommendations'. Anthropocene 19 (Supplement C): 55-60.

2) Crutzen, Paul J. January 2002. 'Geology of mankind'. *Nature* 415: p. 23.

3) Bärbel Hönisch et al. 19 June 2009. Atmospheric Carbon Dioxide Concentration Across the Mid-Pleistocene Transition, in: Science 324(5934), pp. 1551-1554.

165

の生物学者エドワード・O・ウィルソン Edward O. Wilson は「生物多様性」
という用語を初めて使用した人物の一人であるが、1992 年の『生命の多様性』
という彼の著書の中で、地球の歴史の中で人類によってもたらされる 6 番目の
大絶滅について述べている[4]。研究者達は他方では今や地球全体に広がったプ
ラスチックゴミの一部は特定の条件の下で堆積され地質に蓄積されると確信し
ている。その一例としてハワイで最初に発見された「プラスチグロメレート」
と言われる物質の混合物がある[5]。クルッツェンによれば、1945 年以降の世界
の地層は原子爆弾の爆発によって生み出された人工放射性物質をわずかだが計
測できる量を含んでいる。1996 年までに、2000 発以上の原子爆弾が炸裂し、
そのうち 500 発以上は地上の大気中における炸裂であった。クルッツェン達は
これらの人工放射性物質も人新世の始まりを地質に示すものとなり得ると確信
している[6]。

地球システムの限界

　人新世という概念は既に実際に使われている。それは地球の自然のバランス
維持機能に対して今この時代に人間活動が与えている影響を強調する手段とし
て、他のどんな用語よりも役立つものとなっている。その意義は人類にとって
の必要性や関心事項のみに興味を持つ人類中心のアプローチにあるのではない。
それとは反対に、それが認知し強調するのは**地球上の全ての生物と全体として
の地球システムに及ぼす**人類の活動の影響である。人類とその文明は自然と地
球のシステムに不可分に組み込まれている。地球上の生命は自動調整機能のあ
る非常に複雑で統合されたシステムを基盤としているとの考え方は、1979 年
に英国の科学者ジェームズ・ラブロック James Lovelock が彼の「ガイア仮説」
の中で明確に示し広まった。ガイアはギリシャ神話の中の、全ての生命の源で
ある太古の大地の女神の名前である。この地球システムに着目した視点は広く
受け入れられた。こうして、例えば、2001 年に、四つの主な国際的研究ネッ
トワークによって発表されたグローバルな変動に関する革新的なアムステルダ
ム宣言 Amsterdam Declaration on Global Change は、「物理的、化学的、生物

---

4) Wilson, Edward O. 1992. *The Diversity of Life*. Cambridge: Belknap Press of Harvard Univ. Press, pp. 32, 278ff.
5) Corcoran, Patricia L., Charles J. Moore, and Kelly Jazvac. June 2014. 'An anthropogenic marker horizon in the future rock record'. *GSA Today* 24, no. 6（www.geosociety.org）.
6) Zalasiewicz, Jan, Mark Williams, Will Steffen, and Paul Crutzen. 2010. 'The New World of the Anthropocene'. *Environmental Science and Technology* 44(7): 2228–31, p. 2230.

学的、そして人的な構成要素からなる単一の自己調整システムとして」活動している地球システムについて論述している。そのプログラムに参加している科学者達はその宣言の中で、地球システムの動態は直線的ではなく、重要な閾値と突然の変化が特徴であると指摘している。彼らは「人類の活動は地球システムを、元に戻すことのできない、かつ人類やその他の生命体にとって快適さが劣化することになるのが明らかな別の稼働モードに切り替える可能性がある」と書いている[7]。言い換えれば、「ガイア」と名付けられた自律的な生命支持装置が人間の干渉のために崩壊する可能性があるということである。

　地球システム科学はこれらの問題に直接に焦点を当てる新しい学際的な研究分野である。それは統合されたシステムとしての地球に関する理解を深め、かつ人類の影響について評価することを目的とする。研究の重要なテーマの一つはいわゆる「惑星の限界」である。スウェーデンの科学者ヨハン・ロックストローム Johan Rockström と彼の 27 人のチームは 2009 年に「これらの限界は地球システムに関して人類の安全な活動範囲を定めている」と書いている。もし、この限界を超えた場合、人類は「有害な、または悲惨な結果に面する可能性」さえある。1 万年以上も続いている完新世の間、地球システムは例外的に安定した状態が継続していたが、その状態がなければ、農業や複雑な社会の発展は不可能だっただろうと彼らは書いている。人類はこの安定した状態を維持することを目的としなければいけなかったのである。これまでのところ、重要な限界が九つの分野で明らかにされている。彼らは、1. 気候変動（大気中の二酸化炭素濃度と放射線の影響の変化を使用）、2. 生物多様性の衰退、3. 窒素・リンサイクルへの干渉、4. 成層圏でのオゾン消滅、5. 海洋の酸性化、6. グローバルな真水の使用、7. 土地利用の変化、8. 化学物質による汚染、9. 大気中のエアロゾルによる負荷を測定している。ロックストロームをリーダーとする研究者グループの見解では、気候変動、生物多様性の喪失、窒素サイクルは既に限界を超えている[8]。

　特に懸念されるのは大気中の二酸化炭素濃度である。気候変動に関する政府間パネル Intergovernmental Panel on Climate Change IPCC は最近に至るまで、CO_2 濃度の閾値を 450ppm としてきたが、ロックストロームや NASA の元主任気象調査官のジェームズ・ハンセン James Hansen ら科学者の見解では

---

7) International Geosphere-Biosphere Programme (IGBP), International Human Dimensions Programme on Global Environmental Change (IHDP), World Climate Research Programme (WCRP), and DIVERSITAS. 13 July 2001. 'The Amsterdam Declaration on Global Change'.

8) Rockström, Johan et al. September 2009. 'A safe operating space for humanity'. *Nature* 461: 472–75.

350ppm であるべきであるからである。2013年5月9日に、ハワイ島のマウナ
ロア天文台で行われた測定は、史上初めて、400ppm を超えたが、2016年以降
はおそらくこの水準を上回る状態が続くであろう。世界気象機関 World Mete-
orological Organization のデータによれば、大気中の二酸化炭素の平均濃度は、
2015年から2016年の403.3ppm のレベルにまで、3.3ppm と記録的に上昇した[9]。
これは40年間で最大の年間増加量で、この80万年間で最も高い濃度である。
つまり森林や海洋が二酸化炭素を貯留する機能を失いつつある可能性がある。
IPCC は1990年の正に最初の報告書の中で、二酸化炭素のように人類による温
室効果ガスの排出が温室効果を高めているとの確たる結論を明らかにしている。
この100年間で、世界の**平均**気温と水温は0.74℃の上昇が測定されているが、
NASA によれば、そのうち、3分の2は1975年以降に生じたものである。その
結果の一つは融氷による海面の上昇である。1870年から2004年までの間に、
19.5cm の上昇が測定されている[10]。IPCC の最新の予測によると、2100年まで
の間に、更に26〜98cm の上昇が見込まれ[11]。地球システムの安定性にとって
気温の上昇がもたらす結果は——例えば、潮流の変化のために——不確実であ
る。

ボランタリズムの問題

「地球の限界」を認識しこの限界を守ることは人新世の時代の人類にとって
重要で維持し続けなければならない責務である。人類の影響による地球システ
ムの不安定化の防止は人類文明の長期的な繁栄のための基本的要件である。こ
の責務は人類全体の利益のためである。だからその利用が我々に「地球の限
界」に直面させることとなる財物は「人類共有の財産」の一部と見なされてし
かるべきである。そのような財物の管理と利用の責任は、全人類が負うもので
ある。それがどのように利用されるかは全人類の関心事でなければならない。
人類は、自らのため、そして地球上の全ての生物のために、自覚し、成長し、
責任をとらなければならない。これが人新世のより深い意義である。しかしな
がら、そのための適切な法律や制度はまだない。しかも現在の国際法の枠組み

---

9) WMO. 30 October 2017. 'WMO Greenhouse Gas Bulletin', no. 13.
10) Church, John A. and Neil J. White. 2006. A 20th century acceleration in global sea-level rise, *Geophysical Research Letters*, Vol. 33, L01602.
11) Intergovernmental Panel on Climate Change. Climate Change. 2013. *The Physical Science Basis. Working Group I Contribution to the IPCC Fifth Assessment Report*. Cambridge University Press, p. 25.

では、それが作られる可能性はほとんどなさそうに見える。国際法における国家主権の原則は国家より上位の権威があり得るという可能性を排除している——人類自身でさえも例外ではない。国家は自発性を基本としてのみ行動する。国家は単に条約の締結を拒否し、または、米国大統領が行ったように以前に締結していた条約から脱退することによって、その一般的な責任を免れることが可能である。国際法では、人類の共通の利益が度々言及されるが、国家主権の原則に伴う本質的な矛盾を解決することはできない。

　1992年のリオ会議で採択され、そして2年後に発効した気候変動に関する国際連合枠組条約 United Nations Framework Convention on Climate Change は、その前文で「地球の気候変動とその悪影響は人類共通の懸念である」と述べている。この文言は気候変動が「人類共通の懸念」と既に記されている1988年の国連総会決議に遡る。「人類 mankind」（または humankind、今日では "humankind" の方が "mankind" より好まれている）という言葉は、しかしながら、抽象的な概念にとどまっている。気候変動枠組条約は「気候変動に対処するための国際協力における国家主権の原則」を、事実上、再確認し、かつその原則に従って作成されている。温室効果ガス排出量の削減に関する京都議定書が1997年に採択されるのに5年間を要した。8年後に、それはようやく発効した。しかしながら、それを米国は批准していない——京都会議よりも以前に、米国上院は発展途上国に対する削減目標が含まれない決議には、米国は参加しないとの決議を全会一致で採択している。実際、京都議定書では、わずか37カ国の目標値しか含められておらず、その最初の公約期間は2012年に終了している。中国は、世界最大の排出国で全世界の排出量の約4分の1を占めているが、目標値を示していない国の一つである。更に、脱退を望む国は簡単に脱退することができる。これは実際カナダが削減目標を達成できず、反則金を支払わなければならなくなり、それを避けるために、2011年に脱退している。

　2015年12月のパリ気候変動枠組条約会議において世界中の全ての国が採択することに異議のない協定が遂に成立した。パリ協定は世界の気候対策の新たな目標を含んでいるが、それは地球全体の気温を、産業革命以前の水準に比べて、最大1.5℃の上昇に制限するために排出ガスを削減しようとするものである。2009年のコペンハーゲンにおける気候会議では、2℃の当初目標が合意されていた。パリ協定は国際的な気候変動対策の突破口として称賛された。しかしながら、この協定は国別の拘束力のある削減目標を一切含んでいない。その代わりに、各国は5年毎に、グローバルな排出削減に対して、いわゆる「自国が決定する削減目標」を報告することが義務づけられている。これらの削減目

標は漸進的により高まるものとの理解と期待がある。しかしながら、この任意のコミットメントのシステムが、必要な削減量を達成できるかどうか疑問である。しかも、新協定は 2020 年からしか実施されないのである。オスロの国際気候エネルギー政策センター Centre for International Climate and Energy Policy の理事のステファン・カールベッケン Steffen Kallbekken は「この公約が 2020 年に実施される時までには、我々は 1.5℃ の気温上昇に見合う二酸化炭素の排出枠を多分使い切ってしまっていることだろう。仮に我々が国別に決定された削減目標にのみこだわっていれば、気温上昇は 2.7 ～ 3.7℃ に達するであろう」と述べている [12]。実際に、2017 年 10 月のボン気候会議に先立って公表された国連の報告書は、各国のコミットメントは気候変動対策の目標を達成するために 2030 年までに必要とされる排出削減量の 3 分の 1 を達成するに過ぎないことを明らかにしている。もっと厳しいコミットメントがなされなければ、「2100 年までに、少なくとも、3℃」の気温上昇の可能性が「極めてありそうである」[13]。

　各国はとにかく望めば、制限と国際的な規制枠組みの費用の負担を免れ、かつ、ただ乗りの利益を享受することがもちろん今でも自由にできる。経済学者は第三者がネガティブな影響で被害を受けていて、その原因を引き起こしている当事者がその費用を負担しない場合の「負の外部性」について解説している。英国政府の委託により経済学者ニコラス・スターン Nicholas Stern が作成した気候変動の経済に及ぼす影響に関する 2006 年の報告書は、この観点から温室効果ガスに着目している。その報告書は、「温室効果ガスを排出する者は、気候変動をもたらし、それによって世界と将来の世代に負荷を課しているが、彼らは、直接、市場でも、その他の方途でも自らの行動によって生じる負荷の全面的な影響を受けることはない」と述べている [14]。その排出者がその負荷を担うことはないので、彼らは排出量を削減する経済的なインセンティブを全く持たないのである。しかし、その経済的な影響は極めて大きい。スターンの報告書はその経済的な計算が困難であることを強調しているが、それは、2050 年までに、大気中の温室効果ガスの濃度を二酸化炭素ガス換算で 500 ～ 550ppm で安定させるためのコストは、一定の条件付きではあるが、グローバルな年間

---

12) Chivers, Danny, and Jess Worth. 12 Dec. 2015. 'Paris Deal: Epic Fail on a Planetary Scale'. *New Internationalist*.

13) UN Environment. 31 October 2017. 'Emissions Gap Report 2017: Governments, non-state actors must do more to reach Paris Agreement' (www.unenvironment.org).

14) Stern, Nicholas. 2006. The Economics of Climate Change. *The Stern Review*, pp. 24 ff.

170　第二部　21 世紀の統治と民主主義

の経済総生産額の1%程度と算出している[15]。これに、気候変動によって実際にもたらされる被害額も加算されなければならない。スターンは、その金額は年間のグローバルGDPの5〜20%と試算している。スターン報告書は、「気候変動は世界がこれまでに経験した中の最大規模の市場の失敗と見なされなければならない」と述べている[16]。

コモンズの悲劇

　国家は温暖化ガスの及ぼす悪影響に対策を講じることが可能であり、そして課税、排出権の取引システム、適切な価格を設定する規則などの手段により、悪影響を軽減するための経済的インセンティブを生み出すことが可能である。しかしながら、その難しさは大気が**グローバルな**共通財であるということにある。個々の国家レベルのまたは例えばEUのような地域レベルの規制は競争の歪みをもたらす。専門家は排出コストの高い国が、排出コストの安い国に排出量を移転する「炭素リーケージ」について述べている。2011年のある調査は、京都議定書に参加した国は温暖化ガスの排出量を平均7%削減したが、同等の「カーボン・フットプリント」の削減は確認されなかったとの結論を下している。「カーボン・フットプリント」とは、ある国の二酸化炭素排出量をその国で消費された財物の量に基づき、それがどこで生産されているのかに関わりなく、捕捉するものである。その調査は、フットプリントには、二酸化炭素の純輸入量の増加が示されていないのに、排出量が削減されている事実を発見した。「炭素リーケージ」の現象から引き出される結論は、グローバル化した世界では、片務的な気候対策は有効ではないということである。むしろ、有効な気候対策は全ての国が世界気候条約による義務を担うことを必要とするとその調査は論じている[17]。明らかに、ここで意味していることは、世界全体を対象とするのみならず、拘束力のある削減義務をも含む条約なのである。

　ここでの問題は生物学者のギャレット・ハーディン Garett Hardin（1915〜2003）の有名な論文の中で、広範囲に見られる現象として示された一種の「コモンズの悲劇」である。ハーディンは限りある共有資源の「合理的な」利用者

---

15) Ibid., p. 212ff.; two years later, Stern spoke of 2 percent, see Jowit, Juliette, and Patrick Wintour. 26 June 2008. 'Cost of tackling global climate change has doubled, warns Stern'. *The Guardian* （www.guardian.co.uk）.

16) Ibid., pp. 1, 25.

17) Aichele, Rahel, and Gabriel Felbermayr. 2011. 'Auswirkungen der Kyoto-Verpflichtungen auf Emissionen und Carbon Footprints'. *ifo Schnelldienst*, no. 22: 23–26, p. 26.

第10章　人新世、惑星地球の限界、コモンズの悲劇　171

達が、資源の短期的な実用効用を最大化しようとし、そのために、長期的には
その共有資源を消耗し、結果的にいかに全ての資源を壊滅させることとなるか
を示すモデルを作り上げた。誰もが共有資源の維持を望んでいるにもかかわら
ず、資源は全て、その状況に内在する動態から抜け出せない。ハーディンが使
う例の一つは個々の家畜の群れの頭数が絶え間なく増え続けている共有の牧草
地である。そのジレンマから逃れるために、ハーディンは共有財を私有財に変
えるかあるいは共有財の利用に制限を設けるか——即ち、共有財の管理を行う
ことを提案している [18]。彼が後に書いたように、資源管理のためには、「社会
主義か自由企業の私的所有主義 (privatism)」のみが、このための選択可能な
方法である [19]。ハーディンによれば、環境汚染の分野に関しては、包括的な国
の規制が唯一可能な解決策である。「我々の周囲の大気や水にあらかじめ仕切
りを設けることはできない。だから、汚染の集積場としてのコモンズの悲劇は
様々な手段で、即ち汚染者が汚染物質を処理せずに放出するよりも汚染物質を
処理する方が安くつくようにする強制的な法律または課税措置によって防止さ
れなければならない」と彼は強調している [20]。

オレゴン州立大学の環境と天然資源法律センター Environmental and Natu-
ral Resources Law Center の創立者メアリー・ウッド Mary Wood によれば、
「政府の目的の中で最も重要なものと位置づけられるのは国民とその社会の共
通利益のために自然資産を保護することである」。彼女は世界中の法制度にお
いて見られる「公的信託 public trust」の原則を大気にも拡大すべきであると
論じている [21]。最上位の受託者としてのグローバルな立法機関とその代理人と
して行動することが可能なグローバル政府の存在しない状況では、大気中への
放出量の削減を強制する義務に関しては、各国政府に責任を持たせる他ないの
である。

グローバル共通財の管理

限りある資源の共同利用が、地域的レベルのみならず局地的レベルにおいて
も利用者間の自主管理のシステムのために、ハーディンにより述べられたシナ

---

18) Hardin, Garrett. 13 December 1968. 'The Tragedy of the Commons'. *Science* 162(3859): 1243–1248.
19) Id. 1 May 1998. 'Extension of The Tragedy of the Commons'. *Science* 280(5364): 682–683.
20) Hardin. 1968. loc. cit.
21) Wood, Mary. 2012. 'Atmospheric Trust Litigation Around the World'. In: *Fiduciary Duty and the Atmospheric Trust*, ed. by Ken Coghill, Charles Sampford, and Tim Smith, 99–163. Ashgate Publishing, pp. 106f., 126ff.

リオのとおりには動かなかった多くの実例が指摘されており、これらの実例は追加的な代替案の必要性があることを示している。更に、国家管理も私有化のいずれもまた同じように失敗しかねない。これはハーディンのモデルと彼の示唆した解決策の評価を弱める。米国の政治学者エリノア・オストローム Elinor Ostrom（1933 ～ 2012）はこの分野における彼女の画期的な研究により、2009 年、ノーベル経済学賞を授与されている。「コモンズの悲劇は事実であるが、不可避ではない」というのが、彼女と 4 人のチームがこの知見を『サイエンス』誌で示した結論である[22]。しかしながら、彼らは**グローバル**共通財に関しては、より注意深く見解を表明しており、グローバルな機関の必要性を強く主張している。局地的そして地域的レベルの自主的組織の例から引き出される教訓は勇気づけられるものであるが、「それでも人類は今なお、生物多様性、気候変動、そして他の生態系関連の業務を管理するためにグローバルな組織を設立するという新たな課題に直面している」[23]。オストロームによって研究された自主的組織の類の持つ潜在的なメリットはグローバルな共通財に関しては十分には知られていないようである。その『サイエンス』誌の論文には、管理がなぜ特に問題であると思われるのかを次の六つの理由で示している。

①規模：グローバルな共通財の利用者の膨大な数——究極的には全人類——は規則の作成、合意および規則の施行の困難を増加させる。

②文化的、経済的な多様性：産業国と産業化途上国の間の大きな格差と共に、増大する文化的多様性が関心と理解の共有を得る可能性を減少させる。

③複雑性：地方の牧草地または森林地帯の管理に比較して、グローバルな共通財の管理システムは共通財がいかに相互に絡み合っているかという観点を含め、より複雑であり、かつその管理に関し共通の利益がどこにあるのか把握することはもっと困難である。

④変化の速さ：変化の速度が加速し続けている。生態学的閾値は我々がそれに実際に気づく前に、踏み破られつつある。過去の教訓が現在の問題にますます適さなくなりつつあるので、「活動を通じて教訓を得ること」は、ますます困難になっている。

---

22) Ostrom, Elinor, Joanna Burger, Christopher B. Field, Richard B. Norgaard, and David Policansky. 9 April 1999. 'Revisiting the Commons: Local Lessons, Global Challenges'. *Science* 284(5412): 278-282, p. 281.

23) Ibid.

⑤ボランタリズムの原則：グローバル資源の管理の基本原則は国際条約への自主的な同意である。各国の政府は管理協定への参加の対価として、特別な権利を要求することが可能であり、「従って、このレベルで採択される資源管理対策協定などに強い影響を及ぼしている」。
⑥実験の余地のないこと：以前は、人々が局地的な資源の管理に重大な失策をした場合、他の資源へ移行することが可能であった。グローバルな共通財の管理については、実験を失敗する余地はない[24]。

世代の問題

　米国の哲学の教授のスティーブン・M・ガーディナー Stephen M. Gardiner は別の問題を指摘している。その問題は温室効果ガスの**累積**の影響が非常に長期間を経て大きくなっている事実と関連している。彼の見解では、このように影響が遅れて現れる場合、コモンズの悲劇のもっと悪い状況さえ生み出す。「状態のコントロール」は「完全に今の世代に委ねられている」と彼は書いている。「将来の世代は現在の世代がただ乗り人間に準じて行動しようがしまいが、全く何の影響力も持たない。普通は、原則的に、全ての関係者は、協力することに関心を持っている。しかし、もしも、過剰利用の結果が現在の世代によって体験されることがなければ、なぜ協力が利益に優先することになるだろうか？」とガーディナーは問いかけている。おそらく、この問題の最悪の面はこの事態が、何世代にもわたって繰り返されることである。いずれの新たな世代も、次の世代に関して、同じ状況を見出すことであろう[25]。

　世代の問題の解決策は民主的な多数決に基づく世界法の制度の中にある。ハーバード大学の研究チームは、ゲーム理論モデルを使用して、数世代にわたる共有資源の利用に関しシミュレーションを行っている。これによると、その利用に関する決定が個別ベースで行われる時には、資源はほぼ常に過剰に利用され、消費され尽くされる。これは、少数の利用者が、次世代について考慮することなく、資源の利用を常に決定するからである。しかしながら、資源利用の決定が民主的な多数決によって行われる場合には、その利用は、常に持続可能であり、資源は維持される。明白なことは全ての利用者がその投票により拘束されなければならないことである。「京都議定書のように、その決定が部分

---

24) Ibid., pp. 281f.
25) Gardiner, Stephen M. 2004. 'The Global Warming Tragedy and the Dangerous Illusion of the Kyoto Protocol'. *Ethics & International Affairs* 18(1): 23–39, pp. 30ff.

的な拘束力しか持たないのなら、効果はほとんどない」[26] と研究者グループは、
『ネイチャー』誌に掲載された論文に書いている。

グローバル多数決による決定

　グローバル共通財に関しては、ハーディンのモデルが依然として国際的なレベルで生じつつある事態を最もよく把握しているというのが私達の見解である。温室効果ガス排出という重要問題と共に、多くの未解決のコモンズの悲劇の例を挙げることができる。例えば、海洋における激烈な過剰漁獲に関し高く評価された著書の中で、スウェーデンの政治家イサベラ・ロヴィン Isabella Lövin は、「世界中のほとんどの漁業の状態はこの理論が実際を反映するものであることをはっきりと示す例に他ならない」と書いている[27]。過剰利用のジレンマを打開することを目的とする規制は、それが全ての利用者を平等に拘束し規制を阻害するただ乗り人間が一人もいない場合にのみ有効であるということをここで強調する必要がある。私達にとって、従って、国際法における任意主義の原則はグローバルな資源管理に関してエリノア・オストロームによって明らかにされた最も深刻な問題の一つなのである。大気や海洋のような**グローバル**共通財、または生物多様性のように複雑な資源の効果的な管理は「個別対応的な」国際法を基本としては、ほとんど不可能であろう。その答えは**世界法の制度**によりもたらされる枠組みの中にある。世界連邦主義者のディーター・ハインリッヒ Dieter Heinrich は「コモンズの規制を導く論理は正しく、相互依存が拡大しつつある時代におけるグローバルな政治的統合を進める主たる力の一つである」と書いている[28]。トルコの国際法の専門家、ケマル・ベスラー Kemal Beslar は「人類の共同遺産」の概念に関する研究の中で、「効果的な実施は、（中略）国民国家の権力を上回る権限を有し人類全体を代表することができる超国家的機関を設立することによってのみ達成され得る」と 1998 年に書いている[29]。

　国際地球システム研究プロジェクトが地球システムの統治、即ち、地球シス

---

26) Hauser, Oliver P., David G. Rand, Alexander Peysakhovich, and Martin A. Nowak. 10 July 2014 'Cooperating with the Future'. *Nature* 511(7508): 220–23, pp. 221f.

27) Lövin, Isabella. 2012. *Silent Seas: The Fish Race to the Bottom*. Rothersthorpe: Paragon Publishing, p. 72

28) Heinrich, Dieter. 2010. *The Case for a United Nations Parliamentary Assembly*. Extended reprint, originally published 1992. Berlin: Committee for a Democratic UN, p. 16.

29) Baslar, Kemal. 1998. *The Concept of the Common Heritage of Mankind in International Law*. The Hague et al.: Martinus Nijhoff, pp. 92, 94.

第 10 章　人新世、惑星地球の限界、コモンズの悲劇　175

テムの組織的管理体制に関する問題に特に焦点を当てて現在進んでいる。2012年3月に、現在ユトレヒト大学にいるフランク・ビーアマン Frank Biermann に率いられた約30人の研究者グループが、もっと有効な組織的枠組みにとって最も重要な要素と彼らが考えることのリストを提示している。『サイエンス』誌の論文の中で、彼らは「構造的な変化」「大きな変化をもたらすシフト」「本質的な機会」がグローバルな統治と今日の世界政治において必要とされている——正に国連が設立された1945年のように——と書いている。彼らは今広く行われている国際的レベルにおけるコンセンサスによる政策決定メカニズムは「(なされるべき)決定を最も無気力な国の意向に沿う決定に限定してしまう」と強調している。国際的な基準の設定は特定多数決と連結加重投票メカニズムをより一層基本に据えることが必要である。多数決原理による決定を基本とする統治システムは広範囲にわたる決定をより迅速に行うことができると彼らは論じている[30]。例えば、国連気候変動枠組条約の交渉は1995年の第1回加盟国会合以来諸政府が別のシステムへ移行することについて合意できなかったためにコンセンサスに基づいている。これが例えば、2009年のコペンハーゲンにおける気候会議の議決文書が拘束力のあるものではなく単に「留意されるべきこと」に過ぎないこととなった理由である。『オブザーバー』紙の記事によると、ボリビア、ベネズエラ、ニカラグア、スーダン、サウジアラビアが最後まで拒否権を行使して正式な決議を阻止すると圧力をかけていた[31]。パリ協定も気候問題の交渉において全会一致原則に関して何の変更も行わなかった。米国の国際法学者アンドリュー・T・グズマン Andrew T. Guzman は「全会一致原則の問題」に関して、「全会一致は実際、国家の利益を守り、主権平等の概念を支えるものではあるが、優先順位や関心事項に大幅な不一致があるこの世界においては、それは実効的な協力を確保するための障害ともなっている」と書いている。「我々は、核兵器、気候温暖化、漁場の消滅、過酷な貧困、そして数えきれないその他の問題を抱える世界に暮らしており、その問題の解決には、国家間の高度の協力が必要である。全会一致の役割について我々が見解を変えなければ、これら多くの問題に対処することはほとんど不可能である」[32]。これが、今や断然広く支持されている見解を代表するものである。「全会一致原

---

30) Biermann, Frank, et al. 16 March 2012. 'Navigating the Anthropocene: Improving Earth System Governance'. *Science* 335(6074): 1306-1307, p. 1307.

31) Goldenberg, Suzanne, Toby Helm, and John Vidal. 20 December 2009. 'Copenhagen: The key players and how they rated'. *The Observer* (www.guardian.co.uk).

32) Guzman, Andrew T. 2012. 'Against Consent'. *Virginia Journal of International Law* 52(4): 747-90, p. 749.

則は民主主義に反する」とは、マックス・プランク公法国際法比較研究所 Max Planck Institute for Comparative Public Law and International Law の ディレクター、アン・ペータース Anne Peters の結論である。「それは政治的 社会の一員によるその他の者に対する専制を許し、そして少数派が集団的活動 を妨害することを許すことから非民主的である」[33]。世界議会はグローバルレ ベルで、合法的、民主的そして拘束力のある多数決の基盤を作り、そして全会 一致原則を克服する重要な目的に沿うものである。

国際法の悲劇

ここに生じている問題は基本的な問題の一つであり、真にグローバルな問題 に関係する全ての規制に影響を及ぼしている。例えば、アンドリュー・ストラ ウス Andrew Strauss は「条約は特定の国または時にはほとんどの国の参加が なければしばしば無効となるから、反対の立場をとる少数国は世界共同社会に とって極めて重要な利益となる条約の導入に対して効果的に拒否権を行使する ことができる」と論じている[34]。これは国際法のシステムを機能不全にするも のである。というのは、条約が**適用範囲**の面で有効であるためには、それは通 常できるだけ多くの国がその条約に署名することが必要である。しかしそのた めには、合意の**内容**は非常に長時間をかけての交渉と非常に数多くの妥協に従 わなければならない。ハインリッヒはこれらの条件がいかに国際条約を条約加 盟国の中での最低共通基準を満たすものにしかしていないかを指摘してい る[35]。これは国際法上一般的に拘束力のない国連総会決議でさえも事実である。 例えば、国連事務総長のコフィ・アナン Kofi Annan は 2005 年の彼の報告書 『より大きな自由へ』の中で、国連総会が全会一致による決定が増えているこ とを嘆いている。彼は全会一致が「全会一致を要する」と解釈され、それ自体 が目的となってしまい、加盟各国の間の目的の真の一致を表明することからは かけ離れたものとなってしまったと考えている。アナンは「むしろ、全会一致 は国連総会に一般論に逃げ込むことを促し、行動を起こすための真剣な努力を

---

33) Peters, Anne. 2009. 'Dual Democracy'. In: *The Constitutionalization of International Law*, by Jan Klabbers, Anne Peters, and Geir Ulfstein, 263–341. Oxford, New York: Oxford University Press, p. 289.

34) Strauss, Andrew. 1999. 'Overcoming the Dysfunction of the Bifurcated Global System: The Promise of A Peoples Assembly'. *Transnational Law & Contemporary Problems* 9(2): 48–70. Reprinted in and citation from: Falk, Richard, and Andrew Strauss. 2011. *A Global Parliament: Essays and Articles*. Berlin: Committee for a Democratic UN, pp. 107f.

35) Heinrich, loc. cit., p. 20.

放棄させる」と書いている[36]。国際法の経験則として、広い範囲に及ぶ条約ほど、それに比例して実効性が乏しくなる一方、実効性の高い条約ほどそれに比例して適用範囲が狭くなるという結論を下すことが可能である。このCatch-22 (逃れようもないジレンマ：不条理な規則に縛られて身動きができない状態をテーマにした米国の小説の題名に由来) は、国際法の悲劇と名付けることができよう。敗者はいずれの場合にも規制の有効性と人類全体なのである。

---

36) United Nations. 2005. 'In larger freedom: towards development, security and human rights for all'. Report of the Secretary-General. A/59/2005, para. 159.

第11章

オーバーシュート、「大いなる変容」、グローバルな環境・社会市場経済

オーバーシュートとエコロジカルフットプリント

　産業化が世界中に広がるに連れ、これまでにないほど拡大、加速し続ける成長とそれに伴う消費を基本とする経済システムが、グローバルな現象となった。このシステムが機能するには、物質的繁栄の絶えざる拡大と現代化が更に繰り返されなければならない。もし経済生産高が伸びず、あるいは更に悪いことに減少すれば、所得の減少、失業、企業の倒産、そして政治、社会、経済の不安定化が迫ってくる。経済活動と人口の世界的な増加によって地球上の資源に圧力が加わりつつあり、資源は再生産が行われるよりも消費の方が多くなりつつある。「成長の限界」に関する1972年のローマクラブへの報告書以降、この問題を巡って激しい論争が行われてきた。この分野の専門家達は、自然の環境上の再生産能力を超過する状態を、「オーバーシュート」と称している。1990年以来、研究者のマティス・ワケナゲル Mathis Wackernagel とウィリアム・リース William Rees が提唱し、発展させた「エコロジカルフットプリント」の概念はオーバーシュートを測定し、表示する方法として使用されている。2003年にワケナゲルにより設立されたグローバル・フットプリント・ネットワーク Global Footprint Network の試算によると、人類は現在、地球上の陸地と水面の生物学的能力（環境を損なうことなく、受け入れることのできる人間の活動の量）の1.5倍相当の資源を使用している。従って、人類のエコロジカルフットプリントは1.5で、しかも、それは急上昇している。フットプリント・ネットワークによれば、今、存在する全ての人間が平均的な米国人のライフスタイルを享受するには、地球の生物学的能力の5倍を必要とする——だがそれは、全く不可能だ。「もし今の世界人口、産業化、公害、食糧生産、資源枯渇の増加傾向がこのまま続けば、この地球の成長は、この100年以内のある時点で限

179

界に到達するだろう」[1]。これが「成長の限界」の研究の核心のメッセージであり、それは、今でも有効である。

　石油、天然ガス、石炭、核燃料の利用可能な埋蔵量が減少しつつあり、最終的には、消費され尽くされるであろうことには十分な確証がある。問題は、その時期がどれほど間近に迫っているかだけである。入手可能なデータとその解釈が論争の的となっている。従来の石油に関しては、最大限のグローバル採掘量――いわゆる「ピークオイル」――に、既に到達しているかもしれない。スウェーデンのウプサラ大学で行われた研究によれば、未利用の埋蔵石油の採掘は、既に稼働している従来の油田の採掘量の予想される減少をほんの2、3年だけ埋め合わせるに過ぎない[2]。石炭、天然ガスのピーク生産が早くも2020年に到達すると予測する研究もある[3]。ほとんどの残存埋蔵量は、いずれにしても、差し当たり残存しておかねばならないだろう。国際エネルギー機関 International Energy Agency の2012年の年次報告は「仮に世界が、気温上昇を2℃に抑えようとするならば、炭素回収貯蔵（CCS）技術が広く有効に活用されない限り、2050年以前に化石燃料の確認埋蔵量の3分の1しか消費することができないこととなる」と述べている[4]。「人類はグローバルな生態学的問題に対して不毛な議論と楽観的で及び腰の反応によってほとんど過去30年間を無駄にしてきたのは悲しむべき事実である」とドネラ Donella とデニス・メドウズ Dennis Meadows がヨルゲン・ランダース Jørgen Randers と共に彼らの共同研究報告書の2004年改訂版に書いている。「進行中のオーバーシュートが、21世紀中に崩壊に至ることを防ぐためには、多くの活動を変えなければならない」[5]。

成長のユートピアの終わり

　マイケル・ウィンター Michael Winter は「夢の終わり」について語った。彼の見解では、今日の高度に産業化された諸国はルネッサンス後のユートピア

---

1) Meadows, Donella, Dennis Meadows, Jorgen Randers, and William W. Behrens III. *The Limits to Growth*. New York: Universe Books, 1972. p. 23

2) Aleklett, Kjell. *Peeking at peak oil*. New York; London: Springer, 2012, p. 118.

3) Zittel, Werner, Jan Zerhusen, Martin Zerta, and Nikolaus Arnold. 2013. *Fossile and Nukleare Brennstoffe – die künftige Versorgungssituation*. Ed. by Energy Watch Group. Berlin, p. 14.

4) International Energy Agency. 2012. *World Energy Outlook 2012*. Paris: OECD/IEA, p. 25.

5) Meadows, Donella, Jorgen Randers, and Dennis Meadows. 2004. *Limits to Growth. The 30-Year Update*. 1st ed. White River Junction, VT: Chelsea Green Publishing, p. xvi.

の夢、即ち「健康、安全、繁栄、正義、共生」の全てをほぼ達成している[6]。
しかし、どれほどのコストがかかったのか？　そのコストは、リヒャルト・
ザーゲ Richard Saage によれば、現代のプロジェクトの失敗した分に同値であ
る。「完璧な国家によって保証される永遠の幸福と自然の完全な征服という
ユートピアの夢は、それが、西洋で実現されたと思えた正にその瞬間に、崩れ
去った」とこの理想主義の研究者は書いている[7]。その夢は、大部分、世界の
先進国以外の地域、エコシステム、そして将来の世代の犠牲によってもたらさ
れたのだ。ウィンターは、現代の豊かな社会に注目し、「ヨーロッパ人の今日
の世界に対する関係は、貴族制がフランス旧体制に対した関係と同様である」
と言った。このユートピアは、ずっと長くは続かないと彼は考えた。そのユー
トピア・プロジェクトそのものが健全なものであるかを疑わざるを得ない時点
に到達したのである[8]。最大利潤、物質的消費、持続的な成長のために仕組ま
れている経済システムとこれに伴う価値観とライフスタイルはオーバーシュー
トが極限に達していることが明らかになるに連れ、ますます疑念を抱かせるこ
とになろう。富める者と貧しき者の格差の拡大を見るにつけ、経済成長の恩恵
が特定の階層の人々に偏っている事実は環境問題と共に、ここでも疑念を生じ
させている。更には、肥満症のような豊かさがもたらす病に照らして「行き過
ぎた発展」あるいは「行き過ぎた発展をした国」の呪いについて語る者もい
る[9]。多くの人が、経済システムの、成長への執着、たとえそれが「グリーン
成長」と呼ばれるものであったとしても、そもそも意味があるのかどうかを自
問している。いずれにしても、経済成長が無期限に続くのは不可能であり、開
発もある時点で止めなければならぬことは、他ならぬ、自由主義のパイオニア
で哲学者のジョン・ステュアート・ミル John Stuart Mill が 150 年前に彼の
『経済学原理』の中で認めていた。「産業化の進展によって、この社会はどんな
究極の地へ行こうとしているのか？　その進歩が止まる時、それが人類にもた
らすどんな事態を、我々は予想するのか？」とミルは問いかけた[10]。実際にミ
ルは、人口と経済活動の止むことのない成長の圧力から解放され、均衡状態を

---

6) Winter, Michael. 1993. *Ende eines Traums*. Stuttgart: Metzler, p. 298.

7) Saage, Richard. 1997. *Utopieforschung. Eine Bilanz*. Darmstadt: Wissenschaftliche Buchgesellschaft, p. 96.

8) Winter, loc. cit., pp. 297f, 299.

9) Worldwatch Institute (ed.). 2012. *State of the World 2012: Moving Toward Sustainable Prosperity*. Washington D.C.: Island Press, p. 24.

10) Mill, John Stuart. 1909 [1848]. *Principles of Political Economy with some of their Applications to Social Philosophy*. Ed. by William J. Ashley. 7th ed. London: Library of Economics and Liberty (www.econlib.org). Book IV, Chapter VI, § 1.

達成し、知的、社会的、そして文化的な進歩に集中することができる世界の構想に共感を示している。そのモットーは、成長は質の面で良いものでなければならず、量が大きければ良いというものではない。

グローバルな環境・社会的発展という課題

経済的にもまた社会的にも持続可能な秩序とその秩序へと進む方策についての議論は人類の将来にとって極めて重要なことであり、そして両方とも国際的なレベルにおいて民主的な世界議会で検討されるべきである。その大きな挑むべき課題は、できるだけ速やかに、そして**世界規模**で、地球システムと地球の自然の生態的再生産能力が設定するパラメーターの範囲内で、同時に、全ての人々に、最善の発展と最大の繁栄の実現を可能とする経済システムへと移行することである。フィンランド大統領のタルヤ・ハロネン Tarja Halonen と南アフリカ大統領のジェイコブ・ズマ Jacob Zuma が議長を務める国連の「地球の持続可能性に関するハイレベル・パネル UN High-Level Panel on Global Sustainability」の報告の文言の中に、「長期的なビジョンは（中略）貧困の根絶、不平等の減少、そして経済成長により全ての人々に恩恵をもたらし、そして生産と消費をより持続可能にする一方、気候変動と闘い、また様々な他の地球の限界を尊重することである」とある [11]。

変容への主な障害としての「政治的障壁」

持続可能なグローバル社会への移行は農業の発展（新石器革命）と産業革命のような世界史的な変化とよく比較されるような重大な変化を伴う。『成長の限界』の筆者が人類史上「第三の革命」の課題について語るのはこのことを言っている [12]。その課題の基本的特徴はそれ自身そのような比較を正当化するものであり、エネルギー効率の大幅な改善を同時に伴う再生可能資源にエネルギーの生産を転換することである。このような類のグローバルなエネルギーの移行は人類文明の存在する基盤を変化させ、それを長期的に保証するものとなろう。エルンスト・ウルリッヒ・フォン・ワイツゼッカー Ernst Ulrich von

---

11) United Nations High-level Panel on Global Sustainability（ed.）. 2012. 'Resilient people, resilient planet: a future worth choosing. Report of the High-level Panel of the Secretary-General on Global Sustainability'. A/66/700, p. 7.

12) Meadows, Donella, Dennis Meadows, and Jorgen Randers. 1992. *Beyond the Limits*. Chelsea Green, ch. 7.

Weizsäcker のような研究者達は既に資源の生産性は今の5倍に上昇する可能性があると見ている[13]。ドイツ連邦政府が任命した9人の学識経験者によって構成され、1992 年のリオにおける国連環境会議の時に設立された地球変動に関するドイツ諮問委員会 German Advisory Council on Global Change（WBGU）は、その移行への最大の障害は技術的なものではないことに同意している。むしろ、ポツダム気象影響研究所 Potsdam Institute for Climate Impact Research のディレクターのハンス・ヨアヒム・シェルンフーバー Hans Joachim Schellnhuber とドイツ開発研究所 German Development Institute のディレクターのディルク・メスナー Dirk Messner が率いるこの独立機関の極めて重要な 2011 年の報告書によれば、最大の課題は「グローバルな協力に向けもっと強い意欲をかきたてるグローバルな発展的飛躍」と「政治的な障壁」を克服することを含んでいる[14]。人類は「国民国家の時代から脱却し、これまでにないグローバルな協力という文化を育成しなければならない」[15]。ポスト化石燃料の世界社会へ変容するためには、「国民国家の内外に及ぶ政府と市民の間の一種の新たな対話」により可能となる新しい社会契約、この報告書の副題として呼称されているような「持続可能性のための社会契約」を必要とするだろう[16]。

「大変容 Great Transformation」の必要性はポツダム（2007 年）、ロンドン（2009 年）、ストックホルム（2011 年）で行われたポツダム研究所主催のノーベル賞受賞者らの著名人のシンポジウムの決議文でも既に論じられている。例えば、ポツダム会議の覚書は、人類は「我々の惑星地球に対する測り知れない脅威に対応するために一大変化が求められている歴史的瞬間に遭遇している」と述べた[17]。また、ボストンのテラス研究所 Tellus Institute とストックホルム環境研究所 Stockholm Environment Institute と連携した科学者のチームは、合同してグローバル・シナリオ・グループ Global Scenario Group となり、持続可能な、連帯を基盤とした世界社会への行程を作ろうとして既に 2002 年に「Great Transition 大移行」のシナリオを発表している[18]。この「大移行」アプ

---

13) von Weizsäcker, Ernst Ulrich, Karlson Hargroves, and Michael Smith. 2009. *Faktor Fünf. Die Formel für nachhaltiges Wachstum.* München: Droemer Knaur.
14) German Advisory Council on Global Change. 2011. *World in Transition: A Social Contract for Sustainability.* Berlin: WBGU, pp. 189f., 203.
15) Ibid., p. 91.
16) Idem. 7 May 2011. 'A Social Contract for Sustainability'. Press release (www.wbgu.de).
17) Potsdam-Memorandum. 2007. Conclusions of the sympodium 'Global Sustainability: A Nobel Cause', Potsdam, 8-10 October.
18) Raskin, Paul, Tariq Banuri, Gilberto Gallopín, Pablo Gutman, Al Hammond, Robert Kates, and Rob Swart. 2002. *Great Transition. The Promise and Lure of the Times Ahead. A report of the Global Scenario Group.* Boston, MA: Stockholm Environment Institute.

ローチは、米国の物理学者、未来学者であるポール・ラスキン Paul Raskin の指導の下に、テラス研究所が今も研究を続けている。

国家形成のプロセスと市場経済の興隆

「大変容」は持続可能な世界社会を作るプロジェクトの単なるスローガンではない。この用語は経済学者で社会学者のカール・ポランニー Karl Polanyi（1886 ～ 1964）の 1944 年の同じ表題の著書の中で紹介されている。その背景には、今日でも広く議論されている市場経済を基盤とする現代産業社会の起源と発展、そしてそこに内在する社会的、政治的、経済的な緊張という複雑な構図がある。ノーベル賞を受賞した米国の経済学者、ジョゼフ・スティグリッツ Joseph Stiglitz の見解では、「経済学と経済史は、ポランニーの主な論旨が正しいものであることを認識することになった」[19]。ポランニーの分析は現状の理解と適切な行動の指針のための確かな重要な出発点である。

ウィーンで生まれ、1933 年にユダヤ人の社会主義者として亡命を余儀なくされたポランニーにとって、18 世紀末に起きた市場経済の成立、即ち規制、管理された市場から自律的市場への転換は産業革命における決定的なシフトであった。長期投資が必要なことから、機械による生産の発展は、全ての生産要素が商品として売買されることができるようになり、その結果継続的な生産が維持できるようになった時にのみ経済的に可能となったとわかった。「市場メカニズムが産業の要素――労働、土地、資金――まで拡張されることが商業社会においての工場システムの導入の必然的な結果である」とポランニーは書いている。ポランニーの見解では、1834 年英国において「救貧法」とそれが提供する最低限の生活保障が廃止されて以降、社会システムとして産業資本主義の存在を語ることのみが可能であった[20]。ポランニーの研究は国家により着実に実施される措置によって、この社会システムがいかに確立されたかを示している。スコットランドの政治経済学者のアダム・スミス Adam Smith が市場参加者の個々人の私的利益により動かされる需要と供給の自主管理的なバランスについて 1776 年に詳しく書いているように、「市場の見えざる手」はまるで魔法のように自動的に生じるものではない。それどころかむしろ、ポランニーは

---

19) Stiglitz, Joseph. Foreword in: Polanyi, Karl. 2001. *The great transformation: the political and economic origins of our time*. Boston, MA: Beacon Press. p. xiii.

20) Polanyi, Karl. 2001. *The Great Transformation: The Political and Economic Origins of Our Time*. Boston, MA: Beacon Press, p. 78.

184 　第二部　21 世紀の統治と民主主義

「自由な市場は、単に物事を自由な動きに任せることで実現されるようなもので
は決してない。正に綿織物の製造業が——代表的な自由貿易産業だが——保
護関税や輸出奨励金や間接的な賃金補助金の支援によって初めて生まれ出たよ
うに、自由放任主義そのものが国家によって実践されたのである」と書いてい
る。逆説的に言えば、自由市場の確立には、そのシステムの機能を確保するた
めに休みなく働く国家の行政機能の著しい強化と中央官僚機構の発達が必要で
あった[21]。市場経済そのものが生まれる以前の、統制された国内市場の創設で
さえも同様の目標に狙いを定めた措置により実現されている。ポランニーが書
いたように、西欧での国内取引は「猛烈に保護主義的な市や公国」の抵抗に抗
して「国家介入という急場を救うために登場する神」によって実際に推し進め
られた。この「商業革命」は競合する中央集権的な国民国家の発展の一部で
あった。「対外政治において、主権の確立はその当時必要なものであった。
従って、重商主義的な政治的手腕は国内領土全域の資源を外交問題の分野で支
配力を持つために結集させることを含んでいた」[22]。産業革命が進む中で、国
内市場の創出と資本家に対する規制の緩和は従って国家形成の上で重要なプロ
セスと見なすことが可能である。これは、個人レベルでの価値体系の変化、即
ち、個人の経済的利益を合理的に追求するいわゆる「経済人」の台頭を伴った
のである[23]。

市場原理主義と国家介入主義の間の「二重運動」

次いで19世紀になって市場の規制あるいは緩和を行うために確立された国
家権力の政治的なコントロールを巡る争いが生じた。ポランニーは彼の研究の
中で市場自由主義勢力と市場メカニズムを制限することを求める勢力との間の
「二重運動 double movement」の概念を提示した。ポランニーはこの対立を
「その時代の歴史における一つの広範囲にわたる特徴」と見た[24]。ポランニー
の見解では、第一次世界大戦、1930年代の大恐慌、ファシズムの台頭そして
第二次世界大戦までの流れは、究極的には、全て一つの問題：市場原理主義的
資本主義の興隆と没落であった。ポランニーは金本位制度の破綻と保護貿易主
義の台頭に言及して「1900年以降進行していた世界経済システムの崩壊が、

21）Ibid., p. 145.
22）Ibid., pp. 67f.
23）Ibid., pp. 45ff.
24）Ibid., p. 80.

1914年に爆発した政治的な緊張の原因である」と書いた[25]。市場原理主義はその中に自ら引き起こす社会的激変という形でその失敗の種を育んでおり、そしてその崩壊の瞬間に、それは極端な対抗勢力を解き放つと彼の論述は進んでいく。ポランニーは「ファシズムは、社会主義のように、役割を果たすことを拒む市場社会に根差したものである」と書いている[26]。ファシズムと社会主義はいずれも国家管理型中央集権的な統制経済の形態を作り上げているが、これらは同一の対抗勢力の異なる例であるというのがポランニーの解釈であった。

グローバルな環境・社会市場経済

　繁栄する民主的な社会は、ポランニーによって詳しく書かれている「二重運動」の両極では維持され得ない。政治の要諦は自由市場派と国家市場介入派の均衡をとるものでなければならない。この均衡は第二次世界大戦後の西欧で構築されたある種の社会的市場経済により達成され得る。大恐慌により厳しい打撃を被った米国では、1933年に始まったフランクリン・D・ルーズベルト大統領の「ニューディール」により始められた経済社会改革によって国家による福祉と規制に著しい転換がもたらされた。しかし、自由放任主義と国家介入主義の勢力のバランスをとることを目的とする社会市場経済は今日では環境保護上の持続可能性という観点からは最早十分ではない。21世紀の「大変容」はつまり市場経済が社会的のみならず、環境保護上でも持続可能な形で機能するように市場経済を規制することにより成り立つ。このことから出現する社会的概念が、「環境・社会市場経済」の概念である。経済学者で数学者でもあるフランツ・ヨゼフ・ラデルマッハー Franz Josef Radermacher とコンサルタントのエステル・ハーリン Estelle Herlyn はこれを次のように要約している。「もし我々が、将来もこれまでどおり生存可能であり、人々が豊かにそして自然に溢れ、そして互に平和に生活できる地球を望むならば、人類はこれまでとは異なったモデルを必要とする。このためには、我々は、シュンペーター的意味で、とりわけ万人の政治への参画を促進するとの観点から厳しい環境保護と社会的衡平の存在する市場のダイナミズムと刷新力を組み合わせることが必要である」。そして、この二人が強調するように、それは単に国家レベルのみならず、グローバルなレベルにおいてもその必要があることを意味している。ラデル

25) Ibid., pp. 42, 22.
26) Ibid., p. 248.

186　第二部　21世紀の統治と民主主義

マッハーとハーリンは、必要とされる経済モデルは、「環境・社会の面で管理される世界的な市場経済、即ち環境・社会市場モデルという形態のオルドリベラル ordoliberal アプローチをグローバルに拡大したものである」ことを確信している[27]。ラデルマッハー、起業家フリチョフ・フィンクベイナー Frithjof Finkbeiner らの多くの人々が 2003 年以降——ある意味米国の政治家、環境保護主義者、そして後にノーベル賞を受賞したアル・ゴア Al Gore のベストセラー『地球の掟』の中にある 1990 年の「グローバルなマーシャル・プラン」の提案に応えて——正にかかる提案を、世界中に広がる環境・社会市場経済の構築に向けた具体的なステップとして求めてきている。

　競争の激しい国際状況とそれに巻き込まれるグローバルな公共財のために「環境・社会市場経済」はグローバルであることが必然である。もし、国際的な枠組みの中よりも国家レベルによる規制によって実施されることとなったならば、その成功のチャンスは少ないだろう。例えば、環境・社会経済システムの中の料金は環境保護のために生じる可能な限りの全ての重要なコストを含む必要があるだろうし、これは転じて効果的に機能するグローバルな課税システムを必要とすることとなるだろう。しかし、「国際法の悲劇」はまさしくそれを不可能にする。それを実現するためには、漸進的な改良が求められる。ブルントラントの報告は、既に、「伝統的な国家主権の形態は、環境保護と経済の相互依存の現実によってますます疑問を投げかけられている」と指摘している[28]。スティグリッツが彼の著書『グローバル化とその不平の種』の中で書いているように、我々は今日、輸送と通信コストの低減、そして物、サービスと資本の自由な取引に対する障壁の撤廃のために、国家経済が形成された初期のプロセスに類似した「『グローバル化』のプロセス」に対応しつつある。前世界銀行チーフ・エコノミストが「我々は不幸にも、全ての国の人々に対して責任を負い、国家の政府が国有化のプロセスを導いたのと同等のやり方でグローバル化のプロセスを監視するための世界政府を持っていない」と続けている[29]。しかしながら、もし、私達が私達の地球上に持続可能な文明を持つつもりであれば、それこそが必要とされているのである。現在進行中の新たな「大変容」の決定的な特徴はポランニーにより詳しく書かれた国家形成のプロセスがグローバルな規模で継続されることでなければならない。第一次世界大戦後

---

27) Herlyn, Estelle L. A., and Franz Josef Radermacher. 2011. 'Ökosoziale Marktwirtschaft: Ideen, Bezüge, Perspektiven'. FAW/n Report, p. 3.

28) World Commission on Environment and Development (ed.). 1987. *Our Common Future*. Annex to A/42/427. Ch. 10, point 1.

29) Stiglitz, Joseph E. 2003. *Globalization and Its Discontents*. W. W. Norton & Company, p. 21.

に生じた状況の中で、ポランニーは唯一賢明な選択肢は「国家の主権を超越する、組織としての力を付与された国際的な秩序の確立」であったであろう、と簡潔に指摘している[30]。

---

30) Polanyi, loc. cit., p. 43.

第12章

ターボ資本主義、金融危機、グローバルな規制緩和への反撃

「二重運動」の現代的妥当性と規制からの解放問題

　新たに喚起されたポランニー Polanyi への関心は持続可能性の問題に関連しているだけではない。この問題は彼が詳述した『二重運動』の今や中心的重要問題となった。ポランニーの主張の現代の妥当性は、ダブリンの社会学者ロナルド・マンク Ronald Munk や哲学者で男女同権主義者のニューヨークの教授ナンシー・フレイザー Nancy Fraser らの研究者の見解によると、今日の市場勢力が再びいかなる規制からもほとんど解放された——束縛が取り払われた——ということからむしろ生じている。1980年代に英国の首相マーガレット・サッチャー Margaret Thatcher と米国の大統領ロナルド・レーガン Ronald Regan の下でもたらされた改革は、冷戦の終結とソビエト圏での「現存する社会主義」の崩壊の後でグローバル化した「ターボ資本主義」と称されたものを導いた規制緩和の波の始まりであった。象徴的な出来事は1999年の、1933年に米国でのニューディール政策の一環として商業銀行業務と証券業務の分離を維持するため導入されたグラス・スティーガル法の廃止であった。「ターボ資本主義」という用語を同じタイトルの著書で広めた米国政府のアドバイザー、エドワード・ルトワック Edward Luttwak によれば、シアトルのWTO会議に対する抗議は「束縛を取り払われた市場経済」に対する反発であった。「1990年代の資本主義はその前の数十年間の資本主義とは全く異なる」とルトワックは要約している。「それが『ターボ資本主義』という用語を私が思いついた理由である。それは規制が完全に外され、束縛が完全に取り払われた市場、いかなる保護的障壁もない市場を言い表すものである」[1]。これは

---

1) Luttwak, Edward. 9 December 1999. 'Wenige Gewinner, viele Verlierer'. Interviewed by Dietmar H. Lamparter and Fritz Vorholz. *Die Zeit* (www.zeit.de).

疑いもなく誇張されている。しかし、ポランニーのモデルを使えば、二重運動がもう一度自由放任主義の方向に振れたと言うことは確かに可能である。フレイザーは「我々が今日『新自由主義』と称するものは、ポランニーが年代順に記した資本主義の危機から解放する『自主規制市場』への信頼と正に同じ19世紀的信頼の再来に過ぎない」[2]と書いている。状況が極めて似ているので「第二の大変容」と呼ぶこともできると彼女は論じている。フレイザーはポランニーが行った「良き管理された市場」と「悪しき管理されていない市場」との比較は単純過ぎると強調している。重要な点はあらゆる形態の抑圧を認識し、かつ異議を唱えることでなければならない。抑圧の根拠が経済的システムにあるのかまたは社会にあるのか、市場自由主義にあるのかまたは国家干渉主義にあるのかにかかわらず、である。抑圧からの解放とより公正な社会を求める戦いは、従って簡単にはポランニーの二重運動モデルに当てはめることはできない。彼女は、資本主義の危機は市場勢力、社会的規制そして解放の三つの側面の対立と理解されねばならないと主張している。独裁政治と全体主義への転落はあり得ることである。またそれは、歴史の経験に鑑みて、常に念頭に置かれ注意が払われていなければならない。

金融危機と継続する金融システム全体のリスク

　ポランニーにより想定された「管理なき市場」の自己破壊とそれに伴う社会の機能停止へと向かう傾向が2007年以降のグローバルな金融危機の過程の中で確認されたように見える。国際金融システムの崩壊の可能性に直面して、その正確な成り行きや結果は予測しがたかったが、政府と中央銀行は「大き過ぎて潰せない」と思われた金融機関や企業等を支えるため大規模に介入せざるを得ないと考えた。そのような組織やその所有者が晒された私的商業的リスクは回避され、より広範囲の社会へと転嫁された。厳密な市場経済の条件の下では、関係機関はリーマン・ブラザーズ Lehman Brothers が行ったように、破産宣言をしなければならなかったはずである。国際通貨基金 IMF により発表された数値によれば、2009年8月までに、G20メンバー国は合計1兆1600億米ドルの資本金の注入を約束し、また4兆6380億ドルもの債務保証を行った。これは、全てのG20メンバー国の2008年のGDPの合計額のそれぞれ2.2%、8.8%

---

2) Fraser, Nancy. 2011. 'Marketization, Social Protection, Emancipation: Toward a Neo-Polanyian Conception of Capitalist Crisis'. In: *Business as Usual. The Roots of the Global Financial Meltdown*, ed. by Craig Calhoun and Georgi Derluguian, 137–157, 281/2. New York University Press, p. 139.

に相当する。IMF の数値は更にその時点までに資本金注入という形で総額4460億ドル、そして融資金と株で3660億ドルが実際に支出されたことを示している。金融機関とその所有者達が救済された一方で、部分的には彼らに責任のある金融危機が1929年以来最悪の株式市場の破綻、世界的な不況、数年間にわたる世界の貿易量の厳しい減少、雇用先の喪失と引き続く数百万人に上る失業者の発生を引き起こした。他の重大なグローバル経済危機の恐怖が拡大した。これが、規制強化による対応策でうまく切り抜けられるのかどうか、そしてそれにはどうすればいいのかは重要問題である。

ドイツ連邦の大統領で、大統領に就任する前の4年間IMFの専務理事であったホルスト・ケーラー Horst Köhler は、あるインタビューで、国際金融市場は「鍵をかけて閉じ込めていなければならない怪物になってしまった」と嘆いている[3]。それから何年も経っているにもかかわらず、「怪物」がしっかりと縛りつけられていないとの感が拭えない。国家が行った介入に照らして「国家の復活」とのいささか早まった風説が流れた。しかし、実行された対策は、主として、現状維持のための緊急対応であり、かつ危機の原因を全体系から根絶するものでは決してなかった。あらゆる政府の約束にもかかわらず、政府は、主として、金融市場の規制により管理を改善することに頼った。しかし、それでは十分ではない。ニール・M・バロフスキー Neil M. Barofsky——2011年の初めまで、経営難に陥った金融機関を救済するために株式を購入するための米国政府の不良資産救済プログラム Troubled Asset Relief Program の独立検査総監であった——は、金融危機によって実施された再規制の主要目的の一つであったと称されていた「システム上重要な」一握りの銀行の支配を終わらせることができなかったと不満を述べている。それどころか、米国の主要銀行は、実際には、その間、23％も成長していた。主要銀行のGDPに対する貢献度は、2007年から2012年の間に、43％から56％に上昇した。バロフスキーは、「米国の銀行システム上のリスクは、これらの銀行に著しく集中し、主要銀行は今や全産業の資産の40年前の17％から増加し、52％を支配している」と記述している[4]。主要銀行が経営困難な状態に陥った場合、それらは大き過ぎて潰せないが、同時に、大き過ぎておそらく救済することもできないだろう。

銀行業務の監督についてのバーゼル委員会（国際決済銀行 Bank for International Settlements の一委員会）は、2014年から発効した新しい最低資本基準を定める

---

3) 'Köhler nennt Finanzmärkte Monster', 14 May 2008 (www.stern.de).
4) Barofsky, Neil M. 22 July 2012. 'Bungled Bank Bailout Leaves Behind Righteous Anger'. *Bloomberg* (www.bloomberg.com).

1000 ページに及ぶバーゼルⅢ規則を作成した。このルールがいかに有効であるかが検討されたのにかかわらず、このような国際基準の統一的な実施は難しいことが明らかになった。バーゼル委員会に参加している 30 カ国の政府は、進行中の国際的な交渉の過程でこの規則の実施を約束したかもしれないが、これは国際法の下では拘束力はない。ヘッジファンドを含むいわゆる、シャドー・バンキング・システムの規制に関して、EU の担当委員のミシェル・バルニエ Michel Barnier が驚くべき発言を行っている。金融危機の頂点だった米国の投資銀行リーマン・ブラザーズの破綻から 3 年余り経った後、バルニエは「シャドー・バンクとは実際に何であるのか、そしてシャドー・バンクに対してどのような規制や監視が適切なのかについてより一層理解を深めることが先ず必要である」と発言している。シャドー・バンキングは「革新的」であり「絶えず活動している」ことを念頭に置いておかなければならない[5]。今までのところシャドー・バンクはその規模の大きさのみでも金融システムに決定的な影響を及ぼしている。G20 諸国の金融安定委員会 Financial Stability Council によれば、シャドー・バンクの規模は、2015 年には、34 兆ドル即ち評価の対象の 27 カ国と地域の管轄区域の GDP の 69％に拡大している[6]。これは、世界の国内総生産の約半分に相当する。規制についてはほとんど進んでいない。シャドー・バンキングの定義そのものについてさえも意見の相違がある。金融危機を引き起こしたシステム上の特性はまだそのまま残っている。金融システムが再び制御不能となるのは単なる時間の問題であろう。

金融システム安定化のための国家の介入

「国家の復活」について語るのが誤りであるもう一つの理由がある。というのはその事実が単にゆっくりと民衆の関心を呼びつつあるだけであるとしても、金融部門を安定させるための国家の介入はグローバルな金融危機によりもたらされた例外的な現象ではなく、数十年来の慣行なのである。この観点で見れば国家の撤退と自由市場の発展は根拠のない話である。国家は投資家を支援するために常に市場活動に介入してきた。1970 年代末から 2000 年代初めまでに 93 カ国で 117 件の金融危機があったことを調査結果が明らかにしているが、その危機に際して、納税者は金融システムの安定を維持するための国家の介入コス

---

5) Mussler, Werner. 19 March 2012. 'Finanzmarkt: EU will Schattenbanken regulieren'. *Frankfurter Allgemeine Zeitung*（www.faz.net）からの引用。

6) Financial Stability Board. 10 May 2017. 'Global Shadow Banking Monitoring Report 2016', p. 3.

トを払うために平均で国のGDPの12.8％という信じがたい額を負担している[7]。ワシントンDCの経済政策研究所のジェフ・フォー Jeff Faux が強調しているように、メキシコ、タイ、ブラジル、ボリビア、韓国、インドネシア、ロシア、アルゼンチンにおける1990年代の大金融危機は全ての大手投資家が国の救済策によって保護されて終結したが、一方では社会のその他の部門は「需要と供給の残酷な法則」の下で放置されたままであった。自由市場経済のこの歪められたモデルはフォーの見解では「富者のための社会主義」[8] 以外の何物でもない。しかしグローバルな金融危機の際立った特徴はそれが世界の金融センターである米国から始まったことであるのみならず、**国際的な**システムの崩壊が次第に迫ってきていたことでもあり、それを防ぐために世界中で同時に大規模な介入が必要であった。世界中の金融システム間の緊密なそしてグローバルな相互連結のために、危機が局地的範囲に封じ込められることは次第にあり得なくなってきている。IMFは「適切な対策のない状態の下では、高度に統合された経済は有害な、国際的な波及効果の影響を今でも受けやすい」と書いている[9]。全世界の金融システムが不安定になっているのである。

「最重要グローバル公共財」としての金融システム

　グローバルな金融危機以前に既に、スウェーデンとフランスにより立ち上げられ、元メキシコ大統領のエルネスト・セディージョ Ernesto Zedillo とコートジボワールのティジェイン・ティアム Tidjane Thiam の二人が共同で主導した「グローバル公共財に関する国際タスクフォース International Task Force on Global Public Goods」は、最重要**グローバル公共財**の中に、気象変動への取り組み、伝染病の防止、国際貿易システムの強化、そして平和と安全保障の確保などの5項目と共に「国際金融の安定性の強化」を含めている。単にそこにあるグローバル共通財とは対照的に、この特別委員会によって定義されたような「グローバル公共財」は、重要な政治的な目標であり、その目標の達成は共通の国際的利益となり、全ての国と人々に恩恵をもたらすが、その保全は有効な国際協力を必要とするのである。当然のこととして、それは単一の国家によっ

---

7) Niepmann, Friederike, and Tim Schmidt-Eisenlohr. 2010. 'Bank Bailouts, International Linkages and Cooperation'. London School of Economics and Political Science, CEP Discussion Paper No 1023, p. 2.

8) Faux, Jeff. 2006. *The Global Class War*. Hoboken NJ: John Wiley & Sons, p. 115ff.

9) International Monetary Fund. October 2012. *Global Financial Stability Report: Restoring Confidence and Progressing on Reforms*. Washington D.C.: IMF. Ch. 3, p.1.

ては得られず、保有されることもできない。グローバル共通財の管理を阻害するものと同じ障害が安定的な金融システムのようなグローバル公共財の供給を確保するためのどんな試みをも妨害する。各国政府は、その国益が様々異なるために、広範囲にわたる規制や措置に合意することは難しいと感じている。拘束力のあるルールに従おうとする諸政府の意欲は弱く限定的である。誰もが公共財の恩恵を享受するのでその公共財を維持するために必要な投資や努力を後回しにし、他人に任せてただ乗りをしようとするインセンティブがある。合意したルールの遵守を確保するのは困難である。時には、もし関係国の中のわずか1カ国、即ち守る意志の最も弱い国がルールを守ることを怠れば、公共財の供給または保全が妨げられることが起こり得る。国際タスクフォースは国家主権の原則に固執することが「その他のあらゆる問題の根底にある根本的な問題」であることに気づいた。「主たる障害は国際社会が主に主権国家間の自主的な交流で成り立っているという特質に起因している」とタスクフォースはその報告書に書いている[10]。ここでも、それはグローバルな規制を可能にする世界法の枠組みがないことに全て帰するのである。

国際法の無政府的なシステム

　国際法の全体系を、規制のない市場の特徴を表す言葉と類似の言葉で説明することが可能であることはここで留意するに値する。経済人は——自由放任主義の原理では——自己の利潤を最大にしようと努めるが、国際法においては有利な立場を追求する主権国家に等しい。結局のところ、主権国家にとって関心のあることは地政学的な利益、即ち、敵対国に比べて支配的な立場に立つことである。これは、軍事力——古典的な地政学的手段——の行使により確保される領土と資源に対する支配を含む。しかし、敵対関係は軍事的衝突にとどまらない。産業国家間の競争は、最早、戦場で争われるのではなく経済の分野で争われている。ルトワックが「地経学 geo-economy」と称するものでは、国家は特定の産業と企業の支援のために市場に介入する。それが市場における支配力を強化するためであれ、望ましくない競争を防ぐためであれ、または新しい市場を制覇することを支援するためであれ、介入する。ルトワックによれば、「軍事的衝突の考えが全くない時でさえも、あらゆる面で最高に友好的に協力

---

10) International Task Force on Global Public Goods. 'Meeting Global Challenges: International Coop-eration in the National Interest. Report of the Intl. Task Force on Global Public Goods'. Stockholm, 2006, pp. 18f.

し合っている時でさえも国々は本質的には対立している」[11]。冷戦終結後、新現実主義の創始者として国際関係の研究で有名な国際政治学者のケネス・ウォルツ Kenneth Walz は、情勢の変化にかかわらず「国際政治の基本的構造は無政府的な状態が続いている」と書いている。ウォルツによれば、「各国は、他国との協力の有無にかかわらず、自力で活動していく。各国の指導者達とその支持者達は彼らの立場、即ち相互に対峙する彼らの立場に関心があるのだ」[12]。ジョージ・ソロス George Soros はこの類似点について更に詳しく述べている。地政学の原理と「自由放任の原理はいずれも自己利益を国民の行動を説明したりまたは予測したりするための唯一の現実的な根拠として扱っている点でかなり似ている。自由放任主義にとって、その主体は個々の市場への参加者であり、地政学にとって、それは国家なのである。双方に密接に関係しているのは適者生存が自然界の原則であるとするダーウィン説の通俗的な解釈である」とソロスは書いている。ソロスの見解では、国家はそれ自体が目的であるよりもむしろその**市民の利益**を代理すべきであるとする考え方は地政学の世界には存在しない。ソロスによれば、「地政学的現実主義は自由放任の原理をその主体を個人や企業体ではなく国家に置き換えたものと見なすことができる」[13]。私達は、この考え方を更に一歩進めたい。というのは、もしポランニーの分析で、国家が規制されていない市場の管理のために介入しなければならないとすれば、我々の考えでは、それは正に国際法では存在しない**世界国家**の立場からの介入という選択肢しかないのである。

自由主義、自由放任主義と世界国家の問題

しかしながら、——古典的な自由放任主義の擁護者のために——地政学と国際法との間に引かれた平行線が重要な点で自由放任主義の擁護者の議論を歪めそして省略していることをここで指摘しなければならない。彼らの信条では、その核心は、国家は経済問題には正に関与しては**ならない**ということであり、従って例えば国家は特定の産業や企業を支えるために介入すべきではないということである。更に、彼らにとって自由放任とは無政府的な国際秩序の場合のような上位の国家権力が**存在しない**ことではなくて、正に国家権力を特定の業

---

11) Luttwak, Edward. 1999. *Turbo Capitalism*. London: Orion, p. 128
12) Waltz, Kenneth N. 1993. 'The Emerging Structure of International Politics'. *Intl. Security* 18(2): 44-79, p. 59.
13) Soros, George. *The Crisis of Global Capitalism*. New York: PublicAffairs, 1998. p. 215.

務に**制限する**ことを意味している。もちろん、国家は市場の活動には可能ならばいささかでも関与することを避けるべきであるが、平和、自由、財産の確保への国家の積極的な関与は当然のことと考えられている。彼ら自由放任主義者の見解では、必要な場合には国家は平和的な人間の協力と共通のルールの遵守を強制することができなければならない。「自由主義は無政府主義ではないし、更に無政府主義とは断じて何の関係もない」と有力な経済学者のルードヴィヒ・フォン・ミーゼス Rudwig von Mises（1881 ～ 1973）は 1927 年の彼の著作『自由主義』の中で言明している。このことは国際秩序についても等しく当てはまる。「全ての個々の国家は主権者であり」かつ「最高かつ最終的な存在」であるという国際法の定説は世界規模の自由な貿易と活動（laissez-faire et laissez-passer ＝なすにまかせよ、行くにまかせよ）の擁護者にとっては到底受け入れられないものであった。自由主義は、ミーゼスが明らかにするべく努めたように、「世界を包含する政治的な概念であり、そしてそれが保持する限定された地域内で実現することを世界政治のもっと広い領域にも適用することを追求するのと同じ思想である。仮に自由主義者が国内政策と外交政策を区別するならば、彼はひとえに便宜的にかつ分類の目的で政治的問題のような広大な領域を主要なタイプに細分化するのであって、彼は異なる原理が各々に有効であると考えたからではない」。国内の平和を確保するだけでは不十分であるということが認識されている中で、自由主義は「社会の政治組織が**全ての国の平等を基本として連合する世界国家**がその頂点に達するまで拡大されること」[14]を追求する（強調は著者による）。フリードリッヒ・フォン・ハイエク Friedrich von Hayek（1899 ～ 1992）はノーベル経済学賞を受賞した経済学者で、そしてミーゼスと共に、オーストリア経済学派の最も重要な代表者の一人で、かつ一部の人々からは新自由主義の先駆者と見られているが、彼の 1944 年の著書『隷従への道』の中で、「超国家的な機関」を持つ**世界連邦主義**の制度の確立を求める明確でわかりやすい主張を行っている。この国際的な政治機関は、厳密に定義されているが、完全に法的な強制力のある権限を付与されるべきであり、その権限には「経済団体を監視し、かつ彼らが争う際には正しく裁く」権限を含むべきである。この機関は、国家に相対して「様々な国がその隣国に危害を加えるような行動を抑止する」ための一連の規則を実施する権限を持たねばなら

---

14) Mises, Ludwig von. 2002. *Liberalism*. 3rd ed. Mises.org edition; Cobden Press/The Foundation for Economic Education, Inc., p. 37, 105, 148. 彼はその後、第二次世界大戦の影響を受けてその立場を改めた。以下を参照。Idem. 1944. *Omnipotent Government: The Rise of the Total State and Total War*. Auburn, Alabama: Liberty Fund/Ludwig von Mises Institute, p. 243.

ないとしている。ハイエクは、世界連邦主義は「民主制の国際問題への適用に他ならず、人類が今までに考え出した唯一の平和的な改革の方法である。しかし、それは権限が明確に限定された民主制である」と考えた。彼は、「もし賢明に利用されるならば、連邦制の組織原則は世界の最も難しい問題の実に最善の解決方法であることが明らかとなる可能性がある」と書いた[15]。だから「自由放任主義」の適切に理解された形態を代表する者との間でさえも、世界国家が存在するべき**かどうか**についての意見の相違は世界国家をどのような形態にし、そしてその権限は正確にはどのようなものとすべきかという問題ほど程大きくはないと思われる。

規制緩和のグローバルな競争

各国が互いに常に「無制限な競争」状態にある事実は、急進的な自由市場主義の勢力にとって大いなる有利さをもたらす根源である。いったん規制緩和が数カ国で実施された場合、国際的な競争はこれが止めようもない規制緩和競争という結果になることを意味する。この「最底辺への競争」を決定するものは企業や資本がどこで最も有利な条件を見つけることができるかである。これが賃金、社会保障、環境保護基準、労働者の権利そして財政政策に圧力を加える。米国で金融制度の規制緩和を正当化するために正にこの議論が使われた。1999年11月の米国上院、とりわけ業務の分離を義務づける銀行制度（投資業務と融資業務の兼業を不可とする制度）を廃止する「金融サービス近代化法 Financial Service Modernization Act」の読会において、ニューヨーク州選出の民主党のチャック・シューマー Chuck Schumer 上院議員は何よりも重要なことは「米国の金融関連企業が競争力を維持し続けることである」と述べている。シューマーは「この法案を成立させなければ、我々は、ロンドンやフランクフルト、そしてこの先何年か後には、上海が世界の金融センターとなっているのを目の当たりにすることになるかもしれない」と述べている。米国の重要な企業は米国から去り、「これらの業務」を認める他の国に移転するかもしれない。世界の金融センターとしてのニューヨークの地位と高額な報酬の支払われる「数百万」もの職業が危機に瀕することになろう[16][17]。『ニューヨーク・タイムズ』

---

15) Hayek, Friedrich August von. 2001. *The Road to Serfdom*. Routledge Classics, pp. 238f., 243.

16) U.S. Congress. 4 November 1999. 'Proceedings and Debates of the 106th Congress, First Session'. Congressional Record 145, no. 154, p. S13880.

17) ワシントンDCの対応の速い政治のためのセンター Center for Responsive Politics in Washington D.C.によればシューマーの選挙運動基金への献金の大部分は結局投資銀行から来ていたことは注目

紙のコラムニストで、グローバル化の提唱者、トマス・L・フリードマン Thomas L. Friedman は、ベストセラーとなった彼の著書『レクサスとオリーブの木——グローバル化の理解 The Lexus and Olive Tree: Understanding Globalization』の中で、サッチャーとレーガンが作り出した「黄金の拘束服」について述べている。フリードマンの拘束服の隠喩は国家が信用を得て資本投資を獲得するためにグローバル化した経済において国家が遵守しなければならない原則を意味する。「黄金の拘束服に身を合わせるためには、国家は次に掲げる黄金のルールを採用するか、または、その方向へ向かっているように見せかけるようにしなければならない。民間部門が経済成長の主要な牽引力となること、インフレーションを抑え物価の安定を図ること、官僚機構を縮小すること、黒字にはならなくともできる限り財政の均衡を図ること、輸入品に課す関税を撤廃するか引き下げること、外国からの投資に対する規制を撤廃すること、輸入割当ての撤廃と国内での独占を排除すること、輸出を増加すること、国有企業と公共事業を民営化すること、資本市場を規制緩和すること、自国通貨の兌換を可能とすること、外国人による直接投資や間接投資のための産業と株式市場、債券市場を開放すること、国内競争促進のため可能な限り国内経済を規制緩和すること、政府の腐敗、補助金、リベートを可能な限り排除すること、銀行業と電気通信システムの民営化と競争促進、自国の国民にずらりと並んだ競合する年金オプションと外国の運営する年金と投資信託からの選択を自由にさせること」[18]。フリードマンが拘束服を「黄金の」と呼ぶのは、彼が考えるに、このプログラムのみが現在成長を生むことを可能にすると考えたからである。彼は、政治は格付機関や投資ファンドや投機家そしてその他の市場関係者により要求されるプログラムを実施する目的を持つ単なる専門的技術に過ぎないものとなったと論じている。格付機関や投資ファンドや投機家そしてその他の市場関係者はその必要とすることを満たすために国際通貨基金と世界銀行により支援を受けるが、国際通貨基金と世界銀行は関連の条件が満たされる場合に限り融資するのである。

に値する。彼はいかに政治家が時間を経る中で軟化し得るかを例示しているように見える。1987年8月のニューヨークタイムズの寄稿においてシューマーは、分離銀行制度は実際銀行業務の集中を防止し、従って競争を強め、そして革新をもたらし易くするので競争上の優位を保つと全く反対の方向の議論をしていた。以下を参照。Schumer, Charles E. 26 August 1987. 'Don't Let Banks Become Casinos'. *New York Times* (www.nytimes.com). Schumer, Charles E. 26 August 1987. 'Don't Let Banks Become Casinos'. *New York Times* (www.nytimes.com).

18) Friedman, Thomas L. 2000. *The Lexus and the Olive Tree*. New York: Picador, p. 105.

タックス・ヘイブンと匿名のダミー会社の重要な役割

　英国のジャーナリストのニコラス・シャクソン Nicholas Shaxson が 2011 年の彼の著書『宝島』で説得力ある明快な説明をしているように、タックス・ヘイブンは規制がすっかり外されたグローバルな経済と金融システムの中心である。タックス・ヘイブンは人々や企業が「他の管轄地域の規則、法律、規制を免れる」[19] のを支援することで企業を誘致する、国際法に基づく主権国家または地域的管轄権のことである。タックス・ヘイブンが提供するのは高水準の自由裁量権と秘密保持、低率課税、または非課税でさえもある。そしてそれはその地の当局からの介入を受けない政策である。世界貿易の約 3 分の 2 は国際的に事業を展開している企業によって行われている。オフショア地域に存在することはそのような国際的に活動する企業が名目的な社内の原価計算手法を用いて、税務上、損益が課税対象となるかあるいは課税控除の対象となる場所をほとんど思いどおりに選択することを可能とする——これは全く合法的なごまかしである。タックス・ヘイブンに登録された持株会社に商標権などの知的所有権は譲渡されているが、その持株会社の利用と組み合わせて、これにより度々税金の負担をできるだけ少なくする目的を達成している。多くのタックス・ヘイブンで提供される条件と金融サービスは、例えば資金洗浄を通じてグローバルなレベルで活動している犯罪企業のために重要な役割を果たしている。そのような資金の流れが金融危機の際には、金融システムを救済したことさえある。国連薬物犯罪事務所 UN Office on Drugs and Crime UNODC の所長でイタリア人の経済専門家であるアントニオ・マリア・コスタ Antonio Maria Costa が『オブザーバー』紙に、金融危機のピーク時には麻薬の売買などの非合法な取引によって生じた資金総額 3500 億米ドル近くが金融システムに流入しそこで洗浄されたと述べている。彼は、倒産の瀬戸際にあったいくつかの銀行にとって、それが当時利用可能な唯一の流動資本の源であったことを明らかにしている [20]。

　このように世界中の他の国を手玉にとっているのは、カリブ海の島、14 の英国の海外領土の一つ、同時に世界の主要な金融センターの一つのケイマン諸島（人口 5 万人）のような隔絶された場所だけではない。シャクソンは「世界の

---

19) Shaxson, Nicholas. 2012. *Treasure Islands: Tax Havens and the Men Who Stole the World*. London: Vintage, p. 8.

20) Syal, Rajeev. 13 December 2009. 'Drug money saved banks in global crisis, claims UN advisor'. The Observer（www.guardian.co.uk）.

最も重要なタックス・ヘイブンは、多くの人々が想像するような、異国情緒の
ヤシの木に縁どられた島ではなく、世界でも最強の力を持つわずかな国なので
ある」と報告している。世界中のオフショア・システムは英国と米国から支配
されるそれらの国の影響圏にあるネットワークの中に配備されている約60の
影の金融センターを含んでいる。グローバル化のプロジェクトにおいて、レー
ガンReaganとサッチャーThatcherの果たした重要な役割はよく知られている。
しかしこれらの影の金融センター、即ち「それらを介して、富める国も、貧し
い国も、国民国家を強引に競争させており、かつその過程で税金管理制度と規
則に大打撃を与えているグローバル化の静かなる戦士にはほとんど注意が払わ
れてこなかった」[21]。2017年6月に、重要な調査が「外国資本を誘引し保有す
る」24カ所のいわゆる「隠れオフショア金融センター Offshore Financial Cen-
ter」（OFCs）を特定したが、その中には英国領バージン諸島、ケイマン諸島、
ジブラルタル、香港、ジャージー島、リヒテンシュタイン、ルクセンブルグ、
マルタがある。加えて、調査は「非課税で資金の移動を可能」にする「仲介国
オフショア金融センター」として重要な役割を担う小規模な一連の5カ国：オ
ランダ、英国、アイルランド、シンガポール、およびスイスを発見してい
る[22]。

　この「有害な課税競争」の中でタックス・ヘイブンによって演じられた重要
な役割は経済協力開発機構OECDの1998年の画期的な報告書で明確にされて
いる。一つの問題は脱税である。脱税者の追跡をより容易にし、透明性を増す
ために「要請に基づき」適用され、かつタックス・ヘイブンにも適用される双
務的な情報交換の標準的方策が開発された。しかし、これらの努力は2009年
以降G20首脳会談で取り上げられたが、多くのオブザーバーからは冷笑されて
いる。シャクソンによれば、税務当局が情報を求める時には、いずれの場合で
もどんな情報を求めているのかを前もってかなり正確に知っておかなければな
らない。彼はこれがうわべを飾るだけと見ていた。いずれにせよ、キツネが鶏
小屋の安全性の確保を強化したと言う時はいつも大いに疑ってかかるべきなの
である[23]。いくつかの研究は情報交換に関する二国間取り決めを寄せ集めても
結局何も得るものがないとの結論で一致している。必要とされることは「ビッ
グバン、即ち**水も漏らぬグローバルな協定**」である[24]。

---

21) Shaxson, loc. cit., pp. 21, 24.
22) Garcia-Bernardo, Javier, et al. 2017. 'Uncovering Offshore Financial Centers: Conduits and Sinks
   in the Global Corporate Ownership Network'. *Scientific Reports* 7(1): 6246.
23) Ibid., pp. 36, 247ff.
24) Elsayyad, May, and Kai A. Konrad. January 2011. 'Fighting Multiple Tax Havens'. Max Planck

オフショア・システム、そして関連する国際的な資金洗浄、汚職、脱税を首尾よく締め出すためには、匿名のダミー会社の問題にも取り組まなければならない。2016年4月、オフショア・サービスやダミー会社への業務を提供する主要会社の一つでパナマに本拠を置くモサック・フォンセカ Mossack Fonseca の活動に関する国際的な報告書がマスコミに大きな波紋を広げた。2014年に公表された研究は、ダミー会社は、彼らの本当の所有者にまで遡って調べることができない会社を意味するが、これらが資産隠しや資産転用のための重要な手段の一つになっていることを明らかにした。その研究は、「ダミー会社を規制することはグローバル統治の多方面にわたる重要な問題を提起する」ことを明らかにした。もちろん、OECD のマネー・ロンダリングに関する金融活動作業部会 Financial Action Task Force on Money Laundering（FATF）により起草された国際基準があるが、それはほとんど効果のないものであることが判明した。研究者達は、匿名のダミー会社と闘うことを意図したその基準の厳格な適用に最も消極的だったのが、OECD 諸国内に設立されている会社設立サービス提供会社であることを発見して驚愕した。「米国の会社設立サービス提供会社、特に、デラウェア、インディアナ、ワイオミング、ネバダにある会社は世界中で最も悪い」と報告書は述べている[25]。実際税金公正ネットワーク Tax Justice Network の2018年版の金融秘匿指標 Financial Secrecy Index によると、米国はスイスとケイマン諸島と共に、金融取引に関しての世界の三大金融秘匿貢献国の一つとなっている。以下、香港、シンガポール、ルクセンブルグ、そして EU で最大の経済国であるドイツが羅列されている。

　いわゆるパナマ文書 Panama Papers の公表の結果として、エクアドルはタックス・ヘイブンを共同で廃止するための国際的な努力を呼びかけ、国連に今度こそこの問題に対処する税務機関を創設するべく活動を開始した。しかしながら、国連税務機関 UN Tax Organization 設立構想は長い間 OECD が反対した。欧州議会は直ちにパナマ文書スキャンダルとその意味を調べるための調査委員会を設置した。その最終報告書は特に一部の EC 加盟国が通貨洗浄や租税回避、脱税との闘いを妨害していると断定し、更にはオフショア金融センター、タックス・ヘイブン、秘匿情報ヘイブンを実際に構成するものに関し国

　　Institute for Tax Law and Public Finance, Working Paper 2011-01（www.tax.mpg.de）; Johannesen, Niels, and Gabriel Zucman. 2014. 'The End of Bank Secrecy? An Evaluation of the G20 Tax Haven Crackdown'. *American Economic Journal: Economic Policy*（6）1: 65-91.

25）Findley, Michael G. Global Shell Games: Experiments In: *Transnational Relations, Crime, And Terrorism*. Cambridge University Press, 2014, pp. 168ff.

際的な共通の定義を求めた[26]。世界的な観点からすれば国連議員総会UN Parliamentary Assembly がグローバルな調査に乗り出すために適切な場であるであろう。オフショアのダミー会社設立の支援を行うアップルビー法律事務所 Appleby Law Firm に関する、いわゆる、パラダイス・ペーパー Paradise papers の 2017 年 11 月の公表に続き、金融透明性連合 Financial Transparency Coalition は、「この最近の漏洩は、彼らが可能にするタックス・ヘイブンのグローバルなネットワークと秘密がいかに盛んとなり続けているかを明らかに示している」と指摘している[27]。

隠された数兆ドル

オフショア金融システムによる損害額はほとんど把握できない。フランスの経済学者ガブリエル・ズクマン Gabriel Zucman は世界の家庭の金融資産の8%または7.6兆米ドルがタックス・ヘイブンで保有されていると試算している[28]。香港上海銀行HSBC とモサック・フォンセカ法律事務所から漏洩したデータに基づくズクマン達の調査によれば、平均 4000 万米ドル以上の純資産を持つ超富裕者は約30%の個人税を脱税している[29]。税金公正ネットワークにより委託され広く注目された調査の中で、コンサルタント会社マッキンゼーの元チーフ・エコノミストのジェームズ・ヘンリー James Henry はオフショア・システムを「世界経済のブラックホール」と表現した。彼の推計では、タックス・ヘイブンに個人的に隠匿された**純粋な金融資産**だけでも 21 兆から 32 兆米ドルに達するが、それは米国の年間 GDP を上回っている。このほぼ半分は約 10 万人の世界中の超富裕者により保有されている。この資金は通例公式統計では捕捉できないので、富の分布についての調査データを歪めている。統計が示す以上に富の不平等性はおそらくもっと大きい。発展途上国の上層階級からタックス・ヘイブンに吸い上げられて主に先進国の資産に投資されている資金に関しては、国外に移されている私的な資産の金額が公的な対外債務を大幅に上回っているので、発展途上国は実際は資金の純然たる貸出し側であると上記調査は結論づけている。ヘンリーは「ここでの問題はこれらの国々の対外資産は少数

---

26) European Parliament. 16 November 2017. 'Report on the inquiry into money laundering, tax avoidance and tax evasion'. A8-0357/2017.
27) Financial Transparency Coalition. 9 November 2017. 'Paradise Papers reiterate need for a truly global response to crack down on tax haven abuses' (financialtransparency.org).
28) Zucman, Gabriel. 2015. *The Hidden Wealth of Nations*. University of Chicago Press, pp. 34ff.
29) Alstadsaeter, Annette, Niels Johannesen, und Gabriel Zucman. 2017. 'Tax Evasion and Inequality'.

202　第二部　21世紀の統治と民主主義

の金持ちが保有しているのに対し、負債は政府を通じて一般国民が担っていることである」と書いている。彼は、「超富裕層は社会の中で最も強固に守られた利益集団の一つである」と付言している[30]。

規制緩和反対運動のゴールとしてのグローバル国家の形成

英国の政治学者、コリン・クラウチ Colin Crouch は彼の著書『新自由主義の奇妙な不滅 The Strange Non-death of Neo-liberalism』の中で、この本の目的は「なぜ、新自由主義がその危機に陥った後に滅亡するのかを説明することではなく、正にその反対であり、新自由主義が金融崩壊の中から登場し、いかにしてこれまでにない程、政治的に強力となったのかを説明する」ことであると書いている[31]。しかし、規制緩和反対運動が市場とグローバルなエリートの力に対抗するための世界国家的政策手段の欠如という問題に直面していることを考えれば、これは最早それほど驚くことではない。グローバルに有効な規則を生み出すために利用できるグローバルな統治組織がないので、反対運動は実質的に無力化されている。少数の国による取り組みは多少象徴的な影響があるかもしれないが、それはシステムのレベル全体としては大掛かりなことはできないし、そして単独で行動する国の努力ではなおさらである。クラウチによれば、「改革のための簡単な戦略としての国家の復活を考えない、第三のそしてむしろ異なる理由は、政治権力が圧倒的な程国民国家のレベルと結びついたままであるということである。このことは国民国家がグローバルなステージで真に『公的』な集団として活動することに問題を抱えることを意味するのみならず、政党や政府が関心を国家的な観点に限定することを意図し続けることをも意味する」。グローバル化した経済ではこのアプローチは非現実的であると彼は論じている[32]。

結局、持続可能な経済への移行に関して既に見てきたように、規制緩和反対運動は世界法の制度を実現するグローバル国家の形成のプロセスを促進しなければならないであろうという事実に辿り着くのだ。オフショア・システムが成り立つ基本原則は、例えば、国家の主権の原則とそしてそれに含まれている領域の管轄権の原則である。これらの国家がほしいままに全世界の財政的、経済的、金融的なシステムを弱体化させるのを享受する自由は問題として取り上げ

---

30) Henry, James S. July 2012. 'The Price of Offshore Revisited'. *Tax Justice Network*, pp. 3, 5.
31) Crouch, Colin. 2011. *The Strange Non-Death of Neo-Liberalism*. Cambridge: Polity, p. viii
32) Ibid., p. 173.

第12章　ターボ資本主義、金融危機、グローバルな規制緩和への反撃　203

られなければならない。シャクソンは、オフショア・システムに対する戦いは、「新しい形の国際協力体制を作るために国際的な視点」が必要であると書いている[33]。世界連邦に関する価値ある著書の中でカナダの経済学者、マイロン・フランクマン Myron Frankman の意見では、「建設的な反対運動は真剣な早期の検討のための課題リストに世界レベルでの民主的機関の設立とより低いレベルでのシステムの構築と強化を載せなければならない」[34]。グローバル化の批判者の中には、反対運動が国際機関に対する幅広いそして基本的な反対を前提としており、また国家に対する根深い不信感を特徴としているので、これに踏み出すのは難しいと思う者があるかもしれない。しかし、それと気づかずに、彼らはそこで前提として国際システムの通俗的な新自由主義の概念を受け入れてしまっているのだ。しかしながら、意見の中心が緩やかに別の方向に向かっている兆候がある。例えば、ハラルド・シューマン Harald Schumann とクリスティアーヌ・グレフェ Christiane Grefe は今や彼らの著書『グローバル・カウントダウン』の中で、「グローバルな規則とグローバルな機関の更なる発展と民主化」を求める議論を展開している。そして更に、「問題は全員の利益に対して正当な取り扱いをするために、世界連邦主義の形態とグローバルな、地域の、そして国家の、機関の間の適切な政治的責任の分担に関する明確なルールを作り出すことである」と論じている[35]。このような考えは12年前に出版されたシューマンのベストセラー『グローバル化の罠』には全く書かれていなかった。2009 年にニューヨークで開催された世界国際関係学会 International Studies Association ISA の 50 周年記念大会の基調講演で、当時の会長のトマス・G・ワイス Thomas G. Weiss は以前有名であった世界連邦政府の構想はどうなったのかと問いかけた。彼は学界が再度その構想について真剣に考慮するべきだと熱心に語っている。ワイスは、際立った私見という形で、「市場は人類の尊厳ある生存を保障するためにグローバルな機関を慈悲深く提供するものではない。アダム・スミスの『見えざる手』は国内ではともかく、国家間の問題を解決するためには動かないのだ」と述べている[36]。

---

33) Shaxson, loc. cit., p. 31.
34) Frankman, Myron J. 2004. *World Democratic Federalism*. New York: Palgrave Macmillan, pp. 37f..
35) Schumann, Harald, and Christiane Grefe. 2008. *Der globale Countdown. Gerechtigkeit oder Selbstzerstörung – Die Zukunft der Globalisierung*. Köln: Kiepenheuer & Witsch, pp. 31f.
36) Weiss Thomas G. 2009. 'What Happened to the Idea of World Government?' *International Studies Quaterly* 53: 253-71.

第13章

世界通貨、グローバル課税、財政連邦主義

　国際コミュニティの内部では、財政、通貨そして金融システム問題の解決案が何度も提案されてきた。これら解決案は課税政策（特に法人企業に関して）のグローバルな協調と世界通貨を含んでいた。民主的な世界議会はそのような重要な取り組みの構想と発展を主導し推進する役割を果たすはずである。

世界通貨と世界中央銀行

　1860年代早々には国際通貨を導入するためのフランスの真剣なイニシアティブがあった。しかしそれはその時点では大英帝国により退けられた。その後、第二次世界大戦中に、米国と英国は戦後計画の一環として世界通貨案を検討した。米国ではその世界通貨に「ユニタス Unitas」という検討用の名称を付けた。他方英国ではジョン・メイナード・ケインズ John Maynard Keynes が「バンコール Bancor」と命名された構想に取り組んだ。ノーベル経済学賞受賞者のロバート・マンデル Robert Mundell が報告しているように、その世界通貨に着手する意図はその後1944年にブレトンウッズで行われた連合国による通貨と金融の問題に関する重要な会議の直前に取り下げられた。米国内で結果的に主権を失う可能性があるとの懸念が生じていたのである。マンデルによると、「世界通貨に取り組むことに対する米国の躊躇は、先導的な力が、自国自身の通貨の国際的な役割を妨げる可能性がある通貨改革には抵抗するという歴史的なパターンと一致している」[1]。しかしながら、その問題は継続的に度々大きく取り上げられた。例えば、1987年10月19日の戦後史上最大の株式市場の暴落が起こった10週間後、『エコノミスト』誌は、その特集記事の中で「少なくとも最も重要な産業国家間で、世界通貨の実現が検討されるべきであ

---

1) Mundell, Robert. 2005. 'The case for a world currency'. *Journal of Policy Modeling* 27: 465-475, pp. 468, 475.

る。その利点は為替トレーダーと政府を除く全ての人にとって抗しがたいほど大きいということがすぐに理解されることとなろう」と書いた[2]。その20年後のグローバルな金融危機の最中に、『ビジネス・ウィーク』誌の首席経済担当編集長のマイケル・マンデル Michael Mandel は自らコントロールできないドル危機の勃発という事態が万一起こった場合米国の中央銀行（連邦準備銀行）は一体どうするのだろうかと自問している。マンデルによれば、その解答となるべきものは、理論的には明らかであった。即ちそれは「紙幣を印刷しそして世界の金融制度を管理する究極的な権限を持つグローバルな中央銀行」である[3]。

国家の通貨政策の対外的影響と通貨戦争

世界的金融危機の影響を受けて、ロシアと中国は共に世界準備通貨の創設を提案した。今までに、中華人民共和国は3兆米ドル以上の準備通貨を積み上げており、そして米国連邦準備銀行の「量的緩和」計画の中で行われる通貨供給量の大幅な増加で生じるインフレによる準備通貨価値の厳しい切り下げ、またはドルの急落を恐れていた。中国人民銀行総裁、周小川 Zhou Xiaochuan はロンドンにおける G20 首脳会議が行われる直前の 2009 年 3 月に、いわゆる「トリフィン Triffin のジレンマ」はなくなってはいないと表明した。周は、このジレンマの要点を「準備通貨を発行する国は、自国内のインフレ圧力の緩和に努めるか、流動性を求めるグローバル経済の成長需要への適正な対応に失敗するか、あるいは国内需要を過剰に刺激することによりグローバル・マーケットで過剰流動性を生み出すかのいずれかに陥ることになる可能性があること」と述べた[4]。これは、重要な世界的準備通貨を持つ各国の金融政策が及ぼす強い対外的影響を示している。周によれば、国際通貨制度改革は、従って、その目標として、個々の国から切り離された準備通貨を設けるべきなのである。

米国政府は中国を、人民元を人為的に低いレートに抑え込んで貿易相手国に負担を負わせているとの非難で応酬した。通貨政策は地政 - 経済的な競合に関しては重要な武器である。米国の法律家で投資銀行家のジェームズ・リカーズ

---

2) 'Get ready for the phoenix'. 9 January 1988. *The Economist*, no. 306: 9–10, p. 9.
3) Mandel, Michael. 16 March 2008. 'A Global Bailout?' *Businessweek*（www.businessweek.com）；その2年前のカバーストーリーも参照。Mandel, Michael, and Richard S. Dunham. 20 November 2006. 'Can Anyone Steer This Economy?' *Businessweek*: 57–62.
4) Xiaochuan, Zhou. 23 March 2009. 'Statement on Reforming the International Monetary System'. Foreign Affairs Essential Documents（www.cfr.org）.

James Rickards は、国防省で経済戦争に関するシミュレーションを作成する共同責任者であったが、彼が書いた 2011 年の『ニューヨーク・タイムズ』紙のベストセラー『通貨戦争』の中で米国連邦準備銀行の量的緩和政策は実質的に世界に対する通貨戦争の宣戦布告であると書いている。ドルの洪水は中国ではインフレの亢進、エジプトでは食料品価格の高騰、ブラジルでは投機的バブルを引き起こし、とりわけ米国の対外債務を低下させ、それを意図したか否かにかかわらず別の結果ももたらしたと彼は論じた。米国の軍部とシークレット・サービスの高官達は米国の軍事的な優位性がグローバルな準備通貨としての米ドルの圧倒的な地位と密接に関連していることを認識していると彼は主張している。国際的な米ドルに対する需要は例えば米国の巨額な対外貿易収支赤字（軍事支出も含む）を帳消しにし、米国の予算管理に貢献している。だからリカーズによれば、通貨問題は今や「国家の安全保障」の問題と見なすことができるのである[5]。

世界準備通貨に関する最近の提案

しかしながら、前述のロシアと中国の提案があるまでは、この白熱した討論に決着をつけることは最早不可能となっていた。例えば、国連事務局の経済社会局 Department of Economics and Social Affairs の報告書は、唯一の主要準備通貨として米ドルには最早頼らない「新しいグローバルな準備通貨制度を創設し得る」と述べた。その報告書は「米ドルは安定的な準備通貨に不可欠な要件である価値の安定した通貨ではないと判明した」と続けている[6]。国際通貨基金 IMF もまた今やこの問題により一層積極的に取り組んでいる。IMF のチーフ・ストラテジストのリーザ・モガンダム Reza Moghandam は 2010 年 4 月に公表した論文の中で、グローバルな通貨の「より一層野心的な改革案」を取り上げた[7]。しばし協議の対象となっていた一つの構想は、多数の通貨のバスケットに基づく会計単位である IMF のいわゆる特別引き出し権 Special Drawing Rights を徐々に強化し、形を変えて世界の準備通貨にするという構想である。モガンダムの見解では、IMF が特別引き出し権で表示された IMF 自身の信用証券を市場に上場する権限を与えられることも可能である。そのよ

---

5) Rickards, James. 2011. *Currency wars*. New York: Portfolio/Penguin, pp. xiv f., 223.
6) United Nations Department of Economic and Social Affairs (ed.). 2010. 'World Economic and Social Survey 2010: Retooling Global Development', p. xxii.
7) Cf. Moghadam, Reza. 13 April 2010. 'Reserve Accumulation and International Monetary Stability'. International Monetary Fund, pp. 26-28.

うな証券は「グローバルな通貨の萌芽となる」はずである[8]。第63回国連総会の議長のニカラグアのミゲル・デスコト・ブロックマン Miguel d'Escoto Brockmann は「国際通貨と金融システムの改革」に関する専門家委員会をジョゼフ・スティグリッツ Joseph Stiglitz を委員長として立ち上げた。委員会は「真のグローバルな準備通貨の導入」を提唱した。委員会は、その報告書の中で今の金融危機は「新たなグローバル通貨システムに対する政治的な抵抗を克服する理想的な機会」を提供していると述べている[9]。

　単一の世界通貨は地政学的な通貨紛争の可能性をなくし、そしてより現実的な短期のグローバル準備オプションまたはパラレル通貨でさえも少なくとも、通貨紛争による被害をはるかに減少させる。金融政策の利害の不一致はその後適当な国際機関で議論され調整されなければならないであろう。しかしながら、ユーロ通貨危機からの教訓の一つは単一通貨への行程はより広い政治的枠組みの中で検討、実行されなければならないということである。米国の経済学者、ジェームズ・トービン James Tobin はこのことをかなり前に指摘している。短期的な通貨投機を、利益を得られないものにすることを目的とした国際通貨取引に対する世界的規模の税の導入に関するトービンの1972年の提案は、反グローバル化運動の主な要求の一つである。よく知られてはいないが、この取引税はトービンにとって世界通貨に次ぐ唯一の「現実的な次善の選択肢」であった。「複数の通貨に跨がる金融資金の流動性は為替相場が市場で自由に変動しようと政府間の合意により固定されようといずれにしても問題なのである」と彼は1994年の国連開発計画 UNDP の人間開発報告書 Human Development Report の中で指摘している。為替相場が定期的に調整されるいかなるシステムも国家の金融政策について投機または抑制の機会を排除することは不可能である。「永続的な単一通貨」のみがそれを可能とする。しかしながら、トービンはそのような通貨は支持がなければ機能しないと強調している。彼は「米国の例は、通貨同盟は中央の金融当局のみならず、**他の共同組織によっても**支持されている場合には非常に有効に機能することを示している」と書いている（強調は著者による）。彼は、そのような組織のない状態では、世界通貨の実現は何十年も先のことになると考えていた[10]。世界議会は世界通貨にとって不可欠

---

8) Moghadam, Reza. 7 January 2011. 'Enhancing International Monetary Stability-A Role for the SDR?' International Monetary Fund, p. 12.

9) United Nations (ed.). 21 September 2009. 'Report of the Commission of Experts of the President of the United Nations General Assembly on Reforms of the International Monetary and Financial System', p. 115.

10) Tobin, James. 'A tax on international currency transactions'. In: *Human Development Report*

な前提条件である。現在の討論の中で世界通貨の創設が純粋に技術的な問題として提示されているのは懸念材料である。それは技術的な問題ではないのである。

徹底的な財政競争

　通貨と軍備と共に、税金の徴収は伝統的に国家主権の中心に据えられてきた。税金政策に関する国際協力は、その多くが関係国間の二重課税を避けるために個人と国際的に活動する企業への課税の調整に長らく限定されていた。規制緩和とグローバル化は今や企業と資本のより緊密な関係とより大きな移動をもたらしている。それに関連した徹底的な財政競争が行われていることは企業利益に対する課税率の低下により証拠立てられている。1980 年以降、法定法人税率はグローバルベースで持続的に減少している[11]。経済協力開発機構OECD諸国の平均は 1982 年の 48％から 2016 年には 24.7％に低下した[12]。更により重要なことは既に述べたような税金を全面的に回避する可能性である。米国のシンクタンク、税の公正を求める市民Citizens for Tax Justice は信頼に値するデータが利用できる『フォーブス』誌のリストにある世界最大の企業の 500 社のうち 285 社が、2011 年の末までに、全く課税されていない約 1 兆 5000 億米ドルの利益をタックス・ヘイブンに隠し貯めていると算出している[13]。例えば、マイクロソフトの共同創業者で大株主であるビル・ゲイツ Bill Gates は現在自分の個人資産の約 350 億ドルで設立した慈善事業の財団法人の運営に主に携わっているが、同社は 2009 年から 2011 年の間だけでこの団体の口座を使って米国内でマイクロソフトが生み出した 210 億ドルに達する販売利益の半分に対する米国の税金を、その知的所有権をタックス・ヘイブンに設置した子会社に売却し、その結果約 45 億米ドルにも達する税金を――完全に合法的に――免れている。米国の上院で米国の税収総額に占める法人税の割合が 1952 年の 32.1％から 2009 年には 8.9％に低下している一方、給与所得税の割合は、9.7％から

1994: New dimensions of human security, ed. by United Nations Development Programme, Oxford University Press, p. 70.

11) Jahnsen, Kari, and Kyle Pomerleau. 2017. 'Corporate Income Tax Rates around the World, 2017', Tax Foundation.

12) Id. 29 June 2012. 'OECD Corporate Income Tax Rates, 1981-2012' (taxfoundation.org). 2016年の数値については以下を参照。OECD. 2017. *Tax Policy Reforms 2017: OECD and Selected Partner Economies*, p. 54.

13) Citizens for Tax Justice. 17 October 2012. 'Which Fortune 500 Companies Are Sheltering Income in Overseas Tax Havens?' *CTJ Reports* (ctj.org).

第 13 章　世界通貨、グローバル課税、財政連邦主義　209

40％に急騰していることを不満とする意見が述べられた[14]。しかしながら、法人税の引き下げ競争は、当分は続きそうである。例えば、2017年の上期9ヵ月間で、OECD加盟国のうち8ヵ国が平均すると法人税率を2.7％引き下げている[15]。2017年12月には、米国議会はドナルド・トランプDonald Trumpの率いる米国の新政権によって提出された米国の法人税率を35％から21％に引き下げる税制法案を可決した。ジェームズ・ヘンリーJames Henryによると、「この法案に盛り込まれた法人税の大幅引き下げは、グローバルな税金戦争を既に引き起こしているか、または少なくともそれを実質的に加速している」[16]。

　実際、法人税率の更なる低下を防止し、国際企業の租税回避戦術に対抗するためには、国際的な税法に関して、より有効な協力が必要であることは広く認識されている。問題は、それをどのようにして実現するかである。G20国の首脳と政府はこれまで、サミットの共同宣言において、これらの問題に関する懸念を繰り返し表明してきている。2012年11月初めのメキシコでのG20財務担当大臣会議では、例えば、当時のドイツと英国の財務大臣が共同声明で、「法人税制度の国際基準を強化するために、協調した国際協力」を求めている。彼らはまた「法人税制度の国際的な基準の欠陥の可能性を明確にする」OECDの研究への支援を呼びかけている[17]。

多国籍企業への一律課税

　いかにしてこれらの問題に断固たる態度で取り組むことができるかは2001年に国連事務総長のコフィ・アナンKofi Annanが招集した「開発資金確保に関するハイレベル・パネル」により既に明確に説明されている。前メキシコ大統領のエルネスト・ゼディーヨErnesto Zedilloが議長を務めているこのパネルの委員達は彼らが協議しているその問題の本質を理解している。数人の経験豊富な財務大臣が参加しており、その中には、米国のロバート・ルービンRobert Rubin、ロシアのアレクサンダー・リヴシッツAlexander Livshits、イ

---

14) United States Senate. 20 September 2012. 'Subcommittee Hearing to Examine Billions of Dollars in U.S. Tax Avoidance By Multinational Corporations'. The Permanent Subcommittee On Investigations.

15) Houlder, Vanessa. 13 September 2017. 'OECD countries in bout of corporate tax competition'. *Financial Times* (www.ft.com).

16) Henry, James S. 21 December 2017. 'Ladies and Gentlemen, Take Your Places: The Global Tax Race to the Bottom Is about to Begin'. *The American Interest* (www.the-american-interest.com).

17) Cf. Statement by the Chancellor of the Exchequer, Rt Hon George Osborne MP; Britain & Germany call for international action to strengthen tax standards, 5 November 2012.

210　第二部　21世紀の統治と民主主義

ンドのマンモハン・シン Manmohan Singh、フランスのジャック・ドロール Jacques Delors がいる。ドロールは欧州委員会の委員長として9年間にわたり欧州統合の推進役でもあった。この問題に関するこのグループの勧告は国際的な租税競争を抑制し租税回避に対抗するために主導的な役割を果たす国際的な組織を設立すべきということであった。統計情報を提供し、そして情報交換のための多国間の対策を調整し開発することに加えて、この組織は「やがては多国籍企業の合算課税のための方式についての国際的な合意を開発し確保するよう努めるべきである」[18]。

現在の一般的な国際税務慣行では会社の利益は国別にそして会社別に分割され、それに応じて課税される。極めて重要なのは会計上、利益がどこで計上されるかである。対照的に、いわゆる比例配分による「合算課税」のシステムの下では、多国籍企業や企業グループは単独のビジネス単位として扱われる。一つのグループ内の全ての企業はそのグループの全体について、全ての国と全ての会社にわたって、資産、売上高そして従業員数を詳しく述べる報告書を提出しなければならない。適正な税金が課されるように上記の要素に基づく各個の課税ベースをはじき出す詳しい計算方式を使用して、そのグループの総利益はそれから個々の国々に分割され配分され、かつそれは税務当局に通知される。こうして利益はそのグループの実際のビジネス活動が起こる場所で課税される。これは税金回避戦略をずっとより困難にする。

合算課税方式は、様々な形で、州の境界線を越えて活動する企業のために課税ベースを分割し割り当てるために米国の連邦州で長い間適用されてきた。カリフォルニア州がそこで活動する多国籍企業に対し**世界**ベースに基づき計算される合算課税の適用を義務化した時には、世界中の政府と企業が憤慨した。米国政府は30を超える正式な抗議の外交文書を受け取り、英国は報復措置をとると脅迫し、そして英国のバークレイズ銀行はこの問題を米国の最高裁判所に提訴した[19]。米国最高裁判所によると、「外国政府の大群」が係争中にバークレイズ銀行の応援のために群れをなしてやってきた[20]。これら外国政府は、合算課税は国際的に受け入れられている法人課税の原則とは両立し得ないと強調した。事ここに至り、カリフォルニア州は政治的圧力に屈し世界全体の課税額

---

18) United Nations (ed.). 2001. 'Report of the High-Level Panel on Financing for Development' (Zedillo report), p. 15.

19) Cf. Rixen, Thomas. *The political economy of international tax governance*. Palgrave Macmillan, 2008, p. 127.

20) Supreme Court of the United States. 20 June 1994. 'Barclays Bank Plc v. Franchise Tax Board of California'. 512 US 298, para. 40.

算出を任意とすることを認めたのである。

OECD による拒絶

　まとまりのない一方的な世界的規模の合算課税の導入は実際に企業に二重課税等の不利益をもたらす可能性があった。セディージョの報告書で勧告されたように、それが国際的に合意された基準のあるグローバルなアプローチが将来的には理想的な方法である理由である。この専門家グループが例えば、OECDよりもむしろ、新しい「国際税務機関」International Tax Organization にこの役割を委ねるのを望んだことは完全に整合性がある。一つには、OECD は発展途上国を除外しているので適切な代理機関ではない。もう一つには、OECD で適用する全会一致の原則はいかなる提案も一国の反対により阻止され得ることを意味する。更なる問題は、その決定事項のほとんどが法的拘束力を持たないことである [21]。そして、とりわけ、OECD は合算課税の原則を全面的に否定しており、そのことからして OECD 自身多かれ少なかれこの役割を担当する資格を持っていないことである。法律と税務の専門家であるソル・ピチョット Sol Picciotto は「OECD の財政問題委員会は、30年以上にわたって合算課税の有効性を検討することさえ頑なに拒否してきた」と報告している [22]。これほどの独善的な姿勢にはいささか驚かされる。果たしてそうなのか？　なぜなら遅くとも 1990 年代半ばの OECD の「投資に関する多国間協定 Multinational Agreement on Investment」（略称 MAI）の交渉以降ずっと、OECD は多国籍企業とそのロビイスト達に偏り過ぎていると非難されているのである。多国籍企業やロビイスト達は MAI 協定の草案に重要な提案を行う機会が与えられたが、他方、議会や国民はほとんど除外されていたと信じられている。「MAI 協定は、それが投資家の利益を一方的なやり方で特別扱いしようとする一方、社会的、環境保護的、および他のコミュニティベースの観点は実質的に全く何の役割も果たしていないから受け入れられない」とはその交渉結果について複数の NGO から発せられた批判である。その交渉結果は欧州議会によっても否定された [23]。結局、世論の激しい抗議のためにこの協定は取り下げられた。

---

21) Horner, Frances M. 29 October 2001. 'Do We Need an International Tax Organization?' Tax Notes: 709–715. See para. 33, 'Condition Five: Governance'
22) Picciotto, Sol. Nov. 2012. 'Towards Unitary Taxation of Transnational Corporations.' *Tax Justice Network*, p. 19.
23) Engels, Rainer, Jens Martens, Peter Wahl, and Michael Windfuhr. March 1998. 'Alles neu macht das MAI? Das Multilaterale Investitionsabkommen'. *Weltwirtschaft, Ökologie & Entwicklung e.V.,*

2002 年にメキシコのモンテレイで開催された開発資金融資に関する国連国際会議United Nations International Conference on Financing for Developmentの閉会文書は「モンテレイ・コンセンサス」として有名であるが、その中にはセディージョ委員会の広範囲にわたる提案の痕跡はほとんど何も残っていなかった。そこにあったのは、国の税務当局と関連する多国間および地域機関との間の「対話の改善」と「より広範囲の調整」により税問題に関する国際協力をどのように強化するべきであるかという一般論のみであった。それもまた合意点が最低レベルにあることを示す例であった。その一方では、EU レベルで、欧州委員会は、数年にわたる協議を経て遂に一歩を踏み出した。2011 年 3 月にEU は域内での法人税の統一を図るために「共通連結法人課税ベース Common Consolidated Corporate Tax Base」に関する指令案を提示した。その案文では、その措置は当初は選択自由でありそしてヨーロッパ内に限定はされているが、それでも、ピチョットが強調するように、「それは合算課税への初めての正式な国際的提案である」[24]。国際的には、今後は合算課税の構想を単純に無視することは最早簡単ではないはずである。

グローバル財政連邦主義と財政主権の復活

　各国政府は税に関する協力が深まれば国家主権を喪失する可能性があるとの懸念を表明すべきであるというのは逆説的である。反対に、それは国家主権を強化することとなろう。なぜならば、──例えば法人課税のような国際的な協力の取り決めに含まれる──税法のこれらの分野において独立に規制を加えることは最早不可能ということは正しいけれども、他方、そのような取り決めは共通の規制の完全かつ適正な適用を確実なものとするだろうからだ。バンベルグで教鞭をとっている政治経済学者のトーマス・リクセン Thomas Rixen は2008 年に発表した国際税制の政治経済学的研究の中でその問題の核心に触れている。「各国政府が、彼らの法律に定められた課税主権──それはこれまで以上に偽りとなりつつあるのだが──を共有するようになる場合にのみ、各国政府は自国の税制に対する事実上の主権を取り戻すこととなるだろう」とリクセンは書いている [25]。

---

　p. 34.

24) Picciotto, loc. cit., p. 3.

25) Rixen, Thomas. *The political economy of international tax governance*. Houndmills: Palgrave Macmillan, 2008, p. 203.

グローバル連邦の機関は国際的な課税協力の一層の発展のために重要な要素
となるであろう。リクセンの見解では、利益の海外分散による租税回避や歯止
めなき税金引き下げ競争は、結果として国内社会内部の相互連帯を徐々に損な
う。公正な解決策はつまるところ「様々なレベルにわたり権力が垂直に分散し
ている連邦制」に類似する「世界的な社会契約」なのである。このシステムは
例えば米国の経済学者、ウォレス・E・オーツ Walles E. Oats による模範的な
1972 年の教科書に書かれているように、財政連邦主義の既に確立された原則
に則って策定することが可能である。リクセンによれば、このようなシステム
では「ある課税権は中央（グローバル）レベルにあり、その他の課税権は地域
（地域、国、州、準州）レベルにある」ことと想定することが可能であろう [26]。
「国際税務機構 International Tax Organization」の設立は賢明なステップであ
ろう。政治学者のドリエス・ルサージュ Dries Lesage は、次のように別の重
要な論点をまとめている。現時点では、「発展途上諸国が国際的な税務問題に
ついて協議しそして決定するためのまともな席がある強力な、政治的な多数国
のフォーラムや組織は存在していない」[27]。

グローバル税の構想

　世界議会や世界通貨と同じように、グローバル課税の構想の背後には長い歴
史がある。1980 年のブラント委員会の報告書は当時議論されていた国際的な
収入の増加のための一連の提案について既に触れている。そのリストには「国
際貿易、兵器貿易、国際投資、炭化水素と有限鉱物資源、豪華な耐久消費財、
軍事支出、エネルギー消費、国際的な原油貿易、国際航空旅行と貨物輸送、そ
して『国際的な共有財産』である海洋資源、沖合の石油とガス、海床の採鉱、
宇宙の軌道、無線通信の周波数とチャンネルの使用」への課税が掲げられてい
る [28]。哲学者のトマス・ポッゲ Thomas Pogge は、グローバル司法の問題を専
門としているが、1994 年以来、「グローバル資源配当 Global Resources Divi-
dends」の導入を呼びかけている。彼の提案は、「国家とその政府は、その領
土内の天然資源に関して、完全な自由至上主義的な財産権を保有しないものと

---

26) Rixen, Thomas. 2011. 'Tax Competition and Inequality: The Case for Global Tax Governance'. *Global Governance* 17: 447–467, p. 457.

27) Lesage, Dries. September 2008. 'Global Taxation Governance after the 2002 UN Monterrey Conference'. *Oxford Development Studies* 36(3): 281–94, p. 292.

28) Independent Commission on International Development Issues. 1980. *North/South: A Programme for Survival*. London: MacMillan, pp. 243f.

214　第二部　21 世紀の統治と民主主義

するが、彼らが使用または販売することを決定する資源の価値のわずかな一部を分かち合うことを可能とする」ことを想定している。その収入は、全ての人がその尊厳を保つための基本的に必要なものを満たすことができるように使用されるべきである[29]。フランスの経済学者、トマ・ピケティ Thomas Piketty は、2014 年に、彼の著書『21 世紀の資本』により、極めて大きな国際的関心を呼んだが、その本は、「非常に高いレベルの国際的な透明性を伴った資本に対する累進的なグローバル課税」の勧告を結論としている。ピケティは、さもなければ、民主制は、「今世紀のグローバル化された、金融資本主義に対するコントロールを取り戻すことができないであろう」と論じている[30]。

　国際社会では、国際的な税に関する提案は、常に議論の中心になっていた。その一方の主張には、税金を引き上げる権利は国家主権の表現であるという信念がある；他方、その収入は国際機関やグローバル公共財に資金を供与するために使用することができるという主張がある。しかしながら、この条件は明らかに崩れつつある。モンテレイの国連の会議ではフランスのジャック・シラク Jacques Chirac を含む数名の政府首脳がグローバル課税の導入について真剣な検討が行われるべきであると考えた。これはセディージョを委員長とする専門家グループによっても国際通貨取引と二酸化炭素排出に対する課税に絞って提案されている。国際金融取引に対する課税は通貨取引に限定しないことを除きトービン案の変形であるが、その問題は現在最高の政治的レベルの課題となっている。2009 年 12 月に、そのような課税の導入は世界的に実施されなければならないとの条件付きで、欧州連合 EU の欧州理事会 European Council が支持した。英国など数カ国は世界全体で実施することだけが、歪んだ競争の生じないことを確保することができるとの立場をとった。G20 首脳会合にその構想を採択させようとする欧州のイニシアティブはこれまで主に米国の反対によって阻止されてきた。それでも、努力は続けられている。EU またはユーロ圏で、それを採択させることも可能ではなかったので、EU10 カ国が 2012 年 10 月に共通金融取引税 Common financial transaction tax FTT の実施を、当初は改良された協力手続きにより決定したが、それは EU 加盟国内のより少数のグループ内のより緊密な統合を認めている。2018 年初めの時点では、この計画が実現するのか、そしてそれが何時になるのかは未だに不明である。

---

29) Pogge, Thomas. 2008. *World Poverty and Human Rights*. 2nd ed. Cambridge: Polity, p. 202.
30) Piketty, Thomas. 2014. *Capital in the Twenty-First Century*. Cambridge: Harvard University Press, p. 515.

グローバル税の収入の管理、監督と支出

　現在もなお検討中の更なる提案や構想がこの問題に関する国連経済社会対策局の報告書の中にある。そこに掲載されているのは国際金融取引や通貨取引に対する国際税に加えて、炭素排出税、10億米ドルを超える個人資産に対する税金、そして航空輸送税である。国連の計画担当者達はこれらの税金と国際通貨基金の特別引き出し権などのような「革新的な資金調達手段」によって、年間最大4000億米ドルを開発援助、気候変動の緩和、または国際機関に対する資金供与のために調達することが可能と試算している[31]。この金額は国連平和維持軍を含む全ての国連機関の予算額の合計の8倍以上に当たり、OECD諸国による国際開発事業に対する寄贈総額の3倍に相当する[32]。実際には、その実額は更に上回っているかもしれない。ハーバード大学のエコノミスト、リチャード・N・クーパー Richard N. Cooper により作成されたグローバル二酸化炭素税に関するモデルは、例えば、二酸化炭素1トン当たり15米ドルとして、年間5000億米ドル以上の税収を試算している[33]。

　誰がグローバルな税収を管理し、その税収をいかに的確に使用するか、誰がその政治的な決定をするのか、また、どのような管理メカニズムが存在するのかは、いずれも最も重要な問題であるが、それは十分には議論されていない。既存の国際機関や団体はこの目的にふさわしくない。マイロン・フランクマン Myron Frankman が強調しているように、英国の弁護士、ジェームズ・ロリマー James Lorimar が早くも1884年には、グローバル税は将来の世界国家の体制の一部でなければならないと明確に指摘している。「これは極めて重要な点である」とフランクマンは言っている。「グローバル税、グローバル通貨、グローバル競争政策、そして累進的なグローバルな所得再分配について、技術的問題を詳しく議論することは可能であるが、それは、世界政府の設立準備が整うまではあり得ない」[34]。それは民主的な正当性と責任の問題が相当に緊急性のあることと認識され広く認められる時のみに可能なのである。グローバル

---

31) United Nations Department of Economic and Social Affairs. 2012. *World Economic and Social Survey 2012: In Search of New Development Finance*. New York: United Nations, pp. 29f., 98f.

32) 2015年には、国連システムの総収入は480億米ドルであった。Dag Hammarskjöld Foundation, and The UN Multi-Partner Trust Fund Office (eds.). 2017. を 参 照。'Financing the UN Development System' (www.daghammarskjold.se); 2015年には、OECD加盟国の政府開発援助の純額は1310億米ドルであった。(source: data.oecd.org).

33) Cooper, Richard N. October 2008. 'The Case for Charges on Greenhouse Gas Emissions'. Discussion Paper 08-10. Harvard Project on International Climate Agreements, Belfer Center for Science and International Affairs, Harvard Kennedy School, pp. 5, 12.

34) Frankman, Myron J. 2004. *World Democratic Federalism*. New York: Palgrave Macmillan, p. 100.

216　第二部　21世紀の統治と民主主義

課税とそれに伴う税務機関について**誠実に**語る者は誰でも、その舌の根の乾かぬうちに民主的な監督権限と役割を分担する世界議会、少なくとも資金の配分に対する決定に際して世界議会について触れなければならない。世界議会の中における公開討論は政府の枠を超えて、より広範な政治的意見が表明され、重大な問題が提起され、真にグローバルな政治的討論が行われるはずである。2011 年にヘルシンキ大学で開催された温室効果ガスに対するグローバル税の構想に関するワークショップの中で、そのような税金は「グローバル統治の民主化にとっての基礎であること」が的確に認識されたが、それは「代表権なきところ税負担なし」の原則の**世界的**レベルの議会代表制による適用を意味しているからであろう[35]。

国際通貨と国際金融システムと国際的な課税協力の改善と発展は、上記の特定の提案の必然的結果として、既存の機関がその任務にふさわしいという誤った想定から、秘密裏にまた不正な手段で行われるのではなく、むしろ包括的な制度改革とグローバルな公共政策の民主化の枠組みの中で行われなければならない。この側面がこれまでほとんど無視されていたことは留意するに値する。グローバルなレベルでのマクロ経済の管理の一元化は、原則的には好ましいものであるが、それが民主制世界議会によって整備され政治的に管理、監督され、そして法制化される場合にのみ、正当化され得る。例えば国際通貨基金 IMF、世界銀行、世界貿易機関 WTO の執行役員達の任命においては共同の決定権を持つグローバルな議員総会が今既にでも存在していてしかるべきである。そのような権限の事例は世界中央銀行の役員の任命に関してなお一層強力に示されるであろう。そして世界議会を除いて他の誰が世界的法人税の統一税率そして可能な最低税率の詳細について交渉できるであろうか？

無規制の金融、通貨そして税制を管理下に置くことを目的とするグローバルな管理のための対抗運動が緊急に求められている。そして単なる技術専門的なアプローチは何ら**解決策とはならない**のだ。民主的世界議会により、この対抗運動の解決策を確保することが、市民社会と社会運動にとって最優先事項とならねばならない。

---

35) Brincat, Shannon. September 2011. 'A Global Greenhouse Tax'. *Helsinki Review of Global Governance* 2(2): 42–44, pp. 42ff.

第14章

世界国内政策、主権超越的問題、複雑な相互依存

「主権超越的問題」

　人新生のグローバル文明は、19世紀以降発展し続けてきているが、世界国内政策をより一層緊急に必要とする状況を伴ってきている。この必要性はこれまで述べられた気候変動対策やグローバルな経済、金融システムの問題をはるかに超えている。グローバル共通財と人類の共通の利益に関わる問題に加えて、世界国内政策は**グローバルな次元の極めて重要なあらゆる問題**を対象とする。かかる問題は技術の進歩と我々の生活のあらゆる面におけるこれまでにないほど緊密なグローバルな相互関連性のために急速にその数と重要さを増しつつある。政治学者のフォルカー・リットバーガー Volker Rittberger（1941～2011）と彼の共著者は800ページの教科書の中で「グローバルな統治への理論的、かつ経験的アプローチ」と「主権超越的問題」の発生数の増加の2点について論述している。主権超越的問題とは彼らの定義によれば「国家のコントロールがほとんど効かない形で国境を越えて発生し、かつ単独で行動する国家の対策では解決し得ない問題」[1] である。主権超越的問題の例は、感染症と流行病の蔓延、麻薬の取引、気候変動、大量破壊兵器とその拡散、人身売買、移民と難民の流れ、商品の違法コピー、テロリズム、そして「富の不平等や環境の破壊」のような「経済のグローバル化の社会的、環境保護面でのネガティブな外部性」を含んでいる[2]。更に、初めは国境を越える様子のなかった問題が急速に拡大しグローバルな重要性を持つようになる可能性がある。従って、米国国家情報会議 US American National Intelligence Council（米国シークレット・サービスの戦略的シンクタンク）と欧州安全保障研究所 European Union Institute for

---

1) Rittberger, Volker, Andreas Kruck, and Anne Romund. 2010. *Grundzüge der Weltpolitik. Theorie and Empirie des Weltregierens.* 1st ed. Wiesbaden: VS Verlag für Sozialwissenschaften, p. 278 with further references (this definition is from Maryann Cusimano).

2) Ibid. pp. 278, 280.

Security Studies（EUISS）によるグローバルな統治の長期的な課題に関する共同研究の中で、急速なグローバル化のために、「国際的制度に対する危機は、以前は地域的に起こった脅威がそこで封じ込めることができなくなっており今や、グローバルな安全性と安定性に対して危険を孕む程拡大している」と報告されている[3]。

相互依存の概念

第一次世界大戦の終結以来、「相互依存」という用語は世界政治の基礎となっている状況を説明するために使われてきている。1870年から1914年の間で最も顕著な特徴は、「国家間の揺るぎない相互依存の拡大」であると、英国の『オブザーバー』紙の発行人のジェームズ・ルイス・ガーヴィン James Louis Garvin が1919年にこの言葉を繰り返し使っている著書の中で書いている[4]。英国の政治家フィリップ・カー Phillip Kerr は1935年に世界連邦主義運動の歴史にとって重要な論文の中で「世界は経済的には、一つの相互依存体となった」と論じている[5]。「我々の相互依存は社会の本質であるが、次第に国家間のルールともなってきている。社会は諸国家の社会へと拡大しつつある。しかし、これは、不変の依存——国家間の相互依存」を意味する」と、1956年に、政治学者でドイツの政治アドバイザーのヴィルヘルム・ヴォルフガング・シュッツ Wilhelm Wolfgang Schutz がこの概念を要約している[6]。1970年代の危機に伴い、相互依存は主要なテーマとなった。第二次世界大戦以降初めて、産業国家が、不況、高失業率、そしてインフレに直面した。米国政府は急増するベトナム戦争の戦費が主たる要因で大幅な財政赤字を記録した。貨幣供給と公的債務は共に増加した。固定為替レートと米ドルの金との兌換性（「金本位制」）を保証する国際的制度を維持することは、最早不可能となっていた。アラブ諸国とイスラエルの第四次中東戦争に関連し、1973年10月、石油輸出国機構 OPEC 加盟8カ国が西側に政治的圧力をかけるために石油輸出を大幅に削減した時、石油価格は大幅に上昇し、全世界に深刻な経済的打撃を与えた。米

3）National Intelligence Council（ed.）. September 2010. 'Global Governance 2025: At a critical juncture', p. iii.

4）Garvin, James Louis. 1919. *The Economic Foundations of Peace: or world partnership as the truer basis of the League of Nations*. London: MacMillan & Co., p. 74, 以下も参照。pp. 13, 72.

5）Kerr, Philip（Lord Lothian）. 28 May 1935. 'Pacifism is not enough nor patriotism either'. Source: Federal Union（www.federalunion.org.uk）.

6）Schütz, Wolfgang Wilhelm. 1956. *Wir wollen Überleben, Außenpolitik im Atomzeitalter*. Stuttgart: DVA, p. 162.

国の石油生産は 1970 年にピークに達しており、OPEC の禁輸による供給減を補うために増産するのは不可能であった。ウォール街のダウ工業平均株価は 4 年足らずの間に半値に下がった。その当時、既に、アルビン・トフラー Alvin Toffler は、通貨と金融市場を制御の効かない「グローバルな賭博所」であり「新たな、超国家的な管理メカニズム」が必要であると発言している[7]。ソ連は、国内での生産不足のため、国内の食糧供給の必要量を満たすために永続的に穀物輸入に依存することとなった。冷戦にもかかわらず、ソ連は、この目的のために米国や他の西側諸国から、大量の穀物や家畜の飼料を定期的に調達することが可能であった。地球環境の危機が人々の意識に上り始めていた。このような状況を背景として、西ドイツの外相ハンス・ディートリヒ・ゲンシャー Hans-Dietrich Genscher は、1975 年の国連総会における演説のテーマとして、相互依存を選んだ。「問題はグローバル化した。未だかつてない程の緊密な国家間の相互依存へと向かう止めようもない勢いは、新しい時代の証明であり、この趨勢は世界の歴史が進む方向である。初めて、人類は共通の未来、即ち、我々の共通の生存かまたは共通の破滅か、はたまた共通の繁栄かまたは共通の衰退か、いずれかに向かって共に歩んでいるのだ」と彼は断言した[8]。その翌年、米国の独立宣言 200 周年を記念して、「相互依存宣言」が米国で発表された。これはとりわけ米国議会の 120 名以上の下院議員により署名された。この注目すべき文書は「全ての国の経済は縫い目のない織物であり、(中略) いかなる国家も単独で、国際機関による共同規制の必要性を認めずに、その国の生産プロセスや金融システムを、効果的に維持することは最早できなくなっている」との指摘を含んでいる。その宣言は、全ての人々はグローバル社会の一員であると述べている。もし我々の文明が生き残るとするならば、全人類が団結しなければならないのだ[9]。

政府横断的ネットワークそして国内政策と外交政策の融合

米国の政治学者のロバート・コヘイン Robert Keohane とジョゼフ・ナイ

---

7) Toffler, Alvin. 1975. *The Eco-Spasm Report*. New York: Bantam, pp. 75f.

8) Genscher, Hans-Dietrich. 1981. 'Außenpolitik im Zeitalter weltweiter Interdependenz. Rede vor der 30. Generalversammlung der Vereinten Nationen am 24. September 1975'. In: *Deutsche Aussenpolitik. Ausgewählte Grundsatzreden 1975-1980*, 87–104. Stuttgart: Bonn aktuell, pp. 89ff.

9) Steele Commager, Henry. 1976. 'A Declaration of Interdependence'. In: *Third Try at World Order. U.S. Policy for an Interdependent World*, ed. by Harlan Cleveland, 107–109. Philadelphia: World Affairs Council of Philadelphia, pp. 109, 107.

Joseph Nye はその後1977年に彼らの著書『権力と相互依存』の中で、「複雑な相互依存」の概念を発表している。この用語を使って、二人は国家とその政府は世界政治においては首尾一貫した組織としては機能しないこと、そして国家とその政府だけが主役ではないことを明確にしたかったのである。即ち、彼らの見解では、相互依存を単に国際関係の現象として見ることは不適切である。政府機関、個人そして銀行や企業のようなその他のアクターは、多くの様々な方法で、国境を横断する彼ら自身の直接的な結びつきを作り、かくて自らが世界政治の主役となっているのである。政治学者のアン＝マリー・スローター Anne-Marie Slaughter は、最近、政府機関、司法当局の職員、または議会議員の組織間の直接的な国際協力としてできた政府間ネットワークと組織を調査した。ほぼ全ての省庁が、今やその政策領域内で、単に水平的ネットワークによるものかまたは正式な交渉プロセスと政府間組織によるものかにかかわらず一種の「世界国内政策」を実践している。スローターによれば、現在では、国家と世界秩序は今や「ばらばらになっている」[10]。

　主権超越的問題と相互依存は、国際的レベルで行われる協議や決定によって影響される、かつてない程多くの問題を引き起こしている。コヘインとナイは既に「国内と国外の問題の区別が曖昧になっている」と述べている[11]。政治学者のハーラン・クリーブランド Harlan Cleveland（1918〜2008）は、ワシントンDC のアスペン研究所で『相互依存の宣言 Declaration of Interdependence』の作成に携わったが、彼も同じように、外交政策と国内政策の「融合」について述べている[12]。

　物理学者のカール・フリードリッヒ・フォン・ワイツゼッカー Carl Friedrich von Weizsäcker（1912〜2007）は1963年の彼のドイツ出版協会平和賞の受賞講演で、世界国内政策の概念の本質を最初に把握した者の一人である。彼は、以前は外交政策と考えられていたものが、彼の言う「世界的調和化」のせいで、次第に「世界国内政策」に変わっていったと述べている。世界国内政策は二つの現象を説明するものである。即ちその第一は超国家的な組織の発展についてであり第二は世界政治の諸問題を研究するために国内政策から取り入れられた分析的概念の使用である。彼は進化論者の視点に立って、「小国の外交政策が大国の国内政策になっていく」という事実は「よく見られる歴史的な現象であ

10）Cf. Slaughter, Anne-Marie. 2004. *A new world order*. Princeton University Press.
11）Keohane, Robert, and Joseph S. Nye. 2011 [1977]. *Power and interdependence*. 4th ed. Boston: Longman, p. 20.
12）Cleveland, Harlan. 1976. *Third Try at World Order. U.S. Policy for an Interdependent World*. Philadelphia: World Affairs Council of Philadelphia, pp. 83ff.

る」と論じている [13]。ウルリッヒ・バルトッシュ Ulrich Bartosch が強調するように、世界国内政策はここでは連続的なプロセスとして理解されなければならない。初めに、この用語は——ワイツゼッカーの平和の概念についてのバルトッシュの研究の中で概要が説明されたように——現にある条件下でのグローバルな政治問題の解決策を考え出すための「なお未完成の計画」を意味していた。ここでは、特定の利害関係者がことの成り行きを、自分の有利な方向にもって行こうと競い合うが、一方、バルトッシュによれば、「より高位の機関によって管理され、強要される紛争解決のプロセスに服従しなければならぬことはないのである」[14]。ここが「完全な」世界国内政策の観点の重要な要素が登場するところである。というのは特定の解決策の世界的な実施を支持するのではなくて、世界国内政策の観点は**共同**の解決策を求めることを優先するからである。世界国内政策は**利害関係者の公正でグローバルな調和**を実現し、そして既存のシステムを全員のための最適な結果と全員のための共通の利益に向かわせるものでなければならない。平和な世界秩序の構築に関してワイツゼッカーが言ったように、これは「全ての国を含み、数世代にわたって存続する」「強固な超国家機関」の創設を必要とする [15]。世界国内政策は、従って、できる限り民主的なプロセスで、グローバルな政治機関を通じて、グローバルな政治的問題の解決を目指すものである。これはもちろん紛争の終焉、または全ての政治的立場の違いの消滅（いずれにしても無邪気な考え）を意味するものではなくて、むしろそのような違いを「紛争の平和的解決に向けて、当事者に圧力をかけることを目的とする確固たる法律的な基盤を持つダイナミックな組織的構造」に転換することである [16]。

国際秩序の発展の諸局面

　国家間の関係の発展においてその相互の関連性の程度に基づき一連の連続的な局面を設定することが可能である。例えば、バリー・ブザン Barry Buzan は、ロンドン大学経済学部の他でも教鞭をとっていた国際システムの発展に関

---

13) Weizsäcker, Carl Friedrich von. 'Bedingungen des Friedens'. Dankesrede, Friedenspreis des Deutschen Buchhandels, 1963, p. 11.
14) Bartosch, Ulrich. 1995. *Weltinnenpolitik. Zur Theorie des Friedens bei Carl Friedrich von Weizsäcker*. Berlin: Duncker & Humblot, p. 254.
15) Weizsäcker, loc. cit., p. 12.
16) Bartosch, loc. cit, p. 263.

する専門家であるが、理想的－典型的状態を六つの局面に分類している[17]。彼が提示する最初の三局面は戦争、敵対、そして権力政治がその特徴であるが、一方でこれに続く三局面において顕著であるのは、ますます共有される価値、信頼に満ちた協力、そして連帯である。この範囲の一方の端には民族絶滅の大量虐殺戦争が常態となっている仮想の「自己中心的状況」がある。それに続いて純粋な権力政治の無政府的局面になり、その後共存状態となる。この後者は、大国の権力政治、勢力の均衡、主権、領土権、古典的な国際法、そして戦争を根本に据えたウェストファリア体制（主権国家間の勢力の均衡に基づく国際秩序）に相当する。続いて協力、集結、連合の局面があり、そのいずれもが共通の制度と規則の強化を伴っている。ブザンは、EU を「連合」の局面に属する制度の例と呼んでいる。ブザンは「この段階までには、武力行使の抑制がほぼ完全となり、外交はほとんど国内政治のプロセスにより類似したものに変容され、そして国際法は、それを支える執行機関を有するより国内法のようなものに変容されなければならない」と書いている[18]。この範囲は、しかしながら、7 番目のそして決定的な局面によって引き延ばされることが必要である。国家間の関係の領域は残存され、そこに参加する提携国家は新たな共通の連邦秩序の中で一体化する。「包括的」な世界国内政策は結局――少なくとも重要な分野については――この統合計画のようなものとなる。世界議会は、国民国家の特有の利益を上手に管理するため、そして共通の規則の作成のため、そして人類の利益を代表するための、可能な限り最良の、民主的で、超国家的な枠組みとなるので、世界国内政策が適切に機能するためには最も重要な制度的要件となる。

　米国の元外交官、ジェームズ・R・ハントリー James R. Huntley は著書『民主制の平和 Pax Democratica』の中で、国際秩序の発展における四つの局面――帝国主義による征服、国民国家中心の勢力の均衡のシステム、組織化された国際協力、そして超国家的な共同体の建設――について述べている。この発展の中で、第四局面の組織は、「現代の**ホモ・サピエンス**がネアンデルタール人とは異なっているのと同じ程度に、帝国、国民国家、政府間の組織とは異なっている」[19]。世界国内政治は主権国家の古典的な外交政策モデルの枠組みの中では、限定的または部分的にしかあり得ないということは、哲学者のカール・ヤスパース Karl Jaspers（1883 ～ 1969）により、1953 年の彼の著書『歴史

---

17) 以下を参照。Buzan, Barry. 2004. *From International to World Society? English School Theory and the Social Structure of Globalisation.* Cambridge University Press, pp. 159f., 190ff.

18) Ibid., p. 195.

19) Huntley, James Robert. 1998. *Pax Democratica: A Strategy for the 21st Century.* New York: St. Martin's Press, pp. 21ff., 35.

の起源とゴール』の中で指摘されている。ヤスパースによれば、科学技術は「地球の統合」をもたらした。人類は今や共通の運命を共有している。彼は「単一の人類の歴史」の開始を明白に示し、地球的世界秩序への移行を予想している。来るべき「世界統合の時代」に、それは「全てを包含する連邦制」の形をとると彼は考えていたが、**国内政策に対して外交政策が優先するとの原則は、全て意味を失うこととなろう**。ヤスパースによれば、連邦制の世界秩序は「絶対主権の廃止」だけではなく、それと共に「人類のための国家という古い概念の廃止」をも意味するのである[20]。

主権そして「爆縮 implosion」の時代

有力な英国の政治学者、ハロルド・ラスキ Harold Laski（1893 ～ 1950）は主権の問題をかなり徹底的に研究したが、彼は 1930 年代に、主権という用語は政治学の用語から根絶されるべきであると主張している。彼は「もし主権の全ての概念が放棄されるならば、それは政治学にとって永遠の利益となるだろう」と書いている。彼は、主権の根源はそれが絶対的な、至高の権力を描くことが可能な時代にあると論じている。しかし、もし国家共同体をもっとよく見れば、そのような「主権の」中心を見つけることは実際には不可能であった。主権は常に制限され、分かち合われていた。従って、国際的な問題において国家主権の存在を想定するのは更に疑問の余地があり、そして実に「道義的に問題を招きよせる」ものであった。「どんな解決策をその国がとるかをその国自身の決定に任せることには、問題の影響が人類にとってあまりに大きいために解決不可能な沢山の問題がある」とラスキは書いている。「独立した主権国家の概念は国際的な面から言えば人類の幸福のためには致命的なものである」[21]。

主権の教理は伝言が馬の背に乗せられて届けられた時代に遡る。その起源は宗教改革と王と教皇の支配に対する反乱という形をとった宗教戦争に関係している。印刷機の発明が決定的な影響を与えた。メディアに関する理論家のマーシャル・マクルーハン Marshall McLuhan は、印刷メディアにより支配された「グーテンベルグの時代」を、**爆発**の一つと表現した。16 世紀からこの方、印刷機の発明は個人主義、ナショナリズム、そして世界が国際法の下での主権国

---

20) Jaspers, Karl. 2010. *The Origin and Goal of History*. Transl. by Michael Bullock. Abingdon, Oxon: Routledge Revivals, pp. 193, 197f.
21) Laski, Harold J. 1938. *A Grammar of Politics*. 4th ed. London/New Haven: George Allen & Unwin Ltd./The Yale University Press, pp. 44ff., 65ff.

家への分裂した状況を生み出した。マクルーハンは、今は、しかしながら、1964年の先見の明によって「電気技術が1世紀以上経過した後に、我々は我々の重要な神経組織自体を地球全体に張り巡らせ、我々の惑星に関する限り、時間と空間の双方を消滅しつつある」と見ている。電子技術によって引き起こされた「スピードアップ」とリアルタイムのグローバルなネットワークへの直接的なアクセスは、爆発を、**爆縮**（外縁から中心に向かっての爆発的な収縮）に逆転させた。「我々の今日のスピードアップは中心から外縁に向かっての緩慢な爆発ではなく、瞬間的な爆縮と空間と機能の相互的融合である。我々の専門的かつ中心 - 外縁構造の断片化された文明は、その機械化された断片の全てを一つの有機的統一体に瞬間的に再構築することを突如として経験しつつある。これが、グローバルな村の新しい世界である」[22]。

　マクルーハンが彼の著書『グーテンベルグの銀河 The Gutenberg Galaxy』の中で喧伝した「新たな電子的相互依存」を基礎とした世界の「グローバルな村」への変容は大陸間グラスファイバー・ケーブル、衛星通信、そしてこれらの技術によって支えられたインターネットのお陰で、現実のものとなった[23]。インターネット革命の時代にあって、そして人新世において広がりつつある状況下で、主権はゼロ点に向かって爆縮しつつある。誰一人として、無制限の自己決定権や無制限の権力行使の権利を持ってはいないし、実際その行使の能力も持っていない。全ての国、機関、団体そして行為者は何らかの意味で他者に責任を負い、他者と深く関係している。古典的な意味で、誰一人として他者に対して支配権を有することはなく、また、あたかも支配権があるかのように行動することもできない。

　実際、国民国家の主権は国際法の教義的な解釈が我々に信じこませる程憲法上絶対的ではないことが多い。多くの国の憲法は国家主権に制限を設けており、また、**国際機関への主権の移転**を認めている。ジョゼフ・バラッタ Joseph Baratta はそのように規定している欧州、中南米、アフリカ、アジアの40カ国の憲法を列挙している[24]。これらの憲法を作成した人々にとって、超国家的な政治的共同体の出現の蓋然性は明らかに、違和感のあるものではなかった。

---

22) McLuhan, Marshall. 1964. *Understanding Media*. London: Routledge, pp. 4, 39ff., 101.
23) Idem. 1962. *The Gutenberg Galaxy*. Toronto: University of Toronto Press, p. 21.
24) Baratta, Joseph Preston. 2004. *The Politics of World Federation. United Nations, UN Reform, Atomic Control*. Vol. 1. Westport, Connecticut; London: Praeger Publishers, p. 255.

第 15 章

世界文明の脆弱性、実存的危機、人類の進化

世界的崩壊の可能性

おそらく現代におけるどの世代も——実際、歴史意識のあるどの世代も——その自分の時代を紛れもない急激な変化の時代と感じてきた。しかし、今日こそ我々は本当に前例のない歴史的な転換点にいる。人類の歴史上初めて地球全体を網羅する唯一の統合された世界文明が存在する。人類の活動は今や地球システムの重要なパラメーターに大きな影響を与えているのみならず、更に文明の**世界的な**崩壊の可能性すら生み出している。これは潜在的な複数のリスクが重なって結びついている状態から生じている。即ちそれは技術的、社会的そして経済的なシステムの密接な相互関連性と脆弱性を意味しており、その中の一つにでも問題が生じれば予測不可能な計り知れない結果を伴う連鎖反応を引き起こす可能性があるのだ。「グローバルな崩壊の危険性」に関する国際会議が、2008 年オックスフォード大学で開催された。公表された議事録の中で、経済学者および物理学者でもあるロビン・ハンソン Robin Hanson が、人類は多様な大災害の影響を被る可能性があるが、「大規模な崩壊に伴う被害のほとんどは、その崩壊の直接的影響によるものであるよりむしろ、その後の社会的崩壊による可能性がある」と書いている [1]。居住可能な地球は今後も、非常に長期間にわたり存在し続けるであろうが、およそ 10 億年後には、太陽の輝きと大きさが大幅に増し、その結果、地球の表面温度が非常に高くなり、そこでは生命の存在は不可能となるであろう。しかし、この宇宙論的な観点からしても、21 世紀はかなり「決定的な瞬間」となる可能性がある。このことは英国の天体物理学者のマーティン・リース Martin Rees にとっては確信となっている。地球の歴史において初めて、一つの種——人類——が地球の未来を手中に収め、

---

1) Hanson, Robin. 2008. 'Catastrophe, social collapse, and human extinction'. In: Global Catastrophic Risks (ed.). *Nick Bostrom and Milan M. Ćirković*, 363–377. 1st ed. Oxford, New York: Oxford University Press, p. 375.

226　第二部　21 世紀の統治と民主主義

人類だけでなく、全ての生命を危険に晒す可能性が生じたのである[2]。元王立協会会長のリースは2003年の彼の著書『私達の最後の時間』で、現代の科学技術能力から主として生じる多くのグローバルなリスクについて分析している。「私達の現在の地球文明が深刻な挫折を経験せずに、今世紀末まで生き残る可能性は五分五分と思う」というのがリースの衝撃的な結論である[3]。オックスフォード大学のニック・ボストロム Nick Bostrom が言うように、人類が何十万年にわたって、実在した差し迫る危機を克服してきたのは事実である。しかしながら、彼は「特定の深刻な切迫した危機のシナリオの検討は、予測可能な未来におけるそのような危機の大部分が、**人間が原因である深刻な危機**——つまり人類の活動から生じているとの疑念を裏付けるものである」と書いている。この種の深刻な切迫した大惨事から予測される結果は非常に大きいため、そのようなリスクを低減するという目的が、人類にとって「重要な検討事項」とならねばならない[4]。

　人新世の世界的国内政策の幅広い概念の中では、世界文明の現実的能力または世界文明全体の存続そのものを脅かす可能性のある問題、または世界人口の大部分の幸福に重大な影響を与える問題、あるいは人類に不可逆的な負の結果をもたらす可能性のある問題に関して長期的な解決策が特に求められている。地球システムと経済的システム、金融システムの安定はこの範疇に属し、原子力戦争の脅威、スーパー・ウィルスの拡散等そして伝染病の流行、食糧と水の確保、バイオテクノロジー・ナノテクノロジー・ロボット工学・人工知能の進歩による影響等もその範疇に入る。

人類の遺産としてのゲノム

　遺伝子工学とナノテクノロジーにより、今や科学が我々に生命と物質の根本的構成要素について専門的、かつ完全な理解を授けそうになっていることは、この時代が歴史的な転換点にあることを示すものの一つである。2003年に、クリスパー・キャス Crispr-Cas 他のシステムを通じたヒトゲノムの解読、クローン技術などで例示されたバイオテクノロジーの大幅な進歩は、人類の生命の本質に根本的に迫っていくことを可能にした。人間の中身はその DNA 配列

---

2) Bostrom/Ćirković (ed.), ibid, p. xi.
3) Rees, Martin. 2004. *Our Final Century.* 1st ed. Arrow Books, p. 8.
4) Bostrom, Nick. Feb. 2013. 'Existential Risk Prevention as Global Priority'. *Global Policy* (4)1: 15–31, pp. 16, 19.

の中に盛り込まれている。ゲノムは人間の全体の生物的生命の組み立てマニュアルなのである。1997年のユネスコ総会は「ヒトゲノムと人権に関する世界宣言」第1条で、ヒトゲノムは、「人類家族の全ての構成員の根本的結合とその固有の尊厳と多様性の識別を明確に示しており」、かつ「象徴的な意味合いで、それは人類の遺産なのである」と述べている。進化そのものを記述しているこの古典的な書物のテキスト（ヒトゲノム）は、間もなく、予測不可能な結果の徹底的な解釈と修正の対象となるであろう。ほぼ20年近く前に、ワシントンの経済動向に関する財団 Foundation of Economic Trends のジェレミー・リフキン Jeremy Rifkin は、あらゆる歴史において前例のない科学技術革命について書いている。「地平線に横たわる新たな科学技術的・経済的な機会、課題、そしてリスクに対し、人類は、歴史上かつてない程対応する備えのない状態にある。我々の生活様式は、これまでの1000年間よりも、今後数十年間で、もっと根本的に、変容されることになりそうである」[5]。不幸にも、我々は未だ十分に準備を整えていないように見える。

生殖遺伝学

例えば、我々は、「生殖遺伝学」が特定の遺伝子を自由に、伝達、あるいは遮断することを可能とし、従って子供達の遺伝的特性の選択を可能とすると予想することができる。2015年には、150人以上の専門家が遺伝性疾患のヒト遺伝子組み換えに対し禁止を強く求める公開書簡に署名している。その公開書簡は「出生時には健康に見える、おそらく何人かは機能強化と言われて行われた遺伝子の組み換えを受けた子供がその後の人生において深刻な問題を抱える可能性がある。他の有害な生殖細胞系列の組み換えの結果はその後の世代にしか出現しないかもしれない」が、その警告は効果がないと説明している[6]。実際、研究者達は、クリスパー・キャス Crispr-Cas の実験をヒトの胚で既に始めている。

「生殖遺伝学」という用語を新しく作った分子生物学者、リー・シルバー Lee Silver の見解では、ヒトゲノムを操作することは、我々に先ず第一に大きな機会を提供する。例えば、親達は、自然的には人口の1%にしか生じない HIV ウィルスの感染に対する耐性のある遺伝子を自分達の子供に与えること

---

5) Rifkin, Jeremy. 1999. *The Biotech Century*. Trade edition. New York: Tarcher/Putnam, p. 1.
6) Center for Genetics and Society. November 2015. 'Open Letter Calls for Prohibition on Reproductive Human Germline Modification' (www.geneticsandsociety.org).

を選択することが可能となる。「生殖遺伝学は子供達にその身体的、精神的発達や長寿にとってより良い可能性を与えるために利用されるであろう」とシルバーは断言している。シルバーの見解では、問題は、技術の誤用や失敗にあるのではなく、その応用の及ぼす広範囲にわたる社会的な結果にある。プリンストン大学のこの学者は、「生殖遺伝学の可能性は、非常に大きいので、その機会が得られない家族やグループは、深刻な不利益を被るおそれがある」と論じている [7]。富める者と貧しき者の間の社会的な溝は遺伝子的に確立され、再生されるであろう。「遺伝子支配体制」が生ずるはずである。彼の著書『エデンの再生』で、シルバーは人類が将来、生物学的に恵まれない「自然人」と、何世代にもわたって生殖遺伝学的に完成された人間階級との二つに、取り消すことができないほどに分断される可能性があるとしている。「分断された人類は、自由なグローバル資本主義の究極の遺産となる可能性がある」とシルバーは書いている [8]。なぜならば、今の状況下では、この分野の発展を決定するのは市場と科学技術的な実現可能性のみであるからである。たとえ、ある社会が何らかの方法で生殖遺伝学の規制の導入を決定したとしても、裕福な親が、必要なら外国で生殖遺伝子の操作を受ける欲求を満たすことを防ぐことはできないだろう。世界法による完璧な制度のみが規制を成功させることができるはずである。シルバーは述べる。「主権国家がまだ存在している限り、女性の身体の奥深くに埋め込まれている細胞や遺伝子の自由な動きを阻止できる国境はない。その市民がアクセスできるように生殖遺伝学をコントロールできるのは世界国家のみであろう」 [9]。

超人間主義と人工知能

生殖遺伝学は人類発展のための唯一の課題ではない。コンピューターの先駆者のレイ・カーツワイル Ray Kurzweil のような「超人間主義者」（訳者注：新しい科学技術を用い、人間の身体と認識能力を進化させ、人間の状況を前例のない形で向上させようという思想家——ウィキペディアから引用）にとって、次の論理的な前進への飛躍は、人類と機械、そしてコンピューター技術との融合にある [10]。人

---

7) Silver, Lee M. 2000. 'Gesündere and glücklichere Kinder mit Reprogenetik'. *Novo* (44) (www.novo-magazin.de).

8) Id. 6 August 2002. 'Brave New World Dawning'. *Project Syndicate* (www.project-syndicate.org).

9) Silver (2000), loc. cit.

10) Kurzweil, Ray. *The Age of Spiritual Machines: When Computers Exceed Human Intelligence*. New York: Penguin Books, 2000.

類の肉体の限界と弱点は最終的には、この融合、即ち生物学的な組織と機械の混成物から出現するサイボーグで克服されるであろう。しかし、ここでもまた避けられない結果は人類を2種類、自然人とサイボーグに分別することとなりそうに思える。そして再び、デビッド・ロッター David Rotter が、興味深い記事に書いているように、「この新しい技術にアクセスし、技術の進歩を利用して、知性、感覚能力、身体能力、寿命、体力の面で、通常人に対して優位に立つのは先ず、断然エリート達であろう」。対照的に、「労働者族」は、社会において、最早、重要な役割を果たすことはないだろう[11]。ロッターは、超人間主義を空想科学小説として退けないよう警告している。彼は超人間主義者の政策が世界中の科学的活動を指示しつつあり、国際的なエリート族によって、大々的に推し進められていると述べている。ロッターはその一例として、「ヒューマン・ブレイン・プロジェクト Human Brain Project」を挙げているが、それはコンピューター技術を駆使して、人間の脳の包括的なシミュレーションを作成することを目的とする事業で、EUから10億ユーロという多額の資金提供を受けている。2016年には、億万長者で企業家のイーロン・マスク Elon Musk がニューラリンク Neuralink という人間の頭脳を機械と AI で結合することができる装置を開発する会社を立ち上げている[12]。「金持ちは、ますます金持ちになるように見えるだけでなく、コンピューターで能力が高められた頭脳を持つことから得られる便益をも得るだろう」と CNBC（米国のテレビ局）のコラムニストのダスキン・マッキッセン Duskin McKissen がコメントしている。非常な金持ちだけが能力を向上することが可能ということになれば、不平等はどのように見えるようになるのかと彼は疑問を投げかけている[13]。

　オーストラリア人の人工頭脳研究者、ヒューゴ・デ・ガリス Hugo de Garis は、2005年の彼の著書『人工頭脳戦争』で、人間の知能よりも数兆倍も優れた AI を作ることは可能であろうと予測している。更に、彼は人間の進化の方向とそのような想像を絶するような AI を備えた機械を作ることが容認できるかどうかの議論は21世紀後半のグローバルな政治の中心課題となり、その過程で深刻な暴力的闘争を伴うこととなるだろうと予測している。「しかしながら、いったんこれらの人工頭脳が賢くなり始め、そして多分大変迅速に、より

---

11) Rotter, David. 2013. 'Transhumanismus. Die Abschaffung des Menschen'. *Tattva Viveka* (56): 58–67, p. 64.

12) Galeon, Dom. 28 March 2017. 'Elon Musk Just Confirmed That He's Making Tech To Merge Human Brains and Computers'. Futurism (blog) (futurism.com).

13) McKissen, Dustin. 29 March 2017. 'Elon Musk's Neuralink could help rich people get richer'. CNBC.com.

賢くなるおそれが生じる（「特異点 singularity」と称されるシナリオの実現）としたら、人類は開発を進めるべきか否かの決定を行う準備をしなければならない」とガリスは書いている [14]。イーロン・マスクは、ロシアのウラジミール・プーチン Vladimir Putin 大統領の「誰でも AI 分野でのリーダーは世界の支配者になり得る」[15] との発言を引用しつつ、AI の優位性を巡る大国の競争は第三次世界大戦を引き起こす可能性があると確信している。スティーブン・ホーキング Stephen Hawking によれば、AI の発展は、「人類の最終的な滅亡」をもたらすかもしれない [16]。核、生物兵器による戦争、環境問題、AI に関し、この有名な物理学者であり、宇宙研究者の彼は『タイムズ』紙のインタビューで、「我々はこれらの脅威が制御不可能になる前にそれらを特定し、もっと迅速に行動する必要がある。それは、世界政府の何らかの形態を意味するのかもしれない」と述べている [17]。

自律的兵器

AI はその軍事的応用に関して特に問題がある。主導的な軍事計画立案者は将来の武力紛争は無人戦闘システムが主流となると考えているが、そのシステムは既に兵士達にとって代わりつつある。彼ら立案者達はかつて戦車が登場した時と同じように、ドローンとロボットは戦争に革命をもたらすと確信している。軍事用ロボットは既に急速な成長を実感しつつある産業である。現在、精力的に追求されている目的の一つは**完全に自律的に動く**殺人ロボットと戦闘用ドローンの開発である。AI 研究者で、2009 年設立の、ロボット兵器管理国際委員会 International Committee for Robot Arms Control（ICRAC）の共同創設者のノエル・シャーキー Noel Sharkey は、「我々は、ロボットが誰を、どこで、いつ殺害するかを決定する野蛮な新世界の中に夢遊病者のようにさまよいこみつつある」と警告している。シャーキーは、いかなるコンピューターシステムも、戦闘員と無辜の民を確実に識別することはできないと論じている [18]。『サイエンス』誌によると、コンピューター科学者は、将来 AI が進歩して、この

---

14) Garis, Hugo de. 2005. *The Artilect War*. Palm Springs, Ca.: ETC Publications, p. 19.
15) Hern, Alex. 4 September 2017. 'Elon Musk Says AI Could Lead to Third World War'. *The Guardian*（www.theguardian.com）.
16) 以下を参照。Caughill, Parick. 24 Nov. 2017. 'Stephan Hawking on humanity'. *The Times*.
17) Whipple, Tom, and Oliver Moody. 7 March 2017. 'Stephen Hawking on humanity'. *The Times*.
18) Sharkey, Noel. 18 August 2007. 'Robot wars are a reality'. *The Guardian*（www.theguardian.com）.

分野で、人間の判断力よりも優れたものになるかもしれないと反論している。しかし、プリンストン大学の科学とグローバル・セキュリティに関するプログラムの研究員で ICRAC 委員のマーク・グブルド Mark Gubrud は、AI は人類が「コントロールを失う」危険を冒すと確信している。「愚鈍なロボットは危険だが、賢いロボットはもっと危険である」とグブルドは同誌に語っている[19]。自律的殺人ロボットに反対する世界的なキャンペーン開始の 1 年前に、NGO のヒューマン・ライツ・ウォッチ Human Rights Watch は、2012 年の報告書で、そのような兵器について先手を打って国際的に禁止することを求めたが、それは、ジェームズ・キャメロン James Cameron の 1984 年の映画『ターミネーター』の地獄のような場面を思い起こさせるものである[20]。このハリウッドの大ヒット作では、知能戦闘ロボットと情報システムが自ら行動するようになり、人類との戦いを繰り広げる。2017 年 8 月の国連への公開書簡で、イーロン・マスクとアルファベット社のムスタファ・スレイマン Mustafa Suleyman を含む、100 人を超える世界有数のロボット工学と AI の先駆者達がこの要請を支持した。このキャンペーンは、1980 年の特定の通常兵器に関する使用禁止条約に自律兵器システムを含めることによって、自律兵器システムを禁止することを目指している。しかし、今展開しつつあるロボット技術の可能性は長期的には世界法の下での規制が必要である。なぜなら、ある国が協定から離脱し自律兵器システムの開発を始めるや否や、他の国も追随せざるを得ないと感じる可能性が高いからである。世界的に著名な SF 作家、アイザック・アシモフ Isaac Asimov（1919 〜 1992）が 1950 年に書いた小説『われはロボット』は、ロボットがますます人間のようになり、より賢くなることによって生ずる問題を取り上げた最初の作品の一つである。その中でアシモフは有名なロボット工学三原則を示している。その第一原則は、ロボットは人間を傷つけてはならないとしている。後で登場する「ゼロ番目の法則」は、ロボットは人類に危害を加えてはならないと述べている。実際にそのような規則を適用することは極めて困難であろう。アシモフは人類に脅威を及ぼす危険性について明確な意見を持っていた。「世界が集まり団結した一団となり、一致して、我々を攻撃してくる問題に対抗することが重要である」「我々に必要なのは、ある種の世界政府である」と彼は述べている[21]。

---

19) Stone, Richard. 20 December 2013. 'Scientists Campaign Against Killer Robots'. *Science* 342(6165): 1428–1429, p. 1429 からの引用。

20) Human Rights Watch. 2012. *Losing Humanity*. The Case Against Killer Robots（www.hrw.org）。

21) Asimov, Isaac. 14 January 1989. 'Keynote Address of the Humanist Institute first annual meeting, New York'（www.youtube.com）。

バイオテロリズム、ナノボットと新ウィルス

ビル・ジョイ Bill Joy は超人間主義の評論家でサン・マイクロシステムズ社の共同創業者だが、「古典的な大量破壊兵器」によってもたらされるものよりも、遺伝学、ナノ・テクノロジー、ロボット工学を結合した応用の方がより大きな危険をもたらすと予想している。彼は、我々は向こう 30 年以内に、分子レベルで自己複製し制御できなくなる、あるいは、最初から「破壊機械」として設計されるロボット有機体を作り上げることが技術的に実現可能となる事態を予期しなければならないと刺激的な指摘をしている。彼が大きな論議を引き起こした彼の論文で仮定したように、最も極端な場合には、そのような殺人ナノボットは、人類の絶滅を引き起こす可能性がある。『フランクフルター・アルゲマイネ・ツァイトゥング』紙は、2000 年 4 月の『ワイアード』誌におけるジョイの広く称賛された論文と、1939 年 8 月 2 日付の、アルバート・アインシュタインのルーズベルト米大統領宛ての手紙を比較しているが、その中でアインシュタインは大統領に、ナチス・ドイツでも同様の研究が進行中と想定されなければならないので、原子爆弾の開発を米国の管理下に置き、迅速に推し進めることを求めた。「我々は極悪が更にその頂点へと向かう転換期に立っており、その悪は国民国家に残されている大量破壊兵器をはるかに超えて、過激な個人に対して驚異的な恐ろしい権限を付与することを拡大する可能性がある」とジョイは書いている[22]。後に彼はそれほど遠くない将来に、全てのコンピューター・ユーザーが市販の一般的な資材を使って、独自のスーパーウィルスを生み出すことができるようになるだろうと、付言している[23]。唯一の現実的な選択肢は潜在的に非常に危険性のある技術の更なる開発の中止と特定の種類の知識を探求することの制限である[24]。しかし、**仮に**そのような手続きが決定されたとしても、国際法にはそのために必要な手段がない。究極的には、世界の市民自身がこの問題に直接的な責任をとることに引きずり込まれざるを得ないだろうとジョイは考えた。

上述（本章冒頭）のオックスフォード大学での会議では、世界的な感染症の流行が最大の世界的規模のリスクの一つであることを誰もが疑わなかった[25]。スペイン風邪の流行は、1918 年から 1919 年にかけて猛威を振るい、2 ～ 3 % の

---

22) Joy, Bill. April 2000. 'Why the Future Doesn't Need Us'. *Wired* (www.wired.com).
23) Id., 2000. 'Act now to keep new technologies out of destructive hands'. *New Perspectives Quarterly* 17(3): 12–14.
24) Id. (April 2000), loc. cit.
25) Bostrom/Ćirković (ed.), ibid., p. 16.

致死率を示し、数値は確かではないけれども、2000万人から1億人の命を奪ったと推定されている。これと対照的に H5N1 型鳥インフルエンザの致死率は 50％を大きく上回るものである。米国の社会学者で作家であるマイク・デービス Mike Davis はスペイン風邪の流行に似た H5N1 の流行は **10億人**もの死者をもたらす可能性があると指摘している[26]。この数値は新しい突然変異によってもたらされる「デザイナー・ウィルス」、あるいは殺人ナノボットの潜在的な脅威を明確にしている。誰もそのような危険な N5N1 ウィルスまたは別の病原体の突然変異が実際に起こるのかどうか、またいつ起こるのかについては、知ることができない。しかしながら、大きな論争を呼んだ米国とオランダの実験室内での実験で、空気感染性を持つものに変異した鳥インフルエンザウィルスが、**人工的に作られている**。その実験は、2012年半ばに、世界保健機関の支援を受けて公表された。1年間の「自主的な停止期間」の後で研究は 2013年1月に再開された。米国の微生物学者のリチャード・エブライト Richard Ebright は安全対策について、あるいは潜在的な利益とリスクとのバランスについて、独立した検討が一切なされなかったことについて批判している[27]。この種の研究に適用されるはずの国際的な規制は端的に言って存在しない。

グローバル法に基づく規制の必要性

前章で既に言及した NIC および EUISS の研究では、バイオテロリズムによってもたらされる危険性とバイオテクノロジー一般の広範な課題は、最大の重要事項であると判定されている[28]。「急速なコストの低下は、バイオテクノロジーをハッカーのコミュニティの手の届くものとする一方、増え続ける著名な研究所から、専門知識と場合によっては素材が『流出』するだろう」とその研究では述べられている。その著者は、バイオテクノロジーの分野における既存のガバナンスのメカニズムと規制は不適切であると確信している。更に「バイオテクノロジー革命によってもたらされるリスクを軽減するために必要な措置について、科学界、産業界、そして政府を横断して包括的に対処するための

---

26) Davis, Mike. *The Monster at Our Door. The Global Threat of Avian Flu*. New York: Henry Holt and Company, 2006, pp. 125f.

27) Keim, Brandon. 23 January 2013. 'Ready or Not: Mutant H5N1 Research Set to Resume'. *Wired* (www.wired.com).

28) National Intelligence Council (ed.). September 2010. 'Global Governance 2025: At a critical juncture', p. iii.

234 第二部 21世紀の統治と民主主義

会議の場は存在しない」[29]。仮にそのような会議の場があったとしても、それは
十分ではあるまい。ジョージ・ブッシュ大統領の「生命倫理に関する大統領評
議会Council on Bioethics」の委員であったフランシス・フクヤマFrancis Fuku-
yamaは、彼の著書『我々のポストヒューマンの未来Our Posthuman Future』
の中でバイオテクノロジーと医学の開発と応用は、「人類の繁栄を促進する技
術の進歩と人類の尊厳と幸福を脅かすものとを区別する」新しい機関によって
政治的に規制される必要があるとの結論を示している。これらの機関は、「真
の執行権限」と「国際的な管轄対象区域」を持たなければならない。しかし本
質的な問題をとりあえず差し置いて、この分野で人々は効果的なグローバルな
規制の実現をどのように想定するのか問わなければならない。フクヤマによる
と、バイオテクノロジーの応用が合法か違法かについての決定は、本質的には
専門技術的な問題ではなく政治的な問題である。従って、この点で、私達はフ
クヤマと同意見であるが、これらの決定に責任を負わなければならないのは
「選挙で選ばれた議員を通じて主として活動する民主的に設立された政治的コ
ミュニティ」である[30]。しかし、フクヤマがここで考えているのは、国民国家
レベルの措置のみである。これらの問題は国際法の制度の中でうまく処理され
調和を図る必要がある。しかし、反面、それは専門技術者と選挙で選ばれてい
ない代表者が究極的には再び責任を負うことを意味する。

　世界議会は、世界の市民を代表する政治的な組織としてバイオテクノロジー、
ナノテクノロジー、超人間主義の分野で発生する全てのグローバルな問題を取
り上げ、その問題に関するグローバルな公開討論を推進し、究極的には、適切
なグローバルな規制をもたらすべきである。ローマに本拠を置く「遺伝子権利
財団Genetic Rights Foundation」の理事長のマリオ・カパンナMario Capanna
は、人間のゲノムは世界の共通財と見なされなければならないとの見解を有し
ている。カパンナは、地球の全ての人々を実質的に代表し「世界的に影響のあ
る重大な問題に関与する」世界議会を設ける時であると主張する[31]。遺伝子工
学によって開放された可能性をどのように取り扱っていくかは、間違いなく、
それらの重要な問題の一つある。長いこと無視されてきたもう一つの急を要す
る問題は抗生物質の耐性の増大の脅威である。オーストラリア人の生命倫理学
者で、プリンストン大学教授のピーター・シンガーPeter Singerはグローバル

29）Ibid., pp. 35, 69.
30）Fukuyama, Francis. 2002. *Our Posthuman Future*. New York: Picador, pp. 182, 204, 211, 186.
31）Capanna, Mario. 2010. 'Towards a World Parliament'. Speech at at the 10th Doha Forum on
　　Democracy and Free Trade（www.fondazionedirittigenetici.org）.

な問題に関して、「単一の世界にふさわしい政府の形態」はグローバルな倫理的コミュニティへ向かう過程で見つけられなければならないこととなろうと述べている。グローバルな意志決定のための組織が強化され、それらの決定の影響を受ける人々に対する説明責任を果たさせる必要がある。シンガーは「こうした考え方は、その中に直接選挙される立法府を持つ世界的共同体へと導くものであり、おそらく欧州連合と同じような道程に沿ってゆっくりと発展していくであろう」と述べている[32]。

---

32) Singer, Peter. 2004. *One world: the ethics of globalization.* New Haven: Yale University Press, pp. 149, 199ff.

第16章

核兵器の脅威、軍備縮小、集団安全保障

万物の破滅をもたらす核戦争

　膨大な核兵器の蓄積は世界文明とその存在を可能としている諸条件を消滅させる可能性を生み出した。核戦争の結果がこの世の終わりをもたらすことは十分に知られている。核爆弾の爆発の直接的な衝撃に加え、大火災や死の灰の降下が生じる。大量の放射性物質が大気中に拡散されることとなるだろう。その発生する量によっては長期にわたる太陽光の減少が続き、それに伴い急激な気温の低下や他の天候や気象への影響も生じるであろう。「核の冬」は世界の食糧生産を著しく減少させ、世界的な飢餓をもたらすであろう。オランダの社会科学者、ゴッドフリード・バン・ベンテム・バン・デン・ベルグ Godfreid van Benthem van den Bergh は、「超大国間の大核戦争が人類の終わりを意味するものではおそらくないだろうけれども、それは全ての主な文明の中心地を破壊するだろう。生存者は、社会的、政治的組織の観点から見ると数千年もの昔に放り込まれることになろう。多くの武装集団が出現するが、彼らは万民の万民に対する野蛮な闘争に巻き込まれていることと気づくことになろう」と書いている[1]。この破壊能力は我々の時代と過去の全ての歴史的時代を区別するものである。ギリシャの哲学者ヘラクレイトス Heraclitus は、戦争は「万物の父」であると考えた。人新世では、戦争は潜在的に**万物の破滅**をもたらすものとなった。

　ロバート・ケネディが、全ての歴史を通じておそらく最も危険な13日間——1962年10月のキューバ危機——についての彼の報告書の中で書いているとおり、世界は一度「核の破壊による壊滅と人類の終焉」に至る間一髪の経験

---

1) Bergh, Godfried van Benthem van den. 1984. 'Dynamik von Rüstung and Staatsbildungsprozessen'. In: *Macht and Zivilisation. Materialien zu Norbert Elias' Zivilisationstheorie*. Ed. by Peter Gleichmann, Johan Goudsblom, and Hermann Korte, 217-241. Frankfurt: Suhrkamp, p. 217.

をしている[2]。わずかな判断ミスが米国とソビエト間の衝突を戦争にエスカレートさせる可能性があった。様々な発射システムの中にいつでも発射可能な態勢で展開されている核兵器の爆発力は想像を絶する。米国側だけで200発の大陸間ミサイルは、明らかに635メガトンの爆薬で装備されており、そしてソビエト側の40発の大陸間ミサイルは108から204メガトンの爆薬で装備されており、合計で広島に投下された原子爆弾の5万倍以上の爆発力がある。その他の使用可能な弾頭、特に米国の戦略爆撃機隊の弾頭は、更にその数倍の破壊力を持っている。その時点では、米国は3500発、そしてソビエトはおそらく500発の使用可能な弾頭を持っていたと考えられる[3]。核兵器競争は1986年に約6万5000発の核兵器と2万メガトン以上の爆発力を生み出してその頂点に達した。その後の軍縮交渉の結果、この核兵器保有量は3分の2以上削減された。しかしながら、全ての弾頭数を考慮すると、米国とロシア両国で今なお1万8000発以上の核兵器があり、更にフランス、中国、英国、インド、パキスタン、それにイスラエルが合計更に1000発を保有している。北朝鮮が使用可能な核兵器を保有しているかどうかは明らかではない。その上、米国とロシアは他方からのいかなる先制的核攻撃に対しても数分で対応することができるように最高レベルの準備態勢にある約2000発の核兵器を維持し続けている。——ちょうどあたかも冷戦が20年以上前に終わってはいないかのように。この状況は一見打ち消すことが困難な循環論理に基づいているのだが、この論理によれば、先方の核兵器も同様の状態にあるのだから当方の核兵器はすぐに使用できる態勢が維持されていなければならない[4]。「核戦争まで7分、そして午後には終わっているかもしれない」と英国の作家マーティン・エーミス Martin Amis が書いている[5]。その点においては、まだ何も変わってはいないのである。

核戦争に陥る危険性

世界の国々が相互に連結する途は核兵器の存在によって根本的に変えられた。

---

2) Kennedy, Robert F. 1999 [1968]. *Thirteen Days. A Memoir of the Cuban Missile Crisis.* New York and London: W.W. Norton & Company, p. 19.

3) 数値は以下より。Dobbs, Rachel. 2011. 'What Was at Stake in 1962?' *Foreign Policy* (www.foreignpolicy.com). 以下も参照。Norris, Robert S., and Hans M. Kristensen. 12 October 2012. 'The Cuban Missile Crisis: A nuclear order of battle, October and November 1962'. *Bulletin of the Atomic Scientists*, Nuclear Notebook.

4) Cf. Kristensen, Hans M., and Matthew McKinzie. 2012. *Reducing Alert Rates of Nuclear Weapons.* New York and Geneva: United Nations Institute for Disarmament Research (www.unidir.ch), p. viii.

5) Amis, Martin. *Einstein's Monsters.* London: Vintage, 2003.

核による全滅の可能性は核保有大国間の直接の軍事衝突を一種の自殺行為に変えた。核保有大国は彼ら自身ヴィルヘルム・ヴォルフガング・シュッツ Wilhelm Wolfgang Schütz の言う「破壊の相互依存」の状態にあることに気づいている[6]。しかしながら、核戦争の明らかな脅威が核戦争をあり得ないものにすると信ずるのは大間違いである。ノルベルト・エリアス Norbert Elias が指摘するように、複雑な関係はお互いにとって有害であるとわかっている時でさえもお互いがそれから逃れることのできない不合理な、自己保存のダイナミクス（self-perpetuating dynamic）を引き起こすことが可能である。そして、エリアスが「相互に縛り合う状態 double-bind figuration」と称する類の深刻化のスパイラルが出現しかねないのは正に危機的状況においてなのである。危機に直面すると、思考や行動はますます感情に動かされる、そしてそれが、順繰りに感情→危機、また、逆に危機→感情という具合に危機の深刻化をもたらす。事実、エリアスは「核戦争の危険性」は特にそのような「予定外の社会的プロセス」の好例であると考えている[7]。グローバルな熱核反応戦争の危険は、**現在は**ほとんどゼロであるという米国の安全保障と核兵器の専門家であるジョゼフ・シリンシオン Joseph Cirincione の意見に同意しないことは難しいだろう。しかし**ゼロに近い**というのは**ゼロということ**ではない。「毎年の核戦争の確率が小さくても、それがどのような理由であろうと、多くの年数で掛け算すれば、受け入れがたい程の大惨事発生の確率に達する」とシリンシオンは指摘する[8]。その上、今の安全な状況は将来再び悪化するかもしれない。それは単なる時間の問題なのである。

核による事故の危険性

反応時間の短さは判断ミスや人的ミスに基づいて発出される発射命令の危険性を著しく高めている。過ちは指揮や早期警戒システムにおいても起こり得る。米軍の核の安全確保についての標準となる労作で、スコット・セーガン Scott Sagan は、「核兵器は多分**計画的な**戦争の可能性を十分に減少したかもしれないが、我々が構築した複雑で緊密に連結された核装備は同時に**偶発的な**戦争の

---

6) Schütz, Wolfgang Wilhelm. 1956. *Wir wollen Überleben, Außenpolitik im Atomzeitalter*. Stuttgart: DVA, p. 162.

7) Elias, Norbert. 1987. *Involvement and Detachment*. Oxford: Basil Blackwell, pp. 74f.

8) Cirincione, Joseph. 2008. 'The continuing threat of nuclear war'. In: Global Catastrophic Risks (ed.). *Nick Bostrom and Milan M. Ćirković*, 381–401. 1st ed. Oxford, New York: Oxford University Press, p. 382.

可能性をより高めている」と書いている[9]。

　数多くの事件の発生が明らかにされている。例えば、1979 年に、北米航空宇宙防衛司令部 North American Aerospace Defense Command Center (NORAD) がテストの目的でシステムに入力された 2000 発以上のソ連のロケットによる模擬攻撃を誤って本物と表示した。誤りは米国大統領に通知される予定の 1 分前に発見された。1995 年には、ノルウェーで打ち上げられた観測用ロケット（準軌道調査ロケット）がロシアの早期警戒システムによって米国潜水艦が発射したモスクワへの核攻撃の可能性ありと誤って識別された。その飛行時間は 5 分と推定された。ボリス・エリツィン大統領はロシアの核戦力軍を戦闘警戒態勢に置いた。幸いにも、計算は時間に間に合いロケットはロシアの国境外に着弾することを示した。これに関連してロシアの早期警戒システムはいずれにしても危険なほどさび付いているとの専門家による指摘は留意するに値する。もう一つの重大な事件が 2008 年 11 月に発生している。インドのムンバイで広範囲に行われたテロ攻撃と人質監禁の危機は数日間続いたが、その間にパキスタンの大統領はインドの外務大臣から、テロ攻撃の背後にいると考えられるパキスタンにいる人物に対して直ちに措置がとられなければパキスタンを攻撃するとの脅迫電話を受けた。パキスタン軍は最高度の警戒態勢に置かれ、そして核兵器を装備した戦闘機がパトロールするために派遣された。しかし結局明らかになったのは、電話は正体不明の犯人によるいたずらであった。科学者達はインドとパキスタン両国の 100 発の核兵器の配置を含む両国間の大規模な核戦争は両国で推定 2000 万人以上の死者が出るにとどまらず、それを上回る悲惨な世界的な影響をもたらし、そして「グローバルな農業を麻痺させるに足る量の放射性排出物を創出する」こととなると確信している[10]。核削減の専門家タッド・デイリー Tad Daley の意見によると、これらの既知の事件は多分ほんの「氷山の一角」に過ぎない。彼の推奨に値する著書『大惨事を決して許すな Apocalypse Never』によって我々は多くのアイデアや参考資料を得ているのだが、その中で、彼は「我々があと 20 年から 30 年の間核兵器を保有すると仮定して、その間ただの一度も核の危機により核戦争が引き起こされることが決してないと本当に予測できるだろうか？」と誇張気味に疑問を呈している[11]。

---

9) Sagan, Scott D. 1995. *The Limits of Safety. Organizations, Accidents, and Nuclear Weapons*. 4th ed. Princeton University Press, p. 264.

10) Robock, Alan, and Brian Toon. Jan. 2010. 'Local Nuclear War, Global Suffering'. *Scientific American*: 74–81, p. 76.

11) Daley, Tad. 2010. *Apocalypse never. Forging the path to a nuclear weapon-free world*. New Bruns-

仮にたった一発でも核弾頭が爆発したとしたら、特に大都会において、その影響は壊滅的であり、もしかすると世界の重大な政治的そして経済的な不安定化をもたらす結果になるだろう。彼の2013年の本『指揮と統制』の中で、ジャーナリストのエリック・シュロサー Eric Schlosser は数多くの、時には極めて劇的な核兵器の絡んだ事故を詳述している。一例を挙げれば、1961年にノースカロライナの上空高度3000メートルで1機のB52爆撃機が空中分解した後2発のW39水素爆弾が落下した。シュロサーによって後日明らかにされた調査は一発の核弾頭の爆発は故障しがちな簡単な低電圧電気スイッチだけで阻止されたことを明らかにしている。この爆弾の爆発力——4メガトン——は、広島に投下された原子爆弾の300倍以上だった[12]。このような最悪のシナリオの事故は幸いにもまだ起こってはいないが、将来も100％事故は起こらないとは誰も保証できない。更に原子力が絡むテロリズムのシナリオには悪者の手に無傷で渡った核兵器の意図的な爆発があり得る。アルカイダが核兵器または原子爆弾の製造のための高濃縮ウランを入手しようとしたことが知られている。核関連の施設やシステムに対するサイバーテロも深刻な脅威である。米国の核兵器の専門家で軍縮の運動家でもあるブルース・ブレア Bruce Blair はハッカーが核戦争を引き起こすように早期警戒システムを操作しようと試みることはあり得ると指摘している。命令系統に偽の発射命令が送り込まれることさえもあり得る。ブレアによれば、これは正しく米国国防省が1998年に行った安全保障の点検の際に理論的に実行可能なことであると認めている。ハッカーは米国海軍の通信ネットワークに不正手段を使って電子的にアクセスし、米国海軍の無線塔を電子的に掌握し、そして各々200発の核弾頭を装備している米国のトライデント型弾道ミサイル潜水艦に虚偽の発射命令を送信することが可能だろう[13]。第三次世界大戦は、ミハイル・ゴルバチョフが1987年の『プラウダ』紙に寄せた彼の有名な論説に書いたように、核兵器があった**ために**ではなく、あった**にもかかわらず**、回避されたのである[14]。

---

wick, N.J.: Rutgers University Press, p. 95.

12) Schlosser, Eric. 2013. *Command and control: nuclear weapons, the Damascus Accident, and the illusion of safety.* New York: The Penguin Press, pp. 245ff.

13) Blair, Bruce. 19 Sep. 2004. 'The Wrong Deterrence'. *Washington Post* (www.washingtonpost.com). 以下も参照。Rosenbaum, Ron. 2011. *How the end begins: the road to a nuclear World War III.* London: Simon & Schuster, p. 109.

14) Gorbachev, Mikhail. 1987. 'Reality and Guarantees for a Secure World'. *International Affairs: A Russian Journal of World Politics, Diplomacy and International Relations* 33(11): 3-11, p. 4.

全面的かつ完全な軍備撤廃という果たされることなき義務

　国連総会が繰り返し、そして正確に指摘しているように、「核による大惨事に対する唯一の防御策は核兵器の完全な撤廃であり」、そして 1996 年 12 月 10 日の決議で明記されたように「核兵器が決して再び製造されないという保証である」。この見解は元米国国務長官のヘンリー・キッシンジャーとジョージ・シュルツ、元米国国防相のウィリアム・ペリーそして米国上院の元防衛委員会議長のサム・ナンらの「現実主義者」によって今や共有されている。2007 年以降の『ウォール・ストリート・ジャーナル』紙で発表された一連の共著論文の中の一つで、彼らは「戦争の抑止策が失敗し、そして核兵器が使用される危険性は劇的に増加している」「核兵器撤廃活動の速度は脅威が迫っている事態に対して今や後れをとっている」と書いている[15]。事実、国際組織は今まで60年以上にわたって継続してこの問題に取り組んできている。1946 年 1 月 24 日の国連総会の正に最初の決議は「国家の軍備から原子力兵器の排除を目指す」提案を行う委員会を設置することであった。いわゆる核不拡散条約は 1970 年に発効し世界のほとんどの国が調印しているが、その条約において、核兵器を持たない国々は核兵器の取得または開発を差し控えること、そしてこれを検証するために国際原子力エネルギー機関 International Atomic Energy Agency により行われる査察を受け入れることが合意された。この義務は核不拡散条約の第 6 条によって、核保有国として正式に認められた 5 カ国——米国、ロシア、フランス、英国、中国——の側が、他の全ての締約国と「厳重かつ効果的な国際管理の下での全面的かつ完全な軍備撤廃に関する条約について」交渉を続ける義務と組み合わされている。2009 年 4 月にプラハで、米国のバラック・オバマ大統領が「核兵器のない世界」を目指すと発表した時、このことは偉大な進展と歓迎され、大統領はノーベル平和賞をもって報われた。しかしながら、正にこの目標を実現する**国際法に基づく義務**は **40 年以上にわたって**既に存在していることを認識する必要がある。国際司法裁判所 International Court of Justice は、その 1996 年の諮問意見の中で、「ここに含まれる義務は、条約を交渉しかつ**締結すること**によって明瞭な結果——全面的な核の撤廃を達成する義務である」と強調している[16]。これにもかかわらず、オバマ（1961 生）は核兵器

---

15) Shultz, George P., William J. Perry, Henry A. Kissinger, and Sam Nunn. 5 March 2013. 'Next Steps in Reducing Nuclear Risks: The Pace of Nonproliferation Work Today Doesn't Match the Urgency of the Threat'. *The Wall Street Journal* (www.nuclearsecurityproject.org).

16) International Court of Justice. 1996. 'Legality of the Threat or Use of Nuclear Weapons. Advisory Opinion.' ICJ, para. 99, pp. 41f.

のない世界はすぐには——「多分自分の存命中には」——実現できないだろう
とプラハで強調している。五つの公認核保有国は将来ずっと核大国であり続け
ることを固く決意しているように見える。米国そしてロシアの両国において、
広範囲の近代化計画が進展している。つい最近、この二つの核大国はお互いに
1987年に締結された中距離核戦力全廃条約 Intermediate-Range Nuclear
Forces Treaty の規定に違反をしていると非難し合っている。米国大統領に選
出されたドナルド・トランプは2016年12月22日にツイッターで彼の意見とし
て「世界が核兵器に関して悔い改める時まで、米国はその核の能力を大いに強
化し拡大しなければならない」と断言している。2017年7月7日、122カ国の
加盟国が核兵器禁止条約 Treaty on the Prohibition of Nuclear Weapons に賛
成票を投じた時、この条約は核保有国として認知されている全ての国と
NATO加盟国を含む彼らの多くの同盟国が反対した。インドはパキスタン、
イスラエル、そして北朝鮮と同様に核不拡散条約の加盟国ではないが、インド
の観点からすると、核不拡散協定は実質的に恒久的な「核差別」システムを確
立するものである。インドは核兵器禁止条約に署名しない理由の一つとして、
核保有を公認されている5カ国が核不拡散条約の第6条の義務を無視している
ということを挙げている。極めて奇怪なコメディの一場面が2009年9月24日
のオバマが議長を務めた国連安全保障理事会で演じられた。歴史的と称賛され
た全会一致の決議で、核保有公認5カ国は、いずれも皆同理事会の常任理事国
だが、自国に対して第6条に基づく義務を果たすよう事実上要求したのである。

核軍縮の枠組み

　タッド・デイリーによると、核不拡散条約第6条の語句——「厳重かつ効果
的な国際管理下の全面的かつ完全な軍備縮小」——は「かかる交渉の結論に
よって最終的に創設される核兵器撤廃論者の枠組みが何であれ、その枠組みは
純粋な国家主権と核兵器に対する排他的な国家の管理を超越するものでなけれ
ばならず（中略）国家は核軍縮の管理、検証および実施をある種の国際的な機
関、グローバルな機構または超国家的な統治メカニズムに委譲する方法を見つ
けなければならない」ことを明確にしている[17]。これに関して、新しい核兵器
禁止条約は何の解決策も提示していない。第4条において、同条約は漠然と
「締約国は核兵器の不可逆的な廃棄のプログラムを交渉し、かつ検証するため

---

17) Daley, loc. cit., p. 118.

第16章　核兵器の脅威、軍備縮小、集団安全保障　243

の法的権限のある（1または2以上の）国際的な機関を指定するものとする」と述べている。

　核戦争防止国際医師会議 International Physicians for the Prevention of Nuclear War と国際反核法律家協会 International Association of Lawyers Against Nuclear Arms を含む多数の NGO のイニシアティブに基づき多くの専門家が――その想定する観点から――モデル核兵器条約 nuclear weapons convention NWC の草案を書くために様々な政府の役割を採り入れたが、その草案はもっと細部まで踏み込んでいる。グローバルな法律的観点から、1997 年に最初に発表された協定草案の重要点は、それが条約の規定違反の場合は個人に対して刑事訴訟が提起される可能性を含んでいることである。もし条約締約国のいずれの国も、かかる訴訟提起を開始する意思を持たないかまたは開始できない場合は、当該事案は国際刑事裁判所が責任を負う。加えて、全ての人は、この条約の下ではいかなる違反もこの条約を支える役割を担う国際機関に対して報告する義務を課される。この報告義務はこれと相反するいかなる国内規則よりも優先することが明確に述べられている。告発者は国際的な証人保護と必要な場合は亡命権を与えられる。これは調印国だけが関与するアプローチでは成功の見込みがほとんどないとの想定があること、そして核兵器のない世界の創造には、世界市民自身が直接的な責任を与えられることを必要とすることを明確にしている。影響力のあるジャーナリストのウォルター・リップマン Walter Lippmann は既に 1946 年にかかるアプローチに賛成していた[18]。

　他の面においては、草案はそれほど革新的なものではない。1995 年以来の戦略兵器削減条約 Strategic Arms Reduction Treaty START の交渉の過程で、米国とロシアは広範囲の二国間査察システムを確立した。全ての国が平等に徹底的な**国際的**査察システムに従わなければならないことが完全な核軍縮の前提条件である。問題は疑惑のある国の査察に対する妨害、またはいかなる国であれ条約不履行の事件があればそれをどのように取り扱うかということである。核兵器条約 NWC の草案では、そのような事件は更なる勧告や必要な場合はとられるべき措置の決定を国連安保理に委ねるものとしている。これは明らかに核兵器禁止条約を交渉し採択した国々にとっての選択肢ではなかった。正に米国、ロシア、フランス、英国そして中国の 5 カ国の核保有国の核軍縮が目標であるが、彼らは常任理事国の席を占めているばかりではなく、更にはいかなる

---

18) Lippmann, Walter. 1946. 'International Control of Atomic Energy'. In: *One World Or None*, ed. by Dexter Masters and Katharine Way, 180–208. New York: The New Press, pp. 187ff.

244　第二部　21 世紀の統治と民主主義

決定をも阻止できる拒否権を持っている。従って５カ国は彼ら自身に関する聴聞会において、陪審員、裁判官そして法執行機関として参加することになる。そのような利害の衝突は長期的には核兵器管理を不可能にすることが明らかである。安全保障理事会の５カ国の常任理事国が拒否権を持っているという単純な事実は現在の形態の安全保障理事会が核兵器軍縮の枠組みにおいて信頼できる役割を果たすことができないことを意味する。核兵器撤廃のための多国間協定は安保理の適切な改革か、さもなければその任務により適した新しい組織の創設を含まなければならない。５カ国の安保理常任理事国によって現在享受されている特別な地位という歴史的な偶然は核兵器のない世界への移行に対する障害であり、正当化するのはますます困難となろう。我々は第二次世界大戦後に米国政府が、もし全ての他の国も同じことを実施し同時に国連の管理下で協定の遵守状況を監視する国際査察システムが設置されることとなれば核兵器を破棄する、と提案したことを思い出すべきである。当時、米国はまだ核を独占していた。核兵器管理の分野においては安保理での拒否権は廃止されるべきであるということが米国の提案の核心であった。「原子力エネルギーを破壊目的のために開発または使用しないという厳粛な協定を破るものを擁護する拒否権があってはならない」と米国代表のバーナード・バルク Bernard Baruch が1946 年 6 月 14 日の国連の会議で陳述している。しかしながら、デイリーは今、世界が一握りの「超大国」のグループによって統治されるのをそもそも受け入れることができるのか、または「我々の社会政治的構想力がいつかより良いグローバルな統治のメカニズムを生み出し、そして世界レベルで人類の議会に類似する組織の創造に向かって動き始める」ならばその方がもっと良いかどうかと考えている [19]。「人類がいつの日か世界共和国のようなものを設立することを成し遂げられなければ無法の論理が長く存続し続け」そしてそれと共に自身の絶滅の危険も存在し続けるのである [20]。

核兵器と在来兵器の軍縮との関連

核兵器の最終的かつ完全な廃絶は、文明の存続にとって非常に重要であるが、国際秩序の世界法的制度への変容を必要とする。政治的なパワーを求める国家間の闘争は、それは最終的には戦争という悪習に頼ることとなるのだが、これ

---

19) Daley, loc., cit., p. 179.
20) Daley, Tad. 25 October 2013. 'Ban the Bomb!' Foreign Policy in Focus（fpif.org）.

は克服されなければならない。一方では核の「恐怖の均衡」は核保有強国間の軍事的紛争を合理的な選択肢とすることを不可能にしているものの、他方、核戦争に陥る危険は実在している。しかし核兵器廃絶**だけ**では解決にならない。なぜならその時には在来兵器が再び正比例して重要性を増すはずだからである。「軍事力は再び（国家間で）相対的な問題になるであろう」とバン・デン・ベルグは論じている。核の抑止力がなければ、強国間の紛争を含め紛争の軍事的拡大への可能性は高まり、そしてそれは直ちに次々と核再武装の競争を開始させることとなるであろう[21]。従って核廃絶の成功は在来兵器の軍縮と兵器管理に直接的に関連している。これは既に1978年の軍縮に関する国連総会の第10回特別会議で明らかにされている。満場一致で合意された最終報告は「核兵器廃絶の方策に関する交渉と共に、軍事力と在来兵器の均衡のとれた縮小についての交渉が行われるべきである。(中略) これらの交渉は、核保有国と他の軍事強国の軍事力と在来兵器に特に重点を置いて行われるべきである」と書いている[22]。ミハイル・ゴルバチョフは2009年のローマでの会議において、米国の軍事予算は当時の世界の他の国全部の合計額と同額であると指摘して、上述の関連を強調している。彼は米国が享受しているような軍事的優位性は核兵器から世界を解放するためには「克服しがたい障害」となっていると述べている。「我々が国際政治の非武装化を議論しないのであれば、軍事予算の削減や宇宙の武装化の防止や核なき世界を語ることは正に空論であろう」と前ソ連大統領は断言している[23]。

　問題は現代国家の起源に密接に繋がっている。米国の社会学者のチャールズ・ティリー Charles Tilly (1929〜2008) が強調したように、国家成立の過程は、戦争と戦争に備えることが特徴であり、かつ現代国家とその行政と執行のための組織は大部分「統治者が戦争手段を獲得するための努力の副産物」として発展した[24]。「戦争が国家を作り、国家が戦争を作る」というのが彼の簡潔で要を得た名言であり、それはその後しばしば引用されている[25]。軍事衝突の可能性は国家間の競合の際には常に決定的な要素であった。軍隊を配備する能

---

21) Bergh, Godfried van Benthem van den. 1992. *The Nuclear Revolution and the End of the Cold War*. Houndsmills: MacMillan Press, p. 211.

22) United Nations. 1978. 'Resolutions and decisions adopted by the General Assembly during its tenth special session'. A/S-10/4, para. 22, p. 5; see also para. 81, p. 10.

23) Hanley, Charles J. 16 April 2009. 'Gorbachev: US military power blocks, no nukes'. Associated Press.

24) Tilly, Charles. 2010. *Coercion, Capital, and European States AD 990–1992*. Rev. paperback ed. Cambridge, Mass; Oxford, UK: Blackwell, p. 14, see also pp. 67ff.

25) Id. 1975. 'Reflections on the History of European State-Making'. In: *The Formation of National States in Western Europe*, ed. by Charles Tilly. Princeton University Press, p. 42.

力、戦争を遂行する能力、そして確定している領域内での軍事力の独占は、歴史的に、国家の主権の中核的な部分をなしている。国家の保有する軍隊が世界中に存在していること程、国際関係の無政府的状態が未だにいかなる意味においても克服されておらず、言いつくろっても覆い隠されていることを明らかにしていることはない。最も進んだ統合の例である欧州連合においてさえも、「共通防衛政策」や欧州軍隊またはEU戦闘部隊のようなイニシアティブへの口先だけの賛同にもかかわらず、その統合軍結成への進展は甚だ遅い。英国のEU離脱いわゆるブレグジット問題が起きた後、2017年後半に25のEU加盟国が常設軍事協力枠組みPermanent Structured CooperationまたはPESCOとして知られる新しい欧州防衛安全保障協力ネットワークの創設に同意した時、今度こそは画期的な段階を迎えていたかもしれない。それにもかかわらず、次第に多国籍化する軍の部隊編成は——UN、NATO、EU、またはアフリカ連合AU指揮下のいずれであろうとも——国家とその同盟国の伝統的な防衛の形態からグローバルな危機に対する介入や紛争の防止へ向けて防衛政策の全般的な転換が次第に受け入れられつつあることを反映している。その次の論理的なステップは完全に統合された超国家的軍隊である。何世代にもわたって持続するべく策定された持続可能な平和秩序は、それと同時に、戦争を行う**実践的手段**が国家の攻撃的な軍備と意思決定の自由という形で持続することが認められることに疑問の余地がなければ、国家間の戦争を「想像もできない」ものとし国際法に基づき禁止すること以上にすることから成立するものでなければならない。必要とされるのは人類全体のための集団安全保障システム、即ち、漸進的な軍備縮小と最終的には国家の保有する軍隊の**完全な撤廃**を可能にするものである。核兵器と在来兵器の縮小に関する世界的な条約が存在しなければならない。これこそが、正に核拡散防止条約の第6条の「全面的かつ完全な軍備縮小」という文言が意味するものであり、この文言は常に引用されている。

マックロイ・ゾーリン協定

この文言がどのように世界的平和秩序への道の指針として採択されるようになったのかを想起するのは価値あることである。1961年9月20日、ジョン・F・ケネディ大統領の率いる米国とニキータ・フルシチョフ首相の率いるソ連が一連の「全面的かつ完全な軍備縮小のための合意された原則」に合意をした。これは、双方の交渉代表者の名前に因んだマックロイ・ゾーリン協定 The McCloy-Zorin Accords としても知られている。この合意された原則には、全

面的かつ完全な軍備縮小のための国際的なプログラムが段階的に明確に記述されている。世界中の全ての軍隊の解散と全ての軍事施設の解体、兵器製造の停止ならびにその清算または平和利用への転換、核兵器・化学兵器・生物兵器およびその他全ての大量破壊兵器の備蓄の撤去およびその製造と配備システムの停止、軍事訓練の停止ならびに全ての訓練施設の閉鎖、そして最後に軍事支出の停止。国内の秩序を維持し、市民の個人的な安全を守るために必要であると合意された非核兵器や軍隊、施設、そして組織のみが存続を認められる。国際平和の維持を確保するために、特に移行期間中において、その合意文書は軍縮のプロセスの国連平和軍による検証は、その活動が拒否権の対象とはならない国際機関の責任とするとの条項を含んでいた。いかなる紛争も国際裁判所で取り扱われるものとなる。1961年12月20日、このプログラムは国連総会の場で満場一致で採択された。このプログラムは、戦争は最早「国際問題を解決する手段」とはならないことを確実にすることを意図していた[26]。キューバ危機以降、ケネディはこれまで以上にプログラムの実施を推進する決意であった[27]。1963年11月22日、ケネディはダラスで暗殺され、プログラムは忘れ去られたのである。

実現されていない国連憲章の平和構想と国連軍

　マックロイ・ゾーリン協定に具体化されている驚く程急進的で素晴らしい発想の平和プログラムは何の根拠もなく書かれたものではなく、実に単純なことに国連憲章で提示されている平和構想の実践的な表現である。第26条によれば、安全保障理事会は「軍備規制の制度を確立するため」の計画を提出するものとするとある。第43条は、安全保障理事会の要請と自由裁量により加盟国による兵力の提供のための拘束力のある協定の締結を求めている。第47条に基づいて、国連軍事参謀委員会 UN Military Staff Committee が安全保障理事会の裁量に任された全ての兵力の「戦略的指導」について責任を負い、軍備規制と軍備縮小の問題について安全保障理事会に助言を与える。「国連組織は直ちに国際軍の編制を始めなければならない」と、元英国首相ウィンストン・

---

26) 'Joint Statement of Agreed Principles for Disarmament Negotiations (McCloy-Zorin Accords)'. 20 September 1961. Nuclear Age Peace Foundation (www.nuclearfiles.org).

27) 平和についての彼のスピーチについては以下を参照。The American University Commencement Address, 10 June 1963 in Washington D.C. その1カ月前には、関連する内部覚書も承認していた。以下を参照。Kennedy, John F. 6 May 1963. 'National Security Action Memorandum Number 239'. John F. Kennedy Presidential Library & Museum.

248　第二部　21世紀の統治と民主主義

チャーチルは 1946 年の春にミズーリ州のフルトンにおける有名な演説で主張している。かかる国際軍は彼が第一次世界大戦後に実現するのを望んでいたものである[28]。1946 年 10 月に、国連におけるスピーチにおいて米国大統領のトルーマンは必要とされる特別な協定（上記 43 条）の締結を強く求めた。オックスフォード大学教授のアダム・ロバーツ Adam Roberts が歴史的概観で報告しているように、国連初代事務総長のノルウェーのトリグブ・リー Trygve Lie は 1952 年までに、更にいくつかの「観測気球」を打ち上げた[29]。国連憲章で具体的に明示されたその平和構想は現在未だに実現されていない。

いかなる武力も国連の自由にはならなかったので、平和の破壊または突発的な紛争に対して国連自身の軍事的措置によって着実に対処することが基本的にはできない。しかしながら、1992 年に国連事務総長ブトロス＝ガリ Boutros-Ghali が『平和への課題 Agenda for Peace』の中で強調したように、かかる国連の対応能力は国連憲章 43 条に従った武力装備と共に、「国際安全保障の保証人としての国連の信頼性にとって不可欠」である。国連の武力が必要に応じていつでも利用できるような態勢となっている状況は、それ自体潜在的な侵略者の行動を阻止する手段として役立つはずである[30]。その代替策としては、特定の目的のために全ての国連派遣軍が、慎重に、かつゆっくりと編制されなければならない。このために、極めて重要なことは加盟国が必要な資源と軍隊を提供する用意があるのか否か、あるとすれば、いつ提供するのかである。前提条件となる政治的意思がそもそも存在するのかどうかについては事前には不明確である。1994 年 4 月から 7 月の間にルワンダで 80 万人の人々がフツ過激派によって殺害され 400 万人以上が避難を余儀なくされた時、安全保障理事会はこの大量虐殺に一切介入しなかった。1994 年以来加盟国が国連平和維持活動のために提供できる軍隊や装備を登録できる登録簿があるのは事実であるが、それは確定した約束を示すものではなく、特定の要請に対して「否」と言える余地がいつも残されているのである。「このような状況では、国連は緊急時対応部隊の構想を極めて真剣に考慮しなければならないとの結論に達した」とブト

---

28) Churchill, Winston. 5 March 1946. 'The Sinews of Peace, Westminster College, Fulton, Missouri'. The Churchill Centre and Museam at the Churchill War Rooms, London.
29) Roberts, Adam. 2008. 'Proposals for UN Standing Forces: A Critical History'. In: *The United Nations Security Council and War*, 99–130. Ed. by Vaughan Lowe, Adam Roberts, Jennifer Welsh, and Dominik Zaum. Oxford: Oxford University Press.
30) United Nations. 1992. 'An Agenda for Peace. Preventive diplomacy, peacemaking and peace-keeping'. Report of the Secretary-General pursuant to the statement adopted by the Summit Meeting of the Security Council on 31 January 1992, A/47/277-S/24111, para. 43.

第 16 章　核兵器の脅威、軍備縮小、集団安全保障　249

ロス＝ガリは 1995 年に別の報告書に書いている[31]。

　国連の行動能力の限界がもたらしている他の問題がある。1990 年以来全ての国連主導の多角的な平和行動が民間の安全保障関連企業に頼らざるを得なくなっており、かつこの傾向は、事実、強まってきている[32]。これらの企業の最大のものの一つであり、現在はアカデミ Academi という名前で活動中の安全保障軍事会社のブラックウォーター Blackwater は、ジャーナリストのジェレミー・スケイヒル Jeremy Scahill が『ニューヨーク・タイムズ』紙のベストセラーになった同社に関する著書の中で明らかにしているように「NATO または国連軍の代替として紛争地域に展開する独立した軍隊になろうと奮闘さえしている」。しかしながら、この軍隊は政府に対してではなく、その民間所有者に対してのみ責任を負うものであると彼は更に付け加えている[33]。国連が意のままに使える自前の紛争への介入が可能な軍隊を持っていないという事実に鑑み、前国連副事務総長として長期間勤務したブライアン・アークハート Brian Urquhart は民間企業が「極めて有用な役割」を果たすことができるはずであるとの意見さえ述べている。多くの任務で、民間企業の方が「直前になって寄せ集められた国連軍」より、もっと十分に訓練されかつ態勢が整っている[34]。しかしながらグローバルな安全保障を民営化するとの構想は大いに疑念を抱かざるを得ない。事実、ニューヨークのグローバル政策フォーラム Global Policy Forum の専門家は、その反対の結論、国連は軍事サービスを提供する民間との協力を全て停止すべきであると提案している[35]。しかし、もしそうなれば、国連はその要求を満たすために国連自前の資源から軍事能力の大規模な強化を必要とすることになろう。

　更に言えば、軍事行動は、度々合法的な意味では国際法の下に、安全保障理事会によってのみ認められており、国連の大義の下でさえ実行されていない。この慣行、即ち加盟国による軍事力の行使がケース・バイ・ケースで認可されるというこの慣行は、結局、加盟国政府は一般的に、彼らの自国の核心的利益

---

31) United Nations. 1995. 'Supplement to an Agenda for Peace: Position Paper of the Secretary-General on the Occasion of the Fiftieth Anniversary of the United Nations'. Report of the Secretary-General on the work of the organization, A/50/60-S/1995/1, para. 44.

32) Avant, Deborah. 2005. *The Market for Force: The Consequences of Privatizing Security*. Cambridge University Press, p. 7.

33) Scahill, Jeremy. 2007. *Blackwater. The Rise of the World's Most Powerful Mercenary Army*. London: Serpent's Tail, p. 345.

34) 'Lateline: Dogs of War'. 18 May 2000. Australian Broadcasting Corp (www.abc.net.au). Interview with Brian Urquhart, Tim Spicer and Abdul Musa.

35) Pingeot, Lou. 2012. 'Dangerous Partnership: Private Military & Security Companies and the UN'. Global Policy Forum and Rosa-Luxemburg-Stiftung, p. 8.

250　第二部　21 世紀の統治と民主主義

を追求する場合のみに関与するかまたは軍人を派遣するということを再び示している。彼ら自身の利害に関わりのない場合には、安全保障理事会は決定が迷走しがちである。加えて、拒否権は5カ国の安全保障常任理事国のどの国にも、いかなる措置の実施も阻止するのを認めている。拒否権は抑制される必要があり、最終的には完全に廃止されなければならない。もし安全保障理事会が拒否権の行使によって「国際社会を守る責任」を果たすことができない場合は、国連総会がその時まで責任を負うことができるはずである。そのような状況において、国連総会を議会の組織によって補完することは、安全保障理事会に対する総会の地位を強化することになるだろう。議員総会はまた最近起こったダルフールやシリアにおける人権侵害に直面して保護措置の実施を支持する世界世論を結集することもできるかもしれない。

　そしてそれ以上に国連は特定の状況を評価しようとする時、政府から提供される情報に実質的に依存している。紛争の状況に関する情報の収集と評価や戦略的な計画立案のための国連の独立的な部門を設立しようという全てのこれまでの努力は失敗に終わっている[36]。加盟国の政府、そしてとりわけ安全保障理事会の常任理事国政府は国連が国民国家の独善的利益の確保から決して逃れることができないように監視している。

世界の平和秩序の四本柱

　国連憲章において期待されている集団安全保障の制度は未だ実現していない。**よしんば実現したとしても**、それは非常に重要なステップではあるが、単なる第一歩に過ぎない。アルバート・アインシュタイン Albert Einstein は、「国連は、単に最終的なゴール、即ち平和を保つための十分な立法と行政の権限を与えられた超国家的な機関の設立への過渡的な制度に過ぎないことを世界は認識しなければならない」と1947年に書いている[37]。彼がこれによって意味したものはとりわけ「世界法に基づく超国家的な警察部隊」の設立であった[38]。英国自由党の政治家デビッド・デービス David Davies は、アインシュタインが彼に賛同して引用しているが、この提案の影響力のある推進者であった。彼の1930年の著書『20世紀の問題』の中で、デービスは的確に、国家間の敵対関

---

36) Cf. Lange, Anne. 2012. 'Kein Nachrichtendienst für das UN-Sekretariat'. *Vereinte Nationen* (6): 257–262, p. 259.

37) Open letter to the United Nations General Assembly. October 1947. Nathan, Otto, and Heinz Norden (ed.). 1960. *Einstein on Peace*. New York: Simon and Schuster, p. 440からの引用。

38) 1947年5月のメモ、Nathan/Norden, ibid., p. 407からの引用。以下も参照。pp. 362, 255, 242, 205f.

第16章　核兵器の脅威、軍備縮小、集団安全保障　251

係の排除は「軍備縮小という課題の核心」であると論じている。これは、もし一般的な安全保障を確保することが、最早一つまたは複数の強大国の気紛れによって左右されるのではなく、超国家的な軍隊に委ねられる場合にのみ、成功するはずである[39]。更に加えると、国家間の紛争に際して国際司法裁判所の管轄権は、強制的なものではなく任意的なものであることだ。永続的な世界平和秩序は四つの主柱の上に構築されなければなるまい。即ち、世界規模の武器管理、利害の公正な調停を可能としかつ拘束力を持つ法律を制定できる民主的なグローバルな機関、紛争の平和的解決のための国際裁判所へのリコース義務、そして警察、軍事的手段による超国家的な権限の執行である。

世界議会の役割

　有名な宇宙物理学者カール・セーガン Carl Sagan（1934〜1996）は「核の冬」の事象を研究した最初の人々の中の一人である。米国とソ連の間の核戦争の脅威に鑑み、彼は 1982 年の世界的ベストセラー『コスモス』で、「我々の文明と人類の幸福は我々の手中にあるということ」を強調した。しかしながら、世界政府の支持者として、彼は集団としての「人類」は政治体制の中ではその意志が表明されていないことを痛切に認識していた。「我々は誰が国家を代表して行動するかを承知している」とセーガンは書いている。「しかし、誰が人類を代表して行動するのか？」「誰が地球を代表して行動するのか？」彼は、自分自身の質問に答えられずに、問うている[40]。この欠落を埋めるのは世界議会の役割であろう。「全面的かつ完全な軍備縮小」の世界規模のプログラムは政治的な共同体の設立を伴わなければならない。国連の設立と原爆による広島の破壊の 60 年後、日本の衆議院は 2005 年 8 月 2 日に決議案を採択して、長期的な目標として「全世界のための世界連邦」の創設を宣言した。日本が国連に加盟して 60 年の記念に際して、2016 年 5 月には参議院も同様の決議を採択している。

　グローバルな議員総会のような世界的組織によって、国家と文化の境界を超える相互理解と共同社会の意識が次第に強化され、非軍事化と軍備縮小の進展に必要な協力と信頼のレベルを増大してゆくことができる。総会そのものは、国連総会の第 10 回特別会合で求められたように「軍備縮小の包括的プログラ

---

39) Davies, David. 1930. *The Problem of the Twentieth Century*. London: Ernest Benn Limited, p. 271.
40) Sagan, Carl. 2011. *Cosmos*. Random House, p. 347.

ム」の作成に指導的な役割を担い、必要な政治的意思を結集するのに貢献すべきである。ジュネーブ軍縮会議のような政府の組織は、これもコンセンサスの原則で動くのであるが、袋小路に閉じ込められて行き詰まっている。世界議会賛成論においてとりわけ重要なのは、世界議会それ自体が世界法の新たな制度の絶対不可欠な中核的な機関の一つになることである。世界議会は強制的な措置と平和維持活動についての意思決定に参画すべきであり、そして国際的な軍隊とその運用に対して議会のコントロールを働かすべきである。超国家的なグローバルな軍隊は議会の軍隊でなければならない。

　世界議会によって政治的にも制度的にも確保される包括的な軍備縮小と平和プログラムは、安全保障政策面のみならず経済的にも積極的な影響を与えるであろう。それは軍事費用の漸進的な削減により資金を他の目的に——例えば民間のインフラの改良や近代化、民生用の研究や社会問題対策に、自由に使えるようになり、更なる繁栄とより大きな社会正義をもたらすだろう。長期的には、戦争のための武器の製造と武器の貿易が軍備縮小のプログラムの一部として超国家的な管理の下に置かれなければならないのは紛れもないことである。1997年の対人地雷禁止条約と 2013 年の武器貿易条約はこの方向へ進む最初の小さな一歩である。

第 16 章　核兵器の脅威、軍備縮小、集団安全保障　253

第 17 章

テロとの戦い、「ブローバック」、データ保護

戦いそのものを目的とする「テロとの戦い」

　無政府状態にある国際的な国家体制によって継続的にそして果てしなく生み出される安全保障のジレンマは、軍備増強要求の重要な根拠となっており、そして世界中の各国における安全確保と防衛のための組織の地位とパワーを維持するのに役立ってしまっている。ジョージ・オーウェル George Orwell の小説『1984』で描写されている絶えざる潜在的な戦争状態は——軍事産業複合体の観点からすれば——陰鬱な悪夢ではなくむしろ反対に理想的なビジネス環境である。事実、米国は公式的には絶えざる戦争状態にある。2001 年 9 月 11 日の攻撃の 3 日後、米国連邦議会は、下院において——たったの 1 名の反対投票があったけれども——、世界中のどんなところでも、犯人を処罰し、あるいは国際テロリストによる米国への更なる攻撃を阻止するために米国大統領が自ら必要かつ適切と見なすあらゆる措置をとるための法的権限を大統領に与えることを議決した。これに基づいて行われるいわゆる「テロとの戦い」は、定着した永続的なものとなり戦域は全世界に広がった。2013 年 5 月の上院での公聴会においてこの戦争は**少なくとも** 10 年から 20 年以上は続くだろうとの発言があった。影響力のあるジャーナリストのグレン・グリーンウォルド Glenn Greenwald は『ガーディアン』紙において、この戦争は「明らかに戦争自体を永遠不滅のものとする目的以外の何物でもない」とコメントしている。戦争はそれ自体が目的でありそして戦争そのものを煽り立てるものでもあると彼は述べている。「これは正にテロの脅威を止めるという名目で正当化された終わりのない戦争であり、これこそがその脅威の唯一最大の原因である」[1]。

---

1) Greenwald, Glenn. 17 May 2013. 'Washington gets explicit: its war on terror is permanent'. *The Guardian*（www.guardian.co.uk）.

米国の秘密戦争

　「低強度戦争」という包括的な概念の下に世界中で実行された秘密作戦は、少なくとも 1947 年の CIA 設立以来、米国の外交政策の標準的なプログラムの一環となっていた。冷戦の期間を通して、これは、偽りの情報キャンペーン、心理戦争、ゲリラ部隊と政治的反対勢力の育成とそれへの資金供与、殺人や暗殺、反乱の鎮圧、選挙の操作、クーデターの支援に至るまでを含んでいる。今や明らかとなったこれらの多くの活動の中でも CIA が関与していたこととして挙げられるのは、1953 年のイランのムハンマド・モサデグ Mohammad Mossadegh 首相政権の転覆、1961 年の民主的に選出されたコンゴの首相パトリス・ルムンバ Patrice Lumumba の暗殺、1973 年のチリのサルバドール・アジェンデ Salvador Allende 大統領に対する反乱への支援、1970 年代半ばから 1989 年までのアフガニスタンのイスラム戦闘組織ムジャヒディン mujahideen への援助[2]、そして 1980 年代のニカラグア反政府勢力コントラ Contras への支援である。全ての他の目的や価値はこれらの秘密作戦より軽んじられていた。例えば、1996 年にジャーナリストのゲリー・ウェブ Gary Webb が暴露したように、コントラの活動は非合法なイランへの武器供与即ち「イラン・コントラ事件」の主役だが、これによって資金が援助されたのみならず、CIA の認識があった中で行われた、特にロサンゼルス地域へのコカインの密売によっても資金援助が行われたのである。事実、米国によって宣言された「麻薬撲滅キャンペーン」にもかかわらず、秘密戦争作戦の進行中、CIA は主な麻薬取引業者との協定や保護措置を実施することによりグローバルな麻薬取引に重要な役割を果たしていた。東南アジアの専門家である米国のアルフレッド・マッコイ Alfred McCoy は、1972 年に最初に出版され、その後何度か改定された彼の著書『東南アジアにおけるヘロインの政治問題：世界の麻薬取引における CIA の共謀』の中で詳細にこの状況を記述している。マッコイによると、法や議会の支配の及ばない犯罪者と CIA のネットワークとの連携は、「CIA の秘密作戦行動能力の不可欠の一部」として今も残存している。冷戦の勝利者として、米国はその手法に対するいかなる厳しい内部検査も避けることが可能であった。そして KGB のような悪名高い共産主義の秘密情報機関が一掃され、彼らのファイルが公開され、彼らのうち少なくとも数人の指導者が有罪となったが、

---

2) ムジャヒディンへの支援は、ソ連侵攻の半年前に始まった。以下を参照。Gates, Robert M. 2006 [1996]. *From the Shadows: The Ultimate Insider's Story of Five Presidents and How They Won the Cold War*. Annotated edition. Simon & Schuster, pp. 146f.

CIA は「テロとの戦い」を通して実際その影響力を増すことができたのである [3]。

米国の外交政策と「テロとの戦い」の結果

チャルマーズ・ジョンソン Chalmers Johnson は意図されざる、そして予測不可能な米国の外交政策の結果を、特に世界中で行われた米国の軍事、秘密諜報作戦の結果を、「ブローバック blowback」（予期しなかった負の結果）と表現している。ピューリッツアー賞を受賞した 2004 年の著書『幽霊戦争』の中で米国のジャーナリストのスティーブ・コル Steve Coll は米国のアフガニスタンにおける活動がタリバンの興隆とアルカイダのテロリストのネットワークを出現させる状況をいかにして作り出したか書いた。この意味では、2001 年 9 月 11 日の攻撃は最も悲惨な、逆効果となる戦略だったと見なすことができる。テロリストによる攻撃の正当化は一切できない。テロリストの攻撃に防御しなければならぬことは言うまでもない。究極的には、従って、国連安全保障理事会のいくつもの決議に違反してアルカイダが自分の領域内で活動するのを長年にわたって許してきたタリバン政権に対して 2001 年 10 月から軍事攻撃が行われたのは、重要であり、そして世界社会全体としての利益に適うものであった。この種の無法地帯は国境を越えて組織される犯罪行為とテロリスト集団を誘引し、そこで事実上、政府の地方組織と結合するが、相互に依存する世界文明の安定にとって極めて危険である。雑誌『フォーリン・ポリシー』の元編集者のベネズエラ人モイセス・ナイム Moisés Naím は、グローバルな犯罪に関する著書でこれら無法地帯を「地政学的ブラックホール」と称した [4]。しかし我々は、テロリストの活動が、どこからともなく現れるのではなく、通常は政治的なまたは宗教的な動機から、加えて現実のあるいは見抜かれた不当行為への報復をしたいとの願望に基づいて推し進められ、あるいは少なくとも正当化されているという事実から目を逸らしてはならない。

いわゆる「テロとの戦い」は更なるブローバックが必ず生じる方法で行われている。例えば、国際法に違反し、隠された大量破壊兵器が存在するという間違った CIA の情報に基づいて 2003 年にイラクを占領した多国籍連合は、事前

---

3) McCoy, Alfred W. 2003. *The Politics of Heroin. CIA Complicity in the Global Drug Trade*. 2nd rev. ed. Chicago: Lawrence Hill Books, pp. 531f.

4) Naím, Moisés. 2005. *Illicit: how smugglers, traffickers and copycats are hijacking the global economy*. 1st ed. New York: Doubleday, pp. 261ff.

に準備されたものではなく、またイラクの社会秩序と安全を保障することもできなかった。驚くべきことには、侵略の後遺症に対処する計画も一切なかった。イラクは大混乱に陥った。「米国の努力は大国の野望を反映した本格的戦争よりもむしろバナナ共和国（貧しくて政情不安な中南米の小国）のクーデターに似た全く無責任な素人の作戦である」と米国の『ワシントン・ポスト』紙の記者のトーマス・リックス Thomas Ricks が彼の著書、「大失態 Fiasco」の中で指摘している [5]。サダム・フセインの独裁政権からの解放者として、地域の住民から最初は歓迎された外国部隊とその民間警備業者は、すぐに無慈悲な占領軍であることが判明し、これがその後続いた内乱の決定的で追加的なきっかけとなった。アブグレイブ刑務所で行われ2004年5月に露見した人権侵害は米国軍の恣意的で無制限な暴力の象徴となった。2013年までの10年間で、およそ12万2000人の民間人が占領とその後の暴徒との衝突の結果死亡し、更におよそ25万人が負傷した [6]。腐敗、浪費、資金喪失、そして法外な費用がかかった無意味で失敗に帰したプロジェクトは困難で長引いた復興努力のあまりにもありふれた特徴である。2014年に、抵抗運動から生まれた超過激派のテロリスト組織「イスラム国」がイラクの第二の都市モスルを含む北部地帯の広い地域を支配することに成功した。時には、イスラム国は、更にシリアの大きな地域を支配し、影響力はリビアにも及んだ。

人権侵害と米国のドローン戦争

　米国は今や民主主義と自由と人権にとって政治的影響力を持つ国家としては完全に信用を失っている。2001年から2006年にかけて、CIA は世界中に秘密の監獄ネットワークを維持していた。そこでは拉致されたテロの被疑者が裁判抜きで投獄されて拷問されていた。グアンタナモ湾の仮収容所の収監者は「不法戦闘員」、即ち何ら法的権利のない人々として公式に公表された。その他の戦闘員と推定された者またはテロリストは、米国政府によって実施された極めて疑問の多い不透明な決定プロセスに基づいて、いかなる議会的あるいは司法的な説明責任の余地もなく、対象として定められた「超法規的な」殺害の犠牲者となった。これらの殺害のために、米国軍隊は無人ドローンによる攻撃の活

---

5) Ricks, Thomas E. 2007. *Fiasco: The American Military Adventure in Iraq.* New York: Penguin Books, p. 128.
6) 「イラク・ボディ・カウント」と「イラク人権省」それぞれの推計による。Source: 'The War in Iraq: 10 years and counting'. 19 March 2013. *Iraq Body Count* (www.iraqbodycount.org).

用を増やしていた。調査報道ビューロー Bureau of Investigative Journalism の推定によると、2017 年末までに少なくとも 4700 回の攻撃がアフガニスタン、パキスタン、イエメンそしてソマリアで行われ、その結果 1500 人の民間人と 330 人の子供を含む 1 万人もの人々が死亡した[7]。

ドローンによる戦争はいわゆる「テロとの戦い」のブローバックの際立った例である。ドローンは 1 日に 24 時間パキスタン北西地域上空を飛び回り、無警告で家屋や車両そして公共の場所を攻撃した。「ドローンの存在は男性、女性そして子供を怯えさせ、民間社会に不安と心理的なトラウマを引き起こしている」とスタンフォード大学とニューヨーク大学で編纂された「ドローン下の暮らし Living under Drones」という表題のレポートで報告された[8]。このような状況下では、ドローン攻撃がテロを育む条件を逆に生み出し反米の過激化に貢献していることはほとんど驚くに当たらない。米国の秘密の世界規模の「暗殺組織」に関する『汚い戦争 Dirty Wars』と題する 2013 年の著書の中で、ジャーナリストのジェレミー・スケイヒル Jeremy Scahill はドローン攻撃のために明らかに多くの民間人が死亡している地域のイエメンの部族長をインタビューしている。「ドローンが日夜飛び続け、女性と子供を怯えさせ、寝ている人々の睡眠を妨げた。これはテロだ」とスケイヒルは部族長の言葉を直接引用している。民間の被害者に対して補償があるべきだと彼は確信している。「世界は一つの村である。米国はスコットランドのロッカビー上空でのパンナム旅客機爆破に対してリビアから補償を受け取ったが、イエメンは受け取っていない」と彼は不満を訴えている[9]。ドローン戦争の結果として、アルカイダのようなグループに対する支援や暴力テロを進んで受け入れる気持ちは、直接に被害を受けた人々の範囲をはるかに超える集団の中で強められている。

国際的テロリズムの根本原因と世界議会の妥当性

軍隊やシークレットサービスという手段は国際テロリズムの真の政治的、社会的な根本的原因に取り組むことに失敗しており、そのため実際にはテロの兆候と戦っているだけなのである。米国の政治学者ベンジャミン・バーバー Benjamin Barber は 1996 年の彼の大きな反響を呼んだ著書の中で、「『ジハード

---

7) 以下を参照。'Drone Warfare', current statistics, at www.thebureauinvestigates.com.
8) International Human Rights and Conflict Resolution Clinic at Stanford Law School, and Global Justice Clinic at NYU School of Law. September 2012. 'Living Under Drones. Death, Injury, and Trauma to Civilians From US Drone Practices in Pakistan'.
9) Scahill, Jeremy. 2013. *Dirty Wars: The World Is a Battlefield*. London: Serpent's Tail, p. 466.

（イスラム教徒の聖戦）とマックワールド McWorld』との衝突」（この著書のタイトルでもある）について語っている。バーバーの見解では自由放任主義思想に基づいたグローバル化の「商業帝国主義」は、彼によって「マックワールド」という用語に集約されているが、「現代的なものに対する弁証法的な反応」として、ジハード勢力を増大させた。彼は国民国家の民主的組織は両方の勢力によって等しく蝕まれていると理解している。彼の分析の中でバーバーは、ジハードはその言葉が示唆するようなイスラム過激主義ばかりでなく、暴力的手段で支援する体制が整えられている排他性に対する独善的な主張を行う宗教的または政治的な狂信主義のいかなる形態をも含むとの見解を示している[10]。リチャード・フォーク Richard Falk とアンドリュー・ストラウス Andrew Strauss も同様にそれを国際的なテロリズムの重要な側面であると解釈している。彼らは、グローバル化は社会内部の不平等と社会と社会の間の不平等を増し、そして多くの人々に文化的伝統が脅威に晒されていると感じさせると論じた。同時に——これが彼らの議論の最も重要なポイントであるが——これらの人々は既存の国際システムの中ではその影響や不正義に関する彼らの見解を認めさせる機会を一切持っていない。この二人の国際法の専門家は共同論文の中で書いている。「現在、わずかな例外はあるものの、政策決定が国家によって正式に任命されたエリートにより支配されているグローバルな政治機関では、個人、グループそしてその連合は公的な役割を否定されている。（中略）国際的システムへの直接的なそして正式な参加の可能性から締め出され、欲求不満に陥っている個人やグループは（特に彼らの政府の正当性がなくあるいは敵対的と見なされている場合）様々な方式の平和的なまた暴力的な市民の抵抗運動へと向かっていった」。彼らの見解では、グローバルテロリズムは国際的な抗議運動の中で暴力の先端に位置している。テロが主として宗教的、イデオロギー的または地域的な目的によって始められる時でさえも、その核心におけるその政治的過激主義は少なくとも部分的には「グローバル化の影響の間接的な結果」[11]である。タッド・デイリー Tad Daley もまた、テロリストの核攻撃の脅威に関して、中期的には「我々は核兵器と核物質を入手できる可能性を減らすだけではなく、核テロを起こす動機を減らす必要がある」と強調している。加えて彼

---

10) Barber, Benjamin. 2003. *Jihad vs. McWorld. Terrorism's Challenge to Democracy.* London: Corgi Books, pp. 219, 157, 31f.

11) Falk, Richard, and Andrew Strauss. 2003. 'The Deeper Challenges of Global Terrorism: A Democratizing Response'. In: *Debating Cosmopolitics*, ed. by Daniele Archibugi, 203–231. London, New York: Verso. Reprinted in and citation from the same: 2011. *A Global Parliament: Essays and Articles*. Berlin: Committee for a Democratic UN, p. 137.

は、「我々は経済的な不平等と文化的な屈辱を与えるグローバル化を原因と捉えて真剣に取り組まなければならない。人々は平和で豊かなグローバル社会に真に参画できる希望と機会を与えられなければならない」と述べている[12]。この観点からすると、関連する国際的な意思決定プロセスから締め出すことも屈辱の一形態であると理解されねばならない。

　グローバルな議会があれば、そこで政治的な欲求不満がはけ口を見出して、そしてグローバル化に指導的な影響を発揮することができる民主的で平和的なプロセスに繋がることがより容易になるであろう。例えば、2013年5月に北パキスタンのカイバル・パクトゥンクワ Khyber Pakhtunkhwa 州の最高裁がその地域における米国のドローン攻撃を国際法に違反するパキスタンの主権の侵害であると判決した時、同最高裁は同時にパキスタン政府に国連安全保障理事会に政治的非難とその他の可能な措置を求めて抗議すること、そして米国が安全保障理事会で拒否権を発動する場合には国連総会に対し政治的非難とその他の可能な措置を求めて抗議することを求めた。パキスタン政府は実際2カ月前に既に対テロリズムおよび人権問題の国連特別報告者のベン・エマーソン Ben Emerson に対して、パキスタン政府はドローン攻撃を承認せず、そして国家主権の侵害であると判断していることを明らかにしていたけれども、水面下での米国との協力はおそらくそれよりもいささか複雑で、更にパキスタン政府は国連でそのような手続きをとる時は、その国際関係ネットワークへのより広範囲な影響の可能性を考慮しなければならなかった。世界議会があったとすれば、そこにおいては、対照的に、政府を通すことなく、またはいかなる特別な外交的配慮をすることなくパキスタンの代表がその問題を直接提起することが可能となろう。世界議会の議員は自分自身と彼らの選挙区民のための独立した議会人として発言するのであり、政府の名においてまたは政府を代表して発言するのではないために政府は世界議会の議員が発言することに対して責任を問われることはあり得ないからである。

　フォークとストラウスは、世界議会そしてより公正で民主的な世界秩序への努力は、2001年9月11日に見られたような「メガテロリズム」の挑戦に対する政治的な反応の一部となるべきであると確信している。彼らは、正に「この惑星地球におけるオサマ・ビン・ラーデン Osama bin Laden」のような過激派がグローバルな議会プロセスに関わるだろうという幻想にとりつかれることは

---

12) Daley, Tad. 2010. *Apocalypse never. Forging the path to a nuclear weapon-free world.* New Brunswick, N.J.: Rutgers University Press, pp. 62ff.

ないが、多くの信奉者を惹きつける過激派の能力は「そのような組織が（中略）世界で最も恵まれない虐げられた人々に対して、彼らの懸念していることを正当に取り扱っているという感覚を与える限り」、世界議会の存在によってかなり弱められることとなると確信している[13]。ベンジャミン・バーバーもまたジハードの勢力は極めて非民主的でほとんど懐柔することができないと指摘している。彼は、また、ジハードの勢力と「マックワールド」に対抗するための最善の可能性は市民社会と全てのレベルの民主制を強化することにあると確信している。バーバーはこれに関連して民主的な世界社会の枠組みの中で発展する民主的な市民感覚の重要性を強調した。「もし市民社会が民主制への一つの鍵であるならば、グローバルで強靭な民主制は、市民社会の整然とした国際化に依存するし、それを必要とする」。グローバルな民主的社会は「グローバルな民主的政府」の基盤である。バーバーは、そのようなことは単に「気の利いた幻想」、または「夢のまた夢」に過ぎないように見えるかもしれないとしても、国際機関は常に国家主権に対する制約と対峙してきたのだから、グローバルな民主的社会を作るこの問題は「漸進主義者の、自主的な、超国家制の信頼構築戦略」の事例ができなければならないと論じた[14]。バーバーが彼の著書で取り上げなかったことは、そのような統合のプロセスの前提条件としてのグローバルな市民社会の発展と、民主的でグローバルな、そして公的な分野の発展が、いかにして組織的に促進されるのか、「組織化されるか」という問題である。正にここにこそ私達は世界議会の極めて重要な役割があると考える。世界議会は、世界の市民のための直接代表機関として、これまでのいかなる機関より、巧みに民主的な世界共和圏を生み出し、グローバル市民の世論を反映することができるであろう。最終的には、世界の立法府の組織として、世界議会は真に実際に効果のある決定を下し、かつ、世界法の制定に関与するような政治的集会以上の役割を果たすことが可能となるべきである。

グローバルな監視システムと万人の権利への侵害

しかしながら、市民の自由と基本的権利と法の支配は強化され保護されるのではなく反対にテロリズムとの闘いという口実の下に依然として侵害されている。これは米国による誘拐やドローン攻撃の直接の犠牲者だけでなく、ほとん

---

13) Ibid., p. 140.
14) Barber, loc. cit., pp. 287f., 229, 277, 290.

ど誰にでも当てはまる。例えば、戦後直後から国際シークレット・サービス協定 UKUSA のパートナーの米国、英国、カナダ、オーストラリア、そしてニュージーランドは、電気通信を使う世界中の——潜在的には——全ての人の秘密通信、個人データ、そしてプライバシーの権利を侵害する様々な国際秘密監視プログラムをどんな妨害も受けずに利用している。2001 年 7 月、欧州議会は「UKUSA 協定の下での通信傍受のグローバルなシステムの存在を（中略）最早疑わない」と結論を下している[15]。このエシュロン Echelon 通信傍受システム・プログラムの目的の一つは衛星通信のグローバルな監視である。米国のシークレット・サービス NSA の歴史の中で「2001 年までに UKUSA のパートナー達は独自の法律と言語と慣習を持つ盗聴のスーパー・パワーになった」とジャーナリストのジェームス・バムフォード James Bamford が書いている[16]。

　NSA のプリズム Prism、X キィースコア X-Keyscore とフェアビュー Fairview、そして英国の情報サービス GCHQ によって運営されるテンポラ Tempora のような監視プログラムの 2013 年以来の暴露は、企業のグローバル・インターネットワークを標的にすること、および通信ケーブルを盗聴することによって実施されたグローバルなインターネットや電気通信データへの接続と通信ケーブルの盗聴が、以前考えられていた以上にはるかに継続的で広範囲に行われていることを示唆している。テロリズムとの戦いが今やこれらの手段を正当化するために使われる最も重要な理由である。特に他国とその政府機関を対象としていた従来の情報収集とは異なり、何百万のコミュニケーション・システムのユーザー全てが例外なく差別なく今や自動的に盗聴されている。コンピューター技術の発展が「ビッグデータ」を扱うことを可能にした。この背後にある前提は、脅威をもたらすのは最早、国や真に疑わしい個人だけではなく、潜在的には、**誰でも**がそうであるということである。ウィスコンシン大学マディソン校で歴史を教え米国でスパイ活動の歴史を学んだアルフレッド・マッコイ Alfred McCoy の意見によれば、NSA のグローバルな監視機関は何よりも「グローバル・パワーの行使」と「グローバルな覇権」の目的に資するために存在する。これでなぜ NSA が EU 機関、少なくとも 35 カ国の政府の首脳、そして国連や G20 サミット会議や国際条約交渉の代表を監視していたかが明らかである。マッコイによれば、この監視機関はワシントンにとって都合の良い情

---

15) European Parliament. 7 July 2001. 'Report on the existence of a global system for the interception of private and commercial communications（ECHELON interception system）– Temporary Committee on the ECHELON Interception System'. Doc. A5-0264/2001.

16) Bamford, James. 2002. *Body of Secrets: Anatomy of the Ultra-Secret National Security Agency.* Reprint ed. New York: Anchor Books.

報だけではなく、影響をもたらすために利用できる性的な個人情報も時々集めている[17]。彼はこの NSA の組織を「国内の反体制派を監視し、テロリストを追跡し、同盟国を操り、ライバルの権力者を監視し、敵対的サイバー攻撃に対処し、先制サイバー攻撃を仕掛け、そして国内の情報網を保護することが可能な強力でグローバルな円形刑務所 Panopticon」の一部と見ている[18]。今はロシアに逃亡した内部告発者エドワード・スノーデン Edward Snowden の証言によれば、米国は産業スパイも行っている。NSA の行動を調査するために 2014 年にドイツ連邦議会下院によって設立された委員会によって開催された公聴会で、前テクニカル・ディレクターのウィリアム・ビネー William Binney は、米国のシークレット・サービスは以前は独裁国でのみ見られた世界中の民主主義を脅かしている「全体主義的」アプローチを取り入れていると断言している[19]。

　NSA のプリズム・プログラムの発覚の後にプライバシーの侵害により「テロとの戦い」によって自分達自身が直接影響を受けていることを多くの人々が知ることとなった。パキスタンでのドローン攻撃やグアンタナモの収容所は多くの人々が思うような単なる「世界の片隅の不運な出来事」ではないことが今や明らかになったと『シュピーゲル』誌コラムニストのヤコブ・アウグスタイン Jacob Augstein が解説している。「アブグレイブ刑務所での虐待や CIA 刑務所での水攻めは自分達とは関係ないとまだ信じていた人々が、今や彼らの見解を変えている」とアウグスタインは書いている[20]。『シュピーゲル』誌のジャーナリストのトマス・ダルンシュテット Thomas Darnstädt は「国際法の画期的な変化」について語った。世界の人々が彼ら自身米国の監視の目標になっているという事実は「テロリストの嫌疑をかけられた人々に対する米国の戦いに伴って生じた国際法の権威の低下」がスパイ行為の分野にまで拡大するおそれを生じさせている[21]。米国以外の国の市民が責任ある政府から与えられた彼らの法的権利を奪われつつあるのだ。更に、いかにして、どのデータが、何の目的のために集められて保存されるのかは秘密の霧の中に隠されたままだ。

---

17) McCoy, Alfred W. 19 January 2014. 'Surveillance and Scandal: Time-Tested Weapons for U.S. Global Power'. *TomDispatch*（www.tomdispatch.com）.

18) Idem. 14 July 2013. 'Surveillance Blowback: The Making of the U.S. Surveillance State, 1898-2020', *TomDispatch*（www.tomdispatch.com）.

19) Deutscher Bundestag. 3 July 2014. 'Binney: NSA-Praxis ist totalitär'（www.bundestag.de）.

20) Augstein, Jakob. 17 June 2013. 'Obama's Soft Totalitarianism: Europe Must Protect Itself from America'. *Spiegel Online*（www.spiegel.de）.

21) Darnstädt, Thomas. 10 July 2013. 'Amerikas digitaler Großangriff auf das Völkerrecht'. *Spiegel Online*（www.spiegel.de）.

「米国政府が——完全秘密裏に——自国民だけでなく**世界の全ての市民**に向けて、至るところにスパイ・システムを設けていることは憂慮すべき結果を招く」と、スノーデンが資料を託した『ガーディアン』紙ジャーナリストのグレン・グリーンウォルド Glenn Greenwald が書いている。グリーンウォルドによると、このシステムは「何ら報告義務のない人々に対して無制限な力を米国政府に与えている。（中略）それは、米国と世界の一般市民の間のパワーバランスを根本的に変える。そしてそれは、米国は自国民のプライバシーの権利を最小限尊重するが、世界の他の国の人々のプライバシーは全く尊重しないという明白なシグナルを世界に送っている [22]。

　世界中の何百万もの市民達のデータ保護、個人のプライバシー、そして個人的なコミュニケーションの機密保持の権利が、彼らにとっては政治的な影響力を全く及ぼせない外国政府によって組織的に侵されているという事実は、グローバルなコミュニケーション・ネットワークの現実と国民国家領土内の民主的な規制との間の矛盾を浮き彫りにしている。2008 年 7 月 24 日、米国大統領選挙キャンペーン期間中のベルリンでのスピーチで、バラック・オバマは「世界の人々」を「世界の仲間」と呼びかけ、我々の共通の「地球市民としての」義務について演説した。しかしこの「地球の市民」に対するアピールは、現状では世界の市民は、発言することも権利を行使する能力も持っていないため、結局空虚な修辞的表現にとどまっている。世界の市民は米国大統領にも他の外国政府にも、その政治的権利の乱用に関して釈明させることができない。データ保護、コミュニケーションの機密保持の権利、そして自己決定の権利は、グローバルなレベルで確立されなければならない。なぜならばインターネットのデータは、一般的には、国内のコミュニケーションでさえ、国際的なインフラを通して流れるからだ。このことは、世界法の必要性を明確に説明しており、世界法は、この場合国家だけではなく、データを扱う企業とその他の組織にも直接的な義務を負わせる必要がある。

グローバルなデータ保護法

　プリズムのスキャンダルの発覚後、ドイツ連邦データ保護と情報の自由のコミッショナー German Federal Commissioner for Data Protection and Free-

---

22) Greenwald, Glenn. 7 July 2013. 'The NSA's mass and indiscriminate spying on Brazilians'. *The Guardian* (www.guardian.co.uk).

dom of Information であるペーター・シャール Peter Schaar は、国の監視と
データ収集は国際法に従うべきであると要求した最初の人々の中の一人であ
る[23]。国連人権高等弁務官 UN High Commissioner for Human Rights のナビ・
ピレイ Navi Pillay は、「公民権と政治的権利に関する国際規約 International
Covenant on Civil and Political Rights」の 17 条は既に「何人も自分のプライ
バシー、家族、家庭または通信に対する恣意的な妨害に晒されてはならず、そ
して全ての人はそのような妨害または攻撃に対する法による保護を受ける権利
を有する」と述べていることを指摘している[24]。シャールは最初の賢明な手続
きとして 17 条の補足議定書の実行を提案している。治安当局が法令に完全に
従っていることを独立した裁判所と監督機関が検証できるようにするために、
明快な法的基準が不可欠であると彼は主張した。しかしながら、最終的な分析
では、データ保護のグローバルな法律は、その法律が X 国の市民に彼女また
は彼自身を Y 国の政府によって彼らの権利が侵害されそうな場合に保護する
ことを可能とする場合にのみ有効であるとしている。

　米国政府は国際的な制約や義務のいかなる形態をも拒否している。米国政府
は「公民権と政治的権利に関する国際規約」は自国民に関してのみ義務を課す
ものであり、その規定された監視手段は規約の意味する「恣意的」でも「違
法」でもなく完全に米国の法律に適合していると主張している。2013 年 11 月
にドイツとブラジルによって国連総会に提出された「デジタル時代のプライバ
シーの権利に関する決議」はこの米国の立場に反対しているが、最終的には国
境を超えた監視が人権に及ぼす「否定的な影響」に「深い憂慮」を表明するこ
としかできなかった。効果的なグローバルなデータ保護の合意が成功するには、
グローバルな世論のかなりの圧力を必要とするであろう。それはグローバルな
監視プログラムに直接的な責任を負う政府に対してだけでなく――ドイツのよ
うに――治安当局が責任ある秘密機関と緊密に連携している国々に対して政治
的な圧力を加えることを含んでいる。世界議会は米国、欧州そして他の地域か
ら選出される代表が協力して政府の監視組織に対して異議を申し立てる場を提
供することとなろう。政府間の紛争を国際的レベルで克服することは、政府の
監視組織に対する反対運動を強化することとなろう。かくて、グローバルな議
員会議では批判的な声が米国内からも聞かれるような事態に米国政府は備えな

---

23) Schaar, Peter. 25 June 2013. 'Prism and Tempora: Zügellose Überwachung zurückfahren!' *Spiegel Online*（www.spiegel.de）.

24) Office of the High Commissioner for Human Rights（ed.）. 12 July 2013. 'Mass surveillance: Pillay urges respect for right to privacy and protection of individuals revealing human rights violations'.

ければなるまい。米国の NSA による大量の電話データの収集を縮小する法案は 2013 年 7 月 24 日米国下院において 205 人が賛成し、わずか 12 票の僅差で否決された。もしこのような賛成票を投じた議員がデータ保護に関するグローバルな法案の起草に参加することが可能となれば多くの成果が得られるであろう。

第18章

世界法施行制度、刑事訴追手続き、
ポスト・アメリカ時代

世界警察法と多国籍警察機関の必要性

　国際的テロリズムの事象は国内と国外の安全保障の区分を曖昧にしている。国内におけるテロリストの活動は、国民の安全に対する脅威の防止と刑事上の正義の確保のために行われる警察の対策、これらは——少なくとも法の支配が確立している国々においては——比例原則（達成されるべき目的とそのためにとられる手段としての権利、利益の制約との間に均衡を図る原則）に則して策定される関係法令と法的規則に従って実施されるが、その一方、国外からのテロリストの脅威に対処することはもっと問題が多い。例えば、全ての電気通信の包括的な監視は、疑いもなく比例原則を侵害している。しかしこの原則は政府が外国市民に適用することはない。米国によるいわゆる「敵の戦闘員」を標的として行う殺害は、法の支配の尊重という見せかけが全て取り払われた、テロに対する戦いの中で最も露骨な例である。「世界中で行われているテロリズムとの戦いにおいては、軍隊による暴力の無条件の行使と法的な制約の下にある警察による法律の施行との区分は曖昧になりつつある」と、『シュピーゲル』誌のジャーナリストのトマス・ダルンシュテット Thomas Darnstäd は『グローバルな警察国家』という彼の著書の中に書いている。国連にとって利用可能な法律文書と国際法はこの課題には不適切なことが明らかとなった。「世界中で発生している、国家ではない者を根源とする暴力の脅威は全ての国境を超えた世界国内政策を強く必要としている」。ダルンシュテットは、国家領域内で法と秩序を維持する法制度と国際レベルの典型である戦時国際法の間にある「不確定な領域」は「地球上の全領域を包含する世界内部の安全保障秩序」を管轄下とする世界警察法によって保護されなければならない、と論じている。世界警察法はあらゆる脅威の根源に対しても、国境の有無にかかわらず、公正で適切な

267

法制度の枠組みの中で対処することを可能とするであろう[1]。

　この根底にある考え方は、最も深刻な犯罪形態の一つであるテロリズムを、たとえ、それが国境を越える活動としてまたは完全に外国国内で出現する場合であってさえも、主として警察力と刑事裁判制度の運用で対応することが可能となるようにしなければならないということである。問題が本質的に国際的であるので、解決策もまた国際的でなければならないことであろう。その発生源が国家の枠組みの埒外にある非常に深刻な犯罪の脅威に対処する世界警察法の実施と運用は正に超国家的な警察力の範疇に入るべき任務の一つである。ダルンシュテットの見解では、国家があまりに弱く、またはあまりに腐敗しており安全保障が確保できない場合には超国家的な警察機関が介入すべきである。この法律家は、「国家よりも高位にある権力のみが、弱くて役に立たない、もしくは危険な程強力な国家の問題や、つまらないことで争っている世界家族の所有者のいない紛争中の土地の問題について、戦争を起こそうとしているとか少なくとも政治的な目的を達成しようとしているとの非難を浴びることなく秩序を取り戻すために介入することができる」と論じている[2]。既に見てきたように、国連の介入軍と超国家警察軍は適切に機能している軍備の撤廃された世界の平和秩序にとってとりわけ必要なものである。国連の平和維持活動の使命は多様な任務を果たすためにこれまでよりも大きな警察活動を既に含んでいる。これには国連施設の保護、現地警察軍の育成、または——コソボや東ティモールでのように——移行期間中の全ての警察機能を肩代わりすることを含んでいる。

古典的な制裁の失敗

　法律の施行は世界法の枠組みの下では国際法の下とは異なる指導原理に従う。重要なのは、法を破る国に対する制裁の実施や軍事力の使用ではなく、**警察または法的措置による個人を対象とする**的を絞った世界法の施行である。より極端な集団安全保障措置は二次的な選択肢であり、最初の対策が失敗する場合のみに検討されるべきである。イラクのクウェート侵略に対する 1990 年の国連安保理によって決定された広範囲の経済制裁はイラクの基本的な社会基盤を破壊し、一般住民に人道上の大被害をもたらし、幼児死亡数の著しい増加を招き、

---

1) Darnstädt, Thomas. 2009. *Der globale Polizeistaat.* 1st ed. München: Goldmann, pp. 294, 46, 326.
2) Ibid., p. 328.

結局サダム・フセイン体制にはほとんど影響を及ぼさなかった。それ以降は特定の物資に適用しかつ特定の人間と組織を標的とするいわゆる「スマート制裁」を支持するパラダイム・シフトが生じた。テロと戦うために、国連安全保障理事会は、いわゆる1267リスト（最初の1999年決議の番号に因んで名付けられた）を保持し、そのリストでは、ジャーナリストのヴィクトル・コッヘル Victor Kocherが書いているように、安保理は国際社会を代表して「人類の敵」を特定している。全ての国はリストに記載されたおよそ500（現在のところ）の人間と組織に属する全ての財産と資産を凍結し、入国や通過を拒絶することが義務づけられている。「彼らが本当にテロリストである限りこれは全く正当かつ妥当なことである」とのコッヘルの意見に私達は同意できる。問題は手続きが不透明で、恣意的で、そしていかなる法的な規制も受けていないことである。もし誰かが誤ってリストに掲載されてしまうと、彼らは、国連に対して裁判により彼ら自身を弁護する可能性が全くないこととなる。そのような人々が訴えることができるオンブズパーソン Ombudspersonが今は任命されている。しかし安保理が依然としてオンブズパーソン事務局の勧告について最終的な決定を行っている。「安全保障理事会は政治的決定を行う政治的な機関である。これに対抗する法的手段はない。それが国連システムを構築している方法である」とは国連の制裁検討委員会の高官であるリチャード・バレット Richard Barrettの簡潔なコメントである[3]。正にこの理由で、欧州司法裁判所は、2013年7月18日の判決の中で、国連の手続きは「有効な法的保護の保証」を規定していないと裁定し、よって国連は欧州法に基づく基本的権利を侵害しているという理由で、国連の制裁履行のためのEU指令の中止を認めている[4]。ここで、いかに古典的制裁の仕組みが新たな課題に適合することに失敗したか、そしてその結果、保護することが想定されるこれらの価値を実際に用いることにも失敗したかを理解できる。法の支配、権力の分立、そして独立した責任が世界法施行の基本的な原理でなければならない。

国際刑事裁判所を支援する超国家的警察軍

国際刑事裁判所 The International Criminal Court 即ち ICC は、2002 年にそ

3）Kocher, Victor. *Terrorlisten. Die schwarzen Löcher des Völkerrechts*. Wien: Promedia, 2011, pp. 13, 139.

4）European Court of Justice. 18 July 2018. 'Judgement of the Court, Kadi v. Council, Joined Cases C 584/10 P, C 593/10 P and C 595/10 P', para. 133.

の業務を開始したが、これはこのような世界法の発展にとって重要な一里塚である。ICC の管轄権は不幸にして多くの国や NGO がそうあるべきと望んだ程全世界に及ぶものではなく、むしろ彼らが関係する国々の刑事裁判制度にとって補足的なものであり、そして更にはその管轄権は犯罪がICC条約加盟国に属する人物によるものかまたは加盟国内で行われた場合にのみ適用される。条約加盟国の数は増えており 2017 年 12 月には 123 カ国に達した。しかしながら米国、ロシアそれに中国などの主要数カ国はまだ加盟していない。またブルンジや南アフリカなどのアフリカの数カ国は再び脱退することを公表している。いずれにしても 2005 年のスーダンや 2011 年のリビアの場合に行われたように、国連安保理は ICC に「問題」を委ねることができる。これらの条件に従って、ICC は戦争犯罪、人道に対する犯罪、そして集団殺害の罪に対して、彼らの属する組織に関係なく、かつ国際法に基づくいかなる免責条項にもかかわらず、個人に対して責任を問う義務がある。長期間にわたる厳しい交渉の後、侵略の罪に対する ICC の管轄権は 2018 年 7 月 17 日に発動された。明らかな理由から、アフリカのいくつかの政府は最近では国家の指導者達も起訴の対象となる可能性があることを遺憾に思っている。

　超国家的警察軍の一つの重要な任務はICCの業務を支援することである。これは裁判所の訴追手続き部門に代わって被疑者を追跡、逮捕し、引き渡す責任を負う部隊を含むべきである。そのような部隊の設立は既に以前ユーゴスラビアに対する国際刑事裁判所に関連して提案されている。国連安保理による当該裁判所の設立の 7 年後、主犯容疑者のラドヴァン・カラジッチ Radovan Karadžić とラトコ・ムラディッチ Ratco Mladić らを含む多数の犯罪の被告がまだ逮捕されていなかったので、検察長官のカーラ・デル・ポンテ Carla del Ponte はしびれを切らしていた。何度も機会がありながら、NATO 司令部とその地域当局傘下のボスニア・ヘルツェゴビナに関する平和安定化部隊SFOR は多くの逮捕令状を執行する意欲がないか、または全くその能力がないことが明らかになったと彼女は確信した[5]。最終的に2000年に、彼女は当該裁判所の支配下に置く特別警察部隊の設立を要求した。「そのような警察軍は他の国々の支援に依存することはないし、そして政治的な意見を気にしなければならないことはないだろう。現在は、我々は逮捕令状を発行しSFORが逮捕するのを待たなければならない」と彼女は不満を訴えている[6]。現状では、ICC もまた条

---

5) 最終的にカラジッチは2008年に、ムラディッチは2011年に逮捕された。

6) Citation from Bummel, Andreas. 2003. 'Für eine ständige Eingreiftruppe der Vereinten Nationen. Ein Memorandum der Gesellschaft für bedrohte Völker' (in an interview published by Allgemeine

270　第二部　21 世紀の統治と民主主義

約加盟国の協力または国連安保理による措置に全面的に依存している。国際刑事裁判所制定法 ICC Statute は ICC が逮捕を実行することを認めていない。安保理が西スーダンのダルフールの事件を ICC に委託してから 9 年後、2012 年に選任された検察長官でガンビアのファトウ・ベンソウダ Fatou Bensouda は、スーダンの大統領オスマー・ハッサム・アルバシール Osmar Hassam al-Bashir を含むダルフールにおける犯罪の被告に対し、安全保障理事会は国際刑事裁判所が発行した逮捕状の執行に「いかなる有意義な措置」も執ることはなかったと不満をぶちまけている。「このことは ICC がその一部に過ぎない国際裁判制度の評価を落とすばかりでなく、国際平和と安全保障のための機関としての安全保障理事会の信頼性を著しく損なう」とベンソウダは断言している。「ICC の裁判手続きは逮捕を実行せずには行うことができない」と検察長官は強調している[7]。この件に関し安保理が行動しなかったため、彼女は 2014 年 12 月にダルフール事件の調査を「当分の間」中止するとの決定を下した。

ICC の訴追権限の拡大

　実際のところ連邦国家の場合のように連邦制の原理に基づき様々な警察の任務を様々な政府の行政または職務レベルに割り当てることは十分に可能である。国際的な犯罪の中で最も重大な類のものと戦うためには、独自の捜査と執行の権限を有し、国家機関を支援でき、あるいは必要かつ適切な場合や国家機関が行動する意思がないかまたは行動することができない場合には独立して行動できる、グローバルな犯罪の捜査を行う警察軍が必要となる。ICC の管轄権は従ってグローバルに影響を及ぼす他の犯罪も取り扱うために拡大されるべきである。実際、ICC の管轄権を将来テロリズムと麻薬犯罪にも広げることを承認する ICC 制定法が発効した 1998 年のローマでの加盟国会議において追加決議が既に可決されている[8]。もちろん、特定の犯罪のためにより多くの国際裁判所を創設することも可能だが、その代わりに国際刑事裁判所を拡大し強化する方がより効果的であり、かつグローバル法の発展において一貫性を確保するために役立つであろう。しかしながら国際刑事裁判所制定法の変更は条約加盟国の 8 分の 7 の同意が必要である——この同意手続きを突破するのは難しい。

Schweizerische Militärzeitschrift, no. 11/2001).

7) 'Justice for Darfur's victims mired in political expediency – ICC prosecutor'. 17 June 1014. United Nations News Centre（www.un.org）.

8) Final Act of the International Criminal Court. A/CONF.183/10, 17 July 1998. Resolution E を参照。

法律家達は、国際テロリズムによる資金調達活動は「国際的な金融犯罪の中で今日何よりも急いで対処すべき問題の一つである」と指摘している。多くの国々は資金洗浄に対処する手段を持っていないか対処する意思がない[9]。モイセス・ナイム Moisés Naím の見解では、「国家のみが享受する法的保護と外交特権を持ち、国際的な犯罪ネットワークのスピードと柔軟性を併せ持った」本格的な「マフィア国家」が興隆している。国家の法律施行機関はこの新たな「国際的犯罪者のハイブリッドの形態」に対してはほとんど無力で、事実、国家の中には犯罪者がその中に潜入している国がある[10]。従って資金洗浄に対する法律を執行する国際的な組織が必要なのである。その犯罪の正確な詳細について合意するために資金洗浄に関する条約に基づいて ICC の管轄範囲を拡大し資金洗浄犯罪を含むようにすることも可能だろう[11]。国連薬物犯罪事務所 UN Office on Drugs and Crime によれば、資金洗浄された総額の1%未満しか摘発、押収されていない。「国際的な資金洗浄に対抗するためのグローバルなレベルの努力に普遍的、かつより強力な関与が明らかに必要だ」と国連は結論を下している[12]。それに加えて、金融危機に鑑みかつグローバルな公共財としての金融システムの状態に留意し、**金融システム全体に影響を与える経済金融犯罪**に国際刑事裁判所の管轄権を拡大することは極めて賢明なことである。『フォーリン・ポリシー』誌による 100 人の世界のトップ知識人の 1 人に常に入っているフランスの経済学者ジャック・アタリ Jacques Attali は、「グローバルに影響を及ぼす社会的、経済的権利の著しい侵害」ならびに関連する金融犯罪を「人類に対する犯罪」と見なすこと、そしてそれらを ICC の管轄権の中に含めることを支持すると明確に述べている[13]。そのような犯罪に企業、特に金融機関が主な役割を果たしていることに鑑み、アタリはその場合には個人のみならず法人も訴追することを可能とするべきであると確信している。犯罪組織やその首謀者達と闘うため使用される「RICO 法」として知られている米国連邦法はこの関連で検討に値する興味深いモデルを提供している。

　国際的な刑事訴追の検討の対象となり得る他の犯罪は、環境破壊（これは 1970 年以来この関連で議論されてきている）、そしてグローバルな規模のサイバー

---

9) Anderson, Michael. 2013. 'International Money Laundering: The Need for ICC Investigative and Adjudicative Jurisdiction'. *Virginia Journal of International Law* (53)3: 763–786, pp. 764, 771.

10) Naím, Moisés. 2012. 'Mafia States'. Foreign Affairs (91)3: 100–111, p. 109.

11) Anderson, loc. cit.

12) United Nations Office on Drugs and Crime. 2011. *Estimating illicit financial flows resulting from drug trafficking and other transnational organized crimes*, pp. 11, 119.

13) Attali, Jacques. 16 March 2010. 'For an International Financial Court'. *L'Express* (www.lexpress.fr).

犯罪の類を含む。環境破壊は、英国の活動家のポリー・ヒギンズPolly Higgins
が提案した定義によると、「特定の地域のエコシステムの広範な破壊、損傷ま
たはその喪失（中略）その地域の住民による平穏を享受することが著しく損失
される程度まで」14) 含んでいる。サイバー犯罪は、犯罪者、テロリストまたは
他国による重要なコンピューター、通信そして情報システムへの攻撃を含む。
加えて、既に述べられているように、将来成立する可能性のある核兵器廃絶条
約により公布されるいかなる禁止令に対する違反も、国際刑事裁判所に付託さ
れるべきであることが提案されている。

主権、そして法の施行機関間の協力

　米国連邦捜査局FBIが1908年に設立された時、その目的はそれが闘うこと
を想定している犯罪者の活動範囲と同じ地理的範囲、即ち米国の領土全体を管
轄する警察機関を創設することであった。ある種の「グローバルなFBI」の創
設を支持する英国軍の防衛アカデミーDefense Academyの専門家の意見によ
れば、これは「今日の世界が直面している状況と全く類似している」「今日の
国際法の施行制度は分裂しており、扱いにくく、非効率的であり、台頭しつつ
ある国際的組織的な犯罪とテロリズムの深刻な脅威に取り組むためには、ます
ます適合しがたくなってきている」と彼は論じている15)。国連薬物犯罪事務所
（UNODC）によって2010年に発表された国際的な犯罪組織がもたらす脅威に関
する最初の国際的な報告書は、組織犯罪は――グローバル化の闇の面であるが
――「多様化し、グローバル化し、マクロ経済的な規模に達している」と警告
している16)。その報告書の発表に際し、当時の事務総長アントニオ・マリア・
コスタAntonio Maria Costaは、国際犯罪は「平和と発展に、更には諸国の主
権に対してさえも脅威となっている」と声明を出し、「犯罪は法の施行と世界
統治よりもっと迅速に国際化している」と述べている17)。
　障害の一つは治安維持と刑事司法権が伝統的に国家主権の明確な機能と見な
されてきたことである。キールを拠点とする政治学者のウィルヘルム・クヌラ

---

14) Higgins, Polly. *Eradicating ecocide: laws and governance to prevent the destruction of our planet.* London: Shepheard-Walwyn, 2010, pp. 62f.

15) Coffey, Stuart. July 2011. 'The Case for the Creation of a Global FBI'. *Central European Journal of International and Security Studies* (5)2: 23–56, pp. 32, 24.

16) United Nations Office on Drugs and Crime. 2010. *The Globalization of Crime: A Transnational Organized Crime Threat Assessment.* Vienna: United Nations Office on Drugs and Crime. p. ii.

17) Id. 17 June 2010. 'International criminal markets have become major centres of power, UNODC report shows' (www.unodc.org).

第18章　世界法施行制度、刑事訴追手続き、ポスト・アメリカ時代　273

ンゲン Wilhelm Knelangen によると、国内の治安は、「主権を保持する政治の領域」であり、その中では政府は「その公的な権限を用心深く守るのだ」[18]。しかし UNODC の報告書が正に論じているように、「国家がその主権を守るためには国外について注意を払わなければならない」「昔は、国家はその領土を用心深く守ってきた。現代のグローバル化した世界では、このアプローチは国家の脆さを緩和するよりもむしろより一層脆くしている。犯罪者が国境を自由に往来しているのに警察が国境で活動を中止するならば、主権はもう既に侵害されている——実際には、主権は法を破る者に屈しているのだ」[19]。こうして見れば、超国家的な警察機関は、たとえ共同管理下であっても、国家の主権を**強化**するものとなるだろう。「我々が主権について古い思想に拘泥することは国民国家の進化を阻害しつつあり、そしてその結果その市民のための治安維持を弱めている可能性のあることを考慮する必要がある」とモイセス・ナイムは書いている[20]。

国際的刑事訴追手続きの強化と世界議会

専門家は警察と司法当局の間の国際的な協力が常に強化し続けていることを指摘している。米国の政治学者のピーター・アンドレアス Peter Andreas とニューヨークを拠点とするドラッグ・ポリシー・アライアンス Drug Police Alliance のディレクターのイーサン・ナデルマン Ethan Nadelmann は、彼らの共著『世界の治安維持』の中で、「政府間の取り締まりネットワークは以前よりはるかに拡大、強化しており、国境を挟んだ治安維持の関係の強化を促している」と記している。彼らの見解では、過去の「国家による管理の黄金時代」の「通俗的な神話」を捨て去る時である。むしろ、犯罪との戦いは国際的レベルの戦いを含めて、はるかにもっと効果的になりつつある。輸送と通信の革命のように犯罪のグローバル化を導く変化の多くはグローバル化した犯罪に対する戦いにも正に同程度の活力を与えている[21]。この例には、犯人捜査や監視そして情報交換に利用可能なより一層効果的な選択肢が含まれる。極めて重要な

---

18) Knelangen, Wilhelm. 2008. 'Europäisierung and Globalisierung der Polizei'. *Aus Politik and Zeitgeschichte*, no. 48（Beilage）（www.das-parlament.de）.

19) United Nations Office on Drugs and Crime 2010, loc. cit., p. iii.

20) Naím, Moisés. Illicit: How Smugglers, *Traffickers and Copycats Are Hijacking the Global Economy*. 1st ed. New York: Doubleday, 2005.

21) Andreas, Peter, and Ethan Nadelmann. 2006. *Policing the Globe. Criminalization and Crime Control in International Relations*. Oxford, New York et. al: Oxford University Press, pp. 232, 246, 248.

274　第二部　21 世紀の統治と民主主義

次のステップは、超国家的な警察軍を伴う世界警察法と拡大した管轄権を有する強力な国際刑事裁判所である。これらは、地政学上のブラックホールから生ずるグローバルな治安に対する脅威と組織犯罪のグローバル化に対する適切かつ論理的な対応である。

　しかしながら、国際的な刑事訴追手続きとグローバルな治安維持をより効果的なものにすることは問題の一面を対象にしているに過ぎない。これらの発展は民主的な正当化と政治的な説明責任の適切な拡大と強化を伴う必要がある。本質的な民主制の赤字に関する不満の声が今日既に聞こえている。「グローバルなリヴァイアサンが国家の治安維持と刑事訴追制度にとって代わる」ことには何の疑問もあり得ないが、「刑事訴追機関の活動のための法的、制度的な基盤が、ますます国民国家の外部に置かれるようになりつつある」ことは否定することができないとウィルヘルム・クヌランゲン Wilhelm Knelangen は書いている。「欧州ないしグローバルなレベルへの」意思決定の移行は民主的な説明責任の機会を制約しつつある。クヌランゲンによると、「治安維持に関する懸念が国際的な警察の協力に関する政治的な論争を占めている事実は、自由の防衛に対して暗い影を落としているが、この事実は少なからず政府間のネットワークが彼らの議会または市民社会のネットワークと比べて未だに発展していないことが原因である」[22]。アンドレアスとナデルマンは国際的な犯罪との戦いについて「かなり否定的な側面」について述べている。これには「説明責任と透明性の問題の増加」「警察機能がより国際化し、民営化するに連れ拡大する『民主制の赤字』」、そして「国際犯罪取り締まり産業複合体の出現」が含まれている[23]。

　世界的規模の議員集会は、様々な政治的視点と批判的な意見を表明するためのグローバルな場を提供することにより、治安維持問題に対する政府の一方的な立場の固執とその市民的自由の侵害に対する抵抗力を生み出すこととなるだろう。欧州評議会の議員集会は特別な権限がなくてもこのことが正に可能であることを実証している例である。マスメディアの報道に促され 2005 年 11 月に始まった欧州評議会加盟国の国内にある CIA の秘密刑務所に関する欧州全域の調査によって、その議員集会は関係各国政府に相当な政治的圧力を加えることに成功した。この調査はジョージ・W・ブッシュ大統領が国外に CIA の秘密刑務所があることを 2006 年 9 月 6 日に最終的に正式に認める一因となった。

22）Knelangen, loc. cit.
23）Andreas/Nadelmann, loc. cit., pp. 250f., 安全保障化については p. 253 も参照。

世界議会は警察と治安維持機関の活動と協力を厳しく監視する重要な役割を担うだろう。また、この目的のために人権の尊重を確保する義務を特に担当する委員会を設立すべきである。世界議会には今日存在する警察の国際協力のための最も重要な機関であるインターポールInterpol（1923年に設立）といかなる新たな超国家的な刑事警察機関についても監督する正式な権限が与えられるべきである。これらは組織の長（例えばインターポールの長官）の選任に関与する権利と主要幹部を議会で証言を求めるために召喚する権利を含むべきである。

インターポールと説明責任

インターポールは、リヨンに本部があり、更にブエノスアイレスとシンガポールの2カ所に管理センターがあるが、どんなに想像をたくましくしても超国家的な警察軍ではない。インターポールは捜査権や執行権も持っていない。それは、訓練、調整、データ収集そして各国家の刑事訴追機関への情報交換業務と更にわずかばかりの業務遂行上の支援業務を行っているに過ぎない。ここはインターポールを超国家的な刑事警察軍に発展させるのがより賢明なのか、またはその目的のために新たな機関を創設する方が良いのかを検討する場ではない。しかし、インターポールが法的にも政治的にも、その行動の説明責任をどんな独立機関に対しても負っていないという事実は確かに解決されなければならない問題である。例えばインターポールの「レッド・ノーティスRed Notices」は国際刑事訴追手続きのための重要な通知である。それは国家の警察機関または国際的な刑事裁判所の要請によって発出され、かつ容疑者の逮捕または引き渡しに国際的支援を求めるために全てのインターポールの加盟国に送付されるものである。そのような要請にどのように対応するかは加盟国の関係機関の自由裁量に任されるが、そうなると容疑者は通常は逮捕と管轄国への送還を予期しなければならない。これは犯罪に対する国際的な闘いにおいては正当かつ賢明な手続きである。問題はそれが他の国における反体制派活動家、政敵、商売敵、環境活動家そして小うるさいジャーナリストの迫害のために悪用されることである。人権活動家はこの数年数えきれない程のかかる事例を記録している。欧州安全保障協力機構OSCEの議員集会は「マフィア」と「国際標準に適合していない司法制度しか持っていない」独裁体制国家によるインターポールのレッド・ノーティスの悪用について、繰り返し懸念を表明してい

る[24]。英国の『デイリー・テレグラフ』紙は、インターポールが世界の最も残忍な政府を支援していると非難している[25]。2013年に発表された報告書において、ロンドンに本部のあるNGOの公正裁判国際協会 Fair Trials International は、レッド・ノーティスのための審査要請に関するインターポールの手続きと内部的能力の強化を求めている[26]。それから4年後、このNGOは「インターポールが市民の人権のための強固な手続き上の保護手段を持つことを確たるものにするまでにはまだ長い道のりが必要だ」と指摘している[27]。このNGOの提案は十分に支持するに値する。しかしながら同時に、インターポールの信頼性を損なっている対外的説明責任の欠如には何らかの対策がとられなければならない。

世界警察法の 要(かなめ) としての世界議会

　民主的な正当性を強化する一つの方法は世界警察法の内容と手続きの作成に関して決定的な役割を世界議会に与えることである。主要な問題点の一つはどの犯罪が世界法において違法とされるべきかそしていかにそれを厳密に定義するべきかという問題であろう。これは多くの特定の国連協定で既に明らかにされているようなテロリストの犯罪が該当するが、テロリズムの定義そのものにも当てはまる。これに関しては国連で合意に達することができるか未だに定かではない。世界議会は政府が先延ばしにしがちなこのような問題、例えば、制度的に重要な影響を及ぼす経済、金融犯罪の定義や違法化に特に取り組むべきである。更に、世界議会は国際法に基づき現在確立されている制度について検討を求める場として役立つであろう。国際的麻薬政策は、例えば、現在、確かに麻薬に関する国連協定 UN convention on narcotics の管轄下にある。この協定は「麻薬との戦争」の論理に沿って包括的でグローバルな麻薬禁止を求めている。全会一致の議会手続きが原因で、ラテンアメリカ数カ国による歴史的な改革への取り組みは2016年の特別国連会議で挫折した。しかしながら中毒性薬物の違法化は効果がなく、逆効果で、かつ自己矛盾であることが明らかと

24）例えば以下を参照。OSCE Parliamentary Assembly. 2012. Monaco Declaration and Resolutions adopted by the OSCE Parliamentary Assembly at the 21st Annual Session, Monaco, 5-9 July 2012. Para 93（www.oscepa.org）.

25）Oborne, Peter. 22 May 2013. 'Is Interpol fighting for truth and justice, or helping the villains?' *The Telegraph*（www.telegraph.co.uk）.

26）Fair Trials International. November 2013. 'Strengthening respect for human rights, strengthening INTERPOL'.

27）Ibid., 24 November 2017. 'INTERPOL Four Years On: What's Changed?'（www.fairtrials.org）.

第18章　世界法施行制度、刑事訴追手続き、ポスト・アメリカ時代　277

なっている。何百万人もの麻薬使用者や中毒患者が刑事法で訴追される一方、同時に、麻薬制圧のためのあらゆる対策がとられているにもかかわらず、違法な麻薬の市場は最悪の国際的犯罪ネットワークの類により何十億ドルもの利益を上げ続けている。最近のUNODCの推定によると、2003年の違法な麻薬の市場規模はグローバルGDPのおよそ1%で、現在の価値で約3000億ユーロである[28]。2012年に英国の主要銀行である香港上海銀行HSBCが数年にわたってメキシコとコロンビアの麻薬カルテルのために数十億ドルもの麻薬取引による利益の洗浄を行っていたことを米国で提起された訴訟により認めざるを得なくなった時、米国の検察官は罰金のみで十分とし、他のいかなる刑事的な制裁も強く求めなかった。彼らの理論的根拠は、愕然とするかもしれないが、刑事訴追はほとんど確実にHSBCの米国銀行ライセンスの喪失をもたらし、その結果米国の銀行システムが不安定になりかねないということだった[29]。麻薬取引と資金洗浄の問題に対する新たなそしてグローバルな調整が図られるアプローチが緊急に求められている。

　最終的には、世界警察法は超国家的警察軍の責任、権限とその範囲を定めなければならない。これは関連機関の裁量に委ねることができる措置と政治的組織によって決定され合法化されることが必要な特別な措置とを明確に分離することを含む。世界議会は、関連機関の裁量に委ねることができる第一の範疇に入る行為に関してはその監督責任を超える関与を可能な限り少なくするべきであるが、政治的組織によって決定され合法化されることを必要とする特別の第二の範疇に入る措置については——特に軍事的な制裁を伴う場合は——その決定を行う役割を担わなければならない。『シュピーゲル』誌のジャーナリスト、トマス・ダルンシュテット Thomas Darnstädt は彼の著書の中で、ジョージ・W・ブッシュの国土安全保障省長官マイケル・チャートフ Michael Chertoff のような強硬論者でさえ、自ら対処する意欲も能力もない国から生まれる国際的な脅威に対して世界社会として対応することを許す国際的な法制度を支持すると明言していると指摘している。チャートフは『フォーリン・アフェアーズ』誌で、これは「互恵的な主権の現代的な義務」から生じるものであると説明している。全ての国は国内の治安に対する脅威に関しては自国内で自主的に対処する権利を有しているけれども、これは、「この国内の治安に対する脅威が拡散し、自国の領土内で排他的権限を有する他の国の主権を侵害するのを防ぐた

---

28) United Nations Office on Drugs and Crime. 2005. *World Drug Report 2005*. Vienna, p. 16f.
29) Rushe, Dominic, and Jill Treanor. 11 December 2012. 'HSBC's record $1.9bn fine preferable to prosecution, US authorities insist'. *The Guardian* (www.theguardian.com).

めに、かかる治安に対する脅威による破壊的な結果の可能性を封じ込めるための妥当な措置をとる」責任も伴っている[30]。これに伴う問題は、ダルンシュテットの見解では、誰がそのような「テロリストに対する平和的介入」を決める権限を持つのかという問題が放置されていることである[31]。世界議会が正にその権限を持つこととなろう。

　ソビエト連邦崩壊後の世界における米国の立場を注視しつつ、新保守主義者のコラムニスト、チャールズ・クラウトハマー Charles Krauthammer は 1990 年に「一極の瞬間」を予見している。12 年後、2001 年 9 月 11 日のテロ攻撃の後、彼はこの瞬間が「一極の時代」になったと考えた。彼は、米国は「新しい一国主義」の登場を認めるべきであると論じた。この一国主義で米国は「率直にそして恥じらうことなく」「一極体制を維持すること（中略）［および］米国の比類なき優越の維持を目標とすること」を受け入れることができるのである。最大の脅威はならず者国家の手中にある大量破壊兵器によってもたらされており、そして「かかる事態はそれ自体、我々が 1990 年代に行ったような、機能不全に陥っている多国間主義に頼るよりもむしろ一極パワーの積極的でかつ自信のある対応を必要とするであろう」。多国間主義者は主権にではなく相互依存に基づく国際秩序を望んでいる。「最大の主権国家は、もちろん、米国というスーパーパワーだが、それこそリベラルな国際主義者が米国の支配的立場に非常に激しい不快感を抱く理由である。国際主義者の理想像を実現するためには、米国も――特に米国が――穏やかな行動をとらなければならない。多国間主義者の計画はこうしてガリバーの傲慢な力を弱める無数のひもで彼を縛りつけながら、相互依存の絡める蜘蛛の巣を作ることによって米国を押さえつけることである」[32]。米国の一国主義の絶頂期はいわゆる「有志国連合」により支持された米国と英国の軍隊による国際法違反の 2003 年のイラクの侵攻である。しかしながら、イラクとアフガニスタンでの軍事行動はアフガニスタン侵略の 1 年後にクラウトハマーがその軍事行動の中に垣間見えると主張した米国の優越の劇的な誇示と言うよりはむしろ大失敗であることが明らかになった。イラクとアフガニスタンでの軍事行動に投入された巨額の資金と軍事資源にもかかわらず、これらの軍事行動は既にベトナムで目撃された失敗即ち非対称戦争（両交戦者間の軍事力、戦略または戦術が大幅に異なる戦争、訳者注）における米国の

---

30) Chertoff, Michael. 2009. 'The Responsibility to Contain'. *Foreign Affairs*（88）1: 130–147.

31) Darnstädt, loc. cit., p. 334.

32) Krauthammer, Charles. 2002. 'The Unipolar Moment Revisited'. *The National Interest*（70）Winter: 5–17. p. 17, 12. See also the same: 1990. 'The Unipolar Moment'. *Foreign Affairs*（70）1: 23–33.

第 18 章　世界法施行制度、刑事訴追手続き、ポスト・アメリカ時代　279

失敗をむしろ実証するものであった。確かに 2001 年 9 月 11 日は米国への同情と協力を促しそして世界諸国の中の反覇権的な傾向を抑えた。しかしそれは一時的な反応であった。既に 2003 年のイラク戦争までには、米国は米国を支持する決定をするように安全保障理事会に圧力をかけることができなくなっていた。国際法に基づいた完全で十分な正式な権限の欠如——イラク侵攻の場合には完全な欠如、そしてアフガニスタンの場合には初期の弱い権限のみであった——が二つの作戦の失敗の要因である。制裁に関する国連安全保障理事会の決議でさえ、それは国際法に基づく適切な権限となるかもしれないが、安全保障理事会の現在の仕組みを考慮すれば、安全保障理事会が民主的に代表者とされているという意味合いと同様にほとんど正当なものではない。世界警察法と世界議会は米国の新保守主義者にはもちろん支持されることのない解決策ではあるけれども、これらの問題への解決策を提供するであろう。民主制世界議会が大規模な軍事行動にすぐに同意を与えるかどうかは大いに疑問がある。軍事行動を決定する判断基準は、よりオープンでそしてより広範囲な議会の検討の方法のために、現在の国連安全保障理事会における基準の水準よりも、厳しく設定されることに確実になりそうである。たとえ——その設定は勧告されるべきものであるが——決定の根拠を整備する責任を担う特別の議会の委員会があったとしても。しかし仮にその結果が正式な権限の付与されたものによるのであれば、その軍事行動の正当性に疑問が発せられることはほとんどあるはずがない。

米国の役割と重要性

　究極的には、世界の法秩序の構築は米国にも利益になる。それはグローバルなベースで費用を分担する合法的な枠組みの中で安定と安全を創出する方法であろう。ポーランド系米国人の政治学者ズビグネフ・ブレジンスキー Zbigniew Brzezinski は米国大統領ジミー・カーターの国家安全保障顧問であったが、彼は 1997 年に彼の著書『壮大なるチェス盤（邦訳書：地政学で世界を読む）』の中で、「長期的な観点に立てば、グローバル政治は単一の国家の手中にある覇権的な権力の集中に次第に適応しなくなるはずである」と断言している。彼は、「それゆえに、米国は最初のそして唯一の真のグローバルなスーパーパワーであるのみでなく、正に最後のスーパーパワーともなりそうだ」と論じて

280　第二部　21 世紀の統治と民主主義

いる[33]。新保守主義者の願望に反して、「一極の瞬間」は一つの「時代」とは
ならず、元に戻ることができない程過ぎ去ってしまった。長期的な視点から見
ると、米国の重要性の相対的な低下は明白であり、それは結局世界政治におい
てポスト・アメリカの時代に至ることになろう。このような進展は相対的な経
済力の変化に最も明白に見ることができる。世界銀行によると、1960年代は
米国のグローバルGDPにおけるシェアは平均しておよそ37%であった。1970
年代にはおよそ30%、1990年代以降はおよそ28%であった。2008年以降には
それが4分の1以下となった。2013年に米国が世界最大の貿易国の座を初めて
中国に奪われた事実はこの趨勢を裏付けている。もちろん米国は依然として世
界で最も革新的で、生産的で競争力のある国と認められており、そしてまた技
術的にも最先端に位置している。しかし歴史家ポール・ケネディPaul Ken-
nedyが彼の有名なベストセラー『大国の興亡』で指摘したように、覇権主義
の大国の内部崩壊に至る「帝国の過剰な拡大」現象が今や徐々に米国にとって
も直面する難題となっているように見えつつある。ケネディは、その試金石は
米国が軍事戦略の領域においてその防衛責任と利用可能な資源との間に賢明な
バランスを見つけることができるかどうか、そして、「グローバルな生産の絶
え間なき移動のパターンに直面した時にその国力の技術的、経済的な基盤を相
対的な浸食から守ることができるかどうか」にあるだろうと書いている。その
本が最初に出た1987年に既にこの英国の研究者は、ワシントンの意思決定者
は「米国のグローバルな利益と義務の総合計は今日ではこれを全て同時に守る
ための米国の国力より大きい」[34]という不快な事実に直面しなければならなく
なった、と結論を下している。米国の巨大な公的負債は「帝国の過剰な拡大」
の状況に合致する。2017年には負債は20兆ドルを越え、同国の年間GDPの
100%以上となった。皮肉にも、この金額の約半分は外国投資家に対して負っ
ている米国の借金である。米国の貿易収支は1976年以来赤字で、連邦統計局
の数字によれば、赤字は2006年に7610億ドルの頂点に達し、2015年には5000
億ドルになっている。この赤字は外国資金の国内流入により手当された。クラ
ウトハンマーKrauthammerによって描かれた構図とは異なり、ガリバー米国は
世界のその他の国によって地面に縛りつけられているのではなくて、実際には
生かされているのである。米国の帝国主義的な政策を財政的に可能にしてきた
のは正に相互依存の事実なのである。

---

33) Brzezinski, Zbigniew. 1999. *The Grand Chessboard*. New York: Basic Books, p. 209.

34) Kennedy, Paul. 1989. *The Rise and Fall of the Great Powers*. New York: Vintage Books, pp. 514f.

ポール・ケネディは「米国の真の利益にとって唯一の深刻な脅威はより新しい世界秩序に賢明に適応することに失敗することから生じる可能性がある」と強調している。米国はその力の限界と可能性を評価し、そして認識しなければならない[35]。グローバルな優位を求める米国の手段を選ばない努力が長期的に続けられる余裕はないだろうし、また米国の社会的、経済的低下を招き、反覇権の反発と反米国主義を惹起しそして多国間の協調を徐々に損ない、世界全体をより不安定にするだろう。大英帝国のグローバルな優勢的地位の米国への移行は第二次世界大戦によって完了したが、これとは異なり、米国の衰退は新たなグローバルな覇権国の出現を伴うことはないであろう。地政戦略家のブレジンスキーは書いている。「ひとたび米国の指導力が衰退し始めれば、米国の現在のグローバルな優位性はいかなる国によっても再現されることはないだろう。従って、将来の重要な問題は『米国の卓越した地位の永続的な遺産として米国は何を世界に残すだろうか？』である」[36]。第一次世界大戦後、米国は国際連盟を支持し、そして第二次世界大戦中は国際連合の創設を支持した。対照的に冷戦の終結以降の米国の世界秩序への貢献はこれまでのところ極めて乏しいように見える。国際刑事裁判所のようなプロジェクトは当初米国によって激しく反対された。「相互依存宣言」に沿って、元米国外交官のハーラン・クリーブランド Harlan Cleveland によって早くも 1977 年に呼びかけられた「世界秩序を作る第三の試み」は登場していない。外交政策に関し定評のあるブレジンスキーでさえ、「米国の政策目標は紛れもなく二つ、1. 米国自身の支配的な地位を少なくとも一世代の間、できればより長く永続させること、2. 米国が平和を維持するための責任分担の中で地政学的中心として発展しつつ、社会政治的変化の避けがたい衝撃と緊張を和らげることができる地政学的な枠組みを作り出すことでなければならない」と確信している。彼は、更に、「重要なユーラシアの同盟国との間で次第に拡大してきた長期にわたる協力の状態は米国によって鼓舞され、そして維持されてきたのではあるが、このことは、現状のますます時代遅れとなっている国連組織の最終的な改善のための前提条件を整えるのに役立たせることができる。(中略) 地政学的な現実を踏まえたグローバルな協調のための実務的な組織がかくして出現し、それは、世界の現在の『評議員』の責任を次第に引き継ぐことができるであろう」と書いている[37]。簡潔に言えば、未来は新しい**グローバル**な権力中枢の創造にかかっているである。

---

35) Ibid., p. 534.
36) Brzezinski, loc. cit., p. 210.
37) Ibid., p. 215.

あの9月11日の攻撃の後で、イェール大学で教鞭をとっているポール・ケネディは、「グローバルな支配力を分担することと米国が『普通の』国になるかもしれないという考え方そのものに反感を持つ米国人でさえも、それは避けられないことであり、そして事実起こりつつあることであることを、我々が多少とも自由な国で開かれた社会であるためには早かれ遅かれ受け入れなければならない」と書いている。しかしながら、実際には、米国の「テロとの戦い」はそのようなことを受け入れることとははるかにかけ離れた様相を示している。ケネディの確信するところ、2020年代から2030年代の米国のより若い世代は、米国が「力と責任と負担」を他の国と分担し合い、かつ「覇権主義的な警察官として存在することから、国際的な組織と共通の政策を通してグローバルな問題を解決する民主的な諸国の世界におけるシニアパートナーになることへ米国の役割を自発的に変更すること」を求める方がいいという結論に達する可能性がある。更には、多分彼らは、「**真の民主的な代表制**が地方の政府から**世界組織**に至るまで存在するこの惑星地球の未来、人権があまねく尊重され、より公平な繁栄が享受され、そして『世界コミュニティ』が真にそのものとなる」[38]ということを心に思い描くことができるであろう（強調は著者による）。

---

38) Kennedy, Paul. 2001. 'Maintaining American Power: From Injury to Recovery'. In: *The Age of Terror, ed. by Strobe Talbott and Nayan Chanda*, 53–79. New York: Basic Books, pp. 77f.

第19章

グローバル食糧安全保障と飢餓の政治経済学

　十分かつ適当な食糧供給は、それが個人的であろうと社会的であろうと全ての人間の存在のための礎である。「人類の歴史は初めから毎日の糧を得るための闘争の歴史であった」とブラジルの医師で外交官のジョズエ・デ・カストロ Josué de Castro（1908～1973）が高い評価を得た彼の1952年の著書『飢餓の地理学』で書いている[1]。歴史家のチャールズ・ティリー Charles Tilly は食糧供給の支配を巡る争いが建国の過程で決定的な役割を果たしたことを明らかにした。彼の観察したように、この争いは「普通の人々の毎日の生活に関わることゆえに国家形成の基本的プロセス」となっている。国民国家は「その国民を飢餓から守る責任を最終的に担う組織」として登場し始めた。食糧暴動は従って「一般の人々の政府機関に対する最も頻繁に発生した集団的な暴力の形態」として歴史に記録されている。食糧暴動の背景にあるのは、とりわけ「国家の目的に最も役立つような」人々、例えば、政府や軍隊または主要都市の住民のために食糧供給を確保しようとする、生まれたばかりの国家の必死の努力であった[2]。飢饉はその影響を被るこの人々の共通の記憶に深く焼き付けられていた。

世界的規模の飢餓の規模と十分な栄養摂取の権利

　2000年から2008年まで食糧の権利に関する国連調査の最初の報告者であった社会学者のジャン・ジグレール Jean Ziegler は、飢餓は「地球上で死亡と無用な苦痛をもたらす最大の要因である」と指摘している。ジグレールによれば、世界の**全ての死亡者**の4分の1は究極的には飢餓と栄養不足によるものである。その数は毎年1500万人以上である[3]。2015年に発行された「世界の食糧不安の

---

1) Castro, Josué de. 1952. *The Geography of Hunger*. Boston: Little, Brown and Company, p. 4.
2) Tilly, Charles. 1975. 'Food Supply and Public Order in Modern Europe'. In: *The Formation of National States in Western Europe*, ed. by the same, 380–455. Princeton University Press, pp. 455, 431, 385, 392.
3) Ziegler, Jean. 2013. *Betting on Famine: Why the World Still Goes Hungry*. New York: The New

284　第二部　21世紀の統治と民主主義

状態」に関する国連報告は、世界の 7 億 9500 万人の人々が慢性的な飢餓に苦しんでいると推計している[4]。だが適当な栄養の摂取は国際法上最も基本的な人権の一つとして以前から認識されてきている。1948 年の国連総会で採択された世界人権宣言は、全ての人は「自分自身とその家族の健康と幸福のために食糧を含む十分な生活水準を保持する権利を有する」と述べている。経済的、社会的、文化的権利に関する国際規約は 1976 年に発効したが、その第 11 条は「十分な食糧を含む全ての人の自分自身と家族の適当な生活水準の権利」と「飢餓からの自由の権利」を確認している。ジャン・ジグレールの見解では、「全ての人権の中で、食糧の権利は我が地球上で常に最も侵害されているものであるのは確かだ」。彼は飢餓を「組織的犯罪」と表現している[5]。

　飢餓に対する闘いに関する官僚の発する美辞麗句は 60 年以上にわたって、この問題は最も高い優先度を持ちそして解決は急を有すると歌い上げている。農業経済学者で前国連職員のジョン・ショー John Shaw は、歴史を顧みて、食糧安全保障の確保は「数えきれない程の国際条約、宣言、協定そして決議の主題であった」と書いている。国際連盟の設立以来その類を 120 以上リストアップできる[6]。1974 年のローマの世界食糧会議において、当時の米国国務長官ヘンリー・キッシンジャー Henry Kissinger は飢餓と栄養不足は「10 年以内に」克服することが可能であり、かつそうすべきであると断言した[7]。1996 年に世界食糧サミットで採択された行動計画によると、食糧安全保障は「全ての人々が、いつでも、活動的で健康的な生活のために必要な食事と食の嗜好に適う、十分な安全で栄養のある食糧を物理的、経済的に得られる状態にある時に」存在する[8]。サミットは世界中で飢餓状態にある人々の**数**を 2015 年までに約 4 億人に減らし、結果として 1990 年から 1992 年の基準期間に比べてその数を半減するという目標を設定した[9]。2000 年の国連ミレニアム・サミットでは、実際の目標は飢餓に苦しむ人達の**割合**を半減することが明確に決定された。その割合は 23.3％から 12.9％に低下したと主張されたので、2015 年のミレニアム開発目標についての報告書は最終的にはその目標がほぼ達成されたと発表した

Press, p. 6.

4) FAO, IFAD, and WFP. *The State of Food Insecurity in the World*. Rome: Food and Agricultural Organization of the United Nations, 2015.

5) Ziegler, loc. cit., p. 25.

6) Shaw, D. John. 2007. *World Food Security: A History Since 1945*. Palgrave, p. 388.

7) Kissinger, Henry. 16 December 1974. 'Address at the World Food Conference in Rome'. *The Department of State Bulletin*（LXXI）1851: 821–829, p. 829.

8) Food and Agricultural Organization of the United Nations. 13 November 1996. 'Rome Declaration and Plan of Action', para. 1 of the action plan.

9) Cf. idem. November 2003. Anti-Hunger Programme. Rome: FAO, para 18.

——**絶対値**ではおよそ8億人の人々がまだ飢餓状態にあるという事実にもかかわらずである[10]。その相対的な低下はもちろん歓迎されるべきである。しかしもし数億の人々が飢え続けているならばそれは容認しがたいことは今でも変わらない。持続可能な開発目標の目標2では、世界的な飢餓は完全に消滅することが「アジェンダ2030」の一部として計画されている。

国連の食糧農業機関 United Nations Food and Agriculture Organization (FAO) によれば、成人の1日当たりの最低エネルギー必要量はおよそ1800キロカロリーである。世界保健機関 World Health Organization は平均的に必要な量を1日当たり最低2100キロカロリーに設定している。FAOはグローバル人口の1人当たり入手可能な食糧はキロカロリー換算で1960年代初めの世界平均2200から2009年には2800以上に増加したと推計している[11]。1960年の約30億人から現在の70億人以上に人口が急激に増加したにもかかわらず、統計的には、飢餓は今や過去数十年前のことであったと言えよう。しかしこれらの数字が、単なるエネルギーの供給が話の全てではないという事実を曖昧にすることを許してはならない。20億人は健康のために必要なビタミンとミネラルも欠乏している[12]。

人口増加と食糧生産

飢餓の原因は、長い間、食物を必要とする人口の規模と食糧の入手可能量との単なる不均衡であると見なされていた。1798年に初めて刊行された『人口論』で、英国の政治経済学者でアングリカン派聖職者のトマス・マルサス Thomas Malthus (1776～1834) は、人口の増加は常に食糧生産の増加を上回り、その結果常に供給不足とそのための飢餓が必然的に生じるという彼の理論を発表した。「人口が多過ぎ、食物が少な過ぎる」。これがマルサス主義の理論を端的に要約している。飢餓、病気、そして戦争による「過剰人口」の減少は「必然的法則」であるとマルサスは考えた。「人口過剰」問題は常に繰り返されるテーマである。ローマ帝国時代に、初期のクリスチャンの著述家テルトゥリアヌス Tertullian (150～220) は、「我々の溢れかえっている人口」は「世界の重荷」であると訴えている。「実際に伝染病、飢饉、戦争そして地震は、人類の

---

10) United Nations. 2015. 'The Millennium Development Goals Report 2015', p. 20.
11) Food and Agricultural Organization of the United Nations. 2013. *FAO Statistical Yearbook 2013: World Food and Agriculture*. Rome: FAO, p. 126.
12) Schutter, Olivier De. 24 January 2014. 'Final report of the Special Rapporteur on the right to food: The transformative potential of the right to food'. A/HRC/25/57, p. 4.

増加の縮減の方法として、国家にとっては救済と見なされなければならない」と彼は書いている[13]。この見解は、生物学者ポール・エーリックPaul Ehrlichが、彼の1968年の世界的ベストセラーの中で「人口の爆弾」について注意を促した時、再び新たな注目を浴び、世界に影響を与えた。世界人口は19世紀半ばからほとんど3倍になり、今や35億人に達したが、急速に膨張する世界人口に照らして、彼は「人類に食糧を供給する闘いは既に敗れている」と断言している。何億人もの死をもたらす大規模な飢饉は避けられないし、差し迫ってもおり、「人口問題の『死亡率の解決』を達成する一つの方法であり得るかもしれない」と純粋のマルサス主義スタイルで彼は付け加えている。「人間が多過ぎることこそ今や我々が『死亡率の解決』に向き合っている理由である」とエーリックは書いている。「公衆衛生の急速な改善、農業の進歩、そして改善された輸送システムが、人口調整弁としての伝染病と飢餓の効力を一時的に減らしたのだ」[14]と彼は断言している。ここで述べられた厭世的な意見はショッキングである。ウォーリック大学University of Warwickで世界史を教え、飢饉について研究している英国の歴史家デビッド・アーノルドDavid Arnoldは、それは「一層深刻な憎悪と無理解、そして、他の人種の人々と文化を理解すること、あるいはその存在する権利すら受け入れることができないこと」を示していると的確に述べている[15]。食物に対する権利は全ての人々が平等であるという認識に基づいている。ジャン・ジグレールが明らかにしているように、「我々の共有する人類としてのアイデンティティの意識もまた食物に対する権利を根拠としている」「誰も、その人間性即ち自分自身のアイデンティティそのものを危険に晒さずに、彼の同胞が、男であれ女であれ、飢餓によって死んでいくことを黙認することはできない」[16]。

　農業生産性の思いがけない改善は——例えば19世紀以降の化石燃料の利用、人工肥料の使用、そして「グリーン革命」によるものであるが——増大する世界人口によって増加する食糧需要に常に足並みを合わせ、グローバルなマルサス主義の危機の発生をいつも未然に防いできた。しかしながら、このことがこの競争はまだ終了していないという事実から注意を逸らすことは許されてはな

---

13) Coxe, Cleveland A. (ed.). 1885. *The Ante-Nicene Fathers. Translations of the Writings of the Fathers down to A.D. 325*, Volume III, Late Christianity: Its Founder, Tertullian. Vol. 3. Buffalo: The Christian literature publishing company.

14) Ehrlich, Paul R. 1968. *The Population Bomb*. New York: Ballatine, pp. 36, 69.

15) Arnold, David. 1988. *Famine: Social Crisis and Historical Change*. Oxford et al.: B. Blackwell, p. 41.

16) Ziegler, loc. cit., p. 63.

らない。「グリーン革命」を導いた高収穫作物種の開発を通して、世界飢餓に対する闘いに貢献してノーベル平和賞を受賞した農業科学者ノーマン・ボーローグ Norman Borlaug（1914～2009）は、受賞演説で生産を増やす努力を緩めること許さないよう警告を発した。「我々は二つの相反する力を相手としている。食糧生産の科学的な力と人類の生殖の生物学的な力である」と彼は述べている[17]。一方、世界的な人口増加は今や鈍っており、今世紀末にはおそらく横ばいになるであろう。最近の国連の人口動向の中期予測によると、世界人口は2025 年までに 81 億人、2050 年までに 96 億人、そして 2100 年までに 109 億人に増加するであろう。FAO は、食糧生産が、その増大する需要に見合うためには、今世紀半ばまでには 2005/2007 年レベルに対して 60％増加しなければならないと推計している。FAO の専門家は、「グローバルなレベルでは、2050年まで人口と所得の増加によって生み出される追加需要を満たすために必要な量の農業生産を増やすのに、何も大きな問題はない」と確信している。彼らの推計では、2050 年には世界の平均で概ね 1 人当たり 1 日 3070 キロカロリーが供給可能となろう[18]。彼の著書『世界への食糧供給』の中で、有力なカナダの環境科学者ヴァーツラフ・シュミル Vaclav Smil も、「現代農業が生物圏に負わせる負荷を和らげると同時に我々が今後の数十年間のうちに人類に食糧を供給することはできなくなるとの生物物理学上の克服しがたい理由は何もない」ように思える、との結論を下している[19]。

グローバルな食糧供給の脆弱性

他方、ポール・エーリック Paul Ehrlich のようなマルサス主義者はグローバルな飢餓の危機について飽きることなく警告を発している。例えば 2013 年に出版された論文の中で、エーリックはグローバルな食糧供給の脆弱性と、そこから生じる「グローバルな文明の崩壊」の可能性を指摘している。「農業は食糧生産の奇跡を生み出した。しかしそれは、半面でまた、特に安定した気候、穀物の単作栽培、肥料と除草剤の工業生産、石油、抗生物質入り栄養補給食品、迅速で効率的な輸送などに依存する深刻で長期的に続く脆弱性を生み出した」

---

17) Borlaug, Norman. 10 December 1970. 'Acceptance Speech on the occasion of the award of the Nobel Peace Prize in Oslo' (www.nobelprize.org).
18) Alexandratos, Nikos, and Jelle Bruinsma. 2012. 'World Agriculture Towards 2030/2050: The 2012 Revision'. Food and Agriculture Organization of the United Nations, pp. 7, 17, 23.
19) Smil, Vaclav. *Feeding the World: A Challenge for the Twenty-First Century*. Cambridge, Mass.: MIT Press, 2001, p. xxvii.

とエーリックは書いている。農業システム即ち世界の文明の礎は、特に気候変動と環境破壊の影響により脅かされていると彼は論じている。彼は、グローバルな崩壊は「その生態学的な影響により文明を急速に終わらせることが可能な『小さな』核戦争から、飢饉、疫病、資源枯渇により増大する必需品の欠乏を巡る紛争と貿易の中断と相まって諸国内の中央統制の分解を引き起こす緩やかに進む崩壊に至るまで、どんなことによってでも生じ得る」と確信している[20]。1974年のワールドウォッチ・インスティチュート Worldwatch Institute の創始者で著名な環境専門家のレスター・ブラウン Lester Brown もまた、ますます「食糧は我々の文明における弱い絆のように見えつつある」と確信している。もし我々がこれまでのような生活態度を続けるならば、崩壊は「あり得るばかりでなく必ず起こりそうだ」と彼は論じている。彼はまた破綻しつつある国家をそのあり得る出発点として見ているが、そこでは、政府は支配力を失い、住民の安全と最重要の食糧供給の安全を最早保障することができない。「もし破綻国家の数が増え続けるならば、ある時点でこの傾向は破綻するグローバル文明へ転化するだろう」とブラウンは、彼の著書の今や第4版となっている『文明を救うプランB』で書いている[21]。高騰する食糧価格は抗議と暴動を導くだけではなく、国家破産とその結果の国家破綻をもたらす危険の一因となると彼は論じている。

　明らかなことは、世界の食糧生産によってもたらされる環境問題は無数にありかつ複雑で、浸食、土質の低下と汚染、水不足と地下水面の低下、気温上昇と異常気象の増加、砂漠化、漁獲量の急落、そして空気と水の汚染などを含む。食糧生産の面では、最も不確実な要因は気候変動で見込まれる結果のようである。例えばFAOは、気候変動がその予測に「悪影響を与える」可能性があることを認めている。そしてヴァーツラフ・シュミルによれば、「人間によって排出される温室効果ガスのより高度の濃縮により誘発される比較的急速な地球の温暖化は、将来の農業生産において最大の脅威となる可能性がある」[22][23]。平均気温上昇の可能性がその問題を提起している。IPCCの5番目のアセスメント・レポートに使われたモデルによると、2005年から2035年にかけて、地球の平均表面温度は摂氏0.3度から0.7度の範囲で、そして2100年には4.8度

20）Ehrlich, Paul R., and Anne H. Ehrlich. 2013. 'Can a collapse of global civilization be avoided?' Proceedings of the Royal Society B 280, no. 20122845, p. 2.
21）Brown, Lester. 2009. *Plan B 4.0*. New York and London: W. W. Norton & Company, pp. 3, 4, 185.
22）Alexandratos/Bruinsma, loc. cit., p. 18.
23）Smil, loc. cit., p. xvii.

までおそらく上昇する[24]。地域的な差異を考慮しなければ、高い気温は概して
穀物の収穫量に悪影響を及ぼすことが研究の結果明らかになっている[25]。例え
ばフィリピンの研究は、最も低い温度帯では、摂氏1度の上昇毎に生産量が
10%減少することを確認している[26]。カンザスでの研究は、平均気温が摂氏1
度上昇する毎に、小麦生産量が約21%減少していることが確認されている[27]。
これから数十年にわたり予想される大気中のCO_2の高い濃度が、穀物と豆類
の栄養価に悪影響を与えることも明らかとなっている[28]。

石油とリン酸肥料への依存

　化石燃料とリン酸をベースとする肥料にグローバルな農業が依存しているこ
とについては、長期的にもっと検討する必要がある。やがて来る石油供給の減
少は食糧部門の世界的なサプライチェーンに重大な影響を与えそうであると、
ジャーナリストのデビッド・ストラハン David Strahan が、ピークオイルに関
する重要な著書で指摘している。灌漑、化学肥料の生産、農業機器、そして輸
送は全て化石燃料に依存している。この全てが、究極のオイルショックが始ま
れば世界中の農業生産に悲惨な結果を伴う被害を与えるおそれがあるのではな
いかという問題を提起しているとストラハンは述べている[29]。いずれにしても、
現在の形態の世界の農業は、化石燃料なしではあり得ず、新しい基盤の上に築
かれねばならない。更に収穫高は化学肥料の最適使用に過剰に依存している。
この状況に照らして、専門家はリン酸肥料の世界的貯蔵量の縮小を指摘してい
る。窒素とカリウムと共に、リンは肥料で育つ植物の栄養に欠くことのできな
い重要な要素で人工の代替物はない。グローバルな供給の最大限、即ち「リン
のピーク」は、2033年にも到達するとの予測がある。リン肥料がなければ、1

---

24) Intergovernmental Panel on Climate Change. Climate Change. 2013. *The Physical Science Basis. Working Group I Contribution to the IPCC Fifth Assessment Report.* Cambridge University Press, p. 20.

25) Nelson, Gerald C., et al. 2009. *Climate Change: Impact on Agriculture and Costs of Adaptation.* Ed. by International Food Policy Research Institute, Washington, D.C.

26) Peng, Shaobing, et al. 6 July 2004. 'Rice Yields Decline with Higher Night Temperature from Global Warming'. Proceedings of the National Academy of Sciences of the United States of America (101) 27: 9971–75.

27) Barkley, Andrew, et al. 2013. *Impact of Climate, Disease, and Wheat Breeding on Wheat Variety Yields in Kansas, 1985-2011.* Ed. by Kansas State University Agricultural Experiment Station and Cooperative Extension Service. K-State Research and Extension, p. 27.

28) Myers, Samuel S., et al. 5 June 2014. 'Increasing CO2 Threatens Human Nutrition'. *Nature* (510) 139-142.

29) Strahan, David. 2008. *The Last Oil Shock: A Survival Guide to the Imminent Extinction of Petroleum Man.* London: John Murray, p. 126.

ヘクタール当たりの小麦収穫量は半分以上も減ると試算されている。その減少は最初に肥料価格の上昇を引き起こすであろう。「我々はリン供給の減少、生産の低下、そしてそれに続く食糧価格の高騰に対処する備えは全くできていない」とソイル・アソシエーション Soil Association（1946 年英国で設立）は報告書の中で警告している[30]。

　このようなあらゆる問題と不確実性があるにもかかわらず、世界中の飢餓を克服することは、長期的にも近い将来においても、不十分な食糧生産の問題ではないのである。この結論は灌漑、施肥、備蓄、そして食物浪費を控えることで相当な改良と効率の向上が可能であるという事実により少なからず支持される。現在、世界中の人間の消費のために生産される全ての食物のおよそ 3 分の 1 が廃棄されている[31]。

政治経済学の問題としての飢餓

　飢餓を自然災害あるいは不十分な食糧生産の問題と見なすのは相当多くの場合誤りである。第二次世界大戦後数年のうちにこの洞察を確立し広めたのは、ジョズエ・デ・カストロ Josué de Castro である。彼によれば、正に戦争のように、飢餓は「社会的組織の重大な過失と欠陥により生じる」「人間が生む病害」であり、「常に社会の責任なのである」[32]。1975 年に米国で食糧と開発問題のシンクタンクを創立したジョゼフ・コリンズ Joseph Collins とフランセス・ムーア・ラッペ Frances Moore Lappé は、彼らのベストセラー『食物第一——欠乏の神話の彼方にあるもの』の中で、「どんなに沢山の食物があっても貧乏人は飢えている」と指摘している。「欠乏は飢餓の原因ではない」と彼らは書いている。「生産量の増加がどんなに大きくなっても、それで問題を解決することは決してできない」[33]。後のノーベル経済学賞受賞者であるアマルティア・セン Amartya Sen は 1983 年、彼の有名な研究『貧困と飢餓』の中で、飢餓は十分な食物があっても発生することを明らかにしている。「飢餓は、食べるものを十分に**所有**していない人々の特徴である。食物が十分に**存在**しない

---

30) Soil Association. 2010. 'A rock and a hard place. Peak phosphorus and the threat to our food security', p. 2.

31) Gustavsson, Jenny, et al. 2011. *Global Food Losses and Food Waste. Extent, Causes, and Prevention*. Rome: Food and Agriculture Organization of the United Nations, p. 4.

32) Castro, Josué de. 1952. *The Geography of Hunger*. Boston: Little, Brown and Company, pp. 11, 14, 24.

33) Lappé, Frances Moore, and Joseph Collins. 1977. *Food First. Beyond the Myth of Scarcity*. Boston: Houghton Mifflin Co., pp. 19, 112.

第 19 章　グローバル食糧安全保障と飢餓の政治経済学　291

ことの特徴ではない」と現在ハーバード大学で経済学を教えているセンは書いている。問題なのは食物そのものを入手できるかということではなく、食物の**利用権**なのであると彼は論じている[34]。マイク・デービス Mike Davis が彼の著書『後期ビクトリア朝の大虐殺』で強調したように、1876 年から 1902 年の間の三度の広範囲に発生したグローバルな干ばつだけで 5000 万人に及ぶ人命が失われた 19 世紀の最悪の飢饉の最中に、「国や帝国のどこかに、干ばつの犠牲者を救うことができたはずの余剰穀物がほとんど常にあった」[35]。しかし利益の最大化に向かっていた市場は食物を無料で提供することができなかった。食物は隠されたり、投機商品として扱われたり、度々大量に輸出された。「食糧の不安定を今世紀末までに終わらせられるかどうかの問題は、グローバルな生産能力の観点からすれば克服できない制約がないにもかかわらず、不確実で解決する見通しが立たない」[36]と FAO は結論を下している。飢餓はグローバルな政治経済学の問題なのである。

民主制の妥当性とその国際的制度

貧困と低開発は飢餓の主因である。ある地域に特有の飢餓と栄養失調は、多くは内戦、国家の破綻、あるいは無能なまたは独裁的な政府のもたらす結果である。「世界の飢饉の恐ろしい歴史の中で、比較的報道の自由を持つ独立した民主国家では、深刻な飢饉は未だに起きたことがない」とアマルティア・センは推論している。政治的公民権は、政府に行動を促す手段を市民に与えると彼は論じている[37]。例として、英国統治下のインドでは、マイク・デービスが集団殺戮と分類した何百万人もの死をもたらした数えきれない程の飢饉があったが、独立後に生じた同様の状況では、民主的政府が介入して大きな成果を収めている。この数十年間、最貧困層のための幅広い食糧支援システムがあり、2013 年には月に 1 人当たり 5 キログラムの穀物を得る権利が法律で定められ、それは人口のおよそ 70％に適用された。もし民主制と飢餓に対する闘いの成功との間に繋がりがあるならば、世界中の飢餓を克服する鍵はおそらく**グローバルな**民主制にあるのではないか？

---

34) Sen, Amartya Kumar. 1982. *Poverty and Famines: An Essay on Entitlement and Deprivation.* New York: Clarendon Press/Oxford University Press, 1982, pp. 1, 7.

35) Davis, Mike. 2001. *Late Victorian Holocausts: El Niño Famines and the Making of the Third World.* Verso, p. 11.

36) Alexandratos/Bruinsma, loc. cit., p. 21.

37) Sen, Amartya. 1999. 'Democracy as a Universal Value'. *Journal of Democracy* (10)3: 3–17, pp.

トマス・ポッゲThomas Pogge が書いているように、人は貧困と圧制を「そ
の問題が生じている外国に対してはその根源的原因と可能な解決策がその国内
問題である」ように描写したがる。またその関連する国家政策と制度が実にし
ばしば悪いのだ。「しかし、国家政策と制度が悪いということは、グローバル
な政策と制度にも当てはまる」[38]とポッゲは重要な点として強調している。な
ぜならばグローバルなレベルで、私達は同様に悪い統治——または多分もっと
悪い統治——即ち統治のない状況に向き合っているのである。私達が既に注目
してきたことは、タックス・ヘイブンの存在によって促進される発展途上国か
らの不法な資金の流れである。加えて、独裁体制国家から天然原料を輸入する
ことはその体制を支援することであり、そのような商取引に参加するのは従っ
て共犯ということになるとポッゲは指摘する。「我々の現在のグローバルな秩
序の中核となる二つの特徴」は、深刻な貧困の持続の特に重要な原因、即ち
「国際的資源の特権」と「国際的借入の特権」である。「どのような手段によっ
てでも実効的な権力を得ることができる者は誰であろうと、その国の名義で借
り入れをしその国の資源の国際的に有効な所有権を取得する法的権利を確保す
るだろう」とポッゲは問題を要約している。この状況は腐敗と独裁制とクーデ
ターと内戦を生む。従って彼は「権力を持つ支配者がその国の憲法に違反し、
かつ民主的な法手続きを経ずにその国の資源を海外に販売すること、そしてそ
の国の名義で借り入れすることができないことを宣言する国際的な条約」を提
案している。こうなれば、憲法に違反する反乱の場合、その後の民主的な政府
は、反乱の首謀者によって借り出された借入金の返金を拒否することができ、
それに関連したいかなる天然資源や採取ライセンスの販売に対しても異議を唱
えることができる。紛争は「国連の仲介による常設の民主制パネル Democ-
racy Panel」[39]によって処理される。この任務を**世界憲法裁判所**に委託する方
がもっと簡単だろう。そして事実、革命後に選ばれたチュニジアのモンセフ・
マルズーキ Moncef Marzouki 大統領は、2012 年 9 月の国連総会において、選
挙が民主的にそして憲法に則って行われたかどうか疑いのある場合に裁定する
権限を持つ「国際憲法裁判所」を設立することを提案している[40]。アフリカ連
合 African Union はこの提案を支持すると既に表明している。

---

38) Pogge, Thomas. 2008. *World Poverty and Human Rights.* 2nd ed. Cambridge: Polity, pp. 147, 149.
39) Ibid., pp. 29, 148, 162.
40) United Nations. 27 September 2012. 'Statement of H.E. Mr. Moncef Marzouki at the UN General Assembly General Debate of the 67th Session'.

農業補助金、WTO、食糧の安全保障

　農業補助金と保護貿易主義は国際貿易の状態に直接的な影響を及ぼす。WTO の 1995 年の農業協定は、80％のレベルで既存の国内価格の維持を継続することを認め、かつ開発途上国の新たな国内補助金をその総農業生産に応じて 10％のレベルに上限を定めている。先進産業国にとってはこの協定の開始時のその国のレベルが非常に高いのでこの協定は、有利に働く。更に、これらの国は厳格な法律用語では貿易を歪めるものと分類されないような方法で補助金を修正した。その一方で開発途上国は、一部は世界銀行と IMF からいわゆる構造調整プログラムで、輸入障壁を減らすように説得された。開発途上国の生産者は、OECD 諸国の手厚い補助金を受けている製品と競争することができないことが度々ある。開発途上国が競争的に優位な場合には、これらの国は工業国の市場へのアクセスを困難あるいは不可能にする障害に度々遭遇する。だから、先進国の農業部門の全般的な投資は滅多に貧弱ではなく、かつその生産性は低い。2001 年に始まった WTO 交渉のドーハ・ラウンドは四回決裂している。2013 年のインドネシアのバリ島での WTO 閣僚会議において、WTO 加盟国は貿易促進協定に初めて合意したが、それにはこのドーハ・アジェンダの一部を含んでいる。インドは**既存の**食糧の安全保障プログラムに関連する価格補助制度と援助が農業協定で設定された限度を超えることができることについて賛同を得ることができた。従ってそのような場合、問題の裁定を得るために WTO の紛争解決機関 Dispute Settlement Body（DSB）に提訴することはできないこととなろう。しかしながら、新しいプログラムは原則として依然 WTO ルールの違反となる可能性がある。バリ閣僚会議が貿易問題を食糧の安全保障に優先させたという事実は、「食糧に対する権利の実現のためのグローバルな統治の統一性を改善する必要性を示している」と、食糧に対する権利に関する国連の特別報告者としてのジャン・ジグレールの後継者であり、彼のように国連の議員総会の支持者であるオリビエ・デ・シュッター Olivier De Schutter が書いている [41]。

商品市場と金融投機

　商品市場はかなり国際的な影響を与える。農産物と主な食糧の価格は、シカ

41）Schutter, loc. cit., p. 19, para. 48.

ゴ、ニューヨークそしてロンドンなどの重要な商品市場で決定されている。国際価格の動向は、世界中の低所得者と最も貧しい者に特に強い影響を及ぼす。ドイツの統計学者エルンスト・エンゲル Ernst Engel によって 1857 年に初めて確立された原理によると、家計の食料支出の割合は所得が上がると減少する。食料支出は、先進産業国における消費者物価指数の現在およそ 10% を占めているが、最貧国においてはしばしば 3 分の 2 以上を占める。1980 年から 2000 年の間、世界市場の食糧価格は歴史上比較的低かった。2002 年に始まった極端な価格の上昇は、そのピーク時には穀物の世界価格の 3 倍もの上昇を記録した 2007 年と 2008 年の食糧価格の危機が生じた時に頂点に達した。南半球の何百万もの人々が厳しい状況に追い込まれ、多数の国で抗議や暴動が勃発した。金融部門の投機筋が、商品市場における価格開示プロセスに長期間ますます影響力を強め、資本投資のために農産物と原料の取引を利用していることが今や明らかになっている。このいわゆる商品市場の「金融化」は、実際の商品そのものの需給から価格の分離をもたらす。投資家は価格変動に賭け、そして商品取引の基本的なデータとは全く関係のない他の市場と金融政策における、ポートフォリオ配分と発展性のような他の要素をも考慮する。商品市場の金融投機が極端な変動と価格上昇の本質的な原因であったということには概ね意見が一致している[42]。例えば国連の貿易開発会議 United Nations Conference on Trade and Development（UNCTAD）の研究によると、「価格開示手続きのメカニズムは著しく歪められ（中略）価格バブルのリスクの増大を導いている」[43]。これは新しい発見ではない。1970 年代のココアの価格に関して、「投機的な行動が価格変動の主な原因である」とジョゼフ・コリンズ Joseph Collins とフランセス・ムーア・ラッペ Frances Moore Lappé が指摘している[44]。

　グローバル化した農産物の市場は、規模の経済と能率の向上をもたらし、需要に対して供給を国際的にバランスさせることを可能にする。しかし同時に、それは最も貧しい者の基本的なニーズと、はるかにもっと資金力のある富める者のニーズと欲望との間の世界的な競争をもたらす[45]。例えばバイオ燃料と食肉の増大する需要は、利用できる農業用地の大きな需要を引き起こす。これは基本的食物の供給の減少と価格上昇を導くことになる。エネルギー価格もまた

42）以下に掲載の調査を参照。Institute for Agriculture and Trade Policy（ed.）. 2011. *Excessive Speculation in Agriculture Commodities*. Selected Writings 2008-2011.

43）United Nations Conference on Trade and Development. June 2011. 'Price Formation in Financialized Commodity Markets: The Role of Information'. United Nations, p. 55.

44）Lappé/Collins, loc. cit., p. 184.

45）Schutter, loc. cit., p. 11.

第 19 章　グローバル食糧安全保障と飢餓の政治経済学　295

生産、運送コストを通して農産物の価格に影響する。世界銀行は原油、天然ガスそして石炭の世界価格から穀物価格への伝達弾性は 0.28 と試算している。

グローバルな公共財としての食糧の安全保障と G20 の失敗

　グローバルな相互依存と相互連携は食糧部門において非常に際立っている。食糧の国際取引は 1960 年以来 5 倍になり、2000 年から 2010 年の間だけで倍増した。世界的な取引は地域的な障害を打開するのに極めて重要だ。生産とサプライチェーンは緊密に絡み合い、規模の経済を利用することが可能なグローバルに活動し垂直に統合されている企業によって多くは運営されている。食糧部門の複雑さと高レベルのグローバルな相互依存のために、そして人類と世界文明にとってのその基本的重要性のため、食糧安全保障を確保することは、実際国際タスクフォースの報告書で既に言及されたケースのように、最も高い優先度のあるグローバルな公共財の一つと見なされるべきである[46]。食糧の安全保障はグローバルな責任である。しかしここにもまた、実効性のあるグローバルな規制と対策を導入することができる機関が欠如している。農産物市場の安定が一例である。食糧の安全保障の構成要素として、これもまたグローバルな公共財であると、2005 年にフランスで創立されたシンクタンクのモマグリ Momagri が説得力のある主張を行っている。その主張によれば農産物市場の不安定性は世界中の国々の農業活動と食糧の安全保障を不安定にし、農業は環境のような他のグローバルな公共財と関連があり、食糧の権利と貧困に対する闘いなどの国際社会の重要な目標は農産物市場の不安定により影響を受け、更に「農産物価格の安定は主要な戦略的地政学的な性質を帯びる」[47]。投機的な取引を制限するため、抜け道を防ぎ、そして規制のもっと少ない市場に取引を変更することを防止するため、一貫性のあるグローバルな規則が必要である。2011 年にフランスが G20 の議長となった時、農産物市場における価格操作と変動に対する共通ルールを作成することがニコラス・サルコジ大統領 Nicolas Sarkozy の明確な目標であった。「金融市場を管理するのは当然ではあるが、農作物金融派生商品のいかなる規制も控えなければならないとどうやって我々

---

46) International Task Force on Global Public Goods. 2006. 'Meeting Global Challenges: International Cooperation in the National Interest. Report of the Int. Task Force on Global Public Goods'. Stockholm, Sweden, p. 25.

47) Carles, Jacques, and Bastien Gibert. 17 November 2008. 'Financial Stability and Agricultural Markets Stability as Global Public Goods?' (www.momagri.org).

は説明できるのか？」と彼は疑問を投げかけた[48]。G20政府間で「最低限のグローバルな統治」の合意に達しなかったために、サルコジのプロジェクトを失敗だったとハラルド・シューマン Harald Schumann がフードウォッチ Foodwatch のための調査の中で批判している。G20 は「全メンバーの意見の一致によってのみ決定がなされる一種のおしゃべりのためのグループ以上のものではない」と彼は不満を述べている。「グループが供与することになっているグローバルな政府の指導力は、従って、最低限可能なレベルで、最低限の共通基準によってのみ発揮することができる」とシューマンは書いている[49]。常設の事務局さえない非公式のグループである G20 は——そのメンバーに対しても、そしてましてや他の国に対しても——拘束力のある規則をいずれにしても決めることはできない。せいぜい共通の政治目標の合意を形成することができるが、その結果は、共同歩調をとる国家の政策的措置となる。政府首脳にとって重要なことは、何をその国益の優先的な事項として認識するかである。例えば金融危機の最中に、銀行部門が国の保証と数十億ドルもの資本投入を受け入れた時に、同時に世界食糧計画のためのユーロ圏からの金融支援が大幅に削減された。このことでアンゲラ・メルケル Angela Merkel のような国家首脳は、「世界的な飢餓に対して取り組むために選出されてはいなかった」ので非難されることはほとんどあり得ない、とジャン・ジグレールは正に指摘している[50]。世界議会人は対照的に、実際にグローバルな権限を持つこととなり、世界的な飢餓の問題に政治的に責任を持たせることが可能であろう。

食糧農業機関FAO、世界食糧委員会、そしてグローバルな食糧備蓄

同様に、食糧と農業に責任を有する最初の国連特別機関として 1945 年に設立された FAO はグローバルな権限を有さず、WTO と世界銀行と IMF の方が農業政策により影響力を持っている。現場の専門家は、FAO は「観察、報告し、提案を作成し、そして定期的に繰り返し勧告を行う機関」に格下げされたと長らく不満を述べている。「世界秩序の政治的管理の欠陥についてこれ以上

48）Sarkozy, Nicolas. 24 January 2011. 'Address by the President of the French Republic'. Press Conference to present the presidency of the G20 and G8, Elysée Palace, p. 6.

49）Schumann, Harald. 2011. *Die Hungermacher. Wie Deutsche Bank, Goldman Sachs & Co. auf Kosten der Ärmsten mit Lebensmitteln spekulieren.* Ed. by Foodwatch. Berlin: Foodwatch, pp. 66, 70.

50）Ziegler, loc. cit., p. 154.

第 19 章　グローバル食糧安全保障と飢餓の政治経済学　297

の際立った実例」を考え付くのは難しいだろう[51]。一時期FAOの委員会の議長であったジョズエ・デ・カストロは、FAOが「一種の国際的助言の任務に制限された」と不満を述べている[52]。これを修復するために、FAOの初代事務局長で確たる世界連邦主義者のジョン・ボイド・オア John Boyd Orr（1880～1971）によってなされた努力は、米国と英国の抵抗によって妨げられた。これこそ彼が1948年4月にその職を退いた理由だ。その翌年、彼は功績を認められノーベル平和賞を受賞した。ボイド・オアの懸念が、正に今日も適切で急を要するものであり続けているということをこの数十年間、国際政治の進展が全くないことが明らかに示している。1946年のコペンハーゲンでの第2回FAO会議で、彼は「世界食糧委員会 World Food Board」の設立を提案した。ジョン・ショー John Shaw の意見では、この提案は「世界的食糧安全保障を達成するための国際行動計画にとって最も大胆で最も独創的なプランの一つであることに変わりはない」[53]。この委員会は定められた価格の上限と下限に達した時、売買に介入することによって、最も重要な農作物のための国際市場の価格を規制し安定化する。委員会は供給量が多い時に買い、少ない時に販売する。委員会は、いかなる生産の停滞も埋め合わせ、より長期間にわたって食糧の安全保障を確保することを可能とするように、世界規模で食糧備蓄を増やし管理する。市場で販売されることのできなかった基本的食物の余剰供給分は、補助金を付けた割引価格で、特に貧しい人々の使用に供される。そして最後に、世界食糧委員会は食糧購入と農業経営活動の最新化と生産を増加するための方策を援助するために、長期ローンを提供する[54]。

　純粋に投機的な市場への参入の動きと闘うことに加えて、戦略的な世界的な食糧備蓄は、収穫不良と人道的危機に対する対策として、市場の安定そして国際取引の維持と支援のためにも特に重要である。ブリュッセルの欧州委員会で勤務した英国の経済学者ジョン・マックリントック John McClintock は、世界的な食糧備蓄の管理を世界統合に向けた可能な最初のステップと見なしている。彼の著書『国家の統合』で、そのような備蓄食糧の管理は単なる技術的な問題ではなく、それによって国家の主権を国際的レベルへ移行することをもたらすと彼は論じている。もし供給の停滞と受け入れがたいほどの価格の上昇がいずれかの国で生じるならば、一つのあり得る対策は、その状況のもたらす困窮を

51）Donner, Jochen. 2002. 'Ausgegipfelt? FAO: Fünf Jahre nach dem Welternährungsgipfel'. *Vereinte Nationen*（6）: 220–222, p. 222.

52）Castro, loc. cit., p. 306.

53）Shaw, loc. cit., p. xi.

54）Cf. ibid., pp. 24ff;

排除するためその市場に国際備蓄を低価格で投入することである。これらの商品が貿易業者によって安く買い占められ輸出されるのを防ぐため、輸出規制が適用されなければならないであろう。国際的に実施されるこのような輸出規制の発令は超国家的な問題である[55]。そのような制度では、市民が民主的にその意見を代弁されるような議会組織が必要だとマックリントックは説明している。

自由貿易、食糧安全保障、そして世界平和秩序

　自由でオープン、同時に公正な貿易システムは、グローバルな食糧安全保障にとって極めて重要である。ワシントンDCにある国際食糧政策研究所 International Food Policy Institute による 2003 年の調査は、食糧安全保障の観点から見て主な問題の一つとして、「想定される国益があまりにも頻繁に、政府を食糧在庫の退蔵、人為的な生産奨励、そして輸入規制へ導く——表面的には食糧不足や市場価格の変動から消費者を守りそして農村伝統を保護するという名目で——という事実」を、明らかにしている。国際市場が代わりの、そしてより安価な食糧供給源を提供する場合でも、「外部の供給源に依存するという考え方は、北半球と南半球両方の多くの政治家とその有権者にとって意に反することである。食糧自給と外国の干渉からの自立は、（中略）国家主義の極めて受けの良い形である」とその調査は続けて報告している。しかしながら市場にとっても全般的なグローバルな食糧安全保障にとっても、その結果は逆効果を招く。自由で開かれた貿易それ自体は、場合によっては必要な購買力が確保されなければならないので、食糧安全保障を保証するものではないが、「退蔵と保護がまとまった結果は国際市場を実際に不安定化する」というのは事実である。実際、全ての国は開かれた自由な貿易から利益を得るだろうが、「外国産商品に依存することによる深い心理的な反感」がそこへ立ちはだかる。食糧の安全保障は、従って心理的な課題、即ち、人が開かれた自由な市場の存在と外国の生産者からの供給を信頼する用意があるかどうかにかかっていると論じられている[56]。世界貿易制度とグローバルな食糧安全保障のための制度的、法的な措置は、両方の要素を確保できなければならない。結局は超国家的な秩序の中で国際主義を超える必要があるということになる。前に概略を述べたように、

---

55) McClintock, John. 2010. *The Uniting of Nations: An Essay on Global Governance*. 3rd ed., rev. and updated. Brussels et al.: Peter Lang, p. 231.
56) Runge, C. Ford, Benjamin Senauer, Philip G. Pardey, and Mark W. Rosegrant. 2003. *Ending Hunger in Our Lifetime: Food Security and Globalization*. Baltimore: Johns Hopkins University Press, p. 105-108.

相互信頼を築くことは世界的平和秩序を確立することと緊密に関連する。「も
し国連が、世界の全ての国が普遍的な平和とグローバルな安全保障を享受でき
るグローバルな制度と環境を確立できなければ、米国と EU と日本は、農産物
を国の安全保障問題として扱い続け、たとえアフリカやアジアが農産物では本
来比較優位にあるかもしれないとしても、これらからの食糧に頼ることがない
ように農民を援助し続けるであろう」とオーストラリアのニュー・サウス・ウ
エールズ大学で教鞭をとる経済と金融の専門家のファリボーズ・モシリアン
Faribors Moshirian が極めて正確に書いている [57]。

　自由で開かれた市場に頼ることはできないという懸念は食糧価格危機の間に
更に深刻になった。レスター・ブラウンは新たに明白となった「食糧難の地政
学」を見出した。アルゼンチンとロシアとベトナムのような輸出国が輸出を制
限あるいは停止したと彼は指摘している。それに対応して、輸入国は自国の食
糧生産を確保するため、二国間協定により外国の農地を購入あるいはリースす
るための努力を増やした [58]。価格危機の間に、グローバルな投資と資産投機と
しての耕作地の需要は強烈に高まった。企業と投資家もまた権利の入手に取り
組んだ。それに関連する契約は必ずしも公用地に限らないので、「土地強奪」
と称されている。その契約額の大きさを計算するのは難しい。契約は、しばし
ば水利権も含み、そして地元の農民によって既に耕作されている土地にも適用
されている。

世界議会とグローバルな食糧政策の民主化

　グローバルな食糧政策は制度的に強化されるだけでなく、民主化される必要
がある。飢餓と栄養不足による影響を受ける人々と小規模農民の利益はもっと
重視されなければならない。この趣旨で、国連の特別報告者のオリビエ・デ・
シュッター Olivier De Schutter は、2014 年 3 月の彼の最終報告の講演において、
「食糧経済の最大の赤字は民主制の赤字である」と断言した。食糧システムは、
農業関連企業のための利益を最大化する観点からのみ効果があると彼は論じて
いる。「地域、国家そして国際的レベルで、その環境政策は代替となる民主的

---

57) Moshirian, Fariborz. 2003. 'Globalization and financial market integration'. *Journal of Multinational Financial Management*, 13: 289–302, p. 293.
58) Brown, Lester R. 2008. 'Jüngstes Gericht. Warum die Nahrungskrise den Anfang vom Ende unserer Kultur markieren könnte'. *Internationale Politik*, November: 18–35, p. 20ff. and Brown, Lester R. 2012. *Full planet, empty plates: the new geopolitics of food scarcity*. 1st ed. New York and London: W.W. Norton & Company, pp. 12ff.

に権限を与えられた理想像を早急に提供しなければならない」。グローバルな統治の分野で、世界食糧安全保障委員会 Committee on World Food Security によって試みられた努力は期待できそうである[59]。CFSは1974年の世界食糧会議 World Food Conference で設立された、諮問と調整の役割を果たすための団体である。2009年の改革に続いて、委員会は各国政府と共に、国連機関、NGO、研究機関、ビジネス協会、そして慈善団体を含む、多数の利害関係者によるアプローチを取り入れた。シュッターによれば、CFSのおそらく最も直近の成功は、「それがそのような幅広い利害関係者をまとめ、（中略）そうして様々な支持者を横断した共同学習のプロセスを奨励したことである」[60]。CFSは全ての提案を一括する「食糧安全保障と栄養摂取のためのグローバルな戦略的枠組み」に取り組んでいる。シュッターは、この戦略的枠組みを考慮に入れるようにWTOのような他のグローバル統治組織に呼びかけた。2012年に土地の強奪活動に対応して、CFSは「合法的な」賃貸借権、自由占有権そして使用権の遵守と保護を保障することを主たる狙いとして、「土地と漁場と森林の保有権の実行可能な規定に関する任意のガイドライン」を採択した。このようなガイドラインの作成は、重要なステップであるが、土地の強奪に対する効果的な対抗手段となるものであるかは疑問である。FAOによって出されるこれらの「任意のガイドライン」の履行は強制的ではない。代わりに必要なのは十分に具体的で何よりも**拘束力のある**グローバルな規制である。CFSの多数の利害関係者を巻き込むアプローチは、グローバルな食糧政策を広い基盤に据えており、より偏狭な国際機関の他の作業と比較すれば、それはモデルになると考えられる。それでもグローバルな食糧政策の民主化という点ではまだ十分ではない。CFSのモデルは選挙で選ばれた議員を含むように広げられなければならず、究極的にはその作業はグローバルな議会プロセスに組み込まれなければならない。食糧の権利に関する特別報告者のシュッターの後任ヒラル・エルバー Hilal Elver によれば、「選挙で選ばれる国連議員総会」は、飢餓の被害を受けている人々、即ち我々のグローバル社会で最も弱い仲間に対し、「彼らの悲惨さの組織的かつ国際的な原因がより適切に解決されることが可能となるようにもっと強い発言権を与える」方策となるであろう。

　グローバルな食糧安全保障の分野では、世界議会は例えばボイド・オアによって提案された世界食糧委員会 World Food Board のような重要な監督と監

---

59) Schutter, Olivier De. 10 March 2014. 'Democracy and diversity can mend broken food systems – final diagnosis from UN right to food expert' (www.srfood.org).

60) Schutter (24 January 2014), loc. cit., p. 18.

視のための機関であるのみではなく、同時にそれは世界法の下での規則の礎となるであろう。世界法は商品の生産者、販売者そして購買者の先物取引の規制と投機者の排除を可能にするであろう。世界議会は、世界貿易問題も取り扱うべきで、第一歩として世界法の下でこの分野で能力を得るまで、WTO交渉に参加すべきである。世界議会の世界貿易委員会は、完全な参加権を持ち自らの代表者を送ることができるようになるべきである。原則としてできる限り自由な世界貿易システムの促進がその重要な目標である。しかし世界貿易制度は、例えば農業補助金と不当廉売といった問題に関するグローバルな食糧安全保障のような他の目標ともっとよく連携しなければならない。1999年シアトルでのWTO会議に反対するデモの最中に、ルイス・カブレラ Luis Cabrera——当時AP通信のレポーターで現在は大学の政治学者——は、ほとんどのデモ参加者が世界貿易交渉の停止や、更にはWTOの解散さえ要求しているのに驚かされた。「核心となる人権と共に、会員の利益を労働と環境の基準の遵守に繋げることによって貧しい国々の生活を良くするのを助けるのに、WTOの超国家的な力が使われるのを要求するもっと多くのグループがなぜ存在しないのか?」と彼は『世界国家のコスモポリタン的事例』で問うている[61]。世界議会の議員は正にそのような変化を求めて政治的運動をすることができるであろう。2003年以来IPUと欧州議会によって企画された世界貿易問題の会議は効果がなくこの目的には適さないことが判明している。

---

61) Cabrera, Luis. 2004. *Political Theory of Global Justice: A Cosmopolitan Case for the World State.* London: Routledge, p. xiii.

第 20 章

グローバルな「水政策」

飲料水供給の現状

　食糧と共に、水は人類の生存と文明にとって不可欠である。我々の毎日の飲料水は最も重要な栄養であり、水は農業、工業そしてエネルギーの生産にとって不可欠である。イタリアの社会科学者で水利権擁護派のリカルド・ペトレラ Ricardo Petrella によれば、「基礎的水利用権は個人と社会の双方にとって不可欠の政治的、経済的そして社会的な権利である。なぜならば全人類と全人間社会の生物学的、経済的および社会的な安全保障はその権利を享受することに依存しているからである」[1]。アルゼンチンのマル・デル・プラタ Mar del Plata（ブエノスアイレスから南へ約 400km 離れた大西洋に面したアルゼンチン随一の海浜リゾート、訳者注）で開かれた水に関する最初の国連会議は、「全ての国民は発展の程度や社会的経済的状況がどうであろうと、その基本的なニーズに見合う量と質の飲料水を利用する権利を有する」と 1977 年に宣言し、そして各国政府がこの権利を 1990 年までに完全に実施するという目標に取り組む行動計画を作成することを要請した[2]。今のところ世界がその目標を達成するのはまだほど遠い。2010 年に採択された決議で、国連総会は「安全で清潔な飲料水と公衆衛生」の人間としての権利を認め同時に「およそ 8 億 8400 万の人々が安全な飲料水を得る機会のないこと、そして 26 億人以上が基本的な公衆衛生を利用できないことを深く憂慮している」と宣言している。水と公衆衛生に関連する病気の結果として、毎年およそ 150 万人の 5 歳以下の子供が死亡し、4 億 4300 万日もの授業日数が失われたことを国連総会は慨嘆した[3]。汚染水と不十分な衛生状態による病気は世界中で最大の健康問題である。国連がその数値を分析

---

1) Petrella, Riccardo. 2001. *The Water Manifesto*. Transl. by Patrick Camiller. London: Zed Books, p. 58.
2) Report of the United Nations Water Conference. 1977. E/CONF.70/29. New York: United Nations, pp. 66, 68.
3) United Nations. 28 July 2010. 'The human right to water and sanitation'. A/RES/64/292.

しているように、世界中で常時衛生的な飲料水を得ることのできない人々を半減するというミレニアム開発目標の 2015 年の目標は 2010 年には既に達成されている。その時点では、WHO とユニセフ UNICEF の統計によれば、その数値は 7 億 8300 万人と推計されている。2015 年の最近の推定によると、6 億 6300 万の人々が未だに衛生的な飲料水を得ることができずにいる[4]。ミレニアム開発目標の基準年の 1990 年以降、その状況に進展があったことは疑問の余地はない。しかしながら、専門家は国連の数値に疑問を抱いている。現実的な試算は泉や水源の状態に基づくのではなく、現実に使用される水に基づいてなされるべきである。その水はユーザーに届くまでに始めから汚染されていることがよくある。結局のところ、2014 年の「世界の水の開発報告書 World Water Development Report」の中で国連自身が引用している研究は基準年 2010 年において安心して飲めることのできない水しか得られない人は約 **30 億人**——即ち国連の方法で推定した数値のほぼ 4 倍であったとの結論を下している[5]。国連と世界銀行グループによって 2018 年に発表されたより最近の報告書によると、7 億人の人々が 2030 年までに厳しい水不足のため移住を迫られる危機に直面しており、20 億人以上の人々が不衛生な水を飲まざるを得ず、そして 45 億人以上の人々が安全に管理された衛生サービスを受けていない。その報告書は 2050 年までには世界人口の半分以上が「水の問題を原因とする危機に晒されるであろう」と予測している[6]。

グローバルな問題としての水の安全保障

世界資源協会 World Resource Institute による調査は 68 カ国が厳しいまたは非常に厳しい水の問題に面していることを明らかにしている。つまり、年間の河川と湖水と地下水（いわゆる「青い水」）から得られる水量の 40% 以上が使い尽くされつつある[7]。世界人口の約 40% の人々がこれらの国に住んでいる。加えて、雑誌『ネイチャー』で発表された研究の中で、世界人口の 80% の人々

---

4) WHO and UNICEF. 2015. 'Progress on drinking water and sanitation. Joint Monitoring Programme update 2015', pp. 4ff.

5) Onda, Kyle, Joe LoBuglio, and Jamie Bartram. 14 March 2012. 'Global Access to Safe Water: Accounting for Water Quality and the Resulting Impact on MDG Progress'. *International Journal of Environmental Research and Public Health*（9）3: 880–94, pp. 887, 892.

6) United Nations, und World Bank Group. 2018. 'Making Every Drop Count. An Agenda for Water Action. High-Level Panel on Water Outcome Document', p. 11.

7) Gassert, Francis, Paul Reig, Tianyi Luo, and Andrew Maddocks. 2013. Aqueduct country and river basin rankings: a weighted aggregation of spatially distinct hydrological indicators. Working Paper. Washington D.C.: World Resources Institute.

304　第二部　21 世紀の統治と民主主義

が水の安全保障に関して高度の危機に晒されていることが示されている[8]。国連の水タスクフォース UN Water Task Force によって提案された定義によると、水の安全保障とは「人間集団が、その暮らしと人々の福祉と社会 – 経済的発展を持続し、水系の汚染を防ぎ、水関連の病気を予防することを確保し、そして平和と政治的な安定の下で生態系を維持するのに十分な分量の良質な水を持続して得ることができる権利を守る能力があること」[9] である。

　全ての人間にとって水の権利と水の安全保障の確保がグローバルな問題であり、そしてこれは水政策が、正に食糧の安全保障と同様に、人新世における世界国内政策にとって重要なテーマであることを意味している。世界の多くの地域で増えている水不足は水を巡り高まる紛争を悪化させ、そして国際関係を不安定化させるおそれを煽っているのでなおさらである。「もし我々が注意を払っていなければ、将来の戦争は石油を巡ってではなく、水を巡って起こるであろう」と国連事務総長のコフィ・アナン Kofi Annan は 2001 年にインドを訪問した際に断言した[10]。彼の後継者である潘基文 Ban Ki-moon は「水の不足は戦争と紛争を強く煽り立てるものである」と強調している[11]。ニューデリーにある政策研究センター Center for Policy Research のインドの戦略地政学者ブラハマ・チェラニー Brahama Chellaney は彼の著書『水と平和と戦争』の中で、水不足は世界社会にとって最も重要な安全保障政策上の課題の一つであると論じている。世界の水資源が一層乏しくなり、水資源を支配するための国家間の競争が激しくなるに連れ、大っぴらに軍隊を用いることはないかもしれないが、水を巡る戦争は起こりやすくなるだろう。軍隊の代わりに、「武装した過激派や非正規軍」の投入はより頻繁に起こりそうである。更に、多くの破綻国家が世界で最も貧弱な水の供給しかできない国々の中にあるのは多分偶然ではない。チェラニーは、「21 世紀は人類がその重大な水の問題をいかに管理し、そしてこれに対処するかに関して決定的な時代となろう。継続する進歩を支えるために十分な真水の安定供給を確保することは人類文明の将来の福祉にとって重大である」と書いている[12]。

---

8) Vörösmarty, C. J., et al. 30 September 2010. 'Global Threats to Human Water Security and River Biodiversity'. *Nature*（467）7315: 555–61.

9) UN-Water Task Force on Water Security. October 2013. 'Water Security and the Global Water Agenda. A UN-Water Analytical Brief'. United Nations University, p. 1.

10) United Nations. 15 March 2001. 'Question and answer session after statement at the Federation of Indian Chambers of Commerce and Industry with UN Secretary-General Kofi Annan'. SG/SM/7742.

11) United Nations. 3 December 2007. 'Secretary-General, in message to inaugural Asia-Pacific Water Summit, warns that scarcity threatens socio-economic gains, could fuel conflicts'. SG/SM/11311.

12) Chellaney, Brahma. 2013. *Water, Peace, and War: Confronting the Global Water Crisis*. Lanham:

グローバルな相互依存は安全保障政策の問題の領域を超えている。このこと
は、食糧とその他の商品の生産に使われる水のことを表現するために、英国の
地理学者のジョン・アンソニー・アラン John Anthony Allan が 1993 年に最初
に導入した「実質的な水」の概念によって説明された。水は直接または間接的
に生産される商品の一部であるので、商品の取引は結果的には世界的な「実質
的な水の流れ」となる。水の安全保障を改善するための政策手段を導き出すた
めの出発点としてのこの概念の価値は過大に評価されるべきではない。それで
もなお、この概念は世界貿易問題が水政策の問題でもあることを明らかにして
おり、そしてこれは水集約的な（生産に水を多量に使用する）農産物に関して特
に該当する。「実質的な水の国際的な取引に関する研究は、水はグローバルな
資源と見なされるべきであることを示している」とオランダのエンスヘーデ
Enschede にあるトエンテ大学 University of Twente の水の統治に関する問題
の教授のアリェン・フクストラ Arjen Hoekstra が書いている。彼は更に続け
て、気候変動、水の分野の取引の自由化そして民営化を水の管理のために「真
にグローバルな側面」を与える最も重要な要因として挙げている [13]。ドイツの
ハレ Halle で教えている政治学者のペトラ・ドブナー Petra Dobner の意見では、
水政策のグローバル化を必要と考えるもう一つの要因は「グローバルな水資源
の持続可能な管理は個別国家の法的なそして実際的な能力を超えている」とい
う事実である。「これは国境を横断する水供給のシステムについてだけでなく、
グローバルな水のバランスまたはグローバルな水の管理に影響を与える多様な
社会的、生態学的そして経済的な要素についても言えることである」とドブ
ナーはグローバルな水政策についての著書の中に書いている [14]。

水の管理における民主制の赤字と世界議会

　水を入手する権利は選択の問題ではなくて生存上不可欠のものであり、水は
「共通のグローバルな人類の遺産」として認識されるべきだと、リカルド・ペ
トレラ Ricardo Petrella は 1999 年という早い時期に発表した『水の宣言 Water
Manifesto』の中で訴えた。「水の管理権は真の所有者、つまり惑星地球の居住

Rowman & Littlefield, pp. 47, 54, xiv, 38.

13) Hoekstra, A. Y. 2006. *The global dimension of water governance: Nine reasons for global arrangements in order to cope with local water problems.* Delft: UNESCO-IHE Institute for Water Education, pp. 15, 27.

14) Dobner, Petra. *Wasserpolitik. Zur politischen Theorie, Praxis and Kritik globaler Governance.* Berlin: Suhrkamp, 2010, p. 16.

者に与えられなければならない。それは国民国家にも、市場にも、企業にもあるいは株主にも属してはならない。それは最も小さな社会（村）から最も大きい社会（グローバル社会）に至るまでの人類社会のそれぞれに属さなければならない」と彼は書いている。水の問題は何よりも民主制と連帯の問題であると彼は主張している。その理由から、宣言の中心的な要望は、国際的な水裁判所の設立と共に、「世界水議会 World Water Parliament」の「できる限り速やかな」導入である。世界水議会は、その最初の段階で、水に関する権利と義務の総合的な再検討を行い、そして持続可能な、公正で、相互協力的な解決策を推進するシナリオを議論するために、一種のグローバルな公聴会の場を用意することが可能であろう。その議員は当初は各国の議会によって選出されるべきであると宣言は提案している[15]。

　グローバルな水の政策は今日まで十分には発展しておらず、かつ非常に細分化している。国連内部には法的権限を持つ組織がなく、2003 年に組織された約 30 の国連機関とおよそ 2 ダースの NGO から構成される「UN Water」というネットワークが存在するに過ぎない。グローバルな水の管理の批判的な論評の中で専門家グループが指摘したように、UN Water は拘束力ある決定をするために存在しているのではない。「水の問題と取り組んでいる既存のグローバルな機関は、規制という面では極めて弱体である。しかし課題の設定、情報の共有、人々の動員、そして、ある程度は必要な資源を結集することに関しては比較的に優れている」と専門家グループは述べている。しかしながら、それは専門家から見れば、問題に対処するためには十分ではない。「事実、いかなる規制の枠組みにも取り組むことを厭う今日の姿勢は、現在の不十分な行動の結果として悪化した水の危機に対処するため将来厳しい規制手段の必要性を導くことになるかもしれない」[16]。

　ペトラ・ドブナーが彼女の著書の中で説明しているように、グローバルな水政策は「意思決定の国家レベルから国際的なフォーラムへの移行を民主的に正当化することを可能とする」グローバルな統治のための「形態、組織、そして構想が欠如していること」を示す「実例」である。水政策は政治的議論の場および検討の枠組みが国家から「多くの分野、多くのレベルの活動家の集合体」と彼女が名付けているエリート集団の「グローバルな水ネットワーク」へと移行したことにより決定的に歪められたと彼女は確信している。水のような政策

---

15) Petrella, loc. cit., pp. 8, 106-109.
16) Dellapenna, Joseph W., Joyeeta Gupta, Wenjing Li, and Falk Schmidt. 2013. 'Thinking about the Future of Global Water Governance'. *Ecology and Society* (18)3, p. 3.

分野は結果として「グローバルな民主制の未成熟な組織という制度面とそして正当化面のブラックホール」と彼女が見なすものの中に落ち込んでしまっている。彼女にとって明白な結論はこの「水ネットワーク」は「何らの民主的な正当性も持っていない」ことである。部分的には国連によって生み出された、ギャップまたは政治的な真空地帯を埋めるために登場した組織の一つが非政府組織の「世界水フォーラム World Water Forum」である。このフォーラムは水に関する産業の代表者を含む幅広い多数の利害関係者が参加する形式で活動しながら1997年以来3年毎に会合を開いてきている。ドブナーの観点からすれば、会合の結果は水の産業によって支持されている民営化のアジェンダを求める同じような考えを持っているあの「水ネットワーク」の幹部達の小さなサークルにより、あらかじめ前もって決められているので、その1000人の会議参加者は主に「正当性を歌い上げる役割」を果たしているに過ぎない。このアジェンダに対する圧倒的な反対は全く「無視されている」。コンセンサスが得られたという主張は「従って参加したエリート達だけに有効なものと考えられる」。多くの利害関係者の参加はかくして一種の「正当性を装うフィッシング詐欺」である。ドブナーは「民主的な参加と民主的な正当性は3万人の利害関係者らと共に大会議に出席することの中にはあり得ず、意思決定の過程から除外された残りの人々の出席の中にもない」と簡潔にまとめている[17]。水の危機の解決を目的とする政策としての水の供給の民営化は実のところ極めて異論の多いものであり、そして——今まで見てきたように——グローバルな水のバランスは優れた管理が効果を上げている証拠にはほとんどならない。2003年にフローレンス Florence で開催された第一回の「代替水フォーラム alternative water forum」のマニフェストは、対照的に水はグローバルな公共財として認識されるべきであり、そして民営化は中止されるべきだと要求している。加えて、「市民は地域レベルでもグローバルなレベルでも、水とエコシステムの管理に直接参加することができなければならない」と明記している。「そのような市民の参加は世界水議会 world water parliament の創設によって促進できる」とマニフェストは書いている[18]。少なくとも世界水議会の必要性については同意があるように思える。2009年のイスタンブールでの第5回公式世界水フォーラムでも200人以上もの代表者がそれを支持すると宣言している[19]。し

---

17) Dobner, loc. cit., pp. 28, 348f., 283, 329f., 307, 336, 326f., 351.

18) 'Manifeste du Forum Alternatif Mondial de l'Eau: Pour une autre politique de l'eau'. *Magazine H2o*, March 2003（www.h2o.net）.

19) 5th World Water Forum. 2009. 'Parliamentarians Process: Proposals emerging from Parliaments for Water'.

かしながら、ドブナーは、世界水議会支持論には納得していない。彼女は世界水議会支持論の政治的な方向性がかなり異なったとしても、それが世界水フォーラムの形態と大きく違わないことになるのを恐れている。原則的な問題として、議会スタイルの組織が特定分野に制限されるのは問題だと彼女は確信している。この理由の一つは結果として生じる政治的で組織的な分裂である。対照的に、彼女は国連議会UN parliament を「非常に優れた」構想だと理解している。

　専門の世界水議会設立の提案は世界議会のより広い目標と結びつけられるべきである。世界議会は世界法に基づく水部門の管理の出発点になるはずである。そしてその目的を達成するために世界議会はこれを先導し想定される役割をきっちりと果たす水委員会 water committee を創設することが可能であろう。グローバルな議員総会は単に諮問組織として活動することにより、そして国連の水政策機関が望むような関連の問題に取り組むことにより具体的な行動を起こさせるべく政治的な圧力をかけることができる。「もしあなたが、民主制のグローバル化に真剣ならば、答えは議会に真の権限を与えることだけである」と彼女は単刀直入に言っている。

第 21 章

貧困の根絶と全ての人々の基本的社会保障

貧困：最重要問題

　貧困とみじめな暮らしの根絶は人道的、公正、平和な、かつ安全な世界の基本であり、そこでは全ての人が教育、政治への参加そして自己実現の機会を持つ。貧困は飢えと不十分な飲料水、貧弱な健康管理、不十分な教育、家族計画の欠如、そして政治的な不安定の主たる原因である。概して、生活水準の高さは低い出産率に関連している。つまり貧困の克服は人口増加を抑制する一助となるのである。政治学者のフランク・ナシェラー Frank Nuscheler は、「人口の増え方と一連の相互依存関係にある貧困指標との相関関係」は「貧困が人口と成長政策にとって重要な問題である」ことを強く示唆していると確信している[1]。最貧困層へのマイクロクレジットの先駆者としてノーベル平和賞を受賞したバングラデシュの経済学者ムハンマド・ユヌス Muhammad Yunus の見解では、「貧困は多分世界平和に対する最も深刻な脅威であり、暴力と戦争を助長するものとして度々引き合いに出されるテロリズム、宗教的原理主義、人種間の憎悪、政治的対立などの要因のどれよりもずっとはるかに危険でさえもある」。ユヌスは「貧困は人々を自暴自棄の行動に駆り立てる絶望へと追い込む」と書いている[2]。彼の願望リストの一番目に「世界のどこにおいても同じようなレベルの暮らしを楽しむ」のをを見るため、そしてとりわけ、「地球上の全人類の利益を守る」ためのグローバルな政府の設立が挙げられている[3]。

---

1) Nuscheler, Franz. November 2008. 'Armut'. *Online-Handbuch Demografie, Berlin-Institut für Bevölkerung and Entwicklung*, November 2008（www.berlin-institut.org）.
2) Yunus, Muhammad. 2007. *Creating a world without poverty: social business and the future of capitalism*. New York: PublicAffairs, p. 105.
3) 'Professor Yunus's Wish List'（www.muhammadyunus.org）.

極貧と適度な生活水準の権利

　貧困の克服は長期にわたり国際的な検討課題となってきた。1919 年のヴェルサイユ平和会議で国際労働機関 ILO が設立された際に、世界平和は「それが社会正義に基づいている場合にのみ確立されることができる」と述べられている[4]。1941 年の連合国会議で採択された大西洋憲章は、その目標の一つとして「全ての国の全ての人々が恐怖と欠乏から解放されて生活を送ること」と宣言している。国連憲章も経済的、社会的問題の解決のための国際協力について述べている。そしてこのことをその第 9 章で詳述し「安定と福祉」は平和の前提条件であると述べている。国際連合は従って「より高い生活水準、完全雇用、そして経済的、社会的進歩の諸条件と発展」を促進するために活動すべきである。既に述べたように、世界人権宣言の第 25 条と経済的、社会的および文化的権利に関する国際規約の第 11 条は健康と福祉のための十分な生活水準の権利を含んでいる。誰でもその基本的に必要なものを満たすことができなければならない。2015 年 9 月の国連サミットは、ミレニアム開発目標 Millennium Development Goals を引き継ぐものとして、2030 年までの「持続可能な開発のためのアジェンダ Agenda for Sustainable Development for the period up to 2030」を採択した。新しい「アジェンダ 2030」の一つ目の目標は「全ての地域の全ての人々」のための極貧の根絶である。

　国際連合によって使われている国際的な貧困ラインは世界銀行の定義に基づいている。それは世界の最貧国 15 カ国の絶対的な貧困の入口の値を平均し、これを米ドルに換算して設定されている。米ドルの各地における購買力の変動そして算定の基礎となる商品の一定のバスケットの内容の変化のために、その方式が 1990 年に導入されて以来貧困ラインは 1990 年の 1 日 1 ドルから 2008 年の 1.25 ドルそして最後に 2015 年の 1.90 ドルと上方に修正された。この最後の上方修正は上記の国連サミットのわずか 10 日後に行われた。このことがサミットの最終文書が 1.25 ドルと今も表示している理由である。人類の極貧の根絶は依然としてはるか彼方にある。最初のミレニアム開発計画の達成目標は 1990 年から 2015 年の間に発展途上国にて極貧状態で暮らしている人の比率を半減することであった。世界銀行の推定では、この目標は 2010 年に達成されている。その比率は 1990 年の 43.1％から 2010 年の 20.6％に低下した（世界銀行

---

4) Versailles Peace Treaty, 28 June 1919, part XIII. ch. 1, before article 387.

によると2011年にはわずか17%にまで低下したと算定されている）[5]。平均すると、この人達は1日0.87米ドルを使うことが可能であった。中国とインドを除き、低所得の発展途上国の最貧困層の経済状況は過去30年間ほとんど変化していない[6]。2010年の世界銀行の試算では、発展途上国の半分の人々は1日2.50ドル以下の収入で、88%の人達は1日10ドル以下で暮らさなければならなかった[7]。世界銀行は、中間層を1日10ドルから50ドルの間の所得がある者と定義している。2011年の世界銀行報告によれば、1日1.25ドルの貧困限界以下の人がおよそ10億人いる[8]。貧困ラインが1.90ドルに引き上げられてもほとんど同じ人数である。世界銀行は、2013年までに7億6700万人にまで減少したと言っている[9]。もし、一瞬にして極貧に喘いでいる全ての人々の所得を貧困ラインまで上げることが可能なら、全世界の貧困を根絶するためには毎年2500億ドルかかることになる[10]。この数字は、金融危機の際に銀行を救済するために使われた資金のほんの一部に過ぎない。

　しかしながら、この知的ゲームは全く単純過ぎるし、基本的に誤解を招きやすい。極貧を克服することは単なる毎日の収入の問題ではない。それは多面的な問題であり、またそれは他の多くの開発の変数ともちろん関係している。国連人間居住計画 UN-Habitat は発展途上国における都市居住者の3分の1（およそ8億6300万人）以上が不十分なインフラしかない貧民街に住んでいると推定している[11]。不十分な生活インフラには既に述べたように、水の供給インフラと衛生施設が含まれる。加えて国際エネルギー機関 International Energy Agency によれば、約13億人は全く電気を利用することができない[12]。世界中の成人のうち25億人以上は銀行口座を持っていないし、使用できる銀行のサービスも極めて限られている[13]。経済協力開発機構 OECD は、最も貧しい

---

5) World Bank. 2014. *World Development Indicators 2014*. Washington D.C., p. 23 (for 2010); World Bank. 2015. *World Development Indicators 2015*. Washington D.C., 2015, p. 4 (for 2011);『ミレニアム開発報告書』では1990年の47%から減少しているとしている。

6) Olinto, Pedro, Kathleen Beegle, Carlos Sobrado, and Hiroki Uematsu. October 2013. 'The State of the Poor: Where Are The Poor, Where Is Extreme Poverty Harder to End, and What Is the Current Profile of the World's Poor?' World Bank. *Economic Premise* No. 125, p. 3.

7) World Bank. 2013. *World Development Report 2014*. Washington D.C., pp. 303, 319.

8) Id. 2015. *World Development Indicators 2015*. Washington D.C., p. 4.

9) World Bank Group. 2016. *Poverty and Shared Prosperity 2016: Taking On Inequality*. Washington D.C.: International Bank for Reconstruction and Development/The World Bank, p. 3.

10) Olinto et al., loc. cit., p. 4を参照。貧困ラインを1.25ドルとした。

11) UN Habitat. 2013. *Streets as Public Spaces and Drivers of Urban Prosperity*. Nairobi: United Nations Human Settlements Programme, p. 84.

12) International Energy Agency. 2011. 'Access to Electricity'. World Energy Outlook, 2011.

13) Demirguc-Kunt, Asli, and Leora Klapper. April 2012. 'Measuring Financial Inclusion: The Global Findex Database'. World Bank Policy Research Working Paper 6025.

人々の３分の１を含む約14億人は世界の脆弱国家で暮らしており、そこでは国家の基本的な機能がほんのわずかしか整備されていないと報告している[14]。極貧層にとっては、法の支配の基本的な制度はほんの一部しか利用できないが、その制度は極めて重要である。「貧困層の権利を守る国際委員会 International Commission on Legal Empowerment of the Poor」は、ペルーの経済学者、共同委員長のヘルナンド・ド・ソト Hernando de Soto の下、そして国連開発計画 UNDP の支援を得て、2008 年に発表したその最終報告書の中で「世界中で40 億人が法の支配から遮断されているために、彼らの生活を向上させ、貧困から抜け出す機会が奪われている」と強調している。特に問題なのは権利の行使が難しい脆弱な土地所有権の問題である。この委員会の提案の一つは、基本的な権利をその権利の行使のための枠組みと共に成文化した「グローバルな法的権利保護協定 Global Legal Empowerment Compact」である[15]。

更に、国際連合と世界銀行によって定められた一定の金銭上の貧困ラインは多くの人々から恣意的であると批判され、かつそれに基づく統計の価値は結果的に疑問が投げかけられた。サンジャイ・レディ Sanjay Reddy とトマス・ポッゲ Thomas Pogge は、例えば、世界銀行の計算したラインの値は低過ぎると確信しており、購買力平価に基づく計算方法は、貧困層の必需品とは関係のないものを含んでいるので欠陥があると見ている。もし所得ベースの貧困を１人当たりで判定しようとするならば、基本的な必需品に見合う実際の現地価格から始める方式が用いられるべきだとしている[16]。従って世界銀行の統計と世界の極貧層を示す当該金銭上の貧困ラインの値に基づいたステートメントは、注意深く取り扱われるべきである。極貧層のためのより高いラインの値、即ちそれを計測するもっと優れた方法と「十分な生活水準」を保つための実際の条件に基づいたラインの値が必要である。長期的には、グローバルな絶対的貧困ラインの設定を止めて、既に欧州連合 EU や経済協力開発機構 OECD で行われているように貧困を相対的な方法で測定することが役立つかもしれない。

---

14) Organisation for Economic Cooperation and Development. 2014. *Fragile States 2014: Domestic Revenue Mobilisation in Fragile States.* Paris: OECD, p. 16.

15) Commission on Legal Empowerment of the Poor, and United Nations Development Programme (ed.). 2008. *Making the Law Work for Everyone. Report of the Commission on Legal Empowerment of the Poor.* Vol. I, pp. 1, 10, 34ff., 86.

16) Reddy, Sanjay G., and Thomas Pogge. 2010. 'How Not to Count the Poor'. In: *Debates on the Measurement of Global Poverty*, ed. by Sudhir Anand, Paul Segal, and Joseph Stiglitz, 42–85. New York: Oxford University Press.

国際的な開発への新たなアプローチの必要性

もし貧困を完全に根絶する目標を達成しようとするならば、開発政策と貧困との戦いにパラダイムシフトが不可欠である。ザンビア人の経済学者、ダンビサ・モヨ Dambisa Moyo のベストセラー『死せる援助』が 2009 年に例証し大論争を巻き起こしたように、政府開発援助の便益と欠陥に対する根本的な論争から学ばれるべき政治的な教訓に考慮が払われなければならない。モヨは、アフリカにおける政府開発援助の数十年にわたる経験が明確に示しているように、援助は解決策の一部ではなく、むしろ問題そのものの一部であると書いている。彼女の手厳しい結論は、その最終的な分析によれば、アフリカにおける政府開発援助資金は、腐敗と政治的な依存を招き、国家の権力の支配を巡る争いを助長し、政府の行政効率を低下させ、ビジネスに損害を与え、経済開発と成長を阻害するものである。元ドイツの外交官のフォルカー・ザイツ Volker Seitz は、1960 年から 2006 年の間に 1 人当たりにするとマーシャルプランでヨーロッパに投入された額の 6 倍となる 2 兆 3000 億米ドルが、地域の生活状況に何ら目に見えるような改善をもたらすこともなく、サハラ砂漠以南のアフリカに投入されたと指摘している[17]。国際的な貧困救済活動と開発政策は援助で影響を受ける人々にもっと寄り添ったものでなければならない。貧しい人々が発言する必要がある。世界レベルの議員集会に彼らの代表を参加させるのはその人達の状態を改善し、貧困問題の議論を新たな立場から行う一つの方法であろう。「貧しい人々にその自らの真の発言を行う機会を与える最善の方法は世界議会によるものである」とジョージ・モンビオ George Monbiot は『ガーディアン the Guardian』紙で述べている。彼は更に「アフリカでは、世界議会は貧しい人々の抱える問題を直接に豊かな人々の耳に届かせる最良の——多分唯一の——方法との認識が高まっている」と付言している[18]。

経済成長だけでは十分ではない

今では極貧を撲滅するために全般的な経済成長とその結果の平均所得の向上に頼るのは見込みのあるアプローチではないことが広く認識されている。経済

---

17) Seitz, Volker. 2009. *Afrika wird armregiert oder wie man Afrika wirklich helfen kann*. 2nd ed. München: dtv, p. 65.

18) Monbiot, George. 24 April 2007. 'The best way to give the poor a real voice is through a world parliament'. *The Guardian*（www.guardian.co.uk）.

314　第二部　21 世紀の統治と民主主義

学者のデビッド・ウッドワード David Woodward は1993年から2008年までの成長値から、従来のアプローチでは、——1.25米ドルの所得を貧困ラインとして使ったとしても——極貧が消滅するには100年以上かかると算定している[19]。従来の方法は全く役に立たないだけでなく、CO_2排出量削減や持続的経済への移行の必要性に鑑みると、全般的な成長に依存する考えは非現実的であるのみでなく「危険で、逆効果である」と述べている[20]。これに関連して注目すべきことは、1日に2ドル以下で暮らしている世界で最も貧しい人々の73%が、中間所得国に住んでいることである。世界銀行の定義では、中間所得国とは、1人当たり年間GDPが1026米ドルから1万2475米ドルの国である。世界銀行の調査部門の前責任者のポール・コリアー Paul Collier が彼の著作『底辺の10億人』で強調しているように、問題は、成長の成果が全く最貧層に届かないことである[21]。世界銀行自身が今や述べているように、「成長だけでは世界が3%目標を達成できそうにない。なぜならば、極貧層が減少するに連れ、世界銀行自身が述べているように成長そのものが貧困から抜け出す人々を減らすこととなるからである」。成長政策はより包括的なものであるように作成されなければならず、そしてより多くの資源が最貧困層の支援のために振り向けられなければならないと世界銀行は主張している[22]。

惑星地球の社会契約の基礎としての社会保障

　世界の極貧の根絶に向けた重要な一歩は全ての人に基礎的な社会保障を保証することである。同時に、それぞれの国の事情による調整はあっても1時間当たり1ドル以下に設定することが決してあってはならない最低賃金の世界中での導入が検討されるべきである[23]。これは新たな惑星地球社会の契約とグローバルな環境社会的市場経済基盤を形成するに違いない。国際労働機関ILOによって設置された「グローバル化の社会的側面に関する世界委員会 The World Commission on the Social Dimension of Globalization」は「グローバル経済の

---

19) Woodward, David. 2015. 'Incrementum ad Absurdum: Global Growth, Inequality and Poverty Eradication in a Carbon-Constrained World'. *World Economic Review*, no. 4: 43–62.
20) Woodward, David. 'How progressive is the push to eradicate extreme poverty?' *The Guardian*（www.guardian.co.uk）.
21) Collier, Paul. 2008. *The Bottom Billion*. Oxford University Press.
22) World Bank. 2014. *Prosperity for All. Ending Extreme Poverty*. A Note for the World Bank Group Spring Meetings 2014. Washington D.C.
23) Zervas, Georgios, and Peter Spiegel. 2016. *Die 1-Dollar-Revolution. Globaler Mindestlohn Gegen Ausbeutung and Armut*. München/Berlin: Piper.

社会経済的な基盤の一部として何らかの最低限の社会的保護の必要性が認められ、異を唱えられないことが必要であると的確に指摘している。社会的不安定の根絶に向けたグローバルな取り組みは、グローバル化の正当化の維持にとって極めて重要であるとこの委員会は論じている[24]。事実、「社会保障」は、世界人権宣言の第22条と25条および経済的、社会的および文化的権利に関する国際規約の第9条の中に、人権として既にしっかりと組み込まれている。多くの勧告や協定が、ILOの活動領域から登場している。例えば1952年に50カ国により批准（大概の国は部分的だが）されたILO条約102条は、その基礎的社会保障給付条項にある具体的な最低水準を加盟国が遵守することを求めている。1995年に国際連合はコペンハーゲンで社会開発世界サミットを開催した。2008年の事実上全ての国により全会一致で採択された「公正なグローバル化のための社会的正義に関する宣言Declaration on Social Justice for Fair Globalization」の中で、「ILOは必要とする全ての人に完全雇用、生活水準の向上、最低賃金の引き上げそしてベーシック・インカムを与える社会保障措置の拡充などの目的を達成する世界プログラムを、諸国間で推進する厳粛な責任を負う」ことが確認されている。同じ目標が1944年のILOフィラデルフィア宣言の中に既にある。70年後、社会的な保護に関するILOの最初の報告において、ILOは、残念なことに世界の多くの国の発展にもかかわらず、世界人口の73%、即ち52億人は、公的な社会保障制度の一部のみか、あるいは全くその恩恵を受けていないことを明らかにしている。社会的な保護は人権であるばかりでなく、ILOの見解では貧困、社会的不公平、飢餓の削減、ならびに食糧安全保障、社会的な結束、平和なコミュニティ、そして政治的安定の促進に重要な役割を果たす。社会的な保護は健康管理の提供、教育制度、雇用の創造、消費需要と経済成長に良い影響を与えることが明らかにされている。「社会的な保護に投資することは健康的で、生産的で、そして公平な社会に投資することである」と報告書は述べている[25]。

グローバルなベーシック・インカム

政治学者のクリストファー・ブラットマンChristopher Blattmannと経済学

---

24) International Labour Organization. 2004. *A fair globalization: Creating opportunities for all. Report of the World Commission on the Social Dimension of Globalization*. Geneva, para. 491, p. 110.

25) International Labour Organization. 2014. *World Social Protection Report 2014/15*. Geneva: International Labour Office, pp. 2, 154ff.

者のポール・ニーハウス Paul Niehaus が『フォーリン・アフェアーズ』誌で発表しているように、無条件の金銭的な助成金が貧困との戦いと開発援助に成功を収めてきたことが証明されている。「西側の当局者や組織は発展途上国の貧しい人々が生活を改善するために必要なことに関して最良の審判者ではない。最良の審判者は貧困層の人々自身なのである」。これが二人が新しい研究の成果を要約したものである[26]。直接の助成金に優る貧困と闘う直接的な手段はない。直接の助成金は諸々のニーズ、例えば日々の生存に必要なものから職業訓練、より多くの教育や自身のスモール・ビジネスへの投資などの中で何が一番緊急に必要なのかを人々が自分で決めることを可能にする。ブラットマンとニーハウスによって分析された研究は、総じて人々は彼ら自身でこれをうまくこなすことができることを確認している。

　欧州連合においては、欧州議会は 2010 年の最低所得に関する決議において「追加的な社会的統合と保護の諸施策を伴う、最低所得と全ての人々に対するベーシック・インカム保障に関する様々な実験は、これらの制度は貧困、社会的排除と闘うこと、そして全ての人に人間らしい生活を与えるために効果的な方法である」との欧州議会の信念を、確認している[27]。米国においては、この考え方に関する議論に長い歴史がある。最低所得保障の考えは、いわゆる負の所得税 negative income tax の形で米国の経済学者、ミルトン・フリードマン Milton Friedman が 1962 年という早い時期に彼の著書『資本主義と自由』の中で提案している。もし所得がゼロ、または一定の値より低ければベーシック・インカムの水準まで国によって金銭的な支援が与えられる。米国大統領の諮問委員会が 1969 年にこのような制度の導入を勧告した。ベーシック・インカム制の支持者の中には、公民権活動家のマーティン・ルーサー・キング Martin Luther King、経済学者のジェームス・トービン James Tobin とケネス・ガルブレイス Kenneth Galbraith がいる。マーティン・ルーサー・キングは「最も単純なアプローチが最も効果的な解決策だろう——貧困問題の解決は現在広く議論されている手段、即ち所得保障によって、貧困を直接的に撲滅することだと私は確信している」と書いている[28]。ところで、社会的抑圧に対するこの有名な闘士でノーベル平和賞の受賞者である彼もまた、世界警察と世界政府の設

---

26) Blattman, Christopher, and Paul Niehaus. 2014. 'Show Them the Money'. *Foreign Affairs*, no. May/June.

27) European Parliament. 20 October 2010. 'Resolution on the Role of Minimum Income in Combating Poverty and Promoting an Inclusive Society in Europe'. Doc. P7_TA (2010)0375, para. 34, 44.

28) King, Jr., Martin Luther. 1968. *Where Do We Go from Here: Chaos or Community?* Boston: Beacon Press, p. 162

立を支持している。「多様性の存在することが可能な世界政府はあり得る。そして世界政府は現在我々が直面する多くの緊張を緩和するだろう」と1964年に彼は述べた[29]。

　無条件のベーシック・インカムの問題はグローバルな開発と社会政策に関する議論にとって不可欠の要素になりつつある。欧州最大の薬局チェーンdm（drogerie markt）の創設者であるゲッツ・ヴェルナー Göts Werner、およびハンブルグ藝術大学の前学長であるアドリエンヌ・ゲーラー Adrienne Goehler は、この意見の有名な擁護者である。南アフリカのナミビアのオティベロ Otjivero 村におけるモデル・プロジェクトの成功例を引用しながら、両氏はなぜ「腐敗を深刻化しそして世界中の権力者、暴君、独裁者、部族長や将軍達を金持ちにした伝統的な開発政策が無条件のベーシック・インカムへと根本的に転換されないのか？」と疑問を呈している[30]。無条件のベーシック・インカムはグローバル課税の税収を何に使うのかという以前投げかけられた疑問への答えも用意している。グローバルなベーシック・インカムは多分グローバル課税からの多額の収入に対して最も賢明な使い方であろう。例えばトマス・ポッゲ Thomas Pogge は、「グローバル・ベーシック・インカムのようなものが、トービン税またはグローバル資源配当を通して得られる資金を貧困の根絶に使う最善の案の一部となる可能性が十分にある」と確信している。彼は、公共インフラの改善プロジェクトも同様に重要な構成要素になると的確に付言している[31]。ヴェルナーとゲーラーは、他方、ベーシック・インカムをグローバルなCO_2排出税と結びつけている。彼らは、「もし、CO_2排出権が競売にかけられ、その収入がベーシック・インカムの支給に充当されるならば、21世紀の抱える根本的な問題が同時に解決されるであろう。CO_2の排出は効果的に抑制され、顕在化しつつある気候変動が減速されるであろう。同時に、競売価格によっては、全員が毎月13〜14ドルを受け取ることとなろう。欧州にいる我々は、『大した額ではない』と見なすかもしれないが、世界的にはこの金額は最低限の生存と清潔な飲料水と適切な基本的な食事の利用を保証するものなのである」と書いている[32]。

---

29) Id. 1964. 'In a Single Garment of Destiny': *A Global Vision of Justice*. Ed. by Lewis V. Baldwin. Boston: Beacon Press. Part V: Statements prepared for Redbook Magazine, 5 November 1964, p. 149.

30) Werner, Götz, and Adrienne Goehler. 2011. *1000 € für jeden: Freiheit. Gleichheit. Grundeinkommen*. Berlin: Ullstein, p. 218.

31) Pinzani, Alessandro. June 2005. 'Global Justice as Moral Issue'. Interview with Thomas Pogge. *Ethic: International Journal for Moral Philosophy* (4)1: 1–6, p. 4.

32) Werner/Goehler, loc. cit., p. 233

グローバル公共財の世界的な所有権

　ベーシック・インカムの提案は、全ての人が公共財に関わり合いを持ち、そして文明の果実を共有する権利を持っているという考え方と関係がある。マイロン・フランクマン Myron Frankman が説明しているように「最も重要な論拠は極めて単純である。全ての勤労所得は既存の制度、知識、通信手段、交通網を活用しており、これらは通常社会資本の一部と見なされているものの一部である。我々一人ひとりがグローバルな文明の累積結果の共通な受益者である程度に応じて、我々はそれなりの金銭的配当を受け取る権利がある」[33]。早くからのこのアプローチの提唱者の一人であったトマス・ペイン Thomas Paine は、1797 年に、土地の所有権の問題との関連で、「地球は、自然のままの未開拓な状態においては人類の共有財産であったし、ずっとそうあり続けたであろう」、そして従って財産を持たない人達全員が財産を所有している人達から補償を受け取るべきだと強調した[34]。グローバルな公共財が使用される時には、地球上の全ての市民が恩恵を享受すべきである。グローバル・ベーシック・インカムはこのように強い象徴的な側面を持っている。グローバル・ベーシック・インカムは全ての人々が平等であるという思想と人々のグローバルなアイデンティティの思想を強化する。世界議会は実践的な実行の枠組みを設定し、予算面の最高の権限を持ち、そして民主的な管理を実施すべきである。実務上の措置はいくつかの異なるモデルを含むかもしれないが、全ては地域の実情に合わせつつ、共通のグローバルなガイドラインの中で動くことになろう。例えば、税制や社会保障制度が機能している先進国においては、負の所得税の形でベーシック・インカムを導入するのが妥当かもしれない。他の国においては、役所の手続きを最小限にして、全額を支払う方法が良いかもしれない。脆弱国家や破綻国家では乗り越えなければならない厳しい障害があるだろう。破綻しかけている国においては、なおさらそうであろう。しかしながら、決定的なことは、全ての人がベーシック・インカム保障を受け取り、それが無条件であるということ——いかなる労働の強制や資力調査のようなことが行われないことである。資力調査の類は、かなりの役所の手続きを含み、受給者に負い目を感じさせることになるばかりでなく、ベーシック・インカムの基本的原理にも矛盾する。

---

33) Frankman, Myron J. 2004. *World Democratic Federalism*. New York: Palgrave Macmillan, p. 150.
34) Paine, Thomas. 1995 [1797]. 'Agrarian Justice'. In: *Rights of Man, Common Sense and Other Political Writings*. Oxford, New York et al.: Oxford University Press, p. 417.

経済的抑圧なき生活の夢

　社会心理学者のエーリッヒ・フロム Erich Fromm は人類の歴史を通して「人はその行動の自由を二つの要因により制限されてきた。一つは統治者による実力の行使（本質的には反対者を殺害する能力）、もう一つはより重要だが、人に課せられた就業の条件や社会的な生存条件を受け入れたがらない人への飢餓の脅威」であると指摘している。しかしながら、経済的には物が有り余っている我々の時代では、全ての人の基本的ニーズを満たすことが現実に可能となっており、全ての人々は歴史上初めて所得保証という手段によって経済的抑圧から自由になり、独立できるかもしれない。フロムは「所得保証は、スローガンとしてではなく現実としての自由を確立するばかりでなく、西欧の宗教的な、ヒューマニズムの伝統に深く根差した原則、人は何が何でも生きる権利を持つということをも確立するだろう。この生きること、食物、シェルター、医療、教育などの権利は、いかなる条件にも制約され得ない人間の固有の権利であり、人間は社会的に『役に立つもの』でなければならないという条件にさえも制約されない。欠乏から豊富への心理の転換は、人類の発展の過程における最も重要な歩みの一つである」と書いている[35]。その意味では、ベーシック・インカムは、ゲッツ・ベルナーとアドリエンヌ・ゲーラーにとっては、全ての人類の夢の中で最も重要な夢、生存を脅かす恐怖のない、何でもやりたいことをする自由のある生活へと向かう一歩である。啓蒙運動の人間主義の理想、そしてフランス革命の核心である「自由、平等、博愛」という要求は、これによって「本物の基盤」を与えられる[36]。世界中の全ての人のための基礎的な社会保障が保証されることは人間の権利であり、かつグローバルな社会政策の目的である。グローバルなベーシック・インカムは各国の施策を補完し惑星地球上の極貧の根絶に貢献する財政的基盤を作り出すことができる。

---

35) Fromm, Erich. 1966. 'The Psychological Aspects of the Guaranteed Income'. In: *The Guaranteed Income*, ed. by Robert Theobald, 175–84. New York: Doubleday.
36) Werner/Goehler, loc. cit., pp. 11, 25, 265f

第 22 章

グローバル階級の形成、「超富裕階級」、グローバルな不平等

グローバルな階級対立の出現とグローバルな中流階級の役割

　世界経済における発展途上新興国の重要性の高まりとそれに関連するこれらの国の中流階級の成長は、極貧が引き続き存在しているにもかかわらず、いわゆる「第三世界」という概念を廃れさせた。同時に、世界を「中核国」「半周辺国」そして「周辺国」に分割する、「世界システム論」で長らく支配的だった考え方もほぼ過去のものとなった。これは「南半球の発展途上国」間の直接的な貿易の増加とこれらの国々の世界中の消費に占める割合の増加によって立証されている。マイケル・ハート Michael Hardt とアントニオ・ネグリ Antonio Negri は、このことを「主権の新たな形態の論理と構造」に関する彼らの説明文の中で巧みに要約している。「もしこれまでに第一世界と第三世界、中核国と周辺国、北半球の先進国と南半球の発展途上国が実際に国境に従って分離されていたとしても、今日ではこれらの国々は、明らかに相互に影響し合っていて、複数の入り組んだ国境線に沿って不平等と障害を分かち合っている。（中略）これら様々な国や地域は、第一世界と第三世界、中核国と周辺国、北半球の先進国と南半球の発展途上国の要素と考えられるものを程度の違いはあれ内包している。不均衡な発展の地形と分断と階層の境を示す境界線は最早見出されなくなるであろうが、流動的な地域的境界線や超国家的境界線という形で見出せるであろう」とハートとネグリは彼らの著書『帝国』の中で述べている[1]。人類の発展に関する国連開発計画UNDPの報告書に書かれているように、「北半球の先進国の中に『南』が存在し、南半球の発展途上国の中に『北』が存在する」[2]。こうした観点から見ると、将来の極めて重大な対立は国家間に存

---

1) Hardt, Michael, and Antonio Negri. 2000. *Empire.* Cambridge: Harvard University Press, pp. xi, 335
2) United Nations Development Programme. 2013. *Human Development Report 2013. The Rise of the South: Human Progress in a Diverse World.* New York: UNDP, p. 2.

在するのではなく、南北の軸でもまた東西の軸を巡ってでもなく、また他のそのようないかなる対立軸を巡ってでもなく、**世界という社会の内部**で、社会的に恵まれない階級と超リッチなグローバルエリートとの間に存在する。

「グローバル化する安全保障環境」に関する論文の中で、防衛問題専門家のトマス・リース Thomas Ries は次のように述べる。「暴力的な衝突を生み出す重要な政治的亀裂の線はエリート集団社会の内部から不平等なグローバルな社会経済的な社会階級間の対立した状態へと移行した。社会と社会の間の暴力をもたらすものはウェストファリア体制下のような同格の者の間の水平的競合からグローバル化した世界村での垂直的で非対称的な対立関係へと移行したが、その世界村は今にも革命が起きそうな村なのである。我々は、統合が進みつつあるエリート社会を抱えている一方で、より貧しい社会階層からの一触即発の緊張の高まりにも直面している」[3]。英国国防省による今後30年間にわたる戦略的な防衛環境に関する研究は、中流階級を潜在的な「革命を起こす階級」と認定している。「労働市場のグローバル化と国家による福祉の提供の減少と雇用水準の低下は特定の国家に対する人々の帰属心を弱体化する可能性がある」とその研究は指摘している。「中流階級と著しい超富裕者との格差の拡大が実力主義の社会への幻滅を煽り立てる可能性がある一方、抱え込んだ債務の負担と年金支給の不履行が悪影響を及ぼし始めるに連れて、都市部の下層階級の増加は社会の秩序と安定に対する脅威の高まりをもたらすことになりかねない。この一連の課題に直面して、**世界の中流階級は**、入手可能な知識、資源、そして技能を使って**自分の階級の利益のための国際的プロセスを具体化するために団結する可能性がある**」（強調は著者による）[4]。発展途上国の野心に溢れる中流階級は、その多くが依然として貧困ラインをわずかに超える程度で暮らしているが、彼らは社会的、政治的、経済的な権利の改善、良き統治ともっと良い基本的社会的基盤を要求する。一方、拡大する不平等とグローバルな構造的、経済的変化は、工業化諸国の厳しい圧迫に晒されている中流階級の人々の不安定で相対的な安全保障に悪影響を及ぼしている。「来るべき紛争の主な原因は文明間の紛争ではなく、期待感が満たされないことによって生じる中流階級の怒りである。この階級は裕福な国々においては減少しつつあるが、貧しい国々では増加

---

3) Ries, Tomas. 2009. 'The globalising security environment and the EU'. In: *What ambitions for European defence in 2020?*, 61-74. Ed. by Álvaro de Vasconcelos. 2nd ed. European Union Institute for Security Studies, pp. 62f., 67f

4) UK Ministry of Defense Development, Concepts and Doctrine Centre. 2007. *The DCDC Strategic Trends Programme 2007-2036*. 3rd ed. Shrivenham: DCDC, p. 80.

する傾向にある」というのが、モイセス・ナイム Moisés Naím の分析である[5]。

　2011 年に出版された著書の中で、不平等に関する世界有数の専門家の一人である世界銀行のエコノミスト、ブランコ・ミラノビッチ Branko Milanović は、今日の世界でグローバル階級が連帯する可能性に関して懐疑的な意見を述べており、その理由を「人々の根本的な物質的条件が単にあまりにも違い過ぎるから」としている。1867 年にカール・マルクス Karl Marx によって革命階級として世に知られた世界中のプロレタリアートは 19 世紀の終わりには既に存在しなくなっていた、とミラノビッチは論じている。当時、ヨーロッパや北米と東洋や植民地間の労働者の所得格差が「急激に増大」し、存在すると思われていた連帯は「ほころび始め、最終的には消滅した」。フランスの社会哲学者アンドレ・ゴルツ André Gorz はマルクスの言うプロレタリアートは最初から哲学的な虚構に過ぎないと考えていた。ゴルツは 1980 年に発表した『労働者階級よ、さらば』という強い影響力があった著書の中で「1 世紀以上にわたって、プロレタリアートという概念はその概念の非現実性を包み隠すことに成功してきた」と書いている[6]。ミラノビッチは今日の最も貧しい米国人でも世界人口の 3 分の 2 の人々よりも良い暮らしをしている点を強調している。「世界には最も裕福な階級の所得が富める国の最も貧しい階級の所得よりも低い国が沢山ある」と彼は書いている[7]。彼は、また、それにもかかわらず、「不安定ではあるが新たなグローバル中流階級」が存在することを認めている。2011 年の 1 日当たりのグローバル所得の中央値は 5 米ドルであった。従ってグローバル中流階級は毎日の収入が 4 ドルから 6.5 ドルの間にある人々と彼は判定している。グローバル中流階級は世界人口の約 13％ に相当する[8]。別の視点から見ると、グローバル中流階級は 1 日当たり 2 〜 16 米ドルの所得がある人々と定義することもできる。この所得グループの世界人口における割合は 1988 年から 2008 年の 20 年間に 23％ から 40％ に増加している[9]。

　前述の英国の研究が示唆するように、その重要な転換点は少なくともグローバル中流階級の一部がその紛争と彼らの共通な利害にグローバルな側面がある

---

5) Naím, Moisés. 5 August 2011. 'The Clash of the Middle Classes'. *Huffington Post*（www.huffington-post.com）.
6) Gorz, André. 1997 [1980]. *Farewell to the Working Class: An Essay on Post-Industrial Socialism.* Pluto Press, p. 67.
7) Milanović, Branko. 2011. *The Haves and the Have-Nots: A Brief and Idiosyncratic History of Global Inequality.* New York: Basic Books, pp. 113, 110f., 117f.
8) Id. 28 April 2014. 'How we can strengthen the world's fragile middle class'. *Financial Times.*
9) Lakner, Christoph, and Branko Milanović. December 2013. 'Global Income Distribution: From the Fall of the Berlin Wall to the Great Recession'. World Bank Policy Research Working Paper 6719, pp. 32, 49.

第 22 章　グローバル階級の形成、「超富裕階級」、グローバルな不平等　323

ということを今や認識しているということである。中流階級は、ブラジル、ドイツ、インドであろうと米国であろうと皆、同じように、例えば、超富裕層と彼らが所有する企業による租税支払義務の回避行動によって、被害を被っている。これは英国の研究が示唆するように、カール・ポランニー Karl Polanyi の二重運動の概念の意味ではグローバルな規制を支持する民衆の強い基盤を作り出している。「偉大なる変容」と更に関係づければ、このような状況の中では、グローバルな「大きな変容をもたらす主体」の創出について語ることができるはずである。

グローバルな不安定層プレカリアト

　グローバルな中流階級はそのような「大きな変容をもたらす主体」の役割を担う可能性のある候補の一つに過ぎない。元 ILO の幹部職員で現在ロンドン大学の研究者である英国の労働経済学者ガイ・スタンディング Guy Standing は「新しい語彙、それも 21 世紀のグローバル市場システムにおける階級関係を反映する語彙」の必要性について述べている。ベーシック・インカムの支持者であるスタンディングは「新しい危険な階級」――「グローバルな不安定層プレカリアト precariat」が登場するのを予見している。プレカリアトは新しく生まれつつあるグローバルな階級構造の最底辺に自分が位置していることを発見する。スタンディングも「形成過程にある階級」と呼ぶものの定義はまだ極めて不明瞭である。その階級は、中流階級にも昔ながらの賃金労働を基本とするプロレタリア-トにも属さない。それどころか、この階級に属する者は不安定な環境の下で暮らし、一時的な仕事で何とか生活しているか、あるいは今後のキャリアや社会的地位の向上に関する展望がない失業状態にある。スタンディングの説明はアンドレ・ゴルツがしばらく前に「ポスト工業化社会におけるネオ・プロレタリアートの無産階級」、即ち、「現在の社会的生産における全てのあぶれもの、彼らは恒常的であろうと、一時的であろうと、または一部か、あるいは全体的であるかにかかわらず潜在的に、または実際に失業している」[10] と呼んだ人々を思い起こさせる。スタンディングによると、彼らは労働市場の柔軟化と社会福祉制度（これらが存在し、利用可能である限りにおいて）の削減によって最も直接的な影響を受け、雇用関係の社会的保護も、資本からの収入もなく、貯蓄をする余裕もほとんどなく、そして将来がどうなるのかわか

---

10) Gorz, loc. cit., pp. 68f.

らない恒常的な不確実性の中で生活をしている人々である。彼らは伝統的な政党や組合によってその意見が代表されているとは感じておらず、そしてほとんどと言ってよい程国家の制度から疎外されている。ここで概説されているようにプレカリアトは、極めて不均質である。スタンディングによると、最も大きく、かつ多様性のあるグループは本人達が有する資格能力の水準に見合う定職を見つけることができないものの多くの場合は良いネットワークを持っている十分な教育を受けた人々から成り立っている。最近の若者と学生による抗議運動が登場したのはこのグループであり、スタンディングの見解によると、占拠運動（格差に反対する社会運動　訳者注）においても主導的な役割を果たしている。次いで、ポピュリズムの影響を受けやすい比較的教育レベルが低く、以前は賃金労働者だった者であるが、彼らは勤労階級から脱落していて、拠り所となるいかなる権利もほとんど持っていない最も不利な条件の下に置かれているグループである。このグループは移民（公的な在留資格の有無にかかわらず）、亡命希望者、そして少数民族に属する者達によって構成されている[11]。

大衆という概念

これと異なるアプローチが「大衆 Multitude」という概念によって解説されている。この概念は、マイケル・ハート Michael Hardt とアントニオ・ネグリ Antonio Negri の共著『大衆 Multitude』によって広く知られるようになった。彼らが「大衆」という用語で意味するのはある種のネットワークに組み込まれているが多くの変化に富んだ相違を示している「人生の単一形態の多様性」であり、「一つの単一体または単一のアイデンティティには決して還元されることができない」ものである。この用語は最も広い意味の「資本の支配下で労働し、生産する全ての人々」のことを言い表しており、だから「社会的生産に関わる全ての様々な人々」を包含しているとも言える。これは失業者も含んでいる、というのは「今日の社会的生産が工場の中でも外でも正に等しく行われているように、失業者も賃金関係の内部でも外部でも等しく生まれるから」である[12]。「大衆となることができる者達の共通の条件」は、ハートとネグリの説明では、比較的広範で特に明示されていないが、この「新たに台頭しつつある

---

11) Standing, Guy. 2011. *The precariat: the new dangerous class.* London, New York: Bloomsbury Academic, 2011 and the same, 2014. *A Precariat Charter: From Denizens to Citizens.* London, New York: Bloomsbury Academic.

12) Hardt, Michael, and Antonio Negri. 2004. *Multitude: War and Democracy in the Age of Empire.* New York: Penguin, pp. 127, xiv, 107, xv, 135.

グローバル階級の形成」は「共通のグローバルな生存」を共有すると言えよう[13]。ここでの階級の根底にある重要な概念は経験によるものではなく政治によって決定されることである。階級は階級闘争によって定義され、かつ「この点に関する階級理論の役割は潜在的な集団的闘争のための既存の**諸条件**を特定し、それらを政治的な**主張**として表明することである」とハートとネグリは論じている。従って、この場合、そのプロジェクト（集団的闘争）は大衆に命を吹き込むことである。「階級は、要するに、共同で戦う集合体であり、かつ集合体としてのみ存在し得るという点で政治的な概念である」[14]。文化理論家のシルベール・ロトリンガー Sylvère Lotringer が皮肉を込めて述べているように、ハートとネグリの分析は「本来のある種の階級闘争」即ち「階級を期待している闘争」を含んでいるように見える[15]。

　ハートとネグリによると、この闘争で問題となっていることは、要するに、「帝国」と呼ばれる堂々たるグローバルな支配機構に対する抵抗である。この機構は「主権的な権力」としてグローバルなマーケットとグローバルな生産のチェーンを統治する国際連合、IMF や世界銀行を含む「一連の国家的、そして超国家的な組織」で構成されている。このモデルの興味深い点は米国がその支配機構の中心に位置するとは見なされていないことである。むしろ、「帝国」の基本原則はそのグローバルな権力の実質的な中心を持たないことであると論じられている。国民国家の制度において極めて重要である内外の区別は「帝国」においてはますます曖昧となっている。「帝国」の持つ「帝国主権」はハートとネグリの形而上学的な色合いを帯びた分析においては、地球全体に及んでおりそして「どこにでもありかつどこにもないのである」[16]。「帝国」の重要な要素は多国籍企業や起業家達、超国家的機関、主要な産業国家そして影響力のある非国家（non-state）の活動家達の「グローバルな貴族階級」によって形成されている。そして、大衆は「これらの貴族階級に対し必然的に対立しており、これからも対立し続けるであろう」と二人は述べている。ハートとネグリは 1999 年にシアトルで開催された WTO サミットでの抗議行動を、大衆によって組織され、動員された「新たな戦いの始まりのお披露目パーティー」と捉えている。この戦いの目的は「世界の新しい民主的な組織の枠組みを発展さ

---

13) Ibid., pp. 105, xviii, 127.
14) Ibid., p. 104.
15) Lotringer, Sylvère. 2004. 'Foreword: We, the Multitude'. In: Virno, Paolo. 2004. *Grammar of the Multitude*, 7–19. Los Angeles, CA: Semiotext (e), p. 16.
16) Hardt/Negri (Empire), loc. cit., pp. xii, xi, 190.

せること」であり、そして「世界的な民主制」を創造することである[17]。

超富裕層とグローバルな権力構造

　グローバルな「変容をもたらす主体」を伝統的な階級構造の中で明確に特定することは難しいかもしれないが、一方、経済的に他の人々との大きな格差で区別されるグローバルエリートがグローバルな階級構造の頂点に存在していることを立証するのは容易である。このグローバルなエリートが超富裕層であり、各人それぞれ3000万米ドル以上の財産を持つ約15万7000人のグループである。超富裕層の富を合計すると約22兆ドル、1人当たりの平均は1億4000万ドルとなる[18]。現実には合計は、既に概説したように数兆ドルに達する更なる金額が不明瞭な投資やタックス・ヘイブンによって隠されていることが間違いなく推測できるので、もっと大きいことは疑いもない。これはまた普通の統計では捉えられない、いわゆる組織的犯罪集団に属するいわゆる「影のエリート」についても当てはまる。とにかく、従来の方法による推定などによると、世界中の約14万8200人が5000万米ドルを超える財産を所有しており、そのうちの5万4800人が1億米ドル以上、5700人が5億米ドル以上を所有している[19]。今や我々はグローバルな富のピラミッドの絶頂に位置するこの階級の頂点に近づきつつある。この頂点は『フォーブス』誌が2014年に計算した合計7.7兆米ドルの財産を保有している2043人のグループで形成されている[20]。これが示す富の集中度合は世界の最も貧しい方から34億人の人々、即ち世界の成人人口の70.1％がこの2043人のグループよりほんのわずか下回る額——7.6兆米ドル——を保有しているという事実で示される[21]。超富裕層の15万7000人はこの3倍以上の富を持っている。世界人口の中の最も貧しい人々の半分が所有しているのは世界の富の1％未満で、そして世界人口の中の最も貧しい人々の3分の2が所有しているのは2.7％未満である。対照的に、世界人口の1％の最富裕層は、全ての富の概ね50％を所有している。オックスファムOxfamによると、1988年から2011年の間に最も貧しい10％の人々の収入の増加は1年当たり3米ドル以下であったのに対し、最も裕福な1％の人々の収入の増加は同じ期間

---

17) Hardt/Negri（Multitude）, loc. cit., pp. 171, 322, 215, 217, 324, xi.
18) Capgemini, and RBC Wealth Management. 2017. 'World Wealth Report 2017', pp. 7, 10.
19) Credit Suisse. November 2017. 'Global Wealth Report 2017', p. 24.
20) 'Forbes 2017 Billionaires List', *Forbes Magazine*（www.forbes.com）.
21) Credit Suisse, loc. cit., p. 21.

に182倍であった[22]。1980年以降、世界のトップ1%の稼ぎ手は極貧層の50%の人々のグローバルな所得の増加の2倍もの増加を手にしている[23]。気候問題に対する責任という観点からは、世界人口の半分の最も貧しい人々は全世界の排出量のおよそ10%のみに責任があるに過ぎないと言われているが、これらの人々の圧倒的多数が気候変動に対して最も脆弱な国々に住んでいる。加えて、最も裕福な1%の人々のグループの中の1人の平均的な環境負荷は最も貧しい10%の人々のグループの中の1人の平均的な環境負荷の175倍である可能性がある[24]。「階級間の戦いがある。そのとおりだ。しかしその戦いを仕掛けているのは私の所属する階級、即ち富裕階級だ、そして我々は勝利している」と数年前の『ニューヨーク・タイムズ』紙でのインタビューで、億万長者のウォーレン・バフェット Warren Buffet が述べている[25]。

　超富裕階級のメンバーは、常にではないけれども、しばしば少数の世界中のエリートによって構成される主なグローバル権力組織の構成員であると推測することができる。ドイツの社会学者ユルゲン・クリスマンスキー Jürgen Krysmanski は超富裕層を「支配階級という意味でグローバルな権力の中核」であると見なしており、「グローバルな主権の新しい形態」の基礎となった「権力‐資金力‐複合体」について述べている[26]。クリスマンスキーは「新しい地球の支配構造」を「同心円の城」として描写している。彼は、「その中心は、0.01%の超富裕層、即ち、完全に束縛から離れていて何でもすることができ、そして我々の知識と情報の社会がそれ自体を社会の新しい中心として確立するために必要な全ての手段を与えられている社会階層によって至るところに形成されている。中心の周辺の、その中心に最も近いところに二番目の輪がビジネスと金融のエリート、富の有効利用の専門家と証券の専門家によって形成されている。その次の機能的な輪は、少なくとも億万長者の帝国に関する限りは、できるだけ目立たぬように、底辺からトップへの富の分配を手配する政治エリートで構成されている。最大のグループは城の外輪に住んでいる。あらゆる種類の行政と知識エリート、科学者からテクノクラートまでそして官僚からメディア、文化、スポーツ分野の人を喜ばせるエリート達」[27]。キッシンジャー・

---

22) Oxfam. 18 January 2016. *An Economy for the 1%*, pp. 10f.

23) Alvaredo, Facundo, et al. 2017. *World Inequality Report 2018*. World Inequality Lab.

24) Oxfam. 2 December 2015. 'Extreme Carbon Inequality'.

25) Stein, Ben. 26 November 2006. 'In Class Warfare, Guess Which Class Is Winning'. *The New York Times*（www.nytimes.com）.

26) Krysmanski, Hans Jürgen. 2012. *0,1 Prozent – Das Imperium der Milliardäre*. Frankfurt: Westend, pp. 64f.

27) Id. 2013. 'Planetarische Herrschaft'. *junge Welt*, no. 100.

アソシエイツ Kissinger Associates の元専務理事で、商務省の国際貿易担当次官デビッド・ロスコフ David Rothkopf は、いわゆる「スーパー階級」について評判になった彼の著書の中で、上記よりは緩やかな図を描いている。そこでは、「グローバル・パワーエリート」は 6000 人のサークルで構成されており、相互に無数の糸で繋がっている。彼らは個人の富ではなく彼らの「国際的な影響力」によって認識されている。彼の見解では、これは国際的に最も影響力のある国家の高官、最も強力な軍の司令官、世界的な大企業や最も富裕な銀行や最も大きな投資会社の最も重要な役員、最大規模の NGO や最も重要な国際機関の議長、そして宗教指導者、科学者とその他の思想界の指導者を意味している[28]。

多国籍資本家階級

　超富裕層と彼らの影響力に対してあまりにも長い間、あまりにもわずかな関心しか研究者達は払ってこなかった。そしてこの沈黙は貧困層と中流階級の生活の状況に関して行われた集中的な研究とは著しい対照をなしていることが度々正に指摘されてきた。C・ライト・ミルズ C. Wright Mills とウィリアム・ダンホフ William Domhoff という、エリートについての本格的な研究を行った先駆者二人を米国は今や有している。グローバルエリートもより多くの関心を招き始めている。しかしながら、これは通常は超富裕層そのものについてではなくて超富裕層がその過程で重要な役割を果たすグローバル階級の形成の問題に焦点が当てられている。以前ロンドン・スクール・オブ・エコノミクス London School of Economics にいた社会学者のレスリー・スクレア Leslie Sklair は、2001 年の研究で、国家の枠組みを超える事業の重要性の高まりは、多国籍資本家階級 transnational capitalist class 略して TCC」の台頭を伴っており、その階級が、世界的な生産手段の大部分同様、「グローバル化のプロセスを多かれ少なかれ支配している」と論じている。彼の分析によると、TCC 内の主なグループは、最も重要な国際的企業を支配する人々、即ちその所有者達（超富裕層）と経営者によって構成されている。このグループは、他の三者、トップ官僚、政治家、専門家、科学者そしてとりわけメディアの代表者によって支えられている。これらのグループ間で無数の重複、相互関係、そして交替

28）Rothkopf, David. 2008. *Superclass: The Global Power Elite and the World They Are Making.* London: Abacus.

がある。「彼らは、いかなる実際のまたは想像上の国民国家の利益よりも、グローバル資本の利益を促進するために国境を越えて活動するという意味で**多国籍資本家階級**である」とスクレアは強調している。もちろん TCC 内部において利害の対立は存在する。しかし、これらは「二次的問題である」。何となれば、「グローバルな資本家システム全体にとって、階級の内部のこれらの争いは、世界中の TCC のメンバーをグローバルに繋いでまとめるもの即ち個人資産とそれを蓄積する彼ら個々人の権利をできる限り阻害されずに守るという彼らの共通の利益ほど重要ではないのである」[29]。

　カリフォルニア大学サンタバーバラ校の社会学者ウィリアム・ロビンソン William Robinson はこれらの研究を更に進めている。2004 年から始めた「グローバルな資本主義の理論」についての重要な研究の中で、彼もまた「多国籍資本家階級」の出現がグローバル化のプロセスの中心的な特徴となっていることを強調している。この出現は単なるプロセスの結果ではなく、1970 年代以降はグローバル化の原動力ともなっていた。彼は資本主義のグローバル化は、カール・ポランニーが描いた歴史的な「偉大なる変容」をグローバルなレベルで再現していると論じている。多国籍資本家階級によって実体化されそして管理される資本は、国民国家によって設定されている規制から自らを解放することに成功している。「この解放は、台頭する国際的資本を資本主義の国民国家段階の下で社会主義的な勢力によって課された妥協や義務の拘束から解放されることに役立った。それは世界各国の階級と社会集団の間の勢力のバランスを台頭する TCC 側にグローバルレベルで劇的に変更した」とロビンソンは述べている。TCC は反対運動によって国家レベルで歴史的に必要とされてきたこれらの妥協を国際的レベルでかなり意識的にそして用心深く巧妙に回避し、効力のないものにした。TCC 台頭の実証的な証拠として、ロビンソンは国際的企業の数と規模の拡大、国際的合併と経営権取得の増加、外国直接投資の増加、国際的企業の取締役会における人材の重複、そして世界的なアウトソーシングと下請け事業の伸展を挙げている[30]。

---

29) Sklair, Leslie. 2001. *The Transnational Capitalist Class*. Oxford, UK; Malden, Mass.: Blackwell, pp. 5, 17, 295, 12.

30) Robinson, William I. 2004. *A Theory of Global Capitalism. Production, Class, And State in a Transnational World*. Baltimore and London: Johns Hopkins University Press, pp. 41, 54ff.

多国籍国家機関

　カナダの社会学者ウィリアム・キャロル William Carroll のその後の研究は、
TCC が地理的には北大西洋地域で最も発展したことを明らかにしているが、
それは決して西側諸国や北半球に限られた現象ではない[31]。発展途上国におい
ても、超富裕層と他の分野の国家的エリート達が、台頭しつつある TCC にま
すます組み込まれている[32]。ロビンソンが語るように、国家はある特定の、歴
史的なその時々の階級関係が政治的な組織に反映されたものの表れとして理解
できる。グローバル化と TCC の出現は国家の性格と構造の変容を伴ってきた。
TCC と一体化された国家的エリートと下級官僚は TCC の国家の枠組みを超え
た階級の利益のために行動し、かつ国家の諸機関とその決定を状況に応じて手
段として利用する傾向がある。ロビンソンは米国を TCC によって支配されて
いる国家の最も重要な例として挙げている。そして彼は米国政府が多国籍企業
の利益に進んで応えていることの証拠として、外国直接投資を保護するために
考えられた政府間投資保護協定の数を指摘している。その数は今や世界中で数
千件に達している。これらの協定は会社が補償を求めて政府をその国の裁判所
の管轄外で、例えば、ワシントン DC にある世界銀行グループの一部である投
資紛争解決国際センター International Center for Settlement of Investment
Disputes に訴訟を提起する権利を与えている。ロビンソンは共にとられる
TCC の諸活動が「多国籍国家」の形成を急速に進めつつあることを示してい
ると確信している。これは、ネットワークに似た存在であり、いくつかのレベ
ルにわたって広がっており国民国家の諸機関と主要な国際的な経済的、政治的な
フォーラムや組織により構成されており、かつ TCC によって相互に結合され
ているが、いかなるグローバルな中核となる組織もない。「国家」という言葉
はある領域とある特定源から発する規則または支配に従う社会的なシステムに
適用される。この国家の定義を使えば、TCC によって支配される世界秩序を
多国籍国家 transnational state TNS と言い表すことが確かに可能である。
「TNS はこのグローバルなブルジョワの興隆しつつある覇権を維持し、防衛し、
そして増進するグローバル社会におけるこれらの組織と慣習により成立してい
る」とロビンソンは書いている。米国の支配権力の衰退は「超国家的な組織に

---

31) Carroll, William K. 2010. *The Making of a Transnational Capitalist Class. Corporate Power in the
　21st Century*. London and New York: Zed Books.
32) Robinson, William I. 2011. 'Global Capitalism Theory and the Emergence of Transnational Elites'.
　Critical Sociology (38)3: 349-63.

よる多国籍覇権の創造」を伴いつつある。国民国家がこの構造の一部として存続しているという事実はTCCの多くの利益に役立っている。国民国家に定着したその階級の妥協の解消は、例えば、労働者に対して多国籍資本が振るう力に基づいている。そしてTCC自身は本質的にはグローバル化されているが、構造的には国民国家の制度の内部に閉じ込められ続けている。端的に言えば「国民国家の制度は人々をその固定した物理的（領土の）境界内に押し込めて、支配し、そうすることで労働者をより効率的に搾取し、かつ彼らの抵抗を抑え込むことができるのである」[33]。国民国家の制度はかくて「変革の主体」がいかなる種類のものであっても、その水平的で多国籍の政治的な団結を妨害し、または少なくとも相当より一層困難にしているのである。

多国籍企業間の相互連携

　驚くべき権力の集中が多国籍企業の世界において見られる。多国籍企業の所有者や上級管理職がTCCの中核を形成している。スイス連邦工科大学チューリッヒ校ETH Zurichの3名の研究者は約4万3000の主要な多国際企業を選んでそれらの相互連携関係にある所有権の構造について研究を行った。研究者達は、これら企業の経済的価値のほぼ40％は所有権の取り決めに関する複雑なネットワークを介した147社の密接に連携する中核グループの管理下にあることを発見した。その支配力の密度の高いことから、研究者達はこのグループを「スーパー組織super-entity」と呼んでいる。より大きな中核をなす737社は研究対象のグループの多国籍企業の経済的価値の約80％を順に支配している。この研究は、この集中度がグローバルな金融の安定性にとって何を意味するかという問題に加えて、競争の歪みとカルテルの形成という潜在的な問題があることを指摘している。報告書は、「驚くべきことに、グローバル市場にそのような中核があることはこれまで全く記録されていなかった。従って、これまでいかなる科学的研究もこの国際的な『スーパー組織』が一団として機能してきたことを明らかに示していないしまたは考慮の対象から除外している」と述べている。各国国内の公正取引に責任のある当局はまだこの問題について関心を持ったことはない[34]。この研究の共著者の一人であるジェームズ・グラットフェルダーJames Glattfelderは「多国籍企業間の行き過ぎた連携を制限する

---

33) Robinson. 2004, loc. cit., pp. 99, 91, 77, 100, 88, 94, 101, 135, 106.
34) Vitali, Stefania, James B. Glattfelder, and Stefano Battiston. 19 September 2011. 'The network of global corporate control'. *PloS One*, no. arXiv:1107.5728v2, p. 8

332　第二部　21世紀の統治と民主主義

ために、今は国内のみにある反トラスト規則のグローバル化が私達は必要になるかもしれない」と信じている。この研究の公表はシステム科学研究者のヤニール・バル＝ヤム Yaneer Bar-Yam に「行き過ぎた相互連携の危険性を抑えるために企業は課税されるべきである」[35] と提言することを促した。

グローバル反トラスト機関の必要性

　国際企業の影響の大きさとそれら企業間の強力な相互連携にもかかわらず、グローバルな反カルテル法制定に向けての努力は遅々として進んでいない。これは放置しておいてよい問題ではない。反競争的慣行の防止と抑制はグローバル市場の規制に関し根本的に重要である。シカゴの法律専門家であるデビッド・J・ガーバー David J. Gerber がグローバルな競争に関する彼の著書の中で明らかにしているように、国際的なカルテルに関する問題は 1927 年のジュネーブの国際連盟の第一回国際経済会議 International Economic Conference において既に重要な問題となっていた。第二次世界大戦後、1948 年にハバナにおいて、国際社会は「排他的慣行」の防止のための競争法の条項を含む憲章を備えた国際貿易機構 International Trade Organization ITO を設立することに合意した。ハリー・トルーマン Harry Truman 政権下の米国政府はこの提案が米国議会で承認される見込みがないことに気づくと、彼らは 1950 年にそれを法律制定対象議案から取り下げた。それによって ITO は失敗に終わった。ガーバーはこの ITO プロジェクトが結局失敗したのは「幾多の地政学的および各国の事情の変化の結果でありそのいずれも競争法制定のプロジェクトに直接的に関係していなかったのである」と強調している[36]。しかしながら、1953 年に国連の経済社会理事会 Economic and Social Council of the United Nations がハバナ憲章の関連条項に概ね基づいた「排他的慣行」の監視に特化する国際機構設立に関する提案をぶち壊したのは米国側の反対によるものであった。競争法に関する最低限の国際的な競争法基準と紛争解決プロセスを決定しようとした試みも 7 年後のメキシコのカンクンでの WTO 会議で合意に達することが不可能なことが明らかになり失敗した。そしてその提案は冷戦終結後、いわゆるシンガポール問題の一部として 1996 年の WTO の議題に取り上げられた。

---

35) Coghlan, Andy, and Debora MacKenzie. 19 October 2011. 'Revealed – the capitalist network that runs the world'. *New Scientist*, no. 2835.
36) 以下の第2章を参照。Gerber, David J. 2010. *Global Competition: Law, Markets and Globalization*. Oxford, New York: Oxford University Press, pp. 20-54.

米国はその必要性を理解せず、自国の国家主権が制限されることを恐れた。多くの開発途上国は、他方、競争法について経験がほとんどなく、WTO の枠組みにおいては、競争法は先進工業国に拠点を持つ国際的企業をより有効に管理するよりもむしろそれら企業の利益に資するように作られるかもしれないとの疑いを抱いた。だがこうした全ての提案はいずれにしても有効な世界的反トラストのための関係機関を創設することとはかけ離れたものであった。国際的な競争法規則は一方側だけに適用されるだけであり、しかも国民国家レベルでのみそして EU の場合も同地域のレベルにおいてのみ治外法権的に執行され得るに過ぎない。

　グローバル化が引き続き進行していることに照らして、ガーバーはこの状況を「ますます危険」で「恐るべきもの」と捉えている[37]。ドイツの法律専門家ディトマール・ベトゲ Dietmar Baetge は彼の著書の中でこのテーマに関する重要な問題の一つに取り組んでいる。国家の反トラスト法の役割は「国家の利益を守ることにのみあり、他の国家や国際社会の利益を守ることにはない」と書いている。他国の福利が考慮されることは一切ない。例えば、ほぼ全ての国が輸出カルテルを各々の競争法から除外している。ベルリン近郊にある応用科学大学ウィルダウ校 University of Applied Sciences in Wildau で法律を教えているベトゲは、マーケットがグローバルに相互に結びついていることに鑑み、反トラスト法を支援するために「グローバルな立場に基づく福祉パラダイム」を提唱した。評価基準として関連する**全ての**国にとっての最適な結果を設定し、かつ「広い範囲にわたる世界の人々」（そして究極的には個々の消費者）が利益を得ることを確保するのを目標とするパラダイムである。産業政策の役割はこうした目標の遵守でなければならず、かつ発展途上国の利益も考慮されなければならない。同時に、国内の規制の寄せ集めによりビジネスに課されている負担は軽減されなければならない。反トラスト法の基礎であるべき世界中の消費者の福祉の改善のためとなる対象は、ベトゲによれば、「中枢の国際的当局」によってのみ提供されるグローバルな公共財である[38]。反トラスト法の専門家であるロバート・W・ハーン Robert W. Hahn とアンヌ・レイネ＝ファラー Anne Layne-Farrar は「世界中の消費者の福祉が最も重要であると認める制度は、国内の福祉を増進することを目的とする反トラスト国家制度の自然な延長であ

---

37) Ibid., p. vii.
38) Baetge, Dietmar. 2009. *Globalisierung des Wettbewerbsrechts. Eine internationale Wettbewerbsordnung zwischen Kartell- and Welthandelsrecht.* Tübingen: Mohr Siebeck, pp. 103f., 108, 112, 471, 476, 109, 467.

る」と論じている。彼らは国際的な状況は米国内の状況と似通っていると見ている。米国政府により取り上げられた反トラスト法の問題においては、それに関連するどの米国の州も米国全体のための利益よりもむしろ自州の独自の利益を追求する傾向があり、従って、ひたすら問題の解決を遅らせようとしたり、より複雑化するのみならず、その解決に費用がもっとかかるようにする傾向がある。加えて、個々の州はロビイストにとっては米国連邦政府当局よりもはるかに容易な餌食なのである。だからこの問題を研究したほとんどの専門家達は米国の反トラスト法の訴訟提起の際の州の役割を制限することを支持すると言っている。国際レベルにおいては、決定的な違いは、もちろんグローバルな反トラスト法の訴訟提起の方途が全く存在しないことである。前述の専門家二人は「論理的な解決策は執行力を有するグローバルな反トラスト機関であろう」ことを確信している[39]。そのような新たな独立機関を設立すべきか、または一つの選択肢として WTO の一部とすべきかどうか、ここでかかる議論を展開するのは適切ではない。しかしながら、いずれにしても、その機関がグローバルな議会組織に対して責任を負うことであれば、十分な民主的合法性があると主張することが専ら可能となることは強調しておく価値がある。

グローバルな不平等と不安定性

　最頂点にある者への権力の集中、多国籍エリート階級の世界的な影響力の出現そして世界の所得と富の不平等な分配は、新たな「大いなる変容」を詳細に理解するためにいずれも最重要の問題である。グローバルな不平等を減らすことは世界国内政策の重要な目標であり、かつ政治的、経済的、社会的な安定とより公正な世界秩序を創造することに寄与するはずである。最もよく使われる不平等を示す統計的尺度はジニ Gini 係数である。これは完全に平等な分配（誰しもが同じ収入を得ていること）を示す 0 から、完全に不平等な分配（一人の人間が全ての収入を得ていること）を示す 100 までの値で示される。世帯調査に基づく収入に関する統計データは、高所得者を十分には捕捉していない。もし統計データのみが不平等の測定の統計的基礎であるとするならば、その結果は実態とは不釣り合いに肯定的なものとなる。より実際的な結果を得るために、もっと最近の研究では超富裕層の推定資産額も計算に含んでいる[40]。世界銀行のた

---

39) Hahn, Robert W., and Anne Layne-Farrar. 2002. 'Federalism in Antitrust'. *Harvard Journal of Law & Public Policy* (26)3: 877-921, p. 917.
40) Vermeulen, Philip. July 2014. 'How Fat is the Top Tail of Wealth Distribution?' European Central

めにクリストフ・ラクナー Christoph Lakner とブランコ・ミラノビッチ Branko Milanović が実施した調査は超富裕層の資産が含まれた場合、グローバルな不平等は、以前の想定に反して、1988 年から 2008 年までの間、**全く減少しなかった**との結論を下している。グローバルなジニ係数は約 75 で、それは依然として非常に高いレベルにある。その調査は同じ期間、世界の所得の増加の44％が世界人口の 5％である富裕層のものになっていることを明らかにした[41]。別の不平等に関する尺度で最近よく議論されているものは発案者である経済学者ガブリエル・パルマ Gabriel Palma の名前が付けられた「パルマ比率」である。これは人口の上位 10％と下位 40％の所得の比率を示すものである。つまり、パルマ値の 5.0 は、上位 10％が下位 40％の 5 倍の所得を得ていることを示している。パルマ比率はより抽象的なジニ係数と比べて非常に具体的な比較が可能であることが大きな利点として評価されている。デンマーク国際問題研究所 Danish Institute for International Studies のラース・エングベア＝ペデルセン Lars Engberg-Pedersen によると、グローバルなパルマ比率は 32 である。比較すると、米国の場合は、得られた値は 1852 であった[42]。

　不平等と社会的な不安定性の関係は古くから思想家や研究者の関心を捉えてきている。1960 年から 1985 年における 71 カ国での経済発展に関する先駆的な研究は、所得の不平等は社会 - 政治的な不安定と因果関係があると結論づけている。その研究は「貧困に喘ぐ大規模な市民のグループは、小さいが非常に裕福な個人からなるグループと向き合うと、目の前の社会－経済的な現状に対して不満を抱き、抜本的な改革を要求するようになる傾向がある。その結果、所得の配分がより平等な時より大衆の暴力や権力の不法な奪取が起きやすい」[43][44]ことを明らかにしている。この知見は現代の科学的コンセンサスではないかもしれないが、アリストテレスは既にこの因果関係は明白であると理解していた。アリストテレスは 2000 年以上前に、「どこにおいても不平等は革命の原因である」と簡潔に述べている[45]。ブランコ・ミラノビッチ Branko Milanović の見解では、「地域的に見て、社会間のそして個人間の大きな不平等

Bank Working Paper Series No. 1692.

41）Lakner/Milanović, loc. cit., pp. 38, 48, 30.

42）Engberg-Pedersen, Lars. March 2013. 'Development goals post 2015: Reduce inequality'. *DIIS Policy Brief, Danish Institute for International Studies*, p. 4.

43）Alesina, Alberto, and Roberto Perotti. 1996. 'Income distribution, political instability, and investment'. *European Economic Review* (40)6: 1203–28.

44）研究状況の概要は以下で提供された。Giskemo, Grunhild Gram. 2012. 'Exploring the relationship between socioeconomic inequality, political instability and economic growth. Why do we know so little?' Chr. Michelsen Institute, CMI Working Papers.

45）Aristotle. 'Politics'. Transl. by Benjamin Jowett. The Internet Classics Archive. Book Five, Part I.

は政治的な不安定と密接に関連している」「一国の不安定は次々と近隣諸国に広がり、そして世界のその他の地域にさえも波及する傾向がある」。換言すれば、「グローバルな大きな不平等はグローバルな大混乱をより一層引き起こしやすい」[46]。

金融危機の原因としての不平等

不平等も、金融市場の規制緩和や不十分な管理と、バンク・オブ・アメリカやJPモルガン・チェース、そしてゴールドマン・サックスのような数々の主要な金融機関による組織的な不正行為のような要因と重なり、金融危機を引き起こす一因となった。経済学者のジェームズ・K・ガルブレイス James K. Galbraith は、「深く考えれば金融危機の核心は不平等であった」と確信している[47]。IMFの研究者達の意見では、危機は究極的には最上位の所得者とそれ以外の残りの人々との間の収入の不均衡が、数十年にわたって、拡大した結果である。この見解によると金融危機の背景は主として最上位所得者の増加収入のうち、わずかな部分のみが高額消費に費やされる一方、大半が貯蓄に回されているということによってもたらされている。投資の機会を注意深く探しているうちに、この蓄積された富はローンの形で金融部門から残りの人々、そして特に低所得者層に流れたが、この人々は収入の減少にもかかわらず、少なくともしばらくの間は消費レベルを維持または上げることができた。しかしながら、IMFのエコノミストが言うように、「労働者の収入に対する債務の割合の大きな、そして慢性的な上昇は最終的には金融危機に繋がる金融的脆弱性を生み出す」[48]。このことは金融危機を極めて注意深く説明している。米国のサブプライム住宅ローンの債務不履行の増加は不動産価格の深刻な下落を引き起こした。そのため、それは金融危機の最も重要な引き金の一つと見なされた。マクロ経済の観点からは、不平等は消費減退の一因となり、そしてその結果、経済成長を減速させる。ブランコ・ミラノビッチによると「金融危機の本当の原因は、利益を生むために使用されるよりもはるかに巨額の投資可能な資金を生み出す所得分配の大きな不平等にある。中流階級の不十分な経済成長という政治的な問題は次に、金利の安いクレジットの利用の道を開くことで「解決された」の

---

46) Milanović, *The Haves and the Have-Nots*, p. 161f.
47) Galbraith, James K., Professor. *Inequality and Instability: A Study of the World Economy Just Before the Great Crisis*. New York: Oxford University Press, 2012, p. 4.
48) Kumhof, Michael, and Romain Rancière. 'Inequality, Leverage and Crises'. IMF Working Paper WP/10/268, November 2010, p. 3, 22.

である。そしてクレジットの利用の緩和が、中産階級の怒りを鎮めるために、必要とされたのである。なぜなら民主主義のシステムにおいては行き過ぎた不平等な発展のモデルは政治的な安定と共存することができないからである」[49]。

投下資本の増加と資本に対するグローバル課税

　経済学者のトマ・ピケティ Thomas Piketty が示した分析では、不平等は全ての資本主義経済制度の特徴であり、そして国家はその傾向を緩和するために介入しなければならない。世界中で大きな注目を集めた彼の研究結果によると、長期にわたる投下資本の収益率は必ずそして大幅に国の一般的な富の創出の成長率を上回る。これは投下資本から得られる所得の方が雇用に支払われる所得の成長よりも成長が速いということを意味する。個人資産が大きければ大きい程、成長率も大きい傾向がある。ピケティのデータによると、米国の上位1%の所得は1980年から2010年の間に倍以上になり、上位0.1%では3倍以上、上位0.01%では4倍以上となった。同じ期間内で、下位90%の所得はほぼ5%減少した[50]。不平等は従って裕福な資本家とそれ以外の人々との間だけでなく、裕福なクラス自身の間でも拡大している。彼が提案する資本に対するグローバルな課税の主な目的は「社会主義の国家のために資金を調達することではなく、資本主義を制御するためである」とピケティは言う。「資本に対するグローバルな課税または類似した政策がなければ、最上位の1%の人による世界の富の占有率が無制限に拡大し続けるというかなりのリスクが存在する」。資本に対するグローバルな課税の狙いは「第一に富の不平等な無制限の増加を止めること、そして第二に危機を回避するために金融と銀行のシステムに有効な規制を課すことである。これら二つの目的を達成するために、グローバル資本税は先ず民主的で財政的な透明性を促進しなければならない。即ち、誰が世界中のどのような資産を所有しているかについて透明性があるべきである」[51]。この提案に対する批判者がグローバル資本はそのような課税から簡単に逃げてしまうと反論する時、彼らはグローバル課税の最も重要な特性を理解することに失敗しているのだ。その特性とは正にグローバルなそして水も漏らさない課税シス

---

49) Milanović. 2011, loc. cit., p. 196.
50) Piketty, Thomas, and Emmanuel Saez. Table A6: Top fractiles income levels (including capital gains) in the United States (elsa.berkeley.edu/~saez/TabFig2010.xls).
51) Piketty, Thomas. 2014. *Capital in the Twenty-First Century*. Cambridge Massachusetts: Harvard University Press, pp. 518f.

338　第二部　21世紀の統治と民主主義

テムの導入なのである[52]。

グローバルな公共政策機関と世界議会の必要性

グローバルな課税で賄われるグローバル・ベーシック・インカム global basic income は、最も貧しい人々のために富の再分配をもたらしつつ、グローバルな不平等を減少させる可能性のあるもう一つの手段である。グローバルな不平等との闘いにおいて、世界国家組織がなければ、この問題に取り組むための実際的な政策の選択肢は単に全く存在しないということは重要な洞察である。ラース・エングベア＝ペデルセン Lars Engberg-Pedersen は「世界人口の最も裕福な層 10％と最も貧しい 40％の層の間の所得の不平等を減少させる政治的手段は存在しない。累進課税、社会保障の提供などは国家レベルの手段であり、そして政府開発援助がグローバルな不平等対策になることはほとんどない」と述べている[53]。そしてブランコ・ミラノビッチは「グローバルな政府が存在しない限り、不平等の程度に関する不満が明瞭に表明されまたは政治的な行動に移されることはあり得ないし、そしてその意見は誰にも伝えられない。そして、最も重要なことは、そうした不満に基づいて行動できる人は誰もいない」と書いている[54]。

民主的な世界議会は世界のこの許しがたい不平等に対する不満を明確に述べること、そして従って建設的な進路に向かわせることを可能にする。しかしこれは世界議会が実際にグローバルな不平等に対して本格的な措置をとる権限を持つか、または少なくともその措置を成立させることに貢献できる場合にのみグローバルな社会－経済上の対立を和らげることに成功することが可能であろう。このための措置にはもちろんグローバルな課税やベーシック・インカムが含まれるが、グローバルなレベルでの**マクロ経済的な調整**も含まれる。ヘルシンキ大学で世界政治を専門とするヘイッキ・パトマキ Heikki Patomäki 教授は、「民主的なグローバルなケインズ主義」を訴える中で、普通の人々の購買力を高め、そうしてグローバルな総需要を高めることが、重要な経済的目標とならなければならないと強調する。実質賃金の増加、とりわけ南半球の発展途上国において、労働者の権利と労働者の組織の整備を「諸国家と諸国際機関がこの

---

52) Cowen, Tyler. 2014. 'Capital Punishment. Why a Global Tax on Wealth Won't End Inequality'. *Foreign Affairs*, May/June.

53) Engberg-Pedersen, Lars. March 2013. 'Development goals post 2015: Reduce inequality'. *DIIS Policy Brief, Danish Institute for International Studies*, p. 4.

54) Milanović. 2011, loc. cit., p. 160.

惑星地球の経済政策の中心目標とすること」によって達成できる。パトマキは「全世界レベルでの需要の調節と維持」は世界議会によって連携させることができるはずであると論じている。「グローバルな総需要を調節する観点から見ると、諸国の経済政策立案者と国際機関との間の調整ができる制度的な取り決めの類をいかに作り上げるかが重要な問題である。これに対する可能性のある解答の一つが世界議会である」[55]。ガイ・スタンディング Guy Standing のようなグローバルなベーシック・インカム制の考えを支持する人々も、世界議会をマクロ経済のための機関と見ている。ベーシック・インカム制度は、固定基本額に加え、不況時には増額し、好況期には減額する、といったように経済の全体的な趨勢に対し、反循環的な方向に向けて調整可能な可変要素を含めることができる[56]。エコノミストのマーク・ブライス Mark Blyth とヘッジファンド・マネージャーのエリック・ロナガン Eric Lonergan も『フォーリン・アフェアーズ』誌で、国民への直接的な資金給付は一般経済を刺激するための適切な手段となり得ると主張している。「短期的には、そのような資金の移転は経済を活性化させる可能性がある。長期的には、資金の移転は成長のための銀行制度への依存を減らし、増加傾向にある不平等を逆方向に転換させる可能性がある」と彼らは書いている。総需要に対して金利で影響を与えようとする代わりに、中央銀行は金融政策手段として、人々へ直接現金の給付を始めることができる。これはもし送金が所得規模の下位 80％ の世帯に制限されていれば、不平等を削減することに特に効果的であろう。ブライスとロナガンは、後に米国中央銀行である連邦準備制度理事会の議長となるベン・バーナンキ Ben Bernanke がプリンストン大学の経済学教授であった 1998 年に、日本経済を活性化するための手段として直接的な資金給付を推奨したことを指摘した。「この資金給付は悪影響をもたらすインフレを引き起こすことはなく、そして、この方法が機能することを疑う人はほとんどいない。唯一本当の問題は、なぜ今までどの政府もそれを試みてこなかったのかということ」であると、彼らは書いている[57]。無条件のグローバル・ベーシック・インカム制を含む広い枠組みの一部としての資金給付は世界の中央銀行のマクロ経済に必要な手段の一部となり得るはずである。

---

55) Patomäki, Heikki. 2013. *The Great Eurozone Disaster. From Crisis to Global New Deal*. Transl. by James O'Connor. London and New York: Zed Books, pp. 179ff.

56) Standing, Guy. 2014. *A Precariat Charter: From Denizens to Citizens*. London, New York: Bloomsbury Academic, pp. 321f.

57) Blyth, Mark, and Eric Lonergan. 2014. 'Print Less but Transfer More'. *Foreign Affairs*（93）5: 98–109, pp. 99, 103

新たなグローバル階級間の妥協

より広い視点から見れば、必要とされているものは**新たなグローバル階級間の妥協**の確立と制度化である。より公正な、そして社会的な世界秩序への道筋はグローバルなエリートの支配を抑制することを不可避的に必要とする。世界議会はグローバルなエリートとそれ以外の人々との間の紛争に新たな解決策を作り上げる継続的な役割を果たすための制度的プラットフォームを提供する。デビッド・ロスコフ David Rothkopf はグローバルエリートの**存在しない**世界には回答はないという点を正しくも指摘している。もちろん、これは確かに非現実的である。しかしながら、バランスはとられなければならない。世界の人々全体の意志を代表し、そして究極的にはそれを制度化する権力中枢への対抗勢力の出現なしでは、我々は部分的な解決しか得られない状態を続けることであろう」とロスコフはまた予測している。彼はこのような展開は最終的にはスーパー階級自身の最も根本的な利益に資することとなると論ずる。さもなければ、「危機は事実上、避けられず」、そしてこのように対処することによってのみ、彼らが「強欲、対応の鈍さ、そして先見の明の欠如によりもたらされた没落という過去のエリート達が辿った運命を避けることができる可能性があるのだ」[58]。

---

58) Rothkopf, David. 2008. *Superclass: The Global Power Elite and the World They Are Making.* London: Abacus, pp. 321-323.

第 23 章

世界政府、エントロピーの時代、
連邦主義に関する議論

グローバルエリートと世界政府の問題

　ダボス世界経済フォーラムが行った調査によると、フォーラムを支持しているビジネスエリートは、彼らが「長期的な対策」の必要があると考える 10 項目の最大のグローバル・リスクの中に「厳しい所得格差」と「グローバル統治の失敗」を含めている[1]。しかしながら、このビジネスエリートの一般的な意見は、デビッド・ロスコフ David Rothkopf がグローバルエリートの態度について書いていることに実際にはより近いようである。ロスコフは、「厳格な徴税権」を持つ「一種のグローバル機関」の構想に関して質問したところ、「私が面談した超エリートのほぼ全員が真に有効な組織としての国際的政府への発展の可能性について『自分の生きている間には実現しない』または『決してあり得ない』と回答している」と書いている[2]。このことは、エリートの大多数がグローバルな統治機構の構想は実現が困難であるばかりでなく、それ自体を**望ましくない**とはっきりと見なしているという事実と関係がある。憲法や明確な組織と権力の分散、明確な規則と意思決定プロセスを備えた憲法を有する民主的な世界法の秩序は、多くの国際的なエリートには潜在的には邪魔と思わせるものに違いない。地球上の全ての人々の中で、超エリート層の人々は、世界的統治が不成功に終わっても、その影響を最後に被るか、または影響を最小限にしか被らない人達であるに違いない。しかも彼らは他の全ての人に影響を与えるような本質的な問題から完全に隔離され、好きな場所で好きなように生きていく手段を持っている。

　経済学者のジェフ・フォー Jeff Faux は、世界経済フォーラムに集まった、

---

1) World Economic Forum. 2014. *Global Risks 2014*. Geneva, p. 9.
2) Rothkopf, David. 2008. *Superclass: The Global Power Elite and the World They Are Making*. London: Abacus, p. 497.

彼が「ダボス党」と呼んでいるグローバルエリートが直面しているジレンマを正確に記述している。「ダボス党はグローバル経済の完成により国家社会の社会契約から逃れる道を見つけたが、正当なグローバル政府のない状況下で、グローバル経済をどう統治するかについて『catch-22』（ジレンマに陥ること、これをテーマにした小説の題名、訳者注）に直面している」と書いている。問題は「資本の自由」の推進にはグローバルなルールが必要だが、その目的のために民主的な手続きで設立されるグローバル政府が「資本の自由」を抑制することになるであろうということである。フォーによれば、「従って、グローバル政府のないことにより生じる真空状態は企業投資家の自由を最大化するようにグローバル市場を監督することを目的とする国際的官僚のネットワークにより埋められつつある」[3]。

　この一例は、とりわけプリンストン大学教授のアン＝マリー・スローター Anne-Marie Slaughter 教授らが述べている「複雑な相互依存」の政府間ネットワークである。スローターはこれらのネットワークが「世界政府の多くの機能——立法、行政、司法——を世界政府の形態をとらずに果たしていること」を歓迎している。なぜならば、世界政府は「実現不可能であるし、望ましくもない」からである。「そのような政府の規模と活動範囲は個人の自由に対する不可避的なそして危険な脅威をもたらす」と、過去 200 年以上の間に様々な形で進められてきた議論を繰り返している。「更に、統治の対象となる民族の多様性はグローバルな市民という存在を想定することをほとんど不可能にしている。グローバルなレベルの範疇ではいかなる形態の民主主義もこれらの障害を克服できそうには見えない」と彼女は述べている。スローターによれば、「地域のレベル（例えば、EU のヨーロッパ地域のレベル、訳者注）で直接選ばれた議会は今なお世界で重要な役割を果たすかもしれない。現状では真剣に受け止められるものは想像しがたいけれどもグローバル規模の類似の組織にも未来があるのかもしれない」[4]。

　定期的に行われている国際人の重要な会合の一つに、1954 年に開始されたビルダーバーグ Bilderberg 年次会議がある。参加者にはいつも、金融、企業経営、国際機関や政治の分野の、主として米国、カナダ、欧州からの 100 人以上の有名な指導者達が含まれている。この会議はあまり知られていない。というのは、会議は非公開であり、報告書は作成されず、ほとんどの参加者が慎重

---

3) Faux, Jeff. 2006. *The Global Class War*. Hoboken NJ: John Wiley & Sons, pp. 169f.
4) Slaughter, Anne-Marie. 2004. *A new world order*. Princeton University Press, pp. 4, 8, 124.

に沈黙を保っているからである。それだけに彼らについての憶測はより一層拡大している。1976 年に、ドイツで行われたビルダーバーグ会議について発表された初めての報告書の中で、「ビルダーバーグ会議参加者」は「国際金融システムの現状に関する問題、関税障壁を世界中で廃止し除去する問題、そして資本と労働の自由な移動に関する問題」について議論するとともに、更に、彼らは「ある種の世界警察と民主的な世界議会の実現」を希望する旨表明したと述べられている[5]。ビルダーバーグ会議で実際に何が議論されているにしても、それには世界警察と民主制世界議会の創設は間違いなく含まれて**いない**。国際的エリートが世界議会プロジェクトについて考えていることは 2001 年のロンドンでの三極委員会 Trilateral Commission で明らかになった。この委員会は 1973 年に、億万長者の銀行家デビッド・ロックフェラー David Rockefeller のようなビルダーバーグを先導する参加者の働きかけで設立された。この委員会には、北米、西欧と日本の学界、経済界や政界の主な人々が参加している。ウィリアム・ロビンソン William Robinson にとっては、同委員会の設立は「国際的ブルジョワジー」の「政治化」の象徴を示すものであり、「国際的ブルジョワジー」は、結局は「ワシントン・コンセンサス」により、市場のグローバルな自由化計画の作成を導いたのである[6]。1975 年の同委員会の第一次報告書の核心の一つに、民主主義の批判がある。報告書の著者達は「民主制の行き過ぎ」と政治的参加の行き過ぎ、そしてそれに付随して起こる「権威の失墜」が米国、欧州諸国と日本の統治能力を傷つけていることを嘆いている[7]。ロンドンにおける会議では、世界議会は「実に明らかにナンセンスである」との合意があったと参加者の一人が書いている。特に、グローバル・レベルでは欧州議会は適切なモデルではないと書かれている。国際連合は超国家プロジェクトではないし、諸国の政府はもちろん既にその国の議会の監督と統制下にあると論じられている。更に「民衆の直接の支配の及ぶ領域の外に組織が存在する（また、すべき）余地がある」と、明白に述べられている[8]。委員会の共同議長の

---

5) Wagner, Hans. 1976. 'Internationale Hochfinanz im Zwielicht: Der unheimliche Kreis um Prinz Bernhard'. *Quick*, no. 9, February, p. 27.

6) Robinson, William I. 2004. *A Theory of Global Capitalism. Production, Class, and State in a Transnational World*. Baltimore and London: Johns Hopkins University Press, pp. 113f.

7) Crozier, Michael, Samuel P. Huntington, and Joji Watanuki. 1975. *The Crisis of Democracy. Report on the Governability of Democracies to the Trilateral Commission*. New York University Press, pp. 113, 161ff.

8) Nye, Joseph S., Jessica P. Einhorn, Béla Kádár, Hisashi Owada, Luis Rubio, and Soogil Young. 2003. The 'Democracy Deficit' in the Global Economy: Enhancing the Legitimacy and Accountability of Global Institutions. Report to the Trilateral Commission, *The Triangle Papers* Vol. 57. Washington, Paris, Tokyo: Trilateral Commission, pp. 33ff., 37.

一人ジョゼフ・ナイ Joseph Nye は「複雑な相互依存」の概念を生んだ者の一人でありそれを広めるのに貢献したが、彼が世界政府ないしはグローバル・レベルの連邦機関は、地球規模に拡大化された世界がどのように統治されるべきかという問題に対する答えでは全くないと信じているとしてもほとんど驚くに当たらない。「階層的な世界政府について考えるよりもむしろ、我々は正式に主権国家に分かれている世界と共存し縦横に連絡がなされる統治のネットワークについて考えるべきである」とナイは確信している[9]。

グローバルなレバイアサンの亡霊

　ハンナ・アレント Hannah Arendt（1906 ～ 1975）の研究の対象は全体主義であるが、彼女は世界国家の問題に関するカール・ヤスパース Karl Jaspers の見解を論評する中で、一つの世界主権国家 a world sovereign state は人間の自由への最大の脅威となるだろうと書いている。彼女は主権を古典的な意味で捉えており、権力の独占を想定している。「全世界を支配する中央集権的な世界政府がいかなる形態をとるにせよ、それは全ての暴力的手段を独占し、主権を持つ他の勢力による抑制も支配も受けない、全地球を支配する唯一の主権的なパワーであるとの概念は、独裁制という恐ろしい悪夢であるばかりでなく、我々が知っているように全ての政治的活動の終焉そのものでもあろう」とアレントは書いている[10]。

　しかしながら、同時にアレントはそのような世界国家の危険性を指摘するだけでは問題の解決にならないことを認めている。アレントは、彼女の著書『革命について』の中で述べているように、主権の古典的概念は放棄されなければならないと信じている。なぜならば「人間に関わる問題の分野においては、主権も専制も同じものであるからである」[11]。ヤスパースと同じように、彼女は最終的にはその解決は**連邦制の世界秩序**にあるとの結論に達している。「政治的には、地球に対する技術的征服によってもたらされる新たな脆弱な人類の統合は世界的な相互の合意の枠組みの中でしか確かなものとはなり得ないが、それは結局、世界的な連邦制組織となるであろう」[12]。

---

9) Nye, Joseph S. 2002. *The Paradox of American Power*. Oxford, New York et al: Oxford University Press, pp. 104f.
10) Arendt, Hannah. 1995. *Men in Dark Times*. San Diego, New York, London: Harcourt Brace & Company, pp. 81f.
11) Id. 1965. *On Revolution*. London: Penguin Books.
12) Arendt. 1995, loc. cit., p. 93.

しかしながら、グローバルなレバイアサンのイメージはしばしば世界国家の概念を拒絶するためのてっとり早い安易な手段として使われている。国際連合事務総長のコフィ・アナン Kofi Annan は 2000 年のミレニアム総会における報告で「人民と諸国家の権利を踏みにじる集権化された巨大な官僚組織という世界政府のイメージ」ほど望ましくないものはない[13]と書いている。しかし、これはわら人形を攻撃するようなものである、なぜならグローバルな中央集権国家を真面目に支持する者は誰もいないからである。連邦主義者で政治学者のルチオ・レビ Lucio Levi が指摘しているように、「世界政府を、主権を有し独立しており相互に競合している国家が持つのと同じ特徴を持つ国家の形態と考えるのは全く馬鹿げている」[14]。しかしながら、ここで本当に起こっていることはグローバルなレベルでの**包括的な階層的な秩序のいかなる形態であれ、それを**拒否していることである。

　これへのお返しとして、フォルカー・リットバーガー Volker Rittberger のような政治学者達は「異階層的な heterarchical 世界統治」について語っている。これは無政府状態と階層型組織の中間にあるものを意味している。この用語は「**水平的で、**政治的な調整と協力によって主権を超える問題を規制の方法で取り扱うために公的なアクターと私的なアクターによって創造されそして維持される、世界統治の諸機関の緻密なネットワーク」のことを言っている（強調は著者による）[15]。「中央集権化する階層制度という概念そのものは、我々の流動的で、かつ極めてダイナミックに、また広範囲にネットワークで繋がっている世界では時代錯誤——19 世紀的なものの見方の時代遅れの名残である」とアナンの報告は続いている[16]。この種の考え方は「複雑な相互依存」とグローバルな統治についての支配的なイデオロギーとは整合性があるかもしれないが、それはグローバルな統治の難しさをいささかも減ずるものではない。

階層的秩序と複雑さ

　進化の歴史から得られる重要な教訓は、階層制は**複雑さを制御する**自然な方

---

13) Annan, Kofi. 2000. We the Peoples. The Role of the United Nations in the 21st Century. Report of the Secretary-General. A/54/2000. New York: United Nations, para. 42, p. 7.

14) Levi, Lucio, Giovanni Finizio, und Nicola Vallinoto (ed.). 2014. *The democratization of international institutions: first international democracy report*. Milton Park et al.: Routledge, p. 20.

15) Rittberger, Volker, Andreas Kruck, and Anne Romund. 2010. *Grundzüge der Weltpolitik. Theorie and Empirie des Weltregierens*. 1st ed. Wiesbaden: VS Verlag für Sozialwissenschaften, p. 315.

16) Annan, loc. cit., para. 42, p. 7.

346　第二部　21 世紀の統治と民主主義

法として発達したということである。有力な社会科学者でノーベル経済学賞受賞者のハーバート・A・サイモン Herbert A. Simon（1916 ～ 2001）は「自然が階層制を好むということは、普通に観察されることである」[17]と書いている。サイモンは、生物、物質、そして社会の複雑なシステムの構造の研究の先駆者である。サイモンは「経験的には、自然の中で観察される複雑なシステムの多くは、階層的構造を示している。理論的には、複雑さが単純さから進化しなければならない世界においては、複雑なシステムは階層的であると想定してもよいであろう。階層の力学においては、階層は、複雑なシステムの行動を大幅に単純化するほぼ分解可能な（near decomposability）特性を持っている」[18]。サイモンが「ほぼ分解可能」と称したものはサブシステムがほぼ独立して存在することが可能であること、そしてサブシステム内の要素の相互作用はサブシステム間の相互作用より強いことを示している。この事柄の核心は、しかしながら、複雑さにもかかわらず、システムの秩序だった階層にぴったりと入れ込むこととサブシステム間の相互作用と総括的な管理があるということである[19]。

階層制の様々な形態

　哲学者で作家のアーサー・ケストラー Arthur Koestler は 1967 年の彼の著書『機械の中の亡霊』の中で、どこでも見られる重ね合わさった階層制の構成要素は「ホロン holon」と呼ばれるべきであると提案している。この用語は階層制の構成要素は常に部分であると同時に全体でもあるということを明確にする意図で使われている。ケストラーは「生命体や社会は準自立的な亜統一体（sub-wholes）の多層の階層制であり、それはより下位に位置する階層の亜統一体へと次々に枝分かれしていく。『ホロン holon』という用語はこれらの中間的な存在を言うために導入されたのだが、ホロンはその階層におけるそれらの下位にある者との関連では自己完結的全体として機能する。これらホロンの上位のホロンとの関連においては、下位にあるホロンとして機能する。この『全体』と『部分』即ち自律と依存の二分法は、階層的秩序の概念に本来的に備

17）Simon, Herbert A. 1973. 'The Organization of Complex Systems'. In: *Hierarchy Theory. The Challenge of Complex Systems*, ed. by Howard H. Pattee, 1–27. New York: George Braziller, p. 5.

18）Id. 1962. 'The Architecture of Complexity'. *Proceedings of the American Philosophical Society* (106)6: 467–82, pp. 481f.

19）Id. 2002. 'Near decomposability and the speed of evolution'. *Industrial and corporate change* (11)3: 587–99, pp. 595f.

わっているものである」[20] と書いている。この繋がりを強調するために、階層制＝ヒエラルキー hierarchies の代わりに「全体制＝ホラーキー holarchies」の用語が時々使われている。

　階層制に対する懐疑は、部分的にはより高いレベルの階層にある者があまりに支配的になり過ぎ、またはより低いレベルの階層にある者に対して抑圧的にさえなる傾向があるという経験から生じている。全体主義的な制度は最上位レベルにある者の権力の独占を特徴とする。それは全てのより低いレベルにある者が原則として単なる命令を受ける者へと転落することを意味する。米国の著述家ケン・ウィルバー Ken Wilber は、しかしながら、「理不尽な階層制度の存在が階層制度の存在を全般的にだめにはしない」[21] と強調している。ウィルバーはその主張を強めるため、システム科学者で法律家のリーアン・アイスラー Riane Eisler が命名した支配階層制 domination hierarchies と実現化階層制 actualization hierarchies の区別を引用している。「『支配階層制 domination hierarchies』という用語は力、または明示的か暗示的かを問わず力による脅迫に基づく階層制を示している。このような階層制は機能の低い階層から高い階層への発展に見られる種類の階層制——例えば、細胞から生命のある有機体の器官へ発達する過程で見られる階層の種類とは明確に異なっている。これらの形態の階層制はその機能が有機体の潜在力を最大化することであるので『実現化階層制 actualization hierarchies』という用語で明確にすることができるかもしれない」とアイスラーは彼の著作『聖盃と刀身』で書いている[22]。挑むべき課題は**惑星地球上の実現化階層制**を確立することにある。成功への鍵は連邦制そして民主制の構造にある。様々なレベルの社会的−政治的なホロンの間の機能的な関係において絶対に必要な組織原理は権限移譲 subsidiarity の原則である。この原則は、役割と権限は引き続き効果的に遂行できる限り、可能な限り最も低いレベルに置かれることが必要である。しかしながら、世界国内政策の主たる課題にとってはそのグローバルな性質のために、惑星地球全体のレベルでのみ可能であろう。

---

20) Koestler, Arthur. 1967. *The Ghost in the Machine.* London: Pan Books, p. 76.
21) Wilber, Ken. 2000. *Sex, Ecology, Spirituality: The Spirit of Evolution.* 2nd ed. rev. Boston Mass.: Shambhala, p. 30.
22) Ibid., pp. 30f. より引用。以下も参照。see also Riane Eisler, 1987. *Chalice and the Blade.* San Francisco: Harper, p. 205.

権限移譲の原理

　ボン大学で教えている哲学者クリストフ・ホーン Christoph Horn は「権限移譲の原理に基づく権限の階層的制度」は「世界国家が人々に与える恐怖感を払拭する最も重要な方法である」と確信している。「例えば世界国家から大陸単位、国と地域単位、最終的には地方単位に至るまで段階的に設定される分権化に対し考慮が払われるべきである。現行の権限の大部分はこうして国、地域、更に地方レベルにも残るはずである。かくて従って今の国家における実態よりもかなり強力な意思決定の権限の小さな単位への移譲が考えられるはずである。このような方法で、世界国家の構造は——膨大な官僚機構を必要とするどころか——正に政治的な意思決定を参加型で民主的な方向に変容する方向に導くものとなる」と主張している。世界国家は、かくしてその連邦参加国への適切な権限分割を行い、そして少数派の保護を行うことにより、「おそらく他のどのような組織よりももっとよく集団の利益とアイデンティティの十分な法的保護を確保できるはずである」[23]。

グローバルな統治と国際法の双方の分裂

　グローバル統治の制度と国際法は、いかなる包括的な階層制、調和化、統治または調整の形態によっても緩和されない分裂により特徴づけられている。このことはまた何十もの計画、専門機関、委員会、事務局、基金、その他の「機関」を持つ国際連合についても広く当てはまる。国際連合の結束と統治力はこれまで常に不十分であると考えられてきた。トマス・G・ワイス Thomas G. Weiss が報告しているように、国際連合の開発事業は既に 1969 年の段階で公式評価の中で「先史時代の怪物」と表現されている。それから 40 年経っても、この「見苦しい恐竜」は、21 世紀の時流に適合していない。ワイスは「不毛な複雑さのためにより良いデザイン」を想像することは難しい[24]と考えた。更に最近では、地球の持続可能性に関する国連のハイレベル・パネル UN High-level Panel on Global Sustainability は、報告書の中で「組織的な分裂が国家レベルで始まるかもしれないが、それは国際レベルではよく見られること

---

23) Horn, Christoph. 1996. 'Philosophische Argumente für einen Weltstaat'. *Allgemeine Zeitschrift für Philosophie* 21: 229–51, p. 244.

24) Weiss, Thomas G. 2009. 'What Happened to the Idea of World Government?' *International Studies Quarterly* 53:253–71, p. 255.

である」と指摘している。報告書は持続的発展を達成するためには、「我々は
単一問題毎の格納庫『サイロ』の周りに設立された分裂した組織の遺産を克服
しなければならない」[25]と述べている。ドイツの法律専門家で憲法裁判所の元
裁判官のディーター・グリム Dieter Grimm は、国家による武力の国際的な行
使を憲法の基礎に据える問題について世界統治の特色を正確に記述している。
「世界共同体による武力の行使について首尾一貫した型式はない」と彼は書い
ている。「むしろ個別的、機能的に明確に限定されている相互関係のない臨時
的な権限のみを持つ正式に権限を与えられた組織があるに過ぎない。それらの
組織の法的な根拠も同じく臨時的なものであり、そしてそれらはまとめても体
系的で首尾一貫した世界的法秩序にはならない」。グリムによれば、「現在広く
受け入れられている世界の秩序は、それよりむしろ独立した保持者に委任され
た臨時的な権限がその広く分散された形態となっている中世の秩序を思い出さ
せるものであり、それは同様に結局本質的な秩序の礎にはならない」[26]。

　諸国家の国際的な制度の分裂は国際法の制度に映し出されている。国連国際
法委員会 UN International Law Commission によって委託された重要な報告書
の中で、オーストリアの国際法専門家、ゲルハルト・ハフナー Gerhard
Hafner は2000年にその分裂の増加していることについて警告している。「既存
の国際法は一つの均質な法体系から成り立っておらず、その多くは様々な部分
的な制度から成り立っており、『無秩序な制度』を生み出している」と書き、
それを「法秩序の分裂」と呼んでいる。彼は、その原因を異なる自立した法制
度、異なる規範構造、法の同一分野内の類似のまたは競合する規則、新たな分
野への国際法の適用の拡大、副次的な法の重複と矛盾のあるサブシステムにあ
ることを明らかにした。しかし国際法委員会の委員をしていた時にハフナーが
明らかにした第一のおそらく最も重要な原因は、**中央集権化された組織の欠如**
であった。彼は「国際法の分裂は法的規制の同質性や整合性を確保する中央集
権化された組織の欠如に加えて、遵守させるための法律ではなくて調整するた
めの法律となっている国際法の性質に起因している」[27]と書いている。エルサ

---

25) United Nations High-level Panel on Global Sustainability (ed.). March 2012. 'Resilient people, resil-ient planet: a future worth choosing. Report of the High-level Panel of the Secretary-General on Global Sustainability'. A/66/700, pp. 8, 74.

26) Grimm, Dieter. 2006. 'Transnationale Macht – konstitutionalisierbar?'. In: *Vernunftoder Macht: zum Verhältnis von Philosophie and Politik*, ed. by Otfried Höffe, 161–70. Tübingen: Francke, p. 168.

27) Hafner, Gerhard. 2000. 'Risks Ensuing from Fragmentation of International Law'. In: *Report of the International Law Commission on the work of its fifty-second session, Official Records of the Gen-eral Assembly*, Fifty-fifth session, suppl. no. 10, A/55/10, 143–50, pp. 143, 147, 145.

350　第二部　21世紀の統治と民主主義

レムで教鞭をとっている国際法の専門家のトマール・ブルーデ Tomer Broude にとっては、規範の分裂の問題は「権威の分裂」の問題と直接的に関係している。「規範と権威は、国際法という複雑な織物の縦糸と横糸である」と彼は書いている。「規範一本化の法的な原則は首尾一貫した法的な結果を生み出すための単なる技術的法律専門家の手法ではない。それらの原則は、権限と統治の国際的システム全体の構造に関わる政治的意味合いを持っている」と彼は書いている。その結果は「権限のより大きな中央集権化および／または調和化への大きな動きである」[28]。しかし、ここでの「分裂」という用語の使用は、かつては規則正しく、そして首尾一貫していた制度がばらばらになりつつあることと理解されてはならない。国際法は本質的に常に分裂していた。国際法の専門家で、後に国際労働機関 ILO の事務総長になった、ウォルター・ジェンクス Walter Jenks は、早くも 1953 年に「全般的な権限を有する世界の立法府が存在しない状況下では、法を作っている諸条約は、相互に分離していて、そしてその相互の関係は各地方自治体の法の別々になったシステムを持つグループとある意味類似している無数の歴史的、機能的、地域的グループに発展する傾向がある」[29] と指摘している。

統一のとれた世界法と世界議会

明瞭で普遍的に拘束力のある規範の階層制と優先順位確定のルールを確立できる、統一と調和のとれた世界的法制度の原点とその中心にならなければならないのは、正に世界立法府である。本質的な第一次法と副次的または委任法制定への階層化は不可欠である。必須の基本原則は世界法が国際法に優先することであろう。だから世界法により規制される分野では、世界法は国際法に直接干渉することが可能でなければならない。このことは、ネットワーク統治と国際機関の内部とこれまで連結されておらずばらばらであった政策統制プロセスを共に世界立法府に持ち込むこと、そしてこれらの全ての手続きにグローバルな政策的均衡の確保、優先度の設定と優先順位を付けるシステムを適用することを含むであろう。アン＝マリー・スローター Anne-Marie Slaughter の言葉を用いれば、既存の、だが分裂している要素を統一のとれた世界秩序に「総合

---

28) Broude, Tomer. 2008. 'Fragmentation (s) of International Law: On Normative Integration as Authority Allocation'. In: *The Shifting Allocation of Authority in International Law*, ed. by Tomer Broude and Yuval Shany, 99–120. Oxford and Portland, Oregon: Hart Publishing, pp. 104, 110.

29) Jenks, Wilfred. 1953. 'The Conflict of Law-Making Treaties'. *Brit. Yearbook of Int. Law* 30: 401–53, p. 403.

する」責任を持つ世界議会について語ることができるはずである。ハーバード大学のチャールズ・メイアー Charles Maier は、歴史家としての高い見地から、「統治」の概念を「アカデミックな行政官エリートの現実離れしたユートピア」と批判し、そしてこの点を国家による管理の欠如と関連づけて強調している。「統治の概念は、20世紀の終わりに大きな脚光を浴び、今でも依然として社会科学者や関係団体の人々を虜にしているが、それは『国家としての存在』を持たない政府を求める願望の証であったし、現在もそうである——あたかも将来の政治は様々な希望を集め最終的にはそのうちのどれか一つを選択するという任務から解放されることが可能となり代わりにコンセンサスと理性的な議論のパワーによって役割を果たすことができるかのようである」[30]。

混迷する世界秩序と「エントロピーの時代」

政治的にも、世界の秩序の特徴は混乱と複雑さである。1999年にサミュエル・ハンチントン Samuel Huntington はグローバルな政治は「冷戦時代の二極体制から一極時代——湾岸戦争で際立った——を経て真に多極の21世紀に入る前に、一つまたは二つの単一多極の数十年を今は通過しているのだ」[31] と書いている。それから10年後に外交問題評議会 Council on Foreign Relations の委員長リチャード・ハース Richard Haass は我々は世界の秩序について主たる説明用モデルとなっている地政学的な極性の概念を**完全に捨て去ら**なければならないだろうと書いている。ハースによれば、世界は一見、中国、EU、インド、日本、ロシア、そして米国を最も重要な勢力として多極化したように見えるかもしれない。しかしながら、実際、はるかにより多くの勢力の中心があり、その中には国民国家でさえないものもある。国家の権力と優位性は、グローバル化の進行中に地域の、そしてグローバルな統治の諸組織に加えて、極めて多数の NGO や企業から挑戦を受けつつある。「21世紀の国際関係の主たる特徴は、極の不在であることが明らかになりつつあることである」とハースは書いている。即ち、「1、2の国またはいくつかの国によってではなく、むしろ様々な種類の権力を保持し、それを行使する数十のアクター達によって支配される世界である」。もし、この状態が放置されるならば、この「極の不在の世界」

30）Maier, Charles S. 2012. 'Leviathan 2.0: Die Erfindung moderner Staatlichkeit'. In: *Geschichte der Welt. 5, Weltmärkte and Weltkriege 1870-1945*, ed. by Akira Iriye and Jürgen Osterhammel, 34–286. München: Beck, p. 285.

31）Huntington, Samuel P. 1999. 'The Lonely Superpower'. Foreign Affairs（78）2: 35–49, p. 37.

は時間と共に更に混乱状態に陥ることとなるであろう[32]。

　政治学者でコンサルタント会社のユーラシア・グループ Eurasia Group の創始者であるイアン・ブレマー Ian Bremmer は、国際的な制度に有効な指導力を発揮する能力を持っているどんな単一国家または国家集団であっても消滅することになるのを表現するために、「G ゼロの世界」について語っている。「誰が指導するのか？」とブレマーは修辞的に尋ね、結局すぐに「誰でもない」との答えを自ら引き出している。G7 でもなく、G20 でもなく、また他のいかなるフォーラムでもない[33]。外交問題評議会 Council of Foreign Relations のスチュワート・パトリック Stewart Patrick によれば「現代という時代の真の特徴は多国間主義の不在ではなく、その驚くべき多様性にある」。パトリックの言うところの「G-X」の世界では、共同行動は「ただ単に、または主たるものとしてでさえも、国連などの世界的な条約に基づく組織も、また G20 のような単一の首脳会議も中心となることは最早ないのである。むしろ、各国政府は多くの場所で同時に活動することになじんできている。そして数々の困惑する問題毎に、その参加資格が変わるネットワークとパートナーシップに参加することになじんできている」[34]。

　米国の政治学者ランドール・L・シュウェラー Randall L. Schweller は世界秩序が「エントロピーの時代」に移行しつつあると確信している。しかしながら、パトリックとは対照的に、シュウェラーは課題に関連する「個別対応的な多国間主義」連合や、まとまりのないネットワーク統治について述べることにはあまり前向きではない。「グローバルな統治と言われているものは、3000 余りの重要度の異なる国際機関の内部でそしてそれら機関の間で調整された互いにぶつかり合う合意のスパゲッティボウルとあまり変わらない」と言っている。ある問題の国際的責任が事実上どこにあるのかを諸国が見出すことは実際的には不可能である。シュウェラーによれば、この理由はエントロピーの増大の結果として、いかなることに関しても中心となる国際的な権威ある機関が最早全く存在していないからである。「国際的に権威のある機関が最早ないからそれがどこにあるのかを知っている者がいる訳もない、そして権威なくして統治はあり得ない」とシュウェラーは書いている。そして「グローバルな統治という非常に複雑な構造は、解決しつつあると思われているほとんどの問題よりももっ

---

32) Haass, Richard N. 2008. 'The Age of Nonpolarity – What Will Follow U.S. Dominance'. *Foreign Affairs* (87) 3: 44-56.

33) Bremmer, Ian. 2012. *Every Nation for Itself: Winners and Losers in a G-Zero World*. London: Portfolio Penguin, p. 4.

34) Patrick, Stewart. 2014. 'The Unruled World'. Foreign Affairs (93) 1: 58–73, p. 62.

と複雑で困難なものである」[35]と強調している。ディルク・メスナー Dirk Messner がずっと以前に立証したように「グローバルな統治の構造はその複雑さのためにそれ自体がグローバルな問題となる可能性があるということは見逃されてはならない」[36]。今や、間違いなく、その状態になっている。

世界文明のエントロピックな衰退？

現在の「異階層的な heterarchic」世界統治システムは極めて効果的でなく効率も悪い。それは世界統治システムを改善するよりもむしろ複雑さを増幅している。これは1978年に米国の未来学者、ヘイゼル・ヘンダーソン Hazel Henderson が産業社会について書いているように、エントロピックな衰退をもたらす可能性がある。ヘンダーソンは、複雑さが増すために、産業社会はある時点で「エントロピー状態」に到達する可能性があると確信している。彼女は、「エントロピー状態の社会とは、社会の複雑さと相互依存関係が発生させた取引コストが、社会の生産能力と等しくなるかあるいはそれを超える点に達した状態にある社会のことである。物理的なシステムに起こる現象に類似した様相で、その社会はそれ自身の重みと複雑さからゆっくりと終焉に向かう」と書いている。ヘンダーソンの見解ではこれは社会的な統治と調整の非生産的コスト、そして生ずる外部性のコストがあまりに大きくなり過ぎるという事実と結びついている。「我々は、テクノロジーの熟達と管理上の統制の大きさの順位が上がるたびにそれに付随して政府の調整と統制の大きさの順位を上げることが必要となりそして不可避的に政府の調整と統制の大きさに相当する順位に至ることになる、という事実を受け入れることに気が進まないようである」[37]。この推論は世界文明全体に適用され得る。10年後、米国の人類学者であり歴史家のジョゼフ・タインター Joseph Tainter も、『複雑な社会の崩壊 the Collapse of Complex Societies』という影響力の強い論文の中で、複雑さの増大は根本的な問題を伴うという結論に達している。タインターの分析によれば、問題を克服することは不可避的に社会−政治的な複雑さの増大を伴うのが人間社会の本質である。これは官僚組織と組織的な機構の累積的な増加、あるいは多分増加

---

35) Schweller, Randall L. 2014. *Maxwell's Demon and the Golden Apple: Global Discord in the New Millennium*. Baltimore, Maryland: Johns Hopkins University Press, pp. 118, 23.

36) Messner, Dirk. 1998. 'Architektur der Weltordnung'. *Internationale Politik*, November: 17–24, p. 23.

37) Henderson, Hazel. 1996 [1978]. *Creating Alternative Futures. The End of Economics*. First Kumarian Press Printing. West Hartford CT: Kumarian Press, 1996, p. 83f.

し続ける社会的、階層的な分化によりもたらされる。これは次には生産人口の
ための増大する費用や税の負担をもたらす。この複雑さの増加に伴う経済的な
恩恵は着実に減少し、そして社会の発展のある点を超えるとマイナスに転ずる。
これはヘンダーソンが「エントロピー状態」として説明する状態に達したこと
を意味している。この段階において、タインターの見解では、生産性向上の新
たな芽が開かれない限り、社会－政治的な分裂という形での崩壊は——その悲
惨な結果にもかかわらず——経済的には説明可能な、そして不可避的でさえあ
る展開なのである。文明の崩壊はより複雑さの少ない組織の段階への否応のな
い回帰になるであろう。タインターは彼の研究の中で複雑な世界文明が広く行
きわたっている状態では、一つの社会だけが孤立した状態で崩壊するのは最早
あり得ないと強調している。もし他の崩壊が起こるとすれば、それは**グローバ
ル規模**のものであろう。「世界文明は全体的に崩壊するであろう」。タインター
は現在の世界文明が過去の崩壊した社会のように、その抱える問題を解決する
能力を持っていないことを懸念している。「仮に我々が原子力による全滅を逃
れるとしても、仮に我々が汚染と人口を管理し、そして資源の枯渇をどうにか
防げたとしても、その時は我々の運命はこれらを実現するために必要な高コス
トと低い限界リターンによって停止されるのではないか？」[38]　と彼は問いかけ
る。

複雑さの減少手段としての世界連邦主義

　しかしながら、これらのコストは事実より高度な社会－政治的レベルにある
組織において——即ち、世界・国家の構造のレベルにおいて——はそれほど高
いのかという疑問、あるいはこれらのコストは実際は今日のそれより低くない
かもしれないといった疑問が湧くのである。世界議会を伴うグローバルな統合
のプログラムの一つの重要な目的は、民主的な世界国家の枠組みの中でのグ
ローバルな統治の今日の制度の調和化、再編成そして分裂化の防止である。グ
ローバルな立法制度を有する世界の連邦制の秩序は**複雑さの減少やより低い取
引コスト**に寄与するであろう。それはより高い組織的レベルにおける文明化プ
ロセスの階層的な統合である。世界文明が「エントロピー状態」に到達するお
それがある理由は、現状の国家間関係を基礎として築かれている制度は正に本

38）Tainter, Joseph A. 1988. *The Collapse of Complex Societies.* Cambridge University Press, p. 213,
　　以下も参照。pp. 118, 123, 127, 195.

第23章　世界政府、エントロピーの時代、連邦主義に関する議論　355

質的に低い取引コストで問題の効率的なグローバルの解決策を提供することが**できない**からである。国家主権のパラダイムに基づいた、中枢のコントロールが何もない分裂しているグローバルな統治の「異階層的な」構造は、本来的に解決する能力がない。生産能力を小さくしている取引コストの一例は軍備と兵器に費やされる膨大な支出であり、それは少なからず現在の制度の構造から生じている。この構造はその後に続く社会階層のあらゆる拡大にもかかわらず、無政府状態の局面を完全に乗り越えることは可能であるということを依然として立証したことがないという事実の結果である。この本で大筋を述べた世界の平和秩序が創造されれば、ほとんどこの膨大な支出をせずにこれは可能である。現在の制度によって促進されたスーパーリッチによる資本の蓄積の増大を伴った不平等の増大は、有効な中央からの対抗策の可能性もなしに生産力がいかに阻害されているかを更に追加的に示すものである。

タブーの話題としての世界国家

世界国家設立の必要性を堂々と自ら進んで話す者はほとんどいない。世界議会の理念は、興味深いし原則としては正しいとは思うけれども、批判に晒されるリスクはとりたくないと言うのを研究者達から聞くことは稀ではない。世界統治の形態に関する議論の幅が著しく狭くなってきている。政治学者のトマス・G・ワイス Thomas G. Weiss は、既に言及した第 50 回国際問題研究協会 International Studies Association の基調演説で、「世界政府の理念はグローバルな問題の真剣で分別ある議論の中では禁じられてきたし、講義の対象としても取り上げられていない」と述べた。彼は厳しい言葉で、集会に集まった代表者の前で、「現在の我々の思考の停止状態」を嘆いている。第二次世界大戦後、この問題への精力的な取り組みは主流の一つであった、しかしながら、「現在では、世界連邦政府またはその一部でさえ論じることは時代遅れなことであるばかりでなく、変人の関わることだと一般的に思われている」と彼は述べた。それにもかかわらず、ワイスは彼の聴衆にハンス・モーゲンソウ Hans Morgenthau やラインホルド・ニーバー Reinhold Niebuhr のような現実主義者でさえ、世界国家は「論理的に必要である」[39] と確信していたのを思い起こさせている。政治学者のウィリアム・E・シュアーマン William E. Scheuerman は 2011 年の彼の著書『グローバルな改革のための現実主義者の対応 The Realist

---

39) Weiss, loc. cit., p. 261ff.

356　第二部　21 世紀の統治と民主主義

Case for Global Reform』の中で、国際関係の現実主義派の主な代表者達と世界連邦主義者の間で「重要な計画の重複」があるとの論を展開した[40]。

政府間主義の揺れ動くパラダイム

今日の主流派は、現状をあるがままに説明することに自身が容易に満足してしまうことに悩んでいる。現代の国民国家と、それに付随している主権の観念は主流派の思考の基軸であり続けている。その結果としての、世界統治の体制が本質的に政府間 intergovernmental 中心になってしまう考え方は、一つのパラダイムとしてのトマス・S・クーン Thomas S. Kuhn の科学的な革命の理論と軌を一にしていると分類することができる。このパラダイムからの逸脱は主流派によって想定もされないし、認められもされず、望まれもしない。世界統治の体制を組織する代替案について長期的に考察することには従って何の関心もない。「欠けているのは分析ではない。説明される必要があるのは、国際的な世界国内政策を追い求めることがどんなに困難であろうとも、それに向かう道を切り開く大局的な観点に対する臆病さ加減である」。ユルゲン・ハーバーマス Jürgen Habermas は、社会科学に言及しながら、「通常『社会』を国民国家、即ち、国民の社会として定義された構成単位と考える社会学という学問分野は、『世界社会』のような政治的に脆弱に作られている存在について論じることに大きな概念的な難しさがある」[41]と言う。フォルカー・リットバーガー Volker Rittberger や彼の同僚達が書いているように、「異階層的なモデルが、実験的に観察できる世界統治の形態の多くを説明するのに最も適している」ということは正しいかもしれない[42]。しかしながら、主流の模範的な枠組みはグローバル国家形成の特徴的なプロセスを認識し説明することに苦悩するであろう。リットバーガーは世界国家を社会的進化のプロセスの起こりそうもない結果と見なしており、そして世界国家にとにかく反対しているけれども、彼自身は 1973 年に「世界国家モデルは現在の世界政治において世界国家の最終的な設立に向かう目に見える流れがあろうとなかろうと少なくとも暫定的な実験による試験にかけられるべきである」[43]と書いている。

---

40) Scheuerman, William E. 2011. *The realist case for global reform*. Cambridge: Polity Press.
41) Habermas, Jürgen. 1998. 'Jenseits des Nationalstaats? Bemerkungen zu Folgeproblemen der wirtschaftlichen Globalisierung'. In: *Politik der Globalisierung*, ed. by Ulrich Beck, 67–84. Frankfurt: Suhrkamp, p. 79.
42) Rittberger et al., loc. cit., p. 711.
43) Rittberger, Volker. 1973. *Evolution and International Organization. Toward a New Level of Socio-*

ノルベルト・エリアス Norbert Elias は彼の有名な著書『文明化の過程 The Civilizing Process』(1939 年出版、1969 年改訂版出版) の中で個性と社会の構造の発展についておよそ紀元 8 世紀以降の長期的な視点を取り入れている。エリアスは、彼がその本の中で表現している「社会編成力」は「最大の封建制の崩壊が起こった時」以降継続してはるかに大きな社会−政治的な結合の統合に向けて圧力を生み出してきたが、それは今日も依然として働いておりそして今や「地球の全居住地域を包含する」相互依存のシステムに及んでいると見られている。エリアスは、「国家間の競争心の強い緊張は、我々の社会の構造がもたらす圧力を考慮すれば、長期にわたる暴力的なまたは非暴力的な力の試練を経て、戦力の独占を確立し、そしてより大きな領域を対象とする中央組織が (その中には、多くのより小さい組織である「国家」がより調和のとれた統一体として共に成長できるのであるが) 確立されて初めて解決できる」と説明している。「より大きな覇権的な組織」の形成や時間枠を見通すことは不可能だが、その一体化のプロセスの方向は、明らかである。即ち「物理的な戦力の世界的な独占」と地球のための「単一の中央政治組織」の創設である[44]。エリアスは、国家の発展の長期間に及ぶプロセスに言及して、これは明らかに「現代の社会学の想像力を超えるような長期間の発展過程であるが、現代の社会学の想像力は、より短期の観点に重点を置いている」[45]と嘆いている。この見解は今でもそれほど変わっていない。しかし、グローバルな統治の失敗が依然よりはるかに明らかになっていることから、現在の主流となっている見方が適切であるのか疑問が大きくなり続けている。科学哲学者トマス・S・クーン Thomas S. Kuhn の説明する典型的な危機のモデルをここで明瞭に理解することができる。クーンは、「政治的革命は、既存の組織が、部分的にはその組織の創出した環境によりもたらされた問題に適切に対応できなくなったという感覚の高まり——それはしばしば政治的社会の領域に限定されている——によって開始される。同様に、科学的な革命も、それまでの研究を導いてきた既存のパラダイムが自然現象の究明に十分機能しなくなったという感覚——この場合も科学界の一部によるものであることが多いが——の高まりにより開始される。政治的および科学的発展の両方とも、危機に至る可能性のある機能不全の感覚が革命には不可欠である」[46]と書いている。この例においては、近代国際法と現存のウェストファリ

---

　　political Integration. Den Haag: Nijhoff, p. 47.
44) Elias, Norbert. 2000. *The Civilizing Process: Sociogenetic and Psychogenetic Investigations.* Transl. by Edmund Jephcott. Rev. ed. Oxford; Malden, MA: Blackwell, pp. 436-438, 446.
45) Id. 1984. *What Is Sociology.* Rev. ed. New York: Columbia University Press.
46) Kuhn, Thomas S. 1970. *Structure of Scientific Revolutions.* 2nd ed. Chicago: University of Chicago

アの国際秩序は疑いもなく主権的国家概念の産物であり、その概念はパラダイムとして諸々の会合で対話の役に立ち続けている。このパラダイムは世界秩序またはその発展の方向を理解するためには、最早十分ではない。加えて、グローバルな課題へのウェストファリア秩序の対応の失敗はますます大きくなっている批判の源である。英国の社会科学者スーザン・ストレンジ Susan Strange は 1999 年に発表した論文で「ウェストフェイリア・システム Westfailure System」と明快な用語で要約した。「我々は伝統的な国際関係の分析に固有の国家中心主義から逃れ、抵抗しなければならない。簡潔に言えば、ウェストファリア・システムを擁護したり、弁解したりすることは我々の仕事ではない」[47] と彼女は書いている。

2015 年に国際的な世界政府研究ネットワーク World Government Research Network が設立された。この分野の著名な学者達ダニエル・アルチブジ Daniele Archibugi、リチャード・フォーク Richard Falk、トマス・ポッゲ Thomas Pogge、ウィリアム・E・シュアーマン William E. Scheuerman、トマス・G・ワイス Thomas G. Weiss、アレグザンダー・ヴェント Alexander Wendt が参加した。ネットワークのまとめ役の二人、即ちオーストラリアのブリスベーンにあるグリフィス大学 Griffith University のルイス・カブレラ Luis Cabrera と米国オハイオ州、ハイラム・カレッジ Hiram College のジェームス・トンプソン James Thompson は、そのウェブサイトに、1940 年代以来、グローバルな統合を真剣に考える学者がいたことはなかったと書いている。このネットワークの設立は世界政府についての議論が新たな性格を得つつあって、最早単純に否定することはできないという事実を明らかに示している。

一般的な反動的議論

しかしながら、その問題は単に学問的、または知的なものではない。世界政府のとるべき形態に関する議論が利益集団の影響から完全に免れると信じるのは間違いであろう。むしろ、その議論は**覇権的論議**と名付けられてもよいかもしれない明らかな特徴を示している。政府間主義のパラダイムと国民国家の主権という虚構が正に国際的エリート集団のメンバーによって極めて厳格に擁護されているのは、もちろん単なる偶然の一致ではない。世界民主制の思想の反

Press, p. 92.
47) Strange, Susan. 1999. 'The Westfailure System'. Review of International Studies（25）3: 345–54.

対派から出てくる論理は世界統治の現在の制度や条件に代わるものはないと見せかける目的に究極的に役立つ。これは、しばしば曲解論や危険論への依存を伴っている。想定される専制的世界国家の危険性への恐れは従って世界国家がとる**いかなる**形態にも取り込まれ、拡散される。その主張は更に続き、民主的連邦制世界国家は高貴な目的であるかもしれないが、それは常に専制制に変質する可能性を内包しており、それは、民主制や自由へ以前より**より大きな脅威**をもたらすだろう。社会学者のアルバート・O・ハーシュマン Albert O. Hirschman が示したように、このような議論——曲解論や危険論——は「『進歩的』な政策や思想的運動の誤りを指摘し覆そうとする人々によって行われがちな、論争の態度や策略」の中に含まれている。ハーシュマンによれば、この種の反動的な言い回しは 19 世紀以来、個人の人権、普通選挙権と民主制、また福祉国家の発展に反対するために使われてきた。今やそれは世界国家を通じて苦労して勝ち取られるものであるグローバル化に対して向けられつつある。ハーシュマンは著書『反動のレトリック The Rhetoric of Reaction』の中で、反動的議論の典型的な修辞上の方策を考察している。彼は「**曲解論**によると、政治的、社会的、経済的秩序のある問題を改善しようとする目的意識を持っているいかなる行動も、人が改善しようと望んでいる状態を一層悪化させることのみに役立つだけである。**不毛論**は、社会的転換の計画は無駄であり、計画は『問題を縮小する』ことにさえ失敗すると主張する。最後に、**危険論**は、提案された変革や改革の対価があまりにも高いので、それまでに達成した貴重な成果を危険に晒すことになると主張する」[48] と説明している。世界人口の多数とは言わないまでも、何億人もの人がグローバル・システムに組み込まれた構造的暴力に**既に今**支配されており、また、グローバル統治の失敗が世界文明の現状を危険に晒しているという事実は、この議論の方法では全く無視されている。構造的暴力の概念はヨハン・ガルトゥング Johan Galtung によって導入された。ガルトゥングによれば、構造的暴力は直接唯一人の責任に帰することができないものであり、また、それが常に存在しており、「密やかな」ために、しばしばその犠牲者にさえ暴力とは認識されない。構造的暴力は、「制度に組み込まれており、不平等な力関係、その結果のもたらす不平等な人生の可能性で表面化する（中略）人々が客観的に避けることのできたのに飢えに苦しむ時、その場合は明らかな上下関係の有無にかかわらず、暴力が振るわれつつあるのであ

---

48) Hirschman, Albert O. 1991. *The Rhetoric of Reaction*. Cambridge, London: The Belknap Press of Harvard University Press, pp. 6f.

る」とガルトゥングは要約している。ガルトゥングによれば、構造的暴力を可能にする条件は、社会的不公平、特に権力の不平等な配分である[49]。民主的な世界国家と世界議会は**今あるグローバルな野蛮性の除去**という目標達成に資することを意図しているのである。

---

49) Galtung, Johan. 1975. *Strukturelle Gewalt*. Reinbek: Rowohlt, pp. 12f., 19.

第24章

第三次民主的変容とグローバルな民主制の赤字

　法律家で歴史家のアレクシ・ド・トクヴィル Alexis de Tocqueville は 1835年の彼の著書『アメリカの民主制』の序論に「我々の歴史のページを辿ると、700 年の経過の中で、ただの一つでも平等の進展に役立つことにならなかった大事件に出合わないことはほとんどない」と書いた。彼は長い歴史の流れを概観し、十字軍（11 世紀末〜13 世紀）から宗教改革（16 世紀）を経て 18 世紀の革命に至るまでの貴族政治の果てしない凋落とブルジョワジーの興隆を明らかにしている。彼は鉄砲などの小火器と印刷機の発明が、教育、科学そして文芸の進歩に加えて、この平等の進展にいかに貢献したかを指摘している。「偉大なる民主主義の革命」が進んでいると彼は書いた[1]。その時代に、民主主義の革命は正に始まりつつあったのである。

民主化の波

　民主制の世界中への広がりとそれに伴う市民の政治的な権利の広がりは、過去 2 世紀の間で最も重要な政治面での大きな流れの一つである。この進展は米国の政治学者サミュエル・ハンチントン Samuel Huntington が最初に提示したように、いくつかの歴史的な民主化の波に区分することができる。「民主化の波」とはある特定の期間にわたってかなり非民主的であった国が逆に民主主義国家になることを意味する。このような発展を捕捉する様々な試みを検討する際に、諸指標の選択をはじめとして特定国の民主制の評価がしばしば主観的な判断によって決められることがあることに留意する必要がある。しかしながら、全体的な状況はそのような些細な欠点によって影響されるものではない。ハンチントンによって特定された第一の波は 1828 年に始まり 1926 年まで続いた。それは米国とフランス革命をその始まりとしており、参政権の漸進的な拡大と

1）Tocqueville, Alexis de. 1899. *Democracy in America*. The Colonial Press, pp. 3, 5.

行政の議会への従属を含んでいる。第一の波の100年間に30以上の国家が少なくとも最低レベルの民主的な制度を確立したとハンチントンは報告している[2]。ポリティ調査プログラム Polity research programme のデータと定義を使うと、第一波の終わりには、21カ国、調査した全ての国の少なくとも30％が民主制の資格を満たしている[3]。世界人口の約17％が当時これらの国に住んでいた[4]。1920年代から1930年代に停滞した後、第二の民主化の波がおおよそ1943年から1962年の間に起こった。この波の終わりまでには、このポリティ調査プログラムが分析した国のうち35カ国、増えつつあった世界の国々全体の3分の1、世界人口の36％がその時点で民主制国家の範疇にあるとされている。幾分かの停滞があった後1974年に、ハンチントンの分類によれば民主化の第三の波が、ポルトガルの「カーネーション革命」で始まった。他の研究者の見解では、各国の中で民主化へ向けての動きと民主化を弱体化する動きが拮抗した状態になったのが1987年であったので、彼らは第三の波の始まりをこの1987年としている[5]。いずれにしても、1989年以降、ソビエト連邦の改革プログラムの始まり、東欧における平和的革命そして冷戦の終結により、民主化は世界中で前例のないほど盛り上がった。1974年から1989年の間に、ポリティ調査プログラムの数えた民主制国家の数は34から49に増加した、これは全ての国家の数の25％から35％への増加であった。続く1992年までのわずか3年間で、民主制国家の数は全ての国家の47％に当たる75カ国に急増した。その時点以降、初めて世界人口の半分以上が民主制の下で暮らすようになった。第三の波は2006年に一つのピークに達した。その時点でポリティは世界中で民主制国家を95カ国、即ち58％と算定している。2017年に初めて提出された民主制のグローバルな状況Global State of Democracy報告（これはInternational Institute for Democracy and Electoral Assistanceという政府間機関（本部：スウェーデン）が作成した）によって使用された選挙制民主制の字句分析指数Lexical Index of Electoral Democracyによると、2016年現在、世界の国々のうち68％、世界人口では62.2％の国々において「議席が正真正銘、選挙の結果」で政権が決定されている。1970年の時点では、その数値は国の数で30％弱、人口では40％であっ

---

2) Huntington, Samuel, 1991. *The Third Wave: Democratization in the late Twentieth Century*. Norman: University of Oklahoma Press, pp. 15ff.

3) Polity IV Annual Time-Series 1800-2010 (www.systemicpeace.org/inscrdata.html).

4) これ等の数字と続いての人口の比率に関する数字はPolity IV, US Census and Gapminder（ourworldindata.org）に基づいてマックス ローザー Max Roserにより取りまとめられた。

5) Inglehart, Ronald, and Christian Welzel. 2005. *Modernization, cultural change, and democracy: the human development sequence*. Cambridge University Press, pp. 176f.

た。「過去 10 年をつぶさに見ると、民主制が実質的にグローバルに衰退している という主張を支持する事実はほとんどないことが明らかになった」と報告書 は述べている[6]。

　ワシントン D.C. にある NGO のフリーダム・ハウス Freedom House は毎年 世界各国の市民権や政治的権利のレベルを推計している。そこでは、民主制の 専門家、カリフォルニア州のスタンフォード大学のラリー・ダイアモンド Larry Diamond が 1 （最高度の自由な状況）から 7 （最悪の抑圧状況）を評価する尺 度を使っているが、それに基づくと、1974 年の世界全体の平均値は 4.38 と推 計されている。ベルリンの壁の崩壊後、その平均値は 4.0 を割り込み、2005 年 には 3.22 のピークに達している[7]。それ以降、民主制国家の数においても、ま た、権利と自由の評価においても、更なる大きな進展は記録されていない。そ のため、専門家達は第三の波は依然として続いているのか、あるいは反動が始 まったのかを議論している。ダイアモンドの見解では、遅くとも 2006 年から 世界は「民主制の緩やかだが長期的な停滞」に陥っており、しかも、これは 「何か更に悪い事態に」発展する危険性がある[8]。ポリティやフリーダム・ハウ スが行ったような民主制に関する様々な調査で示された比較的小さな振れは、 反動化しているという議論を正当化するものではないと言う者もいる。彼らは 現実に対する悲観的な見方は多くの人達がより明白な進歩を期待していたこと に起因しているとしている。期待が裏切られるとそれは停滞と見なされる。例 えば、スティーブン・レビツキー Steven Levitsky とルカン・ウェイ Lucan Way は「事実上、中国、中東、中央アジアの非民主化は、停滞として扱われ ている」と理解している[9]。Polity によれば、民主制国家の数は 2005 年以降 91 から 95 の間で変動し、2015 年にはそれまでの最高の 96 になった。フリーダ ム・ハウスの同じ期間の数字はそれよりも少し多いものになっており、115 か ら 125 であり、2014 年と 2015 年は「選挙による民主制」国家が 125 と新たな 最高記録に達した。2017 年の数字は 123 カ国である。2018 年のその数が 116 カ 国に減少したのはその年の報告書からより厳格な基準が適用されたという理由 だけである。2011 年以降のチュニジア、エジプトなどの多くの国におけるア

---

6) International Institute for Democracy and Electoral Assistance (International IDEA). 2017. *The Global State of Democracy: Exploring Democracy's Resilience.* Stockholm: Int. IDEA (www.idea. int/gsod/), pp. 2ff.

7) Diamond, Larry. 2015. 'Facing Up To The Democratic Recession'. *Journal of Democracy* (26)1: 141-55, pp. 141f.

8) Ibid., pp. 144, 153.

9) Levitsky, Steven, and Lucan Way. 2015. 'The Myth Of Democratic Recession'. *Journal of Democracy* (26)1: 45-58, p. 53.

364　第二部　21 世紀の統治と民主主義

ラブ諸国の革命の後は、民主化の第四の波の可能性があるとの議論を生んでいる。同時に、フリーダム・ハウスは 2006 年以降、大多数の国で政治的権利と市民的自由の衰退を記録している。国際的研究プロジェクト V-Dem は、独自のデータに基づき、2017 年の報告書で、2013 年以降グローバルな民主制の停滞があったが「世界の民主制の平均的レベルはなおこれまでの記録の中で最高の水準に近い」との結論を下している。更に、V-Dem は「民主主義のグローバルな終焉に関する悲観論者の報告は正当な根拠に欠けている」と主張している[10]。

経済発展と民主主義

　経済発展と民主主義の間に因果関係があるか否かについては何十年も議論が行われてきた。議論は、社会学者で政治学者のシーモア・リプセット Seymour Lipset（1922 ～ 2006）が始めたものである。リプセットは 1959 年に「国が富んでいればいる程、その国が民主制を維持する可能性が大きい」と主張した[11]。貧困国においては民主化の可能性が経済発展によって高まるとする「内因」理論と、経済発展が定着した民主制は再び専制に陥ることはありそうもないとする「外因」理論の間に区分される。近年の研究はこれらの仮説を確認してきた。政治学者のカールス・ボイクス Carles Boix とスーザン・ストークス Susan Stokes は、例えば、1850 年から 1990 年の間のこの両理論の影響を検証している。それまでの研究とは対照的に、二人の研究は第一次民主化の波も対象としている[12]。他方、政治学者のロナルド・イングルハート Ronald Inglehart とクリスティアン・ヴェルツェル Christian Welzel は、上記の仮説から予想されるように経済発展に伴う体制の変化は専制よりも民主制を導くものかどうかについて研究し、「体制変化のバランスは、所得が上がるに連れて、強く、一本調子で民主制へ優位に推移してゆく」と報告している。1 人当たりの所得が 1000 米ドル上がる毎に、民主制への相対的な変化を示す数値が専制の 2 倍になることを彼らは確認している。「社会的、経済的発展は民主制の出現に貢献し、しかも、劇的に貢献する」というのが二人の結論であった[13]。個人所得が

---

10) V-Dem Institute. 2017. *Democracy at Dusk? V-Dem Annual Report 2017*. Gothenburg, pp. 12, 14.

11) Lipset, Seymour Martin. 1959. 'Some Social Requisites of Democracy: Economic Development and Political Legitimacy'. *The American Political Science Review*（53）1: 69–105, p. 75.

12) Boix, Carles, and Susan C. Stokes. 2003. 'Endogenous Democratization'. *World Politics* 55: 517–49.

13) Inglehart/Welzel, loc. cit., p. 169.

第 24 章　第三次民主的変容とグローバルな民主制の赤字　365

4000 米ドル以上になると、民主制が崩壊する可能性はほとんどゼロである[14]。これらの結果は、しかしながら、貧困国は民主化できないということを意味しない。経済発展は民主化を**より実現しやすくし**、民主的な制度をより安定的にするだけである。反対に、アラブ産油国の世界は富だけが民主化を保証するものではないことを実証している。決定的な要因は経済発展に結びつく**文化的**な変化なのである。

脱工業化の社会の価値観の変容

　世界的な近代化の進展と脱工業化社会から情報知識社会への構造的変容はますます増えつつある国の、富裕層の人々の価値観と文化の変化を伴いつつある。経済的繁栄の継続と教育水準の向上は脱物質的価値観への転換を促すが、この価値観は経済的存立や経済的向上の課題より個人の自己実現と生活の質の向上、自由と幸福を重視するものである。このような展開は大掛かりな調査機関である世界価値観調査 World Value Survey、WVS によって把握されている。社会的、文化的そして政治的な見解に関する主要な調査データが 1981 年から 2014 年の間に六次にわたって、世界の全ての地域と世界人口のほとんど 90％を含む 90 カ国から収集された。このプログラムの担当者ロナルド・イングルハートは「自己表現に関する価値観の高まりは民主制に向かう流れの中で中心的な役割を果たす」との結論を導いている。イングルハートと彼の同僚のヴェルツェル Welzel によれば、「脱工業化は工業化よりもずっと好ましい生活状況をもたらし、人々をこれまでにない程経済的に安定させ、知的により一層自主自律的にし、そして社会的には独立性を強めさせている。この人々を制約から解放するプロセスは人々に人間の自主自律に関する基本的な理解をもたらし、彼らに選択の自由をもっと重視するように誘導し、権威や教条的な真理を鵜呑みにする傾向を弱める」。彼らは「脱工業化と結びついた生存から自己表現への価値観の転換は、権威からの解放をもたらし」、そして「どのように生きるかを選択するために最も広い自由度を与える統治形態である民主制を求める民衆の要求をますます強める」[15]と説明している。意欲的な中間階級が「潜在的な革命階級」と見なされるのにはそれだけの理由があるのだ。

　もちろん、脱工業化後の構造的変化が民主化を推進する唯一の要因ではない。

---

14) Przeworski, Adam, and Fernando Limongi. 1997. 'Modernization: Theories and Facts'. *World Politics*（49）2: 155–83, p. 165.

15) Inglehart/Welzel, loc.cit., p. 209, 29, 1.

共産主義が終焉した後、民主制には今や統治形態として思想的に競い合うものはない。独裁制や抑圧的な政治形態はその存在の正当化を迫るこれまでにない強い圧力の下に晒されており、国民からその正体を覆い隠し続けることができなくなっている。例えば、インターネットを管理しようとしても、これらの体制が人々を情報のグローバルな流れから隔離することはほとんど不可能である。ラリー・ダイアモンドは次のように書いている。「長期的に安定していると思える独裁政治は世界にはほとんどない。体制を安定するために唯一真に頼れる根拠は正当性であり、いかなる形の独裁制であれ、独裁制の正当性をまともに信じる人々は世界的に急速に減少している。経済発展、グローバル化、情報革命はあらゆる形の権威を貶め、個人に力を与えつつある。価値観は変化しており、グローバルな『啓蒙』へのいかなる目的論的な（目的が現実を産むとの論、訳者注）方策も決めてかかってはならぬが、全般的には、その動きは権威に対する不信の増大、そして説明責任、自由と政治的選択への願望の高まりへと向かっている」[16]。私達は独裁体制が人々への締め付けを強化しているのは、その体制下にある人々の民主制を求める願いと圧力がこれまで以上に強まっていることの証拠であると見ている。

普遍的な価値としての民主主義

民主主義が普遍的な価値を有するかどうかという疑問は今では解決済みと考えられている。世界中で行われた主な調査では、世界中の人々の中での民主主義は極めて高い評価を示している。ハーバード大学教授のピッパ・ノリス Pippa Norris は WVS などの調査による実証的データに基づき「民主的な統治を明白に認めることは、広く行きわたっており、普遍的である」と結論を下している。2005 年から 2009 年に行われた第五次 WVS 調査によると、民主制承認率の世界平均は 92％であった。ノリスが強調しているように、民主制を認める動機は様々であるが、回答者の文化的背景または出生地域、もしくは彼らの暮らす政治体制は、**何ら実質的な相違をもたらしてはいない**。教育レベルは回答者の態度に影響を与えているが、興味深いことに回答者の国の経済発展のレベルは何ら影響を与えていない。ノリスは「裕福な脱工業化社会、新興産業国、貧困度の高い途上国の間で、民主制を願う程度や、民主制の活動に対する満足度に統計的に顕著な差異は認められない」と報告している。更に、実証的

---

16) Diamond, loc. cit., pp. 153f.

データでは、民主制に対する信頼の低下という一般的な傾向を確認することは**できなかった**。「民主制の危機」という広く行きわたった理論は彼女の見解では「過度に単純な主張」と例外的な事象に基づいた「過度の単純化」であり、その理論は「見直しが必要」である[17]。ロナルド・イングルハートとクリスティアン・ヴェルツェルによれば、その逆が本当で、「社会資本と大衆の政治参加が損なわれつつあるというしばしば繰り返される主張に反して脱工業化社会の大衆は今日以前より一層活発に政治に参加している」と書いている[18]。正に民主制がこのように高く評価されているがために、一部ではまた相当の不満もある。ここでの重要な区別は、**抽象的理念**としての民主主義を認めることと、**実際の**民主制の実施に対する満足度である。ノリスは民主制の赤字は期待と現実とのギャップから生じていると理解している。

　国際的レベルでも、民主主義は普遍的な価値として定着している。民主制は今日、事実上唯一の正当な統治の形態と見なされている。世界の国家と政府の首脳によって採択された 2000 年のミレニアム宣言についての議論の中では、例えば、交渉は、全ての国における民主制、法の支配そして人権の強化についてなされた。その 5 年後に開かれたワールド・サミットにおいて、「民主主義は、人々が自身の政治的、経済的、社会的、そして文化的な諸制度と彼らの生活のあらゆる側面への全面的な参画を決定するために自由に表明される人々の意思を基本とする**普遍的価値**である」ことがその閉幕声明の中で、「再確認」された（強調は著者による）[19]。

　2007 年の国連総会が 9 月 15 日を「国際民主主義の日」と宣言した時に、民主主義は普遍的な価値であること、そして更に民主主義は「普遍的で、不可分の核心的な価値でありかつ国際連合の原則」に則るものであることが再度強調された[20]。ブトロス・ブトロス＝ガリは、国連事務総長として、国連憲章の前文の文言――「我ら連合国の国民は」――を使用して、「国連の創設者は民主主義の最も基本的な原則を援用し、国連加盟国の絶対の権威そして即ちこれら加盟国が構成することとなる国連の正当性を、その連合国の国民の意志に根拠を置いたのである」と論じている[21]。

---

17) Norris, Pippa. 2011. *Democratic Deficit: Critical Citizens Revisited*. Cambridge Univ. Press, pp. 92, 129, 110, 58, 4.

18) Inglehart/Welzel, loc. cit., pp. 44, 117.

19) United Nations. 24 October 2005. '2005 World Summit Outcome'. A/RES/60/1, para. 135.

20) Id. 13 December 2007. 'Support by the United Nations system of the efforts of Governments to promote and consolidate new or restored democracies'. A/RES/62/7.

21) Boutros-Ghali, Boutros. 20 December 1996. *Supplement to reports on democratization. Report to the 51st Session of the United Nations General Assembly*. A/51/761, para. 28.

この展開は特に欧州評議会 Council of Europe を通して、第二次世界大戦後に民主制の促進が重要な関心事となった欧州以外の他の地域でも見られる。2001 年に米州機構 Organization of American States によって採択された米州民主憲章の第一条には、「民主制の権利」が組み込まれており、加盟国政府は「民主制を推進し、また、擁護する義務がある」としている。代表制民主制は基本であり、そして不可欠であると宣言されている。2008 年の東南アジア諸国連合 Association of South East Asian Nations（ASEAN）憲章では、「民主制の強化」は ASEAN の目的の一つであると明確に謳っている。南アジア地域協力連合 South Asian Association for Regional Cooperation（SAARC）が 2011 年に可決した民主制憲章 Charter of Democracy の中で、加盟国は「政府と社会全般の全てのレベルで民主制を推進する」こと、そして「自由で、公正で、そして信頼のおける選挙と選挙によって選ばれる立法府と地方機関を特色とする参加型の民主制を支持する」ことを明言している。そして 2012 年に発効した、民主主義、選挙と統治に関するアフリカ憲章 African Charter on Democracy, Elections and Governance は条約締結国に対して「民主制の普遍的価値と原則」を遵守することを求めている。

民主制の権利

もちろん民主主義制と民主的な制度の厳密な定義については様々な意見がある。基準として使用可能な普遍的に認められたモデルはない。しかしながら、国際法に基づいてある程度の必要条件は定義されてきている。例えば、1948 年の人権についての普遍的宣言の 21 条は「人民の意思は統治の権力の礎とならなければならない。この意思は定期的かつ真正な選挙によって表明されなければならない。この選挙は平等の普通選挙によるものでなければならず、また、秘密投票またはこれと同等の自由が保障される投票手続きによって行われなければならない」と規定している。また、1976 年に発効し、176 カ国により批准された、市民的、政治的権利に関する国際規約第 25 条によれば、「全ての市民は（中略）政治に参与し、直接にまたは自由に選んだ代表者を通じて、[そして]普通かつ平等の選挙権に基づき秘密投票により行われる、自由で、真正な定期的選挙で、投票されそして選挙される権利と機会を有する」。米国の弁護士であるトマス・M・フランク Thomas M. Franck（1931 ～ 2009）は 1992 年の強い影響力を及ぼした論文の中で、国際法の下で民主的な統治は国際的な規範

そして権利となりつつあると論じている[22]。本質的には、民主制の権利とは公権力の行使によって影響を受ける全ての人々が、最低限、代表者を自由な選挙を通じて選ぶことによりその公権力に対して影響を及ぼす権利を持たねばならないことを意味するのである。

公的機関の意思決定プロセスの行われるレベルが影響力を及ぼしてはならない。この権利を国民国家レベルに制限することは、――重要な意思決定プロセスの政府間のレベルへの移行を考慮すると――民主制の権利を空洞化し、無効にすることである。民主化が国民国家レベルよりも更に進展することが許されないことになる。民主制の権利は、国際的レベルにおける意思決定および国際的諸組織の民主化も要求する。世界人権宣言第28条はその観点から読むことができる。そこには「全ての人は、この宣言に掲げる権利および自由が完全に実現される社会的および**国際的な秩序**に対して権利を有する」と記載されている（強調は著者による）。2004年以降に可決された多くの決議の中で国連総会は、繰り返し同じ文言を用いて、「民主的で公平な国際秩序」は、「国内および**グローバルな**意思決定に全ての者がいかなる差別もなく公平に参加する権利」を実現する必要があると宣言している（強調は著者による）[23]。それがいかに制度的に確保されるかについては、民主制の権利そのもの、即ち**自由選挙によって選出される人民の代表者**の関与のあることが解答となる。国際秩序の枠組みの中での公権力の民主的な行使は議会代議制がグローバル・レベルに拡大される場合にのみ可能である。この方法でのみ「人民の意志」――ここでは、世界の人民の意志――が可能な限り多元的にその本当の力を示すことができる。究極的には、世界規模の議会代議制は**世界規模の選挙**に基づかなければならない。1995年にフランクは「民主制の資格の付与」を制度化するために人口の大きさに応じて議席を割り当てる、世界の人民によって直接的に選出される議会を提案している[24]。

政府間主義による民主制の弱体化

たとえ世界の全ての国が完全な民主制であったとしても、国際法の下にある

---

22) Franck, Thomas M. 1992. 'The Emerging Right to Democratic Governance'. *The American Journal of International Law* 86: 46–91.

23) United Nations. 19 Dec. 2016. 'Promotion of a Democratic and Equitable International Order'. A/RES/71/90.

24) Franck, Thomas M. 1995. *Fairness in International Law and Institutions*. Oxford: Clarendon Press, pp. 482ff.

政府間の制度が非民主的であることは変わらないだろう。これまで、国際的な分野で政策の策定と推進を民主的なプロセスで実現することは非常に困難であった。政治学者であるクラウス・ディーター・ウォルフ Klaus Dieter Wolf は、統治の国際化を伴う「反民主化効果 de-democratization effect」は実際には肯定的に求められているものであると受け入れた。ウォルフは「国家を超える統治に特有の構造的な民主制の赤字と自発的な政府間の約束の類似性は政府間の戦略的な交流の**意図的な結果**である」と論じている（強調は著者による）。行政官は決定を政府間の協議に移行し、それによって「決定を国内の政治的コントロールと説明責任から除外することによって」「国内の権力闘争におけるその戦術的立場」を強化することができると彼は確信している。ウォルフによると、「新たな存在理由のある政治」と称されるものの本質は「政府間の連携と相互の自主的なコミットメントにより国家の権威を守るためのカルテルのような試みである。その目的は社会的な議論の範囲を超え、従って国内の政治的挑戦を受ける可能性も凌ぐ実質的な決定を行える場を生み出すことである」[25]。

　政府間主義をこのように見ることによって得られるものがある。政府間協定に関する交渉は、例えば、たとえ関連する国内政策問題が頻繁に検討され、決定がなされるとしても、世間の厳しい目に晒されず政府の役人によって通常は行われる。最近の例は偽造品の取引の防止に関する協定 Anti-Counterfeiting（ACTA）または大西洋横断貿易投資パートナーシップ協定 Transatlantic Trade and Investment Partnership（TTIP）に関する交渉である。議会が関与することは滅多になく、かつ議会は多くの場合政府が何を議論しているのかさえ知らない。対照的に、貿易業界団体や大企業の経営者達は頻繁に意見を求められている。三権分立の原則は実質的に停止され、行政府は立法府の立場に自らを格上げする。交渉終了後、議会は通常は政府によって提示された協定を全体として承認するか、さもなければ拒否するかのいずれかしかできない。議会の監督権は「外交政策という分野に、または実際、国際政治の全ての部門に跨がる分野、特に国際法に基づく条約についての議会の影響力に関する特定の規則に関わることになる分野で縮減されている」というのが、2002 年のドイツ連邦議会の調査委員会 Enquete Commission of the German Bundestag による報告書『世界経済のグローバル化 The Globalization of the World Economy』の中でなされた批判である。国会議員は「グローバル化のプロセスに関しても

25）Wolf, Klaus Dieter. 2000. *Die Neue Staatsräson – Zwischenstaatliche Kooperation als Demokratie-problem in der Weltgesellschaft.* 1st ed. Baden-Baden: Nomos, pp. 13, 17f., 67.

監督と政策立案の両方の役割」を担う必要があった[26]。一部の国家で行われているような選ばれた政府代表団の中の個々の国会議員による恣意的な関与はこの文脈では関係がない。クラウス・フォン・ベイム Klaus von Beyme は「現代の議会主義は多くの国で外交政策に関する条約の批准を要求している」と書いている。「しかし、実際には、野党でさえも既存の外交関係の継続性を危険に晒さないために、ほとんどの条約の承認を保留する覚悟ができていなかった」[27]。これは当然のことながら自らの代表者を後ろから刺すようなことには気乗りしない政権与党の議員団にとってはなおさらである。ほとんどの場合に、議会は彼らの政府を国内的にも外交関係面でも不安定にさせないために、提示された国際法の条約を単純過半数により承認する。政府は国際的なガイドラインは守らなければならないという安易な立場をとることができる——ガイドラインは政府自身がもちろん交渉してきたものである。加えて、実際には、政府間の関係においては、国際法に基づく条約は、それにかなりの影響を及ぼすことができる議会を経ず、機械的な、組織的なプロセスの下に発展、拡大させることが可能である。

ハーバード大学の社会学者であり政治学者であるロバート・D・パットナム Robert D. Putnam は「二段階ゲーム」について語っている。1段階目は政府間交渉レベル（レベルⅠ）であり、二段階目はこれらの交渉の結果についての国家の承認段階（レベルⅡ）である。「交渉責任者の動機は（中略）レベルⅡにおける権限の均衡を外因的な理由のために彼が良いと思う国内政策に有利なように変えることである、とパットナムは書いている[28]。行政府はその立場を強めるために、「国家の利益」や「国家の安全」を持ち出すことがある。これらの概念は広い大衆の総意を基盤とし、より大きな公共の利益のためにとられる行動だと示唆するための修辞的な表現として、その概念が全く空しくなる程繰り返し使用することが可能である。ジェフ・フォー Jeff Faux は「至るところに蔓延する『国益』という用語は我々の政治的な環境において最もはっきりしない概念の一つである」と書いている。「それは事を明らかにするよりも、事を覆い隠し、そしてそれはあたかも民主的に合意が得られたため議論をする必要は最早なくなったとの誤った印象を一般の市民に与える効果を持っている」[29]。

---

26) Deutscher Bundestag. 16 June 2002. *Schlussbericht der Enquete-Kommission 'Globalisierung der Weltwirtschaft – Herausforderungen and Antworten'*, pp. 446, 445ff.

27) Beyme, Klaus von. 1998. 'Niedergang der Parlamente'. *Internationale Politik* 4: 21–30, p. 21.

28) Putnam, Robert D. 1988. 'Diplomacy and domestic politics: the logic of two-level games'. *International Organization* (42)3: 427–60, pp. 436, 457.

29) Faux, Jeff. 2006. *The Global Class War*. Hoboken NJ: John Wiley & Sons, p. 50.

多国籍企業の影響

　世界秩序の現状は、各国政府の官僚だけでなく多国籍資本家エリートの活動にとっても有利な環境となっている。多国籍企業と彼らが代表する業界は分裂した国際制度の全ての要素——国際的なアクター達、分野毎の組織、政府機関、官僚、委員会、交渉担当者、管轄区域、諸協定、そして法的制度のわかりにくい絡み合い——を自分達にとって最も有利になるように利用することに長けている。多国籍企業はいわゆる「脱－民主制」の鍵となる組織である。彼らは国家的そして国際的レベルの適当な場所で影響力を行使するために必要な手段を持っている。こうした企業の代表者達は食品規格委員会 Codex Alimentarius Commission のような重要な国際機関で政府関係者と対等な立場で議論に参加する。彼らは度々政府から政府間条約交渉への参加を要請され条約案へのコメントや提案を求められる。国際会計基準審議会 International Accounting Standard Board（IASB）のようなその他の団体は完全に彼らに掌握されている。欧州議会議員のスヴェン・ギーゴルト Sven Giegold は「IASB は何の有効な民主的な説明責任もないままに、国際会計の規則を決定する。その理事会は国際企業出身のいわゆる専門家に支配されている」と述べている。IASB によって作成された基準は正式に EU 法に採用されている。

食品規格委員会の例

　食品規格委員会について、レスリー・スクレア Leslie Sklair はネスレ Nestlé やユニリーバ Unilever やモンサント Monsanto のような多国籍企業の代表者達が代表団の大部分を占めている事実について批判している[30]。これらの企業は自分達の商品や事業活動に対して適用される基準の策定に直接的な影響力を持っている。この点において、食品規格委員会は複雑で、冷ややかなグローバルな統治機能の好例である。同委員会は 1963 年に食糧農業機関 FAO と世界保健機関 WHO によって設立された、食品分野における国際規格設定のための最も重要な機関である。この機関は食品表示、添加物と毒素の規制、そして飼料添加物の安全性評価という多くの消費者に直接影響する重要な問題を扱う。原則として、食品規格委員会または国際標準化機構 International Organization

---

30) Sklair, Leslie. 2002. 'Democracy and the Transnational Capitalist Class'. *Annals of the American Academy of Political and Social Science* 581: 144–157, pp. 148f.

for Standardization ISO が設定した基準は拘束力を持っていない。しかしながら、食品安全と植物保護措置そして貿易に対する技術的な障壁に関する 1994 年の WTO の協定は国際基準を考慮に入れなければならず、そしてその遵守は同協定が遵守されている証であると見なされると述べている。従って、食品規格委員会の規格は食品の安全性の分野で、実質的な法的重要性を持っている。米国からホルモン剤が投与された肉の輸入を欧州が禁止したことを巡る米国と EU 間の貿易紛争では、紛争解決機関 Dispute Settlement Body の常任上告委員会 Standing Appellate Body は、WTO 加盟国は食品規格委員会の基準よりも厳しい健康と消費者保護の基準を設定してもよいとの結論を下した[31]。しかしながら、それにもかかわらず、食品規格委員会の基準の権威については不確実性がある。なぜなら、企業弁護士達によると、基準から少しでも逸脱する場合はその正当性の証明が求められ、WTO に訴訟を持ち込まれるリスクが高まるからである[32]。そのため、彼らは基準を適用することが「事実上強制されていること」と「その組織の根底」に埋め込まれている「秘められた超国家性」を指摘している。国際的標準を作成することは賢明であり、必要でもある。しかし、その広範囲に及ぶ影響を考慮すると、問題があるのは「それぞれの組織の汚点となっている正当性の赤字」である。規格を策定する組織の職員の任命が「民主的でもなく、バランスもとれていない」ため業界の利益が「しばしば優先されている」と言われている[33]。これは1947年の設立以後、1万5000を超える基準の策定を行ってきたISOについても同様である。その加盟メンバーである各国の標準化機構は機構との業務を望む全ての人に開放されている民間の協会である。もちろん、直接影響を受ける業界や企業がその協会の活動に参加できることは不可欠である。しかしながら、間接的に法的な効果を持つ重要な基準とルールが議会または国会議員による検討がなされず、かつ議会に対する説明もないままに策定されることが可能であるという事実は問題である。議会とその議員達が何らかの影響力を及ぼす機会がほとんどない政治的枠組みから抜け出せないことは検討されなければならないけれども、彼らが自らそのような立場に置かれることに任せるのも「脱－民主制」の特徴である。

---

31) Eggers, Barbara. 1998. 'Die Entscheidung des WTO Appellate Body im Hormonfall – Doch ein Recht auf Vorsorge?' *Europäische Zeitschrift für Wirtschaftsrecht* 5-6: 147–151.

32) Veggeland, Frode, and Svein Ole Borgen. 2005. 'Negotiating International Food Standards: The World Trade Organization's Impact on the Codex Alimentarius Commission'. *Governance: An International Journal of Policy, Administration, and Institutions* (18)4: 675–708, pp. 690f.

33) Herrmann, Christoph, Wolfgang Weiß and Christoph Ohler. 2007. *Welthandelsrecht*. München: C.H. Beck, 2nd ed. §12 no. 591, p. 258.

民主制の問題としての分裂

　有名なマックス・プランク比較公法・国際法研究所Max Planck Institute for Comparative Public Law and International Law のディレクターのアルミン・フォン・ボグダンディArmin von Bogdandy の見解では、議会主義の持続的なグローバルな発展を確保することは「現代の最大の課題の一つである」。国際法の専門家である彼は「普遍性の要件に照らして」「政策形成の国際的レベル」の分裂は「民主主義の理論の観点からは問題が多い」と見なされなければならないと確信している。法律制定のプロセスに関する「普遍的要件」は立法府が規則と法律の制定の手続きの中で最も重要な役割を果たさなければならないことを意味するが、そこでは考えられる全ての問題点が注意深く公開で、かつ公平に検討される。「その出発点」は、ボグダンディによれば、「丸ごとの多面的な人としての個人、即ち機能性の論理では分割できないがその代わりに競合する意見が相互に検討されることを可能とする代表制のメカニズムの権利を請求する個人にある」。従って国際的制度による特定の優先順位の設定は「民主制の原則の中核となる要素としての普遍性の要件」を損なう[34]。この背景に対して、世界議会の「統合する」機能は民主制にとって重要な意味を持つ。世界議会は国際的基準を定める段階ではっきりと集約される。世界議会はその諸委員会を通じて現存するプロセスに直接に関係を持たなければならず、または必要かつ適切な場合には、その審議と関連する規制に関する権限を完全に掌握しなければならない。従って、例えば、世界議会は食品規格委員会の審議に当然参加し、その審議結果を承認しなければならない。加えて、国連議員総会UNPAが「国際的な政府間の会議や交渉に議員代表団を全面的に送り込み、参画する」権利は、既に要求されている[35]。1954年に、英国の哲学者でありノーベル賞受賞者でもある世界連邦主義者のバートランド・ラッセル Bertrand Russell は、国際法に基づく協定は立憲連邦制の世界秩序の枠組みの中で連邦の「中央機関」による承認を必要とするべきであるという興味深い提案を行っている[36]。世界法の問題が国際法の条約によって影響を受ける限り、これは検討に

---

34) Bogdandy, Armin von, and Ingo Venzke. 2010. 'Zur Herrschaft internationaler Gerichte: Eine Untersuchung internationaler öffentlicher Gewalt and ihrer demokratischen Rechtfertigung'. *Zeitschrift für ausländisches öffentliches Recht and Völkerrecht* (70) 1: 1-49, pp. 21, 25f.

35) Pan-African Parliament. 24 October 2007. 'A United Nations Parliamentary Assembly'. Resolution adopted at the 8th Ordinary Session, Midrand, South Africa, para. 16.

36) Russell, Bertrand. 28 August 1954. 'A Prescription for the World'. *The Saturday Review*: 9-11, 38-39, p. 10.

値する意見である。いずれにしても、ここで適切な責任ある機関として検討されるべき唯一の組織は、世界議会なのである。

規模のジレンマ

有力な政治学者であるロバート・ダール Robert Dahl の「国際的な組織、機関、プロセスは、**市民との距離という尺度で測定**した場合には、明らかに民主的では**あり得ない**という事実を率直に認め、そのことを明らかにすることが必要である」という見解にかなりの関心が寄せられてきた。なぜならば、市民達が意思決定の権限を、本質的に一般市民とは距離のある国際的エリートに委ねざるを得なくなるからである。ダールによると、民主主義の理論と実践における「根本的なジレンマ」は、一般市民の統治に参加する機会は「小規模な民主的集団の方が大きな集団より多い。しかし、集団が小さければ小さいほど、市民にとって重要な問題を政府がうまく処理できなくなる可能性がある」という事実である。そのような問題を解決するためには、より大きな集団が必要とされる。そこで統治する能力が向上する一方で、市民一人ひとりが統治に影響を及ぼす機会は反対に減少する。そうなると国際的レベルでは、なお民主制と考えられることを受け入れることができる上限を超えることになる。

それにもかかわらず、ダールにとっては、国際機関が不可欠であることは明らかである。国際レベルにおいては**どんな理想的な形態であっても**民主制を実現することはできない（もし、それが本当に可能だとしても）、という点に関して、彼に同意できるかもしれない。しかしながら、それはその目標に向かい着実に民主的進展が図られる可能性を諦める理由にはならない。「もし、我々が人類にとって重要なことを確保するためには国際機関が必要であると判断するのであれば、我々はその国際機関に民主制を損なうものがあったとしても、その反民主的な点を吟味し、そして批判するのみならず、より民主的となる提案を作成し、そしてその案の承認を主張するべきである」とダール自身が述べている。民主的国家に存在する民主的管理の水準にほぼ近いものでさえも、それが国際レベルで達成されるためには、「民主制国家において既に存在しているものとほぼ同等の効力を持つ、政治的な参加、影響、そして管理の機会を市民に与える政治的な組織」が必要であろう[37]。ダールはここでは、「民主制の権利」に

37）Dahl, Robert. 1999. 'Can international organizations be democratic? A skeptic's view'. In: *Democracy's Edges*, ed. by Ian Shapiro and Casiano Hacker-Cordón, 19–36. Cambridge University Press, pp. 22, 34, 31.

完全に一致する選挙で選出される議員と国際的政党を含む「国際的な市民組織」を想定している [38]。

正当化の連鎖の概念

「正当化の鎖」の概念は、国際機関には民主的な説明責任があることを示すために度々使用される。これはドイツの弁護士で元連邦憲法裁判所判事のローマン・ヘルツォーク Roman Herzog とエルンスト＝ヴォルフガング・ベッケンフェルデ Ernst-Wolfgang Böckenförde が創案したものである。この概念は民主的な正当化は有権者から始まりそして一つのレベルから次のレベルに移転されると断定する。有権者は議会を選出し、議会は政府を選出し、政府は国際機関への代表者を任命し、そして国際機関は関係の組織の幹部職員を選出する。従って全ての諸国家にとって正当化の鎖は一つではなく、いくつものそうした鎖が並行して存在しているということに留意する必要がある。しかしながら、アン・ピーターズ Anne Peters によると、その鎖がもたらすと考えられている「国際機関と市民との間の民主的な繋がり」は、「実際とはほとんど関係のない法的な虚構である」[39]。正当化の鎖の中の各々の連続する繋がりがあることで、市民との近さと正当化の両方がより弱くなり、そして民主制の赤字がより大きくなる。政治学者のフランク・ヌルマイヤー Frank Nullmeier とマルティン・ノンホフ Martin Nonhoff は国際的なそして超国家的な政治的な集団についてこの理論が機能するとは全く信じていない。「世界の全ての人々、つまり世界市民と国際機関を支配する組織との間には直接的な選挙による関係は全くないので、直接的な正当性についての疑問はあり得ない。この観点からは、こうした制度は根本的に民主制として正当ではあり得ないので、『民主制の赤字』という用語はほとんど穏やか過ぎる表現である」[40]。「マクロデモクラシー macro-democracy」についても説明している政治学者のジョヴァンニ・サルトーリ Giovanni Sartori は「正当化の連鎖を泳ぎ手と比較することでジレンマの核心を突いている。彼が泳げるからといって必然的に大海を渡れる訳ではない」[41]。

---

38) Id. 2000. *On democracy*. New Haven: Yale University Press, p. 116.

39) Peters, Anne. 2009. 'Dual Democracy'. In: *The Constitutionalization of International Law*, by Jan Klabbers, Anne Peters, and Geir Ulfstein, 263–341. Oxford, New York: Oxford University Press, p. 294.

40) Nullmeier, Frank, et al. 2010. *Prekäre Legitimitäten: Rechtfertigung von Herrschaft in der postnationalen Konstellation*. Frankfurt: Campus Verlag, p. 21.

41) Petersen, Niels. 2008. 'Demokratie and Grundgesetz'. *Max Planck Institute for Research on Collective Goods*, p. 3.

市民を政府間のプロセスから隔てる湾はあまりに広くなり過ぎた。大衆の覚醒と批判が増し、そして民主的制度への期待が高まった。それと同時に政府間レベルの重要性も高まった。いずれにせよ、フォルカー・リットバーガー Volker Rittberger と彼の共著者の用語を使うと、少なくとも、グローバルなレベルでの政治参加を必要とする「社会的に構築された国際的問題意識」がある[42]。

出力正当化 Output legitimation

　正当化の連鎖の概念は、政治学者が言うところの入力正当化 input legitimation の分野に属する。「入力指向型の視点は『**人民による**政府』を強調する。政治的な諸決定は、それらが『人民の意思』を反映しているのなら——即ち、もし政治的な決定がコミュニティの成員の真の好みを起源とするのであれば——正当である」と政治学者のフリッツ・シャルフ Fritz Scharph は書いている。入力正当化が十分に進んでいない国際組織に関しては、正当性を与えるために「出力指向型の視点」が適用される。シャルフは、「出力指向型の視点は『**人民のための**政府』という点を前面に置く。従って政治的決定がコミュニティの全般的な福祉を効果的に高めるならばその時は正当となる」と説明する。しかし、誰が、どのような基準を使って、正当であると判断すべきなのか？結局は、出力の視点もまた我々を有権者のところに連れ戻すことになる。「全ての立憲民主制では、出力正当性は主として普通の、自由な、そして平等な選挙によって確保される」とシャルフは書いている。彼は、正規の選挙は議員達の指向を、公共の利益に向け、維持し、強化すると強く主張する。大衆の議論とそれが議員達の政治生命に及ぼす潜在的な反響の予想が、出力正当化の条件を生み出す[43]。

　グローバルな統治システムは市民社会において認識された不十分な出力と民主制の赤字の両方のために信頼をますます失っている。「グローバルな統治は機能していない。グローバルな問題は依然としてグローバルな市民指向型の解決策を欠いている」というのが、市民社会組織のグローバルな連合である CIVICUS によって公表された 2014 年の年次報告書の市民社会の状況に関する

---

42) Rittberger, Volker, Andreas Kruck, and Anne Romund. 2010. *Grundzüge der Weltpolitik. Theorie and Empirie des Weltregierens.* 1st ed. Wiesbaden: VS Verlag für Sozialwissenschaften, p. 616.

43) Scharpf, Fritz W. 1999. *Regieren in Europa. Effektiv and demokratisch?* Frankfurt: Campus, pp. 16, 22f.

簡潔な要約である。「国際的な決定がなされ、そして規範が決定され普及される制度とプロセスの多くは、時代遅れになっており、現在の困難な課題に取り組むことはできない」と報告書は書いている。しかし、その危機は効率性の危機以上のものがある。それは報告書が指摘するように民主主義の危機である。「国際的統治のための諸機関は十分に開放されていない。人々がそれらと関わることまたは本当に理解することは困難である。国際機関はその機関を構成する国々よりも民主的ではなく、人々の声がそれぞれの国を通じてグローバルなレベルで聞き届けられていると想定するのは馬鹿げている」と報告書は結論を下している [44]。従って、アジェンダ2030を実行する新しい持続可能な開発目標 Sustainable Development Goals の進捗の評価は、今後、諸政府とその国際機関に任せるべきではない。理想的にはグローバルな議員総会が主要な役割を果たすべきである。

　このような不満は代表的な調査によっても明らかにされている。国連は他の組織に比べ通常は高い好感度を得ている。2013年に39カ国で行われた調査では、回答者の約58％は国連に「好意的な見方」をしており、わずか27％が否定的であった [45]。これ以前の調査でも、好感度は同じように高かった。しかしながら、もっと詳細な質問によって調査を行うと違った結果が浮上してくる。2006年から2007年にかけて8カ国で行われた調査では、回答者は国連に対する印象を0から100の段階で、0は大変冷たく否定的、100は極めて温かく肯定的と評価するように指示された。国際的平均値は66であった。これと対照的に、第5次の世界価値観調査WVSでは、52カ国の回答者が国連の信頼度を評価するよう求められた。平均46％の回答者が国連は全く信頼できないと回答し、42％が少なくともある程度信頼できると回答した。この結果は国連の使命とビジョンは高く評価されているが、実績についてはそれほど高くはないという評価を示していると解釈されよう [46]。

---

44) CIVICUS: World Alliance for Citizen Participation (ed.). 2014. 'Towards a Democratic Multilateralism: Civil Society Perspectives on the State of Global Governance'. In: *State of Civil Society Report 2014: Reimagining Global Governance*: 39–69, p. 39.

45) PewResearchCenter. 17 September 2013. 'United Nations Retains Strong Global Image' (www. pewglobal.org).

46) Council on Foreign Relations. 2012. 'Chapter 2: World Opinion on International Institutions'. In: *Public Opinion on Global Issues*. New York: Council on Foreign Relations, pp. 1, 2f.

世界市民への説明責任

　元英国外交官のカーン・ロス Carne Ross は彼の著作『独立外交官』の中で、首都にある政府と国際的な機関で勤務しているその政府の外交官との関係でさえ度々うまくいっていないと述べている。そして実際、今日のように大規模にネットワークで結ばれた世界では、「一国の願望や必要とすることをたった一人の外交官が実現することが可能であると見せかけるのは馬鹿げている」[47]。我々は既に国際問題における政府と議会の間の断絶とそれに付随した「反民主主義化の効果」について詳しく述べてきた。ロスと同様に、アン・ペータースは国際的な組織における政府の代表は自国の有権者だけでなく、**世界市民全体**に対しても説明責任があると指摘している。世界市民全体の利益も考慮されなければならないからである。「各国の選挙区の総和が一つの適切なグローバルな選挙区とはならない。従って対応する国内選挙区に対する説明責任と類似の説明責任の鎖は関係する全ての国家の市民が一体化されたもの、即ちグローバルな選挙区に対する適切な説明責任を生み出すのではない。これはまた国際機関で活動する各国の代表を監視し、統制する各国の仕組みの総和が完全な監督をもたらす訳ではないことを意味する」[48]と彼女は論じている。ここでの要点は議会が国際組織の内部で自国の政府や官僚の立場や行動をいかに効果的に監視できるかではなくて、国際機関そのものとその機関の官僚制度の監督である。この任務を委ねられた世界議会は**追加的、かつ極めて短縮された**正当化の鎖を創出するであろう。というのは、この場合政府高官と政府代表によって調停を図る必要がないからである。その上、世界議会の議員自身は原則として全世界市民に対する説明責任があるからである。

国際法と世界法における平等性と代表制

　政府間組織においては、全ての国は基本的な国際法の原則である「主権の平等」に従って、ルールとして、それぞれ１票の平等な権利を持っている。しかし世界の国々は決して平等ではない。世界人口は各国の間で極めて不均等に配分されている。人口規模に関しては、ヘビー級の国に比べれば、ほとんどの国は小さな小人達である。国際法の下での平等の原則との関連においては、経済

---

47) Ross, Carne. 2007. *Independent diplomat: dispatches from an unaccountable elite.* Ithaca N.Y.: Cornell University Press, p. 210.
48) Peters, loc. cit., p. 295.

力と国連予算の分担金額についても見られるこの不均衡は政府間組織の政治的
現実において重大な問題である。国連副事務総長、即ち事務総長の官房長を務
め、かつ国連開発計画UNDPの委員長を6年間務めたマーク・マロック・ブラ
ウン Mark Malloch Brown によれば、「統治と投票に関する分担金拠出大国と
残りの加盟国との間の政府間の行き詰まり状態が機能不全の核心である」[49]。
社会学者のパトリック・ノーラン Patrick Nolan とゲルハルド・レンスキー
Gerhard Lenski も同意見であり、「国連の有効性にとって最大の障害は多分人
口13**億**人の中華人民共和国と人口1**万**人のツバルに等しい1票の投票権を与え
ている総会の投票制度である」[50] と指摘している。欧州委員会の貿易担当委員
や世界貿易機関WTOの事務局長だったパスカル・ラミー Pascal Lamy は、各
国の平等の投票権の原則は「民主制が存在していなかった遠い昔に遡る長年続
いてきた虚構である。その当時は都合の良い虚構であったが、現在の地政学的
現実には全く調和していない。それは世界の多様性も、また関係者の多様性も
反映できていない」[51] と確信している。

　それにもかかわらず、国家の平等という国際法の原則は度々国際的な民主制
の鍵となる要素であると称賛されている。世界法の観点からは、それは実際全
く逆である——政府間秩序の持つ非民主的な本質の証である。国際法の基礎と
なる平等原則は、**国家**に適用される（「一国一票」）ものであるが、世界市民と
しての人々が最も重要な要素である世界法の根底にある平等原則とは対照をな
している。一国一票だと、人口が少ない100カ国は、その総住民は2億6500万
人で65億人の世界人口の4％であるが、193加盟国からなる国連総会の投票権
の**半分以上**を構成する。人口の最も少ない128カ国は、総会の**3分の2**を構
成するが、住民数は5億6500万人で世界人口の約8.5％である。それに対して、
最も人口の多い10カ国は、人口は大体**40億**人であるが、5％の投票権しか持
たない。G20の諸国の人口は世界の約**3分の2**であり、グローバルなGDPの
90％に相当するが、10％の投票権しか持たない。これらの数字に照らして、大
産業国と新興産業国が、グローバルな金融危機への対応策を、国連ではなく
G20の枠組みの中で調整すると決めたのは驚くに値しない。社会科学者のジェ
フリー・マクニコル Geoffrey McNicoll がしばらく前に指摘したように、大国
は常に「脱退の選択肢」を持っている。「大国は事実上の脱退の選択肢を持っ

49）Brown, Mark Malloch. 2008. 'Can the UN Be Reformed?' *Global Governance* 14: 1–12, p. 8.
50）Nolan, Patrick, and Gerhard Lenski. 2006. *Human societies: an introduction to macrosociology.*
　　10th ed. Boulder Colo.: Paradigm Publishers, p. 352.
51）Lamy, Pascal. 2005. *Towards World Democracy.* London: policy network, pp. 24f.

第24章　第三次民主的変容とグローバルな民主制の赤字　381

ている。即ち、大国はガリバーの物語の主人公ガリバー（大国）を束縛しよう
とするリリパット人（小国）の努力を無視し他の場所で自分達のビジネスを行
うことができる」[52]と彼は書いた。現実には、人口の最も少ない国が共にまと
まって投票することはない。本当に重要な時には、経済大国は小国の投票に影
響を及ぼす用意を十分整えている。しかしそのことは、政府間組織における世
界市民の票はその国の市民権を条件としているので極めて不平等に重み付けさ
れているという事実を変えるものではない。

　このシステムの下では、政治的な反対者と少数民族（多くの場合）は全く発
言権がないことも考慮されるべきでる。ほとんど100％の国が国連総会で外交
官によって代表されているが、国家の内部的な措置を考慮すると、これは世界
人口100％を代表している訳ではない。民主主義国では概ね政権の多数派に加
え、反対派も存在する——しかし、反対派は政府間レベルの協議には全く参加
できない。反対派に票を投じた人は政府間レベルでは代理されていない。世界
には約5000の原住民族がいるが、その人口の合計は3億5000万人である。彼
らのグローバルな人口の規模は人口が最も小さい100カ国の人口よりも大きい
が、後者は国連で100票を持っており、前者は全く持っていない。トマス・
M・フランク Thomas M. Franck は少数民族に関する状況を次のように説明し
ている。即ち、「自らを少数原住民族と特定している少数民族を抱える国は大
体50カ国ある。モン、イヌイット、ラップ、ソルブ、マオリなどの少数民族
である。これら原住民が多数派を形成しているところはない。しかし、彼らを
全部合計すれば、国連に代表を派遣している国の半分の国のそれぞれの人口よ
りも大きな選挙区を形成する」。フランクは、「けれども、現在のグローバルな
制度は少数民族の声が聞き届けられる機会をほとんど与えていない」と言って
いる[53]。例えば、南アジアのモン族は400万人から500万人もいる。これは国
連の最も人口の少ない国27〜30カ国の人口の総合計とほぼ等しい。現在の
ウェストファリア体制下で代表を送るには、彼ら自身の国を作る努力をする他
はないとフランクは述べている。

　世界法の根底にある平等の原則は、世界人口のための、理想的にはこの惑星
地球の一人ひとりの投票権が平等な価値を持つ、ある形態の政治的な代表制を
必要とする。この平等原則は世界議会への選挙と世界議会における議席配分の
設定のための指針でなければならない。世界議会はこうして世界市民の全ての

---

52) McNicoll, Geoffrey. 1999. 'Population weights in the international order'. *Population and Develop-
ment Review*（25）3: 411–42, p. 422.

53) Franck. 1995. loc. cit., pp. 480f.

政治的意見のスペクトル全域を反映するはずの独立した議員によって構成されることになろう。だから議席配分の最善の方法は獲得投票の割合に比例するものであるはずである。これが国家の政府に全く参加できないか、または非常に限られている政治的な少数派が代表を送ることを可能とする方法である。

第三次民主主義的変容

ロバート・ダール Robert Dahl は民主主義の歴史には三次にわたる「偉大なる変容」があったと確信している[54]。この変容はそれぞれ民主的な統治のレベルの拡大がある。第一次の変容は、紀元前500年頃に始まりギリシャの専制的都市国家を民主的な機能を備えた初めての共同体への大変貌であったと彼は確信している。その都市国家の機能の中心的な機関はその人民の集会で、それには兵役を終えた全ての男性が参加することができた。オーストラリアの政治学者、ジョン・キーン John Keane はこの「お互いを対等な人間と見なす人々の集会による自治」の起源はそれより2000年前のシリアーメソポタミア地域に存在していたとしている[55]。現代の視点から見れば、この当時の民主制を民主主義と呼ぶことには疑義がある。個人の権利は保護されていなかった。女性は除外されていたし、ギリシャ都市国家はかなり奴隷制に基づき成立していた。フランスの哲学者、クリスチャン・デラカンパーニュ Christian Delacampagne が報告しているように、ここで「歴史上初めて奴隷が最早経済的資源の一つではなくなり、最も重要な生産手段となる社会が生まれた」[56]。それにもかかわらず、人民による統治の観念が「自由市民」である男性に限られてはいたものの、ギリシャの都市国家で初めて実践されたことは認めざるを得ない。ダールによれば、「これに続く2000年間、民主主義の理念と実践はほとんど小規模の都市国家に関連するものであった」[57]。これが、第二次の変容の過程で変化した。国家の形成が進み、より大きな領土の支配権を持つ国家が生まれた。初期の国民国家においては、代表制民主制の観念は君主制に対する抵抗と反乱により生まれた。その典型的でそして革命的な例が、1787年9月17日に採択された米国の連邦憲法である。この後、世界中で国民国家制度の設立と前述した三つの民主化の波が続いた。

---

54) Dahl, Robert. 1994. 'A Democratic Dilemma: System Effectiveness versus Citizen Participation'. *Political Science Quarterly*（109）1: 23–34, pp. 25ff.
55) Keane, John. 2010. *The life and death of democracy*. London: Pocket Books, pp. 89ff., 111.
56) Delacampagne, Christian. 2004. *Die Geschichte der Sklaverei*. Artemis & Winkler, p. 51.
57) Dahl. 1994. loc. cit., p. 25.

国民国家レベルの民主主義の広がりは、しかし、フランシス・フクヤマ Francis Fukuyama が示唆したような「歴史の終わり」ではない。領域国家と国際法の制度は1万年に及ぶ人類の政治的発展の終わりを示しているという考えは馬鹿げた、そして歴史に無関心な物事の見方である。第二次の民主主義の変容の前、18世紀においては、ほとんどの人は領土国家における代表制民主制を思い描くことができなかったのと同様に、今日、世界レベルでの民主制が存在し得るという考えはまだ多くの人々の想像力を超えている。しかし、それこそ正に民主主義の**第三次の変容**に関するものであり、そして既に出現しつつあることなのである。「従前の都市国家が更に規模の大きい国民国家に吸収され、政治的、経済的、社会的そして文化的な自律性を失ったのとちょうど同じように、我々の時代では多国籍に跨がる制度の発展が国民国家の政治的、経済的、社会的そして文化的な自律性を低下させている」[58] とダールは説明している。第二次変容におけるように、その発展は国家の形成過程の一部であるが、今やそれは世界的制度全体を包含するものである。それはカール・ポランニー Karl Polanyi の意味する新しい「偉大な変容」のための手段であり、それはグローバルな環境・社会的な市場経済の確立に向かっているのである。民主制は国民国家制度の枠組みの中ではますます限界に達していくはずなので民主主義の将来はこの第三次変容の成否にかかっている。同時に、国家社会の中における民主化を継続することはグローバルな民主化の重要な前提条件である。この二つのプロセスは絡み合っている。スウェーデンの哲学者、トービョルン・タンスジョー Torbjörn Tännsjö が民主的な世界政府の必要性に関する著作で主張しているように、「グローバルな民主制の確立がなければ、国内の民主制へのプロセスは速度が鈍るであろう」。必要なのは「代表制により選ばれる世界議会の他にはない」[59] と彼は結論を下している。

　第三次変容は民主制のみならず統治のグローバル化も求める。民主制は統治の一形態である。民主制の歴史は**統治の変容**の歴史である。参加と代表制を統治に組み込まない限り、結局何も成果は得られない。グローバルなレベルでそうであるように、もし必要な手段が存在しないのなら、それは新しく創出されなければならない。グローバルな民主制の要求は従ってグローバルな統治を求める要求でもある。オトフリート・ヘッフェ Otfried Höffe が論じているように、第三次の民主主義の変容は「法と正義に基づくグローバルなレベルでの民

---

58) Ibid., p. 26.
59) Tännsjö, Torbjörn. 2008. *Global Democracy: The Case for a World Government.* Edinburgh Univ. Press, pp. 29, 95.

384　第二部　21世紀の統治と民主主義

主的、立憲的な国家、即ち権限移譲の原則と連邦制に基づく単一の世界共和国の形成を意味する」[60]。第二次変容の間には、全ての国民の自決権の獲得は外国による統治と圧政の克服とそして国民国家レベルの民主制の発展にとって最も重要であった。世界的制度の緊密な依存関係とそして惑星地球レベルの課題と挑戦は今や**人類にとっての自決権**の問題を執拗に提起している。グローバルな統治の空白状態を終わらせるために、そして、エリートの、強大な、多国間の秩序による有害な支配——逆説的ではあるが、ウェストファリア国家体制の永続化に基づいたそれ——を捨て去るために、グローバルで民主的な統治構造が今や必要とされている。民主制の中心的機構は議会である。世界議会の創設は、従って、第三次変容の中心に位置する。先ず第一に必要とされることは、様々な既存のグローバルなレベルの公的権力の形態とプロセスを、それらが世界の全住民による効果的で民主的な監視と参加の下に置くことができるように、一つのグローバルな議会の組織に順次連結することである。その議会はグローバルレベルの超国家的共同体の形成にとっての出発点であり、そしてまた、原動力でもある。

国際的議会組織

　国際的議会組織 international parliamentary institutions 即ち IPI の急速な増加は第三次変容の始まりの前兆である。それらは国民国家を超えた多様な民主的な代表制と協力の形態を体現している。即ち、政府により仲介をされるのではなく、反対に選挙で選ばれる代表者によって直接に意見が述べられるのである。この種の組織の最も古いものは 1889 年に設立された列国議会同盟 Inter-Parliamentary Union であるが、これはこれまで世界議会を設立する努力において、相反する価値観を持ちながら役割を果たしてきた。1949 年の欧州評議会 Council of Europe（人権、民主制と法の支配を支持する47ヵ国参加の国際機関、訳者注）そしてその議員総会 Parliamentary Assembly 略して PACE の設立は重要な IPI の創設を示しており、すぐに国連議員総会 UNPA を提案する機会と受け止められた。欧州連合の直接選挙によって選出される立法機関として、欧州議会は今日最も発達した IPI である。アンデス議会 the Andean Parliament と中央アメリカ議会 the Central American Parliament は二つの更なる直接選挙

---

60) Höffe, Otfried. 2002. *Demokratie im Zeitalter der Globalisierung*. New ed. Munich: C.H. Beck, p. 428.

による地域的IPIである。直接選挙は同様にメルコスール議会 Mercosur Parliament と全アフリカ会議 Pan-African Parliament で計画されている。しかし、驚くことにIPIという重要な現象に関する研究は未だに非常に貧弱である。公共行政と法の学究的専門家、クローディア・キスリング Claudia Kissling は2011年に、当時存在した全てのIPIの批判的分析と法的分類を行った[61]。彼女は1990年には40ものこのような組織を数えており、今ではその数は160となっており、20年後には、更に増える傾向にあるとしている。最も新しいIPIの一つは2014年に設立された南東欧州協力プロセス South-East European Cooperation Process の議員総会である。BRICS諸国（ブラジル、ロシア、インド、中国、南アフリカ）の議員総会は現在設立が検討されているものの一つである。キスリングは「世界中でIPIを承認しその重要性が増していることを考えると、主要な国際的な政府間機関が未だに公的な議会組織を、諮問的機能であってさえも持っていないことは驚くべきことである」と書いている。これは特に国連、WTO、世界銀行グループとIMFに特に当てはまる。「列国議会同盟、WTOの議会会議 Parliamentary Conference、または世界銀行の議会ネットワーク Parliamentary Network などのような既存の、また、これら政府間組織 Intergovernmental Organization IGO の活動と関係のある議会組織は、議題や意思決定への影響力の行使に——法的には可能ではないとはいえ——積極的ではなく、公的な監督についても言うまでもない」と彼女は書いている。キスリングはしかしこれらの組織のいずれもがそれ自身の議会組織を必要としている訳ではないことを強調している。国連議員総会 UNPA は適切な委員会を持つこれらの共通の議会組織として組み立てることが可能であろう。「ともかく、UNPAは、国際レベルでの増大しつつある正当性のギャップを克服するのに重要な貢献ができるであろう」と指摘している[62]。この目的のために、既存のIPIから多くのことを学ぶことができるであろう。

---

61) Kissling, Claudia. 2011. *The Legal and Political Status of International Parliamentary Institutions*, Committee for a Democratic UN.

62) Ibid., p. 53.

386　第二部　21世紀の統治と民主主義

第 25 章

惑星地球意識の発達と
新たなグローバルな啓蒙運動

　人類の社会的な発展は人間社会の絶え間なき集合と離散と表現することがで
きる[1]。協力と対立の間で揺れ動きながら、人類は歴史の黎明期以来、居留地、
原材料、食糧、そして最終的には地政学的な支配権を求めて争ってきた。技術
の進歩と人口の膨張によって、社会的集団はより構造が複雑になり、かつ集団
間の相互関係もより密接かつより複雑になった。そのコミュニティの内部では、
争いごとをできるだけ回避して共に暮らせるようにするために規則が少しずつ
発達してきた。もっとも、これは主として武力の行使と資源の分配を支配する
支配階級の利益のためではあった。不信が他の集団に対する主たる態度であっ
たし、武力を行使する意欲は強かった。武力闘争、強制的な移住、圧制、奴隷
制そして同化がこのような状況の特徴であった。民主主義、人権そして人道主
義的な国際法は歴史的な観点から見れば極めて最近になって発達したものであ
る。長期間にわたって、自律的な社会的集団の数は着実に減少した。社会的集
団の規模は大きくなり組織化が進んだ。狩猟採集民達、遊牧の羊飼い達そして
定住社会は都市国家、公国、王制国家、大陸の帝国へと、そして今日の領土国
家へと発展していった。西ローマ帝国の没落のような後退もあったが、結局は
その後には新しい統合のプロセスが続いた。西暦紀元前 1500 年頃、世界人口
は 5000 万人と推定されているが、多分 60 万の社会集団があった[2]。今日では、
世界の 193 の国家に約 70 億人の人間が暮らしている。しかし、これらの国家を
そもそも自律的な集団と見ることができるかどうか極めて大きな疑問がある。
実際には、我々は既に**一つに**統合しつつある世界システムに対応しつつあるの
だ。

---

1) この章の一部は以下に基づく。Bummel, Andreas. 2011. 'Soziale Evolution, Weltparlament and
　Bewußtsein'. *Tattva Viveka* 48: 64–69.
2) Carneiro, Robert L. 2004. 'The Political Unification of the World: Whether, When, and How – Some
　Speculations'. *Cross-Cultural Research* (38) 2: 162–77, p. 175.

戦争と社会－政治的な進化

　歴史的には、征服戦争と武力の行使がより大きな社会集団と国家機構の出現に重要な役割を果たしてきた。人類学者のロバート・カルネイロ Robert Carneiro は、1970 年に波紋を投じた論文の中で、「良識のある利己心ではなく、武力こそが、政治的な進化を独立した村々から国家へと、一歩ずつ導いてきたメカニズムである」と書いた。小さな村々から偉大な帝国に至るまで、全歴史を通じて、「独立した政治的集団が、圧倒的な外部からの圧迫がない中で自らの主権を放棄することができなかったこと」に「ただの一つの例外」も見つけられない [3]。

　しかしながら、発展をもたらす社会的－政治的なダイナミックスは根本的な変化を遂げつつある。その一つは武力の行使が次第に排除されつつあることである。英国の社会学者ハーバート・スペンサー Herbert Spencer は既に 1897 年に征服戦争は恒久的な統合をもたらす手段としては過去のものとなっていることを立証している。「単なる集団の統合を複雑な集団の統合へ、更にそれが二重に複雑な集団へと統合することとなるのは、最終的に偉大な国家が作られるまで、戦争がもたらしたものではあるが、それは、実行可能であるかまたは望ましいと思われる範囲まで既に推し進められてしまったプロセスなのである」と彼は書いている。彼は束縛からの解放に対する人間の強い欲求を認識していた。抑圧による統治は最早、機能するはずがない。「外国人により形成された帝国は人々を結びつけてきた統制力が衰えると決まって分裂する。仮に彼らがまとまることができたとしても、円満に機能する統一体を形成することはないであろう。即ち**平和的な連邦**のみが探求されるべき更なる統合である」（強調は著者による） [4]。

　しかしながら、征服戦争は引き続き行われてきた。人類学者のロバート・ベイツ・グラバー Robert Bates Graber は最も重要な例として二つの世界大戦に言及した。領土紛争が第一次世界大戦の勃発の重大なきっかけとなり、そして第二次世界大戦は殲滅と征服の戦争としてナチスドイツが行った。しかしグラバーが言うとおり 2 回にわたる戦争の最終的結果は国家の総数の増加であって、減少ではなかった。「これは政治的な発展という観点から見れば、征服戦争は

---

3) Id. 1970. 'A Theory of the Origin of the State'. *Science* 169: 733–38, p. 734.
4) Spencer, Herbert. 1897. *The Principles of Sociology*. Vol. II, Part 2. New York: D. Appleton and Company, p. 664.

総体的には統合的影響と言うよりはむしろ反統合的影響の方があったことを示唆している」というのが彼の20世紀の動向の観察の要点である[5]。1945年以降は、国家の領土保全の維持が国連憲章第2条第4項に見られる非常に重要な国際的原則となった。人工的な植民地時代の境界でさえ植民地解放の流れの中でも全く手を付けられずに残った。1976年以降現在までの間、長期にわたって成功した重要な領土の併合の例はない[6]。従って2014年のロシア連邦によるウクライナの意思に反してのクリミアの併合は懸念すべき後退なのである。

　国連憲章第2条第4項の武力行使の禁止は、武力行使が最早国際的には受け入れられないことを示している。2018年7月17日から侵略戦争は国際刑事裁判所ICCによる起訴が可能な犯罪リストに当初の予定どおり追加されるであろう。国際法に基づく戦争の禁止が1928年のケロッグ・ブリアンKellogg-Briand条約によって初めて規定されたように、戦争に対する姿勢が変化しつつあることを反映している。戦いを仕掛けること、または征服をすることへの欲望は次第に克服されつつある古風な心理の名残である[7]。一例を挙げると、米国が主導した2003年のイラク戦争に反対するデモ行進は、多くの国にとってその国の歴史の中で最大のものであった。2003年2月15日だけで1000万人以上の人々が路上に出て国際的に組織された抗議行動に参加したのは確実だ。その抗議はイラク戦争そのもののみならず国際法を無視した米国の覇権的行動に対して向けられた。『ニューヨーク・タイムズ』紙はこれらの抗議行動について、世界の大衆の意見が今や新しい「スーパー・パワー」となったと論評している[8]。

　核保有大国間の「破壊の相互依存」（シュッツSchütz）は、一つの覇権国家の軍事力の行使または威嚇によって複数の国家を単一の世界国家へ統合することが実際上不可能なことを意味している。もし第三次世界大戦が起これば、それは世界文明を破壊することとなろう。リットバーガーRittbergerと彼の共著者のように、世界国家の樹立が「軍事力の行使を必要とし、最悪のケースでは今日存在している国家間のグローバルな抹殺戦争さえ必要である」[9]と断言する

---

5) Graber, Robert Bates. 2006. *Plunging to Leviathan? Exploring the World's Political Future.* Boulder Colo.: Paradigm Publishers, p. 67.

6) Zacher, Mark W. 2001. 'The Territorial Integrity Norm: International Boundaries and the Use of Force'. *International Organization* (55)2: 215-50.

7) Cf. Oesterdiekhoff, Georg W. 2012. *Die Entwicklung der Menschheit: Von der Kindheitsphase zur Erwachsenenreife.* VS Verlag für Sozialwissenschaften, pp. 509ff.

8) Tyler, Patrick E. 17 February 2003. 'A New Power In the Streets'. *The New York Times* (www.nytimes.com).

9) Rittberger, Volker, Andreas Kruck, and Anne Romund. 2010. *Grundzüge der Weltpolitik. Theorie and Empirie des Weltregierens.* 1st ed. Wiesbaden: VS Verlag für Sozialwissenschaften, p. 317.

のは、全くの誤りである。各地域における経済的および政治的な統合のプロセスと全く同じように、グローバルな国家の形成のプロセスが今日では国家間の武力行使によって進められることはないであろう。カネイロの仮説に反して、欧州の統合の例は諸国が、漸進的、平和的そして協力的なプロセスを経て、主権国家の権利を放棄することが完全にあり得ることを実証している。この他にいかにして人権と民主的な原則を保障する世界連邦の設立が可能であろうか？今日の重要な問題に関して既に、国際的レベルにおける主権は建前だけに過ぎないのである。世界国家の枠組みは真の政治的支配の総合的な復活の可能性をもたらすであろう。しかし、現状ではグローバルな連邦国家の**速やかな**設立は非現実的であるというのは本当かもしれない。例えば、私達は既に国民国家レベルの民主化とグローバルなレベルの民主化がいかに相互に依存しているかを指摘してきた。しかしながら、ウィリアム・E・シュアーマン William E. Sheuerman が指摘するように、「グローバルな連邦国家が価値のある最終的な目標となるかもしれない」ということを「多かれ少なかれ初めから排除すること」（シュアーマンは今のコスモポリタン学派に属する人々がそうしているのだと非難している）は全く理由がない。「その基盤は**責任ある、かつ平和的・政治的な手段を通じて、注意深くそして漸進的に構築され得るのだ**」（強調は著者による）[10]。

暴力の減少

　社会的政治的発展のダイナミックスが変化する重要な前提条件と原動力はグローバルな発想の変化にある。2011 年に発刊された極めて影響力のある著書の中で、ハーバード大学の心理学者スティーブン・ピンカー Steven Pinker は多くの統計値を駆使して、人々が暴力に訴えることは過去何世紀の間、減少し続けてきていると書いている。例えば、全人口に比し、殺人、強姦、戦死、虐殺の被害者の数は激しく減ってきている。この推移は 1945 年以降、特に明白となっている。ピンカーによれば、「暴力の減少は我々人類の歴史の中で最も重要な進歩であるのに、最も低い評価しか与えられていないかもしれない」「平和だった過去に対する郷愁は最大の思い違いである」と書いている。ノルベルト・エリアス Norbert Elias に続いてピンカーは、暴力の減少の唯一最重

[10) Scheuerman, William E. 2014. 'Cosmopolitanism and the world state'. *Rev. of Int. Studies*（40）3: 419–41, p. 425.

要の要因は「市民を相互に守る武力を独占的に行使する」国家の出現であると確信している。集団や部族が国家の統制下に入るに連れ、ピンカーが「和解のプロセス」と記述しているように、暴力による死者の比率が5分の1に減少している。欧州の封建領土が合体して王国と主権国家になるに連れ、「法律執行の一元管理は最終的には殺人の比率を更に30分の1に減らしている」[11]。「人道主義的な革命」の更なる進展は啓蒙主義の時代、国家間の武力衝突の減少と第二次大戦後の人権分野での革命によりもたらされたのである。

理性、共感、そして道徳規範の発展

武力の容認と行使が減少しつつあることの原因となっている諸々の**心理的な**要因としてピンカーは、共感、自制心、道徳規範、そして理性の発展を含めている。ニュージーランドの政治学者ジェームズ・R・フリン James R. Flynn は IQテストで測った知能が前の20世紀中に世代が進むに連れ着実に、そして大いに発達したことを発見した。彼の見解によれば、「現代世界の日常生活の更なる複雑化」は知能テストで数値化されるような、分類を行い、論理を追い、抽象的にそして仮説を立てて思考することを促した[12]。これは発達心理学者ジャン・ピアジェ Jean Piaget（1896～1980）が言うところの人間の認知力の発達段階の中の「形式的操作の段階」に当てはまる。ピアジェの研究によれば、人間の誕生から成人にいたるまでの知的発達は、全ての文化において、連続した四つの段階——感覚運動段階、前操作段階、具体的操作段階そして形式的操作段階——に分けることができる。期間が延長された現代の学校教育は、概ね11歳から16歳の期間に当たる形式的操作段階の成功の前提条件である[13]。「思考することが今や任意の仮定や前提から、必ずしもそれらを信じることがなくても適切な結論を導き出す」というのが社会学者のゲオルグ・W・エステルディーコフ Georg W. Oesterdiekhoff が示した見解の要約である。例えば、思考することが仮説の形成と検証を先ず可能とする[14]。エステルディーコフは現代の文化と現代の教育は形式的操作段階の思考を「全産業人口」へ普及させることを可能にしたと論じている。これが19世紀と20世紀を通じて科学－技術

---

11) Pinker, Steven. 2011. *The Better Angels of Our Nature*. New York: Viking, pp. 692f., 681.
12) Flynn, James R. 2012. *Are We Getting Smarter? Rising IQ in the Twenty-First Century*. Cambridge Univ. Press, p. 96
13) Oesterdiekhoff, Georg W. 2006. *Kulturelle Evolution des Geistes. Die historische Wechselwirkung von Psyche and Gesellschaft*. Münster: LIT, pp. 65ff.
14) Ibid., p. 45.

文明が発展してきた背景である。「20世紀は単に世界の産業化と現代化の時代としてのみではなく、形式的操作段階の思考が世界中に広がった画期的な時代として、あるいは『人類の成熟』の時代としても理解することが可能である」とエステルディーコフは書いている[15]。

　認知力の発達は、人々の共感の能力と道徳的判断の成熟のために必要とされる条件を創造する。研究によれば、ピアジェによって特定された認知力の並行的な発達段階は社会的な認識と任務遂行を並行的に成熟させるための前提条件であり、その前提条件は次に道徳的な判断力が並行的に成熟するための前提条件であることを示している。認知力の発達は、客観的な世界について徐々に理解を深めさせる一方、他人の観点を受け入れる能力の発達は、人々が主体として、いかに、そしてなぜ一定の方法で考え、振る舞うのかについて徐々により深く理解ができるようにする。道徳的な判断力は我々と他人がいかに考えそして振る舞う**べきか**についての判断を行う更に進んだ次のステップに進む[16]。発達心理学者のロバート・セルマン Robert Selman は社会的な認知の進化に関してピアジェの四段階区分に対応した四段階を区別している。個人の道徳の発達に関して、心理学者のローレンス・コールバーグ Lawrence Kohlberg (1927 ～ 1987) はピアジェとセルマンの段階の考えにリンクする、各レベルにそれぞれ2ステージある三つの認知のレベル、プリ慣習的レベル（第一ステージ、第二ステージ）、慣習的レベル（第三ステージ、第四ステージ）そしてポスト慣習的レベル（第五ステージ、第六ステージ）を特定している。

　コールバーグのプリ慣習的レベルの第一ステージにおいては、道徳律は特定の状況毎でありそして罰と服従とに対応している。行為が正しいと見られるか誤っていると見られるかはその行為の結果による。第二ステージでは、行為は自身の必要そして時には他人の必要を満たすのに役立てば正しいとされる。慣習的レベルの道徳的評価は結果とは関係なく、他人の期待と関係づけられている。第三ステージは人と関連づけられるが、第四ステージの道徳律の志向は法と権威に向かっている。「権威、定着した規則そして社会秩序の維持に向けての志向がある」とコールバーグは書いている。「正しい行いとは自己の義務を果たすこと、権威に対して尊敬を示すこと、そして確立されている社会秩序そのものを維持することである」[17]。ポスト慣習的レベルでは、道徳的価値や規

---

15) Id. 2012, loc. cit., pp. 324, 59
16) Walker, Lawrence J. 1980. 'Cognitive and Perspective-Taking Prerequisites for Moral Development'. *Child Development* (51)1: 131–39, p. 137.
17) Kohlberg, Lawrence, and Richard Kramer. 2009. 'Continuities and Discontinuities in Childhood and Adult Moral Development'. *Human Development* 12: 93–120, p. 101.

範はこれを提唱する集団や人々の権威にかかわらずに一般的に適用される。人間が自らをこの集団の一員と認識しているかどうかも関係がない。「社会契約・法律尊重志向」の第五ステージにおいては、自己の行為の相対性が認識され、行為がもし社会全体によって民主的なルールと手続きに従って合意された法律や基準に合致していれば正しいと見なされる。第六ステージは自己を導くものとしての本人の良心で自ら選択した倫理道徳的な原則に向けた志向を含んでいる。コールバーグはこれを次のように要約している。「根底においては、これらは**正義、互恵**、そして人権の**平等**、そして**個人**としての人類の尊厳の尊重の普遍的な原理なのである」[18]。

コールバーグの理論は**なぜ**人々が他人の幸せに配慮し、私心なく行動すると決めるのかをうまく説明できていない。心理学者のマーティン・ホフマン Martin Hoffman が強調するように、関連のある認知能力の形成のみでは十分な説明にならない。ホフマンにとっては共感と道徳律の**情緒的な**側面こそが決定的な要素である。他人に共感しそして他人を気遣う性向は人類にとって**生まれつきあるもの**であり、そして小さな子供にも既に見られると彼は確信している。プリ慣習的なレベルで、既に子供は自発的に共感的な反応そして直感的で、社会道徳に従う態度を示している。ホフマンによれば、人間の共感の成熟は幼年期から始まる五つの段階で発達していく[19]。情緒的な反応が認知のプロセスに結びつけられるのは共感の発達の更に進んだ段階においてのみである。

グループ淘汰における道徳の起源

発達心理学において、人間心理の進化の起源に焦点を当てた全く新しい研究の分野が登場した。常にどこにでも現れる共感を覚えやすい人間の性質は、深い進化の根源にある特徴であるかのように見える。自己中心的でそして非社交的な生物という人間のイメージはトマス・ホッブス Thomas Hobbes の思考の基礎となっているが、一例を挙げると「我々の種の進化について我々の知っていることに照らして、これは支持できない」。人類は「これまで一貫して集団を作り生活してきており、心底まで社会的である」[20] と霊長類学者のフラン

---

18) Kohlberg, Lawrence, and Richard Kramer. 2009. 'Continuities and Discontinuities in Childhood and Adult Moral Development'. *Human Development* 12: 93–120, p. 101.

19) Hoffman, Martin L. 2000. *Empathy and Moral Development: Implications for Caring and Justice.* Cambridge University Press, pp. 6, 63ff.

20) Waal, Frans de. 2006. *Primates and Philosophers and How Morality Evolved.* Princeton University Press, pp. 4f.

ス・ドゥ・ヴァール Frans de Waal が書いている。チャールズ・ダーウィン Charles Darwin（1809〜1882）は 1871 年に出版された有名な著作『人間の由来』の中で、社交的本能、利他主義そして共同体の利益を考えた行為が彼の自然淘汰の理論でどのように説明できるかを問うた。彼はその答えは先史時代の集団淘汰にあるかもしれないと論じている。他人のためにリスクを冒す覚悟があり、その過程で死んだ個人は平均的には少ない子孫しか残さず、そして無私無欲への傾向は多分次第に消えてゆく。彼は「忘れてならないことは、崇高な道徳は個人とその子孫にとっては同じ部族の他の人に比して優位性がわずかしかあるいは全くないということになるけれども、このような良好な性質を持つ人々の数の増加と道徳の規準の進化はその部族に他の部族に比して圧倒的な優位性を必ずもたらす。高い愛国心、忠実さ、従順さ、勇気、同情心があるので、互いに助け合い、共通の利益のためにいつでも自己を犠牲にする態勢が整っている者が大勢いる部族はほとんどの他の部族に対して勝利を収める。そしてこれが自然淘汰であろう。世界中いつでも、部族の変遷があった。高い道徳心が部族の繁栄にとって重要な要素であるので、あらゆる場所で道徳の規準が高まり豊かな道徳心のある人々の数が増えていったのだろう」[21] と説明している。

　この点について多分最も重要な最近の研究成果の一つの中で、経済学者サムエル・ボールズ Samuel Bowels とハーバート・ギンタス Herbert Gintis は、約 250 万年前に始まり紀元前 1 万年位前に終了した洪積世の特徴である過酷な状況下での、社会生活を営む行動、利他的な行為、そして道徳の初期の起源に対する集団淘汰の影響を認めている。2011 年に発刊された著作『協力する種』の中で、彼らは「資源や生存のための集団と集団の競争は人類の進化のダイナミックスにおける決定的なパワーであったし、そして今もそうである」と説明している。二人はこの決定的な原因を旧石器時代の狩猟採集民間の激しい暴力と命懸けの闘争にあるとしている。「集団の中に協力的な仲間が沢山いる集団は様々な困難を乗り超えて生き残り、協力的な構成員が少ない集団の領土を侵略する傾向を示し、その結果その集団は子孫を産み増やす有利な立場に立つと共に文化を伝えることによって協力的な態度をとる者を増やしていった。集団間の競合の極めて強力な利害関係とこれらの闘争での成功への利他的な協力者の貢献は身近な親族を越えて実質的に他人にまで及び、そして急速に普及することが可能であることを意味していた」[22]。利他主義や無私の振る舞いはただ

---

21) Darwin, Charles. 1874. *The Descent of Man*. 2nd ed. New York: Clarke, Given and Hooper, p. 150.
22) Bowles, Samuel, and Herbert Gintis. 2011. *A Cooperative Species. Human Reciprocity and its Evolution*. Princeton University Press, p. 4.

直接の遺伝関係のある親族よりずっと広い範囲まで広げられるので、血縁淘汰説はこの現象を説明するのに十分ではない。他方、互恵の色々な形態は個々人の他人に対する協力的な行動の説明をすることはできるが、それらは見返りの報酬の期待を含んでいるので、真に利他的ではないということを別にしても、より大きな集団については有効な説明とはなっていない。エドワード・O・ウィルソン Edward O. Wilson もまた今やこの流派の考え方を是認している。彼の 2012 年の『ニューヨーク・タイムズ』社のベストセラー『地球の社会的な征服』の中で、この社会生物学の創始者で世界的な蟻の研究者は、マルチレベルの淘汰の解釈を支持している。「生物の組織の関連のある上下二つのレベルの集団のうちの高い方のレベルの集団においては、その同じ集団の中で協力的でそして社会的な形質を持つ構成員を気遣いながら、他の集団と競い合う。低い方のレベルの集団においては、その集団の構成員は利己的な行為に走り互いに競い合う」とウィルソンは書いている。このようにして、個人の淘汰は利己心を促進しそして集団の淘汰は利他心を促進する。——後者即ち集団の淘汰は、しかしながら、他の集団の構成員についてではなく、**自分自身の**集団の構成員のみに対してのみである」[23]。フランス・ドゥ・ヴァールが書いているように、「道徳は紛争の解決、協力、分かち合いのような他の典型的な集団内での問題解決能力に関連して**集団内において起こる**現象として発達するようである」（強調は著者による）。フランス・ドゥ・ヴァールは「人間の進化の過程で、外部集団への敵意が集団内の連帯と道徳心を生むところにまで高めたのである」[24] と続けている。

集団内の道徳と青年期の人間性の危機

従って個人の感情的で経験的な知識に基づく道徳力が様々な段階を経て次第に発展することが可能であることが重要であるのみならず、その発展の結果としての共感と道徳が集団志向的にまたは普遍的になる程度もまた重要である。集団外の者に適用される道徳の規準と異なる規準が同じ社会的集団の構成員に適用されるのは日常的に見られることである。集団内の道徳と集団外の道徳とが明白に異なることがあり得る。そのため集団のアイデンティティと集団の構成員であることの特徴（皮膚の色や人種や言語など、訳者注）が実際の道徳上の判

23）Wilson, Edward O. 2012. *The Social Conquest of Earth*. New York: Liveright Pub. Corporation, pp. 289, 241.
24）Waal, loc. cit., pp 53f.

断において重要な役割を果たす。最も極端なケースでは、集団外の人間が人間性を否定されるところにまで至ってしまうことが起こり得る。そのような人間性否定は全ての人間に対して当然払われる最小限の道徳的配慮が集団外の人間には払われないことを意味する。米国で教鞭を執っている民族抹殺に関する専門家のグレゴリー・スタントン Gregory Stanton によれば、以前は人間として認められていた人々の集団の人間性否定は、民族抹殺の重要な前提条件である。「人間性の否定は正常な人間が持つ殺人に対する強い嫌悪感を上回ってしまう」[25]とスタントン教授は説明する。ユダヤ人に対してナチスドイツが行った産業化された民族抹殺は権威への従属自体が目的となっている慣習的レベルの「法と秩序」の道徳に基づくばかりでなく、正にかかる人間性否定にも原因がある。

　ポスト慣習的レベルでは、道徳的判断の観点から見れば集団の構成員であることによる束縛からの解放が生じるはずである。というのは価値観や規範が諸原則によって導かれ普遍的な性格を持ち始めるのはこのレベルからだからである。ピーター・シンガー Peter Singer が論じたように、首尾一貫した倫理システムでは、同じ基準が全ての人に——自分自身にも、自分の家族にも、自分の集団にも、そして他の集団にも——適用されなければならない。原理原則として、その人自身の利益は単にその利益がその人自身のものだからといって他人の利益より重要であるということはあり得ない[26]。純粋な集団内の倫理としてのポスト慣習的倫理は論理の矛盾である。従って、ドイツの哲学者カール＝オットー・アーペル Karl-Otto Apel は、万人救済論者による倫理諸原則の「ヨーロッパのポスト啓蒙主義の倫理」への統合が、「部族、国家や好戦的な教団の**純粋に慣習的な**集団内部の倫理の、今や社会制度と慣習の中に広がる**ポスト慣習的な**倫理への巧みな変容」と等しいとは見なされ得ないと論じている。アーペルは、その「万人救済論者のいかなる純粋な『集団内部の倫理』に対する超越」をも、「人間性の未完のプロジェクト」——即ち「人類の青年期の危機を克服すること」と理解している。人類の青年期の危機は、倫理の慣習的水準からポスト慣習的水準への移行の途中で見られる「世界史的スケールの問題である」[27]。シンガーによれば、もし不公平を許さないという倫理を論理的に突きつめると、我々は我々自身のより広範囲にわたる親族に差し伸べるのと同

---

25) Stanton, Gregory H. 2013. 'The Ten Stages of Genocide.' *Genocide Watch*（www.genocidewatch. org).

26) Singer, Peter. 2011. *The Expanding Circle*. Princeton University Press, pp. 118f.

27) Apel, Karl-Otto. 1990. *Diskurs and Verantwortung. Das Problem des Übergangs zur post-konventionellen Moral.* Frankfurt am Main: Suhrkamp, pp. 410, 429, 474.

じ同情心をもって全ての人々を扱わなければならないことになろう。「人類の同胞愛の理想は今や形式的な美辞麗句になってしまった。その理想を現実のものに変えることは、しかしながら、全く別問題である。これまで聞いたこともないような奢侈に耽っている国がある一方で、飢餓から逃れるのに懸命にもがいている国もある時に同胞愛が生まれるはずはない」[28]。ポスト慣習的レベルの倫理から見れば、構造的暴力と国際的制度を歪めているその背後にある統治と民主制の赤字は正当化されるはずはない。

　カール＝オットー・アーペルによれば、現代の西欧の民主制国家はその憲法およびその人権と市民権の代表制の認識の中で「法律のレベルと文化的革命のレベルにおけるポスト慣習的な倫理」[29]を明白に示している。ゲオルグ・W・エステルディーコフに言わせれば、形式的操作の出現は、それはもちろんポスト慣習的思考の前提条件であるが、民主制国家と法の支配の出現の「唯一の原因」と見なされなければならない。「民主的制度は自由と人道主義の精神の直接的な産物である。これらの発想は形式的操作段階においてのみ生じるものである」[30]と彼は書いている。他の社会的な視点を持つことができ、かつ共感を取り入れることができる能力は、もう一つの前提条件である。ジェレミー・リフキン Jeremy Rifkin は「共感的文明」に関する本の中でこの点を強調している。「共感は民主主義の魂である。（中略）共感の進化と民主主義の進化は歴史を通じて密接に関連して発展してきた。文化が共感的であればある程、価値観と統治制度は民主的であり、文化の共感度が低ければ低いほど、価値観とその制度は全体主義的であった。これらは一見して明白であるのに、統治の歴史とその進化の研究においてほとんど注意が払われてこなかったのは奇妙である」[31]と彼は書いている。

　「青年期の人類の危機」の課題は**民主的な世界的法秩序**の中にポスト慣習的な道徳の諸原則に対する客観的な形態を与えることにある。現在の国際制度はプリ慣習的レベルと慣習的レベルの双方の要素を含む道徳を表現したものである。一方では、法秩序の主たる特徴が欠如しており、それと同時に、諸国家は相互に複雑なかつ法的絆によって確実に束縛されている。そしてその法的な絆は互いの行動を予測可能にし、相互作用を規制しており、全ての国がその束縛を維持することに関心を持っている。他方では、諸国の政府の行動は概ね自分

---

28) Singer, loc. cinesisit., p. 119.
29) Apel, loc. cit., p. 433.
30) Oesterdiekhoff. 2012, loc. cit., pp. 392f.
31) Rifkin, Jeremy. 2010. *The Empathic Civilization: The Race to Global Consciousness in a World in Crisis.* Cambridge: Polity Press, p. 161.

自身の利益の追求とできる限り国際制度をその目的に合わせる手段として利用することに向けられている。

社会起因と精神起因

　ノルベルト・エリアスが示したように、人間の精神の発達と社会的制度の発達との間、即ち精神起因（psychogenesis）と社会起因（sociogenesis）との間には不可分の関係がある。人間の精神の変化と社会の構造の変化は相互に依存している。感情のより巧みなコントロール、合理的精神、そして十分に発達した恥の感覚が発達することが可能なのは、国家の形成過程と近代化の特徴である複雑な社会的相互依存が一定の水準に達した後においてのみである。「次いで、社会の起源または制度的な要因に関連している精神的な発達は社会的制度の変容をもたらす」とエステルディーコフは要約している。「文明と人類の開明化は精神の起源のプロセスであり、それはその人々の集団の認知的な、感情的な、そして習慣的な構造を全面的に変容する。産業化、近代化、そして国家の形成はその全住民が開明化された結果である。精神的機能の開明化は『自然のままの』、本能的な、自己中心的な、幼稚な、無分別な、そして原始的な状態からより分別のある、より理性的な、そしてより知性的な精神的状態へと向かう動きである。この知的高度化と感情の自己コントロールの漸進的な向上は、国家建設、近代化そして産業化をもたらしたのである」とエステルディーコフは説明している。従って人類の歴史を辿ると、「一連の、直線的ではない、そして**社会的、心理的な構造**の高度化と統合の深化」を観察することができる（強調は著者による）[32]。グローバルな相互依存、複雑さと近代性の持続的な成長により、我々は精神的な変容の深化とそれに伴う社会構造の変容が生じることを期待するようになる。形式的機能段階の思考、思いやり、ポスト物質主義の価値観、ポスト慣習的道徳律が世界中の人々に広く、深く定着するに連れ、世界の法秩序とグローバル国家の問題がより強く、不可避的に姿を現してくるであろう。イマヌエル・カントが馬車の時代に既に書いたように、世界国家という目標への到達に「徐々に近づきつつある」間に、「世界の**一部**での権利の侵害が**全世界に対する**権利の侵害と感じられる」ようになるや否や、世界法は公法と国際法を「補完するものとして欠かせないもの」となるのである[33]。

---

32) Oesterdiekhoff, Georg W. 2000. *Zivilisation and Strukturgenese. Norbert Elias and Jean Piaget im Vergleich*. Frankfurt: Suhrkamp, pp. 48f., 29.

33) Kant, Immanuel. 1903 [1795]. *Perpetual Peace*, transl. by Campbell Smith. London: George Allen

広がる共感の輪

　ピーター・シンガーの見解によれば、人々の幸福に関する利他的な思いやりが人類全体に拡大されることになるであろうことはポスト慣習的な理性が間違いなくもたらす結果である。究極的には、苦楽を感じる能力のある全ての生物はこの範囲に含まれるであろう[34]。18世紀以降社会の単位の規模が大きくなるに連れ、他人への共感の感情、道徳的な平等と連帯の感情が伝わる人々の範囲の大きさも拡大することが繰り返し観察されている。例えば、カントと同時代の人であるデビッド・ヒューム David Hume（1711 ～ 1776）は彼の『道徳の諸原則についての研究』の中で、「人類の感情の自然な発展、（中略）そして、正義への我々の関心は徐々に拡大してゆく」と指摘した。同じルールが適用される人々の範囲、そして、正義と公正をもって取り扱われる人々の範囲は、家族から始まって、**人々との間の交流が増すに連れ**、着実に、そして継続的に大きくなる[35]。チャールズ・ダーウィンは「人類の文明が発展し、小さな部族が結合してより大きな共同体となるに連れ、各個人はその人の社会的本能と同情を同じ国の全ての構成員に、たとえ見知らぬ人々であっても、広げるべきことだと知ることは最も当たり前の理屈である。ひとたびこの段階まで達するとその人の同情心を全ての国と全ての人種に与えることを妨げるのは人為的な障害のみである」[36]と書いている。カール・セーガン Carl Sagan によれば、「人類の歴史は、我々がより大きな集団の構成員であることを夜が明けていくように次第に気づくのと同様だと見ることができる。当初は我々の忠誠心は我々自身と自分の直接の家族に向かっており、次に、放浪する狩猟採集民の集団に、それから部族、小さな集落に、都市 - 国家に、国民全体にと向かっていった。（中略）いやしくも我々が生き残るためには、我々の忠誠心は全人類社会、即ち惑星地球の全体を含むまで一層その範囲が拡大されなければならない」[37]。

　ジェレミー・リフキンはこの発展を辿り、グローバルな相互の繋がりの強まりと人類の「共感意識」の拡大との関連性に注目している。グローバル化は、「今までにない程、国境なき社会空間」を誕生させ、何億人という人々が互いに常に連絡し合えるようにし、人々の他人への思いやりの能力を、国毎の文化

　& Unwin, p. 142.
34）Singer, loc. cit., p. 120.
35）Hume, David. 1912. *An Enquiry Concerning the Principles of Morals.* Chicago: The Open Court Publ. Co., p. 25.
36）Darwin, loc. cit., p. 138.
37）Sagan, Carl. 2011. *Cosmos.* Random House, p. 361.

を超え、諸大陸、諸大洋をそして伝統的な障害を越えて、強力にし、普及させている。彼は「人類のコスモポリタン化（地球市民としての意識が人々の間に広がること、訳者注）」が始まったと信じている[38]。50年以上前に、マーシャル・マクルーハン Marshall McLuhan は「地球の突然の爆縮の中で全ての社会的、政治的機能をまとめる際の電撃的なスピードは人類の責任感の自覚を強烈に高めた。（中略）我々の時代の全体性 wholeness に対する切なる願い、他人への共感、深い自覚は電気技術の当然の付属物である」[39]と書いている。マクルーハンは技術的な手段はその内容とは別箇に我々の認識と意識を変える（「その手段とはメッセージそのものである」）点を常に強調したが、彼に倣って、我々はグローバルな情報通信の相互連絡の増加が惑星地球という意識とそして究極的には全地球の統合へと導くと予想すべきである。リフキンは彼の同胞である人類の中に「普遍的な意識」に至る「成熟した共感の意識への旅路」があることに気づいていた。この意識は人に「全ての人間の集団を、更には人間以外の種をも、あたかも彼らの苦悩も自分自身のものであるかのように体験する能力」を与える。リフキンの見解では、世界文明の社会の構造がより複雑になるに連れ、他人への共感の範囲は広がっていき、そしてこの社会的な構造はやがてはるかにより大量の資源の消費を伴うこととなるので、我々の他人への共感的な意識が高まることの代償として、我々の住んでいる家、地球の資源がこれまでにない程根こそぎ奪われることになるというところに人類の歴史の大きな逆説があると彼は確信している。人類がグローバルな共感意識を抱きそうになる正にその瞬間に、同時に人類は気候変動や大量破壊兵器による自己破壊の瀬戸際に立っているのだ。「我々は、グローバルな共感意識へのゴールに向かうレースがグローバルなエントロピー的崩壊に逆らって懸命に行われている、人類の進歩の中で決定的な瞬間に立っているのである」[40]と彼は書いている。

　哲学者のハンス・ヨナス Hans Jonas は彼の 1979 年の著書『責任という原理』の中で、グローバルな共感はテクノロジー時代の倫理的な命令であると明言している。現代テクノロジーのために、個々人の行動の結果が今や惑星地球上の全ての他の人々と人類の生き残りに影響を与える可能性があると彼は論じた。この理由により、自分の隣人、即ち自分の活動のすぐ側にいる人達のみを愛する義務は最早なくなり、地球上の**全ての人々**そして**全ての生命**を含めて、最も遠いところにいる見知らぬ人々を、現在および将来においても、愛する義

38）Rifkin, loc. cit., pp. 425, 428.
39）McLuhan, Marshall. 1964. *Understanding Media*. London: Routledge, p. 5.
40）Rifkin, loc. cit., pp. 127-128, 42.

400　第二部　21 世紀の統治と民主主義

務が生じている。ヨナスは人類の生き残りに対する責任から、いわゆる「環境保護の命令」——「あなたの行動の影響が真の人間の生活の永続性と両立するものとなるように行動せよ」、そして「地球上の人類の無限の存続のための条件を危うくしてはならない」[41]——を導き出している。英国の作家リチャード・バレット Richard Barret は、進化の普遍的な段階に関する彼の理論に基づいて、「もし我々、ホモ・サピエンスという種の構成員が人類の問題を解決するために互いに協力する人間の集団組織を創造するためにお互いに結束する方法を学ぶことができるならば」人類の進化は「ただひたすら発展し続けるであろう」[42] と論じている。

統合的意識への移行

人間の意識とその発達を様々な観点から分類する理論が多数ある。ケン・ウィルバー Ken Wilber は「統合心理学」の理論的体系の中で比較検討を試みている[43]。世界史の観点からは、文化哲学者ジャン・ゲブサー Jean Gebser（1905 〜 1973）による著作が特に影響力が大きかった。彼は革新的な著作『常に存在する起源 Ever-Present Origin』（第一巻は 1949 年出版）の中で、四つの意識構造：魔術的意識構造、神話的意識構造、精神的意識構造、統合的意識構造を識別した。これら全ての意識構造は、彼が「古代の archaic」と命名した一つの根本的な構造から発している。ゲブサーによれば、人類は今、統合的意識構造が形成されつつある過渡的な局面にある。意識の各構造は時間、空間、自己、外界についてのそれ自身の認識によって、様々な思考と感情、話法と言語によって、そして特定の社会的階級の特性と社会の特性によって、特徴づけられている。例えば、魔術的意識構造は、本能的で、衝動的で、経験に基づいており、かつ自然のままで、自己や時間の観念がなく、前理性的・類推的である。ゲブサーは、権力政治と権力への渇望は外部世界を支配したい（外部世界によって支配されないようにするため）というこの生まれつき埋め込まれた魔術的意識の中の深いところにある願望を根源としていると信じている[44]。神話的意

---

41) Jonas, Hans. 1985 [1979]. *The Imperative of Responsibility: In Search of an Ethics for the Technological Age.* University of Chicago Press, p. 11.
42) Barrett, Richard. 2015. *The Metrics of Human Consciousness*, p. 34.
43) Wilber, Ken. 2000. *Integral Psychology: Consciousness, Spirit, Psychology, Therapy.* Shambhala Publications.
44) この画期的な著作の英語版は 1985 年にようやく出版された。Gebser, Jean. *The Ever-Present Origin.* Transl. by Noel Barstad. Athens, OH: Ohio University Press, cf. pp. 51ff.

識構造は、絵画的な想像、感受性、非合理性そして解釈された経験に基づいており、自己はなく「我らの仲間志向」で、かつ過去に関心が向いている。自然に対する覚醒はここでその結末に達し、そして魂の世界に対する覚醒はここから始まる。未来志向の精神的意識構造は、ゲプサーによれば、およそ紀元前500年頃ギリシャにおいて初めて出現し、次いで個人意識、内省、抽象化、自由意志、合理性、指示的思考、三次元性そして概念的な想像によって特徴づけられる。未来志向の精神的構造が最初の民主的な国家形態の興隆と一致するのはおそらく単なる偶然ではない。

　最後の統合的意識構造は、全体的な理解（または「説明」）、認知、そして他の諸構造の統合から生まれる。ゲプサーは統合的意識を、今の、自我から自由な、非物質的、非遠近法的、非合理的、かつ四次元的な状態にあるものと述べている。全ての意識構造は誰の中にも「まだ多かれ少なかれ、表面に表れないが深刻な形で存在する」。もし一つの意識構造またはその何らかの要素が優勢になり始めると、その構造は破壊的になり、あるいはゲプサーの言うところによれば、「欠陥のあるもの」ということになる。統合的意識構造の意義は「（人間を）成り立たせている様々な意識構造がその人にとって**明快で**しかも自覚できているようになっていなければならないことである。それはまた、人は、様々な意識構造が彼の人生や運命に及ぼす影響に気づき、そして人間の洞察力によって不足した部分を補うようになっていることを意味する」[45]。魔術的意識構造と神話的意識構造は氏族意識と部族意識に結びついており、精神的意識構造はナショナリズムと結びついている一方、統合的意識構造は「全体意識、全ての時代を包含し、また今生きている者として人間の遠い過去と迫りつつあるその未来の双方に刻み込まれている統合的意識」を象徴する[46]。統合的意識は**惑星地球的であり、人類指向的**である。

　第三次の民主主義の変容は、心の内部的な革命に関連して生じつつある。「統合的な世界観の興隆と共に、世界連邦が現実味を帯び、不可避とさえなる」と米国の著述家スティーブ・マッキントッシュ Steve McIntosh は書いている。「世界連邦のメカニズムは統合的意識が世界の問題により大きな役割を果たすことができるようになる実際的な方法である」と彼は続けている。社会起因と精神起因との結びつきも彼の著作の中に見ることができる。彼は新しい世界観のいずれもが政治的なプロジェクトを巡って発展してきており、そして統合的

---

45) Ibid., pp. 42, 99.
46) Ibid., p. 6.

世界観もまた例外ではないであろうと論じている。「新たなレベルの人類の政治的組織」の創設は統合的世界観が「永続的な文化的な進化を生み出すことを可能にする」政治的プロジェクトであろう[47]。ユルゲン・ハーバーマス Jürgen Habermas が述べたように、各々の新たな発達への刺激は、その次のより高度の発展段階の合理的構造物が既に具体化されている組織に貢献することによって表される[48]。世界中の人々から民主的に選ばれる代表の議会は、全ての個々人と一つの社会的集団としてのこの惑星地球との結びつきを確立するための、人類の歴史において初めての政治的な組織となるであろう。それはポスト慣習的な、統合的な、そして惑星地球的な意識の最も強力な具体的象徴となるであろう。世界議会の構想の信奉者であるヴァーツラフ・ハヴェル Václav Havel はチェコスロバキアの大統領に選出された2カ月後に、ワシントン DC において注目すべき演説を行っている。彼は「意識は実存に先立つものであり、マルクス主義者が言うようなその逆ではない」と米国議会の前で明言した。「この理由でこの人間世界の救済は人間の心、人間の熟慮する力、人間の謙虚さ、そして人間の責任感の中にあるのであって他のどんなところにもありはしない。人間の意識の領域においてグローバルな革命がなければ、人間としての我々の存在の領域においてより良い方向に変えるものは何もないし、この世界が向かっている破滅は、その破滅が生態学的であれ、社会的であれ、人口動態的であれ、または全般的な文明の崩壊であれ、不可避であろう」とハヴェルは言っている[49]。

集団的な自己賛美とプロメテウスのギャップ

60年以上前に、ジャン・ゲプサーは世界は「地球上の生命にとって決定的な最後となる」破局へ向かっていると書いた。その破局までの時間の長さは、「人類の責任感に反比例する技術的な実現可能性の増加によって決定される」と彼は続けている[50]。アルバート・アインシュタイン Albert Einstein の相対性理論は空間と時間を四次元構造でリンクしており、ゲプサーはこれを統合的意

---

47) McIntosh, Steve. 2007. *Integral Consciousness and the Future of Evolution*. St. Paul, Minnesota: Paragon House, pp. 115f.
48) Habermas, Jürgen. 1976. *Zur Rekonstruktion des Historischen Materialismus*. Frankfurt: Suhrkamp, p. 37.
49) Havel, Václav. 21 February 1990. 'Address to the Joint Session of the U.S. Congress, Washington D.C.
50) Gebser, loc. cit., p. xxvii.

識の衝撃的な表れと見なしている。しかしながら、この理論は原子爆弾を製造するために使用された。世界の危機は、魔術的意識構造のレベルの権力への渇望と結びついた精神的構造の枠組みの中の破壊的なまでの合理性と自分中心主義によって特徴づけられている。現在の形態の人類と地球は消滅してしまうかもしれず、そして統合的意識への移行が「2000 年」も遅れかねないとゲプサーは考察した[51]。それでも、彼は現在多くの人々が既にもう統合的意識を発達させることができていると考えていた。「突然の変化は、一般的になっている意識構造が最早世界をコントロールするためには不十分であることが明らかになった時に常に生じている」「紀元前 500 年位に起こった歴史的に辿れる最後の変化がそうであった。そしてこれが神話的意識構造から精神的意識構造への変化を導いたのである。その当時の超自然的で不完全な神話的状況が脅威をもたらし、そして精神的構造の突然の始まりが決定的な変容をもたらした。今日では合理主義的で、そして不完全な精神的意識構造が同じ脅威をもたらしている。そして統合的意識構造への前進が新たな決定的な変化をもたらすであろう」[52] と彼は書いている。

　人類の感情的・道徳的成熟と人類の技術的能力との間に横たわる溝は、人道主義者エーリッヒ・フロム Erich Fromm の関心事項でもあった。彼の著作『人の心』の中で、彼は自己賛美と破壊、民族主義と戦争の関係について述べている。フロムは「我々は最も破壊力のある武器の発達をもたらした人類の知的な発達とあらゆる病的な症状を伴う著しい自己賛美の状態になおも任せている人類の精神的・情緒的発達との間の鋭い乖離が特徴となっている、歴史的な時代に生きているのだ」[53] と書いている。哲学者ギュンター・アンダース Günther Anders（1902 ~ 1992）は、一方では、この科学技術時代の知識と能力と行為と、他方では、理解、感情、他者への思いやりとの間の因果関係の「最終的な断裂」を説明するために「プロメテウスのギャップ」について語っている。人類は「その内面にあるプロメテウス」によってもたらされる挑戦に対応できる程に成長してはいないと彼は考えた。このギャップの結果は人類を破滅させるかもしれない[54]。フロムもまた、人間の知的発達と情緒的発達の間の矛盾が「容易に」破局を導く可能性があると強調している。

　フロムによれば、自己賛美の衝動は、性衝動や自己保存本能と正に同じよう

51）Ibid., p. 297.
52）Ibid., p. 294.
53）Fromm, Erich. 2010. *The Heart of Man*. Riverdale NY: American Mental Health Foundation, p. 86.
54）Anders, Günther. 1956. *Die Antiquiertheit des Menschen 1: Über die Seele im Zeitalter der zweiten industriellen Revolution*. München: Verlag C.H. Beck, pp. 267ff.

に、生物学的に重要な役割を果たしていると考えられる。というのは自分自身の生存のために全ての人間は他の誰よりも自身を大切にする定めとなっているからである。しかしながら、生存という目標に役立つのは、**最大の**自己賛美ではなく、**最適の**自己賛美のみである。生物学的に必要な分量は社会的協力と両立する程度の大きさしかあり得ない。フロムは個人の自己賛美が集団の自己賛美に変容するプロセスを説明している。自分自身の代わりに、家族、部族、民族または国家が賛美の対象になる。「こうして、自己賛美のエネルギーは維持されるが個人の生存よりもむしろ集団の生存のために用いられる」[55]とフロムは述べている。

　理想的には、その解決は**意識が発展していく**うちに全ての人間の自己賛美が緩やかに減少しそして最終的に自己賛美が克服されることにあるであろう。しかしながら、差し当たっては、フロムによれば、より単純な選択肢は自己賛美のエネルギーが向けられる**対象を少しでも変えていく**ことである。フロムは地球と人類が向かう方向について考えている。「もし、個人が世界市民の一員としての自身を経験でき、そしてもし人類がその目的達成に誇りを感じられるならば、個人の自己賛美は対象としては、相争う集団の仲間に対してではなく、人類に向けられることになるであろう」。そして、彼は「害のない自己賛美の対象としての人類とその完成のイメージは国連のような超国家的組織によって具現化されるはずである」と付け加えている。しかしながら、フロムは、「そのような発展は、政治的のみならず、感情的、現実的観点から見ても多くのそして最後には全ての国家が人類の主権のためにその国家主権を喜んで削減することに賛成する場合にのみあり得ることは明らかである。国連の強化と筋の通った平和的な集団間の紛争の解決は人間性とその共同の業績が集団の自己賛美の目的となる可能性のための明白な条件である」と記している。破壊的な集団の自己賛美が克服され、そして人間が「自身の中に全ての人間性を実感」できるようになる前に先ず達成されなければならない主な前提条件の中に、フロムは「国家の主権を**人類の主権と人類が選んだ機関に**従属させること」[56]を含めている（強調は著者による）。

55）Fromm, loc., cit., p. 70.
56）Ibid., pp. 87-90.

文化的停滞の問題

　科学技術の革命的な発展が不思議なことに国際的政治組織にはほとんど影響を与えてこなかったことは注目に値する。科学技術に関する書物の執筆者で批評家のルイス・マンフォード Lewis Mumford はこの現象を 1970 年代半ばに指摘している。「蒸気船、鉄道、郵便制度、電信、航空機は、次々と地域的弱点を克服し、自然的、文化的な資源の不平等を改善し、そして世界規模の政治的統一体——『人類の議会、世界連邦』——に導く手段として描かれてきた。ひとたび科学技術的な一体化が確立されれば、人類の連帯がそれに続くものと『進歩的な』人々は確信した。2 世紀が経過する過程でこの期待は裏切られた」[57]。明らかに、ここで私達が取り扱っていることは、1922 年に既に社会学者ウィリアム・オグバーン William Ogburn（1886 ～ 1959）によって詳しく述べられたような「文化的停滞」の現象である。この理論によれば、全ての社会は新しい科学技術やその利用に順応するためには時間を必要とする。従ってその問題は、現代における大きなそしてますます速まる変化の速度であるばかりでなく、進んでいるか停滞しているかその程度の差はあれ、何とかして文化がこれらの変化を受け入れようとする速度の違いである[58]。この点に関し 1648 年に遡るウェストファリア的国際体制は今の我々の時代においては極めて著しい時代錯誤である。オグバーンは 1957 年に「原子爆弾への順応の停滞」は「大きな危険を孕んだ停滞である」[59] と書いている。事実、**今日まで**この破壊的な科学技術に対して全く順応がなされていない。我々が示したように、そのような順応が成功し、かつ持続的なものであるためには、武力なき、連邦制の世界平和秩序の確立がなされなければならない。

　興味深いことに、ウェストファリア体制に固有の国家間の勢力争いが、状況の変化を加速する原動力の重要な推進力である。この体制のシステムは世界中を切り裂いている猛烈なハリケーンの目の中にある平穏さなのである。現代世界の発達を速度の観点から分析した哲学者のポール・ヴィリリオ Paul Virilio は「dromocratic politics」即ち競争の政治 politics of the race について語っている。「現代性の時間的構造」という優れた研究の中で、社会学者のハルトムート・ローザ Hartmut Rosa は、現代の加速のプロセスの展開は「国家の領

---

57) Mumford, Lewis. 1970. *The Myth of the Machine: The Pentagon of Power*. Harcourt, Brace & World, p. 296.
58) Ogburn, William Fielding. 1922. *Social Change with Respect to Culture and Original Nature*. New York: The Viking Press, pp. 200ff.
59) Id. 1957. 'Cultural Lag as Theory'. *Sociology and Social Research* XLI: 167-74

土の征服、支配、そしてその防衛のための、軍事的かつ国家中心の競争を念頭に置く場合にのみ、適切に理解することができる」と書いている。彼は、近代化は「ウェストファリア条約後に形成された競合する国民国家の制度の中で権力を保全、蓄積するための政治的な努力を行うことによってのみ動く国民国家の加速的プロジェクトである」と続けている。彼の見解では、国民国家は今やいくつかの点で加速に対する障害物へと突然変異を起こした。彼は、「古典的な近代性とは全く相反する状況の中で、近代後半における加速は社会、文化、経済のプロセスの国家による規制によってではなく、それらの**規制の緩和**によって達成されたのである」と書いている。しかしながら、彼はそれらのプロセスが総体的には今でも「加速の決定的な主体」であると認めている。変化したのは単にその方法なのである。加速力はグローバル化し、そして国家を自己強化のダイナミックスの中で崩壊へと向かわせる。「近代の政治的プロジェクトはおそらく、社会経済的発展の行動と政治的改革の行動が同時に起こらなかった結果として終わりを迎えた」とローザは述べている[60]。しかしそれは「文化的な停滞」が存続し、即ちウェストファリア体制が続き、そしてそのためにグローバルな政治的構造に何らの調整もなされない場合のみに起こるであろう。エリート達は明白な解決、即ち**国家権力自体のグローバル化**を今でも何とか阻止している。世界中の人々の内部では、一方で、意識の避けがたい変化の大きな流れが既に明らかに出現し始めている。

　ウィリアム・E・シュアーマン William E. Sheuerman にとっては、「その基本的一時的ダイナミックスが慎重で遅々としてしか進まない民主的な検討や論議と基本的に相反するように見える国家制度の中で」有意義な民主制がなおまだ可能であるか否かの疑問が生じている。彼は次に解決がどこにあり得るかを更に示唆している。「もし社会の加速化が危険ではあっても現代の国家制度の不可欠な一面であるならば、我々はいかにして身近にある明白な危険を少なくとも最小化するために、とりわけ、(高速の)核戦争の恐ろしい亡霊が少なくとも残らないように、国際的な政治のシステムを再構成できるだろうか？　今のシステムの代わりとなる国家間の関係——多分何らかの形の超国家的な民主制——が、少なくともウェストファリア体制よりは目的に適うより良い出発点を提供するのではないか？」[61]　民主的な意思決定には時間がかかる。逆説的には、

---

60) Rosa, Hartmut. 2015. Social Acceleration. *A New Theory of Modernity*. Transl. by Jonathan Trejo-Mathys. New York: Columbia University Press, pp. 311, 204ff., 313.

61) Scheuerman, William E. 2003. 'Speed, States, and Social Theory: A Response to Hartmut Rosa'. *Constellations*（10）1: 42-48, p. 47.

条件付きの多数決は極端に意思決定の遅い国際法より速いし、より有効な結果を導くかもしれない。そして、世界議会もまた発展を遅らせたり、スピードアップさせたり、または全く阻止するためにさえ、使える政治的な手段なのである。世界議会は加速の自力推進力を封じ込めるのに役立つはずである。

グローバルアイデンティティと他者

　今日までの人類進化の発展のダイナミックスを見て、グローバル政府の出現は非常に困難である、なぜならば地球はグローバルなアイデンティティの発展または地球規模での政治的な統合を可能とするような外部からの敵あるいは外部組織に全く遭遇していないからであるという論議がなされてきた。人類学者のリチャード・ニューボールド・アダムス Richard Newbold Adams はグローバルなアイデンティティの問題を、例えば、「アイデンティティは基本的に『我々』というある一団を、『他者』という別のある一団と二つに分けることである」と要約している [62]。そしてフォルカー・リットバーガー Volker Rittberger は「適応を必要とする強い外部的に生じる圧力がなければ、世界国家ができる可能性はほとんどないように思える。——しかしながら、その可能性を完全に排除することを望んではいない」[63] と書いている。米国大統領のロナルド・レーガン Ronald Reagan は 1987 年にこの問題について発言している。国連総会を前にしての演説で、「敵対意識が念頭から離れない今、我々は全ての人々がどれほど結束しているかをしばしば忘れる。おそらく我々には、この共通の絆を我々に気づかせる何か外部からの世界的な脅威が必要である。私は時々、もし我々が地球圏外からの脅威に立ち向かっていたならば、我々の世界的な不和はどれほど速やかに消えてなくなることだろうと思う」[64] と彼は述べている。カナダの政治学者アラシュ・アビザデ Arash Abizadeh がこの問題に関する小論で書いているように、ゲオルグ・フリードリッヒ・ヘーゲル Georg Friedrich Hegel は彼の『精神の現象学』の中で既に自我意識とそれに伴うアイデンティティの出現は別の自我による自我の認識を前提としていると論じている。それに続いて、最近では哲学者のチャールズ・テイラー Charles Taylor

---

62) Adams, Richard Newbold. 1975. *Energy and Structure. A Theory of Social Power.* Austin, London: University of Texas Press, pp. 210, 304.
63) Rittberger, Volker. 1973. *Evolution and International Organization. Toward a New Level of Socio-political Integration.* Den Haag: Nijhoff, p. 48.
64) Reagan, Ronald. 21 September 1987. 'Address to the 42nd Session of the United Nations General Assembly in New York, New York'.

は、アイデンティティは他人との対話あるいは討論の中で形成されると強調している。

　しかしながら、アビザデの見解では、**個人の**アイデンティティの形成について当てはまることが、**集団的**アイデンティティの形成について等しく当てはまると単純に想定することは間違いである。個人と異なり、集団自体もその個々の構成員による承認によって初めて成り立ち得るのである。別の外部集団による承認もあり得るが、それは絶対的な前提条件ではないと彼の主張は続いている[65]。政治学者のアレグザンダー・ヴェント Alexander Wendt はこの問題の核心を突いて語る。彼は「世界国家はそれを構成する個々人と集団によって認知され、そして今度は逆に世界国家が個々人と集団を認知する。これは、たとえ、部分と全体が相互に構成要素となっているとしても、部分と全体は同じではないがゆえにあり得るのである。部分と全体の間には、境界ないし違いがある。世界国家の構成員は世界国家の行動を制約する彼ら自身の主体性を持ち、世界国家もその構成員の行動を制約する主体性を持つ」。ヴェントは世界国家におけるグローバルなアイデンティティは**置き去りにされた過去**とその廃れた価値**観から自我を区別する方法**により作り出すことが可能であるとも指摘している。ヴェントは、「ヘーゲル的な用語を用いれば、我々は、グローバルな『自我』が明確にされることとの関連で『歴史』は『別のもの』になると言うことができる」と説明する。アイデンティティは歴史に基づいており、**過去の自我と現在の自我**とを区別することができると彼は続けて説明している。例えば、ドイツは今日のドイツのアイデンティティの一部を、ナチス体制とその罪からドイツを分離して区別して捉えることから導き出している。「コスモポリタン的なアイデンティティが『相違』の構成要素となることができるのとは対照的に、人間固有の過去は、豊富で恐ろしい知識の宝庫をもたらす」[66] とアビザデは述べている。

　歴史によって変容された人間性の理想像、即ち「決して、二度ともう起こさない！」との誓いはそれゆえにグローバルなアイデンティティ形成の一部である。フランスの哲学者エドガール・モラン Edgar Morin は、世界的な視野を持つべきであると熱烈に訴える中で、地球時代の開始の時期を西欧の小国共が世界に乗り出し始めたおよそ西暦 1500 年としている。モランはこれが「地球の鉄の時代」の到来を告げたと確信している。彼はまたこの時代を「人類の精

---

65) Abizadeh, Arash. 2005. 'Does Collective Identity Presuppose an Other? On the Alleged Incoherence of Global Solidarity'. *American Political Science Review*（99）1: 45–60, pp. 47ff
66) Ibid., p. 58.

第 25 章　惑星地球意識の発達と新たなグローバルな啓蒙運動　409

神の前史」と呼んでいる[67]。この現代において、戦争、核兵器、環境破壊そして過剰な資源利用によって突きつけられた脅威に照らせば、危険な「他人」が**人類そのものの中に**存在している。人類の歴史が正に始まったばかりであるとの自覚、そして戦争、大量殺人、搾取、環境破壊を最終的には克服するとの決意がグローバルなアイデンティティの重要な構成要素である。

　人類はその集団の暗い影の問題と取り組まなければならない。この影は国際制度によって行われた組織的暴力を含む。南アフリカ共和国の国家委員会の例に見習う**グローバルな真実委員会** A global truth commission がこの点で役立つであろうし、民主的な世界秩序への転換をもたらすであろう。そのような委員会が取り組むべき任務の一つは、可能な限り客観的に、そしてイデオロギー抜きで、グローバルな観点に立って、人道に対する最も重大な犯罪、戦争、最近のあるいは現時点までの国内紛争を巡る状況を調査し結果を公表し、犯人と、犠牲者を明らかにし、名誉を回復し、そして和解のための基盤を創造することであろう。ヘイッキ・パトマキ Heikki Patomäki とテイヴォ・テイバイネン Teivo Teivainen が強調するように、そのような委員会には道徳的、政治的正統性のあることが最も重要である[68]。それは国連議員総会UNPAによって創設できるはずであり、世界議会の枠組みの中で、活動を継続し得るはずである。マイケル・ハート Michael Hardt とアントニオ・ネグリ Antonio Negri の意見では、そのような委員会の機能は「現代主義者の政治を啓蒙する模範的な取り組みであり、これらの文脈の中ではそれに対する批判は、攻撃に晒されている体制の人を惑わせ、そして抑圧する力を助けることにのみ役立つだろう」[69]。

「概観効果」と惑星地球的な世界観

　たとえ地球外の「他者」がいないとしても、この惑星を外部から一つの統合体として見る経験は、自己認識と、人類としての意識を目覚めさせる上で画期的な重要な経験の一つである。地球を真正面から初めて撮った2枚の写真はこれまで撮影された中で最も影響力のある重要なものだ。問題のその写真は1968年12月24日のアポロ8号の宇宙飛行中に撮られた「地球の出」とアポロ17号の宇宙飛行中の1972年12月7日に撮られたあの有名な「青いビー玉」で

---

67) Morin, Edgar, and Anne Brigitte Kern. 1999. *Homeland Earth*. Cresskill, NJ: Hampton Press, pp. 8, 58.

68) Patomäki, Heikki, and Teivo Teivainen. 2004. *A possible World: democratic transformation of global institutions*. London, New York: Zed Books, p. 136.

69) Hardt, Michael, and Antonio Negri. 2000. *Empire*. Cambridge: Harvard University Press, p. 156.

410　第二部　21世紀の統治と民主主義

ある。1969年の月面着陸のテレビ放映は、何百万人の人々によって見守られたが、視聴者達はこの地球を外側からの視点で見つめたのである。その地球全体像の写真は我々の時代の**正に**象徴であることに疑問はない。作家のフランク・ホワイトFrank Whiteはこの惑星を見る視点の衝撃を「概観効果」と呼んだ。この効果を経験するのには、必ずしも宇宙旅行をする必要はない。「飛行機に乗って飛び、窓から外を見るものは誰でも、似たような経験をすることができる」とホワイトは述べた[70]。最高級の人工衛星の空中からの映像は今や我々の日常的な報道の中で目にすることができる。グーグル・アースのようなプログラムは実質的に天空から全地球を探索することを可能にしている。

　「概観効果」を最もうまく述べているのはそれを自ら経験した人々——宇宙飛行士達である。宇宙旅行が始まって以来、彼らは宇宙から地球を眺めてどれほど深く自分達が変わったかを報告している。彼らは一体感、懐郷感、脆弱感に囚われたと述べている。例えばドイツの宇宙飛行士ウルフ・メルボルトUlf Merboldは3回の飛行で総計40日間宇宙に滞在したが、次のように語っている。「地球の全体像を初めて見た時、私は息を飲んだ、地球の球体曲線に驚いたためではない。私を最も大きく魅了したのはロイヤル・ブルーよりももっと濃い地球の大気圏の色であった。でも、この生命を守ってくれている層の何と薄いことか！　これは全ての宇宙飛行士が語っていた瞬間であった（中略）。地球は我々の足元に広がっている、その美しさは心を虜にした。どんな言葉もそれを表すことはできない、でもそれは何ともはかなく見えたろう！（中略）我々はどの地図にも極めて明瞭に描かれている国境線を探したが、そんなものは存在しなかった」[71]。月面着陸のアポロ9号のパイロット、ラッセル・シュヴァイカートRussel Schweickartは、「1時間半で地球を一周する時、あなたのアイデンティティは**その全体物**と共にあることに気づき始める」と語っている（強調は著者による）。「それはとても強力にあなたに向かってくるので、あなたは人類にとってのセンサーとなる。あなたはこれまでそこで生きてきたその球体の表面を見下ろして観察する。するとあなたはその球体にいる全ての人々を知っていて、彼らはあなたに似ており、彼らはあなたなのであり——そしてあなたはどうやら彼らを代表していることに気づく」。だから、メルボルトにとっては、宇宙旅行の最大の意味は、「**地球意識**」が発展してきたということ

---

70) White, Frank. 2014. *The Overview Effect*. 3rd ed. Reston, VA: American Institute of Aeronautics and Astronautics, p. 1.

71) これとそれに続くメルボルトの語りは、ドイツ語版『The Overview Effect』の序文からの翻訳である。White, Frank. 1993. Der Overview-Effekt. München: Goldmann.

の中にあるのかもしれない。

　ドイツ系米国人の政治学者で、「安全保障のジレンマ」の理論でよく知られるジョン・H・ハーツ John H. Herz は 1980 年の論文で「初めて、真の地球的世界観がもっともらしく思えた」と論じている。「その世界観は、宇宙飛行士達が地球の比類のなさ、その限界性、その脆弱性を示す小さな青みがかった球体の光景を見たことから生まれたものである」。これは多くの世界観の中のたった一つの見方に過ぎないかもしれないが、「他の見方は、偏狭で、敵対的で、そして世界的な相互依存の新しい状況下では、人類の荒廃かまたは絶滅のリスクさえも孕むのである。そしてこの理由で、グローバルな世界観は、道徳的相対主義者にとってさえも他のどんな見方より根本的なものとして表れてくる。なぜならば、この見方は人類の生存にとって道徳的優位を与えるからである。この見方がなければ他の全ての価値基準は無価値、無意味なのである」[72]。

　惑星地球的世界観は、既に世界政治に重要かつ直接的な影響を及ぼしてきている。ミハイル・ゴルバチョフ Mikhail Gorbachev は米国と NATO とのデタントに向けての彼の努力に加えてグラスノスチとペレストロイカを通じて、冷戦の終結に大きな貢献をした。人類の自己破滅の地獄絵図は少なくとも差し当たっては回避された。ゴルバチョフによれば、彼の政治にとっては、惑星地球的な視点は大きな意味を持っていた。「究極においては、人類は理性という天賦の才を持っていて、人類はグローバルな人類であり、また自分自身と自分の運命、自分の属するコミュニティばかりでなく、地球という惑星の運命と人類全体に対して責任を負わねばならない個々人であることを理解しなければならない」。これがゴルバチョフの主張するいわゆる「新思考」であり、これが彼の政治的な指針としての役割を果たすものであることを示す核心である。「思想の全史はその限界を押し戻し、かつその視野を拡大することについての一つの物語である。今やこの視野が全地球に広がる時がきた。今日既に我々は人類がいかにより広範なグローバルな世界観を受け入れているかを確認できる」とソビエト連邦の前共産党書記長と彼のアドバイザー達は 1997 年に出版された本に書いている[73]。

　「新思考」は、世界政治に相当の影響を及ぼし、かつゴルバチョフが言うところの「啓蒙のプロセスの強化」[74] に貢献したかもしれないが、地球意識への

---

72) Herz, John H. 1980. 'Weltbild and Bewußtwerdung – vernachlässigte Faktoren beim Studium der Internationalen Beziehungen'. *Aus Politik and Zeitgeschichte* 11: 3–17, p. 15.
73) Gorbatschow, Michail, Vadim Sagladin, and Anatoli Tschernjajew. 1997. *Das Neue Denken. Politik im Zeitalter der Globalisierung.* München: Goldmann, pp. 205f.
74) Ibid., p. 209.

412　第二部　21 世紀の統治と民主主義

切り替えが変化した組織的なグローバル機関に反映されない限り、この世界は危うい不安定な文化的停滞から抜け出せないままであろう。ライオネル・カーティス Lionel Curtis は「システムが優れた人達の手中にある限りにおいてのみ世界平和が維持されるようなシステムは平和にとって常に危機を抱えているシステムなのである。そのシステムは自己を否定するのである。というのは、いかなるシステムもそれがうまく機能するように気を配る優れた指導者が途切れることなく登場することを当てにできるはずはない。信頼される唯一のシステムは普通の能力を持つ指導者が運営する場合でも平和を維持し続けることができるシステムである」[75]と書いている。唯一の永続的な解決策は国際的システムの無政府的構造の根本を克服することにある。

アイデンティティ、国民、そして国家形成

　グローバルアイデンティティの出現とグローバル国家の組織の発展は密接に絡み合っている。他方、地球的な視点は世界議会が出現するための基本である。逆に言えば、世界議会はおそらく惑星地球的視点を促すための最も重要な手段でもある。組織の発達と連帯感とアイデンティティの成長は相互的なプロセスである——そのいずれの一つでもなければその他を生じることもできない。これは国民国家の出現によってわかりやすく説明される。国民国家について影響力のある著書『想像の共同体』の中で、著者の政治学者ベネディクト・アンダーソン Benedict Anderson は、国籍と国家主義を「文化的な人工物」と述べた。アンダーソンの見解では、国家は人類学的な意味合いでは「想像上の政治的共同体」と理解されるべきである。彼は「それは**想像されたもの**である。なぜなら、たとえ一番小さい国家の構成員でさえも、彼の同僚である構成員のほとんどを全く知っておらず、会ったこともなく、彼らについて聞いたこともない。それでも、それぞれの心の中に、彼らの共同体のイメージが生きているのである」[76]と明確に述べている。かかる国家共同体の観念は、生まれつき備わっているもの、または当然なものではなく、**歴史的に作られたもの**である。ユルゲン・オステルハメル Jürgen Osterhammel によれば、国家主義の理論についての最近の研究では、国民国家を「その意識とアイデンティティが集まって下から生まれたほとんど必然的な結果」ではなくて、むしろ「上から意図的

---

75) Curtis, Lionel. 1949. *World Revolution in the Cause of Peace*. Macmillan Co., p. 42.
76) Anderson, Benedict. 1991. *Imagined Communities: Reflections on the Origin and Spread of Nationalism*. Verso, pp. 5ff.

に集中的に権力を行使してできたもの」と見る傾向が強まっている。国家は、権力エリート達または、――オステルハメルが強調するように――反植民地主義的で革命的な反エリート達の企図したものであった[77]。国家の形成は多くの場合その結果ではなく、国家が成立する単なる始まり――そして最も重要な手段――であった。1860 年代のイタリアの政治家マッシモ・ダゼーリョ Massimo d'Azeglio は「我々はイタリアを作った、次はイタリア人を作らなければならない」との有名な言葉を述べたと伝えられている[78]。

　歴史の学問的研究は、それが 19 世紀に発展するに連れ、新しい国民国家の誕生に際しての助産師として手助けする重要な役割を果たした。それは古い国家の歴史を構築することに取り組んだ。「歴史を調査し、記述する近代的な手法は学問の中立的な手段というよりはむしろ国家主義者の目的をとりわけ促進するために発展させられた」と歴史家のパトリック・ギアリ Patrick Geary は書いている。教育プログラムは国民の中の、当初は少数の者のみによって通常は使われていた国家的イデオロギーと「国語」を広めるために組み立てられた。ギアリは正に、国家的イデオロギーが多くは想像の産物であるとの理由のみでとるに足りないものであると退けることに警告を発している[79]。国家的イデオロギーは極めて重要な影響を及ぼしたのである。国家主義者は国民を集団として動員し、彼らを戦争に導くことができた。それは「我々」と「他者」に分断することがどれほど重要であり得るかを示す集団内部の道徳の構築の一例である。ウィリアム・E・シュアーマンは「国民的アイデンティティの構築は例えば、エリート達が普通の社会的に同等の人達――時には国境をすぐ越えたところに住んでいる人達――に対して自分達を例えばオランダ人やドイツ人よりもむしろフランス人と見なすことを主たる理由に戦うことを呼びかけることを許した」と指摘している。

　しかし、何が国家とそれを構成する人々――国民を定義するのであろうか? エリック・ホブズボーム Eric Hobsbawm は、歴史的には、人種的、言語的または宗教的規準は最も重要なものではなかったと指摘している。「実際、もし『国家』が人民革命的視点から何か共通点を持っていたとしても、それはいかなる根本的な意味合いにおいても、人種でも、言語でも、またはそれに類似す

---

77) Osterhammel, Jürgen. 2003. *Geschichtswissenschaft jenseits des Nationalstaats.* 2nd ed. Göttingen: Vandenhoeck & Ruprecht, p. 325.

78) Hom, Stephanie Malia. 2013. 'On the Origins of Making Italy: Massimo D'Azeglio and "Fatta l'Italia, bisogna fare gli Italiani'". *Italian Culture* (XXXI) 1: 1–16.

79) Geary, Patrick J. 2003. *The Myth of Nations: The Medieval Origins of Europe.* Princeton University Press, pp. 16f.

414　第二部　21 世紀の統治と民主主義

るものでもなかった。けれども、それは集団的な帰属性を示すものでもあり得た。ピエール・ヴィラール Pierre Vilar が指摘したように下からの視点で国民として特徴づけているのは正にそれが特定の利益に対する共同の利益、特権に対する共同の利益であった。（中略）人種的集団の相違はこの革命的、民主的な観点からは、後になって社会主義者に対して見られたような二次的なものであった」[80]。理論家や国家主義的プログラムが国民や国家の概念を、そのような基準に基づいて狭めようとしたのは後になってからに過ぎない。実際、世界の国家の大部分は疑問の余地なく多文化的であり、多数のマイノリティも持っている。同質的な「国民国家」は大体において虚構である。12億4000万人の住民と数限りない言語社会を持つ多宗教、多人種国家のインドは同質の文化、共通の宗教または最低限の経済保証が民衆もしくは機能的民主制の前提条件を表すものではないことを示す好例である。フランスの学者エルネスト・ルナン Ernest Renan は1882年に、人種的な区別は基本的に問題があり、国家の構成員となるのは純粋に言語的、宗教的そして地理的な基準を根拠とすると言うことはできないとの認識を示している。ルナンの見解では、国家は「既に払われた犠牲に対する感情とこれからなそうとする犠牲に対する感情によって作られる偉大な連帯である。それは過去を前提とするが、現在においても、具体的な事実、即ち意見の一致、共通の生活を続けたいという明確な意思表示によって繰り返される」。「国家の存在は日々の国民投票の結果なのである」と彼は力強くまとめている[81]。それはその構成員の相互に認識された自己同定に基づいているのである。

　国民は制度と関わらずに孤立して存在する訳ではない。国民は国家の形成を通じてのみ生まれてくる。政治学者のミヒャエル・チュルン Michael Zürn とグレゴール・ヴァルター＝ドロップ Gregor Walter-Drop は「国民は外部からもたらされるものでは決してなく、常に政治的組織と濃密な人と人との交流の結果である」と指摘している。彼らはフランスと英国を例として国家の歴史の初期に想像上の共同体と強力な国家的アイデンティティの発達を支える象徴的な枠組みを作ったのは主として国家であったことを示している[82]。国民は国家

---

80) Hobsbawm, Eric. 1992. *Nations and Nationalism Since 1780: Programme, Myth, Reality.* Cambridge University Press, p. 20.

81) Rénan, Ernest. 1992. 'What Is a Nation? Text of a Lecture Delivered at the Sorbonne on March 11th, 1882', published in: the same, *Qu'est-Ce Qu'une Nation?, Paris, Presses-Pocket.* Transl. by Ethan Rundell.

82) Zürn, Michael, and Gregor Walter-Drop. 2011. 'Democracy and representation beyond the nation state'. In: *The Future of Representative Democracy*, ed. by Sonia Alonso, John Keane, and Wolfgang Merkel, 258–81. Cambridge University Press, p. 265.

の設立という政治的な行為から生まれる法的な実体であり、その構成員の資格は当該国家の市民権によって定義づけられる。このことは領土国家のみならず、世界国家にも同様に当てはまる。世界国民の形成は同じように、グローバル国家の形成の前提条件ではなく、むしろその結果なのである。

　相違は、しかしながら、全人類の集合体としての人類の共同体は自然なもので、先天的である点である。コスモポリタン的視点からは、国家の市民権にあるような差別はここでは全くないことである。全員がその中に含まれており、潜在的な世界市民の一部分である。同質性はいかなる点においても必要条件ではない。世界社会は多文化で、多人種で、多信仰で、多言語であり、またそうあり続けるだろう。「インド連合と欧州連合が一つの議会を組織できるならば、世界もまたそうできるはずだ」とヨハン・ガルトゥング Johan Galtung は論じている。世界議会の創設は、地球国民の誕生をもたらす。世界議会により組織化される国民は**人類の共通の利益**を代表し、それを国家固有の利益や超国家的なエリートの特権から守るであろう。たとえ反民主的な支配エリートや反現代の過激派がそれを否定しようとも世界人権宣言Universal Declaration of Human Rights や他の人権について既に確立している条約、とりわけ二つの規約（市民的および政治的権利に関する国際規約 Covenant on Civil and Political Rights と経済的、社会的および文化的権利に関する国際規約 Covenant on Economic Social and Cultural Rights）が既にグローバルに共有する基本的価値の枠組みを作る役割を果たしている。諸々の研究が世界人類の中の基本的人権についての「劇的、国際的なコンセンサス」を明記している[83]。これが、世界議会とそれにより世界国民が形成される共通の価値の広範囲な礎となるのである。

　哲学者のピーター・シンガーは、国境の倫理上の意味合いをグローバル化の状況の下で再検討する必要があると確信している。「我々は国民国家として知っている想像上の共同体で暮らし続ける方が長期的には良いか、あるいは、**世界という想像上の共同体の構成員**であると自分達を考え始める方が良いか検討する必要がある」と彼は書いている（強調は著者による）[84]。国家アイデンティティとグローバルなアイデンティティはここでは相互に相容れないものではない。社会学者のゲオルグ・ジンメル Georg Simmel（1858 〜 1918）はアイデンティティを社会的なサークルや集団との**個人的な結びつき**から生まれたもの

---

83) Patrick, Stewart M. 8 December 2011. 'Surprising International Human Rights Consensus'. *Council on Foreign Relations – The Internationalist*（blogs.cfr.org）.

84) Singer, Peter. 2004. *One World: The Ethics of Globalization*. New Haven: Yale University Press, p. 171.

と述べている[85]。それぞれの集団との結びつきは連帯感やアイデンティティを伴っていて、程度は様々だが、それらは必要に応じて、相互にバランスを取り合い、または調整をしている。究極的には、国家の市民権は多くの結びつきの中の単なる一つに過ぎない。哲学者で、経済学者でもあるアマルティア・セン Amartya Sen は彼の著書『アイデンティティと暴力』の中で、人々は一つのアイデンティティに絞り込まれてはならないと強調している。人々にとってアイデンティティは「確実に複数あるもので」、重複するものでもあり、「一つのアイデンティティの重要性が他のアイデンティティの重要性を必ずしも失わせるものでもない」。だから、「我々の国家への忠誠や地域への忠誠心が共に巨大な『世界国家』の行動に反映されるようにグローバルな帰属意識によって**とって代わられる**必要はない。実際、グローバルアイデンティティは我々の他のものへの忠誠心を排除せずに、その当然報われて然るべきものを受け取り始めることができる」と彼は書いている[86]。

世界の人々の進歩的な態度

ポスト物質的価値観と地球的視野の二つが拡散すると我々が予想するようになるに連れ、ますます多くの人々も既に自分達を世界市民であると考え、そして世界市民としてお互いに連帯感を感じるようになる。例えば、Avaaz（世界の人々の観点あるいは価値観によってグローバルな意思決定がなされるようにすることを目的として活動するオンライン・コミュニティ、訳者注）はグローバルな問題に関して世界中の何百万人の人々を速やかに動員することができる。アマルティア・センは、反グローバル化の抗議運動について書いている中で、「もしもグローバルな帰属意識がなく、グローバルな公正さについて何も懸念することがなければ、世界のとあるところにいる男女が別のところにいる人々が不当な仕打ちを受けていることをなぜ思い悩むのだろうか？」と問う。「抗議の声が声高に上がるグローバルな不満は、グローバルアイデンティティ意識の存在とグローバルな倫理観が相当にある証拠と考えることができる」[87]。

この発見はこの 10 年間にわたって行われた代表的な国際的調査によって確

---

85) Simmel, Georg. 2013. *Soziologie. Untersuchungen über die Formen der Vergesellschaftung.* Gesamtausgabe Band 11. 7th ed. Frankfurt: Suhrkamp. Ch. 6, Die Kreuzung sozialer Kreise, pp. 456-511.

86) Sen, Amartya. 2007. *Identity and Violence: The Illusion of Destiny.* London: Penguin Books, pp. 19, 185.

87) Ibid., p. 123.

認されている。例えば第五回 WVS Survey では、調査対象となった 46 カ国の
回答者のうちグローバル平均で 72％が、**自分自身を世界市民と見なしている**
と報告している[88]。この集団は 2000 年に社会学者のポール・レイ Paul Ray と
心理学者のルース・アンダーソン Ruth Anderson によっていわゆる「文化的
創造者」と表現された人々を含んでいる。彼らはその著書の中で、この集団は
伝統主義者や現代主義者と共に工業化社会の人々の 3 分の 1 を占める新しいサ
ブカルチャーを代表している集団であると述べている。文化的創造者は全ての
人々が共通して所有しているものに焦点を当てる。彼らは世の事象を総体的に
考え、旧態依然と行われていることを信じない。彼らは物事を熟慮する際には、
将来の世代の幸福を考慮に入れる。レイとアンダーソンによれば、「彼らは将
来のグローバル生態系の状況と地球上の人々の幸福について最も懸念する人達
である」[89]。

　それが気候変動の影響を減らすための手段であろうとなかろうと、国際法の
遵守、人権の確保、参加型の民主主義、核兵器の廃止、国連の強化と民主化に
ついて、世界の大多数の人々は**これら全ての目的を支持している**と見られる。
この分野における彼らの考え方は国際交渉において当該政府の代表として行動
し自身の国家の利益をひたすら追求する者達の考え方よりもはるかに進んでい
る。「多くの場合、大衆の方が彼らの政府より少なくとも一歩先に進んでいる
傾向があるように見える」と調査プログラムワールド・パブリック・オピニオ
ン World Public Opinion Org のディレクターのスティーブン・カル Steven Kull
は要約している。「この原動力は国際協力を必要とする特にグローバルな問題
について、特に当てはまる。組織としての国民国家はその主権やその国益を最
大限に追求する自由を犠牲にして妥協する方法で協力することには躊躇するこ
とが確かである。（中略）しかし、個々人は全体的にはグローバルな枠組みで
協力する準備が整っており、競合する国家的論理によっては制約されていない
ように見える」と彼は書いている[90]。

　16 カ国において実施された調査では、全体の 87％の人々が自国は気候変動
に対する対策を講じる責任を有すると考えていた。13 カ国の多数──16 カ国
全ての国の平均で 63％──は、自国の政府はこの分野では、十分な努力をし

---

88) Council on Foreign Relations. 2011. 'Chapter 1: World Opinion on General Principles of World
　Order'. In: *Public Opinion on Global Issues*. New York: Council on Foreign Relations, p. 11.

89) Ray, Paul H., and Sherry Ruth Anderson. 2001. *The Cultural Creatives: How 50 Million People
　Are Changing the World*. New York: Broadway Books, p. 11.

90) Kull, Steven. 2010. 'Listening to the Voice of Humanity'. *Kosmos Journal*, Spring-Summer: 26–29, p.
　27.

ていないという意見であった。別の調査においては、調査された19カ国のうち15カ国の多数——国際的に平均すると60%——の人が、自国の政府が気候変動との闘いをより優先的に扱うべきであると考えていた。温室効果をもたらす炭酸ガス排出量を減らすために個人的なライフスタイルを変えることが必要かどうかとの質問に対して、21カ国にわたって調査を受けた人の平均83%は必要があることに同意した[91]。「全ての核兵器の廃絶のための国際協定」の構想の中に全ての国の遵守を確保するための監視措置を明確に組み込むことについても強い支持があった。国連安全保障理事会の五つの核保有国の大多数を含め、この考えに同意する21カ国で調査を受けた人々のうち76%がこの考えに同意した[92]。20カ国において行われた別の調査は人権の重大な侵害または大量殺戮から市民を守るために国連安全保障理事会は軍事的手段を使用する責任があるかどうかとの質問をした。全体の平均61%がイエスと答え、わずか21%が反対であった。加えて、22カ国の回答者の国際平均の66%が、国連によって訓練され、かつ国連の命令の下に動く常設国連平和部隊を設置することを求めていた[93]。

別の調査結果も国連の民主化への支持を示した。例えば2005年には、国連総会への自国の正式な代表は国民の選挙によって選ばれるべきかどうかとの質問が行われた。調査された全19カ国で、多数が賛成と回答しており、多数派の平均は74%であった。世論調査員はまた、「現在の総会と等しい権限を持ち、直接選挙で市民によって選ばれた代表からなる新しい国連議会を創設する構想」についての世論調査を行った。この構想は調査が実施された国18カ国全てにおいて、過半数の支持を得ている。平均すると支持は63%、不支持は20%であった[94]。より最近の8カ国にわたる調査では、平均85%が国連を改革する必要があると確信していること、そして71%がグローバルなリスクに対処するため「強制力を持つグローバルな決定を行うために」新しい超国家的組織が創設されるべきであると考えていた[95]。

---

91) Council on Foreign Relations. 2011. 'Chapter 5a: World Opinion on the Environment'. In: *Public Opinion on Global Issues*. New York: Council on Foreign Relations, pp. 6f.

92) Global Zero. 9 December 2008. 'Launch Press Release' (www.globalzero.org).

93) Council on Foreign Relations. 2012. 'Chapter 3: World Opinion on Violent Conflict'. In: *Public Opinion on Global Issues*. New York: Council on Foreign Relations, p. 2.

94) Id. 'Chapter 2: World Opinion on International Institutions'. In: ibid., pp. 6f.

95) Global Challenges Foundation. 2017. *Attitudes to global risks and governance*. Carried out by ComRes in Australia, Brazil, China, Germany, India, South Africa, the United Kingdom and the United States.

グローバルな歴史と世界市民権のための教育

　惑星地球的視点は、歴史の著作にも影響を及ぼしてきた。歴史家は学術文献や、調査研究、そして教育に生じているグローバルな歴史の紛れもないブームについて語っている。ベルリンで教えている歴史研究者であるセバスチャン・コンラッド Sebastian Conrad はこの新しいアプローチの紹介をする中で、「国際的なプロセスや交流関係ばかりでなくグローバルな関係の枠組みの中の比較研究」がその中心にあると書いている。「出発点は常に世界中の相互関連性であり、中でも物事、人間、考え方や組織の循環と交換がこのアプローチの最も重要なテーマである」と彼は説明している。グローバルな歴史はアーノルド・トインビー Arnold Toynbee あるいは H・G・ウェルズ H. G. Wells の伝統を受け継ぐ世界中の歴史を意味すると言えるが、「最も興味深い問題はグローバルなプロセスとその局地的な表れが相互に関連するところで度々生じることである」。コンラッドによれば、グローバルな歴史は三つの「理念的形態（ideal-typical forms）」に区分できる。即ち、グローバルな視野に基づく世界つまり全世界の歴史、グローバルな相互依存の歴史、そしてグローバルな統合の歴史である[96]。グローバルな歴史は国民国家の枠組みに基づく学問分野の従前の固定化からの決定的な離脱とそして同時に全ての欧州中心主義を放棄する試みでもある。「ヨーロッパによる圧倒的な世界支配が終わり、大陸間の連携が急速に進む新時代に、ヨーロッパに起源を持つ近代性に関する観念のもたらす現実的な恩恵と普遍的で規範的な正当性に関する疑問が大きくなっていく中で、歴史学もまたグローバルな文脈において見られる全ての問題を視野に置かなければならない抵抗しがたい必要性に面している」とコンスタンツ大学の歴史教授で、グローバルな歴史の先駆者で、第一人者のユルゲン・オステルハメル Jürgen Osterhammel は書いている。グローバルな歴史もまた、ここでは、政治的な取り組みとして理解されていることも極めて明らかである。彼はまた「今は、**コスモポリタン的課題を持つ歴史**が、国家の歴史的なアイデンティティを構築し、国家的価値観を教える役割を自らの使命とする歴史と共に進んでいく時代であり、そしてそれはその役割をヨーロッパの歴史的アイデンティティを強化することにあると理解する時代なのである」と書いている。彼は 2012 年から、ハーバード大学の教授であった入江昭と共に、新しい 6 巻からなる『世界の歴

---

96) Conrad, Sebastian. 2013. *Globalgeschichte. Eine Einführung*. München: C.H. Beck, pp. 9f.

史』の著作に取り掛かっている[97]。セバスチャン・コンラッド Sebastian Conrad は、グローバルな歴史は「普通はコスモポリタン的精神で書かれている」と述べている。それは「束縛から解放する潜在力を持つ政治的な取り組み」であり、「国境を超えるコミュニケーションと相互交流の可能性を開くグローバル意識に向かう道程の一歩である。ちょうど 19 世紀に行われた歴史の研究が国家的なテーマを作ることを目的とされたように、グローバルな視点は、今日の世界の市民として自分を理解するための前提条件である」[98]とコンラッドは述べている。

　学問分野の範囲内で認知された学派としてのグローバルな歴史の誕生はグローバルアイデンティティの形成の重要な基盤を創造することそしてグローバル国家の形成のプロセスを補うことに役立っている。当初は国家的なテーマを構築しなければならなかった 19 世紀の国家の歴史の著作とは異なり、人間の歴史はそのテーマ——人類——を用意し待機している。更には、人新生の時代にあっては人類が正に「**運命共同体 Schicksalsgemeinschaft**」即ち人類が**共通の運命を共有している**ことは明らかである。というのは、今後の世代を含め全ての人々の幸福——正におそらくは人類文明の存続——は世界的制度とグローバルな共通公共財、そしてグローバルな、実在するリスクの管理の成否に本質的にかかっているからである。

　学校においては、特に、グローバルな歴史的アプローチあるいはグローバルな視点に基づく著作をより多く活用する可能性がかなり高い。国連は現在、グローバルな市民権の概念を学校の履修科目に取り入れるよう積極的に促している。2012 年国連事務総長潘基文 Ban Ki-moon によって設定された「グローバル教育を第一に」のイニシアティブの中で、学校でグローバルな市民権を涵養することが、学習の一般的な質を向上することと地球上の全ての子供達が学校教育を受けられるようにすることと並んで、三つのグローバル優先事項の一つとなっている。ユネスコの教育プログラムにおいては、戦略的目標の一つは、国が「グローバル市民権教育」を国家の教育制度に組み込むことを支援することである。ユネスコは「グローバル市民権教育は人権、社会正義、多様性、ジェンダーの平等、環境的維持可能性に基づいてそれらを尊重する心を植え付け、学習者が責任あるグローバル市民となるようにする、価値と知識と技能を

---

97) Osterhammel, Jürgen. 2003. *Geschichtswissenschaft jenseits des Nationalstaats.* 2nd ed. Göttingen: Vandenhoeck & Ruprecht, pp. 47, 9.

98) Conrad, loc. cit., p. 26.

全ての年齢の学習者に授ける」と主張している [99]。

現代の創造の物語としての「ビッグ・ヒストリー」

　人類をその宇宙論的な文脈の中で理解することは、人間の歴史について地球的な視点を持つことを意味することにもなる。人の眼差しは単に宇宙から地球に向けられるばかりでなく、地球から宇宙にも向けられる。ハッブル宇宙望遠鏡から見える壮大な映像を見ると、地球上の生命と地球そのものの存在について考えることが促される。こうして、カール・セーガン Carl Sagan、アイザック・アシモフ Isaac Asimov、スティーブン・ホーキング Stephen Hawking のような有名な著作家の伝統の流れの中で、グローバルな歴史は、歴史家デビット・クリスチャン David Christian や生化学者のフレッド・スピア Fred Spier が「ビッグ・ヒストリー」と呼ぶものの一部となった。この新しい学際的な分野が対象とする時間的な範囲は約 138 億年前のビッグバンから今日にまで及んでいる。人類の家である「宇宙船地球号」は天の川と呼ばれる銀河系を構成する 4000 億個の星のうちの一つを周回している小さな惑星である。天の川はと言えば、我々が今知っていると思っている宇宙を構成する多分 2000 億個の銀河系の中のたったの一つに過ぎない。我々の太陽系に最も近い太陽系でアンドロメダ銀河のケンタウルス座アルファ星は 4.3 光年即ち 40 兆キロメートル超離れている。その間は何もない空間で、宇宙放射線が走っている。これらの宇宙の距離を見ると、今のところほんのわずかな人類でも、地球上を除いてどこか他のところに住むようなことはありそうもない。スピアによれば、宇宙の歴史における共通の特徴は、エントロピーが増えていく状況の下で無機物質、生命、人間の文化の世界の自己制御の諸々のシステムの中での「複雑さの出現と減退」である [100]。

　スピアは「ビッグ・ヒストリー」の視点は「もう一つ別のアイデンティティ、即ち我々全員は単一の、むしろ例外的な動物種、宇宙の中のどこかむしろ例外的な惑星に出現した動物種に属するという考え方、我々の最も近い従兄弟達が霊長類で、我々は実は全ての生命体と関係があって、更に宇宙の観点から見れば、我々の遠い従弟達は岩や水や星でさえあるという考え方を促すかもしれない。なぜなら、もし現在のビッグ・ヒストリーの説明がある程度正確な過去に

---

99) UNESCO. 28 May 2015. 'Global Citizenship Education' (www.unesco.org).
100) Spier, Fred. 2011. *Big History and the Future of Humanity*. Malden, MA: Wiley-Blackwell, pp. 24ff.

422　第二部　21 世紀の統治と民主主義

ついての全体の見方をもたらしているとすれば、あらゆるものが、ビッグバンの直後に出現したちっぽけなかけらの『火の粉』に由来するものであったであろうからである」と書いている [101]。「ビッグ・ヒストリー」は全ての存在の起源を説明している。厳密な科学的根拠に基づいた地球上の生命のこの宇宙論的な世界観はかくして我々が一体的な意識を持つに至ることを支え、地球的アイデンティティの重要な基準の枠組みを創造する。

　「ビッグ・ヒストリー」の分野における主導的な思索家の一人に米国の歴史家デビッド・クリスチャン David Christian がいる。2004 年からの彼の著作『時間の地図』の初めの部分で、彼は全ての人間の共同体は色々な方法で存在の起源の疑問に答えようと試みていることを認めている。創造の物語は人々が自分達の存在を全体との関連の中で理解し、存在に意味を与え、全人類の中の帰属感を発展させるのに役立ってきた。現代世界では、しかしながら、これまでにない程より多くの情報と知識があるかもしれないが、それはただ関連性のない断片として存在するに過ぎず、世界の物語との関連の中で存在しているものではないとクリスチャンは嘆いている。「ビッグ・ヒストリー」はこれらの断片をまとめて、「現代の創造神話」にする試みである [102]。仮に「ビッグ・ヒストリー」が宇宙における我々の存在の意味のような大きな問題と取り組んだならば、歴史は産業が生まれる前の社会において伝統的な創造神話がなしてきたのと同じ重要な役割を現代の産業化社会においても果たすはずであるとクリスチャンは確信している [103]。

近代性プロジェクトの継続

　ジャン＝フランソア・リオタール Jean-François Lyotard のようなポスト・モダニズムの提唱者達にとっては、人々が進歩、啓蒙、社会主義のような包括的な指導理念を最早信じることができなくなっていることが我々の時代の特徴である。2007 年までに、グローバルな金融危機の始まりと共に、市場原理主義的新自由主義——「現に存続している社会主義」の崩壊後もまだ残っている一つの「壮大な物語」となる可能性のあるもの——が正当性を失った。ドイツの哲学者でリオタール研究の専門家であるヴォルフガング・ヴェルシュ Wolf-

---

101）Ibid., p. 139.
102）Christian, David. 2011. *Maps of Time: An Introduction to Big History*. Berkeley: Univ. of California Press, p. 2.
103）Id. 1991. 'The Case for "Big History"'. *Journal of World History* (2)2: 223–38, p. 227.

gang Welsch が強調するように、ポスト・モダニズムの思考は**普遍的な**妥当性と正統性を主張することが可能な物語は最早、いずれにしてもあり得ないという確信に満ちている。ポスト・モダニズムのこの解釈は普遍性のあらゆる概念を捨て去り、個別の詳細に焦点を合わせている。「これが言ってみれば、今や我々の、物語を超越する物語だ」とヴェルシュは書いている [104]。

　ポスト・モダニズム思考はあたかも、それ自体一つの超−物語の提案である——その意図に反してではあるが。その中心的な考えは最早いかなる普遍的な中心となる思想も存在し得ないし、存在すべきでもないということである。ポスト・モダニストの物語を用意しようとする試みは皮肉にも失敗したし、終わったと見なされるべきである。自己についての感覚の共有と共通の指向がなくては、世界文明は長くは存続し得ないであろう。たとえポスト・モダンの思想をもってしても、もし、我々が人類について全てを単に諦める用意がないとするならば、人新生の時代における人類の存続の前提条件としてのグローバルな統治形態の必要性とその必要条件に真剣な考慮を払わざるを得ない。ヴェルシュは、近代性の擁護者もポスト・モダニズムの提唱者も「共に近代性の病理を解明して修復」したいと思っていることを強調している [105]。しかし、リオタール風のポスト・モダニズムの思考はグローバルな問題に解決策を示すことはできない。事実上、それは社会科学者のデビット・ハーヴェイ David Harvey が彼の著作『ポスト・モダニティの条件』においてその状況をまとめているようにグローバルなアプローチを本質的に除外している [106]。ポスト・モダニストの観点からは、問題は、ヴェルシュが示しているように、「全体性は一つの特殊性を一つの絶対的存在に作り変える場合にのみ生じ得る」という事実にあるが、「それは必然的に他の諸々の特殊性を抑圧することに結びつくのである」[107]。例えば、国家主義の枠内で特殊性を全体化することとその結果として生じる国際法の粉砕とグローバルな統治の粉砕は、近代性の典型的な特徴である。それはコスモポリタン的視点を共有する可能性を排除するので、リオタールのポスト・モダニズムの思考はこの状態を克服せず、更にその状態を固定化してしまう。しかし、なぜ全体的な視点——全体意識の意味合いにおいて——は、同時に、特殊なものを受け入れる余地を認めることができないのであろうか？

---

104) Welsch, Wolfgang. 2008. *Unsere postmoderne Moderne*. Berlin: Akademie Verl., pp. 172f.
105) Ibid., p. 165.
106) Harvey, David. 1990. *The Condition of Postmodernity*. Malden, MA: Blackwell, p. 52.
107) Welsch, loc. cit., p. 181.

カール゠オットー・アーペル Karl-Otto Apel が指摘しているように、リオタールの見解では「解放の普遍的な物語」のみならず、「将来現実となるはずの歴史の唯一の主題としての人類」という観念も行き詰まってしまっている。リオタールにとっては、その理由は「近代（フランス革命とスターリニズムの国家主義から資本主義経済制度内部の権力闘争まで）におけるコスモポリタン的連帯の失敗」にある[108]。民主主義や人権という啓蒙運動の中心的な問題に関しては、超 − 物語 meta-narrative の目的についてのポスト・モダニスト理論の経験による根拠は大いに疑問である。民主主義の拡大と世界中の人権の確立は自由への熱望が今でも損なわれていないことを示している。高まり行くグローバルな共感と地球的な視点へ向かう趨勢はコスモポリタン的連帯感の礎となりつつある。アーペルは 20 年以上も前に、「歴史は決まった道を歩む」という決定論的な仮説は時代遅れではあるけれども、対照的に、「人類の歴史のコスモポリタン的統一という意味合いでの進歩」への信仰は、「いつでも求められ、想起され、そしてどんな挫折に対しても立ち直るための目標であり続けなければならないが、それはこれまでより時宜に適った問題であり、そして、より急務となっている」[109] と指摘している。

　我々の時代の特徴は、惑星レベルに焦点を合わせてはいるものの、解放という現代のプロジェクトの失敗ではなく**継続**である。ポスト・モダニティの考えに断固反対しているユルゲン・ハーバーマス Jürgen Habermas の主張によれば、近代性 modernity は「未完のプロジェクト」と理解されるべきであり、今やこのプロジェクトは「ポスト国家集団化 post-national constellation」の中での「急進化された啓蒙運動」という旗印の下に、「民主的な社会の自己管理の新たな形態を発展させる」ために継続されなければならない[110]。ハーバーマスは、必要な「世界市民社会の憲法」に関する彼の考察について頻繁かつ詳細に書いているが、それには国家と世界の一般市民の代表から構成される世界議会が含まれている[111]。画期的な変化について語ることが必要と考えるならば、ウルリッヒ・ベック Ulrich Beck の**第二のモダニティ**への転換の概念が最も説得力のあるアプローチである。ここでは、国民国家に関連する組織と制度の衰退と現代の産業社会によって引き起こされるリスクと副作用に焦点が当てられ

108）Apel, loc. cit., pp. 396f. with reference to 'Discussion entre Jean-François Lyotard et Richard Rorty'. *Critique* 456: 559–85（May 1985）.

109）Apel, loc., cit., pp. 410f.

110）Habermas, Jürgen. 1998. *Die postnationale Konstellation*. Frankfurt: Suhrkamp, p. 134.

111）近年の例は以下を参照。Habermas, Jürgen. 2011. *Zur Verfassung Europas*. Berlin: Suhrkamp, pp. 85ff.

ている。それにもかかわらず、崩壊しつつあるものについての疑問は「次に現れるもの——もう一つの、非直線的なコスモポリタン的課題のあるグローバルな現代性の、表れつつある輪郭、諸原則、そして諸好機の真の意義——によって直ちに反論される」[112] とベックは主張している。また地球的な**近代性への転換**についても語ることもできるであろう。

　哲学者ペーター・スローターダイク Peter Sloterdijk は「旧来の形態の壮大な物語の粗末さは偉大過ぎたことにあるのでは決してなく、**偉大さが足りなかった**」ということにあるとの考えを示している（強調は著者による）。もしこれまで知られている壮大な物語が「世界の複雑さについて影響力を取り去ろうとする不適切な企図として見透かされていたならば、この重要な認識は、それは過ぎ去った事物についての物語の正当性を否定するものでもなく、その捉えどころのない全体の中から理解できる詳細な部分に強い光を当てようとする懸命な努力を免れさせるものでもない」と彼は付言している。従って、「壮大な物語の終わりについて語ることはその物語の耐えがたい単純化が壮大な物語の許されざる単純化を拒否することに最早甘んじてはいないとなるや否や、その的を外すこととなる」[113]。我々にとって「十分には、壮大ではない」というのは、十分に自己を反映しておらず、十分に網羅的なものでもないことを意味する。これは、ユートピア思想の発展を思い出させる。

　国家の理想的形態と理想的社会に関する考察は紀元前 370 年頃のプラトン Plato の『国家』を始めとして、一つの文学上のジャンルとなっている。ユートピア思想は 1516 年にトマス・モア Thomas More が書いた小説『ユートピア』に因んで名付けられているが、この本が近代のユートピア思想の基盤を作った。仮に、ユートピア文学が最初に、モアの本にあるような国家の静的、記述的なモデルを特徴としていたならば、今や、それはより現代の課題を反映する物語を生み出していただろう。アーシュラ・K・ル＝グウィン Urshula K. LeGuin の 1974 年のユートピア小説『所有せざる人々』においては、例えば、概念自体の条件や問題が論じられ、批判的に分析されている。

　必要とされているのは完結した物語ではなく、あらゆるものを内に取り込む性質のもので、統合的で、活気に満ちたアプローチである。着実で、一定のペースで更に発展を目指しながら、自分自身の限界を知り、自身にも批判的な

---

112) Beck, Ulrich, Anthony Giddens, and Scott Lash. 1996. *Reflexive Modernisierung. Eine Kontroverse.* Frankfurt am Main: Suhrkamp, p. 19.

113) Sloterdijk, Peter. 2013. *In the World Interior of Capital: Towards a Philosophical Theory of Globalization.* Transl. by Wieland Hoban. 1st ed. John Wiley & Sons, pp. 5, 4.

立場をとることが新しい普遍的な正当性を求める偉大な物語の重要な特徴である。静的で、最終的な知恵といった類のものではあり得ないということが明白である。今では有名になっている自由についての 1958 年の講演で、ロシア人で英国の哲学者アイザイア・バーリン Isaiah Berlin（1909 ～ 1997）は完結した世界観に伴う問題点を示した。「他の何物にも増して、一つの信念が偉大な歴史的理想——正義、進歩、未来の世代の幸福、または神聖な使命、国家、民族、階級の解放あるいはその神聖な使命または自由そのものさえ含めこれらのために、人々の殺戮に責任を有しているが、それはある社会の自由のために個人の犠牲を要求する。これは、過去か、未来か、神の啓発の中にあるか、または一人の思想家の心の中にあるか、歴史的または科学的宣言の中、あるいは無垢な善人の素直な心の中か、その中のどこかに最終的な解決があるという信念である」とバーリンは述べている [114]。

　新しい「壮大な物語」は人類の歴史そのもの、地球の誕生からその終末までの「ビッグ・ヒストリー」に刻み込まれているグローバルな歴史の物語であるが、その終末は 10 億年を経て太陽放射の増加による我々の惑星に存在する生命の終わりを意味するだろう。それは人類が徐々に自分自身やその行いをより深く認識するようになる物語である。それは地球上の他の生命と調和して、全ての人々の平和的な福祉と平和的な共存を確保する惑星地球の民主主義の発展の物語である。それは排他性と結論の正しさを主張する以前の物語の欠陥から引き出される超‐物語であり、アイザイア・バーリンの精神においては、それは完結しているのではなく、自己批判と自己反省の光の中で、常に変化し続け、そして発展し続けている。「我々はたとえ、自分達の試みが決してうまく行くことはあり得ないことが確かであっても、我々の宇宙を理解するよう努力する必要がある」と歴史家のデビッド・クリスチャン David Christian が「ビッグ・ヒストリー」の基本的なアプローチを要約している。彼は、人間が目的と方向の感覚を与える物語をどんなに絶え間なく求めているか指摘している。我々は従って、世界の啓発された普遍的な姿を示すことを恐れてはならない。「現代の創造神話が丹念な努力の後に引き出されて首尾一貫した物語になる時にのみ、次のステップ、首尾一貫した物語を批判し、それを破壊し、そしておそらく改善すること——へ進むことが真に可能となるのである。歴史においては、建設は建築作業と同様、解体に先立たなければならない」 [115]。

---

114) Berlin, Isaiah. 1969. *Four Essays on Liberty*. Oxford University Press, p. 167.
115) Christian, loc. cit., pp. 10f.

新たなグローバルな啓蒙運動

　社会的な組織に関しては、新しい「壮大な物語」は人類の社会政治的なまた精神的な進化の過程にわたって、民主主義の発展と解放を中心軸として回転する。常に政治についての意見の相違とそれに伴う分配上の紛争に関する意見の相違があるであろう。意思決定を行う方法としての民主主義は常に向上し続けていなければならない。惑星地球的近代性の下では、世界議会は統治の形態として、新しい民主制を維持し、向上させるための重要な組織である。同時に、それは新しいグローバルな啓蒙運動の焦点であり、それは不確実性と方向感覚喪失の時代に続いて、第三の民主主義の変容と共に歩むのである。新しいグローバルな啓蒙は、公式的な宣言を必要としない。人類の認識と倫理的発展の進展そして地球的な意識の拡大に連れて、それは既に生じつつあるのである。世界の多くの人々が地球上での命と人類自身の未来を確保するためには人類の行為に責任を負わなければならないと理解するようになった。エドワード・O・ウィルソン Edward O. Wilson が論じたように、この認識が「新しい啓蒙運動」を構成する重要な要素である [116]。惑星地球的近代性の初期段階の危機は、人類の集団としてこの責任に対応して生きることができなかったことによって引き起こされたのである。新しいグローバルな啓蒙の背後にあるインスピレーションと意欲は、惑星地球上の民主主義の構築により、これを変え、人類をその市民権が剥奪された状態から解放するはずである。

116）Wilson, loc. cit., p. 294.

第三部

将来展望

世界民主制の設計図とその実現

民主的な世界議会の設立は当初から現実的な政治的プロジェクトと見なされていた。18世紀末と19世紀半ば、その最も重要な初期の提唱者は哲学者ではなくてアナカルシス・クローツ Anacharsis Cloots のような革命家とコンスタンタン・ペキュール Constantin Pecqueur のような社会改革者であった。厳密かつコスモポリタンなアプローチで普遍的な平等と人民主権の原則を最初に詳しく述べたのは彼らであった。彼らは世界議会を、グローバルな統合のプロセスと人類の民主的な自己実現の到達点でありかつ成果でもあると見なしていた。この視点は世界議会の構想と分かちがたく結びついている。

　政府間の国際法からコスモポリタン的世界法への移行が急を要することとなってきた。立法権限のある直接選挙で選出される世界議会はできるだけ速やかに達成されなければならない。政治的統合のプロジェクトが世界的協力の対象にならなければならない。グローバル統治はそのままの姿で、即ち急速に進むグローバルな国家の形成のプロセスの一部として認識されなければならない。しかしながら世界民主主義の実際的な実現、かつ国際連合の根本的な再建——または国連を新しい世界組織へ代えること——は、過度に性急かつ危険性の高い実験の対象としては適していない。世界議会の設置のための突然かつ根本的な政治的社会的な状況の改善は全く可能性がないとは言えないが、当面は、プロセスは漸進的で徐々に進むものと考える方がよいだろう。そうであれば、現在の一般的な状態の下では、世界議会は未だ遠い目標であるかもしれないが、そのプロセスを実際に開始するための現実的な一歩を踏み出すことは、これまで長い間可能であったし、実際それはむしろ遅過ぎている。**議員総会**は現在進みつつある民主的な超国家的共同体（代表制なきところに統合なし）の形成のための手段を提供しつつ、グローバルな合意形成を達成するプロセスを伴うべきである。新たなグローバルな啓蒙プロジェクトの精神に則って、議員総会はグローバルな市民社会と民主的な世界の公的分野の発展を支えるであろう。

　同じ基本的な問題点が常に議論の対象とされてきた。議員総会の議員はどのように選ばれるべきか？　民主的な選挙がまだ可能でない国があることについてどう対処するべきか？　議席はどのように割り当てられるべきか？　どのような権限を世界議会は持つべきか？

　これらの疑問や他の疑問に応えることに加えて、世界議会を段階的に実現していく時間的なプロセスの全体像を描くことが重要であろう。欧州統合のプロセスにおける欧州議会の歴史的発展の中に、その基礎として役に立つ教訓的な実例がある。

第26章

世界議会の設立

欧州議会の例

　欧州議会 European Parliament は 1952 年に成立した欧州石炭鉄鋼共同体
European Coal and Steel Community（ECSC）の共同総会 Common Assembly
から生まれた。発足時から、共同総会は単なる諮問機関以上のものであった。
ECSC 条約に基づいて、共同総会は共同体の執行機関である最高機関 High
Authority に対する監督権を行使した。また ECSC 条約によれば、共同総会の
議員は各加盟国の議会により選出された者とするか、または加盟国の直接選挙
で選出された者とするかを決めることは各加盟国に委ねられていた。しかしな
がら、実際には直接選挙による選択をした国はなかった。そこで総会は初めは
ECSC を創設した 6 カ国の国会から派遣された 78 名の議員で構成された。議員
は出身国毎ではなくて国籍を超えて政治的なグループを作った。彼らは最高機
関（執行機関）の責任の諸分野に対応する委員会を設けた。総会は最高機関か
ら提出される年次財政報告の審議を行い、そして 3 分の 2 の多数決で、最高機
関を辞めさせる権限を持っていた。

　1957 年のローマ条約により、欧州経済共同体 European Economic Commu-
nity（EEC）と欧州原子力共同体 European Atomic Energy Community（Eura-
tom）が ECSC と並んで独立の組織として設立された。議員総会は 3 共同体全
てに関わるものとなることが想定されていた。関連する諸条約に関する交渉の
過程で、三部構造を避けるために、共同総会は 3 共同体全体のための一つの組
織に変容された。議員の直接選挙の選択肢を規定した条項は削除された。しか
しながら、欧州経済共同体 EEC 条約は総会が全ての加盟国の共通の手続きに
従って直接選挙を行うことを提案する条項を含んでいた。総会は当時 142 名の
議員で構成され、総会自体を欧州議会 European Parliament と称した。この新
たな配置の第一回の会合は 1958 年に開催された。1967 年に発効した合併条約
Merger Treaty は残りの全ての共同体の機関を結合する作業を完了した。1975

431

年以降、欧州議会は共同体の予算について共同決定を行う権限を得た。欧州諸共同体の実際的な権限が大きくなるに連れ、欧州レベルにおける民主的正当性をもっと強化する必要も増していった。共通の手続き原則はないままではあったが、直接選挙の導入についての合意が遂に 1976 年に成立した。そしてこの合意は加盟国により正式に承認された。1979 年以降、欧州議会の議員は直接選挙で選ばれている。このように政治的に強化された欧州議会は 1980 年に初めて欧州委員会 European Commission の提案した予算を否決した。

　1980 年代の初めには、欧州の諸機関の意志決定は全会一致によるとされていたために複雑な問題では動きがとれなくなっていた。当時その加盟 12 カ国のいずれの政府であれ、どんな決定をも阻止することができるということは度々何の決定もできないということを意味していた。この状況に対応して、1984 年に欧州議会はアルティエロ・スピネリ Artiero Spinelli のリーダーシップで多数決原則に基づく真の立法府を有する連邦制欧州連合の憲章原案を作成した。このイニシアティブは共同体の制度的改革を推進する各国政府の支持を獲得することに役立った。単一欧州議定書（1985）から始まり、マーストリヒト（1992）、アムステルダム（1997）、そしてニース（2000）を経て、2007 年のリスボン条約による独立の法人としての欧州連合の設立に至るまでの欧州条約のその後の発展をここで詳しく述べる必要はない。決定的な点は、欧州議会が、各国の議会議員により構成された ECSC の総会から進化し、直接選挙で選ばれた議員からなる機関として、欧州連合の立法、監督機関となったという点である。閣僚理事会 Council of Ministers と共に欧州議会は欧州連合の予算について決定し、かつほとんどの政策分野で**未だ**発議権はないものの、閣僚理事会と対等な立場で法律を制定する。欧州議会は欧州統合が進むに連れ欧州の全般的状況に各国の議会を上回る影響力を及ぼす権力の中枢へと発展していった。

　この欧州の経験はグローバルな議会組織の発展にとって組織上の枠組みと可能な発展段階に関していくつかの教訓を示している。その教訓は、枠組みに関しては、1. グローバルな議会組織の権限（どの政府間の組織、機関と制度的に関連づけられるか、そしてどの政策分野に関して機関毎に及ぶか）、2. どのようにグローバルな議会組織の権限は行使されるか、3. どのようにグローバル議会組織の議員は選出されるか（各国議会によってか、直接選挙か、それともいずれかを選択することにするか）を含んでいる。一つの目標はあらゆる形態の公的機関とグローバルなレベルの公共政策の決定が民主的な説明責任を負うこと、そしてまた適当な場合にはグローバルな議会による共通意志決定にも従わねばならないことである。

432　第三部　将来展望——世界民主制の設計図とその実現

国連議員総会 UNPA の提案

　国連議員総会 UNPA の構想が最初に提案された時に、国連議員総会は上記の三つの側面に関して最低限を満たすのみで始めることが可能であるとの意見が一般的であった。UNPA は国連憲章第 22 条に基づく国連総会の補助的な機関として国連総会の決議で設立されることが可能である。これは全加盟国の 3 分の 2 の承認と安全保障理事会の五つの拒否権保有国全ての承認を必要とする国連憲章の改正——難しい障害——を回避することとなろう。UNPA は国連総会の諸委員会の活動の支援を行う諮問的な議会の機関として想定されており、国連加盟国の国会議員とそして欧州議会のような国際議会組織 international parliamentary institutions（IPIs）の議員達もできる限り含めて構成される。この種の議会のモデルは、もちろん発足時から監督権限を持っていた ECSC の共同議会ではなくて、とりわけ 1990 年に設立され、かつ 1992 年に第一回の正式会合を開いた欧州安全保障協力機構 Organization for Security and Co-operation in Europe OSCE の議員集会 Parliamentary Assembly である。ECSC の共同議会または欧州議会（または欧州理事会 Council of Europe の議員集会）をモデルとすることに対しては潜在的な反対があったが、それは、これらがその性格上地域的機関に過ぎず、具体的に言えば欧州だけの機関であり従って本質的に世界的なあるいは国連の機関に簡単に適用することはできないからである。しかしながら、OSCE は北半球の全部をカバーし、国連安全保障理事会の五つの常任理事国のうち 4 カ国（中国を除く）を含む 55 の加盟国と 12 の提携国を擁している。OSCE の議員集会の 320 人の議員は OSCE 加盟国全ての国会議員を含む。OSCE 議員集会の役割は OSCE 地域の安全保障と民主制の発展に貢献することである。それは、決議、および勧告を行うと共に、特にその選挙の監視活動が認められている。

　欧州議会のように、国連議員総会の議員は出身国別に組織されるべきではなく、共通の政治的指向を中心に構成される**国際的なグループ**で組織されるべきである。十中八九、保守グループ、社会主義グループ、自由主義グループ、環境派、左派、その他グループが存在することとなろう。現存の国際的な政党連合——保守的な中道民主インターナショナル Centrist Democrat International、社会主義インターナショナル Socialist International、新社会民主的な進歩同盟 Progressive Alliance、自由主義インターナショナル Liberal International、グローバル・グリーン Global Greens のような——が、国連議員総会の場において適切なグループと協力するはずである。今のところ、彼らの政治的影響力は

極めて小さい。しかしこの状況はグローバルな議会機関と関係する政治的グループとの協力を通じて変わるはずである。世界議会への進路は、かくして、**グローバルな政党**の形成を促進することに役立つものとなろう。

権限と責任の拡大

国連議員総会 UNPA 促進国際的キャンペーンの支持者達は、UNPA は先ずそれを設立させ、その後に徐々に発展させていくという考え方を支持している。世界中の国会議員によって署名された UNPA のアピールの中で UNPA は「当初は国会議員によって構成されることができる。UNPA は徐々に、国連と国連システムの諸機関に対して情報、参画、そして管理について真の権利を与えられなければならない。更に進めば、UNPA は直接選挙で選出されることが可能である」と述べられている。UNPA 設立を求める声は比較的慎重で、かつその要求は多くの人達にとって不十分である。例えば、欧州議会は、UNPA はその発足時から情報、監視、そして参加の権限が備えられるべきであると確信している。純粋に助言を行う機能だけでは不十分と見なしている。加えて、参加国は初めからその代表を直接選挙で選ぶ選択肢を有すべきであると今や提案されるようになった。より進歩的な国はその国の議員代表の選出のために直接選挙制を導入することもあるだろうし、後から単にそれに見習う国もあろうし、しばらくは自国の議会を通じた間接的な代表の選出を維持することを好む国もあるだろう。ECSC の議員総会のモデルに習えば、第一段階は例えば世界貿易機関 WTO または国連気候変動会議 UN Climate Change Conference のようなより限られた専門的な権限を持つ組織の中での議員総会の設立もあり得るであろう。

次の段階では UNPA の付託事項と権限の拡大を必要とするであろう。何十とある様々な政府間の組織と各国連計画に対応してそれぞれの議会組織を持つのは、実際的な理由から言って不可能であるから、付託事項を拡大することは少なからず分別のある策と思える。国連制度を構成する組織毎に対応して議員総会を設置する代わりに、国連制度の構造を正確に反映しつつ、UNPA の活動を、各委員会を通じてテーマ毎に焦点を絞って行えば、委員会は全員出席の会合とは対照的に、より柔軟に会議を開催することができよう。その議会は国連制度の組織や計画のための「共通の総会」へと徐々に発展し、かくして国連制度の分裂を防ぐことになろう。各国の議員達と共に、アジェンダ 21 の過程で国連によって定義されたいわゆる「主要グループ」の代表達も委員会の会合

には参加すべきである。これらの「主要グループ」は、先住民、女性、子供と若者、労働者と労働組合、農民、地方公共団体、科学界、ビジネスと産業、そしてNGOである。委員会での審議はかくしてコスモポリタン的会議の性格を持つようになる。

　国連総会UN General Assemblyはそれが保持している権限以上の権限をUNPAに与えることはできない。そのため国連憲章22条に基づく監督権限と共同決定権限の拡大に限界がある。しかし国連総会の権限も過小評価されるべきではない。国連総会はその設置した計画（例えば国連開発計画UNDPや国連環境計画UNEP）や基金（例えば国連児童基金UNICEF）、国連難民高等弁務官事務所UNHCR、そしてそれらを管理する規定に直接的な影響力を及ぼすことが可能である。予算の承認や理事の人選に関与する権利と共に、喚問、召喚、そして説明要求の権利を与えることは確実に可能であろう。原則として、UNPAには国連総会が享受している権限と同じ権限を国連総会から与えられることが可能である。これには、例えば安全保障理事会に対し重大問題について注意を促すことや、国際司法裁判所International Court of Justiceに法的な問題を提出することが含まれる。政策的な関係では、UNPAは、原則的には国連が関係するあらゆる分野に関与することができる。これには、例えば平和維持活動について議会の総合的な監視を行うことや、持続可能な経済と社会への移行についての助言を与えることも含まれる。UNPA促進国際キャンペーンは、UNPAの最も重要な目的は「国際機関とグローバルな統治の現行制度の改革である」[1]と提唱している。そのキャンペーンの主張はUNPAが「国際制度と国際法の一層の発展の政治的な触媒」となることを求めている。ECSC（欧州石炭鉄鋼共同体）の議員総会は既にその設立の年1952年に政治的な連合の設立のための条約の草案作りを課題として与えられていた。

　より明確に区別するために、UNPAの権限が国際通貨基金、世界銀行グループや世界貿易機関へと拡大され次第、UNPAはグローバル議員総会（Global Parliamentary Assembly GPA）と称されることも可能であろう。国際法に基づくGPAの設立は、関連条約の改正手続きを行わずに協力協定により同様に実現されることがおそらく可能であろう。しかしながら、欧州共同体に共通の特定の組織に関するローマ協定のモデルを見習って、結局は関連する現行の協定を全て修正しグローバルな統治に関わる全ての組織に関して広範な権限を

---

1) Campaign for a UN Parliamentary Assembly, November 2007. 'Conclusions regarding policies of the Campaign for a UN Parliamentary Assembly' (en.unpacampaign.org).

第26章　世界議会の設立　435

持つ共通の組織としてGPAを設立する政府間協定を想定することが可能であろう。これは例えば国際通貨基金、世界銀行グループ、世界貿易機関の理事の選任に関与する権限を組み込む方法であろう。GPAは加えて、例えば世界貿易機関、気候変動会議 Climate Change Convention そして軍縮会議 Conference on Disarmament に関して関連の政府間交渉の場にその独自の代表を派遣する権限を持つべきである。GPAはグローバルな規範や標準規格の設定に参加し、そのプロセスに対する民主的な監督を行うこともできるようにすべきである。もし政治的に可能ならば、国連憲章第22条を飛び越えて、この種の政府間協定を使って、議員総会に代え直接にGPAを設立することを想定することも不可能ではない。

　最も重要なステップは、究極的には、世界議会への変更であろう。世界議会という用語を用いれば、議員総会が今やある条件の下、そしてある一定の範囲内で、拘束力のある世界法を可決することができる**グローバルな立法制度**の一部になったことを示すこととなろう。この時点までに、もっと早くとは言わないまでも、そして国際法の詳細かつ無数の変更の――国によっては、その国の憲法の変更も――議論が必要になろう。世界法のシステムを創造するという行為は人類の名において行われることとなるであろうが、それ自体は国際法に基づく行為であろう。世界議会は第三世代（国際連盟、国際連合に次ぐ、訳者注）の世界制度の主要な機関として設立されることになろう。世界議会は世界の平和秩序の主柱として、全ての強制的な措置または平和活動に関する決定に関与し、かつ全面的な核軍縮に向けてのグローバルな査察制度の一部となろう。既に議論が行われつつあり、または遅かれ早かれ政治的な検討課題となる新しい超国家的な機構、例えば世界中央銀行、世界税務機関、グローバル反トラスト機関、グローバル警察、グローバル介入部隊はグローバル・タックスの導入とグローバル・ベーシック・インカム制の導入と共に民主的な正当化と世界議会によって実施される議会的な監視を必要とする。世界議会はグローバルな問題に関する規則、特に環境や金融システムのようなグローバルな共通財の管理のための法的正当性のある、民主的、かつ拘束力のある多数決による決定を行うために不可欠な基盤である。

増大する民主主義の課題

　国連議員総会の多くの支持者は世界議会への歩みにとって重要な前提条件が未だ満たされていないことに同意するであろう。これは民主的な正当性に関連

して、とりわけ国際社会における民主化の水準について当てはまる。欧州共同体の例と一つ重要に異なっていることは全ての国々が疑問の余地のない民主的な憲法を持っている訳ではないこと、または民主主義と呼ぶことが憚られる憲法しか持っていない場合があることである。欧州統合のプロセスには民主制国家のみが含まれていた。しかしながら、「UNPA キャンペーン」は全ての国連加盟国の代表にそのプロセスが開放されるべきであると提唱している。他にどうすれば、UNPA が世界国内政策のための土台としてのグローバルな有効性を主張し、かつ UNPA がグローバルな統治の既存の制度に統合されることができるだろうか？ 欧州の場合とは異なる、参加国の政府の形態を考慮しないグローバルな統合は、例えば世界貿易機関の枠組みの中で既に相当進んでいる。民主的な世界政府と世界議会の目的は、世界中を視野に入れたアプローチを通して行う方が、グローバルな意思決定機関とまだ何ら接点を持たない緩やかに拡大する民主制国家群のみを集めて行うよりも、早く、そして容易に達せられると私達は確信する。しかしながら、民主制諸国とその議員達はいずれにしてもグローバルな議員総会の設立とその一層の発展に決定的な役割を果たさなければならない。この目的のために、議員総会に集まる民主制諸国の議員は超党派のネットワークを組織すべきである。民主制諸国のこのコミュニティとその議会フォーラムはかくしてそのプロセスを支えることをその任務とすることが可能であろう。

　それでもやはり、自由で民主的な選挙がまだ可能でない国、または条件付きでしか可能でない国、そして特に巨大な人口を有する中国も、原則として含まれなければならない。UNPA の設立もこの関連で**民主主義を推進するための一つの手段**として理解されなければならない。多くの民主主義への移行期にある諸国はこれによってそれらの国々の議会における野党の立場を強化するという意味で利益を得ることとなることが期待される。この点で教訓を既存の国際的議会組織 international parliamentary institutions、IPI から学ぶことができる。これらの組織は、議員達の国際的なネットワークとして、学習と説得が行われる「民主主義の学校」と見なされる。政治学者のビート・ハベガー Beat Habegger も社交的に交際することの機能について語っている[2]。世界初の多国籍の議会、即ちオーストリア＝ハンガリー帝国議会 Imperial Council of the Austro-Hungarian Empire は 1918 年まで存続し、そして 8 カ国の議員によって

---

2) Habegger, Beat. 2005. *Parlamentarismus in der internationalen Politik: Europarat, OSZE and Interparlamentarische Union.* 1st ed. Baden-Baden: Nomos, pp. 34, 228.

構成さていたが、この議会は第一次オーストリア共和制の創設者の一人である
カール・レンナー Karl Renner によって「中欧と東南欧州の民主主義国家のた
めの人材補充学校」として、楽観的に見られていた[3]。レンナーは、ついでに
言えば、スイスとオーストリア＝ハンガリーの例に倣って、独立した国家群に
より構成される世界国家を提唱している[4]。いずれにしろ、その社会化の効果
は UNPA を全ての国連加盟国に開放させるための主張の一つである。議員は、
しかしながらどうしても少なくとも彼らの所属する国家の議会から選ばれなけ
ればならない。政府職員は誰も議員総会の議員となることを許されるべきでは
ない。「疑似議会人（pseudo-parliamentalians）」となり得る者は民主主義国家か
ら選出された議員達の積極的な影響と交流と議論による議会文化に晒されるだ
ろう。独裁的な政府がそもそも自国の UNPA 参加を望むかどうかは疑問であ
る。着実に、民主的な規範を遵守する義務が増していくであろう。従って、
UNPA キャンペーンの推進組織は、その UNPA の将来の発展を見据えて、
「UNPA の議員の直接選挙が UNPA に立法権を付与するための前提条件であ
る」[5] と明確に述べている。その選挙は自由、公正、平等、普通、秘密でなけ
ればならない。いくつかの国においては、これは予見できる将来において可能
なことではないだろう。しかし、最初の一歩を踏み出すのを国際社会が十分に
そして成功裡に民主化されるまで待つというのは現実的な選択肢ではない。

議席の配分

　UNPA の議席の配分の方法としてこれまで考えてきた四つのモデルを使用
し、かつ 2015 年のフリーダム・ハウス Freedom House のデータに基づいて、
私達は、おおよそ 800 名の議員総数のうち約 60 ～ 75％が選挙制民主制国から
選ばれるだろうとの結論を下した。更に 68 ～ 76％が自由または部分的に自由
な国から選出されることとなるだろう[6]。第三次の民主化の持続的な進展を考
慮すると、これらの比率は確実に上がっていくであろう。いずれにしろ、民主
的に選ばれる合法的な議員数はこれらの分類を基礎に純粋に予想されるものよ

---

3) 以下より引用。Österreichisches Parlament, *Parlamentskorrespondenz* Nr. 98, 18 Feb. 2002（www.
　parlament.gv.at）.
4) Renner, Karl. 1915. 'Der Krieg und die Wandlungen des nationalen Gedankens'. *Der Kampf* 8:8–23.
　以下も参照。Riehle, Bert. 2009. *Eine neue Ordnung der Welt: föderative Friedenstheorien im
　deutschsprachigen Raum zwischen 1892 und 1932.* V&R unipress, pp. 89ff.
5) Campaign for a UN Parliamentary Assembly, loc. cit.
6) 以下を参照。Bummel, Andreas. 2010. *The composition of a Parliamentary Assembly at the United
　Nations.* 3rd edition. Berlin: Committee for a Democratic UN.

り大きくなるであろう。これは、「非自由国」と分類された国々においても、その事実にもかかわらず議会の野党勢力があり得るからである。世界規模の議会組織の議員の大多数は必然的に独裁的な政府のコントロールの下に置かれるであろうという広く流布されている考えは誤りである。

　一国の中での様々な意見がUNPAの場で発言されるのを確保するために、我々が考えたモデルは、一つの国はその国の人口規模にかかわらず少なくとも二人の議員を出すとの前提を置いている。直接選挙が行えない場合には、各国への議席の配分はその国の議会における政治的な勢力図をできるだけ正確に反映すべきである。となると、極めて小さな国についても、少なくとも支配的多数派を一人が代表し、もう一人が反対派を代表する、合計二人をもって代表とすることが可能であろう。残りの議席は様々な方式、例えば人口規模に比例する方式で割り当てることが可能であろう。この方法で、小国を全く過小評価することを防ぐことが可能であろう。というのは、直接の割当比例方式を前提として全部で800議席とすれば、400万人につき1人の議員を出すことができる人口規模に達しない国が71カ国生じることとなる。しかし、これらの国々の人口を合計すれば9000万人になる。逆に、大きな人口を持つ10カ国は全代議員数の約60％を出すということになる。たとえ全ての800議席が人口割合による直接比率で割り振られたとしても、私達の計算では、58％の議席が選挙制民主制の国の議員に割り振られるであろう。米国の地理学者で世界連邦主義者、そして議員総会の三つの異なる発展段階における詳しい議席の割り振りモデルを作ったジョゼフ・シュワルツバーグ Joseph Schwartzberg の意見によれば、第一段階では、極小国家 microstates には、その極めて小さな人口を考慮すれば、一つの議席だけを配分すれば十分である。

　既存のIPIは直接比例配分方式を採用しておらず、UNPAにもそれは勧められないことだろう。実際に汎アフリカ議会 Pan-African Parliament とラテンアメリカ議会 Latin-American Parliament における各国の議員数は全て同じである。議員数の配分基準として人口を採用している他のIPIがあるが、小国の過小評価と大国の不釣り合いな程の過大な優越性を防ぐために、段階的な調整を施している。ここでも、欧州議会の例は特に参考になる。同議会の議席の配分方法は欧州連合条約では次のように規定されている。「欧州議会は欧州連合の市民の代表により構成されるものとする。代表は数において750人、プラス大統領（つまり751）を超えてはならないものとする。市民の代表参加は累減的に比例するものとし1加盟国当たり最小限度6人とする。どの加盟国も96議席以

第26章　世界議会の設立　439

上は配分されないものとする」[7]。ここでの鍵は「累減的比例制」の原則である。人口が大きければ、1人の議員によって代表される人々の数も大きい。欧州連合条約は数学的な配分式を使用していない。配分の詳細は条約に述べられている原則に則る形で欧州理事会と欧州議会により決定される。第8回欧州議会において、最小の加盟国であるマルタは6議席を得ている。つまり、7万人の住民当たり1人の議員である。その一方、最大の人口を持つドイツは96議席を得ている。つまり、83万3000人の住民当たり1人の議員である。

　この不平等な代表制はドイツにおいては憲法との関連で不満の対象となっていた。連邦憲法裁判所はこの問題について二つの判決を下したが、その中に興味深い意見が示されている。1993年のマーストリヒト条約に関する判決では、ドイツ連邦憲法裁判所は、諸国家からなる共同体においては、「民主的正統性は一国の中でその国の憲法により一律にそして最終的に管理されている国家制度と同じ形で確立されることはできない」[8]と述べている。同裁判所は2009年のリスボン条約に関する判決では、欧州連合の民主的正当性の問題を再び検討して次のように述べている。「統合についての限定的な意志によってそのように設定されている超国家的共同体における人々の代表機関として、その構成に関しては、国家レベルにおける全ての市民の平等な政治的な投票の権利から生じる必要性を満たすこともできないし、その必要もない」[9]。そして更に「成功の平等な機会という民主制の基本的ルールの『一人一票』は人々にのみ適用され、今や欧州連合の市民という立場に特別な重みがあるとは言え、条約によってお互いに結合している人々を代表する超国家的な代表機関の内部では適用されない」[10]と述べている。

　UNPAにおける段階的な議席配分は正当と見なせるし、政治的には絶対必要なことでもある。上記で引用した諸モデルのように、一方の無数の小国家と他方の人口大国中国との間の均衡は図られなければならないが、このような議席の配分は可能である。ドイツ連邦憲法裁判所が指摘したように、欧州議会の中での不平等は「ドイツ連邦共和国がその本質的な政治的重要性について自らの責任と能力を保持する限り受け入れ可能である」[11]。求められる民主的な正統性の程度は超国家的統合の深さに対応する。この観点からすれば、UNPAの中の議席の段階的配分は問題とはなるまい。というのは、UNPAの法的権

---

7) Article 14 para. 2.
8) BVerfG, 2 BvR 2134, 2159/92, 12 October 1993 – Maastricht, no. 93.
9) BVerfG, 2 BvE 2/08, 30 June 2009 – Lisbon, no. 27.
10) Ibid., no. 279.
11) Ibid., no. 246. Cf. also no. 263.

限は欧州議会の権限と概ね同程度に当初限定されることになるであろうからである。これらの権限が世界議会へと進展していく過程で拡大するに連れ、その市民の民主的な代表制の問題は後で確実に重要になっていくだろう。議席の配分は時間がかかるかもしれないが、「一人一票」の世界法の原則に則るようにしていかなければならない。いったん世界議会のレベルに達すれば、世界中で議員の直接選挙のためのほぼ等しい規模の選挙区を作ることに真剣な考慮が払われなければならないであろう。そしてこれは多くの小国にとっては議会への代表権の配分を得ることを意味することになるであろう。これは前述のシュワルツバーグの発展のシナリオの中で取り上げられている考えである。いずれにしろ、これらの国々は国連総会またはこれに代わるべき他の組織において平等の代表権を持ち続けることが可能であろう。他方、世界議会の主要目的は、世界中の人々の民主的な代表制度となることであろう。

第27章

世界法の創設

国際法と世界法の比較

　グローバルな議員総会の最も重要な任務の一つは、世界法の制定制度を詳細にはどのように考えるか、そしてそれをどのように実現していくかという問題に取り組むことであろう。この課題に取り組むに当たっては、既に本書で言及されている数多くの予備的な研究を利用することができよう。ここでは、私達は世界法とグローバルな立法のプロセスのいくつかの特徴を簡潔に概説することのみに止めたい。

　法律学の専門家であるアンジェリカ・エメリッヒ＝フリッシュ Angelika Emmerich-Fritsche は 2007 年から始めた重要な研究の中で世界法の発展史を1200 ページ以上にわたって詳述している。彼女が説明するように世界法の目的は、「諸国家の多岐にわたる利害の調和を図るという目的（実はこれが国際法の存在する所以ではあるが）ではなくて、むしろ人類全体の基礎的なニーズを満たし、利益を確保することである」[1]。世界法の本質と特徴は世界法が国際法と異なる主な点を検討することによって最もよく理解することができる。

- 国際法では、**国家が**最も重要な存在であるのに対し、世界法では、最も重要な存在は**世界市民**としての個人である。世界法は世界市民権という概念にその根源を持つ。個人は、生まれつき、そして直接に権利と義務を与えられる。
- 国際法は原則として国家のみに適用され、かつ国家の法律を経て施行されなければならないが、世界法は原理上**直接に**誰にでも、いかなる場所にでも適用される。

---

1) Emmerich-Fritsche, Angelika. 2007. *Vom Völkerrecht zum Weltrecht*. Berlin: Duncker & Humblot, p. 340.

442　第三部　将来展望——世界民主制の設計図とその実現

- 国際法は政府間の条約に基づいており、その条約は国家が**自らの意志**で批准するか否かを選択することができる。しかし世界法は国家のみならず原理上個人や会社にも**普遍的に適用**される。

- 国際法の中心的な理論的枠組みは**国家の独立**と国家の主権の平等であるが、世界法におけるそれに相当する原理は**グローバルな相互依存**とそして**全ての人々の平等**である。

- 政府間システムの主要な視点は**国家的利益**、または国家の存在理由 Raison d'Etat であるのに対し、世界法ではそれは人類の**地球的な利益**である。イェヘズケル・ドロール Yehezkel Dror はこれにぴったりの用語として「人類の存在理由 Raison d'Humanité」という用語を新しく作っている[2]。

- 政府間条約による国際法における新しいルールの作成は**全員一致の合意原則に基づく**のに対して、世界法は**条件付き多数決による**民主的な決定に基づく。

- 国際法の作成のための政府間交渉と会議においては、それに出席する代表者は一般的には**国家の政府行政部門により指名される**公務員であるが、世界法の決定機関即ち世界議会への代表は**世界の全住民によって民主的に選出される**。原則として、国際法の代表者選出の指針は「**一国一票**」であるが、世界法ではそれは「**一人一票**」である。

- 優先権が**国家の裁量の下にある国際法に対し**、世界法は常に国家の法律と国際法に**優先する**。

- 国際法の原則の下では、国家は外部の法的権限を認めるかどうか、そしてどのような条件で認めるかをその国が**自主的に**決定することができる。世界法の下では、国家の外部にある法的権限に従う**義務がある**。

　世界法は人間一人ひとりの幸福のみならず、同時に全ての種の繁栄とその生息域、即ち地球そのものの幸福にも注意を払う。アンジェリカ・エメリッヒ＝フリッシュが言うように、世界法の基本的な目的は、原則的に国際法の枠組みの中でも達成することが可能である。国際法に基づく協定はそれがもしほとんど全ての国によって承認され、実質的に全世界で適用されることとなれば、その目的のための適切な手段となる。世界立法府の創設はそのような場合には

---

2) Dror, Yehezkel. 1995. *Ist die Erde noch regierbar? Ein Bericht an den Club of Rome.* Transl. by Hans-Jürgen Baron von Koskull. 1st ed. C. Bertelsmann, pp. 116ff.

「絶対に不可欠という訳ではない」[3]。世界法の痕跡は国際法の制度の中に実のところ既に存在している。このことは例えば国連憲章第7章に基づく国連安全保障理事会の決定の拘束力、国連海洋法条約の人類の共同遺産の概念、世界貿易機関WTOの強制的な紛争解決手続き、国際刑事裁判所ICCの個人を訴追できる権限、国家の保護責任の緊急原則に示されているが、これらは国家の主権に制限を課すものである。

しかしながら、各国の政府公務員が人類の利益を正当に定めることができるのか、そして自発的にそうすることができるのかについては疑問の余地がある。国際法の悲劇で既に概説したように、国際法の交渉においては、個々の国の特有の利害の中で最低のレベルで一致し決着する傾向がある。数十年にわたって国際法の制度は、核廃棄とか気候変動のような重要分野において機能不全に陥っている多くの証拠が明らかになっている。更に言えば、国際慣習法の発展はあまりにも遅く役に立っていない。世界の全住民によって民主的に選ばれる議会は、人類共通の利益を継続的に定める適切な仕組みである。立法権限を持つ世界議会への議員を選出する自由で公正な地球的選挙は世界法の十分に発展した制度と世界政府の**民主的**な制度を最も強力かつ象徴的に示すものである。

二院制の世界立法府

そうは言っても、国家は世界の中で最も重要な統治機関で、そして多くの人々にとってそのアイデンティティの重要な拠り所であることには変わりがないだろう。世界連邦の法制度の中で、国家はその統治と意思決定になくてはならない存在である。正にドイツ連邦の各州が連邦に代わり行政責任を実行するように、世界連邦の国民国家も普通に役割を果たす国家組織を持っている限り、世界法の制度の一部の重要な要素の実施を肩代わりすることができる。オトフリード・ヘッフェ Otfried Höffe、ユルゲン・ハーバーマス Jürgen Habermas、そしてヴァーツラフ・ハヴェル Václav Havel が揃って論じたように、第三世代の世界組織の正当化には諸国と世界連邦の全住民の両方を制度的に代表するものを必要とする。

グローバルな立法制度は二院、即ち諸国家の議会（上院）と民主的に選出された世界議会（下院）に基づいたものであるべきである。世界法が成立するためには、この両院の承認を必要とすることが基本的な原則であるべきである。

---

3) Emmerich-Fritsche, loc. cit., p. 458.

立法される事項に応じて、様々な段階の条件付き多数決を必要とすることも可能であろう。上院の投票も検討される事項に応じて特定の条件付き多数決と組み合わすことが可能であろう。例えば、グローバルな粗可処分生産額 GDP についての、または世界全体の炭酸ガス排出量の最少比率の特定には、過半数が必要となるかもしれない。拘束力のある法律制定に関して、両院での単純多数決が適切な立法となるのに今後相当な時間はかかりそうもないであろう。

　加重投票も、小国と大国の不均衡を軽減するために上院には提案されてきている。ジョゼフ・シュワルツバーグ Joseph Schwartzberg は、国連総会用に一つのモデルを創案している。というのは「国連が現実のグローバルな勢力分布を現実的に反映した加重投票の制度を採用するまでは、国連制度の中で最も代表的な機関である総会に、拘束力のある決定を行う権限をも喜んで与えることはいかなる主要大国も認めそうもないと思える」からである[4]。しかしながら、受け入れることができるバランスが世界議会の中で確保される場合には、上院における強い加重投票は最早不必要になるだろう。上院は、代わりに小国の利益に正当な重み付けを与えることを確保する場所ともなるであろう。

　グローバルな法律の制定と有権者の間のフィードバックを可能にするための追加的な手段としても、各国の議会がこのプロセスに関与すべきである。法律制定のグローバルなシステムの有効性を確保するために、グローバルな法律は常に各国の議会の特定の多数の批准を得なければならないという条件が課されてはならない。しかしながら、上院と下院の決定は一定時間内に一定数の各国議会からの反対がなかった場合にのみ発効するとするべきである。これは 1905 年に既に米国の議員達によって行われた提案と一致する[5]。欧州連合 EU の法律制定過程におけるように、少なくとも次の二つのタイプのグローバルな立法が想定されるべきである。即ち、第一は、枠組み法であるが、それは各国の議会によって一定期間内に詳細に具体化され、その国の法律に移行されなければならない。第二は、直接、かつ直ちに適用される法である。

世界憲法裁判所

　世界法は上位の憲法とその下位に位置する法律に基づいている。普遍的な基

---

4) Schwartzberg, Joseph. 2013. *Transforming the United Nations System. Designs for a Workable World.* Tokyo, New York, Paris: United Nations University Press, p. 17.

5) Lange, Christian (ed.). 1911. 'Un Congrès International, Conférence de Bruxelles, 1905'. In: *Union interparlementaire: Résolutions des Conférences et Décisions principales du Conseil*, 2nd ed., 93–94. Brussels: Misch & Thron, see point 8.

本的人権は世界憲法の中に正式に明記されるべきである。世界立法府の決定と
グローバルな政府の諸機関の行為が人権と権限の法的区分と合致しているかど
うかは原則的には司法的な審査を受けなければならない。この目的のために世
界憲法裁判所 world constitutional court が設置されなければならない。欧州司
法裁判所 European Court of Justice は、国連の安全保障理事会によって課され
た制裁に関して、既に国際法の現行の枠組みの下において「司法審査が国際的
な平和と安全保障の維持と関係者の基本的な権利と自由の保護（中略）——こ
れは国連と欧州連合に共有されている価値であるが——との公正な均衡を確保
するために不可欠である」[6] と述べている。2011年の革命の後、チュニジアは
国家の選挙と政府の交替を独立して管理することを可能とするため「国際憲法
裁判所 international constitutional court of justice」の設立を提案した。かか
る裁判所の責任は世界的法秩序への移行の過程において後で適切に拡大される
ことが可能であろう。

　逆に言えば、世界議会は、世界憲法裁判所と、**正にグローバルな司法管轄権**
の正当化にとって相当の重要性を持っている。アルミン・フォン・ボグダン
ディ Armin von Bogdandy とインゴ・ヴェンツケ Ingo Venzke は国際裁判所も
「グローバルな統治のアクター」であり、かつ「世界市民の選挙を通じて選ば
れる組織によって伝達される民主的な正当化を何らかの方法で必要とする」と
指摘している。「それらの［即ち国際裁判所の］設立と法的根拠は国家の議会の
批准という国内的な手続きからその民主的正当化を導き出す国際条約の中にほ
とんど正式に記されている。私達はこの議会による同意についてその民主的な
意義に疑問を呈するものではないが、私達はその正当化の力には限界があると
見ている。即ち、——多くの国際裁判所の発展を考慮に入れると——追加的な
正当化の方途を開くために議会の同意を望ましいとすることに限界がある」。
それらの民主的な正当化の中心には「市民個人がいなければならず、その個人
の自由は間接的ではあるが、司法的決定によって形成される」[7]。アンジェリ
カ・エメリッヒ＝フリッシュは、彼女の研究の中で「世界市民に対して拘束力
を持つ法的な決定を行う世界裁判所 world courts」は基本的な原則として、
「より深い民主的な正当化」を必要とすることをはっきりと書いている。これ
が実際意味することは、裁判官は彼らの管轄する一般市民か、あるいはその市

---

6) European Court of Justice. 18 July 2013. 'Judgement of the Court, Kadi v. Council, Joined Cases C
584/10 P, C 593/10 P and C 595/10 P', para 131.

7) Bogdandy, Armin von, and Ingo Venzke. 2014. *In Whose Name? A Public Law Theory of Interna-
tional Adjudication*. Oxford University Press, pp. 207, 148, 149, 212.

民の議会か、または民主的に選ばれる選定委員会によって選出されなければならないということである。エメリッヒ＝フリッシュの見解では、世界裁判所が「国の議会および／または世界議会そして各国の最高裁判所の裁判官の中から選ばれる委員」で構成される裁判官選出委員会を設置することが「実際的で分別のある」措置であろう [8]。世界の全住民を代表する世界議会の関与が不可欠であると見なされなければならない。

8）Emmerich-Fritsche, loc. cit., pp. 651f.

第28章

制度変容の諸条件

制度変更のための構造的条件

　世界議会を備えた世界法の制度は、単にそれが国際法の現在の制度より倫理的で、かつ道徳的に優れているから、そしてまたそれがいかなる理性的な討論においてもより説得力のある議論ができるからとの理由で実現することはないであろう。それは優れた端緒であるかもしれないが、しかしそれ自体ではもちろん十分ではない。国際法の専門家リチャード・フォーク Richard Falk は「世界秩序の研究の中では世界秩序のもっと良い制度を提案し、それからその採択に関して討論するのが慣わしである。そのようなアプローチは『ここ』から『あちらへ』への移り変わりを見落とすという意味で『夢想的』または『非現実的』になりがちである」と指摘している。より良い主張が勝つと想定されていた。しかしながら、この論争は弁論部対抗コンテストにおいてではなく、政治の舞台で決着が付けられるものであろう。フォークは「権力と利得をもたらす既存の制度から恩恵を得ている者達は、ごくわずかなもしくはうわべだけの敬意を示す場合を除いて討論や価値観に基づく訴えかけでは揺るがされそうもない」と書いている。フォークは、権力は反対勢力があることによってのみ変容され得ると論じている。

　「国家中心の制度の相当な修正を前提とするいかなる世界的秩序の解決策も、新しい制度の提唱者が既存の世界の制度の内部にいる重要な社会的、政治的勢力と連携しないことには、決して実を結ぶことはない」[1]。新しいシステムの提唱者の目標、価値観、そして将来の見通しが世界社会全体に徐々に広がり、それにより前より一層大きな潜在的な力を獲得していくことこそが、第三次の民主主義の変容とグローバルな新たな啓蒙の本質の中にある。このプロセスはグ

---

1) Falk, Richard. 1975. *A Study of Future Worlds*. Amsterdam: North-Holland Publishing Company, p. 277.

ローバルな産業化とポスト産業化に随伴する長期的な経済的、社会的、そして文化的な変化によって進められていくだろう。私達は既に、例えば、価値観の解放的な変化と最終的にはポスト慣習的な倫理の進化に向かう持続的な繁栄と教育水準の向上の重要性を見てきてきた。グローバルな相互連関がこれまでにない程に広がった経験と共感のグローバルな拡大も我々が既に見てきた別の要素である。一方では発展途上国の野心的な中間階級、他方では産業国家により締め付けられている中間階級は——グローバルな生活不安定層プレカリアトprecariat と共に——「大変化をもたらす主体」の一部として第三次の変容の主たる社会的仲介者となるであろう。

　しかしながら、これはこの傾向が必ず継続し世界の民主制の実現で完結することを意味するものではない。現状維持に固執する勢力、そして新しいグローバルな社会契約と、環境・社会的で平和主義の世界法の秩序の構成員としての新しいグローバル階級の歩みよりに対する、現状での受益者からの抵抗を過小評価してはならない。例えば、気候政策の分野では、石炭、石油業界は国際交渉の進展を妨害し、気候調査の研究成果の信頼性を傷つけ、業界が有利になるように世論に影響を及ぼそうと絶え間なく活動している。米国大統領ドナルド・トランプ Donald Trump は現在彼らの最も強力な協力者の一人である。更には、深刻な文明世界の挫折、もしくはグローバル規模の崩壊の現実的な危険性さえある。新しい不安定層プレカリアト precariat や経済的に苦しんでいる中間層も扇動政治家が彼らの目的のために動員する反現代的、国家主義的な反動勢力となる可能性がある。第 7 次世界価値観調査 World Values Survey の最新データに基づいて研究者達は、確固たる西欧民主主義でもやがて現れる可能性のある「民主主義の不安定化」の兆しを認識していて、かつこれらの国における民主制の崩壊はあり得ないとする見方に対し注意を喚起している[2]。民主制の支持者は、これは正にトランプ政権下の米国で起こり得ることであると懸念している。ノルベルト・エリアス Norbert Elias が指摘したように、文明化のプロセスは「決して完成していないし、そして常に脅威に晒されているのである」[3]。

　ロナルド・イングルハート Ronald Inglehart とクリスティアン・ヴェルツェル Christian Welzel は社会における長期的な価値観の変化が制度の変化のための基盤をどのようにして創造するかを詳述している。この実例として彼らは、

---

2) Foa, Roberto, and Yascha Mounk. 2016. 'The Democratic Disconnect'. *Journal of Democracy* (27) 3: 5–17.
3) Elias, Norbert. 1992 [1989]. *Studien über die Deutschen*, Frankfurt: Suhrkamp, p. 225.

1989年以前の数十年間の東欧諸国の人々の中に緩慢ではあるが着実な自己決定と自己実現をより強く重視する傾向があることを指摘している。この価値観の変化は社会変化への圧力を蓄積し結局は、特定の歴史的な状況の下で全く突然に予期しなかったあの壁の破壊と東欧における共産主義体制の崩壊をもたらした。イングルハートとヴェルツェルによれば、この種の長期的な価値観の変化が組織的な突破口をもたらすその正確な時点は通常、**エリート・レベルにおける**妨害要因の除去ないし克服によって決定される。彼らの見解では、東欧における革命の転換点は1956年のハンガリーや1968年のチェコ・スロヴァキアとは異なり、崩壊しつつある同盟国の政府を軍事力でソ連が支えることはないと1988年にミハイル・ゴルバチョフ Mikhail Gorbachev が明確にした時であった[4]。彼らが選んだこの例で興味深い点は少なくともゴルバチョフ自身の説明によれば、彼個人にとって決定的な要素は地球的視点へのシフトであった。

エリート・レベルの持続的な妨害に直面すると、社会的な緊張が時には暴力的な爆発という形で発散するところまで高まることが起こり得る。世界芸術科学アカデミー World Academy of Art and Science（WAAS）は、2013年にローマ・クラブなどの組織と共にグローバルな問題の解決を図るため新たな「一体化視点 integrated perspective」に関するプロジェクトを開始した。そのプロジェクトの目的は「人類発展の新たなパラダイム」を実行するためのグローバルなコンソーシアムを創設することである。そのプロジェクトの概要をまとめた小論において、WAAS のアイヴォ・スラウス Ivo Šlaus とギャリー・ジェイコブス Garry Jacobs は歴史の急進的な変化は通常暴力的な革命という形で現れると書いている。これらの革命はいかなる権力の放棄も頑なに拒否するエリート達に対して向けられている。しかし、時には、先見力のある指導者がそのような革命を免れるために迅速な社会変革を緊急に行う必要性を認めることもあった。例えば、英国のエリートは中間階級に対して政治参加の機会を開くことにより、フランスの貴族制度を一掃したフランス革命の流血の事態を英国で繰り返すことを防ごうと意識的に努力したのである[5]。

---

4) Inglehart, Ronald, and Christian Welzel. 2005. *Modernization, cultural change, and democracy: the human development sequence*. Cambridge University Press, pp. 41ff.

5) Šlaus, Ivo, and Garry Jacobs. 2013. 'In Search of a New Paradigm for Global Development.' *Cadmus* (6)1（www.cadmusjournal.org）.

コスモポリタン運動

　世界制度に関する状況は、いかなる革命も攻撃すべき政治的な権力の中心が存在しない——単に理論上であっても——という点で異なっている。19世紀の国民国家の発展がエリート・レベルにおける国家としての地位の形成の思想の採用により推進されたのとは対照的に、国際的エリートを構成する者の中の誰もそのような世界の権力センターの設立を望む兆候はまだ事実上全くない。反対運動が国家を超える機関に影響力を持つことが困難であればある程、国際的エリートの利益にとっては都合が良いのである。このことはそのような反対運動がその努力をグローバルなレベルに有効に向けることはできないことを意味する。新しい世界民主主義フォーラム World Democratic Forum の共同ディレクター、ジャン・ロシオー Jean Rossiaud にとっては、これが正にグローバルな変化をもたらそうとする社会的運動の努力をほとんど無に帰させている理由である。世界国家 a world state のないことが、社会的運動を抵抗運動、即ち地域的または国家的レベルにおける防御的または受身的な活動に限定している。しかしながら、ロシオーは決定的な手段がグローバルなレベルでとられる必要があると確信している。「第一次」または「近代初期」の頃には、国民運動が国民国家の設立を推進した。ロシオーによれば、新しい社会運動にとって、最も重要な要求が世界国家の設立である「民主的コスモポリタン運動」を目指すその時が今や到来したのである。これは、その運動の真の目的の実現のための組織的基盤を生み出すこととなるであろう[6]。ここで重要なことはその運動がこれらの目的各々について詳細な点まで統一された意見に達することではない。統一は、意識的にグローバルな政治が**とにかく**効果的に追求されることを可能にする制度的枠組みの確立という目的に関してのみ重要なのである。**第二次**民主主義の変容の社会的運動は多くの国において国民国家レベルで民主化のための闘いを続けているが、それもまた、自身をコスモポリタン運動の一部と見ていると想定するのは妥当であると思われる。結局のところ、この社会運動は——単に異なるレベルで——民主主義の確立と強化について共通の目標を共に持っているのである。

　このようなコスモポリタン運動の構想はますます注目を浴びつつある。テラス研究所 Tellus Institute のポール・ラスキン Paul Raskin は「グローバルな変

---

6) Rossiaud, Jean. 2012. 'For a Democratic Cosmopolitan Movement.' Forum for a New World Governance, pp. 11f.

容は、新しい社会的なアクターの覚醒、即ち超国家的なアイデンティティを表明し惑星地球時代のための新しい制度を設立しようとするグローバルな市民達の広範な運動を必要とするだろう」[7] と語っている。テラス研究所はそのような「グローバルな市民達の運動」を起こすために「大移行イニシアティブ Great Transition Initiative」に所属して他の機関と共に活動している。研究所の論文は、世界議会の創設はその運動のプロジェクトの一つであると述べている[8]。『アースランドへの旅路』と題されたより最近の論文の中で、ラスキンは何回かの危機と緊急事態の後で「アースランド議員集会」が 2048 年に「アースランド連邦 Commonwealth of Earthland」を実現する世界憲法を採択するシナリオを考えている。アースランド連邦の公式の組織構造の頂点には、世界中の人々による選挙によって地域毎にそして地球全体から選出される議員を擁する世界議会が位置する [9]。2013 年から 2015 年の間に世界市民の運動の創設に関して三つの国際会議も開催された。これらの会議は DEEEP という名前を持つ市民社会のプロジェクトの傘の下に組織された。その DEEEP もまた自身を「偉大な変容 Great Transformation」を目指す運動の一部と見なしている。

非政府組織 NGO の役割

　市民社会と新しい社会運動によって生み出される政治的圧力は単に抵抗のみから成り立っているのではない。しかしその圧力は主として**制度内の**変化を達成すること、即ち、継続している既存の制度的枠組みの中で特定の目標を達成することに主として向けられている。そして、既存の制度は国際法の無秩序な制度に起因する問題への対応に失敗しており、いわんやその問題を解決することもできない。社会の変化を求める高まる圧力は、そのシステム自体の**制度的、法的な基礎**の根本的な変容へ向けられなければならない。

　この点で大きな国際的な NGO はエリート達に圧力を加えることにより重要な役割を果たすことができたはずだが、コスモポリタン運動の先駆者達は NGO には頼らない方を好んだ。現在までのところ、大きな NGO が世界的制度の組織的な構造変化を迫る「偉大なる変容」に重要なアクターとして登場した

---

7) Raskin, Paul. 2010. 'Imagine All the People: Advancing a global citizens movement.' Tellus Institute, pp. 1, 3.

8) Raskin, Paul, Orion Kriegman, and Josep Xercavins. 2010. 'We the People of Earth: Toward Global Democracy.' Tellus Institute.

9) Raskin, Paul. 2016. *Journey to Earthland. The Great Transition to Planetary Civilization*. Boston: Tellus Institute, pp. 75, 87.

ことはない。例えば、国際連合の改革を求める主な共同キャンペーンに共に参加するように最大のNGO群を説得する試みは過去30年以上にわたって何度も無に帰してきている。核となる事業に集中することを求める企業のようにNGOの視野は当面の関心事を超えては滅多に広がらない。彼らの活動は概ね日々移り変わる政治の問題によって決定されており、評価が出やすく一般に向けて提起するのが容易な短期的目標を達成することに集中している。たとえ世界の法的秩序に向けた制度的な変更が彼らの目標を長期的に持続する形で達成する最善の手段であるとしても、このアプローチは彼らにとってはあまりに迂遠であると捉えられる。NGOは象徴的な行動を超えて、広く包括的な、長期的な視野を必要とする世界秩序の問題に取り組もうとする意思はほとんど持っていない。政治やビジネスの世界、そして実に我々の社会全体のように、彼らはビジネスコンサルタントのペロ・ミチッチ Pero Mićić が最近述べたような「短期の罠」に捕らわれているのである[10]。

　しかしながら、この点に関するNGOの失敗の根本的な原因は、より根深いところにある。政治学者のピーター・ドーヴェルニュ Peter Dauvergne とジュネヴィーヴ・ルバロン Genevieve Lebaron は、2014年の彼らの著書『プロテスト会社 Protest Inc.』の中で、大きなNGOが今やいかにビジネス組織のようにますます物事を見て、考え、かつ行動するようになり、その結果現行制度を支える柱となり変わっていきつつあるかを詳述している。二人は「世界政治の一つの帰結は、積極的行動が、今や4、50年前に比べて、少なくとも制度全体の、組織的、根本的な変化を要求することについて言えば、『過激さ』を減じている」と書いている。今日「職業的な活動家達」が、世界政府または新しい国際経済秩序を求めることは全く稀になっている。彼らは、現行の制度に織り込まれ、そのため保守的な「現実主義者」の立場へと傾斜している。ドーヴェルニュとルバロンは、職業的NGOの世界の急進性の退化と、彼らの政府、実業界、そして資金源への現実的な密着度の強まりが、今やこれほど多くの人々がグローバルな暴動の兆候を目にしている一方で世界秩序が「制度改革を求める下からの要求に対してそれほど動じないままでいる」理由を説明していると確信している[11]。市井からの圧力は顧みられず、そして本来そうあるべき方向に向けられていない。

---

10) Mićić, Pero. 2014. *Wie wir uns täglich die Zukunft versauen Raus aus der Kurzfristfalle*. Berlin: Econ.

11) Dauvergne, Peter, and Genevieve LeBaron. 2014. *Protest Inc. The Corporatization of Activism*. Polity Press, pp. 4, 1, 136.

職業的 NGO の世界と一般の人々との間のますます大きくなる溝は、NGO の世界自身の代表者達によって 2014 年に公表された自己批判の公開書簡の中で問題として認識されている。当時のグリーンピース Greenpeace のリーダーのクミ・ナイドー Kumi Naidoo と Oxfam のディレクターのウィニー・ビャニマ Winnie Byanyima を含むその書簡の署名者は、「この批判を行うのは市民社会が出し抜かれ、巧みに操られたプロセスに取り込まれていくのを我々は懸念を深めながら目撃してきたからだ。(中略) 我々の行動は、世界中の都市やコミュニティで我々が日々目にしている高まりつつある怒りとシステマティックな政治的、経済的変容への要求に対処するためには明らかに不十分である」[12]と書いている。

　ますます多くの市民社会の活動家達が最早この状態を受け入れられる用意はなく、「偉大なる変容」の一部として有効な制度の変更を起こすことにどのように貢献すべきかを議論している。2011 年に設立されたスマート CSO ラボ Smart CSOs Lab は新しい取り組み方を議論するために市民社会の活動家が調査研究者や資金提供者と連携できるようにしている。同ラボのウェブサイトには、「市民社会組織 civil society organizations (CSOs) が社会的、経済的な変化を促進するのに決定的な役割を持っていると我々は確信するが、我々が直面する課題に取り組むためには新しい考え方や戦略が必要である。我々が個別の問題と短期的な目標に当面集中することは、多くの局地的戦いでは勝利するかもしれないが、戦争そのものには負けつつあることを意味するのである」[13]と書かれている。

変化を促進する触媒としての国連議員総会 UNPA

　社会的価値観が変化すればする程、そして新しいグローバルな啓蒙が影響を及ぼし始めれば始める程、大きな専門的な国際 NGO が感じる圧力――と願望――はより大きくなり、彼らは自分達の活動を「偉大なる変容」というより広い文脈において捉え、そして世界議会のような目標を積極的に支持することとなるであろう。そして世界議会に向かうと言われる漸進的な道筋に沿って前進がなされる可能性が一層高まりそうである。重大な局面は、UNPA を設立することによってそのプロセスを進めることである。国連総会の権限と類似の権

---

12) 'An open letter to our fellow activists across the globe: Building from below and beyond borders.' *CIVICUS' Blog*, 6 August 2014 (blogs.civicus.org).
13) 'The Smart CSOs Lab'. SmartCSOs. Accessed 21 September 2016 (smart-csos.org).

限を持つ直接選挙によって選ばれた UNPA の設立を支持する社会的な基盤は前述（第25章参照、訳者注）の 2005 年の調査によって確認されているように、既にでき上がっている。仮に全ての国で直接選挙がまだ可能でなく、あるいは望まれてさえいなくとも、この目標を追求するもっと急進的な世界中に広がる運動は可能であり、そして適切な状況、環境が整った中では成功するはずである。ここでの重大な障害は**権力者層の妨害**である。運動に集まる人々のエネルギーをあまりに広い分野に分散する代わりに、「偉大なる変容」という生まれたての動きは、正にこの権力者層の妨害を突破する一点に主に集中されるべきである。ディーター・ハインリッヒ Dieter Heinrich のような世界連邦主義者達が 1990 年代初頭に認識していたように、「仮に議会人の活動家達による総会のようなものが設立されていたならば、そのような総会は国連における人類の家として更に発展するために必要なきっかけとなっていたであろう」[14]。互いに強化し合うプロセスを通して、UNPA は、コスモポリタン運動の形成と成長に貢献するであろうし、その運動は次に UNPA の充実と発展を支持する大衆の支持を結集することとなるであろう。UNPA の中の進歩的な議員達はおそらくコスモポリタン運動の最も重要な推進役となるだろう。UNPA はシステムの変化を求める社会的勢力に対しグローバルな意見の表明の機会を与え、そして政府とエリート達にシステムの変更を求める政治的な圧力を結集するための重要な手段となる。同時に、それは世界議会への過程にある世界国家という組織の創生にとって決定的な、政治的かつ制度的な支柱である。

　価値観と意識のグローバルな社会的シフトは、今のこの時点では「一人一票」原則の世界議会の目標には十分には近づいているようには見えない。15カ国で 2007 年に英国放送協会 BBC が実施した調査は、回答者に「各国の人口規模に応じた投票数で選挙し、拘束力のある政策を策定できるグローバルな議会を支持するか？」と質問している。2カ国即ちインドとドバイにおいてのみ、回答者の多数が無条件にこの提案を支持した。更に6カ国では、全体としては留保条件付きであるが、肯定的であった。残りの7カ国は、圧倒的に反対であった[15]。世界議会が設立されるためには、**社会的障害**を取り払うことを可能とするために教育的な取り組みと権力者の側に変化を求める強い願望のあることのいずれをも必要とする。UNPA という形で当初設立される議会は、それ

---

14) Heinrich, Dieter. 2010. *The Case for a United Nations Parliamentary Assembly*. Extended reprint, originally published 1992. Berlin: Committee for a Democratic UN, p. 42.
15) Bummel, Andreas. 2010. *The composition of a Parliamentary Assembly at the United Nations*. 3rd edition. Berlin: Committee for a Democratic UN.

自体このプロセスにおいて最も重要な貢献をするものの一つとなろう。階層毎の議席数の配分、その権限の明確な制限そしてその意志決定プロセスにおける国連総会と各国の議会の関与があれば、いずれにしてもより大きな支持が期待できよう。

四つの要因

いつ、どんな状況の下で、そしてどんな形態で、グローバルな価値観の移行が世界議会の制度的な打開をする努力に役立つかは予見しがたい。これが実現したとしても驚くべきこととは考えられない。歴史的な大事件は専門的な観察者にとってさえも突然にそして思いもよらない時にしばしば実現している。あらゆる前兆にもかかわらず、1989年11月9日のベルリンの壁の崩壊が、いつ、いかにして起こるかをほとんど誰も予想していなかったし、もっと最近の2011年のアラブの春についてもそうであった。壁の崩壊からたった9年で国際社会が常設の国際刑事裁判所ICCの設立を定める憲章を承認し、この文書が米国の反対にもかかわらず、60カ国により4年以内に批准され、そして発効可能となると信じた者はほとんどいなかった。世界議会の実現する可能性のいかなるシナリオにおいても、四つの要因が相互に連携して重要な役割を果たしそうである。

密やかな革命

国際刑事裁判所ICCが実現したケースのように、当初の段階では進展は政治的に目立たない場所で、ほとんど公開の場では目立たない形でなされるであろう。それは、ゆっくりと、段階を踏んで進むであろう。支持は市民社会、学界、知的サークルで、専門家、政治家そして政府の間で広がるだろう。このプロセスは既に始まっている。我々は、本書を通じてその長い前史を詳細に述べてきた。ちょうど国際刑事裁判所への国際的な支持がNGOの連合によって統一され、そして推進されたように、2007年以来UNPAを求める国際キャンペーンが行われている。この運動の開始時の状況は、その後第二次民主主義の変容の進捗、グローバルな価値の変容とグローバル化により、基本的にはより良い方向に変わってきている。第二次世界大戦後、多くの国々で世界議会と世界市民権への人々の広範な支持が広がったのは事実であるが、歴史的な条件の中でコスモポリタン運動と呼ぶことができるもの、即ち、**第二次**変容は未だ十分には進んでいない。例えば、米国と共に主たる戦勝国であったソビエト連邦は大量

殺人者で独裁者のヨシフ・スターリン Joseph Stalin によって支配されていた
し、非植民地化も始まったばかりであった。この要因は、「密やかな革命」と
呼ばれてもいい。それは必要な基盤を創造はするが、それ自身で必要な打開の
実現には十分ではなさそうである。

下からの革命

UNPA の設立とその後の発展への過程が決定的な状態に達した時、その時
点での権力者層による妨害は、もし変化への社会的圧力が世界議会を求める大
衆の支持として明らかになるならば、おそらく単純に克服されることとなるだ
ろう。これを「下からの革命」と呼ぶことができよう。グローバルな議会の問
題についてこれまで行われた国際的調査はそれが実現する可能性があるとの考
え方が世界の人々の間に実際に存在していることを示唆している。遅かれ早か
れグローバル議会の設立要請は主な国際 NGO ばかりでなく新たな社会的運動
によっても明確に取り上げられるはずである。加えて、都市と地方自治体が必
ず重要な役割を果たすはずである。ケンブリッジ市評議会 the Cambridge
council の委員であったデビッド・ワイリー David Wylie によれば、地方自治体
レベルのイニシアティブが国民国家の抵抗に対抗する際に決定的な役割を果た
すはずである[16]。この全てが新たなコスモポリタン運動の誕生を証明するはず
である。都市と自治体による決議と大衆による抗議やデモのみならず、都市や
地方自治体の中心で世界議会を求める声が上がれば、それは世界的に取り上げ
られ、日々の政治的な議論の対象となるはずである。これはアラブの春により
以前解き放たれたような新たなグローバルな抗議の波の最中に起こるかもしれ
ない。2011 年のチュニジアの革命はエジプト、リビア、イエメンに波及し、
これらの国の政府を転覆させただけではなく、世界中で抗議の声の火付け役と
なった。5 月 15 日の経済緊縮政策に反対する運動はスペインで起こり、その運
動の「今こそ、真の民主主義を」の要求は他の国々のデモの参加者にも取り上
げられた。2011 年 9 月の「ウォール街を占拠せよ」の運動によるニューヨーク
のズコッティ公園の占拠はカイロのタハリール広場の占拠に触発された。「占
拠せよ」との抗議は米国、英国、ドイツその他の国々にも広がった。様々な運
動の共通性や連携は詳しく検討される必要はあるが、世界経済フォーラム
World Economic Forum は、2013 年のエジプト、ブラジル、中国、タイ、トル
コ、ウクライナを含む 11 カ国の抗議運動に関して「現状に対する大衆の不満

---

16) Wylie, David A. 2009. *City, Save Thyself!* Boston: Trueblood Publishing.

が今や決起しつつある中間階級の間にあることは明らかである」[17] と指摘した。世界議会を設立することが大衆の抗議運動の中心的なスローガンになるはずであるとの考えは全く突飛な訳ではない。占拠グループ達の国際的ネットワークは 2012 年 5 月 15 日にグローバルな統一抗議運動の日のための声明を採択し、グローバルな経済的、政治的システムの「全体的変容」と国際的な諸機関の民主化を求めた。『ガーディアン』誌で公表されたその声明文には、「全人類に影響を及ぼす全ての決定は G20 や G8 のような金持ちクラブではなく、直接参加型の国連議員総会 UN parliamentary assembly かまたは国連の人民集会 a UN people's assembly のような民主的フォーラムで行われるべきである」と述べられている[18]。これは、マイケル・ハート Michael Hardt とアントニオ・ネグリ Antonio Negri が語った「闘争の新たなサイクル」である。

上からの革命

　世界議会の実現のために重要なもう一つの要素は見識を持った権力者達からの支持であろう。これが「上からの革命」である。多国籍のエリート階級を構成する諸要素が当初小さくとも、やがて大きくなり、グローバルな民主的な改革を積極的に推進することが自らの利益に適うと悟るだろう。このようになってのみ経済的な統合とグローバルな近代化そして世界社会の安定の継続――存続さえも――に必要な社会的な支持を確保することが可能となるだろう。世界法は、その普遍的な法的有効性のお陰で競争を歪めることなく全ての経済的活動家達のために役立つことが可能である。実業界のスポークスマン達は世界法による規制の方が現行の国際法の制度に比べて有利だと思うかもしれない。しかし、エリートビジネスと官界は計算ずくの自分達の利益と社会的な圧力のみでは支持に向かうことはないだろう。ポスト慣習的な道徳律、共感、惑星地球的な視点における前進は、それがこれらの玄関口に到着した時に止まってしまう訳ではない。ミハイル・ゴルバチョフ Mikhail Gorbachev の「新思考」程このことを明白に示した例はない。この例は一人の影響力ある政府首脳の断固たる指導力が「グローバルなペレストロイカ」の実現のための社会の公共的な組織体制の改変の突破口を開く可能性を持つことを示している。「世界秩序へのこの道程は権力者が自らの人間性の叫びに耳を傾けるためか、または他者との協力に失敗すれば自らの権力が崩壊することを賢明にも予見するためかにかか

---

17) World Economic Forum. 2014. *Global Risks 2014*. Geneva, p. 28.
18) 'The Global May manifesto of the Occupy movement'. *The Guardian*, 11 May 2012 (www.guardian.co.uk).

458　第三部　将来展望――世界民主制の設計図とその実現

わらず、その優位な立場を自発的に放棄することへと導くのである」とカール・ヤスパースKarl Jaspersは書いている[19]。更には、コスモポリタン運動と世界議会を求める重要な支援——とりわけ資金的なもの——は、超富裕層からさえ生まれるかもしれない。例えばマイクロソフトMicrosoftの創立者のビル・ゲイツBill Gatesは、およそ800億米ドルの個人資産を有してフォーブズ紙の世界の長者番付のトップに位置している。彼は『南ドイツ新聞Süddeutsche Zeitung』の2015年初めのインタビューにおいて、世界政府の問題に簡潔に触れている。その中で、彼は気候変動に対する「グローバルな統治」が存在していないことを嘆いている。インタビュアーは「私達には世界政府が必要ですか？」と質問した。「私達はグローバルな問題を抱えている。だから世界政府は極めて必要です」と彼は答えている[20]。2004年にフェイスブックを創設した億万長者のマーク・ザッカーバーグMark Zuckerbergによれば、「テロを終わらせること、気候変動と戦うこと、そして世界的な流行感染症を防ぐことといった我々の最大の課題もまたグローバルな対応を必要とする。進歩は、今や人類が単に都市や国としてではなくグローバルな共同体としても共に行動することを必要としている」[21]。

引き金となるもの

　国際的な制度の歴史を研究すると、最も重要な制度的変革やパラダイム・シフトは劇的で決定的な出来事が起こった後に限って度々生じていることを示している。主権のパラダイム（西欧世界を主権国家の集まりと見る見方、訳者注）は「30年戦争」（神聖ローマ帝国のドイツを舞台として1618年から1648年にかけて戦われた宗教的、政治的な戦争、訳者注）の結果として生まれた。集団安全保障のための初めての政府間組織である国際連盟League of Nationsとそしてケロッグ・ブリアン協定における戦争を禁止する国際法は第一次世界大戦の結果であった。普遍的な世界組織としての国際連盟が主権の分有という概念を基本とする国際連合と欧州統合プロセスとによってとって代わられたのは第二次世界大戦の結果であった。国際刑事裁判所ICCはホロコーストとニュルンベルグ裁判の結果遅ればせながら設立された。1990年代前半のこの種の具体的な政治的な引き金となった事件は旧ユーゴスラビアの領土における犯罪と大量殺人と、そして

19）Jaspers, Karl. *Rechenschaft and Ausblick*. München: Piper, 1958, p. 301.
20）Gates, Bill. 28 January 2015. Du darfst keine Zweifel haben. Interview by Michael Bauchmüller and Stefan Braun. *Süddeutsche Zeitung*.
21）Zuckerberg, Mark. 16 February 2017. 'Building Global Community' (www.facebook.com).

ルワンダでの大量殺人であり、それぞれについて国連安全保障理事会はそれ自身の法廷を設置した。

第三世代の連邦制の世界組織への次の進化のステップは同じような苦難やショックの経験を経なければあり得ないであろうとの見解に度々出合う。「新規巻きなおしで、第三次世界大戦を避けるために新たな世界システムを創造することは歴史も現在の経験も我々には全く役立たない政治的な想像力と決断力を必要とする課題であろう」とウォルター・ジェンクス Walter Jenks は 1969 年に書いている [22]。最近になってランドール・シュウェラー Randall Schweller は、唯一の解決策は「世界的制度への途方もない衝撃、閉ざされているこの制度の外殻にひびを入れ、世界的制度が再び機能するように新たな役に立つエネルギーを注入する程の大惨事である」と書いた。彼は「息を飲むような大きな自然災害、グローバルな感染病の大流行、または一連の世界規模で計画されたテロリストによる主要都市に対する攻撃」あるいは世界大戦を考えている。そのような破滅のみが、グローバルな再生のための礎となるはずであると彼は考えた [23]。原子爆弾の開発に携わった他の多くの科学者達と同様に、物理学者のレオ・シラード Leo Szilard（1898 ～ 1964）にとっては、核技術の管理であろうと平和維持のためであろうと、世界政府が創設されなければならないことを疑う余地はなかった。彼は 1946 年に、我々が直視しなければならない問題は「第三次世界大戦を経験することなしにそのような世界政府を持てるかどうかである」[24] と書いている。

第三次世界大戦のシナリオは、私達としては想像することさえ全く望まないシナリオである。「原爆の爆発は人々が自分達の子供達にその話をしている間は決して忘れられることはないであろう。それは、人間の心の堕落が我々をかつて導いていった究極のどん底の象徴であろう」[25] とカール・フリードリッヒ・フォン・ワイツゼッカー Carl Friedrich von Weizsäcker は書いている。もし、核戦争後の人類文明の残骸が何らかの世界政府の類の設立を可能にするのに足るものであるとしても、それは多分民主制ではないであろう。民主的な世界法の秩序に向けての引き金となる出来事として、このようなシナリオは決

---

22) Jenks, C. Wilfred. 1969. *The World Beyond the Charter.* London: George Allen & Unwin Ltd., p. 11.

23) Schweller, Randall L. 2014. *Maxwell's Demon and the Golden Apple: Global Discord in the New Millennium.* Baltimore, Maryland: Johns Hopkins University Press, p. 140.

24) Szilard, Leo. 1946. 'Can we Avert an Arms Race by an Inspection System?' In: *One World Or None, ed. by Dexter Masters and Katharine Way,* 167–79. New York: The New Press, p. 178.

25) Weizsäcker, Carl Friedrich von. 1979. *Der ungesicherte Friede.* 2nd ed. Göttingen: Vandenhoeck & Ruprecht, p. 103.

して望まれないばかりでなく、いずれにしてもほとんどありそうもない。ジャン・ロシオー Jean Rossiaud によれば、「民主的なコスモポリタンの運動を組織する最上位の目的は、第三次世界大戦を防ぐことであるべきである」。この運動の歴史的な課題は「穏やかな移行」を確保することに努めることである。「労働組合運動と社会主義インターナショナル Socialist International は 1914 年にこの課題への対応に失敗したのだ」[26] と彼は歴史的な類似点を引用しながら書いている。

恐ろしい事態を予想し、そして回避すること

最大の課題はまたもや意識のレベルにある。ウルリッヒ・バルトッシュ Ulrich Bartosch が書いているとおり、「辛い過去の経験は理性的な理解という賢明な経験に代わり得るという希望」を既にカール・フリードリッヒ・フォン・ワイツゼッカーが述べている。というのはもし「恐ろしい最終的な世界大戦を実際に経験すれば人類の意識は変化するであろうということ、それは、その意識の変化が実際あり得るということを意味するのであるが、そうであるならばその恐怖の経験の予想は戦争がなくても意識の変化が可能であるために十分な条件であるに違いないからである」とバルトッシュは結論づける。そのような意識の変化は「人々に政治的にしっかりと支えられた世界的な平和秩序を先回りして構築しようとする力を与えるだろう。世界大戦の後の全ての重要な要素を今の時点で認識し、かつ理解することができる。そしてそのことは、その重要な要素を熟考することができることを意味する。我々が持たない唯一のものは苦痛や恐怖や荒廃の実際の経験である」[27]。つまりは、第三次世界大戦の惨事を想像できるならば、そのような未来が起きることを防止し、そして世界平和秩序の創造を通じてそのような未来を永久にあり得ないものとするために必要な強さを結集させることとなるはずである。しかし、それだけではおそらく十分ではない。ジョゼフ・バラッタ Joseph Baratta がまとめているように、「核の恐怖は世界政府の設立という大事業にはあまりに弱い動機でしかなかったことが立証されている。人類はその主権国家を一つの共同のまたは連邦の政府に委ねる程、恐怖に駆られてはいないのであろう。国家への愛のようなもの——地球への愛——が必要である。人々は彼らの自由、財産、安全を保証する、

---

26) Rossiaud, loc. cit., p. 19.
27) Bartosch, Ulrich. 1995. *Weltinnenpolitik. Zur Theorie des Friedens bei Carl Friedrich von Weizsäcker*. Berlin: Duncker & Humblot, p. 311.

第 28 章　制度変容の諸条件　461

より高いレベルの政府を望まなければならない。積極的な未来像が求められているのである」[28]。

　世界法の秩序の確立は、第三次世界大戦、グローバルなパンデミック、または未曽有の自然災害という大規模な衝撃的な事件がなくとも達成することができる。それでもやはり、下からの革命と上からの革命は多分それらが事態を打開するために必要な力を養う引き金となる事件を必要とするだろう。あの「占拠」抗議運動に火を点けた重要な火花は、タハリール広場の占拠のみならず2007年のグローバルな金融危機と銀行救済措置であった。思いがけないが強烈な事件が大きな前向きの飛躍を可能とする突然の歴史的再構築をもたらすというシナリオを想像することは可能である。グローバルな経済危機を伴う国際的な金融と銀行システムの崩壊は考えられないことではない。米国統合参謀本部 US Joint Chiefs of Staff は、2015年の米国軍事戦略文書の中で、「米国が主要国との戦争に巻き込まれる確率は低いが、その確率は高まってきていると考えられる」[29] と書いている。

気候に誘発される事象

　確実と思えることは嵐や、洪水や熱波や寒波や干ばつといった極端な気候が誘発する事象の発生率とその被害の大きさが増加することである。気候変動は何百万人の人々、多分何億人もの人々を難民と化してしまうだろう。どのように気候変動が広がり、そしてどんな結果をもたらすかは正確には予想できない。しかし、心配すべき十分な理由がある。例えば、長期的な影響に関して、最近の調査結果は——気候変動政府間パネル IPCC のシナリオと違って——たとえその二段階の目標が達成されたとしても数メートルの海面の上昇を予測せざるを得ないことを想定している。更には、それは今日まで考えられてきたよりはるかに早い時期に生じるかもしれない。2015年に公表された研究によれば、生態学的なそして社会的な影響は「破滅的」なものとなりそうである。「強いられた移動と経済的崩壊に起因する紛争がこの地球を統治不能の状態にし、文明の基本構造を脅かすことを想像するのは容易である」と調査は続けて述べている[30]。ニューヨークや大部分のバングラデシュを含む海岸沿いの低地帯は居

---

28) Baratta, Joseph Preston. 2004. *The Politics of World Federation. From World Federation to Global Governance.* Vol. 2. Westport, Connecticut; London: Praeger Publishers, p. 528.

29) Joint Chiefs of Staff (ed.). 2015. 'The National Military Strategy of the United States of America 2015', p. 4.

30) Hansen, J., et al. 23 July 2015. 'Ice melt, sea level rise and superstorms: evidence from paleoclimate

住不可能な状況になるだろう。加えて、既に起きている変化は少なくとも世界の陸地の4分の1をより不毛の地と化すだろう[31]。圧倒的に多くの研究がそのような大変動の生じることを警告している。しかしながら、2052年の予測に関するローマ・クラブへの報告の中で、ヨルゲン・ランダース Jørgen Randers はグローバルな温暖化を2℃以下に保つのに十分な CO_2 の排出量の更なるかつ速やかな削減は「あり得ない」[32]と推定している。もう一つの研究は石炭、ガスそして石油の残存量の全てを向こう数世紀の間に燃焼すれば、海面の高さは50メートル以上も上昇することになると述べている[33]。第三世代の世界組織についての交渉において、人為的要因による気候変動に世界社会が歯止めをかけるのを何十年にもわたって失敗してきたことが主な証拠となるであろう。世界連邦の秩序はその失敗の結果に対処する方法として不可避であるかもしれない。

民主制の中国

ある条件の下でコスモポリタン的な傾向を持ちそして上下両院の支持を享受する賢明な米国の大統領によって真剣な取り組みが着手されると想像することは不可能ではない。しかし「グローバルなペレストロイカ改革」が今日起こりそうもないと思われる一角からも起こるかもしれない。第三次の民主主義の変容を止めるのをほとんど不可能にする世界政治の決定的な進展は、中国の民主化であろう。中国の民主化は民主主義の下で生きている世界人口の割合が一挙に60％から80％に跳ね上がるということを意味する[34]。残る独裁体制はますます高まる圧力を受けるであろうし、そして諸国家のコミュニティの全面的な民主化のゴールに極めて近づくこととなろう。加えて、世界議会に参集する大多数の議員の民主的な正当性を疑問視することはほとんどあり得なくなるはずである。民主制の中国はグローバルな政治的風景を決定的に変えるだろうし、そしてその経済的、人口的な重みは最終的にはグローバル統治の民主制化と強化

---

data, climate modeling, and modern observations that 2 ℃ global warming is highly dangerous.' *Atmos. Chem. Phys. Discuss.* (15)14: 20059–179, pp. 20121, 20119.

31) Park, Chang-Eui, et al. 2018. 'Keeping Global Warming within 1.5 ℃ Constrains Emergence of Aridification'. *Nature Climate Change* 8(1): 70.

32) Randers, Jorgen. 2012. 2052. *White River Junction*, Vt: Chelsea Green Publishing Co, p. 118.

33) Winkelmann, Ricarda, et al. 4 September 2015. 'Combustion of Available Fossil Fuel Resources Sufficient to Eliminate the Antarctic Ice Sheet.' *Science Advances* (1)8.

34) 'China's Charter 08'. Transl. by Perry Link. *The New York Review of Books*, 15 Jan. 2009 (www.nybooks.com).

をもたらすはずである。

　国家安全保障部局 state security services による中国社会の全面的な監視と全ての組織的な反対への抑圧があることを考慮すれば、近い将来、中国が成功裡に民主化することはとりわけありそうもないように思える。しかし、歴史はいつも我々を驚かしてきた。よく議論に上る疑問の一つの側面は社会－経済的な発展である。7000米ドル超と、中国の1人当たり平均所得は多くの社会科学者が民主化のプロセスがほぼ避けがたいことになると信じる基準値を既に超えている。政治学者のミンシン・ペイ Minxin Pei は、中国に関連して、産油国の例外を除いて、1人当たり所得が6000米ドルに達した時点で、いかなる独裁体制もほとんど存続することができなかったと記している[35]。2003年に行われた調査によると、その時点で、既に中国人の回答者の72.3％が中国には民主制が望ましいと述べている[36]。世界人権宣言 the Universal Declaration of Human Rights の採択の60年後、中国のための新しい民主的憲法を求める「憲章08」が発表され、数千人の勇気ある中国市民が署名した。この文書は、多くの著名な中国人達によって支持されたが、世界中で権威主義が衰退しつつあるところ、そのプロセスが中国国境で止まることはないだろうと述べている[37]。

　中国での新しい民主的な指導体制に向けてのコスモポリタン的取り組みの理論的でイデオロギー上の基盤は既に築かれつつある。それは周王朝 Zhou dynasty の時代からの「天下 Tianxia」の概念をグローバルな現代の視点から新しく行った解釈である。中国の知識人の世界での明らかなスターである政治哲学者の趙汀陽 Zao Tingyang は、この概念の採用と実施を通じて中国は世界の強国となり、そして抑圧的なまたは攻撃的な帝国としてではなく、世界における天下のシステム Tianxia system の実現に貢献する進歩的な力として社会の利益のために責任を果たすことができると信じている。北京の清華大学のフェン・チャン Feng Zhang によると、その中心的な考えは「世界を全ての民族のための家に変容する」という概念である。その概念は、最高の政治的な単位としての国民国家を超えて、全てのグローバルな問題を取り扱うことのできる世界機構を設立することを求める。「これは、実際上、天下のシステムには世界政府が必要であると述べていることと等しい」とチャンは総括してい

---

35) Pei, Minxin. 13 February 2013. '5 Ways China Could Become a Democracy.' *The Diplomat*（the-diplomat.com）.

36) Chu, Yun-Han, Larry Diamond, Andrew J. Nathan, and Doh Chull Shin（ed.）. 2010. *How East Asians View Democracy*. New York: Columbia University Press, p. 22.

37) 'China's Charter 08'. loc. cit.

る[38]。世界政府は包括的な世界憲法に明確に基づくものであろう[39]。ニューヨークのコーネル大学のアレン・カールソン Allen Carlson の判断では、この考え方でもって、中国の歴史上初めて中国の外交政策エリートが、西欧の思考に基づいていると自分達が考えている国際システムの標準的な構造に疑問を呈し始めたのである。そしてこの取り組みでもって、「中国において国際秩序について潜在的に広範囲な（中略）再検討が行われつつある」[40]。

その始まりに当たって

　第三次の民主主義の変容の核心には、価値観と意識の変化がある。ロンドン・スクール・オブ・エコノミクス London School of Economics のミカエル・ケーニッヒ＝アルチブジ Michael Koenig-Archibugi が意義深い論文で述べたように、グローバルな民主主義の可能性は、人々のグローバルな民主主義の可能性があることへの確信にある程度依存している[41]。本書の中で、私達は、グローバルな民主主義は必要であるのみならず、可能であるということを示すべく努めた。しかし、それは自動的に生まれるのではなく、私達の努力の結果としてのみ生まれるであろう。そして私達には持続力が必要であろう。世界民主制への構造的な変容のプロセスには長い時間がかかる。その一方で直ちに注意を払わなければならない無数の緊急問題がある。しかしだからといって、必要な長期的な変容に我々のエネルギーを注がないのは致命的な誤りであろう。短期的な思考は発展的な飛躍をもたらしはしないだろうし、更に我々を袋小路へ導くだろう。自然と調和した、人類にとっての素晴らしい、そして充実した未来は可能である。人新世が進むに連れ、そして我々が時代の課題を克服し続けるに従って、人々は、人類の歴史の最近の１万年はほんの始まりに過ぎないという事実をますます理解することであろう。

　Ｈ・Ｇ・ウェルズ H. G. Wells がほぼ 100 年前に『歴史の概要』の中で書いたように、「歴史は単なる始まりの説明に過ぎず、そして常にそうでなければな

---

38) Feng, Zhang. 2009. 'The Tianxia System: World Order in a Chinese Utopia.' *GlobalAsia* (4)4: 108–12, pp. 108ff.

39) Tingyang, Zhao. 2012. 'All-Under-Heaven and Methodological Relationism.' In: *Contemporary Chinese Political Thought*, Ed. by Fred Dallmayr and Zhao Tingyang, 46–66. Lexington: Univ. Press of Kentucky, p. 64.

40) Carlson, Allen. 2011. 'Moving Beyond Sovereignty? A brief consideration of recent changes in China's approach to international order and the emergence of the tianxia concept.' *Journal of Contemporary China* (20)68: 89–102.

41) Koenig-Archibugi, Mathias. 2011. 'Is global democracy possible?' *Europ. Journal of Int. Rel.* (17)3:519–42, p. 523.

らない。私達は書かれることになる次の章が、おそらく挫折と大惨事の長い幕間を伴うものではあろうが、世界的な政治的、社会的な統一を最終的に達成することを告げるであろうことを敢えて予言することができる。しかし、それが達成された時、それは新たな戦いの、そして新しくてより膨大な努力を始める前の休息の段階でもないし、息抜きの段階でさえもないことを意味するであろう。人類は、最終的には、知識と力の探求を強化するためにのみ団結し、新たな時を求めてこれまでのように生きるであろう」[42]。人類は、生産的な方法で、全ての人々と地球上の全ての生命の最適な利益のために、その創造性とエネルギーとを最大限に発揮することが最終的にはできるであろう。この夢を現実とすることは**できる**。人類に未来があるとするならば、この夢を現実のものとしなければ**ならない**。

---

42) Wells, Herbert George. 1920. *The Outline of History. Being a Plain History of Life and Mankind.* Vol. II. New York: The MacMillan Company, p. 594.

訳者あとがき

　人生100年時代と言われている。70歳で仕事を辞めても、余生は30年もある。この時間をどう過ごすか？　無為に過ごすのは、勿体ない。さりとて老骨に鞭打って新たなことに挑戦するには腰がひける。

　本書の翻訳は、そんな思いの75歳を超える高齢者達が、一念発起し、出版に漕ぎ付けるまでの汗とちょっぴり涙の物語でもある。途中で何度も出会った困難は、この本を多くの人に読んでもらいたいという思いと多くの人々の支えによって、何とか乗り越えることができた。その道は時に険しく、そして遠かったが、ある意味生きがいを味わう旅でもあった。この残りの人生の過ごし方が、高齢化社会で生きていく人々のいささかの参考になれば幸いである。

　この旅の発端は、横江信義が、「世界連邦」というテーマに沿って行われたある講演の動画に興味を惹かれたことにある。その講演者が、本書の著者アンドレアス・ブメル氏で、彼は本書を紹介していた。横江はこの本が「世界平和がなぜ実現できないのか」という長年、抱いていた疑問に答えるのではないかと思い、購入してざっと読んでみた。そして平和ボケと揶揄されることもある日本人に読んでもらいたいとも思った。しかし、400ページもの本を、一人で翻訳すれば、途中で死んでしまうかもしれないとも思った。卒業したICU（国際基督教大学）の友人の中には、国際関係論等に関心のある者も相当いそうだ。彼らを誘って分担すれば、何とかなるのではないかと考えた。2018年7月、偶然、同級生の会合があったので、そこで、仲間を募ってみることにした。その会合で横江は、本書を取り出し、「これを翻訳して、出版しようと思っているのだが、参加しないか」と話した。坂田勉と原田雄一郎が応じた。横江は更に仲間を増やすために、他の同期生に声をかけた。その中で坂本裕と白石隼男が前向きに応じた。白石は肺がんを発症し、現役を引退、新薬の治験対象者のボランティアとして闘病中だったが協力を約束してくれた。坂本は、全面的には参加できないが、一部の翻訳をすることを約束してくれた。白石は、プロの翻訳者として実績を積んでいる近藤正臣に声をかけ、近藤は「参加したい」と連絡してきた。かくて、仲間は6人となり、横江はこのチームで翻訳に取り組むことにした。

同年12月、新宿の貸会議室で、翻訳チームの初会合が行われた。会合では、先ず、この本の翻訳権や、出版権の確保について、横江が著者に交渉することとなった。また、翻訳作業に当たって、①現役引退後の余暇を楽しむことを優先し無理せずにのんびりと翻訳作業をやり、出版を目指す。②出版に伴う経済的負担はしない。③二人一組となり相互に助け合って翻訳する。④翻訳料は期待せず無償で翻訳を行う等が決まった。本の出版については皆見当もつかない素人集団で、とりあえず、横江が出版先を見つけることとなった。

　横江は、早速、著者のアンドレアス・ブメル氏に、「日本語に翻訳し出版したい」と連絡した。彼から「申し出を歓迎する。出版権については、ドイツの出版エージェントと折衝するように」との返事があった。

　横江はすぐに、ドイツの出版エージェントに連絡したところ、折り返しエージェントから、「日本語版の出版を支援する」と返信があった。また、ブメル氏から、「出版社を探すための情報が得られる可能性があるから、日本の世界連邦運動協会に接触するように」との助言があり、横江は同協会の事務局に連絡した。そこで、「世界議会」の支持者で国際関係論の専門家である横浜市立大学教授の上村雄彦先生と接触することを勧められ、上村先生に連絡したところ、快く助力を約束していただけた。

　横江は、上村先生の助言に従って「出版企画提案書」を作成し、目ぼしい出版社に送付し電話でアプローチした。しかし電話口の相手は、ほとんど即座に、「外からの持ち込み案件は、受け付けていません」ガチャンとけんもほろろ。時に担当者と話せる機会があっても、「取り扱う可能性はありません」とつれない返事ばかり。自費出版なら請け負うという出版社があるのを知り、そこにもアプローチしたが、相当の費用を要することがわかり諦めた。

　結局、接触した出版社は、30社を超えたが、いずれも手応えなく、とても出版社は見つけられそうもないと思い、横江は、翻訳チームにプロジェクトの断念を提案した。チームメンバーから「言い出しっぺが何だ、とにかく翻訳完了を目指そう。そのうち出版社も見つかるだろう」と叱咤激励を受け、何とか怯む心を立て直した。

　こうして、翻訳作業は順調に進み始めたが、横江は思いもよらぬ大手術を受けることとなった。当時血圧が高めで、検査を受けていたが、右頸動脈の一本が完全に詰まっているのが見つかり、放置しておくことはできないと主治医に言われ、2019年8月に手術を受けることとなった。ひょっとしてこのまま死んでしまうかもしれないとの不安が生じ、万一の場合を考えて、横江は、原田に

後事を依頼した。手術は幸い成功裡に終わり、ほぼ平常の生活に戻ることができた。一方、上村先生に監訳を依頼するために、この手術直後に面会予定がセットされていた。この予定を主治医に告げ、外出の是非を尋ねたところ、彼は「血流がまだ完全に回復してはおらず、外出は危険で、予定を変更するのが望ましい。変更ができないなら、行くのはやむを得ないが、途中で異常を感じたらすぐに救急車を頼んで、この病院に搬送してもらいなさい」と指示した。上村先生の多忙な日程の中でようやく設定した面会日は変更しないこととし、横江は、覚悟を決めて白石、原田と3人で横浜市立大学に出かけた。幸い何事もなく上村先生に監訳を引き受けていただけ、ほっとした。

　かくて出版社と監訳者が決定して、翻訳チームの士気は大いに上がり、翻訳作業は順調に進み、2019年末までに、翻訳第一稿ができ上がった。しかし、その頃からコロナウイルスが猛威を振るい始め、外出も控えざるを得ない事態となり、日本全体に沈滞ムードが広がった。それまで、翻訳はメンバー相互に検討することにしていたが、直接会って検討することができなくなり、作業も停滞気味になった。それでも何とか第一稿のレビューを終え第二稿ができ上がった。

　一方、ブメル氏から「英語版の出版権は、DWBが持つことになったので、今後は自分に直接連絡するように」と連絡があった。これで、出版エージェントを介せずに、DWBと出版契約を直接締結する途が開けた。こうして横江がDWBの代理人として、日本の出版社との出版契約締結のための交渉を委任する契約を締結することができた。この折衝には、長年、外国政府等との交渉に携わっていた原田が、時に弱気になる横江の尻を叩き、その外交的手腕を発揮したことを記しておこう。

　一方、翻訳第二稿が出版できる水準に達していないと感じた横江と原田は、更に推敲を続けることにした。辞書には載っていない単語の意味や、心理学、哲学など二人にとっては知識の乏しい分野に関する文章の意味が判然としないところ等、時に夜ベッドに入っても考え続けていたりすることもあった。不思議なことに、翌朝目覚めると良い翻訳文が浮かんでくることがしばしばあった。著者の文意を確かめるためにブメル氏へも問い合わせを重ねた。このプロセスは、二人の納得のゆく訳文となるまで続いた。

　こうした中で2020年9月、白石の体調が悪化、入院。折しもコロナ禍の中、面会は容易ではなかったが、横江は見舞いに行った。酸素マスクをつけてベッドに横たわっていた白石は、「自分の分担パートを最後まで仕上げられないか

訳者あとがき　469

もしれない、途中での脱落は真に申し訳ないが、是非翻訳を完成して出版して欲しい」と横江の手を握りしめながら繰り返した。横江は、白石の手を握り返し、「任せておけ。それよりも、早く治して、復帰してくれ」と励ます他なかった。これが彼との最後の面会で、彼は同月末、亡くなった。

　同じ頃、近藤夫人から「認知症が進み、翻訳作業は困難。連絡は控えて欲しい」と電話があった。それまで、近藤と電話で話している限りは普通で、事情が呑み込めなかったけれど、以後、チームとしての作業進捗状況の報告などは、ファックスで送付することにした。こうして、翻訳チームは有力メンバー2人を失い、4人に減った。

　その後上村先生に、横江がDWBから日本の出版社との出版契約に関する交渉の代理権を得た旨を報告し、出版社の紹介をお願いした。上村先生は、知人の宇都宮大学国際学部教授の重田康博先生を紹介してくださった。2023年5月、お会いした重田先生は、『世界議会』の翻訳出版の意義を評価され、明石書店に紹介していただけることとなり、2023年6月、明石書店で大江道雅社長と面談する運びとなり、大江社長から、出版する意向が示された。明石書店との協議の結果をブメル氏に報告し、彼の出版契約書案に基づき折衝を重ねた。結果、最終的に妥当な契約条件で決着がつき、明石書店とDWBの出版契約は2023年8月に締結された。

　振り返ってみると老骨に鞭打って約6年の歳月を得て翻訳した本書は上村先生、重田先生、大江社長に支えられて出版が実現した。改めて感謝する次第です。また、私達のような素人の翻訳原稿に対する編集者の岡留洋文氏の細部にわたる懇切丁寧なチェックのお陰で原稿が出版可能なレベルとなったことも感謝の念と共に記しておきたい。ありがとうございました。

　なお、本書を世に出すために、出版費用の補助を含めDWBのアンドレアス・ブメル氏の側面的な支援があったことを記して、結びとしたい。

　　　訳者を代表して　　　　　　　　　　　横江信義、原田雄一郎

国境なき民主主義（DWB）──変化への行動計画

理 念

DWBはこれからの世代も含め全ての人が、民主制、平和、正義、自由そして持続可能性を保障するグローバルな共同体で幸福な満ち足りた暮らしを求める平等の機会を持つ世界を希求する。

使 命

DWBの長期的な目標は、市民の選挙により選出される世界議会を有する民主的なグローバル憲法の制定である。この議会は平等なグローバル市民権、権力の分立、抑制と均衡、法の支配、基本的人権、そして少数民族保護の原則に基づく、正当かつ、責任ある代議制世界組織の中心となるべきものである。

この組織は、地球上の人類と生命の最良の利益のためにグローバルに影響のある問題の規制と管理について有効かつ世界的な権限を持たなければならない。DWBの目標は、様々な統治レベルの全てにわたり責任を配分する権限移譲の原則に基づく連邦憲法の制定にある。この世界議会と世界組織の権限は、より低位の統治機関のレベルでは対処できないグローバルな問題に限定されなければならない。

三条件

DWBは、実現には三つの相互に関係する条件が必要であると確信する。それは、

- グローバル市民権については、世界的規模のグローバル民主制への大衆の支持
- グローバル統治については、政府間の信頼と権限移行の意志
- グローバル民主制については、全ての国における世界議会の議員を選ぶ自由で公正な選挙の実施が可能であること

である。

三段階

DWB は、世界的なグローバル市民意識の向上、より一層有効かつ民主的なグローバル統治へのステップ、そして全ての国の民主制度化により示される拡大発展を想定する。

DWB は、国連議員総会 UN Parliamentary Assembly は三条件の全てに強く影響を与える必要な暫定的ステップであると確信し、2030 年までのその設立を目指す。2040 年までの第二段階では国連憲章を見直しかつそれを世界憲法に置き換えるための巧みなプロセスのための前提条件を整えることに集中する。この世界憲法は国連 100 周年の 2045 年までの第三段階で交渉が行われ、最終化され批准されなければならない。DWB は、予期せざる出来事やグローバルな脅威に気づく人が増えればより迅速な変容が促されると認識している。

実行活動

DWB は各国に支部を有する強力なグローバルな組織の設立を探求する。DWB はその活動の影響を拡大するために同志のパートナーと連携しキャンペーンを立ち上げ、それに参加する。DWB は、その活動方法を絶えず見直し調整してゆく。

グローバル市民権	グローバル統治	グローバル民主制
DWBはグローバル市民権の観念と法的な概念を推進する。そのための計画は教育の強化と世界市民イニシアティブのようなグローバルな参加型メカニズムを対象とする。	DWBはグローバルな協働行動をより効果的で責任あるものとする措置を支援する。その計画は主としてUN議員総会と国連改革を対象とする。	DWBは全てのレベルにおける民主制の改善と強化を推進する。計画は国連における民主主義国の協力の強化と教育の促進を対象とする。

注）この「国境なき民主主義——変革の理論」は本書の原書にはありませんが、DWB の活動について理解を深めるために、DWB の了承を得て掲載するものです。

著者紹介

[著者]

ヨー・ライネン（Jo Leinen）

1948年、ドイツ・ビステン生まれ。1999年以来欧州議会の議員。同議会環境委員会及び憲法問題委員会の委員長を歴任。2011年から2017年まで民主的な、拡大欧州連合を提唱している「欧州運動 European Movement」会長。1997年から2005年まで欧州の政治的統一を推進する「欧州連邦主義者連合 Union of European Federalists」を主宰。1985年から1994年までドイツのザールランド州の環境大臣。大学で法律を専攻。

アンドレアス・ブメル（Andreas Bummel）

1976年、南アフリカ・ケープ・タウン生まれ。「国境なき民主主義 Democracy Without Borders」及び2007年設立の「国連議員総会を求める国際的運動 International Campaign for United Nations Parliamentary Assembly」の共同設立者で理事長を務める。グローバルな民主制と世界連邦主義の振興に専念。1998年以来法の支配、世界平和、世界連邦主義、そして世界民主制を促進する国際非政府組織「世界連邦主義者運動 World Federalist Movement」評議会委員。法律専攻、経営管理習得の後、経営コンサルタント企業で勤務。

監訳者・訳者紹介

[監訳者]

上村雄彦（うえむら・たけひこ）

国連食糧農業機関 FAO 住民参加・環境担当官、奈良大学教養部専任講師、千葉大学大学院人文社会科学研究科准教授などを経て、横浜市立大学教授。専門はグローバル政治論、グローバル公共政策論。著書に、『グローバル・タックスの可能性』ミネルヴァ書房等。『グローバル・タックスの構想と射程』法律文化社は、第 19 回国際開発研究大来賞の最終選考に、『グローバル・タックスの理論と実践』日本評論社は、第 23 回国際開発研究大来賞の最終選考に選出された。以下の学位を取得：博士（学術）（2009 年 3 月 千葉大学）、学術修士（国際関係）（1993 年 6 月 カールトン大学）、法学修士（1992 年 3 月 大阪大学）。

[訳者]

原田雄一郎（はらだ・ゆういちろう）

日本鰹鮪漁業協同組合連合会で漁場確保・環境問題に関わる国際交渉に従事。その後、国際水産団体 OPRT（責任ある鮪漁業推進機構）に勤務。2017 年度大日本水産会水産功績者。

近藤正臣（こんどう・まさおみ）

ICU 行政大学院 M.A. で学位取得。大東文化大学経済学部教授、日本通訳学会初代会長、東京国際大学客員教授、大東文化大学名誉教授。

坂本裕（さかもと・ゆたか）

ICU 卒業後、欧州系外資企業に勤務。ハワイ大学経営大学院に留学し M.B.A. 取得後、米国系外資企業に勤務。その後米国ベンチャー IT 企業の日本進出に携わり、財務および経営を担当。

坂田勉（さかた・つとむ）

東洋信託銀行、CIBC Wood Gundy、Aloco などに勤務。日本ファイナンス学会会員、日本証券アナリスト協会検定会員。

白石隼男（しらいし・はやお）

ICU 行政大学院 M.A. の学位取得、三菱銀行他に勤務。2019 年 9 月に物故。

横江信義（よこえ・のぶよし）

イェール大学大学院で M.A. の学位取得、通商産業省（現経済産業省）、OECD（経済協力開発機構）、IEA（国際エネルギー機関）他で勤務。

世界議会——21 世紀の統治と民主主義

2025 年 3 月 31 日　初版第 1 刷発行

著　者　　ヨー・ライネン
　　　　　アンドレアス・ブメル
監訳者　　上　村　雄　彦
訳　者　　原　田　雄一郎
　　　　　近　藤　正　臣
　　　　　坂　本　　　裕
　　　　　坂　田　　　勉
　　　　　白　石　隼　男
　　　　　横　江　信　義
発行者　　大　江　道　雅
発行所　　株式会社明石書店
　　　　　〒 101-0021 東京都千代田区外神田 6-9-5
　　　　　電　話　03（5818）1171
　　　　　ＦＡＸ　03（5818）1174
　　　　　振　替　00100-7-24505
　　　　　http://www.akashi.co.jp
　　　　　　　　　装丁　Revi
　　　印刷・製本　モリモト印刷株式会社

ISBN978-4-7503-5856-7
（定価はカバーに表示してあります）

ニューミュニシパリズム
グローバル資本主義を地域から変革する新しい民主主義
山本隆、山本惠子、八木橋慶一編著
◎3000円

3・11からの平和学
シリーズ〈文明と平和学〉「脱原子力型社会」へ向けて
日本平和学会編
◎2600円

平和構築のトリロジー
民主化・発展・平和を再考する
山田満著
◎2500円

ポピュリズムの理性
エルネスト・ラクラウ著　澤里岳史、河村一郎訳
◎3600円

左派ポピュリズムのために
シャンタル・ムフ著　山本圭、塩田潤訳
◎2400円

政治的なものについて
闘技的民主主義と多元主義的グローバル秩序の構築
シャンタル・ムフ著　酒井隆史監訳　篠原雅武訳
◎2500円

ええ、政治ですが、それが何か？
自分のアタマで考える政治学入門
岡田憲治著
◎1800円

ピケティ・正義・エコロジー
資本主義を超えて参加型社会主義へ
尾上修悟著
◎3600円

右翼ポピュリズムのディスコース【第2版】
恐怖をあおる政治を暴く
ルート・ヴォダック著　石部尚登訳
◎4500円

右翼ポピュリズムに抗する市民性教育
ドイツの政治教育に学ぶ
名嶋義直・神田靖子編
◎3600円

スピノザ〈触発の思考〉
浅野俊哉著
◎3000円

危機の時代の市民と政党
アイスランドのラディカル・デモクラシー
塩田潤著
◎3600円

ハイデガーの超・政治
ナチズムとの対決／存在・技術・国家への問い
轟孝夫著
◎1800円

連帯の政治社会学
3.11後の反原発運動と市民社会
ベアタ・ボホロディッチ著　小熊英二・木下ちがや訳・解説
池田緑編著
◎3500円

日本社会とポジショナリティ
沖縄と日本との関係、多文化社会化、ジェンダーの領域からみえるもの
池田緑編著
◎4800円

差別と資本主義
レイシズム・キャンセルカルチャー！・ジェンダー不平等
トマ・ピケティほか著　尾上修悟、伊東未来、眞下弘子、北垣徹訳
◎2700円

〈価格は本体価格です〉

EUの世界戦略と「リベラル国際秩序」のゆくえ
ブレグジット、ウクライナ戦争の衝撃
中村英俊、臼井陽一郎編著
◎3000円

グローバル化する世界と「帰属の政治」
移民・シティズンシップ・国民国家
ロジャース・ブルーベイカー著
佐藤成基、髙橋誠一、岩城邦義、吉田公記編訳
◎4600円

オルター・ポリティクス
批判的人類学とラディカルな想像力
ガッサン・ハージ著　塩原良和、川端浩平監訳
前川真裕子、稲津秀樹、高橋進之介訳
◎3200円

国家を補完するガバナンス
保健・教育・ジェンダー平等におけるラオス女性同盟の役割
佐藤敦郎著
◎4500円

ポスト資本主義時代の地域主義
草の根の価値創造の実践
真崎克彦、藍澤淑雄編著
◎3200円

新しい国際協力論【第3版】
グローバル・イシューに立ち向かう
山田満、堀江正伸編著
◎2600円

国際関係論の新しい学び
英語を用いた学習者主体の授業実践
上杉勇司、大森愛編著
◎2800円

政治主体としての移民／難民
人の移動が織り成す社会とシティズンシップ
錦田愛子編
◎4200円

難民
行き詰まる国際難民制度を超えて
アレクサンダー・ベッツ、ポール・コリアー著
滝澤三郎監修　岡部みどり、佐藤茂信、杉木明子、山田満監訳
◎3000円

第二次大戦下リトアニアの難民と杉原千畝
「命のヴィザ」の真相
シモナス・ストレルツォーバス著　赤羽俊昭訳
◎2800円

ネルソン・マンデラ獄中書簡集
27年間の軌跡
世界人権問題叢書[120]
ネルソン・マンデラ著　サーム・ヴェンター編　松野妙子訳
◎5800円

平和のために捧げた生涯　ベルタ・フォン・ズットナー伝
世界人権問題叢書[96]
ブリギッテ・ハーマン著　糸井川修、中村実生、南守夫訳
◎6500円

ジャック・シラク　フランスの正義、そしてホロコーストの記憶のために
差別とたたかい平和を願う演説集
ジャック・シラク著　野田四郎訳
◎1800円

核と被爆者の国際政治学
核兵器の非人道性と安全保障のはざまで
佐藤史郎著
◎2500円

核時代の神話と虚像
原子力の平和利用と軍事利用をめぐる戦後史
木村朗、高橋博子編著
◎2800円

反中絶の極右たち
なぜ女性の自由に恐怖するのか
シャン・ノリス著　牟礼晶子訳　菊地夏野解説
◎2700円

〈価格は本体価格です〉

性／生をめぐる闘争
台湾と韓国における性的マイノリティの運動と政治
福永玄弥著 ◎3800円

ジェンダーに基づく暴力の連鎖を断ち切る
被害者/サバイバー中心のガバナンスによる包括的アプローチ
経済協力開発機構（OECD）編著 濱田久美子訳 ◎3800円

ジェンダーについて大学生が真剣に考えてみた
あなたがあなたらしくいられるための29問
佐藤文香監修 一橋大学社会学部佐藤文香ゼミ一同著 ◎1500円

グローバル・ヘルスと持続可能な社会
健康の課題からSDGsを考える
小林尚行著 ◎2700円

グローバル感染症の行方
分断が進む世界で重層化するヘルス・ガバナンス
詫摩佳代著 ◎2700円

大学生がレイシズムに向き合って考えてみた[改訂版]
差別の「いま」を読み解くための入門書
貴堂嘉之監修 一橋大学社会学部貴堂ゼミ三生&院ゼミ生有志著 ◎1600円

新版 貧困とはなにか 概念・言説・ポリティクス
ルース・リスター著 松本伊智朗監訳 松本淳、立木勝訳 ◎3000円

不平等・所得格差の経済学
ケネー、アダム・スミスからピケティまで
ブランコ・ミラノヴィッチ著 立木勝訳 梶谷懐解説 ◎4500円

パレスチナ／イスラエルの〈いま〉を知るための24章
エリア・スタディーズ 206
鈴木啓之、児玉恵美編著 ◎2000円

ガザの光 炎の中から届く声
リフアト・アルアライールほか著 ジハード・アブー・サリーム、ジェニファー・ビング、マイケル・メリーマン＝ロッツェ監修 斎藤フミ、スマや訳 早尾貴紀解説 ◎2700円

和解学の試み 記憶・感情・価値
和解学叢書①＝原理・方法
浅野豊美編 ◎4500円

アポリアとしての和解と正義 歴史・理論・構想
和解学叢書②＝思想・理論
梅森直之編 ◎4500円

国家間和解の揺らぎと深化 講和体制から深い理解へ
和解学叢書③＝政治・外交
波多野澄雄編 ◎4000円

和解をめぐる市民運動の取り組み その意義と課題
和解学叢書④＝市民運動
外村大編 ◎4500円

和解のための新たな歴史学 方法と構想
和解学叢書⑤＝歴史家ネットワーク
劉傑編 ◎4500円

想起する文化をめぐる記憶の軌轍
欧州・アジアのメディア比較と歴史的考察
和解学叢書⑥＝文化・記憶
浅野豊美編 ◎4500円

〈価格は本体価格です〉